2017年度

种植业标准体系研究报告

《2017年度种植业标准体系研究报告》编写组 主编

中国农业出版社
北 京

本书编委会

QIANYAN

前言

随着经济全球化趋势不断加快，当今国际竞争成败的关键不再是传统意义上的土地、资本和劳力等有形资本，而是以高新技术为核心的综合国力，是将技术转化为标准从而取得经济收益的能力。为在国际贸易领域占据有利位置，发达国家不惜投入相当的经费和人力进行标准战略研究，强化标准研制，并已形成较为成熟的标准管理和运作机制。在此形势下，加快农业种植业标准战略的研究和实施，已经成为保障我国国家利益和种植业产业安全、提升我国综合国力和国际地位的迫切需要。

农业技术标准体系是国家技术标准体系的重要组成部分，也是建立社会主义市场经济体制和相关法律法规体系的重要内容。它是由农业领域产前、产中、产后过程中的若干技术标准及其子体系按内在联系构成的相互关联、相互依存的有机系统，是对农业体制与政策、农业与农村经济结构、农业科技水平、农业资源条件、农产品供求、农业生产的社会化、专业化和现代化程度以及农业经济效益等方面的综合反映，具有典型的目的性、协调性、层次性、配套性、连续性和开放性等工程化的基本特征。从本质上说，农业技术标准体系既是农业技术推广运行的技术基础、农业行政执法的技术依据，也是调整优化农业产业结构与布局的技术指南、建设现代农业的技术保障，还是保证农产品消费安全和促进农产品国际贸易的技术手段。种植业标准体系是我国标准体系的核心内容和重要组成部分之一，涉及多个种植业行业领域，涵盖国家标准分类。研究种植业标准体系需要站在我国农业种植业全局的高度，以全面提升我国种植业标准化水平和指导种植业标准工作为目的，对进一步构建我国体系科学合理、结构完善、层次分明、与国际接轨的种植业标准体系工作具有十分重要的理论指导意义。

研究确立中国种植业标准体系的整体架构，为我国农业现代化发展奠定标准支持基础，是种植业标准深入发展急需解决的问题。种植业标准体系不是孤立的单元，必须融入经济、科技、社会、国际贸易、食品安全、行政管理等环节的宏大体系中去考虑问题。它的建立与实施，不仅要理顺种植业标准化的内部机制，还需要建立一种有效的联动机制，激励不同领域的利益主体形成一致行动。种植业标准体系研究旨在追求种植业标准化体制的自我完善，提升种植业标准的技术含量、对外增强标准的国际竞争力，对内提升种植业现代化水平，最终实现打造“中国种植业标准”的目标。

种植业标准体系发展战略的研究，是一项复杂的系统工程。要制定一个科学、合理、完善的技术标准发展战略，全面分析我国种植业标准化现状，以解决围绕标准的问题为切入点，以满足质量兴农、绿色兴农对种植业标准化需求为目的。明确我国种植业标准发展思路目标，研究制定加快种植业标准发展的具体措施。

本书对我国种植业标准化工作现状进行了梳理分析。我国国家经济实力的增强、科技创新能力的提高以及标准化主体的日益成熟，为推进种植业标准化发展提供了良好的先决条件。但是，目前我国种植业标准化工作还存在着标准落后和滞后、标准的种类不能满足生产发展需要、标准制定与市场需求脱节等问题，还面临来自法律法规、标准观念、标准体制和标准化与科技创新体系脱节等方面的障碍，这些直接制约着种植业标准化发展，必须从种植业标准种类、标准体系现存问题等方面深入研究，提出标准体系发展建设的具体措施建议。本书通过对国内种植业涉及的产品种类标准体系的研究，系统剖析我国农业技术标准体系存在的主要问题，旨在为建立起科学、完善、统一、权威的农业技术标准体系提供决策参考。

编　者

2018年5月

MULU

目录

第二篇　2017年度种植业产品标准体系研究报告

第一篇

2017年度种植业标准情况、存在的问题和措施建议

第一章　2017 年度种植业标准情况

2017 年度，共统计涉及种植业的国家标准 1 478 项，行业标准 2 783 项，地方标准 1 729 项。

发现种植业标准体系存在的共性问题是：标准缺乏系统性，标准间协调性差，标准交叉现象普遍，标准缺失问题突出，产品标准结构和布局不统一，对标准的研究基础差、缺乏创新性，标准复审和修订不及时，与国际接轨不足，行业间标准重复，标准过于细分，生产规范过于分散、综合性不足。

一、小麦、玉米、杂粮

我国小麦、玉米、杂粮（含食用豆）标准包括国家标准 311 项、行业标准（农业和其他行业标准）348 项和地方标准 43 项，其中包括产品质量（含术语定义）188 项、生产规程 95 项和检测方法 419 项。

二、水稻

我国水稻专属的国家标准 69 项、农业行业标准 98 项、其他行业标准 58 项以及一批地方标准（本报告收集 134 项）。水稻相关的综合性标准 340 项，包括国家标准 169 项、农业行业标准 52 项、其他行业标准 115 项及地方标准 4 项。

按标准的性质和用途，形成以基础通用类标准（14 项）、产品类标准（42 项）、方法类标准（365 项）、环境安全类标准（18 项）、种质资源类标准（36 项）、生产管理类标准（132 项）、物流类标准（10 项）、机械配套类标准（65 项）8 个模块为主要内容的水稻标准体系框架。

三、马铃薯

我国马铃薯相关现行有效标准 319 项。按照级别和行业分类有国家标准、农业行业标准、国内贸易行业标准、商品检验检疫行业标准、轻工行业标准、粮食行业标准、气象行业标准等。其中，国家标准 29 项、行业标准 63 项、地方标准 227 项。国家标准中涉及马铃薯加工相关标准 1 项、机械相关 3 项、生产相关 6 项、植保相关 5 项、储藏和运输 4 项、检测相关 10 项。在这些标准中，与马铃薯种薯相关的标准 8 项。

四、棉花

收集到与棉花有关的现行国家和行业标准 347 项、地方标准 440 项；根据科研、生产、加工、检测等方面的需要，拟制定新标准 109 项，合计 896 项。

五、油料

我国油料标准，包括大豆、油菜籽、花生、芝麻、向日葵、亚麻籽、棉籽的国家标准 74 项、行业标准 87 项、地方标准 72 项。

六、麻类

已制修订麻类生产、收购、加工及产品、检测方法等国家标准和农业行业标准共计 83 项，这些标准在麻类生产、收购、加工、检验、进出口等领域发挥了重要的作用，但也还存在不少问题与缺陷。

七、蚕桑

蚕桑产业标准（包括柞蚕产业）及其相关标准共 37 项，其中国家标准 13 项、行业标准 24 项。正在制定的蚕桑产业行业标准 14 项，其中，《家蚕质型多角体病毒荧光定量 PCR 检测方法》已于 2017 年 7 月通过审定，正在发布中。

八、甜菜

甜菜是我国东北、西北和华北地区的主要糖料作物，现行的甜菜及其制品标准共计 84 项。其中，甜菜及其制品国家标准 24 项、行业标准 52 项（含修订标准 2 项）。在行业标准中，农业行业标准占 13 项，地方标准 8 项。

九、甘蔗

我国（含台湾地区，下同）现行有效的甘蔗产业相关标准共计 98 项，其中，国家标准 12 项、行业标准 35 项、地方标准 51 项、编制新标准 4 项。行业标准覆盖面广，涉及环境保护、机械、农业、轻工、气象、商品检验检疫、卫生等行业，其中农业行业标准 20 项，居主导地位。

行业标准中以方法类标准数量最多，达 20 项，主要包括试验及其评价、鉴定方法，病菌、病毒、害虫、副产物检疫鉴定方法等；其次为种质资源类标准，共 6 项。

十、蔬菜

我国蔬菜标准分类及数量总数 560 项，国家标准 130 项、农业行业标准 318 项、商品检验检疫行业标准 37 项、国内贸易行业标准 48 项、林业行业标准 22 项、测绘标准 1 项、水产标准 1 项、粮食行业标准 2 项、国家卫生健康委员会发布的标准 1 项。

十一、食用菌

我国共发布食用菌相关国家标准 31 项、行业标准 64 项（其中农业部发布 44 项）、地方标准（不完全统计）122 项，合计 217 项。

十二、果品

我国涉及果品的行业标准和国家标准达 1 160 项。其中，国家标准占 28.0%（325 项），农业行业标准占 36.7%（426 项），出入境检验检疫行业标准占 23.1%（268 项），林业行业标准占 8.3%

(96项)，国内贸易行业标准占2.3%（27项)，气象行业标准占0.7%（8项)，机械行业标准、供销合作行业标准、国家环境保护标准、轻工行业标准、水利行业标准等其他标准共占0.9%（10项)。含“食品”和“水果”的标准分别达到258项和142项。

十三、茶叶

我国制定的涉及茶叶的国家标准141项（含2项国家指导性技术文件)、行业标准167项，加上各省级地方标准218项，是全世界茶叶标准项数最多的国家。

我国现有国家标准142项。其中，基础通用类19项，检验检测方法类40项，生产管理类16项，产品类59项，质量追溯类、种质资源类、物流类标准8项。

我国现有农业行业标准53项。其中，含有基础通用类，检验检测方法类，环境安全类，种质资源类，生产管理类，产品类，包装、标识、储藏和运输等物流类标准。

供销行业标准20项。其中，有基础通用类，生产管理类，产品类，包装、标识、储藏和运输等物流类标准。

工业和信息化部、商务部等部门发布的行业标准94项。其中，包含基础通用类，检验检测方法类，产品类，生产管理类，包装、标识、储藏和运输等物流类标准。

我国现有地方标准218项，其中基础通用类5项，检验检测方法类10项，环境安全类3项，种质资源类0项，生产管理类60项，产品类130项，包装、标识、储藏和运输等物流类标准5项。

十四、花卉

目前正式发布的花卉相关的国家标准、行业标准与地方标准共598项。按标准的层次及行业类别划分，分别是国家标准38项、农业行业标准66项、林业行业标准65项，出入境检疫检验行业标准56项、其他行业如国内贸易行业标准15项，地方标准为29个省份358项。另外，还有20项标准列入制定计划，分别是农业行业标准7项、林业行业标准4项、云南省地方标准9项。

第二章　2017年度种植业标准体系中存在的问题

一、小麦、玉米、杂粮

我国粮油标准数量不断增加，但整体结构仍不合理，国家标准和行业标准重复交叉制定严重，仍有20%左右的产品存在多标并存问题。产品分类和等级规格较为混乱，标准内容和参数设置重复、不协调，造成整个标准体系混乱、不清晰，影响了标准的使用和制定。主要存在以下几方面问题：

1. 部门间标准重复多　粮食生产加工涉及农业部、粮食局、轻工部等多个部门，部门间标准重复问题比较突出，内容完全一致标准2项、关键内容重复标准19项。近1/10的标准存在标准重复的问题，主要涉及粮食术语、专用玉米、小麦和大豆制品等。多数标准存在新老标准不一致，或多部门同时制定类似标准问题。

（1）内容完全一致　经过多年的标准清理工作，现所有标准中仍有内容完全一致的2项标准，即2010年制定的《玉米干全酒糟（玉米DDGS）》（NY/T 1968—2010和GB/T 25866—2010），两项标准的起草单位、归口单位、主要内容和范围完全一致，只有标准编号不同。

（2）关键内容重复　粮食涉及部分多，不同部门都有相应标准，针对同类产品出现了多个标准，主要是国家标准和其他行业标准间重复，涉及粮食大豆术语、专用玉米、小麦和大豆制品等标准。标准间主要内容、适用范围、重要定义、主要参数和重要参照方法基本一致，个别参数设置略有不同。同类产品标准归口不同，标准的重复出现造成了资源浪费，参照标准不统一，容易引起混乱。

（3）标准间协调性差、不统一　标准间协调性差、不统一是粮食产品质量标准的主要问题，其中近半标准同时伴有参数设置不统一、定义矛盾不准确两个问题。水稻、玉米、小麦、食用豆和薯类产品标准都有参数设置和定义矛盾问题，而杂粮突出问题是作物学术名不统一。国家标准之间、国家标准和行业标准、不同行业标准之间都存在该类问题，参数和定义是产品质量定等定级的主要参数，粮食生产流通又涉及多个部门，虽然不同部门负责产业链环节不同、需求也不同，但对粮食产品质量的基本要求是一致的，国家标准和行业标准间不一致，其规定的产品就很难在产业链中有效流通，不利于整个产业链发展，以及质量追溯。下面分别对不同作物存在问题的情况进行比较，主要是水分、蛋白质和部分定等参数设置不统一。

2. 参数设置不一致

（1）玉米　玉米、专用玉米、玉米粉等产品的参数设置不一致，主要集中在专用玉米糯玉米、高油玉米、高淀粉玉米的不完善粒、生霉粒、粗淀粉含量，其中粗淀粉含量是高淀粉玉米的定等指标；玉米粉的水分含量和脂肪酸值。

（2）小麦　专用小麦和小麦粉的参数设置不一致，主要集中在粗蛋白质、湿面筋、稳定时间、最大拉伸阻力等质量参数。不同标准中对强筋小麦、中强筋小麦、中筋小麦、弱筋小麦的指标要求差异较大。

（3）杂粮　杂粮中高粱、粟和大麦涉及品种繁杂，不同品种以及其初级加工的质量要求各有不同，目前没有参数设置不一致的问题。

（4）食用豆　食用豆、大豆肽粉、卤制豆腐干、黄豆酱等产品的主要参数情况，其中参数设置不一致主要集中在红小豆的水分含量；卤制豆腐干的水分与蛋白质；黄豆酱的水分与氨基酸态氮；大豆肽粉的粗蛋白含量、肽段分子量设置。

（5）作物学术名不统一　不同作物学术名称不统一问题主要集中在杂粮和食用豆中。比较粮食名词术语主要标准，可以看出，问题主要集中在名称叫法有歧义的作物中，燕麦和莜麦、粟和谷子、黍和稷、赤豆和红小豆等，中文和英文叫法都有差异，如果无学术拉丁名标注，很难准确区分。

（6）定义不准确、有矛盾　不同标准隶属于各直属标准委员会，标准间术语定义不准确、存在差异，术语定义标准和产品质量标准中产品定义不一致、有冲突，玉米、小麦和大豆等主粮同时涉及类似问题。国家粮食标准主要归口粮油标准委员会，其对粮食的定义与农业行业、进出口行业标准表述差异较大，其中农业行业标准从农学角度定义粮食，表述涵盖面最广、定义最全面；国家标准定义过于笼统，可参考性差；出入境检验检疫标准粮食定义描述较全面，但未包括薯类等块状粮食。粮食作为国家的重要经济生活命脉，不同领域定义差异较大，没有统一完整定义，影响粮食生产的整体布局和发展。

玉米、小麦、大豆等作物定义中，主要是文字描述有差异、定义的重要参数要求不同，如大豆未熟粒、生霉粒、冻伤粒、完整粒描述不一致，专用玉米定义和粮食术语标准表述不统一，强筋、中筋、弱筋小麦品质定义要求不同，都在标准执行和使用中，容易造成混乱，不利于管理。

3. 标准分散不系统　粮食产品种类众多，相关标准数量仅次于检测方法，但类似产品制定多个标准问题仍比较突出，产品类标准中部分标准制定分散，未能将类似产品汇总归类制定，造成使用者参照标准分散、不系统，也容易在标准制定过程中引起参数设置不合理、不统一；产品类标准中带有附录，产品质量标准附带检测方法，是产品所需检测方法缺失时对应的解决办法，经过对标准逐一清理后，发现近半数附录方法已不再具有唯一性，或已有现行检测标准，但旧的仍在使用，容易引起检测标准参照混乱，导致产品标准执行不畅，影响标准体系的系统性。

（1）产品标准过于细分　目前有粮食产品质量标准（含术语和定义）210项，共涉小麦、玉米、杂粮和杂豆相关155种产品，相关标准185项，涵盖了原料、初加工品、副产品和种子，其中，食用豆、小麦产品种类较多。玉米、小麦、杂粮、食用豆都有该问题存在，其中小麦最为突出。各种专用玉米、专用小麦粉、杂粮和杂粮米等相关参数设置基本一致，只是个别参数要求不同，或是同类产品差异很少，仍分为多个产品标准。

（2）附带检测方法　主要集中梳理了国家标准和行业标准，其中48项带有检测方法的附录。多数标准所需检测方法标准出现时间相差5年以上，但制定检测方法标准时，未对产品质量标准进行清理，附录和检测方法重复或冲突，导致产品质量执行无固定标准，参数可参照性下降。

4. 内容格式陈旧需更新　随着国家安全法规不断完善，检测方法标准不断更新，部分产品质量标准制定较早，其引用标准未及时更新，经过对所有标准梳理，发现35项标准存在更新不及时的问题。粮食生产结构布局优化、加工工艺提高，标准制修订要求提高，产品质量标准标龄过久，格式已不符合要求，其中标龄15～19年的9项，20年及以上的40项，其中格式不符需修订的标准41项。

（1）引用标准更新不及时　产品质量标准引用标准未及时修订，主要集中在整精米、杂质、不完善粒、毒素、微生物等检测方法上。玉米、大豆相关标准中杂质和不完善粒引用20世纪80年代的旧标准，标准更新后，对玉米类产品影响不大，但大豆相关引用参数已删除，导致标准无法执行。理化指标、毒素、微生物等限量标准修订或变更后，小麦、小宗粮豆等产品质量标准未能及时变更。产品质量标准在执行过程中，无明确指标限量参考，影响标准执行、产品流通。随着国家标准化工作的不断深入，食品安全标准系统制定，现有的粮食卫生标准《方便面卫生标准》（GB 17400—2003）、《糕点、面包卫生标准》（GB 7099—2003）、《粮食卫生标准》（GB 2715—2005）都与现有GB 2761、GB 2762、GB 2763标准矛盾，安全限量未能及时更新调整。

（2）文本格式陈旧需修订　产品类标准中标龄10年以上的共计76项，其中20年以上的32项，主要涉及饲料类标准《饲料用小麦》《饲料用小麦麸》等，还有《小麦粉》《高筋小麦粉》《低筋小麦粉》《自发小麦粉》和系类专用小麦粉，以及部分地方品种标准。经过梳理，有多数标准，主要是小麦等标准格式不符合要求，需进一步修订。限量标准虽然制定起步较晚，但最早制定负责辐照卫生标准《辐照豆类、谷类及其制品卫生标准》（GB 14891.8—1997），标龄已超15年，格式不符要求，需修订。

5. 覆盖面仍不足 粮食产品种类多、加工工序长，专用品质、初级加工品、副产品等种类众多，在水稻、杂粮和食用豆方面产品标准仍然不足，在青贮饲料品质分级、鲜食玉米、黑麦、薏苡、各种杂粮豆，以及种质资源及加工品术语等标准方面仍有缺失。其中，青贮饲料和地理标志产品建议在现有标准基础上，通过修订的方式并入新的产品标准。涵盖范围有待扩宽，如粮食产品及其加工产品数量、种类不断增加，而现有《食品安全国家标准 食品中真菌毒素限量》（GB 2761—2017）、《食品安全国家标准 食品中污染物限量》（GB 2762—2017）未能满足市场迅速发展需求，比如薯类及其制品、谷物副产品米糠、麦麸等都无相关限量。

6. 生产规范标准存在的主要问题

（1）行业间标准重复 生产规程重复问题是比较突出的问题，通过清理共有2项标准存在该问题。主要是植保方面玉米螟防治和测报标准间调查部分重复。

（2）标准过于细分 粮食生产规范仍主要针对单个栽培方法、病虫害防治、加工环节制定标准，不同作物的各种栽培标准名目繁多，各种病虫害标准分防治、调查、测报等都有相应标准，标准过于细分，未能形成系统。玉米、小麦等主要作物的病虫害预测防治上，问题比较突出，涉及标准23项。植保标准数量较多，主要是针对每种作物不同的病虫害制定相应标准，系统性差，不利于参考使用。可在现有植保标准的基础上，形成《玉米主要病害预测、预报和防治技术手册》《玉米主要虫害预测、预报和防治技术手册》《小麦主要病害预测、预报和防治技术手册》《小麦主要虫害预测、预报和防治技术手册》等综合性技术规程，并逐步整合需制定的相关技术规程，形成系统的粮食病虫害预测、预报、监测、防治技术规程。小麦栽培和豆制品加工中也存在类似问题。

7. 生产规范过于分散、综合性不足 粮食生产规范较为分散，各种作物不同的栽培标准较多，按区域制定了多种栽培模式的具体生产规范，如《长江中下游麦区小麦生产技术规程》《西南麦区小麦生产技术规程》《西北麦区小麦生产技术规程》《旱地玉米机械化保护性耕作技术规范》《玉米机械化深松施肥播种作业技术规范》等。属于非重要技术、无需统一要求，适用区域小、参考性弱的标准，建议降级为地方标准，方便管理。

8. 检测方法大部分重复 11个参数的检测方法大部分出现了重复，其适用范围、基本原理和操作细节几乎完全一致。每个参数检测标准的归口不同，在不同行业中都有需求，但在制定过程中，虽然其检测方法和原理基本一致，最终形成各自的方法标准。

9. 检测方法分散零碎 理化、农药检测方法分散比较严重，品质、元素、营养检测方法中也存在该问题，共计问题标准70项。杂质相关参数操作步骤相近，样品来源一致，分成多个检测方法，不利于节约人力资源，效率低；不同产品理化、农残等参数检测，基本原理、设备试剂和操作步骤一样，分散成多个检测标准，不利于参考比较；原理类似的检测方法，不同提取、净化步骤，制定不同标准，标准过于细分，不利于操作；部分参数，其检测方法分散在各类作物检验方法标准中，系统性差，不利于管理。

10. 标准涉及行业多存在矛盾 我国粮食检测方法标准主要涉及农业部门、质监部门、进出口检验检疫部门等多个部门，涉及行业领域众多，其中理化、品质、营养、植保等检测方法行业间重复交叉较多。在蛋白质、水分、脂肪、淀粉等基础参数，以及黄曲霉毒素、呕吐毒素、草甘膦、菊酯类农残等标准中，部分重要检测步骤和参数指标存在不统一问题。

（1）重要内容、检测步骤不一致 直链淀粉分光光度法的波长不一致，对检测结果影响程度有待验证。

（2）参数指标不统一 主要是蛋白质折算系数和感官评价体系指标设置不统一。蛋白质是粮食定等定级的重要判定指标，在不同的标准方法中蛋白换算系数差异很大。特别是在大豆、大麦、高粱、小米中最为明显，其中最大差值为0.55。全小麦粉和普通小麦蛋白折算系数不同，都可表达小麦整籽粒，但表述不准确，蛋白质含量计算结果差异大，严重影响行业间产品等级判定。小麦制品和稻米感官评价指标不统一，主要集中在相关产品标准附录和检测方法之间，加工方法、配方和评分参数设置都存在不同程度的差异，某些参数缺失、评分比例不同等问题影响制品的最终评分。

11. 部分检测技术落后、更新慢 我国标准不断更新发展，管理日趋完善化，但粮食检测方法制定起步早，如今标龄15年以上的标准仍有7.1%，其中格式不规范的标准有4%，仍需清理修订；随着检测方法的不断更新、发展，粮食检测方法陈旧实用性差的标准仍有7项，农残检测问题较突出。

（1）标龄长、格式不规范 虽然标准不断更新，其中标龄15年以上的标准仍占现有标准的7.1%左右。标准格式不规范问题严重的标准占4%，主要集中在理化、农残和种子检验的标准上，需加快修订，适应新的标准格式要求。

（2）方法陈旧、实用性差 检测方法陈旧标准7项，问题主要集中在农残检测标准中。比色法或分光光度法的农残检测方法技术相对落后，费时费力，效率不高。前处理仍采用传统索氏提取、液/液分配、柱层析等方法，操作烦琐复杂、耗时长、选择性差、溶剂毒性大、用量多，方法检测限和灵敏度均不及色谱法。

12. 再现性、最低检测限缺失 重复性和再现性等是检测方法的重要参数。当实验结果不同时，可以用重复性和再现性标准差来决定差异是否允许。我国检测标准制定较早，重复性一直是关注的重点，但再现性、最低检测限仍是短板。根据具体情况逐一梳理检测方法标准，重复性和再现性是所有检测方法应具备的基本要求。有最低检出限要求的毒素、农残、重金属、违禁添加剂等的检测方法，应提供最低检出限，营养元素不考量最低检出率。回收率是实验室准确度的考量参数，是检测过程不可缺少的部分，在液相、气相、液质、气质等检测方法中，应提供相应的回收率参考，方便标准执行。

梳理各类检测方法缺失情况后，发现检测方法标准都或多或少存在问题，特别是再现性缺失问题突出。理化和品质检测方法标准中，部分标准制定较早，并且也未系统修订，重复性缺失，近六成标准无再现性，等同或是修改采用ISO标准的不存在该类问题。毒素检测方法中半数无重复性，几乎都无再现性表述。农残检测方法大部分未更新标准，多重视回收率和最低检出限，重复性和再现性缺失。元素和营养检测方法主要是再现性缺失。种子检验方法涉及部分理化检验指标，主要是再现性缺失问题。

13. 覆盖面有限、有待拓宽 目前，粮食加工制品品质检测主要以产品标准附录为主，但附录之间、附录和检测方法标准之间不一致，应系统整理后形成统一的品质检测方法标准。我国农药限量指标中涉及粮食的指标有200多项，约有17项指标有残留限量但没有相应检测方法，如糙米中四聚乙醛有最大残留量，但没有四聚乙醛的检测标准。应针对缺失标准及时更新补充，加强对农药安全监测。粮食中以转基因产品为原料加工的食品或食品原料领域，相应标准方法仍较少，需进一步完善补充。粮食营养元素、碳水化合物含量、大豆低聚糖、可溶性多糖、肽相对分子质量分布等无检测方法，或只能参照药材的检测方法。种子市场发展快速，应完善种子检验标准覆盖面，拓展涉及参数和种类，为种子市场监管和质量检测提供技术支持，提升种子资源保护与利用。

二、水稻

1. 标准体系有待进一步完善 目前水稻标准数量较多，共有水稻专属标准340项，适用于水稻的通用性标准300余项，涉及内容众多。但有些实际需求的标准仍存在“有待补充”的问题。例如，本次研究过程中并未搜索到水稻质量追溯相关的标准。除质量追溯这一大模块外，其他各模块中的标准体系也有待进一步推敲完善。

以产品标准模块为例，从现有的产品标准来看，水稻产品标准基本覆盖了稻谷、糙米、大米等一系列常规的稻米产品，同时也涉及部分初级加工品及副产品。但对于市场上越来越受到重视的特殊专用稻和特殊稻米产品的覆盖还不够，有待补充，如市场已出现了较多的紫黑米、红米、蒸谷米、发芽糙米等具有特殊营养功能的稻米产品。这些产品已越来越受到消费者的喜爱和关注，市场需求和关注度也会越来越高。而目前标准体系中，只有富硒稻谷、富硒大米及黑米等少数几项标准。米制品在市场上也占有一定的份额，如米粉、米线、汤圆、年糕等。而这些米制品对稻米品种及品质均有一定的要求，因此，制定米制品专用稻的标准对保证米制品的质量也非常有必要。而对于大米粉这种市场上非常常见的初级加工品，也需要制定相应的标准来保证市场大米粉的品质评价及流通。

以生产管理标准模块为例，缺少社会化服务标准，服务质量纠纷处理没有依据，亟须制定相关标准。从收集的标准来看，生产管理标准目前基本为相关的生产技术规范标准，包括病虫害防治、水稻种植生产技术等。随着农业集约化、专业化的推进，水稻生产方式正在进行转变，专业的育秧、插秧、施肥、病虫草害防治、收割、烘干等专业服务队伍不断壮大。在新兴农业生产方式中，如何服务质量评价，保障生产质量，尤其是后期纠纷的重要评价依据显得尤为重要。因此，生产管理标准中应该增加社会化服务领域相关标准，制定服务质量评价标准，如稻田机械化耕整地服务质量要求、水稻工厂化集中育秧技术条件与质量标准、水稻机插秧质量、水稻病虫害统防统治质量、水稻机械化收割质量等，以此标准作为后期纠纷的依据。社会化服务标准缺乏，服务质量纠纷处理没有依据，不利于水稻生产的创新发展。

在基础通用标准模块中，水稻专属的术语定义标准较少，只有 2 项。而基础标准是任何标准的依据，水稻各类标准是否满足当前发展的需要在很大程度上取决于基础标准是否充实，而仅有的 2 项水稻术语定义标准必定不能满足现阶段水稻生产的需要。此外，综合性标准分布散，水稻在实际使用中不够便利。因此，制定水稻专属的术语定义标准非常有必要。建议制定较为全面的水稻专属的术语定义标准——《水稻名词术语》，内容包括水稻种质描述术语、水稻生长性状术语、种植和加工等过程中涉及的所有相关术语。此外，在基础通用标准中还涉及一类比较重要的标准，即为规定标准编写的基础标准，此类标准用于规范某类相同标准的编写规范，使编写的标准更合理化、科学化、规范化、标准化。而此类水稻标准尚欠缺。例如，我国水稻品种繁多，但从目前水稻品种相关标准来看，品种描述不全，为规范水稻品种的描述，有必要制定一项基础标准——《水稻品种描述规范》，用于明确规范品种描述应该包含的内容。目前以标准形式公布的地理标志产品有方正大米、盘锦大米、五常大米、原阳大米等，均为国家标准。此外还有地方标准，如天津小站米、辽星 1 号大米、芜湖大米、马坝油黏米等有地方特色的大米标准。总的来说，地理标志产品（地方特色产品）标准管理较差，国家标准、农业行业标准和地方标准均有涉及，并且文本要求不一致。

2. 标准分类太过细致、交叉重复，需精练整合 标准分类太过细致，不利于使用。比如涉及稻谷的标准包括《稻谷》（GB 1350—2009）、《饲料用稻谷》（NY/T 116—1989）和《优质稻谷》（《优质稻谷》第 1 号修改单）［GB/T 17891—1999（XG1—2000）］、《富硒稻谷》（GB/T 22499—2008）4 项标准。涉及大米的标准包含《大米》（GB 1354—2009）、《食用籼米》（NY/T 595—2013）、《食用粳米》（NY/T 594—2013）、《绿色食品　稻米》（NY/T 419—2014）、《香稻米》（NY/T 596—2002）等。这些标准涉及的主要参数基本类似，对参数的限值稍有差异。分别制定固然可以更加明确地将各类标准分开，但不利于实际使用。此外，容易出现一项标准中的定义或者指标修改后，其他引用标准未及时更新的情况，造成指标冲突的问题。国际标准《稻谷——规范》（ISO 7301—2002），国际食品法典标准《CODEX Standard for Rice》（CODEX STAN 198—1995），一项标准规定了稻米产品的所有指标。使用过程只需关注该一项标准即可，非常方便。当然，国内水稻产品丰富，仅制定一项标准不切实际。建议可以借鉴 ISO 及 CODEX 标准，将几项同类水稻产品且评价指标相似的标准合并为一项标准。如将《大米》《食用籼米》《食用粳米》等标准整合修订为一项大米标准，标准规定其一般性参数指标及特殊参数指标。一般性参数是指所有大米均应达到的参数。特殊参数是指对某类大米（食用籼米、食用粳米）有要求而对其他普通大米没做规定的指标参数或是要求有差异的指标参数，如食用籼米和食用粳米的蒸煮食用品质。这样整合可以使标准体系更加简洁明了，更加有利于标准的使用及后续的修订，不会因某项标准修订不及时而造成指标参数冲突的问题。

标准交叉重复的现象在方法标准中表现较为突出。相同的检测方法有多项标准，如原《水稻、玉米、谷子籽粒直链淀粉测定法》（GB 7648—1987），1993 年标准清理时降为行业标准，但 1995 年又颁布了国家标准《稻米直链淀粉含量的测定》，其技术方法与《水稻、玉米、谷子籽粒直链淀粉测定法》基本一致。标准之间重复交叉的问题在农药残留检测技术标准方面表现较为严重。农药种类繁多，标准制定者随意制定，导致了标准之间（国家标准和行业标准，或者国家标准之间，或者行业标准之间）重复制定类似的检测技术，或者涉及的农药种类交叉。如《植物性产品中草甘膦残留量的测定 气相色谱-质谱法》（GB/T 23750—2009）与《食品中草甘膦残留量测定》（NY/T 1096—2006）均为气相色谱-质谱联用法测定草甘膦的。此外，《进出口食品中草甘膦残留量的检测方法　液相色谱-质谱/质谱法》（SN/T 1923—2007）也是草甘膦检测方法的标准。草甘膦的测定在国家标准、农业行业标准和商品检难检疫行业标准中都各有标准，难免会让使用标准的人员困惑。

3. 标准定位不合理　生产管理标准中包括种植标准、植保标准及产品加工标准，其中种植标准和植保标准占多数。此类标准方面，由于缺乏对农作物生长生理的研究，缺少农作物生长环境基础数据资料，生产技术规程仅简单地将科技成果转化为标准文本，没有在不同环境下的操作方法，不能适应中国面积很大、地域气候条件复杂的国情，基层的农技人员很难应用，更说不上农民使用。农业作为一种特殊的产业，其生产受自然环境等因素影响大，即使按标准执行相关的规范规程也可能无法达到标准的效果。因此，种植和植保相关的标准应定位农技人员和农民的需求，按地域特色开展深入的、接地气的研究，制定合乎需求的标准，确实将标准化落实到农业生产中。

4. 标准间、标准体系间的衔接有待进一步完善　产品标准间存在定义不一致、指标有差异的问题。稻米的糙米量有出糙率和糙米率说法，容易造成混乱。在定等分级方面，部分标准对整精米和碎米的定义不一致。《糙米》（GB 18810—2002）中定义整精米为长度大于完整米粒长度的 4/5 的米粒。《碎米检验法》（GB 5503）于 2009 年修订时将整精米定义从整米粒平均长度的 2/3 修改为 3/4，与国际 ISO 和 CAC 接轨。《大米》（GB/T 1354）于 2009 年修订时将碎米的定义从“留存在直径 2.0 mm 圆孔筛上，不足本批正常整米 2/3 的碎粒”修改为“长度小于同批试样米粒平均长度 3/4，留存 1.0 mm 圆孔筛上不完整米粒”，并按此进行分级。这几项标准中对整精米和碎米界定存在差异，造成相应的指标之间没有可比性。而引用这些标准的标准并未对整精米率或者碎米指标作出及时修订。如现行标准《地理标准产品　五常大米》（GB/T 19266—2008）等中的碎米检测按《粮食、油料检验碎米检验法》（GB 5503—1985）执行，碎米指标偏高。因此，完善标准间的衔接，尤其是指标的衔接，对水稻标准体系的建设具有重要意义。

水稻作为粮食的一部分，其标准与其他粮食标准肯定会存在交叉的问题。通用型标准可以较好地解决衔接问题。

三、马铃薯

1. 标准数量不均衡，涵盖领域不全，急需补充　我国马铃薯标准基本涵盖了生产技术规程、病虫害防控、种薯质量控制、加工、储藏运输、种质资源等领域，但是，涉及加工和储藏运输的标准比较少，表现为重生产、轻产后的产业现状。现行标准以生产技术规程为主，产地环境、农业投入品、农业工程建设、安全卫生、检验方法等标准较少或缺失，产后处理、加工储藏管理以及产品质量检测等领域都缺少相应的规程规范，存在严重脱节。现行标准无论从涉及面还是质量上，都不能满足生产需要。标准数量不均衡，涵盖领域不全，弱化了标准的技术支撑作用，成为当前我国马铃薯产业发展的瓶颈。

以马铃薯加工业为例，我国马铃薯加工业发展迅速，马铃薯加工产品逐渐增多，产品主要有马铃薯淀粉、冷冻薯条、油炸薯片等，但目前除了马铃薯淀粉、马铃薯冷冻薯条有国家标准外，其他的马铃薯食品及深加工产品均没有制定国家标准，难以规范企业生产和产品质量。与产品标准协调统一的工艺标准，检测试验方法标准，安全、卫生、环保标准等都属空白。这样不但无法维护国内市场竞争秩序，更难以应对国际间的贸易壁垒。例如，在马铃薯深加工中，对马铃薯糖苷生物碱、浓缩蛋白及水解蛋白产物等方面测定，在国外已有相关检测标准出台，而我国仍是空白。在我国，马铃薯加工领域没有制定过马铃薯加工废渣废水排放相关标准，参考国际标准《排放控制　食品发酵装置　马铃薯制品的制作》（VDI 3895-2—1997）及国内其他加工行业标准，马铃薯行业有必要新增马铃薯淀粉加工废渣废水排放相关标准。另外，在马铃薯质量监控方面也有不足。例如，马铃薯田间病害防治技术规范中，虽已经列举了许多病害，但一些规范出台时间已久，许多病害并未添加到标准中，如马铃薯黑痣病、早疫病等。除此之外，在马铃薯种薯生产、病虫害鉴定、检测、马铃薯品种分析等相关领域以及相关基础性标准都需要补充。

2. 标准修订速度慢，适应性差　马铃薯相关标准的制定、修订速度跟不上产业的发展。标龄超长，接近50%的国家标准标龄超过5年，最长的17年；标龄超过10年的占28%。根据《标准化实施条例》的规定，国家标准的年限一般为5年，过了年限后就应进行复审，确定其继续有效，需修订或重新制定。可见，目前马铃薯产业相关现行的国家标准无论从涉及面还是质量上，都已经无法满足生产、生活的需要。

例如，①《马铃薯种植机技术条件》（GB/T 25417—2010），标准制定时间超过5年，不能满足不同产地、不同栽培模式的生产需求，需要及时更新和补充，重漏播率、株距合格指数等应与国际标准统一。②《鲜食马铃薯流通规范》（SB/T 10577—2010），由于制定时间过长，部分内容对于现阶段已经不适用。③《脱毒马铃薯种薯（苗）病毒检测技术规程》（NY/T 401—2000），由于制定时间过长，检测技术和病毒种类有变化，需根据情况进行调整和增加。④《农林机械安全　第16部分：马铃薯收获机》（GB 10395.16—2010），动力输出轴型号、拖拉机动力输出轴、机械安全中一些参数、轮胎行距、需国产参数参差不齐，需要与国际接轨，统一参数。另外，马铃薯收获机中去土去泥技术方面应与国际看齐，一些参数适用性可调整，可将机械损伤的技术指标加入标准中。⑤《马铃薯商品薯生产技术规程》（GB/T 31753—2015），不同种薯级别的划分不够统一。另外，检测时应针对不同用途、级别进行检测。

3. 标准体系不够严谨　例如，《马铃薯晚疫病防治技术规范》（NY/T 1783—2009）和《马铃薯主要病虫害防治技术规程》（NY/T 2383—2013）2项行业标准，后者内容基本包含了前者，可将二者整合或重新修订。又如《马铃薯脱毒种薯生产技术规程》（GB/T 29378—2012），其包含《马铃薯脱毒试管苗繁育技术规程》（GB/T 29375—2012）和《马铃薯脱毒原原种繁育技术规程》（GB/T 29376—2012）2项国家标准，涉及内容多有交叉和重复，应进行整合。对比马铃薯种薯相关标准，《马铃薯种薯》（GB 18133—2012）将种薯分为原原种（G1）、原种（G2）、一级种（G3）、二级种（G4）4项标准，而《马铃薯脱毒种薯生产技术规程》（GB/T 29378—2012）将种薯分为原原种（G1）、原种（G2）、大田种薯（G3）3项标准。前者是种薯的质量检测技术标准，后者是种薯的生产技术规程，生产技术标准应以质量标准为主，概念和规范不统一、不严谨，种薯质量难以保证。

4. 标准中结构内容不健全　我国马铃薯产业质量标准的制定分属于农业、轻工业、国内贸易、运销、外贸等不同的管理机构，各行业部门限于职能制约，多从自身职能出发去制定技术标准，条块分割明显，在实际运作过程中，不同行业与部门间缺乏有效的协调和沟通。这种多头管理不可避免地造成技术标准重叠、交叉甚至技术内容矛盾的现象，难以形成全面、系统、符合产业需求的全程质量控制标准体系。

例如，①《马铃薯淀粉》（GB/T 8884—2007），未包括直链/支链淀粉含量、淀粉颗粒大小分布以及红外光谱分析等指标，在杜绝往马铃薯淀粉中掺兑廉价淀粉或非淀粉成分方面有缺陷。②《马铃薯冷冻薯条》（SB/T 10631—2011），参考美国的冷冻法式炸薯条等级划分的标准（塔尔博特，2016），需要考虑味道、颜色、规格与对称性整齐度、瑕疵质地等因素，给予冷冻薯条不同的分值，确定其等级，该标准没有涉及冷冻薯条分级。③2015 年 6 月 16 日，美国食品和药物管理局宣布，将在 3 年内完全禁止在食品中使用人造反式脂肪，以助降低心脏疾病发病率。另外，在薯片加工过程中，由于采用了氢化植物油引起薯片当中的反式脂肪酸存在，并且长时间高温加热的植物油当中也会产生反式脂肪酸。然而，《马铃薯片》（QB/T 2686—2005）并没有涉及丙烯酰胺和反式脂肪酸含量问题。在制定和修改马铃薯片标准时需要考虑补充丙烯酰胺限量标准及检测方法。即使不明确规定不得含有反式脂肪酸，至少需要规定反式脂肪酸含量的上限，并提供反式脂肪酸含量的分析测试方法。④《马铃薯脱毒种薯储藏、运输技术规程》（GB/T 29379—2012）和《早熟马铃薯　预冷和冷藏运输指南》（GB/T 25868—2010）中，均未对运输或储藏中的马铃薯质量控制指标进行规范。

5. 有些标准不合理，建议废止　在我国马铃薯相关标准中，有些标准由于制定时间较长，或已不适用于当前形式，需要重新制定，如《马铃薯（土豆、洋芋）》（LS/T 3016—1985）；有些标准已经失去当前形式下的意义，需要直接废止，如《农作物品种审定规范　马铃薯》（NY/T 1490—2007）；另外，有的个别标准制定过于笼统，不够明确，需要废止后重新制定，如《马铃薯主要病虫害防治技术规程》（NY/T 2383—2013）。

6. 多领域多部门管理，缺乏协调和统一　由于国家、部门和地方政府三者在农业标准制定权限上划分不清，马铃薯产业涉及生产、加工、运销等环节，且马铃薯监管涉及农业、供销、商品检验检疫等多个部门，各部门和行业间由于自身职能的差异，且缺乏有效的协调沟通，制定出的标准协调和统一性不足，难以形成系统、全面、适应产业发展需要的技术标准体系。同一内容标准重复，不能互为补充，既浪费又会给实际使用带来混乱。

7. 基础性研究不足，技术支撑不力，标准水平偏低　标准是以科学、技术和实践经验的综合成果为基础，在一定范围内共同使用、重复使用的规范性文件，必须在对大量的科学成果、实践经验进行分析、比较、验证比对的基础上进行规范化。马铃薯标准的基础性研究工作比较薄弱，缺乏对开展标准基础性科研工作的专业人才和项目资金，科研成果、技术、经验等转化为标准的程度和自主创新不够，标准的科学性不足、实用性较差。

四、棉花

1. 标准体系不完善　我国的棉花标准体系还很不完善，尤其在产前与产中各环节亟待加强。在现有的棉花标准中，绝大部分是对棉花纤维品质的检验方法和加工机械方面的。而产前、产中的标准，如产地环境、合理施肥、浇水、用药、密植、收获、收购、储藏等方面的标准一项也没有。多年来，我国在新疆生产“有机棉”，但由于没有自己的标准，只能靠外国的机构来认证。种子是生产的基础，大田用种则是农业生产直接使用的种子，我国有关棉花种子良种繁育的标准只有《棉花原种生产技术操作规程》（GB 3242），但还没有大田用种的良种繁育国家标准或行业标准。抗逆性（盐碱、干旱）是当前棉花品种的重要特征特性，我国至今没有这方面的评价标准。另外，我国也缺少棉纤维有毒有害物质限量的标准，更缺乏食用棉花产品（如棉籽油、棉籽饼、籽粕等）质量安全方面的标准，与其他农产品相比显然落后了许多。因此，制定棉花产前、产中环节的标准，应是今后纤维标准体系工作的重点。

2. 部分标准落后　一方面是标准落后于生产。比如《棉花原种生产技术操作规程》（GB 3242）中，1982 年版只规定了“三年三圃法”，2012 年又增加了“自交混繁法”的棉花原种生产技术，这两种技术虽然严谨，但工作量大、繁殖系数小，在实践中已很少应用。而目前在生产中应用较多的，以育种家种子为基础，连续进行繁殖，直至大田用种的“四级种子生产技术”还没有写进标准中去。另一方面是落后于国际标准或国外先进标准。2004 年之前，我国的棉花主要以手工检验为主，2004 年实行棉花检验体制改革以来，虽然已得到了很大的改进，2006 年发布实施了《HVI 棉纤维物理性能试验方法》（GB/T 20392—2006），2013 年又实施了《棉花　第 1 部分：锯齿加工细绒棉》（GB

1103.1—2012）和《棉花　第2部分：皮辊加工细绒棉》（GB 1103.2—2012）两项新标准，但在基层棉花收购环节，还不具备仪器化检验的条件，主要还是依赖人工感官检验，人为因素很大，难以体现优质优价、公正科学的原则，挫伤了植棉者的积极性。而在20世纪90年代，世界上绝大部分的主产棉国几乎都使用了美国材料试验协会（ASTM）的《大容量纤维测试仪（HVI）测定棉纤维的试验方法》（ASTM D5867），该方法不但检测速度快，而且同时检测出多项品质指标，棉包上有清楚的质量标签。国际棉花市场上，美国棉花标准被视为“万国标准”。我国在标准上的落后，导致在国际贸易中的被动与吃亏。随着棉花检验体制改革的完成和检验条件的改善，目前已逐步向国际先进标准靠拢，但还难以完全接轨。

3. 针对性和实用性差　我国棉花收获长期以来都是手工采摘，从20世纪90年代起，新疆生产建设兵团开始引进机械采棉技术，近几年发展迅速，机采率已达80%。黄河流域和长江流域棉区，由于植棉成本高、劳动强度大，也纷纷向机采棉过渡。植棉全程机械化已成为未来棉花生产发展的必然趋势，但相应的标准却没有跟上。不光是产品标准仍以手摘棉为评价对象，整个生产过程的技术规程、也停留在手摘棉状态。因此，标准的更新换代已是当务之急。

4. 标准的运行与维护不良　一是标准执行不力，得不到有效的运行。如GB 1103.2—2012是棉花收购、加工、经营所必须遵守的标准，但在实践中却大打折扣。棉花丰收时压级压价、歉收时抬级抬价，级别“一脚踢”、价格“一口清”的现象在基层收购单位十分普遍。没有优质优价，难以发挥标准对生产的指导作用。二是标准的维护不良，即时效性差问题在棉花标准中表现突出。如《棉纤维断裂强力试验方法　束纤维法》（GB/T 6101—1985）已经发布实施了30多年，至今未修订。还有一些标准也是20世纪80～90年代发布的。这也是导致标准落后的一个重要原因。

标准的执行有赖于行政干预和舆论宣传的引导，更需要市场的力量。随着市场经济的发展与完善，相信会逐步走上轨道。标准的维护重点在保持先进性，应注重与国际标准的接轨。标准应至少每5年修订一次，对改动不大的一些基础标准也应定期予以确认。

5. 与国际接轨不足　我国的许多标准，最初是借鉴苏联的标准，已逐渐不适应全球棉花产业发展的潮流。随着改革开放的深入和国际交往的增多，我国也在不断吸收国际标准和国外先进标准的内容，但仍显不足。如给棉花纤维定级的颜色特征、长度的档次划分、短纤维的界定、杂质的种类等，都与国外有所不同，在国际贸易中处于不利的地位。

（1）对标准的研究基础差，缺乏创新性　科学技术高速发展，研究成果日新月异，新的产品不断涌现，也给标准提出了新的更高的要求。棉花相比于粮食等食用农产品而言，在标准研究方面显得滞后和薄弱，开展风险评估研究的时间也较晚。即使一些在生产上已存在多年的事物，也没有开展专门的标准研究和出台相应的标准。如转基因棉花已大面积在生产上应用，那么，对转基因棉花产品（包括纤维和种子）的检测、栽培与植保方面的标准还没有跟上。天然彩色棉、有机棉已成为消费的时尚，如何对它们的品质与真伪进行检测也成为新的课题。

至今，对棉花品种真实性与纯度的鉴定，仍需进行田间小区种植试验，时间需要3个多月，一般是每年冬季到海南岛进行。不但花费大量的人力物力，而且时效性差，在结果出来之前，种子基本上已卖完了，起不到应有的监督作用，难以避免给生产上带来的损失，也给行政执法带来困难。因此，亟须研究新的快速鉴定技术与方法，并制定出国家标准或行业标准，解决对品种真实性和纯度进行鉴定难的问题。

（2）标准间协调性差　由于棉花产业链较长，在我国涉及棉花的行业和部门也较多。在长期的计划经济体制下，形成了主要以农业部门管品种和生产、中华全国供销合作总社及其系统管收购和加工、工商部门管市场、质检系统管检测、中储棉公司管储备、纺织工业用棉花的状况。尽管近年来纤维流通体制进行过多次改革，但以上条块分割的格局并未真正动摇，各行各业也都有自己的一套标准，不但产生大量重复，标准间的协调性也很差。如在农业科研与生产领域，通常把目前在生产上种植的棉花称为“陆地棉”和“海岛棉”，是以棉花分类为依据的。而在质检和纺织行业，则将其称为

“细绒棉”和“长绒棉”，是以棉花纤维长度来区分的。但随着棉花育种科研的进步，育种家现在可以通过高科技手段将陆地棉培育成具有海岛棉纤维长度的品种，因而就出现了“陆地长绒棉”这种称谓，使质检和纺织行业的人士难以理解。

在棉花纤维的检测中，不少品质指标有多项检测标准，使用的单位名称比较混乱。比如长度这一指标，就有手扯长度、分梳长度、主体长度、品质长度、光电长度、2.5%跨距长度、上半部平均长度、平均长度等。长度整齐度有国际校准棉样（ICC）整齐度和大容量纤维测试仪校准棉样（HVICC）之分。断裂比强度也有ICC比强度和HVICC比强度，而且有gf/tex和cN/tex两个单位。在不同的行业中，也因习惯不同而不一致。例如，纺织行业通常要检测棉纤维的细度和成熟度，农业行业主要检测棉纤维的马克隆值；农业上主要检测束纤维断裂比强度，而纺织上则更需要了解单纤维强力等。这些名称与单位的不统一，很容易造成混乱。因此，有必要规定一个既科学又便于检测和行业内使用的名称与单位，使大家在交流时统一规格，方便理解。

五、油料

1. 油料产品营养功能成分评价标准不完备 我国油料检测方法标准方面对于营养及功能性成分研究相对薄弱，现有检测方法主要涉及油料、油脂中磷脂，大豆中异黄酮，植物油中甾醇、维生素E，芝麻中芝麻素，花生中白藜芦醇。随着人民生活水平的提高，消费者对油料产品的认识和关注从仅能提供油脂和蛋白质的载体上升到特色营养功能成分的有效提供者，开展油料作物产品中营养功能成分方法标准与分级标准研究与评价，为提升油料产品市场竞争力提供关键技术支撑，十分有必要。我国应加强营养功能性成分的研究及检测方法标准的制定，完善其系统性，以适应产业需求。

2. 部分油料产品标准缺乏时效性和实用性 我国目前有效使用的油料产品与方法标准中，存在部分标准标龄较长，标准组成合理性欠缺的问题。以植物油脂中含油量的测定为例，目前现行有效的标准是《植物油料　含油量测定》（GB/T 14488.1—2008），而当前近红外技术已经十分普及，油菜中含油量的近红外测定方法和技术也相对成熟，相关标准却没有，标准发布严重滞后于当前技术的发展，应该及时发布实施以便于产业发展，或者对现行有效标准进行修订，以更好地服务于现在的油料产业。

3. 油料作物真菌毒素污染防控标准的针对性不强 油料作物极易遭受真菌侵染而产生真菌毒素，造成巨大损失。目前仅有《预防与降低谷物中真菌毒素污染操作规范》（GB/T 22508—2008）用来预防和降低谷物中的真菌毒素。而在现有的油料产品标准体系中，还没有针对油料作物制定的真菌毒素污染防控技术规程。不同油料作物会受到不同菌种侵染产生不同的毒素，因此，需要根据不同油料产品制定各自的真菌毒素污染防控标准，以降低毒素污染风险，保障油料供给。

4. 农机农艺配套标准缺乏，无法满足产业需求 油料全程机械化是“十三五”油料创新研究重点，也是解决目前我国农村劳动力不足，提升油料产品市场竞争力，推动油料产业发展的重要技术革新。然而，油料除了油菜机械化收获中关注的核心指标——油菜籽抗裂角指数及其分级指标有标准之外，其他油料作物的农机农艺配套标准缺乏，远远不能满足当前农业发展的进程，亟须加大油料农机农艺配套技术标准的研制和在油料主产区的推广应用，进一步推动油料产业发展。

5. 油料中部分产品标准的系统性缺乏 我国现有油料标准体系主要以产品标准为主，70%左右的检测技术标准是与食品、粮食共用的检测技术方法标准，适合油料专用的检测技术方法标准很少，而国际上则是以系统配套的技术标准为主。油料生产涉及生产的产前、产中、产后各个环节，只有依靠配套的标准从良种繁育等基础工作入手，把标准实施贯穿在田间管理、收获、收购、加工、包装、标识、储藏、运输、检验直到销售的整个过程，才能有效地保证最终产品质量。因此，制定系统配套的标准体系尤为重要。近年来，在农业农村部标准制修订专项的支持下，我国已经建立了较为完善的油菜全程质量安全控制标准体系。但芝麻、向日葵等油料产品标准体系建设仍处于起步阶段，需要借鉴油菜标准体系框架建设的成功经验，研制芝麻、向日葵等油料产前品种审定、种子质量控制标准体系，产中生产过程控制标准，产后质量安全标准及配套的检测方法标准，以产品为主线，构建芝麻等油料作物的产品标准体系。

六、麻类

1. 标准分布很不均衡 麻的种类很多，有苎麻、亚麻、大麻、黄麻、红麻、剑麻、蕉麻等，但现有麻类标准分布极不均衡，有些还没有标准，有些又分得太细、太烦琐。就不同种类的麻而言，剑麻的标准要细、要齐得多，现行83项麻类标准中，剑麻占有33项，如《剑麻织物 短时间中度静负载后厚度减损的测定》《剑麻织物 长时间重度静负载后厚度减损的测定》，完全没有必要做成两项标准。《苎麻回潮率、含水率试验方法》与《剑麻纤维及制品回潮率的测定》两个方法基本一致，操作上也不存在差别，可以几种麻统一成一项标准如《麻类产品回潮率及含水率试验方法》。就标准的类别而言，产品标准和方法标准相对较多，基础标准和生产标准则很少，如产品标准28项、方法标准43项，而基础标准仅6项、生产标准6项等，也是极不均衡。另外，现有的标准绝大部分是关于麻类产品质量与品质的检验方法标准，标准制定不系统，分布不均。麻类的产前、产中的标准，生产资料使用等方面的标准几乎为空白。有关麻类作物的种子、种苗繁育、生产管理、病虫害防治、麻类纤维收获加工等方面的规程或标准也极不均衡，麻类标准体系很不完善，应该加强产前与产中各环节标准的制定。

2. 部分麻类标准落后，不能满足现代社会发展的需求 很多麻类标准的标龄普遍过长，更新速度缓慢。时至今日，标龄近30年的麻类标准有10项，标龄近20年的标准有15项，这些标准还是20世纪80年代中期至90年代初制定的标准，从未进行过修订。例如，苎麻标准GB/T 5881—86至GB/T 5889—86的9项方法标准，30多年未修订。这些标准在当时的历史条件下发挥了一定的作用，但与这些标准配套的仪器设备大都不生产了，部分标准实际上早已被搁置不用，自动废止了。随着科学技术的进步，仪器自动化、智能化水平的提高，出现了各种不同类型的电子检测仪器。这些落后的标准远不能适应现代社会发展的需求，应尽快修订标龄过长的标准，尽快实现麻类标准与国际标准接轨。

3. 标准间协调性差 在麻类纤维的检测中，同一个品质指标有多个单位名称，使用的物理量名称或单位比较混乱，协调性差。比如麻纤维细度指标，苎麻纤维叫公制支数（单位：m/g，公支），黄、红麻纤维称线密度（单位：kg/m，特克斯）；再如纤维强力（度）单位有gf（gf/tex、gf/d）和cN（cN/tex）等。并且在不同的行业中，也因习惯不同而不一致。名称与单位的不统一，协调性差，容易引起混淆。因此，有必要规定一个既科学、又方便检测和行业内使用的统一的名称与单位，有国际单位制单位的尽量采用国际单位。

4. 标准的贯彻执行与维护不良 标准执行不力，得不到有效地运行。如《苎麻》（GB/T 7699—1999）、《熟黄麻》（GB/T 12945—2003）、《熟红麻》（GB/T 12946—2003）等是现行麻类纤维收购、加工、经营所必须遵守的标准，但在实际操作中很少取样送检测部门检测，依据检测品质指标，对照相应的产品标准分等定级或分类定等，按质论价。麻丰产时压级压价、歉收时抬级抬价，不论类别、等级一口价。有必要加强行政和舆论宣传的引导，提高标准执行的力度，通过市场的力量及市场经济的发展与完善，标准得到有效贯彻执行，使标准真正在市场经济中发挥作用，为市场经济保驾护航。

5. 标准缺乏创新性 科学技术高速发展，科技成果日新月异，新的产品新的检测技术不断涌现，也给标准提出了新的更高的要求。目前的仪器设备通过与计算机联用，其操作简单，速度快，效率高，性能稳定，结果准确度高，仪器自动化、智能化水平在不断提高，陈旧落后的麻类标准还停留在20世纪80年代的水平，麻类标准缺乏创新。手工操作、烦琐的重复劳动的方法标准严重不适应市场的快速发展需求，而一些新产品如麻地膜、机剥麻等以及一些新技术还缺乏相应的标准。

七、蚕桑

1. 标准化步伐比较缓慢 虽然蚕桑产业标准体系的雏形已经基本形成，但是标准化步伐仍然比较缓慢，与产业发展和适应全球经济竞争需要还有很大的差距。现行蚕业标准分析提示，蚕业包括蚕桑产业和柞蚕业的基础性标准、综合利用产品质量标准、物流标准和投入品质量标准等几乎都还是空白。因此，今后一段时间内重点要加快这些标准的编制工作。制定涵盖蚕桑生产的桑树育苗、桑树栽培、桑园管理、蚕种催青、小蚕共育、大蚕饲养、蚕病防治、蚕茧收烘等系列国家标准、行业标准或地方标准，严格按标准化组织生产。

2. 国家及行业标准数量少，结构不完整 蚕桑产业是一个集种植业和养殖业为一体的产业，生产周期长、涉及面广，而且生产技术要求相对较高。目前已颁布实施的国家标准及行业标准只有37项，数量少，标准体系结构相对单一，内容不够细化，覆盖面不广。当前蚕桑产业朝着多元化方向发展，蚕桑副产物综合利用发展迅速，桑叶茶、桑果汁饮料、食用蚕粉、蚕蛹、蛹虫草等产品已纷纷入市。但是，与其相应的质量标准却严重缺失。有些标准已实施多年，随着产业的发展和科技的进步更新，部分标准修订滞后。因此，现有的标准体系远不能满足产业发展的需求。

近年来，蚕桑产业逐步融入大农业、大生物、大纺织领域，特别是进入食品领域（含动物饲料）后，对蚕桑产业产品标准及安全提出了更高要求。然而，在目前的蚕桑标准体系中，此类标准也几乎是空白。建立蚕桑产品及食用昆虫产品质量安全风险评估平台和相应的技术体系，以确保我国蚕桑产品及食用昆虫生产、加工和制备环节的卫生和安全，引导民众健康消费、安全消费，对推动相关产业的健康发展具有重要意义。因此，加快制定病原微生物、农兽药残留、重金属污染、生物毒素等的检测技术等相关标准的制定也已迫在眉睫。今后要进一步加强此类蚕桑产业标准制定工作，根据国家农业标准化建设规划，在全面调查研究的基础上确定蚕桑产业标准化的目标，制定总体规划，突出重点、分清主次，坚持市场优先原则，分步分阶段组织制定、修订和实施推广。

3. 地方标准数量较多，结构重复 近几年，地方上增强了标准意识，加大制定标准力度。目前，现有地方标准约206项，数量庞大，结构层次较为全面。其中，华东区作为老牌的优质蚕桑生产区域拥有地方标准60项，作为后起之秀的华南区也已制定了50余项地方标准，西南与北方区也各出台地方标准46项。地方标准的颁布实施为保障各省份蚕桑产业的健康、稳定发展提供了有力保障。但是，少数相邻区域的地方标准中存在重复制定标准、反复制定标准的现象，地方标准缺乏相关部门的监管与梳理。

4. 规范整理现有各级标准，避免交叉重复 现有的国家标准、行业标准、地方标准及企业标准的层级结构中，经常有重复的标准出现，各职能部门应重新规范整理，加强国家标准化管理部门和行业部门的协调与沟通，联合加快标准的制修订工作，加强对行业标准和地方标准的备案管理和协调，避免出现行业标准、地方标准与国家标准之间相互矛盾、交叉和重复现象，构建我国高效统一的蚕桑产业标准体系。

5. 加强检测技术研究，提高检测技术水平 目前，蚕桑的检测技术相对落后，基本依赖于传统的手工检测，检测结果的科学性与准确性有待提高。因此，要充分发挥本领域标准化技术委员会在专业技术和检测手段上的优势，紧密结合蚕桑科研院所、高等院校、龙头企业，加强检测技术研究，研究开发可用于现场的、简单快速的检测方法和仪器，增加有毒有害物质检测方法的技术储备，加强检验方法和仪器的校验比对，提高各个实验室检验结果的准确性和可比性，并积极地将应用型技术成果与先进的实践经验相结合，制定出高水平的检测标准。

八、甜菜

1. 甜菜质量标准体系配套性较低 从我国现行的甜菜质量标准体系来看，在84项标准中，基础/通用类和方法类标准59项，数量占全部标准比例的70.2%，并且其中的糖产品（甜菜制品）20项占33.9%，而环境安全和质量追溯（产地环境、投入品）类标准为空白，种质资源类（种子、种苗）标准、产品类（等级规格、品质/安全、原产地保护）等各类标准均较少。因此，目前甜菜标准体系的配套性有待进一步完善和加强。

甜菜标准数量少，不能全覆盖。甜菜是二年生作物，生产环节多，产业链长，仅制糖初级甜菜原料生产部分至少应包括产地环境、农资投入品、种子、生产技术规程、病虫草害防治与测报、等级规格、品质/安全、检验/检测、包装、标识、储运和质量监测等环节。将涉及的标准类别包括环境安全类、种质资源类、生产管理类、方法类、产品类、物流类和质量追溯类等。通过对现行甜菜标准分析看出，种质资源和产品类标准数量较少，环境安全、物流和质量追溯三类标准均为空白。围绕甜菜生产初级产品产前、产中、产后全过程的标准体系建设总的情况是标准覆盖不全，标准数量少，不能通过全面覆盖甜菜标准体系控制甜菜生产质量和安全。

2. 种质资源、产品和质量追溯类标准短缺 甜菜种子是甜菜生产不可替代的重要生产资料，甜菜块根是其原料生产的初级农产品，但目前对甜菜种子活力、健康、种子包衣技术要求、品种鉴别技术等均没制定标准，对甜菜块根也没有制定等级规格的相关标准规范。国际甜菜生产先进的欧盟、美国、日本等，均有一系列适合自身质量追溯的标准保障甜菜块根品质，但我国在该方面正在探索阶段，尚未制定相关的质量追溯标准体系，与国内其他农作物比较也很滞后。

3. 安全和农残限量标准短缺 农药残留的检测和限量指标与国外比较差距很大，《食品中农药最大残留限量》（GB 2763—2016）标准中对甜菜有45项农药残留进行了限量规定，与欧盟的445项、日本的287项农药残留限量规定还有很大的差距。

4. 检测技术滞后 我国的甜菜产品标准与国外相比严重滞后，尤其检测方法方面。《糖料甜菜》（GB/T 10496—2002）中，继续沿用铅为澄清剂，严重污染环境，有待修订。

5. 不同行业部门的标准有冲突 轻工系统对现行甜菜标准缺乏系统研究与管理，导致新制定标准与现行有效标准冲突等问题。在甜菜生产过程中，由农业部门制定初级甜菜产品标准（从种子至糖品加工前的原料），轻工业部门制定糖品标准。目前轻工系统严重缺乏专职部门和人员系统研究甜菜标准，导致新制定的标准《糖料甜菜术语》（QB/T 5018—2016）与《糖料甜菜术语》（QB/T 2398—1998）不仅标准名称相同而且内容也相似，并且在2016版标准前言中未说明替代1998版标准。

九、甘蔗

1. 国家标准制定缺乏系统性、计划性和时效性，与产业发展有所脱节 在甘蔗产业发展需要共同遵守的共性技术依据中，对于基础性和通用性强、涉及面广、事关甘蔗产业全局的技术依据应该制定为国家标准。而现有的甘蔗国家标准只有农药的田间药效试验、糖料甘蔗试验和病菌、病毒检疫、检测等方法类标准，集中在植保和栽培两个学科，且方法类占国家标准总数的75%，基础/通用类、环境安全类、种质资源类、物流类（包装、标识、储运）和质量追溯类等标准严重缺乏，仅有的生产管理类标准中也缺乏植保、加工类标准，产品类中没有等级规格、品质/安全、原产地保护等标准，缺乏系统性。另外，已有的农药田间药效试验类标准是在2000—2004年制定，距今已有10多年时间。随着科技进步，许可使用的农药名录已经发生了很大变化，加上人们生活水平的提高，产地安全和食品安全问题，尤其是农药残留超标等问题日益受到人们关注。而这些标准却依旧停留在十几年前，没有开展相应的制修订工作，凸显国家标准制定工作缺乏计划性和时效性，与产业发展有所脱节。

2. 行业标准制定的统一性、协调性和时效性有待加强 甘蔗种植领域的标准目前分别由轻工、农业等几个部门归口管理，各部门缺乏统一性和协调性，标准制定上容易出现政出多门、交叉重复、指标不统一的现象。如由国家环境保护总局发布的《清洁生产标准　甘蔗制糖业》（HJ/T 186—

2006）和由国家工业和信息化部发布的《制糖行业清洁生产水平评价标准》（QB/T 4570—2013）对于糖业企业清洁生产指标均分为3级，但在更细化的水重复利用率指标3级指标值就有明显不同，前一标准1～3级分别为≥90%、≥80%、≥70%，后一标准1～3级分别为≥95%、≥90%、≥70%。标准技术指标不一致甚至冲突，既造成企业执行标准困难，也造成政府部门制定标准的资源浪费和执法尺度不一。此外，在现有的35项甘蔗行业标准中，超过10年未修订的有10项，接近现行行业标准总数的1/3，超过20年未修订的有4项，超过30年未修订的有1项。

3. 甘蔗质量安全标准覆盖面窄，产业存在潜在风险 甘蔗是亚热带作物，靠蔗茎进行无性繁殖，一年生或多年生，与蔬菜粮食类作物相比，病、虫、草、鼠等有害生物种类多，仅我国危害甘蔗的害虫就有100多种，病害50多种。主要害虫有螟虫、蓟马、绵蚜等，主要病害有花叶病、黑穗病、黄叶病、梢腐病、叶斑病、白条病等，梢腐病有扩大趋势。另外，预防非生物因素灾害类的防灾、减灾生产技术类标准仍属空白，应对国际市场价格波动对甘蔗产业造成冲击类标准也未制定。与主要作物已经建立的保险理赔类标准相比，甘蔗产业尚未有此类标准，仅见广西在编制政策性糖料甘蔗保险理赔服务质量规范。以上所述，甘蔗产业需求事关甘蔗产业安全、通用性强、涉及面广，影响甘蔗产业全局，如不尽快制定成标准并实施，将影响我国甘蔗产业持续健康发展。

十、蔬菜

1. 标准体系的系统性不强 受制于长期以来缺乏协调机制的多头管理体制，标准体系建设和发展缺乏统一规划，导致出现系统性、互补性、配套性和一致性较差的问题。如2017年蔬菜产品的国家标准中方法类的有409项，而质量安全追溯类标准仅有1项，标准体系的组成成分比例不当。另外，国家标准中蔬菜产品分等分级类数量很少。现行农产品质量标准中，基本上全部是针对产品制定的具体标准，仅有《农产品等级规格标准编写通则》（NY/T 2113—2012）和《农产品等级规格评定技术规范 通则》（NY/T 2714—2015）等极少数基础通用性标准。农产品涉及种植、畜牧、水产等不同行业，这些行业涵盖的产业类别之间产品特性差异悬殊，产业类别内部产品特性具有相似性。因此，需要结合产业特点和具体标准制修订需求，补齐通用性标准，更好地发挥通用性标准对具体标准制定的规范和指导作用。目前产品类标准整体多而不成体系，且存在标准重复交叉。主要反映在标准规范对象和适用范围部分或完全重合，或者一项标准的规范对象和适用范围完全被另一项标准所覆盖。除了绿色食品外，其他产品标准既有单独产品标准，还有产品等级规格标准，一般来说产品标准又涉及等级规格内容，如《丝瓜》（NY/T 776—2004）和《丝瓜等级规格》（NY/T 1982—2011）。

2. 部分标准的针对性有待提升 在我国标准体系中，有些标准的针对性很强，如《黄瓜中百菌清残留量的测定》（GB/T 5009.105—2003 ），不仅写明了哪种蔬菜，而且写明了哪种农药。但部分标准的针对性不强，存在重复交叉的问题。如《食品塑料周转箱》（GB/T 5737—1995）与《蔬菜塑料周转箱》（GB 8868—1988）同为国家标准，却有重复交叉的部分，国家标准和行业标准中也有类似问题。另外，种苗繁育、种植技术、病虫害防治、采收各环节的标准存在重叠。

3. 部分标准的科学性有待增强 如《韭菜中甲胺磷等七种农药残留检测方法》（NY/T 447—2001）、《蔬菜上有机磷和氨基甲酸酯类农药残毒快速检测方法》（NY/T 448—2001）等方法，早已不再列入《食品安全国家标准 食品中农药最大残留限量》（GB 2763—2016）推荐方法。另外，同为地理标志产品，有些是国家标准等级，如《地理标志产品 怀山药》（GB/T 20351—2006）等，而大部分地理标志产品属于地方标准，这就会对地理标志的不同级别产生疑惑。因此，解决标准的科学性问题，不管从短期还是长远来看，都是农业标准研究和制定工作的一项重要任务。

4. 标准的制修订与农业产业发展结合不紧密 目前，针对污染物限量等这一类型的食品安全国家标准，在现行的标准制定和发布机制下，行业主管部门的意见很难被采纳，导致部分涉及农产品安全卫生等方面的限量与农业产业脱节，不适应现代农业产业发展的需要。例如，早在2004年，就有黄花菜中二氧化硫残留量卫生指标之争。生产技术标准难以满足实际生产需要，没有足够的科学种植技术、用药指南等标准，农技指导人员、农业生产主体无章可循，无法从技术规范上保障农产品质量安全，检测和判定标准落后于实际工作需要。农业投入品种类繁多，很多目前还没有标准的检测方法，或可以检测却不能判定，导致执法取证难，监测工作不能更好地为监管服务。如何兼顾消费安全与产业发展，怎样才能使标准“最严谨”，是当前亟须明确的重点问题。

5. 部分标准的时效性较差 例如，在统计的蔬菜产品国家标准中，有 11 项标准仍然为 20 世纪 80 年代制定，距今约有 30 年的时间，标准的格式、要求等与现行标准不匹配，标准的时效性较差。另外，最近几年间 GB 2763 不断更新，这对农产品质量安全有了更完善的法律依据。但由于标准普及、推广、认知需要一个过程，若时间间隔较短，对禁用农药可能会导致产品外流难回收，或因信息不灵通而导致厂家继续生产、种植者继续使用的情况出现，这就给农产品质量安全带来隐患，也可能会威胁到种植者、农药生产者和经营者的利益。再比如，目前的生产技术规程类标准年代较为久远，相关标准主要集中在 2010 年以前，且涉及产品品种有限。根据以上问题，需要根据标准体系规划，对生产技术规程类标准做好定位，为农业标准化生产提供技术支撑。

6. 部分类别的标准缺失 为了适应现代化农业发展的需求，需要进一步加大对农业现代化生产中的新产品、新技术提出相应的标准规范，促进农业现代化转型升级，如《蔬菜集约化育苗场建设标准》（NY/T 2442—2013）、《蔬菜产地批发市场建设标准》（NY/T 2776—2015）等。另外，质量追溯对控制源头安全起着重要作用，而 2017 年在该类国家标准方面并没有增加，即只有《马铃薯商品薯质量追溯体系的建立与实施规程》（GB/T 31575—2015）1 项。

7. 国际先进标准借鉴与引用程度低 与种植业相关的国际通用生产过程管控标准主要有良好农业规范（good agricultural practice，GAP）、危害分析及关键控制点（hazard analysis and critical control point，HACCP）、良好生产规范（good manufacturing practice，GMP）、有机生产管理等，主要是通过体系认证的方式推进标准化。我国的农产品标准体系已开始借鉴与引用国外先进的过程管控理念与技术。我国 GAP 参考欧盟（EU）的全球良好农业操作认证（global GAP），已形成 31 项标准（国家标准 27 项，农业行业标准 4 项），27 项国家标准均是对大类产品控制点和符合性规范的要求，真正的生产过程技术规范仅有 4 项。仅涉及双低油菜等 4 个种类产品；我国 HACCP 体系是参考 CAC 标准建立，已形成 20 项标准（国家标准 14 项，农业行业标准 6 项），但大部分是食品加工的标准，尚无针对种植业农产品的 HACCP 标准；我国的 GMP 参考 EU 标准，已形成 12 项标准（国家标准 10 项，农业行业标准 2 项），仅有 1 项《木薯生产良好操作规范》（NY/T 1681—2009）涉及种植业初级生产；我国有机生产的相关标准有 12 项（国家标准 4 项，农业行业标准 8 项），涉及的种植业农产品仅有茄果类蔬菜等 4 个种类。虽然目前这些国际先进生产过程管控标准在有效指导和规范我国农业生产行为、提升农业标准化水平方面发挥了积极的引导和促进作用，但从涵盖的农产品种类、囊括的产业链环节来说还有待扩展，对建立农产品生产过程管控标准体系的探讨还有待深入。

8. 标准内容交叉重复 从目前蔬菜标准的数量上看，总体数量不算少，但同一种蔬菜存在几项标准，存在重复问题。如辣椒有农业行业标准，还有国家标准、绿色食品及有机食品标准，同时还有等级规格标准。从技术内容上分析，目前，产品质量标准包括产品的感官、理化要求、安全要求、试验方法、检验规则、标识、包装、储存和运输等技术内容。产品的感官标准与等级规格标准有重复，但没有等级规格标准规定的详细，包装、储存和运输又与部分产品标准的内容相重复。

由于中国面积大，不同区域生产环境不同，因此，蔬菜生产技术过程标准不适宜制定全国性的国家标准或行业标准，而宜制定地方标准，或制定良好生产技术规范。但由于历史的原因，目前还有许多无公害食品蔬菜的生产技术规程标准，而且基本上都是按单个蔬菜制定的，如《无公害食品 番茄露地生产技术规程》《无公害食品 结球甘蓝生产技术规程》《无公害食品 黄瓜生产技术规程》等。从技术内容上看，基本上大同小异，只是在栽培技术上有些差异。目前不但有单个蔬菜的生产技术规程，同时也制定了蔬菜良好生产技术规范，在技术内容上重复。近几年，农业行业标准有施肥技术和病虫害防治技术规程类的标准进行申报和制定。实际上，施肥技术和病虫害的防治技术都包括在该类作物的生产技术规程中。如果把生产技术规程中的某个环节单独制定标准，这样标准制定不完，也造成标准名称不同但技术内容相同的重复情况。

在营养功能检测方法标准上，国家标准处理得比较好，基本上按食品来制定的；但农业行业标准则问题较大，基本上都是按单个作物制定的，这样就会造成标准名称不同，但技术内容完全一样的情况。如农业行业标准《仁果类水果中类黄酮的测定　液相色谱法》，只制定了仁果类水果，那核果类水果、柑橘类水果及其他作物都分别制定，标准就永远制定不完。再者，营养功能检测方法一般应用范围比较窄，对于这类标准首先要明确标准制定后谁使用，用在什么地方。如果只是申报单位自己用，只是用在科研上，就没有必要制定。如果确实对行业发展有用，也不能制定单个作物的标准，应制定植物源食品或农产品的标准。

蔬菜产地环境标准从内容上也存在重复情况。由于缺少基础研究数据，目前产地环境标准采用的都是环保部的标准，污染物指标都是全量的，与蔬菜对污染物的吸收没有相关性，不能作为判定产地环境是否适宜种植某种蔬菜。目前蔬菜产地环境标准有无公害食品蔬菜产地环境条件，也有单个蔬菜的产地环境标准，同样存在名称不同、技术内容基本重复的情况。

9. 技术指标可操作性较差　技术指标可操作性较差，主要表现在产品的分等分级上。如在我国芹菜标准中，对机械伤没有明确的解释，无法掌握尺度。而在美国的芹菜标准中，对机械伤则规定为“当切除的根太多致使叶柄失去支持；当超过4个叶柄被严重擦伤；当叶柄在第一节点以上断裂严重影响外观；或超过4个叶柄在第一节点以下断裂，除非所有的叶柄在第一节点以下被切断使植株具有特殊的长度”。同样在我国芹菜标准中，对整齐度没有规定，但规定了整齐度的比例。在美国的芹菜标准中，规定整齐为“指较细，短或纺锤状，粗糙或纤维化的外围叶柄不超过2个；主根已被切除，剩余部分不超过3.81cm；次生小根的数量和长度不影响植株的外观；留下的黄叶或去除的叶片部分不能影响植株的外观”。在我国标准中，不允许在定义中做解释和规定，而在美国的标准中，对定义都有详细的解释和说明，有较强的可操作性。

10. 实用性较差　蔬菜标准的实用性较差不是主要表现在标准本身的技术内容存在问题，而是目前蔬菜的交易过程还不具备标准应用的环境。如蔬菜等级规格标准的实施，前提是蔬菜要进行包装销售，而实际目前国内蔬菜大部分销售都是散装，即使包装也没有按等级和规格进行划分，只是为运输方便。

11. 配套性较差　农药残留检测方法目前存在的最大问题是不配套。GB 2763—2014中规定了387种农药，但还有35种没有相对应的检测方法标准，有许多农药只有参照标准，尤其是以粮油作物最多，实际上许多参照标准并不适用粮油作物；配套性较差还表现在标准不成系统，如一个系统应从产地环境开始，到种子质量、种子繁育技术规程、病害鉴定规程、生产技术规范、产品等级规格标准、包装和储运标准、加工品质量标准、加工工艺标准、安全限量标准及相应检测方法标准、理化检测方法标准等，但目前还不配套。

12. 基础研究薄弱　主要表现在基础数据不足，致使蔬菜标准在制定过程中无据可依。如目前脱水蔬菜和冷冻蔬菜在蔬菜出口中占很大比例，而这两类产品没有农药残留限量标准，在标准制定时是引用新鲜蔬菜的标准。由于脱水蔬菜的水分比新鲜蔬菜少很多，因此，采用新鲜蔬菜的标准就意味着提高了标准的严度。同理，冷冻蔬菜在处理过程中也存在不同比例问题，如2 000g新鲜菠菜出500g冷冻菠菜，冷冻菠菜使用新鲜蔬菜的限量值就不科学。

十一、食用菌

1. 标龄长，标准内容重复交叉　目前现行有效的食用菌国家标准和行业标准中，2000年（含）之前的有6项，2001—2005年制定的有16项，2006—2010年制定的有46项，2011年后制定的有27

项。现行有效最早的《草菇》(SB/T 10038—1992)，标龄已达25年，标准中引用的部分标准已经作废。除标龄长外，现行标准间内容重复交叉问题突出。如《食用菌菌种通用技术要求》(NY/T 1742—2009)对平菇、木耳、香菇、金针菇等20个食用菌品种的母种（一级种）、原种（二级种）和栽培种（三级种）质量要求、检验规则、运输储存等要求，但《香菇菌种》(GB 19170—2003)、《平菇菌种》(GB 19172—2003)等标龄较长的单个品种的菌种标准仍在并行；部分产品标准和产品等级规格标准内容交叉重复，如NY/T 224—2006和NY/T 1790—2009均对双孢蘑菇等级规格作了规定，但两项标准间在等级划分及具体指标上存在明显差异，使用标准时无所适从。

2. 部分环节标准缺失较多 食用菌标准缺失环节主要体现在栽培基质（菌棒）、收储运2个环节。目前栽培基质（菌棒）的生产逐渐走向集约化，种类多为秸秆、麸皮等农业下脚料，若质量控制不当，对产业造成的影响也明显增大。已经发布的4项有关栽培基质（菌棒）的标准中，3项为无公害标准，另有1项只规定了一般要求，无明确技术指标，对栽培基质（菌棒）重金属、农药等安全指标的控制无标可依。收储运环节亦是标准缺失较多的一环。食用菌属于鲜活真菌产品，生长速度快，代谢强度高，即使采收后仍然具有旺盛的生命力，采后若处置不当，极易导致产品品质下降。如新鲜双孢蘑菇子实体若储藏不当，很快就会出现褐变、开伞、失重、萎缩、软化、液化、腐烂和产生异味等现象，严重影响其商品性状和营养价值，同时又可能造成非法添加剂的乱用。我国已发布的食用菌收储运环节标准只对香菇、双孢蘑菇、平菇和金针菇4个品种鲜品流通环节要求作了规定，但我国实际生产消费的食用菌鲜品远多于这4种，如杏鲍菇、蟹味菇、白玉菇等。

3. 野生菌产品相关标准少 野生菌是近年来消费需求不断增长的一大类食用菌，但目前有关野生菌的收储运及质量安全标准缺失较多，目前仅有1项产品标准《松茸》(GB/T 23188—2008)。野生菌采后不易储藏，罗晓莉等对野生菌质量安全现状研究中指出可能存在农药残留、重金属含量较高以及有毒无毒菌混杂等问题。为充分保障野生食用菌的食用安全性，提升野生食用菌产业的整体效益，需尽快制定相关技术标准。

4. 食用菌重金属限量标准需要再评估 近年来，国际食品法典委员会（CAC）、欧盟等纷纷修订了包括食用菌在内的各类食品中重金属限量，总体趋势越来越严格。如2015年6月26日，欧盟发布了（EC）1005/2015号法规，对原（EC）1881/2006号法规中有关食品中铅的限量标准进行了修订，该规定要求除新鲜的双孢蘑菇、平菇和香菇中镉的含量为0.3mg/kg外，其余均为0.1mg/kg。该法规自2015年7月15日开始实施。我国目前现行有效的标准GB 2762—2012中规定，食用菌及其制品中铅限量值为1.0mg/kg，未区分品种及干鲜品等产品形式，且明显宽松于欧盟标准，已与目前国内食用菌消费量不相匹配。我国标准是否需要修订，或者即使不修订，也需开展进一步的风险评估工作，做好技术贸易壁垒应对，这一问题迫在眉睫。

十二、果品

1. 标准缺乏系统性 长期以来，我国果品标准分散在多个部门和多个系统，各自为政。由于缺乏统一、完善、清晰的果品标准框架体系的指导以及缺乏部门与系统之间的良好沟通和协调，导致标准交叉和缺失问题突出，标准系统性、互补性、配套性和一致性较差，尚未构建起前瞻性、针对性、科学性和实用性兼备的果品标准框架体系。国家标准、农业行业标准、出入境检验检疫行业标准、林业行业标准、国内贸易行业标准等之间尤其如此。全国果品标准化技术委员会（SAC/TC 501）成立以后该现象仍十分普遍。当前，该委员会与全国植物新品种测试标准化技术委员会（SAC/TC 277）、全国农产品购销标准化技术委员会（SAC/TC 517）等相关标准化技术委员会以及有关部委在果品标准研究与制修订的职责和业务范围方面仍多有重叠和交叉。

2. 标准制定碎片化 主要反映在分品种制定产品标准、分种类制定病虫害防治标准、分区域制定生产技术标准。在分品种制定产品标准方面，以梨为例，既制定了综合性产品标准《鲜梨》

（GB/T 10650—2008），又分品种制定了《莱阳梨》（NY/T 955—2006）、《南果梨》（NY/T 1076—2006）、《黄花梨》（NY/T 1077—2006）、《鸭梨》（NY/T 1078—2006）、《砀山酥梨》（NY/T 1191—2006）、《巴梨》（NY/T 865—2004）、《库尔勒香梨》（NY/T 585—2002）等产品标准。分种类制定病虫害防治标准的现象日趋明显，以苹果为例，既制定了综合性的《苹果主要病虫害防治技术规程》（NY/T 2384—2013），又制定了《桃小食心虫综合防治技术规程》（NY/T 60—2015）、《桃小食心虫测报技术规范》（NY/T 1610—2008）、《桃小食心虫监测性诱芯应用技术规范》（NY/T 2734—2015）、《苹果树腐烂病防治技术规程》（NY/T 2684—2015）等单一病虫害防治标准。在生产技术标准方面，主要存在分区域制定标准的问题。以苹果为例，既制定了全国性的《苹果生产技术规程》（NY/T 441—2013），又制定了区域性标准《渤海湾地区苹果生产技术规程》（NY/T 1083—2006）和《黄土高原苹果生产技术规程》（NY/T 1082—2006）。

3. 标准交叉现象普遍 标准重复交叉主要反映在规范对象和适用范围部分或完全重合，或者一项标准的规范对象和适用范围完全被另一项标准所覆盖。以枣为例，仅干制红枣就制定了《干制红枣》（GB/T 5835—2009）、《干制红枣质量等级》（LY/T 1780—2008）、《免洗红枣》（GB/T 26150—2010）、《板枣》（NY/T 700—2003）等 4 项标准；鲜枣标准则制定了 3 项，即《鲜枣质量等级》（GB/T 22345—2008）、《梨枣》（LY/T 1920—2010）和《哈密大枣》（NY/T 871—2004）。又如苹果产品标准，制定了《仁果类果品流通规范》（SB/T 11100—2014）、《鲜苹果》（GB/T 10651—2008）、《苹果等级规格》（NY/T 1793—2009）、《加工用苹果分级》（GB/T 23616—2009）、《加工用苹果》（NY/T 1072—2013）、《红富士苹果》（NY/T 1075—2006）等 6 项标准，前 3 项标准之间，以及《加工用苹果分级》（GB/T 23616—2009）和《加工用苹果》（NY/T 1072—2013）之间，在规范对象和适用范围上均高度交叉，甚至完全重复。又如苹果蠹蛾检疫鉴定方法，国家标准《苹果蠹蛾检疫鉴定方法》（GB/T 28074—2011）和商品检验检疫行业标准《苹果蠹蛾检疫鉴定方法》（SN/T 1120—2002）同时存在。

4. 标准缺失问题突出 果品产地环境标准和农药残留限量配套检测方法标准缺失问题突出。目前仅有少数果品制定了产地环境标准，如《苹果产地环境技术条件》（NY/T 856—2004）、《京白梨产地环境技术条件》（NY/T 854—2004）和《葡萄产地环境技术条件》（NY/T 857—2004）。然而，即使这些为数不多的标准也存在明显缺陷，均未涵盖生态环境条件指标，而适地适栽是发展果品产业的基本原则。果树苗木标准一般应包括繁育技术规程、产地检疫规程、产品标准、脱毒技术规范、病毒检测技术规范、无病毒母本树和苗木检疫规程等标准，目前多数果品的苗木标准仅有其中一项或数项，甚至一项标准都没有（如板栗），欠缺不少。以梨为例，仅制定了《梨苗木繁育技术规程》（NY/T 2681—2015）、《梨苗木》（NY 475—2002）、《梨无病毒母本树和苗木》（NY/T 2282—2012），还缺 5 项标准。缺乏规范的营养诊断技术是导致果品生产中肥料不合理施用的重要原因。目前，果品生产中肥料施用主要凭经验，肥料不合理施用现象非常普遍，主要体现在施肥种类和施肥量不合理、不仅对果品产量和品质以及生产环境（特别是土壤）造成非常不利的影响，还增加了不少生产成本。GB 2763—2016 制定的果品农药残留限量涉及的农药中尚有苯嘧磺草胺、草铵膦、春雷霉素、单氰胺、敌螨普、丁醚脲、丁香菌酯、多果定、多抗霉素、噁霉灵、氟吡菌胺、氟啶虫胺腈、氟啶虫酰胺、氟吗啉、复硝酚钠、环酰菌胺、苦参碱、喹啉铜、喹氧灵、硫酰氟、螺虫乙酯、氯虫苯甲酰胺、氯噻啉、宁南霉素、噻苯隆、噻唑锌、三乙膦酸铝、双胍三辛烷基苯磺酸盐、双炔酰菌胺、辛菌、溴甲烷、溴菌腈、亚胺唑、乙蒜素、唑嘧菌胺等多种农药残留未提供检测方法，对该标准的贯彻实施极为不利。

5. 产品标准结构和布局不统一 我国果品的产品标准名称、布局、结构和技术要求往往不尽一致。在标准名称上，有的就是产品名，有的还有“等级规格”“分级”“质量等级”等字样，如《鲜苹果》（GB/T 10651—2008）、《苹果等级规格》（NY/T 1793—2009）、《农产品等级规格　枇杷》（NY/T 2304—2013）、《加工用苹果分级》（GB/T 23616—2009）、《鲜枣质量等级》（GB/T 22345—

2008)。在等级划分方式、等级数和等级名称上多有不同，有的标准分等，有的标准分级，如《鲜苹果》(GB/T 10651—2008) 分优等、一等、二等，《苹果等级规格》(NY/T 1793—2009) 分特级、一级、二级，而《预包装鲜苹果》(SB/T 10892—2012) 分一级、二级和三级，《鲜枣质量等级》(GB/T 22345—2008) 分为特级、一级、二级和三级，《桃等级规格》(NY/T 1972—2009)、《农产品等级规格 樱桃》(NY/T 2302—2013) 等标准除划分等级外，还根据大小（单果重）划分了规格。规范内容不完全一致，甚至相差很大，例如，《农产品等级规格 樱桃》(NY/T 2302—2013) 的等级划分指标为成熟度、果柄、色泽、果形、裂果、畸形果和瑕疵；《樱桃质量等级》(GB/T 26906—2011) 的等级划分指标为果形、色泽、果面、果梗、机械伤和单果重。特别值得注意的是，我国许多果品产品标准将果个大小列为分等指标，果个越大等级越高。这势必严重误导经营者和消费者，诱导生产者通过多施化肥、使用生长调节剂等措施增大果个，导致果品品质大幅度下降，甚至影响到产业的发展。事实上，不论哪种果品，每个品种的果实都有其固有的大小，过小和过大都不好。

6. 标准复审和修订不及时 发达国家的标准基本上以 5 年为周期进行 1 次修订，标准的技术内容能够根据产业发展和市场变化及时进行调整。而在我国现行的 1 162 项果品标准中，标龄在 6 年以上的标准高达 49.6%。其中，标龄在 6～11 年的标准占 30.2%，标龄在 11 年以上的标准占 19.4%。

十三、茶叶

1. 标准体系尚未健全 我国茶叶标准数量远超过任何产茶国，但缺乏系统性，国家未对我国茶叶标准进行全面的疏理，也未提出完整的茶叶标准规划。标准呈现碎片化的现象，制定部门多，重复制定多，不仅浪费资源和人力，同时也呈现乱象，如农业行业标准《茶叶包装、运输和储藏通则》(NY/T 1999—2011) 发布后，供销部门发布了《茶叶包装通则》(GH/T 1070—2011) 和《茶叶储存通则》(GH/T 1071—2011)，2013 年国家又制定了《茶叶储存》(GB/T 30375—2013)。尽管标准数量多，真正的使用频率都不高，除产品标准需要在包装上标注外，其他过程以及环境标准除非进行产品认证需要外，较少被生产者使用。我国茶叶标准存在各部门交叉重复制定现象。本次系统地对现行的包括国家标准、农业、供销合作总社、工业和信息化部、进出口检验检疫局及林业总局等涉茶行业标准进行了梳理。

建议《紧压茶生产加工技术规范》《紧压茶茶树种植良好规范》《紧压茶企业良好规范》3 项国家标准废止，对《农药安全使用标准》等 18 项国家标准进行修订，对《茶叶储存》和《水果、蔬菜及茶叶中吡虫啉残留的测定 高效液相色谱法》2 项国家标准进行整合修订。建议《茉莉花茶》《有机茶》《敬亭绿雪茶》等 9 项农业行业标准废止，对《洞庭春茶》《紫笋茶》《碧螺春茶》等 14 项农业行业标准进行修订，对《茶叶中炔螨特残留量的测定 气相色谱法》《茶叶中吡虫啉残留量的测定 高效液相色谱法》进行整合修订。

2. 茶叶标准多个部门发布，管理混乱 目前国家标准由多个部门发布，除安全限量标准由卫生部和农业部发布外，国家标准化委员会、国家质监局等也发布国家标准；茶叶行业标准发布的部门更多，除农业部外，还有质检总局、检验检疫局、中华全国供销合作总社、工业及信息化部、商务部等多个管理部分发布行业标准，这些标准之间存在交叉和重复，甚至技术指标要求不一，管理处于混乱状态。

十四、花卉

1. 标准存在协调性、配套性差的问题 标准在自身系统性方面，存在协调性、配套性差的问题，少数标准间存在相互矛盾的问题。标准配套性及系统性不足、标龄过长且修订不及时等问题还比较突出。事实上，只有最终产品质量标准是不够的，还要规范种子、种苗、种球等花卉生产投入品的质量，以及标准化生产技术规程、采后处理技术（储存、包装、运输）标准等。同时，在标准前期的基础研究很难获得项目及经费的持续支持，导致研究基础比较薄弱且积累少，标准化人才也比较缺乏。

2. 标准存在多头管理及重制定、轻实施的问题 标准管理在体制机制方面存在多头管理及重制定、轻实施的问题，多头管理就会发生标准与标准之间不一致的问题。花卉具有种类繁多、技术链条长的特点，致使标准涉及的重要技术环节多。加之没有设立专门的项目或资金支持开展相关标准体系的研究及构建，造成标准小而散，标龄过长，统一协调性及系统性差。标准的示范及应用推广也非常弱，花卉标准制定后，在宣传贯彻、实施办法、监管措施等方面没有有效的保障措施，加上花卉标准是推荐性而非强制性实施标准，无专门的机构或项目进行宣贯推广等原因，致使大部分标准出台后没能广泛实施应用，未很好地督促生产者按标准要求进行规范化管理和标准化生产。贯彻花卉标准缺乏总体的花卉标准化推广实施规划，缺乏统一协调、全面推进的机制。

第三章 标准体系发展建设的主要措施建议

一、严把标准制定申报关

严把标准申报关，对重复比例过大的标准不予以审批、对少部分重复的标准在已有标准基础上修订、对现有标准矛盾易引起产业混乱的标准不予以审批。针对标准名称、定义、分等分级、分类、参数设置不统一、不协调、衔接差等问题，按照统一分类要求，统一相关内容、引入作物拉丁名，避免该类问题发生。加强与民间（协会）、地方和企业之间的交流协作，以满足市场需求为导向，科学合理制定标准，规定相关参数，为种植全产业服务。

二、明确分工加强协调

建议明确产品类标准制定工作的具体主抓部门、配合部门，在制定标准过程中采用部门联动机制，成立包括现有相关标准制定单位在内的协调小组，既明确了分工，又避免部门间沟通差、存在矛盾的问题。如粮食类农产品和初级加工产品标准由农业部或粮食局牵头，农业部门、商务部门、检验检疫部门等配合，参照已有强制性国家标准制定。

三、实行标准制修订终身负责制

建立标准制定单位对所制定标准实行终身负责的制度，标准制定单位按照国家规定对标准修订废止，实行定时上报、按需上报的原则，对发现问题的标准及时修订废止。上级管理部门根据下级使用部门和全国专业标准化技术委员会申请，下达标准修订废止提案，标准制定单位给出相关答复和修订意见。

四、提升生产过程控制执行力度

我国食品安全主要问题是，重后期抽查检验，轻前期管理控制。建议对关系国家粮食安全的主要粮食作物的生产过程控制规范制定为强制性国家标准，增强其执行力度，从生产源头上改善食品安全问题。不同粮食作物对其耕地、环境、水源、植保、储运条件、加工等要素给出明确限定，指出不能碰触的最低限，制定强制性国家标准，逐步减少由生产种植源头产生的食品安全隐患。

五、建立信息共享查新平台

依托农业标准数据库和相关网站，建立高效、准确的标准信息发布、交流、反馈平台。建立标准查新系统，对新制定和已制定的标准进行系统查新，避免重复或矛盾标准出现。与国际标准化组织建立数据共享机制，并及时更新、收集、整理、发布国内外种植业产品质量、安全以及标准等信息。在各类农产品集中生产、加工的地区，无公害、绿色生产基地和标准化示范区设立信息网点，委派专职或兼职人员收集、整理实施中出现的问题，以及相关标准需求。

六、加强标准基础性研究

开展种植业标准基础理论研究，分析标准制定与产业发展的关系、标准制定的合理周期和模式。深入分析参数设置对粮食从种到收、到加工流通销售，整个产业的影响。加快检测方法准确度和精密度研究，提高我国检测方法标准的水平。积极与国际组织沟通交流，分析国际标准对我国标准体系的影响，合理科学地借鉴国外标准。

七、加大标准宣传贯彻实施力度

充分利用现有的教育和宣传媒介，加强种植业产品类标准的普及和培训，提高社会对标准的认知度和生产者贯彻标准的自觉性。采用政府推动、龙头企业带动、认证认可促动、行业自律联动、市场准入拉动等多种形式，扩大标准实施推广覆盖面，主动与生产者、企业家互动，了解他们的需求，解决他们的困难，更好地制定、实施标准。

八、加强农业标准化基础研究

我国在农业方面的人才培养不足，无法深入开展很高水平的农产品标准化研究，缺少专业技术的研究人员，就无法制定更高标准的农产品质量检测方案。食品安全风险评估制度是食品安全控制的科学手段，目前国际食品法典、世贸组织以及各国政府都把它作为制定食品安全标准和政策的主要技术依据。我国《食品安全法》的第十三条和第十六条规定："食品安全风险评估结果是制定、修订食品安全标准和对食品安全实施监督管理的科学依据"。但是，作为支撑食品安全风险评估的关键技术手段，我国食品毒理学方面的研究还是严重滞后于发达国家，在管理制度、人才素质以及技术水平等多方面都与发达国家存在较大的差距，在制定食品标准时对相关指标的选取和具体设定，并没有真正做到以风险评估为依据。这已经成为我国食品安全风险评估和食品安全管理发展的短板。

九、加强国际间交流与合作

关注国际农药残留和重金属监管动态，积极参与国际农药残留和重金属管理事务，加强与相关国际组织及发达国家或地区农药、有害物质管理机构的交流与合作。提升我国蔬菜安全监管水平和能力。逐步实现国家标准与国际标准对接，监测资源合作利用与共享。

第二篇

2017年度种植业产品标准体系研究报告

第四章　2017年度种植业产品标准体系研究报告——小麦、玉米、杂粮

一、标准整体情况

目前，我国小麦、玉米、杂粮（含食用豆）标准体系包括国家标准311项、行业标准（农业和其他行业标准）348项和地方标准43项，其中包括产品质量（含术语定义）188项、生产规程95项和检测方法419项。小麦、玉米和杂粮（含食用豆）产品又主要分为主类、专用品种、绿色食品、种子、加工品和副产品，其生产规程主要包括生产过程（栽培、加工、储运）、外部规范（环境、灾害）、全程管理三方面。相关检测方法，分为抽样、理化、品质、毒素、农残、元素、营养、植保、食品添加剂、违禁添加品、种子检验、其他12个部分（不含转基因）。可见，我国小麦、玉米和杂粮的标准体系形成了以国家标准和行业标准为主、其他标准为辅的格局，基本覆盖了“产前、产中、产后”，是一个较为完整的标准体系。该体系基本满足了产业发展和市场的需要，并提供了有力支撑。

二、产品类标准发展现状

1. 产品类标准总体情况和现状　我国关于小麦、玉米和杂粮（含食用豆）相关产品类标准（包括等级规格）主要涉及国家标准、农业行业标准、其他行业标准和地方标准，以推荐性标准为主，相关产品类标准188项，其中强制性国家标准9项、推荐性国家标准59项，推荐性农业行业标准37项、推荐性其他行业标准40项、地方标准43项；其中包含等级规格181项，术语定义7项。强制性国家标准主要包括小麦、玉米等主粮和粮食作物种子标准。推荐性国家标准主要是基础粮食产品的初级制品、地理标志产品、制粉大宗粮油相关术语。推荐性农业标准主要是专业玉米、小麦以及小宗粮豆、饲料、绿色食品、杂粮、粮食术语等。推荐性其他行业标准主要是部分杂粮、专用小麦粉、粮食加工食品、大豆及面条加工品术语等。地方标准主要包括专用小麦、玉米等品种标准，地理标志产品标准，特有加工产品标准和卫生安全标准。

按产品类型分，我国玉米标准项29项、小麦标准54项、杂粮标准105项（包括食用豆标准74项），各类作物涉及专用品种、加工品等多种产品。根据我国粮食生产、加工和市场需求，每类作物又主要分为主类、专用品种、绿色食品、种子、加工品和副产品，共涉及小麦、玉米和杂粮杂豆相关155种产品，相关标准185项。我国小麦、玉米、杂粮等粮食和加工制品种类丰富，主类产品主要包括收储、食用、饲用产品。杂粮杂豆产品的标准比例较高。小麦、玉米和杂粮专用需求大，专用品种标准也较多。小麦和食用豆加工和产业链较长，加工品种类标准在数量有明显优势。随着我国粮食深加工的不短增加，副产品标准比例也不断提高。绿色食品和种子标准多为综合类标准，其中品种标准主要集中在地方标准中。

目前，我国粮食产品质量标准中强制性国家标准比例较低，主要包括小麦、小麦粉、玉米、大豆等主粮和粮食作物种子。行业标准仍是标准的主力，主要涉及各类专用玉米、小麦、小宗粮豆、饲料、专用小麦粉、粮食加工食品、副产品、绿色食品以及相关术语等。地方标准主要集中在种子、地方特色专用品种和加工品上。从表4-1和表4-2可以看出，我国各作物产品质量标准基本平衡，小麦和食用豆的加工品种类较多，玉米的专用品种种类略多，其他作物产品标准数量基本一致。

表 4-1　不同作物产品质量标准（包括术语定义）分布情况表

单位：项

分类	国家标准		行业标准						地方标准	总计
	强制性国家标准	推荐性国家标准	强制性行业标准	推荐性行业标准						
				农业	粮食	国内贸易	轻工业	进出口		
玉米	2	10	0	11	1	0	1	0	4	29
小麦	2	14	0	10	14	4	0	0	10	54
杂粮（含食用豆）	5	35	0	16	7	11	2	0	29	105
合计	9	59	0	37	22	15	3	0	43	188

表 4-2　各类作物产品标准涉及产品情况

分类	玉米	小麦	杂粮	食用豆
主类	玉米（国家标准） 食用玉米 饲料用玉米	小麦（国家标准）	大麦（2 项） 燕麦（莜麦）（3 项） 荞麦 高粱（2 项） 粟（3 项） 黍（2 项） 稷（2 项）	大豆（国家标准） 饲料用大豆 绿豆（2 项） 小豆 红小豆 豇豆 莱豆（芸豆） 精米豆（竹豆、榄豆） 扁豆 木豆 蚕豆 豌豆
专用品种	糯玉米（2 项） 高油玉米（2 项） 高淀粉玉米 淀粉发酵工业用玉米 甜玉米/甜玉米鲜苞（2项） 优质蛋白玉米 爆裂玉米 笋玉米	优质小麦强筋小麦 优质小麦弱筋小麦 东北地区硬红春小麦 黄淮海地区强筋白硬冬小麦 强筋、中筋、弱筋小麦	啤酒大麦 啤酒大麦扬农啤 4 号 地理标志产品 蔚州贡米（蔚州小米） 地理标志产品武安小米 地理标志产品浦城薏米	豆浆用大豆 小粒黄豆 地理标志产品宝清红小豆 地理标志产品郫县豆瓣
种子	玉米品种 杂交玉米组合皖单 4 号	春小麦宁春 39 号 春小麦青春 40 号 皖麦 38 号	粮食作物种子　第 3 部分：荞麦（国家标准） 粮食作物种子　第 4 部分：燕麦（国家标准）	粮食作物种子　第 2 部分：豆类（国家标准） 绿豆品种明绿 1 号 大豆品种皖豆 10 号 大豆品种皖豆 12 号 大豆品种皖豆 13 号 大豆品种吉育 101 蚕豆戴韦 毛豆品种新六青
加工品	玉米粉 玉米糁 方便玉米粉 玉米笋罐头 甜玉米罐头	小麦粉（国家标准） 高筋小麦粉 低筋小麦粉 面包用小麦粉 面条用小麦粉 饺子用小麦粉 馒头用小麦粉 发酵饼干用小麦粉 酥性饼干用小麦粉 蛋糕用小麦粉	方便杂粮粉	豆制品（2 项） 非发酵豆制品 膨化豆制品 大豆蛋白制品（3 项） 熟制豆类 豆粕（4 项） 豆芽（2 项） 豆浆类/豆浆（2 项） 纳豆 黄豆酱（2 项）

（续）

分类	玉米	小麦	杂粮	食用豆
加工粉		糕点用小麦粉 自发小麦粉 营养强化小麦粉 裱花蛋糕（2项） 挂面 花色挂面 手工面 面包 法式面包 小麦粉馒头 速冻饺子（2项） 速冻面米食品 方便面 调味面制食品 热干面 方便湿面 湿面		黄豆复合调味酱 盐水红豆罐头 绿豆芽罐头 蚕豆罐头 青刀豆罐头 青豌豆罐头 豆浆晶 豆腐干（2项） 卤制豆腐干（2项） 长汀豆腐干 方便豆腐花 绿豆粉皮 腊八豆 豆制品水豆腐 豆腐、半脱水豆制品、豆腐再加工制品 地理标志产品 八公山豆腐千张 地理标志产品 八公山豆腐豆腐干 地理标志产品 八公山豆腐水豆腐 豆制品 油炸豆泡 豆制品 腐皮 豆制品 白页（千张）
绿色食品	玉米及玉米粉	小麦及小麦粉 生面食、米粉制品 熟粉及熟米制糕点 速冻预包装面米食品 蒸制类糕点	大麦及大麦粉 燕麦及燕麦粉 荞麦及荞麦粉 高粱 粟米及粟米粉	绿色食品 豆类 绿色食品 豆制品
副产品	玉米干全酒糟（2项） 饲料用玉米蛋白粉 工业玉米淀粉(国家标准) 食用玉米淀粉 食用玉米变性淀粉 青贮玉米品质分级	食用小麦淀粉 小麦胚（胚片、胚粉） 饲料用小麦麸		大豆肽粉 大豆低聚糖 可溶性大豆多糖 大豆膳食纤维粉 大豆皂苷 大豆异黄酮

这些年，随着粮食产业不断优化升级，国家投入和支持力度不断加大，我国粮食产品质量标准数量充足，结构基本趋于合理，各类粮食作物发展较为均衡，已形成了以主类、专用品种、种子、加工品、绿色食品和副产品为主的粮食产品标准体系主框架，覆盖到了整个产业链，有效保障了国家粮食和种业安全，一定程度上指导了粮食生产加工、市场流通和消费，促进了粮食产业全面发展。

2. 产品标准存在的主要问题 在粮食产业发展初期，我国粮油专业人员短缺、资金匮乏、技术设备落后，政府相关部门支持力度有限，导致该领域许多标准未能得到及时更新，造成了标准内容过时、先进程度低、实用性较差等问题。进入“十一五”后，我国粮油标准数量不断增加，但整体结构仍不合理，国家标准和行业标准重复交叉制定严重。从表4-2可以看出，仍有20%左右的产品存在多标并存问题，产品分类和等级规格较为混乱，标准内容和参数设置重复、不协调，造成整个标准体系混乱、不清晰，影响了标准的使用和制定。

针对这一现状，对粮食产品质量标准整体梳理后发现，主要存在以下五方面问题：一是标准重复多，主要集中在标准重要定义、适用范围、参数检测依据等关键内容重复，影响标准参考使用；二是协调性差不统一，主要是同类产品标准特别是术语定义标准和产品质量标准间参数设置不一致、定义不准确有矛盾；三是标准分散不系统，大宗粮食和小宗粮豆中都存在分类过细，标准带有检测方法附录与检测方法标准易冲突，影响标准整体系统性；四是内容格式陈旧需更新，引用标准更新不及时，标龄在15年以上的标准较多，格式陈旧，未及时修订；五是覆盖面不足，新型主粮加工品、小宗粮豆标准仍有缺失。

（1）部门间标准重复多　粮食生产加工涉及农业部门、粮食部门、轻工部门等多个部门，部门间标准重复问题比较突出，内容完全一致标准2项、关键内容重复标准19项。近1/10的标准存在标准重复的问题，主要涉及粮食术语、专用玉米、小麦和大豆制品等。多数标准存在新老标准不一致，或多部门同时制定类似标准问题。

①内容完全一致。经过多年的标准清理工作，现所有标准中仍有内容完全一致的2项标准，是2010年制定的《玉米干全酒糟》标准，起草单位、归口单位、主要内容和范围完全一致，只有标准编号不同，具体情况见表4-3。

表4-3　内容完全一致标准列表

标准编号	标准名称	标准类别	标准主要内容及范围	起草单位	归口单位
NY/T 1968—2010	玉米干全酒糟（玉米DDGS）	农业行业标准	本标准规定了饲料用玉米干全酒糟（玉米DDGS）的定义、要求、试验方法、检验规则、标签、包装、运输和储存；本标准适用于采用玉米为原料通过干法酒精生产、半干法酒精生产和湿法酒精生产得到的干酒精糟及可溶物	中国农业大学动物科技学院	全国饲料工业标准化技术委员会
GB/T 25866—2010	玉米干全酒糟（玉米DDGS）	国家标准	本标准规定了饲料用玉米干全酒糟（玉米DDGS）的定义、要求、试验方法、检验规则、标签、包装、运输和储存；本标准适用于采用玉米为原料通过干法酒精生产、半干法酒精生产和湿法酒精生产得到的干酒精糟及可溶物	中国农业大学动物科技学院	全国饲料工业标准化技术委员会

②关键内容重复。粮食涉及部分多，不同部门都有相应标准，针对同类产品出现了多个标准，主要是国家标准和其他行业标准间重复，涉及粮食大豆术语、专用玉米、小麦和大豆制品等标准。标准间主要内容、适用范围、重要定义、主要参数和重要参照方法基本一致，个别参数设置略有不同，部分实例情况见表4-4。同类产品标准的重复出现造成了资源浪费，参照标准不统一，容易引起混乱。

表4-4　关键内容重复标准列表

类别	标准名称	标准主要内容及范围	涉及重复内容			备注
			重要定义	主要参数	重要试验方法	
玉米	GB/T 22326—2008 糯玉米	规定了糯玉米的相关术语和定义、分类、质量要求和卫生要求、检验方法、检验规则、标签标识以及包装、储存和运输要求；本标准适用于收购、储存、加工和贸易的商品糯玉米	黏性较强的玉米。籽粒不透明，无光泽，呈蜡质状，胚乳淀粉主要是支链淀粉，直链淀粉含量较低	定等：直链淀粉含量 其他：容重、不完善粒、杂质、水分	直链淀粉含量检测NY/T 55	
玉米	NY/T 524—2002 糯玉米	规定了干籽粒糯玉米及鲜糯玉米的术语和定义、要求、试验方法和标志、标签、包装、储运等要求；本标准适用于生产、加工、销售等过程中对干籽粒糯玉米和鲜糯玉米质量的检测、评价和鉴定	又称蜡质玉米，是玉米的一种类型。其干基籽粒粗淀粉中直链淀粉含量≤5%	定等：直链淀粉含量 其他：无容重、不完善粒、杂质、水分、玉米穗品质评分	直链淀粉含量检测NY/T 55	

（续）

类别	标准名称	标准主要内容及范围	涉及重复内容			备注
			重要定义	主要参数	重要试验方法	
玉米	GB/T 22503—2008 高油玉米	规定了高油玉米的术语和定义、质量要求和卫生要求、检验方法、检验规则、标签标识以及包装、储存和运输的要求；本标准适用于收购、储存、加工和销售的商品高油玉米	干基粗脂肪含量不低于本标准规定最低指标（6.0%）的玉米	定等：粗脂肪 其他：不完善粒、杂质、水分	粗脂肪测定 GB/T 5512	
	NY/T 521—2002 高油玉米	规定了高油玉米的术语和定义、要求、试验方法和标志、标签、包装、储运等要求；适用于生产、加工、销售等过程中对高油玉米质量的检测、评价和鉴定	籽粒粗脂肪含量≥6.0%的玉米	定等：粗脂肪 其他：不完善粒、杂质、水分、脂肪酸值	粗脂肪测定 NY/T 4	
	GB/T 10463—2008 玉米粉	规定了玉米粉的相关术语和定义、分类、质量要求和卫生要求、检验方法、检验规则，标签和标识、包装以及运输和储存的要求；本标准适用于供人类直接食用或用作食品原料的玉米粉	脱胚玉米粉：经除杂、去皮、脱胚、研磨等工序加工而成的产品，也可由玉米糁研磨加工而成 全玉米粉：经清理除杂后直接研磨而成	分类：脂肪酸值、灰分 其他：粗脂肪、粗细度、含砂量、磁性金属物、水分	脂肪酸值测定 GB/T 20570—2006 附录 A 粗细度 GB/T 5507	
	GB/T 22496—2008 玉米糁	规定了玉米糁的相关术语和定义、分类、质量要求、检验方法、检验规则、标签标识，以及包装、储存和运输的要求；本标准适用于食用或作为食品原料的脱胚玉米糁	玉米糁：经除杂、脱胚、研磨和筛分等系列工序加工而成的颗粒状产品	分类：粗细度 其他：粗脂肪、脂肪酸值、灰分、含砂量、磁性金属物、水分	脂肪酸值测定 GB/T 15684 粗细度 GB/T 5507	粗细度分类定义筛网与引用检测标准不同
小麦	SB/T 10329—2000 裱花蛋糕	规定了裱花蛋糕的产品分类、技术要求、试验方法、检验规则和标志、标签、包装、运输、储存要求；适用于在蛋糕表面裱花的各类蛋糕	蛋白装饰料、蛋白膏、蛋白裱酱；奶油装饰料、奶油膏等；人造奶油装饰料、麦淇淋裱酱；植脂奶油装饰料人造掼奶油等；清蛋糕、混合蛋糕等	水分、脂肪、蛋白质、酸价、过氧化值 砷、铅、食品添加剂、黄曲霉毒素 B_1、微生物指标 装饰料比率	水分测定 GB/T 14769—1993、GB/T 14771；脂肪测定 GB/T 14772	两标准安全指标检测标准一致
	GB/T 31059—2014 裱花蛋糕	规定了裱花蛋糕的术语和定义、产品分类、技术要求、加工过程控制、检验方法、标签标识、包装、运输、储存、销售等的内容；适用于 3.4 定义的产品的生产、销售及检验	食用装饰料；非食用装饰料；裱花；蛋糕坯；清蛋糕坯；海绵蛋糕坯；戚风蛋糕坯；慕斯蛋糕坯；乳酪（奶酪/干酪）蛋糕坯；裱花蛋糕	干燥失重、蛋白质、脂肪、总糖、酸价、过氧化值 砷、铅、黄曲霉毒素 B_1、微生物指标	干燥失重、蛋白质、脂肪、总糖测定 GB/T 23780	

（续）

类别	标准名称	标准主要内容及范围	涉及重复内容			备注
			重要定义	主要参数	重要试验方法	
小麦	SB/T 10422—2007 速冻饺子	规定了速冻饺子产品的术语和定义、分类、要求、检验方法、检验规则、标志、包装、运输、储存、销售、召回等要求；本标准适用于以 3.2 定义产品的生产和销售	速冻：产品迅速通过其最大冰晶区域，当平均温度达到−18℃时，冻结加工方告完成的冻结方法 速冻饺子：以小麦或其他富含淀粉的原料加工的粉制皮，以肉、水产、蛋、蔬菜、食用油、食用盐、调味料等作馅料，经成型、熟制或不熟制、速冻、包装制作而成的且速冻后产品中心温度低于−18℃的饺子	水分、脂肪、蛋白质、酸价、过氧化值、铅、总砷、挥发性盐基氮、黄曲霉毒素 B_1、菌落总数、致病菌、大肠菌群、霉菌计数、馅含量	水分 GB/T 5009.3、脂肪 GB/T 5009.6、酸价和过氧化值 GB/T 5009.56、微生物指标测定 GB/T 4789.33；馅含量测定 SB/T 10422 的 7.4	
	GB/T 23786—2009 速冻饺子	规定了速冻饺子产品的术语和定义、分类、要求、检验方法、检验规则、判定规则、生产加工过程的卫生要求、标签、标志、包装、运输、储存、销售、召回等要求。本标准适用于以 3.2 定义产品的生产、检验和销售		水分、脂肪、蛋白质、酸价、过氧化值、铅、总砷、挥发性盐基氮、黄曲霉毒素 B_1、菌落总数、大肠菌群、沙门氏菌、金黄色葡萄球菌、志贺氏菌、霉菌、馅含量	水分 GB/T 5009.3、脂肪 GB/T 5009.6、酸价和过氧化值 GB/T 5009.56、微生物检测采用 GB/T 4789.2、GB/T 4789.3、GB/T 4789.4、GB/T 4789.10、GB/T 4789.5、GB/T 4789.15；馅含量测定按 GB/T 23786 附录 A	
食用豆	GB/T 24399—2009 黄豆酱	规定了黄豆酱的技术要求、试验方法、检验规则及标签、包装、运输、储存的要求	黄豆为主要原料，经微生物发酵酿制的酱类	氨基酸态氮、水分	氨基酸态氮 GB/T 5009.40 水分 GB/T 5009.3	
	SB/T 10309—1999 黄豆酱	适用于以黄豆、小麦粉为原料的酿造豆酱	黄豆、小麦粉为原料的酿制豆酱		全按 SB/T 10310—1999 执行	
	GB/T 22492—2008 大豆肽粉	规定了大豆肽粉的术语和定义、质量要求和卫生要求、检验方法、检验规则、标签标识以及包装、储存和运输的要求	以大豆粕或大豆蛋白等为主要原料，用酶解或微生物发酵法生产的，相对分子量在 5 000 以下，主要成分为肽的粉状物质	粗蛋白、肽含量、大于 80% 肽段相对分子量、灰分、水分、粗脂肪、脲酶活性	粗蛋白 GB/T 5009.5 大豆肽分子量见附录 A 脲酶 GB/T 5009.117	
	SB/T 10633—2011 豆浆类	规定了豆浆的术语和定义，技术要求，生产加工过程，检验方法，包装、标识和流通过程要求；适用于豆浆、调制豆浆及豆浆饮料	豆浆、调制豆浆、豆浆饮料	外观色泽、气味、滋味、组织状态、蛋白质、总固形物、脲酶定性	GB 2760、GB 5009.6、GB/T 5009.183	
	DB 52/520—2007 豆浆	规定了豆浆的产品分类、原辅料要求、技术要求、试验方法、检验规则、标志、包装、运输和储存；适用于以大豆为原料制成的各类豆浆	豆浆、调制豆浆	滋味、气味、组织形态、杂质、可溶性固形物、蛋白质、脂肪、脲酶试验	GB 2760、GB 5009.5、GB 5009.6、GB/T 5009.183	

（续）

类别	标准名称	标准主要内容及范围	涉及重复内容			备注
			重要定义	主要参数	重要试验方法	
食用豆	SB/T 10325—1999 调味品名词术语豆制品	规定的名词术语适用于以大豆或大豆饼粕为主要原料，经加工制成的豆类副食品	豆浆、豆腐、南豆腐、北豆腐、油炸豆制品、豆腐干、腐竹、豆粉、全脂豆粉、脱脂豆粉、低脂豆粉等定义重复			
	SB/T 10686—2012 大豆食品工业术语	规定了大豆食品加工中常用的术语与定义；适用于大豆食品生产、加工、贸易、管理和科研、教学工作				
	SB/T 10687—2012 大豆食品分类	规定了大豆食品的分类、定义；适用于大豆食品的管理、生产、检验、科研、教学及其他有关领域				

（2）标准间协调性差、不统一　标准间协调性差、不统一是粮食产品质量标准的主要问题，其中近半标准同时伴有参数设置不统一、定义矛盾不准确两个问题。水稻、玉米、小麦、食用豆和薯类产品标准都有参数设置和定义矛盾问题，而杂粮突出问题是作物学术名不统一。国家标准之间、国家标准与行业标准、不同行业标准之间都存在该类问题，参数和定义是产品质量定等定级的主要参数，粮食生产流通又涉及多个部门，虽然不同部门负责产业链环节不同、需求也不同，但对粮食产品质量的基本要求是一致的，国家标准与行业标准间不一致，其规定的产品就很难在产业链中有效流通，不利于整个产业链发展，以及质量追溯。下面分别对不同作物存在问题的情况进行比较，主要是水分、蛋白质和部分定等参数设置不统一。

①参数设置不一致

a. 玉米。表 4-5 与表 4-6 给出了玉米粉、玉米等产品的主要参数情况，其中参数设置不一致主要集中在专用玉米糯玉米、高油玉米、高淀粉玉米的不完善粒、生霉粒、粗淀粉含量（其中，粗淀粉含量是高淀粉玉米的定等指标）、玉米粉的水分含量和脂肪酸值。

b. 小麦。表 4-7 与表 4-8 给出了专用小麦和小麦粉的主要参数。其中专用小麦和小麦粉的参数设置不一致主要集中在粗蛋白质、湿面筋、稳定时间、最大拉伸阻力等质量参数。不同标准中对强筋小麦、中强筋小麦、中筋小麦、弱筋小麦的指标要求差异较大。

c. 杂粮。表 4-9 至表 4-11 给出了杂粮中高粱、粟和大麦主要参数的情况。杂粮涉及品种繁杂，不同品种以及其初级加工的质量要求各有不同，目前没有参数设置不一致的问题。

d. 食用豆。表 4-12 至表 4-15 给出了食用豆、大豆肽粉、卤制豆腐干、黄豆酱等产品的主要参数情况，其中参数设置不一致主要集中在红小豆的水分含量；卤制豆腐干的水分与蛋白质；黄豆酱的水分与氨基酸态氮；大豆肽粉的粗蛋白含量、肽段相对分子量设置。

②作物学术名不统一。不同作物学术名称不统一问题主要集中在杂粮和食用豆中。比较粮食名词术语主要标准，可以看出，问题主要集中在名称叫法有歧义的作物中，燕麦和莜麦、粟和谷子、黍和稷、赤豆和红小豆等，中文和英文叫法都有差异，如无学术拉丁名标注，很难准确区分。具体标准和涉及作物见表 4-16。

③定义不准确、有矛盾。不同标准隶属于各直属标准化技术委员会，标准间术语定义不准确、存在差异，术语定义标准和产品质量标准中产品定义不一致、有冲突，玉米、小麦和大豆等主粮同时涉及类似问题。国家粮食标准主要归口粮油标准化技术委员会，其对粮食的定义与农业行业、进出口行业标准表述差异较大。其中，农业行业标准从农学角度定义粮食，表述涵盖面最广、定义最全面；国家标准定义过于笼统，可参考性差；进出口行业标准粮食定义描述较全面，但未包括薯类等块状粮

表 4-5　玉米粉分级定等主要参数汇总表

标准编号	标准名称	水分含量（%）	灰分含量（干基）（%）	粗脂肪（干基）（%）	含砂量（%）	磁性金属物含量（g/kg）	脂肪酸值（KOH）（mg）	粒度大小
GB/T 10463—2008	玉米粉：脱胚玉米粉	≤14.5	≤1.0	≤2.0	≤0.02	≤0.003	≤60	全部通过 CQ10 号网
	全玉米粉		≤3.0	≤5.0			≤80	
GB/T 22496—2008	玉米糁	≤14.5	≤1.0	≤2.0	≤0.02	≤0.003	≤70	分：大、中、粗、细玉米糁，通过不同筛网留存情况判定
NY/T 418—2014	绿色食品　玉米及玉米粉：玉米碴子	≤14.0	杂质≤1.0				≤80	无
	脱胚玉米粉	≤14.0			≤0.02	≤0.003	≤60	
	全玉米粉						≤80	

注：脂肪酸值为每 10Cg 玉米中的含量。

表 4-6　玉米分级定等主要参数汇总表

标准编号	标准名称	容重（g/L）	不完善粒总量（%）	其中生霉粒（%）	杂质含量（%）	水分含量（%）	直链淀粉含量（%）	玉米穗品质分（分）	粗脂肪（干基）（%）	脂肪酸值（KOH）（mg）	可溶性糖含量（%）	粗淀粉（干基）（%）	粗蛋白（干基）（%）	赖氨酸（干基）（%）	膨化倍数	爆花率（%）
GB 1353—2009	玉米	3 等 ≥650	3 等 ≤8.0	≤2.0	≤1.0	≤14.0										
		5 等 ≥590	5 等 ≤15.0	≤2.0	≤1.0	≤14.0										
NY/T 519—2002	食用玉米	无	≤5.0	0	≤1.0	≤14.0			3 等 ≥3.0	≤40			3 等 ≥9.0	3 等 ≥0.25		
GB/T 17890—2008	饲料用玉米	三级 ≥660	三级 ≤8.0	≤2.0	≤1.0	≤14.0				≤60			≥8.0			
GB/T 22326—2008	糯玉米	≥660	≤6.0	≤0.5	≤1.0	≤14.0	3 等 ≤5.0*									
NY/T 524—2002	糯玉米		≤5.0	≤0	≤1.0	≤14.0	3 等 ≤5.0*	3 等 ≥60								
NY/T 523—2002	甜玉米							3 等 ≥60*			≥8					
GB/T 22503—2008	高油玉米		≤6.0	≤0.5	≤1.0	≤14.0			3 等 ≥6.0*							
NY/T 521—2002	高油玉米		≤5.0	≤0	≤1.0	≤14.0			3 等 ≥6.0*	≤40.0						
GB/T 8613—1999	淀粉发酵工业用玉米		≤5.0	≤1.0	≤1.0	≤14.0						2 等 ≥72* 3 等 ≥69*				
NY/T 597—2002	高淀粉玉米		≤5.0	≤0	≤1.0	≤14.0						3 等 ≥72*				
NY/T 520—2002	优质蛋白玉米	≥685	≤5.0	≤0	≤1.0	≤14.0							3 等 ≥9.0*	3 等 ≥0.40*		
NY/T 522—2002	爆裂玉米		≤1.0	≤0	≤0.5	11.0～14.0									3 等 ≥20*	3 等 ≥92*

注：＊指专用玉米定等指标，脂肪酸值为每 100g 玉米中的含量。

表 4-7 专用小麦分级定等主要参数汇总表

标准编号	标准名称			容重（g/L）	不完善粒（%）	硬度指数	降落数值（s）	粗蛋白质（%）	湿面筋（%）	稳定时间（min）	吸水率（%）	烘焙体积（cm³）	最大拉伸阻力（EU）	延伸性（mm）	能量（cm²）
GB 1351—2008	小麦		一等	≥790	≤6.0										
			二等	≥770											
			三等	≥750	≤8.0										
			四等	≥730											
			五等	≥710	≤10.0										
GB/T 17892—1999	优质小麦 强筋小麦		一等	≥770	≤6.0		≥300	≥15	≥35	≥10.0					
			二等	≥770				≥14	≥32	≥7.0					
GB/T 17893—1999	优质小麦 弱筋小麦			≥750	≤6.0		≥300	≤11.5	≤22	≤2.5					
NY/T 2121—2012	东北地区硬红春小麦	强筋	一等				≥300	≥15.0	≥32.0	≥10.0			≥450	≥180	
			二等				≥250	≥14.0	≥30.0	≥8.0			≥350	≥170	
		中强筋					≥250	≥13.0	≥28.0	≥6.0			≥300	≥160	
		中筋					≥250	≥12.0	≥26.0	≥3.0			—	—	
NY/T 1218—2006	黄淮海地区强筋白硬冬小麦		一等	≥770	≤6.0		≥250	≥14.50	≥33.0	≥12.0	≥60.0	≥800			≥110
			二等	≥750				≥13.50	≥30.0	≥7.0	≥58.0	≥750			≥80
GB/T 17320—2013	小麦品种品质分类	强筋				≥60		≥14.0	≥30	≥8.0	≥60		≥350		≥90
		中强筋				≥60		≥13.0	≥28	≥6.0	≥58		≥300		≥65
		中筋				≥50		≥12.5	≥26	≥3.0	≥56		≥200		≥50
		弱筋				<50		<12.5	<26	<3.0	<56		—		—
DB 11/T 169—2002	强筋、中筋、弱筋小麦（商品小麦）	强筋	一等	≥770			≥300	≥15.0	≥35	≥12.0	≥61		≥500	≥180	
			二等					≥14.0	≥32	≥8	≥59		≥450		
		中筋	一等	≥790				≥13.0	≥30	≥4.5	≥57		≥350	≥180	
			二等	≥770				≥12.0	28	≥3.5	≥55		≥300		
		强筋	一等	≥750				≤10.0	≤22	≤2.0	≤52		≤150	150～200	
			二等					≤11.0	≤24		≤54		≤200		

表 4-8 小麦粉分级定等主要参数汇总表

标准编号	标准名称		水分（%）	降落数值（s）	粗蛋白质（%）	湿面筋（%）	稳定时间（min）	灰分（%）	含砂量（%）	粗细度（%）
GB 1355—1986	小麦粉	特制一等	≤14.0			>26.0		<0.70	<0.02	全部通过 CB36 号筛，留存在 CB42 号筛的不超过 10.0%
		特制二等	≤14.0			>25.0		<0.85	<0.02	全部通过 CB30 号筛，留存在 CB36 号筛的不超过 10.0%
		标准粉	≤13.5			>24.0		<1.10	<0.02	全部通过 CQ20 号筛，留存在 CB30 号筛的不超过 10.0%
		普通	≤13.5			>22.0		<1.40	<0.02	全部通过 CQ20 号筛
GB/T 8607—1988	高筋小麦粉	一等	≤14.5		≥12.2	≥30.0		≤0.70	≤0.02	全部通过 CB36 号筛，留在 CB42 号筛的不超过 10.0%
		二等						≤0.85		全部通过 CB30 号筛，留在 CB36 号筛的不超过 10.0%
GB/T 8608—1988	低筋小麦粉	一等	≤14.0		≤10.0	≤24.0		≤0.60	≤0.02	全部通过 CB36 号筛，留在 CB42 号筛的不超过 10.0%
		二等						≤0.80		全部通过 CB30 号筛，留在 CB36 号筛的不超过 10.0%
LS/T 3201—1993	面包用小麦粉	精制级	≤14.5	250～350		≥33	≥10	≤0.60	≤0.02	CB30 号筛全部通过，CB36 号筛留存量不超过 15.0%
		普通级				≥30	≥7	≤0.75		
LS/T 3202—1993	面条用小麦粉	精制级	≤14.5	≥200		≥28	≥4.0	≤0.55	≤0.02	CB36 号筛全部通过，CB42 号筛留存量不超过 10.0%
		普通级				≥26	≥3.0	≤0.70		
LS/T 3203—1993	饺子用小麦粉	精制级	≤14.5	≥200		28～32	≥3.5	≤0.55	≤0.02	CB36 号筛全部通过，CB42 号筛留存量不超过 10.0%
		普通级						≤0.70		
LS/T 3204—1993	馒头用小麦粉	精制级	≤14.0	≥250		25.0～30.0	≥3.0	≤0.55	≤0.02	全部通过 CB36 号筛
		普通级						≤0.70		
LS/T 3205—1993	发酵饼干用小麦粉	精制级	≤14.0	250～350		24～30	≤3.5	≤0.55	≤0.02	CB36 号筛全部通过，CB42 号筛留存量不超过 10.0%
		普通级						≤0.70		
LS/T 3206—1993	酥性饼干用小麦粉	精制级	≤14.0	≥150		22～26	≤2.5	≤0.55	0.02	CB36 号筛全部通过，CB42 号筛留存量不超过 10.0%
		普通级					≤3.5	≤0.70		
LS/T 3207—1993	蛋糕用小麦粉	精制级	≤14.0	≥250		≤22.0	≤1.5	≤0.53	≤0.02	全部通过 CB42 号筛
		普通级				≤24.0	≤2.0	≤0.65		
LS/T 3208—1993	糕点用小麦粉	精制级	≤14.0	≥160		≤22.0	≤1.5	≤0.55	≤0.02	CB36 号筛全部通过，CB42 号筛留存量不超过 10.0%
		普通级				≤24.0	≤2.0	≤0.70		

表 4-9　高粱分级定等主要参数汇总表

标准编号	标准名称		容重（g/L）	不完善粒（%）	带壳粒（%）	杂质总量（%）	水分含量（%）	加工精度（%）	碎米（%）	单宁（%）
GB/T 8231—2007	高粱	1等	≥740	≤3.0	≤5	≤1.0	≤14.0	无	无	≤0.5
		2等	≥720							
		3等	≥700							
LS/T 3215—1985	高粱米	1等	无	2.0	高粱壳含量≤0.03	≤0.30	≤14.5	75.0	≤3.0	无
		2等		3.0				65.0		
		3等		4.0				55.0		

表 4-10　粟（小米、稷、黍）分级定等主要参数汇总表

标准编号	标准名称		容重（g/L）	不完善粒（%）	杂质总量（%）	矿物质（%）	水分含量（%）	加工精度（%）	碎米（%）	互混限度（%）
GB/T 8232—2008	粟	1等	≥670	≤1.5	≤2.0	≤0.5	≤13.5	无	无	无
		2等	≥650							
		3等	≥630							
GB/T 11766—2008	小米	1等	无	≤1.0	≤0.5	≤0.02	≤13.0	≥95	≤4.0	无
		2等		≤2.0	≤0.7			≥90		
		3等		≤3.0	≤1.0			≥85		
GB/T 13355—2008	黍	1等	≥690	≤2.0	≤2.0	≤0.5	≤14.0	无	无	无
		2等	≥670							
		3等	≥650							
GB/T 13356—2008	黍米	1等	无	≤2.0	≤0.5	≤0.02	≤14.0	≥80	≤6.0	≤5
		2等		≤3.0	≤0.7			≥70		
		3等		≤4.0	≤1.0			≥60		
GB/T 13357—2008	稷	1等	≥760	≤3.0	≤2.0	≤0.5	≤14.0	无	无	无
		2等	≥740							
		3等	≥720							
GB/T 13358—2008	稷米	1等	无	≤2.0	≤0.5	≤0.02	≤14.0	≥75	≤6.0	≤5
		2等		≤3.0	≤0.7			≥65		
		3等		≤4.0	≤1.0			≥55		

表 4-11　大麦分级定等主要参数汇总表

标准编号	标准名称		容重（g/L）	不完善粒（%）	杂质总量（%）	矿物质（%）	水分含量（%）	纯粮率（%）
GB/T 11760—2008	裸大麦	1等	≥790	≤6.0	≤1.0	≤0.5	≤13.0	无
		2等	≥770					
		3等	≥750					
		4等	≥730	≤8.0				
		5等	≥710	≤10.0				
LS/T 3101—1985	大麦	1等	无	无	≤1.5	无	≤13.5	≥97.0
		2等						≥95.0
		3等						≥93.0

表 4-12　食用豆分级定等主要参数汇总表

标准编号	标准名称		水分（%）	不完善粒（%）	霉变粒（%）	纯粮率（%）	异色粒（%）	粒径均匀度（%）	百粒重（g）	粗蛋白（%）	淀粉（%）	豆沙含量（%）
GB/T 10462—2008	绿豆	1等	≤13.5	杂质≤1.0		≥97.0						
		2等				≥94.0						
		3等				≥91.0						
		等外				<91.0						
NY/T 598—2002	食用绿豆	1等	≤13.5	≤3.0	≤0.1		≤1.0	整齐		≥25.0	≥54.0	
		2等		≤3.0	≤0.1		≤3.0	整齐		≥23.0	≥52.0	
		3等		≤3.0	≤0.1		≤3.0	较整齐		≥21.0	≥50.0	
NY/T 599—2002	红小豆	1等	≤14.5	≤3.0			≤1	≥75				
		2等		≤5.0			≤2	≥70				
		3等		≤7.0			≤3	≥65				
GB/T 20442—2006	地理标志产品　宝清红小豆	1等	≤14.5	≤2.0			≤1		≥16	≥20.0	≥50.0	≥70.0
		2等		≤4.0			≤2		≥16	≥20.0	≥50.0	≥70.0
		3等		≤6.0			≤3		≥16	≥20.0	≥50.0	≥70.0
GB/T 10461—2008	小豆　红小豆	1等	≤14.0			≥98.0						
		2等				≥95.0						
		3等				≥92.0						
		等外				<92.0						

表 4-13　卤制豆腐干分级定等主要参数汇总表

标准编号	标准名称		水分（%）	蛋白质（g）	过氧化值（g）	食盐（以 NaCl 计）（g）
SB/T 10632—2011	卤制豆腐干		≤65.0	≥15.0	≤0.25	
GB/T 23494—2009	豆腐干：卤制豆腐干	卤制豆腐干	≤75.0	≥14.0		≤4.0
		臭豆腐干	≤85.0	≥7.0		≤4.0

注：蛋白质、过氧化值、食盐为每 100g 含量。

表 4-14　黄豆酱分级定等主要参数汇总表

标准编号	示准名称	水分（%）	氨基酸态氮（以氮计）（g）	铵盐（以氮计）
GB/T 24399—2009	黄豆酱	≤65.0	≥0.50	不得超过氨基酸态氮（以氮计）含量的 30%
GB/T 10309—1999	黄豆酱	≤60.00	≥0.60（以干基计为 1.50%）	

注：氨基酸态氮为每 100g 含量。

表 4-15　大豆肽粉分级定等主要参数汇总表

标准编号	标准名称		水分（%）	干燥失重（%）	灰分（干基）（%）	粗蛋白质（干基）（%）	肽含量（干基）（%）	≥80%肽段的相对分子量	90%以上大豆肽分子量分布	粗脂肪（干基）（%）	尿酶（尿素酶）活性	pH（10%水溶液）
GB/T 22492—2008	大豆肽粉	一级	≤7.0		≤6.5	≥90.0	≥80.0	≤2 000		≤1.0		
		二级	≤7.0		≤8.0	≥85.0	≥70.0	≤5 000		≤1.0		
		三级	≤7.0		≤8.0	≥80.0	≥55.0	≤5 000		≤1.0		

表 4-16　标准中各作物名称汇总表

标准编号	标准名称	涉及不统一内容				
		燕麦	莜麦	粟	黍	稷
GB/T 22515—2008	粮油名词术语　粮食、油料及其加工产品	燕麦 common oats 定义为分为皮燕麦和裸燕麦	莜麦，即裸燕麦 hulless oats naked oats	粟 foxtail millet 定义为亦称谷子	黍 broomcorn millet（glutinous）	稷 broomcorn millet（non-glutinous）
NY/T 1961—2010	粮食作物名词术语	燕麦 oats 定义为包括皮燕麦、裸燕麦	裸燕麦 oats 拉丁名：*Avena nuda* L.	谷子 foxtail millet 定义为又称小米、粟米 拉丁名：*Setaria italica*（L.）P. Beauv.	黍稷 common millet 定义为糯性称黍 拉丁名：*Panicum miliaceum* L.	黍稷 common millet 定义为粳性称稷 拉丁名：*Panicum miliaceum* L.
NY/T 1294—2007	禾谷类杂粮作物分类与术语	燕麦 oats 定义为包括皮燕麦、裸燕麦	裸燕麦 oats 拉丁名：*Avena nuda* L.	谷子 foxtail millet 定义为粟 拉丁名：*Setaria italica*（L.）P. Beauv.	黍稷 common millet broomcorn millet 拉丁名：*Panicum miliaceum* L.	黍稷 common millet broomcorn millet 拉丁名：*Panicum miliaceum* L.
GB 4404.1—2008	粮食作物种子　第1部分：禾谷类（杂粮）	—	—	粟 拉丁名：*Setaris italica*	黍 拉丁名：*Panicum miliaceum* L.	—
GB 4404.4—2010	粮食作物种子　第4部分：燕麦	燕麦 拉丁名：*Avena sativa* L.	—	—	—	—

（续）

标准编号	标准名称	涉及不统一内容					
		大豆	赤豆（红小豆）	绿豆	蚕豆	豌豆	芸豆
GB/T 22515—2008	粮油名词术语　粮食、油料及其加工产品	大豆，分为黄大豆、青大豆、黑大豆、褐大豆、赤大豆、茶色大豆、花斑大豆等，soybean、soyabean、soya	小豆，根据种皮颜色分红小豆、白小豆、绿小豆等 small bean	绿豆，根据种皮颜色分为明绿豆、黄绿豆、灰绿豆 green beans	蚕豆，又称胡豆、罗汉豆、佛豆 broad bean	豌豆，又称麦豆、毕豆、小寒豆、淮豆 peas	菜豆，又称芸豆 kidney beans
NY/T 1961—2010	粮食作物名词术语	大豆，又称黄豆 soybean 拉丁名：*Glycine max*（L.）Merr.	小豆，又称红豆、红小豆、赤豆、赤小豆 adzuki bean 拉丁名：*Vigna angularis*（Willd.）Ohashi	绿豆，又称菉豆、植豆、文豆 mung bean 拉丁名：*Vigna radiata*（L.）Wilczek	蚕豆，又称胡豆、罗汉豆、佛豆 faba bean 拉丁名：*Vicia faba* L.	豌豆，又称麦豌豆、麦豆、寒豆、荷兰豆、软荚豌豆 pea 拉丁名：*Pisum sativum* L.	普通菜豆，又称芸豆、四季豆、唐豆 common bean 拉丁名：*Phaseolus vulgaris*
GB 4404.2—2010	粮食作物种子　第2部分：豆类	大豆 拉丁名：*Glycine max*（L.）Merr.	赤豆 拉丁名：*Vigna angularis*（Willd.）Ohwi & Ohashi	绿豆 拉丁名：*Vigna radiata*（L.）Wilczek	蚕豆 拉丁名：*Vicia faba* L.	—	—
GB/T 10461—2008	小豆	—	小豆，分红小豆、白小豆、绿小豆、杂小豆 small bean	—	—	—	—
GB/T 10459—2008	蚕豆	—	—	—	蚕豆 broad bean	—	—
GB/T 10460—2008	豌豆	—	—	—	—	豌豆 peas	—

食。粮食作为国家的重要经济生活命脉，不同领域定义差异较大，没有统一完整定义，影响粮食生产的整体布局和发展。

玉米、小麦、大豆等作物定义中，主要是文字描述有差异、定义的重要参数要求不同，如大豆未熟粒、生霉粒、冻伤粒、完整粒描述不一致，专用玉米定义和粮食术语标准表述不统一，强筋、中筋、弱筋小麦品质定义要求不同，都在标准执行和使用中，容易造成混乱，不利于管理，具体见表4-17～4-19。

表4-17　小麦不同标准定义术语不准确、有矛盾情况表

标准名称	强筋小麦	次强筋小麦	中筋小麦	弱筋小麦
GB/T 22515—2008 粮油名词术语　粮食、油料及其加工产品	strong gluten wheat 面筋含量高、面团揉和性能好、延伸性能好，硬度指数不低于60，适于生产面包粉以及搭配生产其他专用粉的硬质小麦	medium gluten wheat 面筋含量略低于强筋小麦，高于一般小麦，面团揉和性能、延伸性能较好，适于制作面条或馒头的硬质小麦		Weak gluten wheat　胚乳呈粉质，面筋含量低，面团耐揉性、弹性弱、硬度指数不高于45，适于制作饼干、糕点的软质小麦
NY/T 1961—2010 粮食作物名词术语	high gluten wheat　籽粒为硬质、面筋含量高、面团揉和性及延展性好、适于制作优质面包的小麦		medium gluten wheat 籽粒为硬质、半硬质或软质、面筋含量中等、面团揉和性及延展性较好、适于制作面条或馒头的小麦	Low gluten wheat　籽粒为软质、面筋含量低、面团揉和性及弹性较差、适于制作饼干、糕点的小麦
GB/T 17892—1999 优质小麦　强筋小麦	角质率不低于70%，加工成的小麦粉筋力强，适合于制作面包等食品			
GB/T 17893—1999 优质小麦　弱筋小麦				粉质率不低于70%，加工成的小麦粉筋力弱，适合制作蛋糕和酥性饼干等食品

表4-18　玉米不同标准定义术语不准确、有矛盾情况表

标准名称	糯玉米	甜玉米	高油玉米	高淀粉玉米	高赖氨酸玉米	玉米粉	玉米糁
GB/T 22515—2008 粮油名词术语 粮食、油料及其加工产品	Waxy corn 亦称蜡质玉米。籽粒不透明，无光泽，外观呈蜡质状，胚乳中支链淀粉含量较高，富有黏性的玉米	Sweet corn 籽粒中可溶性糖含量较高的玉米	High-oil corn　籽粒中脂肪含量较高的玉米	High-starch corn 籽粒中淀粉含量较高的玉米	High-lysine maize 籽粒中赖氨酸含量较一般玉米高的硬质或半硬质	Corn flour 亦称包米粉、棒子面。玉米加工而成的整粉状产品	Corn grits　亦称玉米碴。玉米加工而成的颗粒状产品
GB/T 22326—2008 糯玉米	Waxy corn 黏性较强的玉米。籽粒不透明，无光泽，呈蜡质状，胚乳淀粉主要是支链淀粉，直链淀粉含量较低（直链淀粉含量大于5.0%为等外）						

（续）

标准名称	糯玉米	甜玉米	高油玉米	高淀粉玉米	高赖氨酸玉米	玉米粉	玉米糁
NY/T 524—2002 糯玉米	又称蜡质玉米，是玉米的一种类型。其干基籽粒粗淀粉中直链淀粉含量≤5.0%						
NY/T 523—2002 甜玉米		玉米籽粒在最佳收获期可溶性糖含量≥8%					
GB/T 22503—2008 高油玉米			High oil corn 干基粗脂肪含量不低于本标准所规定最低指标的玉米				
NY/T 521—2002 高油玉米			籽粒粗脂肪含量≥6.0%的玉米				
NY/T 597—2002 高淀粉玉米				籽粒中粗淀粉含量≥72%的玉米			
NY/T 520—2002 优质蛋白玉米					优质蛋白玉米：籽粒赖氨酸含量≥0.40%的硬质或半硬质胚乳		
GB/T 10463—2008 玉米粉						脱胚玉米粉 degermed maize flour 经除杂、去皮、脱胚、研磨等工序加工而成的产品，也可由玉米糁研磨加工而成 全玉米粉 whole maize flour 经清理除杂后直接研磨而成的产品	
GB/T 22496—2008 玉米糁							Maize(corn) grits 经除杂、脱胚、研磨和筛分等系列工序加工而成的颗粒状产品

表4-19　大豆不同标准定义术语不准确、有矛盾情况表

标准名称	高油大豆	高蛋白质大豆	未熟粒	生霉粒	冻伤粒	完整粒
NY/T 1933—2010 大豆等级规格	高油大豆：粗脂肪含量（干基）不低于20.0%的大豆	高蛋白质大豆：粗蛋白质含量(干基)不低于40.0%的大豆				
GB 1352—2009 大豆	粗脂肪含量不低于20.0%的大豆	高蛋白质大豆：粗蛋白质含量不低于40.0%的大豆	籽粒不饱满，瘪缩达粒面1/2及以上或子叶青色部分达1/2及以上（青仁大豆除外）的、与正常粒显著不同的颗粒	粒面生霉的颗粒	因受冰冻伤害籽粒透明或子叶僵硬呈暗绿色的颗粒	籽粒完好正常的颗粒
GB/T 20411—2006 饲料用大豆			未成熟籽粒不饱满，瘪缩达粒面1/2以上或子叶绿色达1/2以上（绿仁大豆除外）与正常粒显著不同的大豆粒	粒面或子叶生霉的大豆粒	籽粒透明或子叶僵硬呈暗绿色的大豆粒	
LS/T 3241—2012 豆浆用大豆						籽粒完整或虽有破损但破损部分小于1/4的颗粒

（3）标准分散不系统　粮食产品种类众多，相关标准数量仅次于检测方法，但类似产品制定多项标准问题仍比较突出，产品类标准中部分标准制定分散，未能将类似产品汇总归类制定，造成使用者参照标准分散、不系统，也容易在标准制定过程中引起参数设置不合理、不统一。国家标准和行业产品类标准中带有附录，产品质量标准附带检测方法，是产品所需检测方法缺失时对应的解决办法。经过对标准逐一清理后，发现近半数附录方法已不再具有唯一性或已有新的现行检测标准，但旧的仍在使用，容易引起检测标准参照混乱，导致产品标准执行不畅，影响标准体系的系统性。

①产品标准过于细分。目前有粮食产品质量标准（含术语定义）210项，共涉及小麦、玉米和杂粮杂豆相关155种产品，相关标准185项，涵盖了原料、初加工品、副产品和种子，其中食用豆、小麦产品种类较多。从表4-20中可以看出，玉米、小麦、杂粮都有该问题存在，其中小麦最为突出。各种专用玉米、专用小麦粉、杂粮和杂粮米等相关参数设置基本一致，只是个别参数要求不同，或是同类产品差异很少，就分为多项产品标准。

表4-20　各作物产品分类情况表（只填写细分不合理的标准情况）

种类	涉及数量（项）	涉及标准		标准涉及主要参数
专用玉米	9	GB/T 22326—2008	糯玉米	直链淀粉、容重、不完善粒、杂质、水分
		NY/T 524—2002	糯玉米	直链淀粉、不完善粒、杂质、水分、玉米穗品质评分
		GB/T 22503—2008	高油玉米	粗脂肪、不完善粒、杂质、水分
		NY/T 521—2002	高油玉米	粗脂肪、不完善粒、杂质、水分、脂肪酸值
		NY/T 597—2002	高淀粉玉米	粗淀粉、杂质、水分、不完善粒
		GB/T 8613- 1999	淀粉发酵工业用玉米	粗淀粉、杂质、水分、不完善粒
		NY/T 523—2002	甜玉米	可溶性糖、品质

（续）

种类	涉及数量（项）	涉及标准		标准涉及主要参数
专用玉米	9	NY/T 520—2002	优质蛋白玉米	粗蛋白、赖氨酸、容重、杂质、水分、不完善粒
		NY/T 522—2002	爆裂玉米	膨化倍数、爆花率、杂质、水分、不完善粒
玉米粉	2	GB/T 10463—2008	玉米粉	脂肪酸值、灰分、粗脂肪、粗细度、含砂量、磁性金属物、水分
		GB/T 22496—2008	玉米糁	粗细度、粗脂肪、脂肪酸值、灰分、含砂量、磁性金属物、水分
小麦	4	GB/T 17892—1999	优质小麦 强筋小麦	容重、不完善粒、杂质、水分、色泽、气味、降落数值、粗蛋白质、湿面筋、面团稳定时间
		GB/T 17893—1999	优质小麦 弱筋小麦	容重、不完善粒、杂质、水分、色泽、气味、降落数值、粗蛋白质、湿面筋、面团稳定时间
		NY/T 2121—2012	东北地区硬红春小麦	降落数值、蛋白质、湿面筋、粉质曲线稳定时间、拉伸特性
		NY/T 1218—2006	黄淮海地区强筋白硬冬小麦	降落数值、蛋白质、湿面筋、粉质曲线稳定时间、拉伸特性
小麦粉	10	GB/T 8607—1988	高筋小麦粉	湿面筋、蛋白质、灰分、粉色、含砂量、粗细度、磁性金属物、脂肪酸值
		GB/T 8608—1988	低筋小麦粉	湿面筋、蛋白质、灰分、粉色、含砂量、粗细度、磁性金属物、脂肪酸值
		LS/T 3201—1993	面包用小麦粉	降落数值、湿面筋、稳定时间、灰分、含砂量、粗细度、磁性金属物
		LS/T 3202—1993	面条用小麦粉	降落数值、湿面筋、稳定时间、灰分、含砂量、粗细度、磁性金属物
		LS/T 3203—1993	饺子用小麦粉	降落数值、湿面筋、稳定时间、灰分、含砂量、粗细度、磁性金属物
		LS/T 3204—1993	馒头用小麦粉	降落数值、湿面筋、稳定时间、灰分、含砂量、粗细度、磁性金属物
		LS/T 3205—1993	发酵饼干用小麦粉	降落数值、湿面筋、稳定时间、灰分、含砂量、粗细度、磁性金属物
		LS/T 3206—1993	酥性饼干用小麦粉	降落数值、湿面筋、稳定时间、灰分、含砂量、粗细度、磁性金属物
		LS/T 3207—1993	蛋糕用小麦粉	降落数值、湿面筋、稳定时间、灰分、含砂量、粗细度、磁性金属物
		LS/T 3208—1993	糕点用小麦粉	降落数值、湿面筋、稳定时间、灰分、含砂量、粗细度、磁性金属物
粟、黍、稷	6	GB/T 8232—2008	粟	容重、不完善粒、杂质总量、矿物质、水分含量
		GB/T 11766—2008	小米	加工精度、碎米、不完善粒、杂质总量、矿物质、水分含量
		GB/T 13355—2008	黍	容重、不完善粒、杂质总量、矿物质、水分含量
		GB/T 13356—2008	黍米	加工精度、碎米、互混限度、不完善粒、杂质总量、矿物质、水分含量
		GB/T 13357—2008	稷	容重、不完善粒、杂质总量、矿物质、水分含量
		GB/T 13358—2008	稷米	加工精度、碎米、互混限度、不完善粒、杂质总量、矿物质、水分含量
高粱	2	GB/T 8231—2007	高粱	容重、单宁、不完善粒、杂质总量、水分含量、带壳粒
		LS/T 3215—1985	高粱米	加工精度、碎米、不完善粒、杂质总量、水分含量、带壳粒

（续）

种类	涉及数量（项）	涉及标准		标准涉及主要参数
绿豆	2	GB/T 10462—2008	绿豆	水分、杂质、矿物质、纯粮率
		NY/T 598—2002	食用绿豆	水分、杂质、矿物质、不完善粒、霉变粒、异色粒、整齐度、粗蛋白、粗淀粉
红小豆	2	NY/T 599—2002	红小豆	水分、不完善粒、异色粒、杂质、矿物质、粒径规格分类、粒径均匀度
		GB/T 20442—2006	地理标志产品宝清红小豆	水分、不完善粒、异色粒、杂质、矿物质、百粒重、粗蛋白、淀粉、豆沙含量
黄豆酱	3	GB/T 24399—2009	黄豆酱	水分、氨基酸态氮
		SB/T 10309—1999	黄豆酱	水分、氨基酸态氮、铵盐
		SB/T 10612—2011	黄豆复合调味酱	水分、氨基酸态氮、食盐、总酸
大豆粕	2	GB/T 13382—2008	食用大豆粕	水分、杂质、粗蛋白质、粗纤维素、粗脂肪、灰分、含砂量
		GB/T 21494—2008	低温食用豆粕	水分、杂质、粗蛋白质、粗纤维素、粗脂肪、灰分、含砂量、氮溶解指数
豆腐干	2	GB/T 23494—2009	豆腐干	水分、蛋白质、食盐
		SB/T 10632—2011	卤制豆腐干	水分、蛋白质、过氧化值

②附带检测方法。主要集中梳理了国家标准和行业标准，其中47项带有检测方法的附录（见表4-21）。多数标准所需检测标准出现时间相差5年以上，但制定检测方法标准时，未对产品质量标准进行清理，附录和检测方法重复或冲突，导致产品质量执行无固定标准，参数可参照性下降。

表 4-21　产品质量标准附录汇总表

标准编号	标准名称	附录内容	对应已有检测标准	备注
GB 1353—2009	玉米	附录A　玉米容重的测定方法	GB/T 5498—2013	附录和标准中方法、设备一致
		附录B　玉米快速干燥降水设备技术条件及操作方法	无	保留附录
NY/T 524—2002	糯玉米	附录A　蒸煮品质试验方法	无	需制定
NY/T 523—2002	甜玉米	附录A　甜玉米蒸煮品质试验方法	无	需制定
NY/T 522—2002	爆裂玉米	附录A　爆花率、膨化倍数检验方法	无	保留附录
GB 12309—1990	工业玉米淀粉	全文附有水分、细度、斑点、酸度、等检测方法	GB/T 12087—2008 淀粉水分测定；GB/T 22427.5—2008 淀粉细度测定；GB/T 22427.4—2008 淀粉斑点测定	需修订标准，保留部分附录
GB/T 17320—2013	小麦品种品质分类	附录A　实验室馒头制作与评价方法	LS/T 3204—1993 馒头用小麦粉附录A	直接发酵法，加工方法不同，评分标准比例不一样，需统一后制定馒头实验室制作评价方法
		附录B　实验室面条制作与评价方法	无鲜切面相关方法	需制定面条实验室制作和评价方法
NY/T 967—2006	农作物品种审定规范小麦	附录A　小麦品种抗性评分	无	保留附录

（续）

标准编号	标准名称	附录内容	对应已有检测标准	备注
GB/T 20571—2006	小麦储存品质判定规则	附录A　小麦蒸煮品质评定试验方法	无	保留附录，主要通过馒头气味和食味判断小麦储存品质
NY/T 421—2012	绿色食品　小麦及小麦粉	附录A　绿色食品　小麦、小麦粉和全麦粉产品认证检验项目	无	保留附录
LS/T 3201—1993	面包用小麦粉	附录A　制品（面包）评分	有，GB/T 14611—2008	不需保留
LS/T 3202—1993	面条用小麦粉	附录A　制品（面条）评分	无制作评价干面条方法	需制定面条实验室制作和评价方法
LS/T 3203—1993	饺子用小麦粉	附录A　饺子用小麦粉制品品质评分	无	暂时保留，再进一步制定相关标准
LS/T 3204—1993	馒头用小麦粉	附录A　制品（馒头）制作与评分	GB/T 17320—2013 小麦品种品质分类附录A	直接发酵法，加工方法不同，评分标准比例不一样，需统一后制定馒头实验室制作评价方法
LS/T 3205—1993	发酵饼干用小麦粉	附录A　发酵饼干的制作、试验方法	无	暂时保留，再进一步制定检测标准
LS/T 3206—1993	酥性饼干用小麦粉	附录A　酥性饼干的制作、试验方法	无	暂时保留，再进一步制定检测标准
LS/T 3207—1993	蛋糕用小麦粉	附录A　制品（蛋糕）试验方法与评分标准	GB/T 24303—2009 粮油检验小麦粉蛋糕烘焙品质试验　海绵蛋糕法	制作配方、评分标准不同，需比对后形成统一标准
LS/T 3208—1993	糕点用小麦粉	附录A　制品（苏式杏仁酥）试验方法与评分标准	无	保留附录
LS/T 3209—1993	自发小麦粉	附录A　拉伸仪结构示意图	GB/T 14615—2006 小麦粉面团的物理特性流变学特性的测定拉伸仪法	不需保留
LS/T 3212—2014	挂面	附录A　口感检测 附录B　自然断条率的测定 附录C　熟断条率及烹调损失率测定	无	保留附录
GB/T 21122—2007	营养强化小麦粉	附录A　营养强化小麦铁含量及混合均匀度的测定方法	无	保留附录
GB/T 31059—2014	裱花蛋糕	附录A　裱花蛋糕按装饰材料分类	无	保留附录
GB/T 20977—2007	糕点通则	附录A　总糖含量的测定（斐林氏容量法）	无	保留附录
GB/T 30645—2014	糕点分类	附录A　糕点按产品区域特色分类 附录B　糕点产品示例	无	保留附录
GB/T 23786—2009	速冻饺子	附录A　馅含量	无	保留附录
GB/T 21118—2007	小麦粉馒头	附录A　小麦粉馒头比容测定 附录B　小麦粉馒头 pH 的测定 附录C　小麦粉馒头水分测定	无	保留附录
NY/T 1512—2014	绿色食品生面食、米粉制品	附录A　绿色食品生面食、米粉制品产品申报检验项目	无	保留附录

（续）

标准编号	标准名称	附录内容	对应已有检测标准	备注
GB 1352—2009	大豆	附录A　完整粒率、损伤粒率、热损伤粒率检验方法	GB/T 5494 粮食油料杂质、不完善粒检验	虽有标准，但定义不明确，指导性差，需修订相关标准
LS/T 3241—2012	豆浆用大豆	附录A　豆浆用大豆食味品质评价方法	无	暂时保留，再进一步制定检测标准
GB/T 10462—2008	绿豆	附录A　绿豆硬实粒的检验方法	无	保留附录
NY/T 598—2002	食用绿豆	附录A　食用豆类粗淀粉测定方法	GB 5009.9—2016　食品安全国家标准 食品中淀粉的测定	不需保留
GB/T 20442—2006	地理标志产品宝清红小豆	附录B　豆沙含量测定方法	无	保留附录
NY/T 1269—2007	木豆	附录A　豆象的安全防控方法	无	需制定
GB/T 22491—2008	大豆低聚糖	附录A　大豆低聚糖含量的测定	无	需制定
LS/T 3301—2005	可溶性大豆多糖	附录A　可溶性多糖含量的测定	无	需制定
		附录B　可溶性大豆多糖粘度、成胶性、pH及透明度的测定方法	无	保留附录
		附录C　可溶性大豆多糖的鉴定——主要组成分子质量分布范围的测定	无	
GB/T 22492—2008	大豆肽粉	附录A　肽相对分子质量分布的测定方法	无	需制定
		附录B　肽含量的测定方法	无	保留附录
QB/T 2653—2004	大豆肽粉(废止)	附录A　肽分子量分布的测定方法(高效凝胶过滤色谱法)	无	需制定
GB/T 22464—2008	大豆皂苷	附录A　大豆皂苷含量测定	NY/T 1842 人参中皂苷的测定	修订相关标准适用于大豆皂苷的测定
GB/T 13382—2008	食用大豆粕	附录A　大豆粕中杂质的测定	GB/T 5494—2008	附录和标准中方法、设备一致
		附录B　大豆粕中掺杂物的检验	无	保留附录
GB/T 21494—2008	低温食用豆粕	附录A　低温食用豆粕中杂质的测定方法	GB/T 5494—2008	附录和标准中方法、设备一致
NY/T 2218—2012	饲料原料发酵豆粕	附录A　发酵豆粕水苏糖含量测定方法	QB/T 4260 中 6.3 水苏糖含量测定	暂时保留，再进一步制定检测标准
GB 30607—2014	食品安全国家标准食品添加剂酶解大豆磷脂	附录A　检验方法	无	检验方法表述不明确，保留附录，给出明确说明

（续）

标准编号	标准名称	附录内容	对应已有检测标准	备注
GB/T 23878—2009	饲料添加剂 大豆磷脂	4.5 己烷不溶物的测定	SN/T 0802.2—1999	4.5 与标准中方法、设备一致，有机试剂使用是己烷或石油醚不同
		4.6 丙酮不溶物的测定	SN/T 0802.2—1999	4.6 与标准中方法、设备一致，有机试剂使用是己烷或石油醚不同
		4.8 酸价的测定	SN/T 0801.19—1999	4.8 与标准中方法、设备一致
NY/T 1252—2006	大豆异黄酮	附录 A 大豆异黄酮苷的检测方法（高效液相色谱法）	NY/T 1740—2009	附录与标准中方法、设备一致
		附录 B 大豆异黄酮苷元的检测方法（高效液相色谱法）	NY/T 1740—2009	附录和标准中方法、设备一致
		附录 C 大豆皂苷的检测方法（减差法）	NY/T 1842 人参中皂苷的测定	修订相关标准适用于大豆皂苷的测定
GB/T 23782—2009	方便豆腐花（脑）	6.2.2 总糖（测定）	无	保留附录
		附录 A 凝结度检验方法	无	保留附录
GB/T 11766—2008	小米	附录 A 小米加工精度检验（EMB）方法	GB/T 5502—2008 粮油检验 米类精度加工精度检验	GB/T 5502 也适用于小米、黍米、稷米，附录与标准染色剂不同
GB/T 13356—2008	黍米	附录 A 黍米加工精度检验（EMB）方法		
GB/T 13358—2008	稷米	附录 A 稷米加工精度检验（EMB）方法		

（4）内容格式陈旧需更新 随着国家安全法规不断完善，检测方法标准不断更新，部分产品质量标准制定较早，其引用标准未及时更新，经过对所有标准梳理，发现 35 项标准存在更新不及时的问题。粮食生产结构布局优化、加工工艺提高，标准制修订要求提高，产品质量标准标龄过久，格式已不符合要求，其中标龄 15～19 年 9 项，20 年及以上 40 项，其中格式不符需修订标准 41 项。

①引用标准更新不及时。从表 4-22 可以看出，产品质量标准引用标准未及时修订，主要集中在杂质、不完善粒、毒素、微生物等检测方法上；玉米、大豆相关标准中杂质和不完善粒引用 30 世纪 80 年代的旧标准，标准更新后，对玉米类产品影响不大，但大豆相关引用参数已删除，导致标准无法执行；理化指标、毒素、微生物等限量标准修订或变更后，小麦、小宗粮豆等产品质量标准未能及时变更。产品质量标准在执行过程中，无明确指标限量参考，影响标准执行、产品流通。随着国家标准化工作的不断深入，食品安全标准系统制定，现有的粮食卫生标准《方便面卫生标准》（GB 17400—2003）、《糕点、面包卫生标准》（GB 7099—2003）、《粮食卫生标准》（GB 2715—2005）都与现有 GB 2761、GB 2762、GB 2763 标准有矛盾，安全限量未能及时更新调整，建议修订。

表 4-22 产品质量标准引用未更新情况汇总表

标准编号	标准名称	未更新内容	对应新标准	未修订影响
NY/T 519—2002	食用玉米	引用 GB 1353—1999 玉米 3.5 杂质见 GB 1353—1999 中 3.3 3.6 不完善粒见 GB 1353—1999 中 3.2	GB 1353—2009 玉米	杂质、不完善粒定义无影响

（续）

标准编号	标准名称	未更新内容	对应新标准	未修订影响
NY/T 519—2002	食用玉米	引用 GB/T 5494—1985 粮油检验 粮食、油料的杂质、不完善粒检验	GB/T 5494—2008	无
		引用 GB/T 15684—1955 谷物制品脂肪酸值测定法	GB/T 15684—2015 谷物研磨制品脂肪酸值的测定	检测条件变化，需比对确认
GB/T 22326—2008	糯玉米	引用 GB 1353—1999 玉米	GB 1353—2009 玉米	GB/T 5498 容重检测都允许
		6.5 容重检验：按 GB 1353—1999 附录 A 执行 用 GHCS-1000 型谷物容重器	GB 1353—2009 玉米用 GHCS-1000 型或 HGT-1000 型谷物容重器	
NY/T 524—2002	糯玉米	引用 GB 1353—1999 玉米		
		引用 GB/T 5494—1985 粮油检验 粮食、油料的杂质、不完善粒检验	GB/T 5494—2008	无
		引用 GB/T 5514—1985 粮油检验 淀粉测定法	GB 5009.9—2016	需比对确认
		引用 GB/T 15682—1995 稻米蒸煮试验品质评定	GB/T 15682—2008	品评人员、时间等要求不同
		3.6 杂质、不完善粒见 GB 1353—1999 中 3.2、3.3	GB 1353—2009 玉米	无
NY/T 521—2002	高油玉米	引用 GB 1353—1999 玉米	GB 1353—2009 玉米	
		引用 GB/T 5494—1985 粮油检验 粮食、油料的杂质、不完善粒检验	GB/T 5494—2008	无
		引用 GB/T 5510—1985 粮油检验 脂肪酸值测定法	GB/T 5510—2011	添加石油醚法、精密度
		3.3 不完善粒见 GB 1353—1999 中 3.2 3.4 杂质见 GB 1353—1999 中 3.3	GB 1353—2009 玉米	无
NY/T 597—2002	高淀粉玉米	引用 GB 1353—1999 玉米	GB 1353—2009 玉米	
		引用 GB/T 5494—1985 粮油检验 粮食、油料的杂质、不完善粒检验	GB/T 5494—2008	无
		引用 GB/T 5514—1985 粮油检验 淀粉测定法	GB 5009.9—2016	需比对确认
		3.3 不完善粒、杂质按 GB 1353—1999 中 3.2/3.3 执行	GB 1353—2009 玉米	无
GB/T 8613—1999	淀粉发酵工业用玉米	引用 GB/T 5514—1985 粮油检验 淀粉测定法	GB 5009.9—2016	需比对确认
		3.1 不完善粒、杂质、色泽、气味见 GB 1353—1999 中 3.2、3.3、3.4 5.1 检验的一般原则按 GB 1353—1999 中执行	GB 1353—2009 玉米	GB 1353 中检测标准已修订
NY/T 523—2002	甜玉米	引用 GB/T 5513—1985 粮油检验 还原糖和非还原糖测定法	GB/T 5513—2008	需比对确认
		引用 GB/T 6194—1986 水果、蔬菜可溶性糖测定法	已废止	

（续）

标准编号	标准名称	未更新内容	对应新标准	未修订影响
NY/T 520—2002	优质蛋白玉米	引用 GB 1353—1999 玉米	GB 1353—2009 玉米	
		引用 GB/T 5494—1985 粮油检验 粮食、油料的杂质、不完善粒检验	GB/T 5494—2008	无
		3.3、3.4、3.5 中引用仍为 GB 1353—1999 5.3 容重检验按 GB 1353—1999 中附录 A 执行 用 GHCS-1000 型谷物容重器	GB 1353—2009 玉米用 GHCS-1000 型或 HGT-1000 型谷物容重器	GB/T 5498 容重检测都允许
NY/T 522—2002	爆裂玉米	引用 GB 1353—1999 玉米	GB 1353—2009 玉米	
		引用 GB/T 5494—1985 粮油检验 粮食、油料的杂质、不完善粒检验	GB/T 5494—2008	无
		3.4、3.5 杂质、不完善粒见 GB 1353—1999 中 3.2、3.3	GB 1353—2009 玉米	无
GB/T 10463—2008	玉米粉	引用 GB/T 20570—2006 玉米储存品质判定规则	GB/T 20570—2015	指标有变动
GB 12309—1990	工业玉米淀粉	引用 GB191、GB601、GB602、GB603、GB604	GB/T 191—2008、GB/T 601—2002、GB/T 602—2002、GB/T 603—2002、GB/T 604—2002	
GB/T 8885—2008	食用玉米淀粉	GB/T 12086 淀粉灰分测定方法	GB/T 22427.1—2008	需比对确认
		GB/T 12086 淀粉斑点测定方法	GB/T 22427.4—2008	需比对确认
		GB/T 12086 淀粉细度测定方法	GB/T 22427.5—2008	需比对确认
		GB/T 12086 淀粉白度测定方法	GB/T 22427.6—2008	需比对确认
		GB 12309—1990 工业玉米淀粉	仍是现行标准，但已建议修订	应将引用年份去掉
GB/T 22369—2008	甜玉米罐头	QB/T 3600 罐头食品包装、标志、运输和储运	QB/T 04631—2014	标准号已变更
NY/T 1407—2007	绿色食品 速冻预包装面米食品	致病菌为不得检出，未给出采样方案	涉及的主要标准 GB 19295—2011 食品安全国家标准 速冻面米制品已修订，给出了微生物采样方案	卫生指标与国家标准不一致
SB/T 10412—2007	速冻面米食品	铅、酸价、过氧化值、黄曲霉毒素 B_1、挥发性盐基氮、总砷按 GB 19295 执行	GB 19295—2011 在修订时取消了黄曲霉毒素 B_1、挥发性盐基氮、酸价、总砷的限量，修改了微生物限量	卫生指标与国家标准不一致，标准中规定的黄曲霉毒素 B_1、挥发性盐基氮、酸价、总砷的指标要求不明确
GB/T 23786—2009	速冻饺子	标准与 GB 19295 的衔接存在问题。该标准理化指标中黄曲霉毒素 B_1、挥发性盐基氮、酸价、总砷的指标要求按 GB 19295 规定执行	GB 19295—2011 在修订时取消了黄曲霉毒素 B_1、挥发性盐基氮、酸价、总砷的限量	卫生指标与国家标准不一致，标准中规定的黄曲霉毒素 B_1、挥发性盐基氮、酸价、总砷的指标要求不明确
GB/T 21122—2007	营养强化小麦粉	判定规则按 GB 1355—1986 的 6.4 进行判定	GB 1355—1986 标准中不含该条款	无法执行

（续）

<table>
<tr><th>标准编号</th><th>标准名称</th><th>未更新内容</th><th>对应新标准</th><th>未修订影响</th></tr>
<tr><td rowspan="5">GB/T 8608—1988</td><td rowspan="5">低筋小麦粉</td><td>卫生指标按 GB 2715—81</td><td>GB 2715—2016</td><td rowspan="5">不更新，无法执行</td></tr>
<tr><td>GB 2761—81</td><td>GB 2761—2017</td></tr>
<tr><td>GB 2762—81</td><td>GB 2762—2017</td></tr>
<tr><td>GB 2763—81</td><td>GB 2763—2016</td></tr>
<tr><td>GB 4809—84</td><td>GB 4809—84 已废止</td></tr>
<tr><td rowspan="5">GB/T 8607—1988</td><td rowspan="5">高筋小麦粉</td><td>卫生指标按 GB 2715—81</td><td>GB 2715—2016</td><td rowspan="5">不更新，无法执行</td></tr>
<tr><td>GB 2761—81</td><td>GB 2761—2017</td></tr>
<tr><td>GB 2762—81</td><td>GB 2762—2017</td></tr>
<tr><td>GB 2763—81</td><td>GB 2763—2016</td></tr>
<tr><td>GB 4809—84</td><td>GB 4809—84 已废止</td></tr>
<tr><td>GB/T 8231—2007</td><td>高粱</td><td>5.2 卫生指标按 GB 2715 和国家有关标准和规定执行</td><td rowspan="3">GB 2761—2017 食品安全国家标准 食品中真菌毒素限量、GB 2762—2017 食品安全国家标准 食品中污染物限量、GB 2763—2016 食品安全国家标准 食品中农药最大残留限量</td><td rowspan="3">GB 2715 大部分内容已被 GB 2761、GB 2762、GB 2763 替代，卫生要求已变化</td></tr>
<tr><td>GB/T 11760—2008</td><td>裸大麦</td><td>4.2.1 食用裸大麦按 GB 2715 及国家有关规定执行</td></tr>
<tr><td>GB/T 7416—2008</td><td>啤酒大麦</td><td>5.3 卫生要求参照 GB 2715 和相关标准执行</td></tr>
<tr><td>GB/T 20411—2006</td><td>饲料用大豆</td><td>5 抽样：按照 GB/T 1352 执行
6.1 色泽、气味、杂质、不完善粒测定按照 GB/T 1352 执行</td><td>GB 1352—2009 大豆</td><td>GB 1352—2009 中已经删除了抽样、色泽、气味、杂质、不完善粒测定相关内容</td></tr>
<tr><td>NY/T 954—2006</td><td>小粒黄豆</td><td>3.2 纯粮率、不完善粒见 GB 1352</td><td>GB 1352—2009 大豆</td><td>GB 1352—2009 中已经删除了纯粮率、不完善粒测定相关内容</td></tr>
<tr><td>GB 14891.8—1997</td><td>辐照豆类、谷类及其制品卫生标准</td><td>3.1 剂量限制与辐射要求
5 检验方法：按 GB 5009.36 执行</td><td>GB/T 5009.36—2003 粮食卫生标准的分析方法</td><td>引用标准性质已变更，该标准中没有辐照剂量相关检测方法内容</td></tr>
<tr><td>SB/T 10948—2012</td><td>熟制豆类</td><td>5.5 中表 3：无机砷、氟应符合 GB 2762 的规定</td><td>GB 2762—2012 食品安全国家标准 食品中污染物限量</td><td>GB 2762—2012 中对熟制豆类中无机砷、氟无规定</td></tr>
<tr><td rowspan="2">SB/T 10453—2007</td><td rowspan="2">膨化豆制品</td><td>4.2.2 中表 2：铜≤20（按 GB 15199 的规定执行）</td><td>GB 15199—1994 食品中铜限量卫生标准已废止</td><td>无法参看</td></tr>
<tr><td>4.2.3 卫生指标：应符合 GB 2711 的要求</td><td>GB 2711—2014 食品安全国家标准 面筋制品
GB 2712—2014 食品安全国家标准 豆制品</td><td>GB 2711 是面筋制品安全标准不包括豆制品内容，已经更新为 GB 2712—2014</td></tr>
<tr><td>SB/T 10649—2012</td><td>大豆蛋白制品</td><td>6.3.2 蒸煮大豆蛋白：菌落菌数、大肠菌群、沙门氏菌、金黄色葡萄球菌、志贺氏菌、总砷和铅的指标应符合 GB 2711 的相关规定</td><td>GB 2711—2014 食品安全国家标准 面筋制品
GB 2712—2014 食品安全国家标准 豆制品</td><td>GB 2711 是面筋制品安全标准不包括豆制品内容，已经更新为 GB 2712—2014</td></tr>
</table>

（续）

标准编号	标准名称	未更新内容	对应新标准	未修订影响
DB 11/T 169—2002	强筋、中筋、弱筋小麦	引用GB/T 5514—1985 粮油检验 淀粉测定法	GB 5009.9—2016	需比对确认
		引用GB/T 14614—93 小麦粉吸水量面团糅合性能测定法 粉质仪法	GB/T 14614—2006	需比对确认
DB 34/T 338—2003	豆制品 油炸豆泡	GB 2760—1996 食品添加剂使用卫生标准	GB 2760—2014	参数要求已变更
		GB 7718—1994 食品标签通用标准	GB 7718—2011	
		GB 5749—1985 生活饮用水卫生标准	GB 5749—2006	
		GB 2715—1981 粮食卫生标准	GB 2715—2016	
DB 34/T 342—2003	豆制品 腐皮	GB 2760—1996 食品添加剂使用卫生标准	GB 2760—2014	参数要求已变更
		GB 7718—1994 食品标签通用标准	GB 7718—2011	
		GB 5749—1985 生活饮用水卫生标准	GB 5749—2006	
		GB 2715—1981 粮食卫生标准	GB 2715—2016	
DB 34/T 341—2003	豆制品 卤制豆腐干	GB 2760—1996 食品添加剂使用卫生标准	GB 2760—2014	参数要求已变更
		GB 7718—1994 食品标签通用标准	GB 7718—2011	
		GB 5749—1985 生活饮用水卫生标准	GB 5749—2006	
		GB 2715—1981 粮食卫生标准	GB 2715—2016	
		GB 13104—1991 白糖卫生标准	GB 13104—2014	
DB 34/T 340—2003	豆制品 豆腐干	GB 2760—1996 食品添加剂使用卫生标准	GB 2760—2014	参数要求已变更
		GB 7718—1994 食品标签通用标准	GB 7718—2011	
		GB 5749—1985 生活饮用水卫生标准	GB 5749—2006	
		GB 2715—1981 粮食卫生标准	GB 2715—2016	
DB 34/T 343—2003	豆制品 白页（千张）	GB 2760—1996 食品添加剂使用卫生标准	GB 2760—2014	参数要求已变更
		GB 7718—1994 食品标签通用标准	GB 7718—2011	
		GB 5749—1985 生活饮用水卫生标准	GB 5749—2006	
		GB 2715—1981 粮食卫生标准	GB 2715—2016	

②文本陈旧需修订。产品类标准中标龄10年以上的共计有76项，其中20年以上32项，主要涉及饲料类标准《饲料用小麦》《饲料用小麦麸》等，以及《小麦粉》《高筋小麦粉》《低筋小麦粉》《自发小麦粉》和系类专用小麦粉，另外涉及部分地方品种标准。经过梳理有多数标准，主要是小麦等标准的格式不符合要求，需进一步修订。限量标准虽然制定起步较晚，但最早制定负责辐照卫生标准《辐照豆类、谷类及其制品卫生标准》（GB 14891.8—1997），标龄已超15年，格式不符要求需修订。

（5）其他问题 粮食产品质量标准除了上述几大问题外，还有标准自身矛盾、表述不清等问题，具体涉及标准见表4-23。

表 4-23 产品质量标准自身矛盾情况汇总表

标准编号	标准名称	标准正文内容	问题点	备注
GB/T 22496—2008	玉米糁	定义中大玉米糁、中玉米糁、粗玉米糁、细玉米糁，通过不同型号筛网留存情况判定	引用文件 GB/T 5507 粮食检验分类粗细度测定中，筛网只有 CQ10、CQ16、CQ20 等型号	自身矛盾
GB/T 8608—1988	低筋小麦粉	技术要求规定以面筋含量和灰分分等	等级指标中面筋含量并未划分不同的等级	自身矛盾
GB/T 8607—1988	高筋小麦粉	技术要求规定以面筋含量和灰分分等	等级指标中面筋含量并未划分不同的等级	自身矛盾
GB 30607—2014	食品安全国家标准 食品添加剂酶解大豆磷脂	标准中缺少规范性引用文件，只有附录 A“检验方法”	附录 A“检验方法”名称应具体化	表述不清
NY/T 1252—2006	大豆异黄酮	标准中“3 术语和定义”中有“大豆异黄酮苷、大豆异黄酮（苷）、大豆异黄酮苷元、大豆异黄酮（苷元）”叫法相近	4 个词应给出英文名称，以避免混淆	表述不清

（6）覆盖面仍不足 粮食产品种类多、加工工序长，专用品质、初级加工品、副产品等种类众多，在水稻、杂粮和食用豆方面产品标准仍然不足。在青贮饲料品质分级、即食玉米、鲜食玉米、黑麦、薏苡、各种杂粮豆，以及种质资源和加工品术语等标准方面仍有缺失。其中，青贮饲料和地理标志产品建议在现有标准基础上，通过修订的方式并入新的产品标准。涵盖范围有待扩宽。粮食产品及其加工产品数量、种类不断增加，而现有《食品安全国家标准 食品中真菌毒素限量》（GB 2761—2017）、《食品安全国家标准 食品中污染物限量》（GB 2762—2017）未能满足市场迅速发展需求，比如薯类及其制品、谷物副产品米糠、麦麸等都无相关限量，建议修订。

三、生产规范类标准发展现状

1. 生产规范类标准总体情况和现状 粮食、小麦、玉米、杂粮和食用豆生产过程规范标准主要包括生产过程（栽培、加工、储运）、外部规范（环境、灾害）、全程管理三方面标准共 95 项，其中植保 20 项、加工 17 项、栽培 16 项、全程 11 项、储运 9 项、灾害 7 项、环境 4 项，以及种子生产 11 项。生产过程规范标准，主要集中在种植、加工、储运和全程管理等环节中；强制性国家标准 2 项、推荐性国家标准 27 项、指导性国家标准 2 项，其余为推荐性行业标准。

生产规范标准制定总体起步较晚，20 世纪 90 年代初开始制定了大宗粮食主产区栽培技术农业行业标准。2000 年以后，国家标准、各行业标准开始集中制定，主要集中在生产技术规程方面。近几年，标准主要集中在灾害、全程追溯、新兴栽培技术等。

经过 20 多年的发展，生产规范在植保、种子生产、栽培和加工等方面形成了一定规模的标准框架。植保技术主要以小麦、玉米、大豆等主要粮食作物的病虫害防治、测报为重。种子生产标准中主要关于较早制定小麦种子生产的产地检疫标准，其他作物产地检疫标准为推荐性国家标准。栽培技术主要是农业行业标准，涉及高油高蛋白大豆、冬小麦栽培技术；国家标准化指导文件，主要有杂豆等作物的生产规程。加工规程中，国家推荐性标准主要涉及水稻/小麦/玉米干燥技术、豆类辐照杀虫技术；豆类及制品辐照杀菌技术规范、罐装甜玉米加工技术规范；国内贸易行业标准中主要是豆制品加工流通规程、豆芽 HACCP 规程。

储运和全程标准也有一定规模。储运规程主要涉及谷类、油料、薯类仓储流通规程，农业行业标准主要涉及豆类；国内贸易行业标准主要涉及出口粮食。全程管理主要包括：农业行业标准主要涉及无公害谷物、豆类等生产技术规范、农产品安全追溯等；国家标准主要包括真菌毒素预防。

灾害和环境方面标准数量较少，仍是薄弱环节。环境方面都是农业行业标准，其中强制性标准是无公害水稻环境条件，其他为推荐性标准涉及小麦、玉米、大豆生产环境要求。灾害规范中的国家标准是大豆食心虫测报调查规范，农业和气象行业标准主要关于小麦/水稻/玉米田间灾害、冷害调查、评估规范。

2. 生产规范标准存在的主要问题

（1）行业间标准重复　生产规范重复问题是比较突出的，通过清理共有 2 项标准存在该问题，具体见表 4-24。主要是植保方面玉米螟防治和测报标准之间，调查部分重复。

表 4-24　生产规范标准重复汇总表

标准	主要内容	适用范围	主要重复内容
GB/T 23391.3—2009 玉米大、小斑病和玉米螟防治技术规范　第 3 部分：玉米螟	规定了玉米螟综合防治技术措施	适用于大田玉米及其制种田的玉米螟防治	都包含有玉米螟调查内容
NY/T 1611—2008 玉米螟测报技术规范	规定了玉米螟发生世代分区、发生程度分级指标、越冬技术调查、各代化蛹和羽化进度调查、成虫调查、卵量调查、幼虫调查、发生期和发生程度预报方法及测报资料收集、汇总和汇报等方面的技术方法	适用于玉米田玉米螟调查和预报	

（2）标准过于细分　粮食生产规范仍主要针对单个栽培方法、病虫害防治、加工环节制定标准，不同作物的各种栽培标准名目繁多，各种病虫害标准分防治、调查、测报等都有相应标准，标准过于细分，未能形成系统。玉米、小麦等主要作物的病虫害在预测防治上问题比较突出，涉及标准 23 项，植保方面标准数量较多，主要是针对每种作物不同的病虫害制定相应标准系统性差，不利于参考使用。可在现有植保标准的基础上，形成《玉米主要病害预测、预报和防治技术手册》《玉米主要虫害预测、预报和防治技术手册》《小麦主要病害预测、预报和防治技术手册》《小麦主要虫害预测、预报和防治技术手册》等综合性技术规程，并逐步整合需制定的相关技术规程，形成系统的粮食病虫害预测、预报、监测、防治技术规程。小麦栽培和豆制品加工中也存在类似问题，具体见表 4-25。

表 4-25　生产规范标准细分情况汇总表

涉及方面	涉及标准		主要内容
玉米病害	GB/T 23391.1—2009	玉米大、小斑病和玉米螟防治技术规范　第 1 部分：玉米大斑病	主要是玉米各类病害的调查和防治规范，部分病害重复，各标准分散不系统
	GB/T 23391.2—2009	玉米大、小斑病和玉米螟防治技术规范　第 2 部分：玉米小斑病	
	NY/T 2621—2014	玉米粗缩病测报技术规范	
玉米虫害	GB/T 23391.3—2009	玉米大、小斑病和玉米螟防治技术规范　第 3 部分：玉米螟	主要是玉米各类虫害的调查和防治规范，部分虫害重复，各标准分散不系统
	NY/T 1611—2008	玉米螟测报技术规范	
	NY/T 2413—2013	玉米根萤叶甲监测技术规范	
小麦病害	GB/T 15795—2011	小麦条锈病测报技术规范	主要是小麦各类病害的调查和防治规范，部分病害重复，各标准分散不系统
	GB/T 15796—2011	小麦赤霉病测报技术规范	
	GB/T 15797—2011	小麦丛矮病测报技术规范	
	NY/T 1608—2008	小麦赤霉病防治技术规范	
	NY/T 613—2002	小麦白粉病测报调查规范	
	NY/T 614—2002	小麦纹枯病测报调查规范	
	NY/T 2040—2011	小麦黄花叶病测报技术规范	
	NY/T 617—2002	小麦叶锈病测报调查规范	

（续）

涉及方面	涉及标准		主要内容
小麦虫害	GB/T 24501.2—2009	小麦条锈病、吸浆虫防治技术规范　第2部分：小麦吸浆虫	主要是小麦各类虫害的调查和防治规范，分散不系统
	NY/T 612—2002	小麦蚜虫测报调查规范	
	NY/T 616—2002	小麦吸浆虫测报调查规范	
小麦栽培	NY/T 205—1992	华北地区冬小麦每公顷产量6 000kg栽培技术规程	针对华北地区冬小麦，主要通过调整部分栽培条件实现亩产提升
	NY/T 206—1992	华北地区冬小麦每公顷产量4 500～5 250 kg栽培技术规程	
玉米栽培	NY/T 1425—2007	东北地区高淀粉玉米生产技术规程	主要涉及东北地区玉米生产技术规程要求
	NY/T 146—1990	东北地区玉米生产技术规程	
豆制品加工	SB/T 10828—2012	豆制品良好流通规范	涉及豆制品从现场加工、企业操作规范、流通整个链条，其中有交叉重合的环节
	SB/T 10829—2012	豆制品企业良好操作规范	

（3）生产规范过于分散、综合性不足　目前粮食生产规范较为分散，各种作物不同的栽培标准较多，按区域制定了多种栽培模式的具体生产规范，如《长江中下游麦区小麦生产技术规程》《西南麦区小麦生产技术规程》《西北麦区小麦生产技术规程》《旱地玉米机械化保护性耕作技术规范》《玉米机械化深松施肥播种作业技术规范》等。这些规范属于非重要技术、无需统一要求，适用区域小、参考性弱，建议降级为地方标准，方便管理。

四、检测方法类标准发展现状

1. 检测方法标准总体情况和现状　目前，我国粮食检测方法标准419项，按检测的不同环节，分为抽样、理化、品质、毒素、农残、元素、营养、植保、食品添加剂、违禁添加品、其他、种子检验12个部分（不含转基因）。从表4-26也可看出，粮食检验方法中农残和植保是主要的检测标准，分别有146项和64项标准，占所有检测标准的半数以上。

随着国家大规模的标准更新，检测方法标准中强制性国家标准比例不断增加，目前已达67项，强制性进出口标准7项，其他绝大部分是推荐性国家标准、推荐性农业行业标准和推荐性进出口行业标准。强制性国家标准主要集中在食品安全国家标准中食品中蛋白质、淀粉、脂肪等理化和营养指标，以及毒素、农残检测。推荐性国家标准主要集中在理化、品质、农残检测等方面。推荐性行业标准主要是农业和出入境行业标准，涉及转基因、种子检验、农残和植保。从不同检测环节的归口情况看，理化和品质检测方法标准，主要是推荐性国家标准，多归口在粮油标准化技术委员会，以及出入境检疫检验局和农业部门等。毒素和农残方法标准，主要为推荐性国家标准、推荐性进出口行业标准。元素和营养方面，推荐性国家标准比例最高。转基因、植保和种子检验，更多地集中在推荐性农业标准、进出口行业标准。

我国检测方法标准历经多年发展，已经覆盖粮食理化性质和安全限量的方方面面，为指导粮食生产和消费提供了有力保障。粮食检测方法标准涉及农业、粮食、进出口等多个部门，各部门有自己分管的领域，部门之间也有重合交叉的环节，检测方法标准数量不断增加，涉及参数不断增多，加之分析检验方法不断更新、发展，我国粮食检测方法标准体系中，很多参数都有不同归口、不同类型的检测方法。不同特性参数涉及化学分析、色谱、光谱等多种检测方法，从多个层次满足了检测需求。同一参数有多种方法、多项标准可参考，不同部门基本形成了独立系统的检测方法。可以说，检测方法的不断完善和发展，为玉米、小麦和杂粮生产、加工和流通等各环节提供了支撑和保障。

表 4-26 粮食检测技术标准汇总表

单位：项

			抽样	理化	品质	毒素	农残	元素	营养	植保	食品添加剂	违禁添加品	其他	种子检验
总计		419	6	56	30	21	146	18	22	64	2	6	9	39
强制性国家标准		67	—	5	—	8	40	9	4	—	—	—	1	—
推荐性国家标准		149	3	31	25	2	37	8	8	14	1	4	5	11
强制性进出口行业标准		7	—	—	—	1	6	—						
推荐性行业标准	农业	64	2	7	2	—	1	—	9	19	—	—	—	24
	粮食	11	—	1	3	7	—	—	—	—	—	—	—	—
	国内贸易	2	—	2	—	—	—	—	—	—	—	—	—	—
	进出口	119	1	10	—	3	62	1	1	31	1	2	3	4

2. 检测方法类标准存在的主要问题 粮食相关行业的发展壮大，涉及范围领域的增加，行业间的交叉重合不断加剧，粮食检测方法也随之出现了国家标准和行业标准、各行业标准、行业标准内部之间重复、交叉、散乱等问题。目前，理化、品质、毒素、农药、元素、营养等方面的检测方法中，都存在一种类型方法多个部门制定、适用范围略有不同形成一个参数多项标准涉及等现象。为了更好地服务于粮食产业，适应现代检测需求，保证检测方法标准体系多而不乱、繁而不杂、协调统一，对现有 419 项检测方法标准梳理统计。经统计发现目前检测方法标准中仍存在几方面问题。一是检测方法大部分重复，属检测方法一直存在的问题，如今比例已降低到 5.01%，主要集中在元素、植保方面标准中，其他检测方法也有类似问题。二是检测方法分散零碎，属检测方法标准面临的第二大问题，七成以上集中在理化和农药检测方法中。三是标准涉及行业多存在矛盾，检测关键步骤和换算指数差异较大是方法标准矛盾的主要原因，具有该问题的标准数量不多，却因关系到检测结果的可参照性，不能忽视。四是部分检测技术落后、更新慢，标龄 15 年以上的标准 30 项，占 8.85%，其中半数格式不规范，方法陈旧实用性差的标准仍有 7 项。五是标准再现性、最低检出限缺失，60.18%的检测标准再现性、最低检出限缺失，问题突出。部分老旧标准重复性缺失，违禁添加剂等有检出限量的标准最低检出限缺失，其他标准主要是再现性缺失。随着粮食产业改革升级、区域优势布局加快，新兴领域尚未制定新标准、更高效更准确的新方法也未及时制定。具体问题标准统计数据见表 4-27。

表 4-27 检测方法标准中问题标准整体情况表

主要问题	整体		其中数量（项）												
	总数量（含重复）(项)	占总检测方法比例（%）	抽样	理化	品质	毒素	农残	元素	营养	转基因	植保	食品添加剂	违禁添加品	其他	种子检验
方法大部分重复	17	5.01	—	—	4	—	—	10	3	—	—	—	—	—	—
方法分散零碎	70	20.65	—	37	3	—	15	4	3	—	8	—	—	—	—
重要内容、检测步骤不一致	3	0.88	—	3	—	—	—	—	—	—	—	—	—	—	—
参数指标不统一	8	2.36	—	4	4		—	—		—	—	—	—	—	—
标龄 15 年及以上	30	8.85	1	9	2	1	4	—	4	—	2	—	—	1	6
方法陈旧实用性差	7	2.06	—	—	—	—	6	—	1	—	—	—	—	—	—
重复性、再现性等缺失	204	60.18	—	30	18	15	100	15	16	—	—	1	4	2	3

（1）检测方法大部分重复 11 个参数的检测方法大部分出现了重复，其适用范围、基本原理和操作细节几乎完全一致。从表 4-28 中可以看出，每个参数检测标准在不同行业中都有需求，但在制定过程中，其检测方法和原理基本一致，最终却形成各自的方法标准。

表 4-28　检测方法大部分重复统计表

类别	参数	标准	主要内容	适用范围	重要试验方法	不同点
品质	小麦沉淀值	NY/T 1095—2006 小麦沉淀值测定　Zeleny 法	规定了 Zeleny 法测定小麦沉淀值的方法	仅适用于普通小麦	方法、原理、试剂和设备一样	水分、灰分等引用国家标准
		GB/T 21119—2007 小麦沉淀指数测定法　Zeleny 试验	规定了用于评价与小麦粉烘焙性能有关的小麦品质的一种试验方法，称为 Zeleny 沉淀指数试验	仅适用于普通小麦（*Triticum aestivum* L.）		水分、灰分等引用 ISO 标准
	糊化特性	GB/T 24852—2010 大米及米粉糊化特性测定　快速黏度仪法	规定了米粉糊化特性的快速黏度分析仪测定的方法	适用于大米及米粉的糊化特性测定	方法、原理、试剂和设备一样	95℃测试程序起始、结束时间相差 3s
		NY/T 1753—2009 水稻米粉糊化特性测定　快速黏度分析仪法	规定了采用快速黏度分析仪测定水稻米粉糊化特性的方法	适用于水稻米粉糊化特性的测定		
元素	铅	GB 5009.12—2010 食品安全国家标准　食品中铅的测定　第一法　石墨炉原子吸收光谱法	规定了食品中铅的测定方法	适用于食品	测定铅元素的方法、原理和设备一样，均为石墨炉原子吸收、283.3 nm 共振线、氘灯或赛曼扣背景方式	最低检出限：0.005 mg/kg
		NY/T 1100—2006 稻米中铅、镉的测定　石墨炉原子吸收光谱法	规定了用石墨炉原子吸收光谱法测定稻米中铅、镉的方法	适用于稻米		最低检出限：0.025 mg/kg
	镉	GB 5009.15—2014 食品安全国家标准　食品中镉的测定	规定了各类食品中镉的石墨炉原子吸收光谱测定方法	适用于食品	测定镉元素的方法、原理和设备一样，均为石墨炉原子吸收、228.8 nm 共振线、氘灯或赛曼扣背景方式	最低检出限：0.001 mg/kg　定量限：0.003 mg/kg
		NY/T 1100—2006 稻米中铅、镉的测定　石墨炉原子吸收光谱法	规定了用石墨炉原子吸收光谱法测定稻米中铅、镉的方法	适用于稻米		最低检出限：0.002 5mg/kg
	铜	GB/T 5009.13—2003 食品中铜的测定	规定了食品中铜的测定方法	适用于食品	测定铜元素的方法、原理和设备一样，均为火焰原子吸收、324.8nm 共振线	最低检出限：1.0mg/kg
		GB/T 14609—2008 粮油检验　谷物及其制品中铜、铁、锰、锌、钙、镁的测定　火焰原子吸收光谱法	规定了火焰原子吸收光谱法测定谷物及其制品中铜、铁、锰、锌、钙、镁的原理、试剂、仪器与设备、分析步骤、结果计算和重复性	适用于谷物及其制品		最低检出限：0.6mg/kg
	锌	GB/T 5009.14—2003 食品中锌的测定　第一法　原子吸收光谱法	规定了食品中锌的测定方法	适用于食品	测定锌元素的方法、原理和设备一样，均为火焰原子吸收、213.8nm 共振线	最低检出限：0.4mg/kg
		GB/T 14609—2008 粮油检验　谷物及其制品中铜、铁、锰、锌、钙、镁的测定　火焰原子吸收光谱法	规定了用火焰原子吸收光谱法测定谷物及其制品中铜、铁、锰、锌、钙、镁的原理、试剂、仪器与设备、分析步骤、结果计算和重复性	适用于谷物及其制品		最低检出限：0.4mg/kg

（续）

类别	参数	标准	主要内容	适用范围	重要试验方法	不同点
元素	铁、镁、锰	GB/T 14609—2008 粮油检验 谷物及其制品中铜、铁、锰、锌、钙、镁的测定 火焰原子吸收光谱法	规定了用火焰原子吸收光谱法测定谷物及其制品中铜、铁、锰、锌、钙、镁的原理、试剂、仪器与设备、分析步骤、结果计算和重复性	适用于谷物及其制品	测定铁、镁元素的方法、原理和设备一样，均为火焰原子吸收，特征线一样，铁248.3nm、镁285.2nm、锰279.5nm	最低检出限：2.4 mg/kg 镁最低检出限：0.7 mg/kg 锰最低检出限：0.5 mg/kg
		GB/T 5009.90—2003 食品中铁、镁、锰的测定	规定了用原子吸收分光光度法测定食品中铁、镁及锰	适用于食品		铁最低检出限：0.2 μg/mL 镁最低检出限：0.05 μg/mL 锰最低检出限：0.1 μg/mL
	砷	GB 5009.11—2014 食品安全国家标准 食品中总砷及无机砷的测定 第一篇 第二法 原子荧光光谱法	规定了各类食品中总砷的测定方法	适用于食品	测定砷元素的方法、原理和设备一样，均为原子荧光法、硫脲+抗坏血酸作基体改进剂	最低检出限：0.01 mg/kg
		NY/T 1099—2006 稻米中总砷的测定 原子荧光光谱法	规定了用原子荧光光谱法测定稻米中总砷的方法	适用于稻米		最低检出限：0.007 mg/kg 定量测定范围0.02～10.0mg/kg
营养	粗纤维	GB/T 5009.10—2003 植物类食品中粗纤维的测定	规定了植物类食品中粗纤维含量的测定方法	适用于植物类食品中粗纤维含量的测定	方法、原理、主要试剂和设备一样	碱：用 1.25%氢氧化钾 灰化：550℃
		NY/T 13—1986 谷物籽粒粗纤维测定法 仲裁法	适用于测定谷物籽粒粗纤维含量；1.25%酸碱剂洗涤法为仲裁法，3.14%酸碱剂洗涤法为快速法	适用于测定谷物籽粒粗纤维含量		碱：用 1.25%氢氧化钠 灰化：600℃
		SN/T 0800.8—1999 进出口粮食、饲料粗纤维含量检验方法	规定了进出口粮食、饲料粗纤维含量的测定方法	适用于进出口粮食、饲料粗纤维含量的测定		碱：用 1.25%氢氧化钠 灰化：550℃

（2）检测方法分散零碎 从表4-29中可以看出理化、农药检测方法分散比较严重，品质、元素、营养检测方法中也存在该问题，共计问题标准70项。杂质相关参数操作步骤相近，样品来源一致，分成多个检测方法，不利于节约人力资源，效率低；不同产品理化、农残等参数检测，基本原理、设备试剂和操作步骤一样，分散成多个检测标准，不利于参考比较；原理类似的检测方法，不同提取、净化步骤，制定不同标准，标准过于细分，不利于操作；部分参数，其检测方法分散在各类作物检验方法标准中，系统性差，不利于管理。

表 4-29 类似参数多个检测方法汇总表

类别	参数	标准编号	标准名称	主要内容及范围	主要问题
理化	杂质、不完善粒、纯粮率	GB/T 22725—2008	粮油检验 粮食、油料纯粮（质）率检验	规定了粮食、油料中纯粮率、纯质率检验的术语和定义、仪器和用具、灯光和环境要求、样品制备、操作方法以及结果计算；适用于粮食、油料中纯粮率、纯质率的测定	针对不同作物标准过细，操作不方便
		GB/T 5500—2008	粮油检验 甘薯片纯质率检验	规定了甘薯片纯质率检验的术语和定义、扦样、试样制备、测定及结果计算；适用于商品甘薯片纯质率的检验	
		GB/T 5494—2008	粮油检验 粮食、油料的杂质、不完善粒检验	规定了粮食、油料中杂质、不完善粒含量检验的仪器和用具、照明要求、样品制备、操作方法、结果计算等；适用于粮食、油料中杂质、不完善粒含量的测定	
		GB/T 21124—2007	小麦黑胚粒检验法	规定了小麦黑胚粒的定义和检验方法；适用于小麦黑胚粒的检验	
		SN/T 0800.18—1999	进出口粮食、饲料杂质检验方法	规定了进出口粮食、饲料中杂质的检验方法；适用于进出口粮食中杂质检验	
		SN/T 0800.7—2016	进出口粮食、饲料不完善粒检验方法	规定了进出口粮食、饲料中不完善粒的检验方法；适用于进出口粮食中不完善粒的检验	
		GB/T 15666—1995	豆类试验方法杂质部分	规定了豆类籽粒质量的测定方法；适用于收获后脱壳未经加工而准备作为人类食用或动物饲料的豆类籽粒	
		GB/T 5501—2008	粮油检验 鲜薯检验 杂质检验部分	规定了鲜薯检验的术语和定义、扦样以及色泽气味、杂质、不完整块根和完整块根的检验方法；适用于商品鲜薯的检验	
		SN/T 1801—2006	进出口糙米检验规程附录D 糙米杂质检验方法部分	规定了进出口糙米的质量要求和感官检验方法；适用于进出口糙米（籼糙米、粳糙米、糯糙米）的检验	
	水分含量	GB 5009.3—2016	食品安全国家标准 食品中水分的测定	规定了食品中水分的测定方法。第一法（直接干燥法）适用于在 101～105℃下，蔬菜、谷物及其制品、水产品、豆制品、乳制品、肉制品、卤菜制品、粮食（水分含量低于 18%）、油料（水分含量低于 13%）、淀粉及茶叶类等食品中水分的测定，不适用于每 100g 水分含量小于 0.5g 的样品。第二法（减压干燥法）适用于高温易分解的样品及水分较多的样品（如糖、味精等食品）中水分的测定，不适用于添加了其他原料的糖果（如奶糖、软糖等食品）中水分的测定，不适用于每 100g 水分含量小于 0.5g 的样品（糖和味精除外）	均为常规法，设备、原理基本一致，针对不同作物、水分高低制定了不同标准，不利于参考

（续）

类别	参数	标准编号	标准名称	主要内容及范围	主要问题
理化	水分含量	GB/T 10362—2008	粮油检验　玉米水分测定	规定了粉碎玉米、整粒玉米水分测定的原理、仪器和用具、操作步骤、水分测定和结果计算与表示；本标准适用于粉碎玉米、整粒玉米水分含量的测定	均为常规法，设备、原理基本一致，针对不同作物、水分高低制定了不同标准，不利于参考
		GB/T 20264—2006	粮食、油料水分两次烘干测定法	规定了粮食、油料水分两次烘干测定法；适用于粮食水分在16.0%（含）以上，油料水分在13.0%（含）以上的商品粮食、油料	
		SB/T 10310—1999	黄豆酱检验方法“3.2 水分”部分	适用于以黄豆、小麦粉为原料酿造的豆酱各项感官、理化指标的测定	
		GB/T 24898—2010	粮油检验　小麦水分含量测定　近红外法	适用于小麦水分含量的快速测定；不适用于仲裁检验	方法、原理一样，针对不同作物制定不同标准
		GB/T 24900—2010	粮油检验　玉米水分含量测定　近红外法	适用于玉米水分含量的快速测定；不适用于仲裁检验	
		GB/T 24896—2010	粮油检验　稻谷水分含量测定　近红外法	适用于稻谷、糙米及大米水分含量的快速测试；不适用于仲裁检验	
	酸度	GB 5009.239—2016	食品安全国家标准 食品酸度的测定	规定了粮食及制品酸度测定的术语和定义、原理、试剂和材料、仪器和用具、扦样、操作步骤及结果计算与表示的要求；适用于粮食及其制品酸度的测定	都为滴定法
		SB/T 10229—1994	豆制品理化检验方法“7 总酸测定”部分	规定了豆制品中水分、蛋白质、氯化钠、无盐固形物、总酸等含量的检验方法；适用于以大豆为原料生产的豆制品以及以豆类淀粉为原料生产的豆类淀粉产品	
	脂肪酸值	GB/T 5510—2011	粮油检验　粮食、油料脂肪酸值测定	苯提取法适用于小麦粉等粮食脂肪酸值的测定，石油醚提取法适用于大豆、花生、油菜籽、芝麻、葵花籽、玉米胚芽等脂肪酸值的测定；不适用于其他油料脂肪酸值的测定	均采用滴定法，GB/T 5510 为苯和石油醚提取，NY/T 2333、GB/T 15684、GB/T 20569 附录A、GB/T 20569 附录A中95%乙醇提取，其他基本一致，适用范围有交叉
		NY/T 2333—2013	粮食、油料检验脂肪酸值测定	规定了粮食、油料中脂肪酸值的测定方法；适用于粮食、油料中脂肪酸值的测定，95%乙醇提取	
		GB/T 15684—2015	谷物研磨制品脂肪酸值测定法	适用于小麦和杜伦麦研磨得到的面粉和颗粒粉，也适用于面条、通心粉等面制品，也适用于原粮、玉米粉和玉米颗粒粉，以及黑麦粉和燕麦片。95%乙醇提取	
		GB/T 20569—2006	稻谷储存品质判定规则　附录A　稻谷脂肪酸值测定方法	规定了稻谷储存品质的术语和定义、分类、储存品质指标、检验方法及检验规则。适用于评价在安全储存水分和正常储存条件下稻谷的储存品质，指导稻谷的储存和适时出库	

（续）

类别	参数	标准编号	标准名称	主要内容及范围	主要问题
理化	脂肪酸值	GB/T 20570—2015	玉米储存品质判定规则 附录A 玉米脂肪酸值测定方法	规定了玉米储存品质的术语和定义、分类、技术要求、检验方法、检验规则及判定规则；适用于评价在安全储存水分和正常储存条件下玉米的储存品质，指导玉米的存储和适时出库	均采用滴定法，GB/T 5510为苯和石油醚提取，NY/T 2333、GB/T 15684、GB/T 20569附录A、GB/T 20569附录A中95%乙醇提取，其他基本一致，适用范围有交叉
	蛋白质	SN/T 0800.3—1999	进出口粮食、饲料粗蛋白质检验方法	规定了进出口粮食、饲料粗蛋白质检验方法；适用于进出口粮食、饲料粗蛋白质检验	都是凯氏定氮法，方法分散，部分作物在不同标准中蛋白换算系数不同
		NY/T 3—1982	谷物、豆类作物种子粗蛋白测定法（半微量凯氏法）	适用于测定谷类、豆类作物种子粗蛋白质含量	
		GB 5009.5—2016	食品安全国家标准 食品中蛋白质的测定	规定了食品中蛋白质的测定方法。本标准第一法和第二法适用于各种食品中蛋白质的测定，第三法适用于每100g蛋白质含量在10g以上的粮食、豆类奶粉、米粉、蛋白质粉等固体试样的测定。本标准不适用于添加无机含氮物质、有机非蛋白质含氮物质的食品的测定	
		GB/T 24901—2010	粮油检验 玉米粗蛋白质含量测定 近红外法	规定了近红外分析方法测定玉米粗蛋白质含量（干基）；适用于玉米粗蛋白质含量（干基）的快速测定；不适用于仲裁检验	都为近红外法测定，不同作物蛋白质特性有差异
		GB/T 24899—2010	粮油检验 小麦粗蛋白质含量测定 近红外法	规定了近红外分析方法测定小麦粗蛋白含量（干基）；适用于小麦粗蛋白含量（干基）的快速测定；不适用于仲裁检验	
		GB/T 24871—2010	粮油检验 小麦粉粗蛋白质含量测定 近红外法	规定了近红外方法测定小麦粉粗蛋白含量（干基）；适用于小麦粉粗蛋白含量（干基）的快速确定；不适用于仲裁检验	
		GB/T 24897—2010	粮油检验 稻谷粗蛋白质含量测定 近红外法	规定了近红外分析方法测定稻谷、糙米及大米粗蛋白质含量（干基）；适用于稻谷、糙米及大米粗蛋白质含量（干基）含量的快速测试；不适用于仲裁检验	
	脂肪	GB 5009.6—2016	食品安全国家标准 食品中脂肪的测定	规定了食品中脂肪含量的测定方法；本标准适用于水果、蔬菜及其制品、粮食及粮食制品、肉及肉制品、蛋及蛋制品、水产及其制品、焙烤食品、糖果等游离态脂肪及结合态脂肪总量的含量的测定，乳及乳制品、婴幼儿配方食品中脂肪的测定	都是索氏抽提法，溶剂都为乙醚或石油醚，称样量略有不同、回流时间4～12h
		SN/T 0800.2—1999	进出口粮食、饲料粗脂肪检验方法	规定了进出口粮食、饲料粗脂肪的检验方法；适用于进出口粮食、饲料粗脂肪的检验	

（续）

<table>
<tr><th>类别</th><th>参数</th><th>标准编号</th><th>标准名称</th><th>主要内容及范围</th><th>主要问题</th></tr>
<tr><td rowspan="5">理化</td><td>脂肪</td><td>NY/T 4—1982</td><td>谷物、油料作物种子粗脂肪测定方法</td><td>油重法适用于测定油料作物种子的粗脂肪含量；在测定大量样品时，可采用残余法（适用于测定谷类、油料作物种子大量样品的粗脂肪含量），以油重法为仲裁法</td><td>都是索氏抽提法，溶剂都为乙醚或石油醚，称样量略有不同、回流时间4～12h</td></tr>
<tr><td rowspan="4">直链淀粉</td><td>NY/T 55—1987</td><td>水稻、玉米、谷子籽粒直链淀粉测定法</td><td>适用于水稻、玉米、谷子籽粒直链淀粉含量的测定</td><td rowspan="4">原理相同，所用波长有差异，波长分别是720nm、620nm和620nm，影响检测结果的可比性</td></tr>
<tr><td>GB/T 15683—2008</td><td>大米直链淀粉含量的测定</td><td>规定了非熟化大米直链淀粉含量的测定方法——基准方法。适用于直链淀粉含量高于5%（质量分数）的大米。在延伸应用范围得到确认后，也可以用于糙米、玉米、小米和其他谷物的测定</td></tr>
<tr><td>NY/T 2639—2014</td><td>稻米直链淀粉的测定 分光光度法</td><td>规定了稻米直链淀粉的分光光度法测定方法；适用于稻米直链淀粉的测定，不适用于熟化稻米直链淀粉的测定</td></tr>
<tr><td colspan="4"></td></tr>
<tr><td rowspan="3">品质</td><td rowspan="3">糊化特性</td><td>GB/T 24853—2010</td><td>小麦、黑麦及其粉类和淀粉糊化特性测定 快速黏度仪法</td><td>规定了小麦、黑麦及其粉类糊化特性的快速黏度分析仪测定糊化特性</td><td rowspan="3">都使用黏度快速检测仪，测试程序条件一致、关键时间点不同，产品称样量有差异</td></tr>
<tr><td>GB/T 24852—2010</td><td>大米及米粉糊化特性测定 快速黏度仪法</td><td>规定了米粉糊化特性的快速黏度分析仪测定大米及米粉的糊化特性</td></tr>
<tr><td>NY/T 1753—2009</td><td>水稻米粉糊化特性测定 快速黏度分析仪法</td><td>规定了采用快速黏度分析仪测定水稻米粉糊化特性的方法</td></tr>
<tr><td>农药</td><td>速灭磷、甲拌磷、二嗪磷、杀螟硫磷、水胺硫磷、稻丰散、杀扑磷、敌敌畏、久效磷、乐果、甲基嘧啶磷、克线磷、乙硫磷等多种有机磷类农药</td><td>GB/T 14553—2003</td><td>粮食、水果和蔬菜中有机磷农药测定 气相色谱法</td><td>规定了粮食（大米、小麦、玉米）等中速灭磷、甲拌磷、二嗪磷、异稻瘟净、杀螟硫磷、溴硫磷、水胺硫磷、稻丰散、杀扑磷等多组分残留量的测定；适用于粮食、水果、蔬菜等作物中有机磷农药的残留量的测定
水/丙酮提取，二氯甲烷液液萃取净化，气相色谱条件：
A法：玻璃柱；柱温200℃；汽化室230℃；NPD检测器250℃；N2，36～40mL/min
B法：石英毛细管柱HP-5；柱温130℃恒温3min，5℃/min升温至140℃，保持65min；NPD检测器；N2，3.5mL/min
C法：石英毛细管柱DB-17；柱温150℃恒温3min，8℃/min升温至250℃，保持10min；FPD检测器；N2，9.8mL/min</td><td>均为气相色谱测定法。提取、净化方法基本类似；气相分离条件标准间差异大，采用的柱子为玻璃柱或石英毛细管柱，柱温及载气条件均存在较大差异。
依据不同粮食产品和不同农药分别制定，不利于使用</td></tr>
</table>

（续）

类别	参数	标准编号	标准名称	主要内容及范围	主要问题
农药	速灭磷、甲拌磷、二嗪磷、杀螟硫磷、水胺硫磷、稻丰散、杀扑磷、敌敌畏、久效磷、乐果、甲基嘧啶磷、克线磷、乙硫磷等多种有机磷类农药	GB/T 5009.145—2003	植物性食品中有机磷和氨基甲酸酯类农药多残留的测定	规定了粮食、蔬菜中敌敌畏、乙酰甲胺磷、甲基内吸磷、甲拌磷、久效磷、乐果、甲基对硫磷、马拉氧磷、毒死蜱、甲基嘧啶磷、倍硫磷、马拉硫磷、对硫磷、杀扑磷、克线磷、乙硫磷、速灭威、异丙威、仲丁威、甲萘威等农药残留量的测定方法。适用于使用过敌敌畏等有机磷及氨基甲酸酯类农药的粮食等作物的残留量分析 丙酮提取，二氯甲烷液液萃取净化；气相色谱条件：石英毛细管柱 BP5 或 OV-101；柱温 140℃，50℃/min 升温至 185℃，恒温，2min，10℃/min 升温至 235℃，保持 1min；FTD 检测器；N2，50mL/min	均为气相色谱测定法。提取、净化方法基本类似；气相分离条件标准间差异大，采用的柱子为玻璃柱或石英毛细管柱，柱温及载气条件均存在较大差异。 依据不同粮食产品和不同农药分别制定，不利于使用
		GB/T 5009.20—2003	食品中有机磷农药残留量的测定	规定了水果、蔬菜、谷类中敌敌畏、速灭磷、久效磷、甲拌磷、巴胺磷、二嗪磷、乙嘧硫磷、甲基嘧啶磷、甲基对硫磷、稻瘟净、水胺硫磷、氧化喹硫磷、稻丰散、甲喹硫磷、克线磷、乙硫磷、乐果、喹硫磷、对硫磷、杀螟硫磷的残留量分析方法。适用于使用过敌敌畏等 20 种农药制剂的水果、蔬菜、谷类等作物的残留量分析。水/丙酮提取，二氯甲烷液液萃取净化；气相色谱条件：玻璃柱；柱温，240℃；FTD 检测器；N2，50mL/min	
		GB/T 5009.207—2008	糙米中 50 种有机磷农药残留量的测定	规定了糙米中 50 种有机磷农药残留量的测定方法。适用于糙米中 50 种有机磷农药残留量的测定。50 种有机磷农药在糙米中除氧化乐果、甲基乙拌磷、砜吸磷、甲基吡噁磷的检出限为 0.01 mg/kg 外，其余有机磷农药的检出限均为 0.005 mg/kg 乙酸乙酯提取，GPC 纯化；气相色谱条件：石英毛细管柱 HP-5；柱温 70℃，恒温 2min，15℃/min 升温至 150℃，3℃/min 升温至 185℃，2℃/min 升温至 210℃，10℃/min 升温至 280℃；NPD 检测器；N2，9.0mL/min	

（续）

类别	参数	标准编号	标准名称	主要内容及范围	主要问题
农药	速灭磷、甲拌磷、二嗪磷、杀螟硫磷、水胺硫磷、稻丰散、杀扑磷、敌敌畏、久效磷、乐果、甲基嘧啶磷、克线磷、乙硫磷等多种有机磷类农药	SN/T 2324—2009	进出口食品中抑草磷、毒死蜱、甲基毒死蜱等33种有机磷农药的残留量检测方法	规定了粮谷类食品中33种有机磷农药残留量［抑草磷、毒死蜱、甲基毒死蜱、敌敌畏、敌瘟磷、杀螟硫磷、倍硫磷、地虫硫磷、异柳磷、氧异柳磷、甲基立枯磷、三唑磷、毒虫畏（E）、毒虫畏（Z）、丙线磷、特丁磷、二嗪磷、甲基毒虫畏（E）、甲基毒虫畏（Z）、苯硫磷、乙嘧啶磷、丰索磷、马拉硫磷、治螟磷、对硫磷、甲基对硫磷、稻丰散、甲基嘧啶磷、喹硫磷、杀虫畏、甲基乙拌磷、完灭硫磷、完灭硫磷砜］的气相色谱检测方法及气相色谱-质谱确证方法；适用于进出口大米、糙米、玉米、大麦、小麦中33种有机磷农药残留量的测定和确证 水/丙酮提取，二氯甲烷液液分配净化-GPC净化-固相萃取净化；气相色谱条件：石英毛细管柱DB-1701；柱温50℃，30℃/min升温至170℃，1.2℃/min升温至210℃，30℃/min升温至260℃，恒温，20min；FPD检测器；N2，60mL/min	均为气相色谱测定法。提取、净化方法基本类似；气相分离条件标准间差异大，采用的柱子为玻璃柱或石英毛细管柱，柱温及载气条件均存在较大差异。 依据不同粮食产品和不同农药分别制定，不利于使用
	α-六六六、β-六六六、γ-六六六、δ-六六六、七氯、艾氏剂、p,p′-滴滴伊、o，p′-滴滴涕、p,p′-滴滴滴、p，p′-滴滴涕等多种有机氯类农药	GB/T 5009.146—2008	植物性食品中有机氯和拟除虫菊酯类农药多种残留量的测定	规定了粮食、蔬菜中16种有机氯和拟除虫菊酯农药残留量的测定方法。适用于粮食、蔬菜中16种有机氯和拟除虫菊酯农药残留量的测定 石油醚提取，弗罗里硅土净化柱净化，气相条件：毛细管柱（OV-101固定液）；N2，40mL/min，分流比1∶50；柱温180℃升至230℃，保持30min	两项标准均为气相色谱法。提取和分离条件略有差异。色谱分离采用的柱子不同，故而升温程序不同 针对不同的粮食产品制定，GB/T 5009.19—2008所适用的农药种类覆盖GB/T 5009.146—2008中所列的10种农药。不利于标准使用者的选择
		GB/T 5009.19—2008	食品中有机氯农药多组分残留量的测定	第一法规定了食品中六氯苯、灭蚁灵、七氯、氯丹、异狄氏剂、硫丹、五氯硝基苯的测定方法。第二法规定了食品中残留量的测定方法。第二法适用于各类食品中HCH，DDT残留量的测定。第二法的检出限：取样量2g，最终体积为5mL，进样体积为10μL时，a-HCH、β-HCH、γ-HCH、δ-HCH依次为0.038μg/kg、0.16μg/kg、0.047μg/kg、0.070μg/kg；p，p′-DDE，o，p′-DDT，p，p′-DDD，p，p′-DDT依次为0.23μg/kg、0.50μg/kg、1.8μg/kg、2.1μg/kg 丙酮/石油醚提取，凝胶色谱层析净化，气相分离条件：DM-5石英毛细管柱90℃，40℃/min上升至170℃，2.3℃/min上升至230℃，40℃/min上升至280℃；N2，1mL/min	

（续）

类别	参数	标准编号	标准名称	主要内容及范围	主要问题
农药	速灭威、异丙威等多种氨基甲酸酯类农药	GB/T 5009.104—2003	植物性食品中氨基甲酸酯类农药残留量的测定	规定了粮食、蔬菜中六种氨基甲酸酯杀虫剂残留量的测定方法。适用于粮食、蔬菜中速灭威、异丙威、残杀威、克百威、抗蚜威和甲萘威的残留分析；检出限分别为0.02mg/kg、0.02mg/kg、0.03mg/kg、0.05mg/kg、0.02mg/kg、0.10mg/kg 无水甲醇提取，液液萃取净化，气相色谱条件：玻璃柱；柱温190℃；FTD检测器240℃；N2，65mL/min	两项标准均为气相色谱法，提取所用溶剂有差异；气相色谱分离条件差异大，采用的柱子分别为玻璃柱和石英毛细管柱，载气流速因色谱柱的不同有所差异，柱温分别为恒温和程序升温。适用范围交叉重复，不利于选择使用
		GB/T 5009.145—2003	植物性食品中有机磷和氨基甲酸酯类农药多种残留的测定	规定了粮食、蔬菜中敌敌畏、乙酰甲胺磷、甲基内吸磷、甲拌磷、久效磷、乐果、甲基对硫磷、马拉氧磷、毒死蜱、甲基嘧啶磷、倍硫磷、马拉硫磷、对硫磷、杀扑磷、克线磷、乙硫磷、速灭威、异丙威、仲丁威、甲萘威等农药残留量的测定方法。适用于使用过敌敌畏等有机磷及氨基甲酸酯类农药的粮食等作物的残留量分析 丙酮提取，液液萃取净化，气相色谱条件：石英毛细管柱BP5或OV-101；柱温140℃，50℃/min升温至185℃，恒温，2min，10℃/min升温至235℃，保持1min；FTD检测器；N2，50mL/min	
	灭多威、抗蚜威、涕灭威、噁虫威、克百威、甲萘威、异丙威、仲丁威等氨基甲酸酯类农药	SN/T 0134—2010	进出口食品中杀线威等12种氨基甲酸酯类农药残留量的检测方法 液相色谱-质谱/质谱法	规定了食品中杀线威、灭多威、抗蚜威、涕灭威、速灭威、噁虫威、克百威、甲萘威、乙硫甲威、异丙威、乙霉威和仲丁威等12种氨基甲酸酯类农药残留量检测方法；适用于玉米、糙米、大麦、小麦、大豆等中相关农药残留量检测和确证 乙腈提取，二氯甲烷液液萃取，正己烷液液分离-活性炭-弗罗里硅土固相柱净化；液相色谱分离条件：Zorbax C18柱；流动相，甲醇/水（1%甲酸）梯度淋洗；柱温，40℃	均采用液相色谱-质谱/质谱检测和确证。提取方法类似；液相色谱分离条件有差异，采用C18柱或C8柱，流动相因柱子的不同存在较大差异 针对不同粮食产品、不同农药分别制定，不利于选择。其中灭多威、抗蚜威、涕灭威、噁虫威、克百威、甲萘威、异丙威、仲丁威等多种氨基甲酸酯类农药交叉重复
		SN/T 2085—2008	进出口粮谷中多种氨基甲酸酯类农药残留量检测方法 液相色谱串联质谱法	规定了粮谷中甲硫威、噁虫威、异丙威、甲萘威、灭多威、克百威、抗蚜威、仲丁威残留量的制样和液相色谱串联质谱测定方法。适用于大米和小麦中相关农药残留量的检测。 乙腈提取，中性氧化铝层析净化，液相分离条件：C8柱；流动相，甲醇或0.005mol/L乙酸铵梯度淋洗；柱温，20℃	

（续）

类别	参数	标准编号	标准名称	主要内容及范围	主要问题
农药	灭多威、抗蚜威、涕灭威、噁虫威、克百威、甲萘威、异丙威、仲丁威等氨基甲酸酯类农药	SN/T 2560—2010	进出口食品中氨基甲酸酯类农药残留量的测定 液相色谱-质谱/质谱法	规定了食品中灭害威、涕灭威、涕灭威砜、涕灭威亚砜、灭多威、久效威砜、久效威亚砜、二氧威、抗蚜威、克百威、噁虫威、残杀威、甲萘威、乙硫苯威、灭除威、异丙威、混杀威、仲丁威、甲硫威和猛杀威等20种氨基甲酸酯类农药残留量检测的制样和测定方法。适用于大米等中相关留量的确证和定量测定。 乙腈提取，C18或石墨化碳氨基复合小柱，液相色谱分离条件：C18柱；流动相，乙腈/0.1%乙酸梯度淋洗；柱温，30℃	均采用液相色谱-质谱/质谱检测和确证。提取方法类似；液相色谱分离条件有差异，采用C18柱或C8柱，流动相因柱子的不同存在较大差异 针对不同粮食产品、不同农药分别制定，不利于选择。其中灭多威、抗蚜威、涕灭威、噁虫威、克百威、甲萘威、异丙威、仲丁威等多种氨基甲酸酯类农药交叉重复
	吡喃草酮、禾草灭、噻草酮、苯草酮、烯禾啶和烯草酮多种环己烯酮类农药	GB 23200.38—2016	食品安全国家标准　植物源性食品中环己烯酮类除草剂残留量的测定 液相色谱-质谱/质谱法	规定了大米、大豆、玉米、马铃薯等中吡喃草酮（tepraloxydim）、禾草灭（alloxydim）、噻草酮（cycloxydim）、苯草酮（methoxyphenone）、烯禾啶（sethoxydim）和烯草酮（clethodim）等6种环己烯酮类除草剂的液相色谱-串联质谱法检测方法。适用于大米、大豆、玉米、马铃薯等中吡喃草酮、禾草灭、噻草酮、苯草酮、烯禾啶和烯草酮6种环己烯酮类除草剂残留量的检测与确证，其他食品可参照执行。 乙腈提取，C18和Envi-Carb固相萃取柱净化，色谱分离条件：Acquity BEH C18；柱温，40℃；流动相，0.1%乙酸水溶液/乙腈梯度淋洗	均为液相色谱-质谱/质谱法测定多种环己烯酮类农药。测定过程原理相同，具体操作参数略有不同。 依据不同的农药和适用范围制定，其中GB 23200.3适用的农药种类覆盖GB 23200.38中的所有农药
		GB 23200.3—2016	食品安全国家标准 除草剂残留量检测方法 第3部分：液相色谱-质谱/质谱法测定 食品中环己酮类除草剂留量	规定了食品中吡喃草酮、禾草灭、噻草酮、烯草酮、烯禾啶、丁苯草酮、三甲苯草酮、环苯草酮残留量的液相色谱-质谱/质谱测定方法。本标准适用于大米、大豆等中吡喃草酮、禾草灭、噻草酮、烯草酮、烯禾啶、丁苯草酮、三甲苯草酮、环苯草酮残留量的测定和确证，其他食品可参照执行。 酸性乙腈提取，N-丙基乙二胺、十八烷基硅烷、石墨炭黑净化，色谱分离条件：C18；柱温，30℃，流动相，甲酸水溶液/乙腈梯度淋洗	

（续）

类别	参数	标准编号	标准名称	主要内容及范围	主要问题
农药	氯氰菊酯、氰戊菊酯和溴氰菊酯等多种菊酯类农药	GB/T 5009.110—2003	植物性食品中氯氰菊酯、氰戊菊酯和溴氰菊酯残留量的测定	规定了谷类和蔬菜中氯氰菊酯、氰戊菊酯和溴氰菊酯的测定方法；适用于谷类和蔬菜中氯氰菊酯。氰戊菊酯和溴氰菊酯的多残留分析；粮食和蔬菜的检出限氯氰菊酯为 2.1μg/kg、氰戊菊酯为 3.1μg/kg、溴氰菊酯为 0.88μg/kg 石油醚提取，中性氧化铝层析净化，色谱分离条件：玻璃柱；柱温，245℃；N2，140mL/min。ECD 检测器	均采用气相色谱-ECD 检测多种菊酯类农药。 前处理类似，具体所用提取溶剂和净化柱有一定差异。分离所用的柱子不同，因此柱温存在较大差异。 依据不同的适用范围和农药种类制定标准，氯氰菊酯、氰戊菊酯和溴氰菊酯等多种农药同时存在于多项标准中，不利于使用
		SN/T 1117—2008	进出口食品中多种菊酯类农药残留量测定方法　气相色谱法	规定了食品中多种菊酯类农药残留量的气相色谱测定方法。适用于大米等中联苯菊酯、甲氰菊酯、氯氟氰菊酯、氯菊酯、氟氯氰菊酯、氯氰菊酯、氰戊菊酯、溴氰菊酯农药残留量的测定 正己烷/丙酮提取，弗罗里硅土净化柱，色谱条件：DB-5 石英毛细管柱；柱温，70℃，以 20℃/min 上升至 270℃，保持 1min，以 20℃/min 上升至 300℃，保持 15min；N2，1mL/min；ECD 检测器	
元素	铜、铁、锰、锌、钙、镁	GB/T 5009.90—2003	食品中铁、镁、锰的测定	规定了用原子吸收分光光度法测定食品中铁、镁及锰。适用于各种食品中铁、镁及锰的测定。检出限：铁为 0.2μg/mL，镁为 0.05μg/mL，锰为 0.1μg/mL	铜、锌、铁、锰、镁 5 个元素性质也比较接近，测定方法、原理和设备一样，均为火焰原子吸收，不同元素的特征线一样
		GB/T 14609—2008	粮油检验　谷物及其制品中铜、铁、锰、锌、钙、镁的测定　火焰原子吸收光谱法	规定了用火焰原子吸收光谱法测定谷物及其制品中铜、铁、锰、锌、钙、镁的原理、试剂、仪器与设备、分析步骤、结果计算和重复性；适用于谷物及其制品中铜、铁、锰、锌、钙、镁等元素的测定；检出限：铜为 0.6mg/kg，铁为 2.4mg/kg，锰为 0.5mg/kg，锌为 0.4mg/kg，钙为 1.5mg/kg，镁为 0.7mg/kg	
		GB/T 5009.13—2003	食品中铜的测定	规定了食品中铜的测定方法；适用于食品中铜的测定；检出限：火焰原子化法 1.0mk/kg，石墨炉原子化法 0.1mg/kg，比色法 2.5mg/kg	
		GB/T 5009.14—2003	食品中锌的测定	规定了食品中锌的测定方法；适用于食品中锌的测定；本方法检出限：原子吸收法 0.4mk/kg，二硫腙比色法 2.5mg/kg	

（续）

类别	参数	标准编号	标准名称	主要内容及范围	主要问题
营养	氨基酸	GB 5009.124—2016	食品安全国家标准　食品中氨基酸的测定	规定了用氨基酸分析仪（茚三酮柱后衍生离子交换色谱仪）测定食品中氨基酸的方法；适用于食品中酸水解氨基酸的测定，包括天冬氨酸、苏氨酸、丝氨酸、谷氨酸、脯氨酸、甘氨酸、丙氨酸、缬氨酸、蛋氨酸、异亮氨酸、亮氨酸、酪氨酸、苯丙氨酸、组氨酸、赖氨酸和精氨酸共16种氨基酸	针对不同种作物及不同种氨基酸，操作不方便，前处理和检测方法分开不方便参看
		NY/T 56—1987	谷物籽粒氨基酸测定的前处理方法	适用于氨基酸分析仪测定谷物籽粒中氨基酸含量的样品前处理	
		NY/T 9—1984	谷类籽粒赖氨酸测定法染料结合赖氨酸（DBL）法	适用于测定水稻、玉米、高粱、麦类等谷类籽粒的赖氨酸含量	
植保	豆象	NY/T 2052—2011	菜豆象检疫检测与鉴定方法	规定了菜豆象的检疫检测与鉴定方法；适用于豆类生产及储存、调运过程中对菜豆象的检疫检测与鉴定	都是豆象检疫方法，针对不同种类，检疫方法相近，这对不同作物及不同环节，操作不方便
		SN/T 1274—2003	菜豆象的检疫和鉴定方法	规定了菜豆象的检疫和鉴定方法；适用于进境豆类时对菜豆象的检疫和鉴定	
		SN/T 1278—2010	巴西豆象检疫鉴定方法	规定了巴西豆象的检疫和鉴定方法；适用于豆类进出境时对巴西豆象的检疫和鉴定	
		SN/T 1451—2004	灰豆象检疫鉴定方法	规定了进出境植物检疫中对灰豆象的检疫和鉴定方法；适用于豆类进出境豆类中灰豆象的检疫和鉴定	
		SN/T 1452—2004	鹰嘴豆象检疫鉴定方法	规定了进出境植物检疫中对鹰嘴豆象的检疫和鉴定方法；适用于进出境豆类中鹰嘴豆象的检疫和鉴定	
		SN/T 1855—2006	暗条豆象检疫鉴定方法	规定了暗条豆象的检疫和鉴定方法；适用于暗条豆象的检疫和鉴定	
	花叶病毒	SN/T 1611—2013	南方菜豆花叶病毒血清学检测方法	规定了植物检疫中南方菜豆花叶病毒基于血清学的DAS-ELLSA、免疫电镜和免疫捕获RT-PCR等检测方法；适用于进出境豆科植物种子、苗木及传毒介体中南方菜豆花叶病毒的检测	都是花叶病毒鉴定，针对不同作物及不同环节，操作不方便
		SN/T 2055—2016	豇豆重花叶病毒检疫鉴定方法	规定了豇豆重花叶病毒检疫鉴定方法；适用于可能带有豇豆重花叶病毒的进境种苗或繁殖材料的检疫和鉴定	

（3）标准涉及行业多存在矛盾　我国粮食检测方法标准主要涉及农业部、商务部、粮食局、卫计委、质监局、进出口检验检疫局等多个部门，涉及行业领域众多，其中理化、品质、营养、植保等检测方法行业间重复交叉较多，但在蛋白质、水分、脂肪、淀粉等基础参数，以及黄曲霉毒素、呕吐毒素、草甘膦、菊酯类农残等标准中，部分重要检测步骤和参数指标存在不统一问题。

①重要内容、检测步骤不一致。从表4-30中可以看出直链淀粉分光光度法的波长不一致，对检测结果影响程度有待验证。

表4-30　检测方法标准矛盾情况汇总表

参数	涉及标准		主要问题	主要影响
直链淀粉	GB/T 15683—2008	大米直链淀粉含量的测定	均为分光光度法，均是大米和稻米所用波长有差异，波长分别是720nm、620nm和620nm	分光光度计的波长不同，对直链淀粉含量影响不明确，数值可比性差
	NY/T 55—1987	水稻、玉米、谷子籽粒直链淀粉测定法		
	NY/T 2639—2014	稻米直链淀粉的测定分光光度法		

②参数指标不统一。从表4-31和表4-32中可以看出，主要是蛋白质折算系数和感官评价体系指标设置不统一，蛋白质是粮食定等定级的重要判定指标，在不同的标准方法中蛋白换算系数差异很大，特别是在大豆、大麦、高粱、小米中最为明显，其中最大差值为0.55。“全小麦粉”和“普通小麦”蛋白折算系数不同，都可表达小麦整籽粒，表述不准确，蛋白质含量计算结果差异大，严重影响行业间产品等级判定。小麦制品和稻米感官评价指标不统一，主要集中在相关产品标准附录和检测方法之间，加工方法、配方和评分参数设置都存在不同程度的差异，某些参数缺失、评分比例不同等问题影响制品的最终评分。

（4）部分检测技术落后、更新慢　我国标准不断更新发展，管理日趋完善化，但粮食检测方法制定起步早，如今标龄15年以上的标准仍有7.1%，其中格式不规范的标准有4%，仍需清理修订。随着检测方法的不断更新、发展，粮食检测方法陈旧实用性差的标准仍有7项，农残检测问题较突出。

①标龄长，格式不规范。随着标准的不断更新，但标准中仍有标龄15年以上的标准占现有标准7.1%左右，标准格式不规范问题严重的标准占4%，主要集中在理化、农残和种子检验标准中，需加快修订，适应新的标准格式要求。

②方法陈旧，实用性差。从表4-33可以看出，检测方法陈旧标准7项，问题主要集中在农残检测标准中，比色法或分光光度法的农残检测方法，技术相对落后，费时费力，效率不高，前处理仍采用传统索氏提取、液/液分配、柱层析等方法，操作烦琐复杂、耗时长、选择性差、溶剂毒性大、用量多，方法检测限和灵敏度均不及色谱法。

（5）再现性、最低检测限缺失　重复性和再现性等是检测方法的重要参数，当实验结果不同时，可以用重复性和再现性标准差来决定差异是否允许。我国检测标准制定较早，重复性一直是关注的重点，但再现性、最低检测限仍是短板。根据以下几种情况逐一梳理检测方法标准，重复性和再现性是所有检测方法应具备的基本要求。有最低检出限要求的毒素、农残、重金属、违禁添加剂等的检测方法，应提供最低检出限，营养元素不考量最低检出率。回收率是实验室准确度的考量参数，是检测过程不可缺少的部分，在液相、气相、液质、气质等检测方法中，应提供相应的回收率参考，方便标准执行。

表 4-31 蛋白质检测方法蛋白折算系数汇总表

标准编号和名称	麦类							水稻	大米	玉米	高粱	小米	其他谷类	豆类			油籽饼粕	饲料
	大麦	小麦	小麦研磨制品	黑麦	黑小麦	燕麦	裸麦							大豆	蛋白制品	其他豆类		
GB 5009.5—2016 食品安全国家标准 食品中蛋白质的测定	5.83	全小麦粉 5.83、普通小麦、面粉 5.70	麦糠麸皮 6.31、麦胚芽 5.80、麦胚粉 5.70	黑麦 5.70、黑麦粉 5.83	6.25	5.83	5.83	—	5.95	6.25	6.25	5.83	—	5.71 含粗加工制品	6.25	—	—	—
NY/T 3—1982 谷物、豆类作物种子粗蛋白测定法（半微量凯氏法）	5.70	5.70	5.70	5.7	—	5.7	5.70	5.95	—	6.25	5.83	6.25	6.25	6.25	—	5.70	—	—
NY/T 2007—2011 谷类、豆类粗蛋白质含量的测定 杜马斯燃烧法	5.70	5.70	—	5.70	—	5.70	—	5.95	—	5.83	6.25	6.25	—	5.70	—	—	—	—
SN/T 0800.3—1999 进出口粮食、饲料粗蛋白质检验方法	5.83	5.70	5.7	—	—	5.83	5.83	—	5.95	6.24	6.24	5.83	6.25	6.25	—	6.25	6.25	6.25

表 4-32 小麦制品品质评价评分分析表

标准编号	标准名称	产品类型	制作工艺	感官小组人数（人）	评分参数
馒头					
LS/T 3204—1993	馒头用小麦粉附录 A	直接发酵	手工和面、固定加水量、38℃发酵	4～5	比容 20 分、表观形状 15 分、色泽 10 分、结构 15 分、弹韧性 15 分、黏性 15 分、气味 5 分
GB/T 17320—2013	小麦品种品质分类附录 A	直接发酵	机械和面、吸水率 75%加水、无醒发温度	无	比容 15 分、表面色泽 10 分、表面结构 10 分、外观形状 10 分、弹性 10 分、结构 15 分、韧性 10、黏性 10 分、气味 5 分
面条					
LS/T 3202—1993	面条用小麦粉附录 A	干面条	机械和面、吸水率 44%加水、六次压片、干燥 10h	5～6	色泽 10 分、表观状态 10 分、适口性（软硬）20 分、黏性 25 分、光滑性 5 分、食味 5 分、韧性 25 分
GB/T 17320—2013	小麦品种品质分类附录 B	鲜面条	机械和面、以面团含水量定加水量、七次压片	5	色泽 20 分、表观状态 10 分、硬度 20 分、黏弹性 30 分、光滑性 15 分、食味 5 分
蛋糕					
GB/T 24303—2009	粮油检验 小麦粉蛋糕烘焙品质试验海绵蛋糕法	海绵蛋糕	面粉 100g、鸡蛋 130g、糖 110g	无	比容 30 分、内部结构 30 分、口感 20 分、表面状况 10 分、弹柔性 10 分，评分要求描述模糊、不易判断
LS/T 3207—1993	蛋糕用小麦粉	海绵蛋糕	面粉 100g、鸡蛋 100g、糖 100g	无	比容 30 分、芯部结构 20 分、口感 25 分、外观 25 分，评分要求描述明确、细致，易于打分

表 4-33 检测方法标准中方法陈旧实用性差情况统计表

标准编号	标准名称	参数方法	方法及主要问题	试剂及主要问题	设备及主要问题
GB/T 5009.21—2003	粮、油、菜中甲萘威残留量的测定	第一法高效液相色谱法	用 50 mL 苯提取	苯毒性大，致癌，用量大，可采用水-乙腈提取	高效液相色谱仪，带紫外检测器（280 nm）
GB/T 5009.21—2003	粮、油、菜中甲萘威残留量的测定	第二法比色法	费时费力、实际消耗量大	—	分光光度计（475 nm）
GB/T 5009.36—2003	粮食卫生标准的分析方法	马拉硫磷（铜络合物比色法）	四氯化碳提取—氢氧化钠水解生成二甲基二硫代磷酸酯后与铜盐生成黄色络合物，前处理时间长	—	分光光度计费时，耗试剂
GB/T 5009.73—2003	粮食中二溴乙烷残留量的测定	二溴乙烷（蒸馏法和浸渍法）	前处理烦琐，时间长。蒸馏法需 48h 以上	—	—
GB 23200.44—2016	食品安全国家标准 粮谷中二硫化碳、四氯化碳、二溴乙烷残留量的检测方法	GC-ECD 测定	异辛烷和硫酸溶液蒸馏提取，提取液经脱水后定容，前处理麻烦	试剂消耗用量 300 mL 以上	—
SN 0600—1996	出口粮谷中氟乐灵残留量检验方法	GC-ECD 测定	前处理烦琐（甲醇提取—二氯甲烷液液分离—浓缩蒸干—正己烷溶解—弗罗里硅土柱净化—苯复溶）	苯毒性大，致癌	配有电子俘获检测器的气相色谱仪
NY/T 9—1984	谷类籽粒赖氨酸测定法染料结合赖氨酸（DBL）法	差减染色法	方法原理落后、费时	特殊生化染料试剂，污染与毒性大，难以购买	专用蛋白质分析仪仪器落后，灵敏度低

梳理各类检测方法缺失情况后，发现检测方法标准都或多或少地存在问题，特别是再现性缺失问题突出。理化和品质检测方法标准中，部分标准制定较早，并且也未系统修订，重复性缺失，近六成标准无再现性，等同或是修改采用 ISO 标准的不存在此类问题。毒素检测方法中半数无重复性，几乎都无再现性表述。农残检测方法大部分未更新标准，多重视回收率和最低检出限，重复性和再现性缺失。元素和营养检测方法主要是再现性缺失。种子检验方法涉及部分理化检验指标，主要是再现性缺失问题。

（6）覆盖面有限、有待拓宽　目前，粮食加工制品品质检测主要以产品标准附录为主，但附录之间、附录和检测方法标准之间矛盾，应系统整理后形成统一的品质检测方法标准。我国农药限量指标中涉及粮食的指标有 200 多项，约有 17 项指标有残留限量但没有相应检测方法，如糙米中四聚乙醛有最大残留量，但没有四聚乙醛的检测标准，针对缺失标准及时更新补充，加强对农药安全监测；粮食中以转基因产品为原料加工的食品或食品原料领域，相应标准方法仍较少，需进一步完善补充。粮食营养元素、碳水化合物含量、大豆低聚糖、可溶性多糖、肽相对分子质量分布等无检测方法，或只能参照药材的检测方法。种子市场发展快速，应完善种子检验标准覆盖面，拓展涉及参数和种类，为种子市场监管和质量检测提供技术支持，提升种子资源保护与利用。

五、标准发展需求和措施建议

1. 严把标准制定申报关　严把标准申报关，对重复比例过大的标准不予以审批、对少部分重复的标准在已有标准基础上修订、对现有标准矛盾易引起产业混乱的标准不予以审批。针对产品质量标准名称、定义、分等分级、分类、参数设置不统一、不协调、衔接差等问题，按照统一分类要求，统一相关内容、引入作物拉丁名等。加强与民间（协会）、地方和企业之间的交流协作，以满足市场需求为导向，科学合理制定标准，规定相关参数，为产业发展服务。

2. 明确分工加强协调　建议小麦、玉米、杂粮产品类标准制定工作的具体主抓部门、配合部门，制定标准过程中采用部门联动机制，成立包括现有相关标准制定单位在内的协调小组，既明确了分工，又避免部门间沟通差、存在矛盾的问题。比如小麦、玉米、杂粮农产品和初级加工产品标准由农业农村部或粮食局牵头，农业农村部、国家粮食局等部门配合，参照已有强制性国家标准制定。

3. 实行标准制修订终身负责制　建立标准制定单位对所制定标准实行终身负责的制度，标准制定单位按照国家规定对标准修订废止，实行定时上报、按需上报的原则，对发现问题的标准及时修订废止。上级管理部门根据下级使用部门和全国专业标准化技术委员会申请，下达标准修订废止提案，标准制定单位给出相关答复和修订意见。

4. 提升生产过程控制执行力度　我国食品安全主要问题是，重后期抽查检验，轻前期管理控制，建议对关系国家粮食安全的主要小麦、玉米、杂粮的生产过程控制规范制定为强制性国家标准，增强其执行力度，从生产源头上改善食品安全问题。不同粮食作物对其耕地、环境、水源、植保、储运条件、加工等要素给出明确限定，指出不能碰触的最低限，制定强制性国家标准，逐步减少由生产种植源头产生的食品安全隐患。

5. 建立信息共享查新平台　依托农业标准数据库和相关网站，建立高效、准确的标准信息发布、交流、反馈平台。建立标准查新系统，对新制定和已制定的标准进行系统查新，避免重复或矛盾标准出现。与国际标准组织建立数据共享机制，并及时更新、收集、整理、发布，国内外粮食质量、安全以及标准等信息。在粮食类农产品集中生产、加工的地区、无公害、绿色生产基地和标准化示范区设立信息网点，委派专职或兼职人员收集、整理实施中出现的问题，以及相关标准需求。

6. 加强标准基础性研究　开展小麦、玉米、杂粮标准基础理论研究，分析标准制定与粮食产业发展的关系，标准制定的合理周期和模式。深入分析参数设置对小麦、玉米、杂粮从种到收、到加工流通销售，以及整个产业的影响。加快检测方法准确度和精密度研究，提高我国检测方法标准的水平。积极与国际组织沟通交流，分析国际标准对我国标准体系的影响，合理科学地借鉴国外标准。

7. 加大标准宣传贯彻实施力度 充分利用现有的教育和宣传媒介，加强粮食产品类标准的普及和培训，提高社会对粮食标准的认知度和生产者贯彻标准的自觉性。采用政府推动、龙头企业带动、认证认可促动、行业自律联动、市场准入拉动等多种形式，扩大标准实施推广覆盖面，主动与生产者、企业家互动，了解他们的需求，解决他们的困难，更好地制定、实施标准。

第五章 2017年度种植业产品标准体系研究报告——水稻

一、产品标准及标准体系发展现状

1. 标准体系建设进展情况（标准体系建设框架） 水稻是我国最重要的粮食作物。我国是世界最大的稻米消费国，全国约有65%以上的人口以大米为主食。我国水稻生产处于国际领先地位。水稻标准体系建设，对实施水稻标准化生产、确保市场稳定和粮食安全具有重要意义。

水稻是农业产业中的一种作物，也必须遵循农业产业涉及生产、加工、销售、质量评价等的共同规则——农业产业相关标准。本项研究重点关注以水稻为主题的标准体系布局问题。水稻相关标准从20世纪中期至今已有翻天覆地的变化。在2000年之前，我国稻米标准体系已初成体系，经过近20年发展，我国的稻米标准体系不断完善改进。目前我国水稻标准体系按国家标准、行业标准和地方标准、企业标准进行构架，共制定了水稻专属的国家标准69项、农业行业标准98项、其他行业标准58项以及一批地方标准（本报告收集134项）和若干企业标准。水稻相关的综合性标准340项，包括国家标准169项、农业行业标准52项、其他行业标准115项及地方标准4项，主要是在谷物、粮食、粮油，以及其他更大范畴的如种植业、农产品、食品等涉及水稻的综合性标准。按标准的性质和用途，形成以基础通用标准（14项）、产品标准（42项）、方法标准（365项）、环境安全标准（18项）、种质资源标准（36项）、生产管理标准（132项）、物流标准（10项）、机械配套标准（65项）8个模块为主要内容的水稻标准体系框架（图5-1、图5-2）。现有的水稻相关标准覆盖了水稻生产过程中涉及的种子生产、栽培、收获、加工、储运、产品质量等产前、产中、产后的各个环节，同时也覆盖了生产过程中涉及的投入品、机械配套及各类检测方法。因此，目前我国现有的水稻标准体系框架覆盖比较全面，分类细致，基本满足各级部门对水稻产品管理的需要。

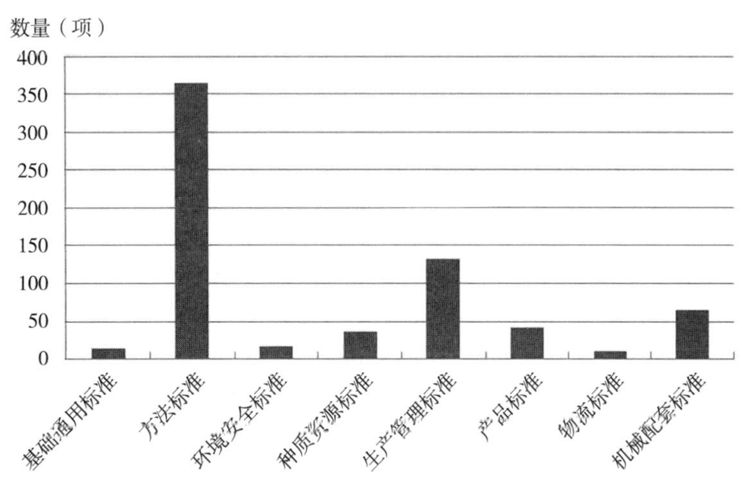

图5-1 各模块制定标准情况

水稻标准分布情况 从国家标准、行业标准、地方标准的数量分布来看（图5-3a），行业标准占水稻相关标准的比例最大，达44.9%，其中农业行业标准22.0%、其他行业标准22.9%。从其他行业标准的分布（图5-3b）可以看出，大部分的其他行业标准为商品检验检疫行业标准（主要为农残检测技术），占所有其他行业标准的83.1%，其次分别为粮食行业标准、机械行业标准、气象行业标准和环境行业标准等。

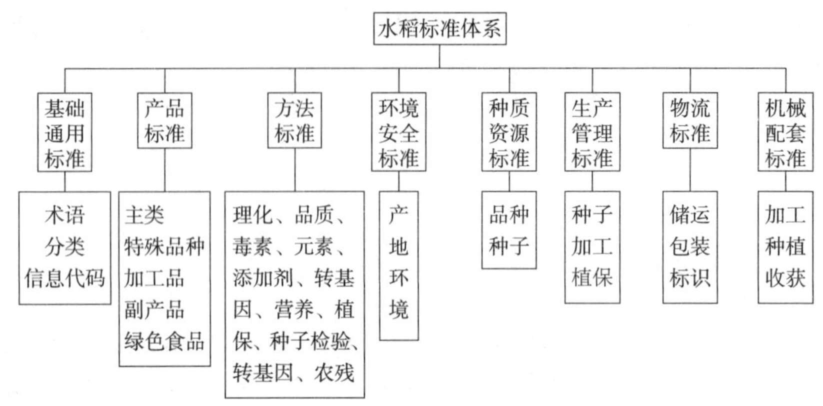

图 5-2 水稻标准体系框架

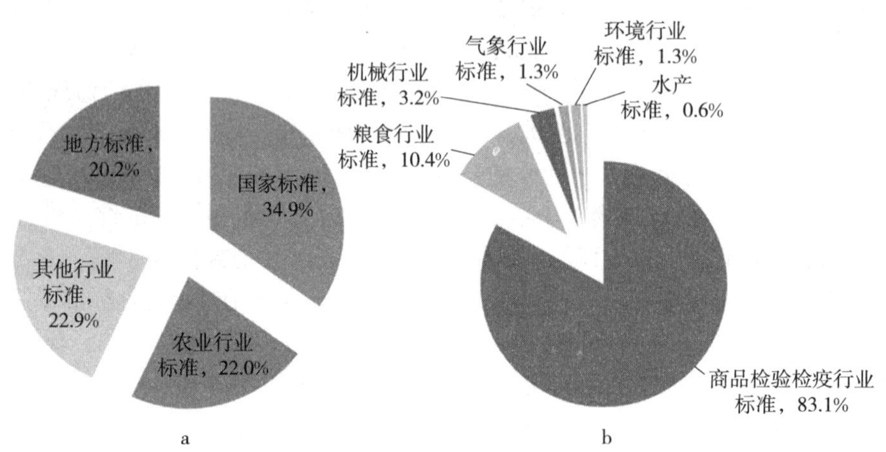

图 5-3 水稻类标准分布情况（按标准性质）

注：a. 水稻标准在国家标准、农业行业标准和其他行业标准中的分布情况；b. 水稻其他行业标准的分布情况。

从标准数量分布来看，水稻标准中方法标准比例最大，约占53.5%；其次是生产管理标准，占19.4%；机械配套标准占9.5%，产品标准占6.2%，种质资源标准均为5.3%，环境安全标准占2.6%，基础通用标准和物流标准最少，只占2.1%和1.5%。可以看出方法标准比例非常大，这与近年来对食品质量安全越来越重视，相关检测标准制定及时有重要关系。

此外，从各模块标准在国家标准、行业标准和地方标准中的分布可以看出，国家标准和行业标准均偏重于方法标准，分别占总数的74.4%和58.2%（图5-4a、图5-4b）。而地方标准则偏重于生产管理标准，占总数的52.9%（图5-4c）。

通过分析通用型标准与水稻专属标准分布（通用型标准是指适用于水稻但并不是针对水稻而制定的标准，如适用于粮食的标准；水稻专属标准是指专门为水稻或者水稻产品而制定的标准，只适用于水稻或水稻产品）可以看出（图5-5），基础通用标准、方法标准、环境安全标准、物流标准等标准中通用型标准占较大比例，而机械配套标准、种质资源标准、生产管理标准、产品标准基本为水稻专属标准。这与实际需求基本一致。

2. 存在的主要问题

（1）标准体系问题（包括但不局限于系统性、针对性、实用性、时效性等方面）

①标准体系有待进一步完善。目前水稻标准数量较多，共制定了水稻专属标准340项，适用于水稻的通用性标准300余项，涉及内容众多。但有些实际需求的标准仍存在“有待补充”的问题。比如，本次研究中并未搜索到水稻质量追溯相关的标准。除质量追溯这一大模块外，其他各模块中的标

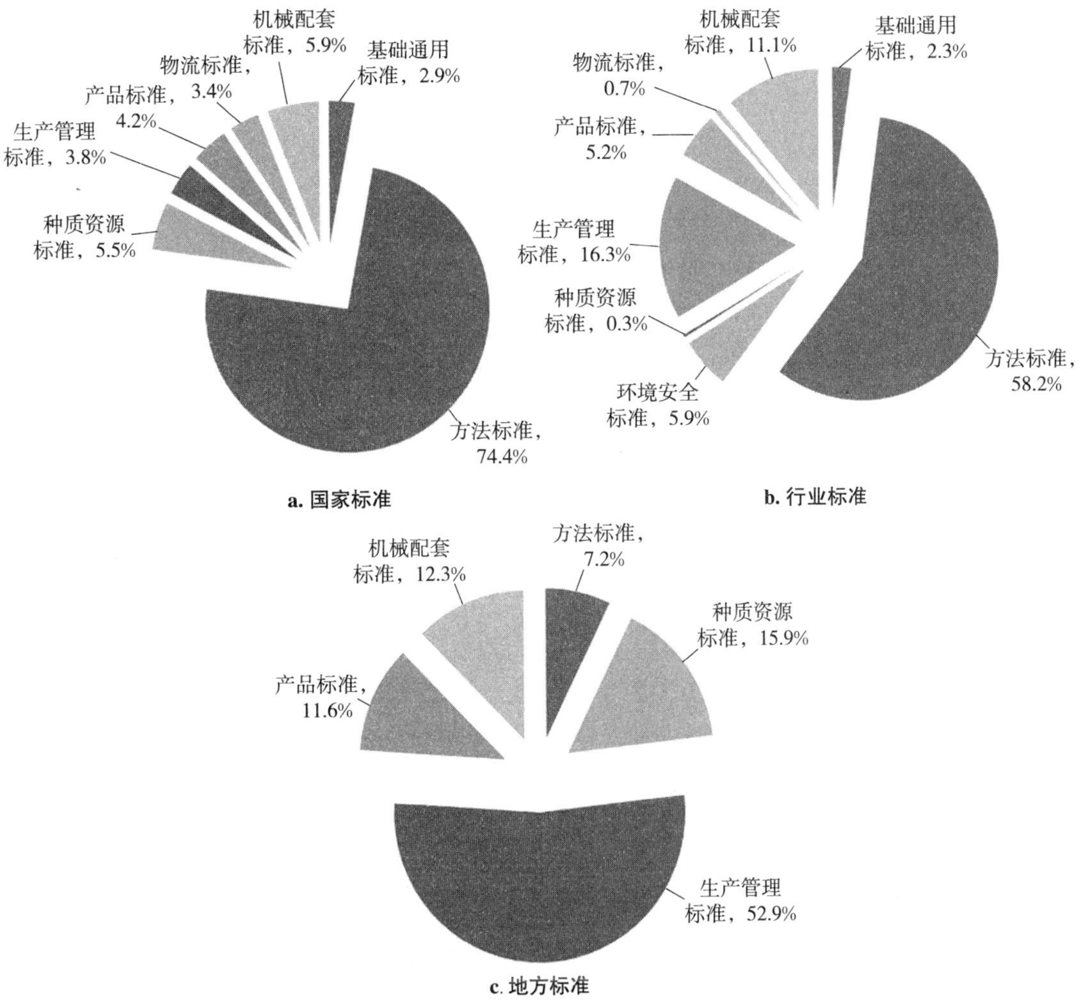

机械配套标准，5.9%
基础通用标准，2.9%
物流标准，3.4%
产品标准，4.2%
生产管理标准，3.8%
种质资源标准，5.5%
方法标准，74.4%
a. 国家标准
机械配套标准，11.1%
基础通用标准，2.3%
物流标准，0.7%
产品标准，5.2%
生产管理标准，16.3%
种质资源标准，0.3%
环境安全标准，5.9%
方法标准，58.2%
b. 行业标准
机械配套标准，12.3%
方法标准，7.2%
种质资源标准，15.9%
产品标准，11.6%
生产管理标准，52.9%
c. 地方标准

图 5-4　水稻类标准在各模块中的分布情况

(%)
120
100
80
60
40
20
0
基础通用标准
方法标准
环境安全标准
种质资源标准
生产管理标准
产品标准
物流标准
机械配套标准

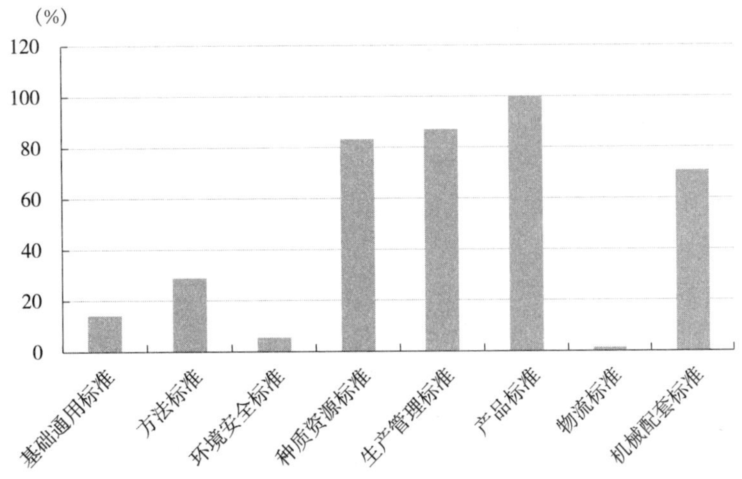

图 5 5　水稻专属标准占水稻标准总数的比例

准体系也有待进一步推敲完善。

以产品标准模块为例，从现有的产品标准来看，水稻产品标准基本覆盖了稻谷、糙米、大米等一系列常规的稻米产品，同时也涉及部分初级加工品及副产品。对稻米产品的评价及市场流通提供了很好的保障。但对于市场上越来越受重视的特殊专用稻和特殊稻米产品的覆盖还不够，有待补充。如市场已出现了较多的紫黑米、红米、蒸谷米、发芽糙米等具有特殊营养功能的稻米产品，已越来越受到消费者的喜爱和关注，市场需求和关注度也会越来越高。而目前标准体系中，只有富硒稻谷、富硒大米及黑米等少数几项标准。为合理评价此类功能性稻米产品，规范市场流通，保证产品质量，对此类特殊稻米产品的标准进行补充和完善是非常必要的。米制品在市场上也占有一定的份额，如米粉、米线、汤圆、年糕等。而这些米制品对稻米品种及品质均有一定的要求，因此，制定米制品专用稻的标准对保证米制品的质量也非常有必要。而对于大米粉这种市场上非常常见的初级加工品，也需要制定相应的标准来保证市场大米粉的品质评价及流通。

以生产管理标准模块为例，缺少社会化服务标准，服务质量纠纷处理没有依据，亟须制定相关标准。从收集的标准中来看，生产管理标准目前基本为相关的生产技术规范标准，包括病虫害防治、水稻种植生产技术等。随着农业集约化、专业化的推进，水稻生产方式正在进行转变，专业的育秧、插秧、施肥、病虫草害防治、收割、烘干等专业服务队伍不断壮大。在新兴农业生产方式中，如何服务于质量评价，保障生产质量，尤其是拥有后期纠纷的重要评价依据显得尤为重要。因此，生产管理标准中应该增加社会化服务领域相关标准，制定服务质量评价标准，如稻田机械化耕整地服务质量要求、水稻工厂化集中育秧技术条件与质量标准、水稻机插秧质量、水稻病虫害统防统治质量、水稻机械化收割质量等，以此标准作为后期纠纷的依据。社会化服务标准缺乏，服务质量纠纷处理没有依据，不利于水稻生产的创新发展。因此，此类标准应当是今后工作的重点之一。

在基础通用标准模块中，水稻专属的术语定义标准较少，只有两项。而基础标准是任何标准的依据，水稻各类标准是否满足当前的发展需要很大程度上取决于基础标准是否充实，而仅有的两项水稻生产术语定义标准必定不能满足现阶段水稻生长的需要。此外，综合性标准分布散，在实际使用上不够便利。因此，制定水稻专属的术语定义标准非常有必要。建议制定较为全面的水稻专属的术语定义标准《水稻　名词术语》，内容包括水稻种质描述术语、水稻生长性状术语、种植和加工等过程中涉及的所有相关术语。此外，在基础通用标准中还涉及一类比较重要的标准，即为规定标准编写的基础标准，此类标准用于规范某类相同标准的编写规范，使编写的标准更合理化、科学化、规范化、标准化。而此类水稻标准尚欠缺。例如，我国水稻品种繁多，但从目前水稻品种相关标准来看，品种描述不全，为规范水稻品种的描述，有必要制定一项基础标准《水稻品种描述规范》，用于明确规范品种描述应该包含的内容。目前以标准形式公布的地理标志产品有方正大米、盘锦大米、五常大米、原阳大米等，均为国家标准。此外还有地方标准：天津小站米、辽星1号大米、芜湖大米等地方特色大米标准。总的来说，地理标志产品或地方特色产品标准管理较差，国家标准、农业行业标准和地方标准均有涉及，并且文本要求不一致。因此有必要对此类标准进行统一规范编制。建议可以编制《地理标志产品标准编写规范》，该标准规定地理标志产品标准编制过程中涉及的要点。

②标准分类太过细致、交叉重复，需精炼整合。标准分类太过细致，不利于使用。比如涉及稻谷的标准包括《稻谷》（GB 1350—2009）、《饲料用稻谷》（NY/T 116—1989）和《优质稻谷》（GB/T 17891—1999）（《优质稻谷》第1号修改单）［GB/T 17891—1999（XG1—2000）］、《富硒稻谷》（GB/T 22499—2008）4项标准。涉及大米的标准包含《大米》（GB 1354—2009）、《食用籼米》（NY/T 595—2013）、《食用粳米》（NY/T 594—2013）、《绿色食品　稻米》（NY/T 419—2014）、《香稻米》（NY/T 596—2002）等。这些标准涉及的主要参数基本类似，对参数的限值稍有差异。分别制定固然可以更加清晰明确地将各类标准分开，但不利于实际使用。此外，容易出现一项标准中的定义或者指标修改后，其他引用标准未及时更新的情况，造成指标冲突的问题。国际标准 ISO 7301—2002 rice-specification（《稻谷规范》），一项标准规定了稻米产品的所有指标。使用过程只需关注该一项标准即可，使用方便。当然，国内水稻产品丰富，仅制定一项标准不切实际。建议可以借鉴 ISO 及 CODEX 标准，将几项同类水稻产品且评价指标相似的标准合并为一项标准。如将《大米》（GB/T 1354—2009）、《食用籼米》（NY/T 595—2013）、《食用粳米》（NY/T 594—2013）等标准整合修订为一项大米标准，新标准规定其一般性参数指标及特殊参数指标。一般性参数是指所有大米均应达到的参数。特殊参数是指对某类大米（食用籼米、食用粳米）有要求而对其他普通大米没做规定

的指标参数或是要求有差异的指标参数，如食用籼米和食用粳米的蒸煮食用品质。这样整合可以使标准体系更加简洁明了，更加有利于标准的使用及后续的修订，不会造成某项标准修订不及时造成指标参数冲突的问题。

标准交叉重复的现象在方法标准中表现较为突出。相同的检测方法有多项标准，如原《水稻、玉米、谷子籽粒直链淀粉测定法》（GB 7648—1987），1993 年标准清理时降为行业标准，但 1995 年又颁布了国家标准《稻米直链淀粉含量的测定》，其技术方法与《水稻、玉米、谷子籽粒直链淀粉测定法》基本一致。标准之间重复交叉的问题在农药残留检测技术标准方面表现较为突出。农药种类繁多，标准制定者随意制定，导致了标准之间（国家标准和行业标准，或者国家标准之间，或者行业标准之间）重复制定类似的检测技术，或者涉及的农药种类交叉。如《植物性产品中草甘膦残留量的测定 气相色谱-质谱法》（GB/T 23750—2009）与《食品中草甘膦残留量测定》（Y/T 1096—2006）均为气相色谱-质谱联用法测定草甘膦。此外《进出口食品中草甘膦残留量的检测方法 液相色谱-质谱/质谱法》（SN/T 1923—2007）也是草甘膦检测方法的标准。草甘膦的测定在国家标准、农业行业标准和商品检验检疫行业标准中都各有标准，难免会让使用标准的人员感到困惑。

③标准定位不合理。生产管理标准中包括种植标准、植保标准及产品加工标准，其中种植标准和植保标准占多数。此类标准方面，由于缺乏对农作物生长生理的研究，缺少农作物生长环境基础数据资料，生产技术规程仅简单地将科技成果转化为标准文本，没有在不同环境下的操作方法，不能适应中国面积很大、地域气候条件复杂的国情，基层的农技人员很难应用，更说不上农民使用。农业作为一种特殊的产业，其生产受自然环境等因素影响大，即使按标准执行相关的规范规程也可能无法达到标准的效果。因此，种植和植保相关的标准应定位在农技人员和农民的需求，按地域特色开展深入的、接地气的研究，制定合乎需求的标准，确实将标准化落实到农业生产中。

此外，标准的文本一般较为简单凝练，不利于农民的阅读。据此，需要以科学的形式制定生产管理内容，标准、技术图书、模式图、指导手册等形式相结合。根据地方特色，将水稻种植相关的标准整合为水稻标准化生产指南，将所有的病虫害相关的标准整合为水稻病虫害防治标准，作为地方标准。为便于农技人员及农民的使用，标准的形式可以不局限于现有标准的文本，而是制作为内容丰富易懂的小册子形式。

④标准间、标准体系间的衔接有待进一步完善。产品标准间存在定义不一致、指标有差异的问题。稻米的糙米量有出糙率和糙米率说法，容易造成混乱。在定等分级方面，部分标准对整精米和碎米的定义不一致。《糙米》（GB 18810—2002）中定义整精米为长度大于完整米粒长度的 4/5 的米粒。《碎米检验法》（GB 5503）于 2009 年修订时将整精米定义从整米粒平均长度的 2/3 修改为 3/4，与国际 ISO 和 CAC 接轨。《大米》（GB/T 1354）于 2009 年修订时将碎米的定义从“留存在直径 2.0 mm 圆孔筛上，不足本批正常整米 2/3 的碎粒”修改为“长度小于同批试样米粒平均长度 3/4，留存 1.0mm 圆孔筛上不完整米粒”，并按此进行分级。这几项标准中对整精米和碎米界定存在差异，造成相应的指标之间没有可比性。而引用这些标准的标准并未对整精米率或者碎米指标作出及时修订。如现行标准《地理标志产品　五常大米》（GB/T 19266—2008）等中的碎米检测按《粮食、油料检验碎米检验法》（GB 5503—1985）执行，碎米指标偏高。因此，完善标准间的衔接，尤其是指标的衔接，对水稻标准体系的建设具有重要意义。

水稻作为粮食的一部分，其标准与其他粮食标准肯定会存在交叉的问题。通用型标准可以较好地解决衔接问题。种质资源标准、生产管理标准、产品标准等标准基本是与产品特性有关，因此制定的标准为水稻专属标准（图 5-5）。而水稻术语、检测指标等与其他粮食作物存在交叉，基础通用标准和方法标准因此既有较多专属标准也有较多通用型标准。方法标准中，存在同一指标，在不同粮食产品中均有涉及。如涉及稻谷、玉米、小麦等粮食的水分测定方法的标准就有 5 项。对于此类标准，建议统一整合，利于各产品标准之间的衔接，简练和完善标准体系。

（2）标准管理问题（包括但不局限于研究基础、队伍建设等方面）

①研究基础。标准是共同利益的各有关方面合作起草并协商一致而制定的适于公用并经标准化机构批准的技术规范。虽然标准是在已有成果的基础上制定，但要达到一致或基本同意，也必须有科学的证据，不是简单地把成果变为文本。

2000年以前，我国对标准制定的资金投入很少，国家标准只有几千元1项，仅够咨询费，行业标准几万元1项，可以开审定会。鉴于经费困难，有些制定标准的单位采用拉赞助方式解决，缺乏公正性；有些制定标准单位直接将国外标准、论文转为标准格式，不仅实际操作无法使用，而且影响到农产品生产。由于标准的基础研究薄弱，也使我国在农产品国际标准制定中难有发言极，只有极少的标准能成为国际公认的标准。

近年来，我国对标准越来越重视，投入的资金及人员成本均有明显增加。水稻作为我国的主要粮食作物，对我国粮食安全至关重要。为推进水稻生产，确保农民增收、农业增效，水稻标准制定受到各方重视，目前水稻专属标准已有300余项，涵盖质量评价、检测方法、生产技术规程、病虫草害预测预报防控、水稻生产机械等方面，对水稻标准化生产起到了积极的作用。但存在的问题是，标准随意制定，从管理上看未能从整体把上握整体框架，不同单位随意制定标准，没有很好地计划，导致制定的标准利用率低、重复交叉、定位不合理等，影响到标准的使用。因此，从整体宏观角度研究标准的整体框架，合理制定标准的制修订计划，确保标准框架体系的科学性。在此基础上，加强标准制修订的基础研究，严格把握制修订的质量，确保标准的科学性、实用性。

此外，目前有些标准为了制定而定制，存在“重制定，轻实施”的问题，真正应用于实际操作中的标准较少，标准利用率不高，造成资源浪费。

②队伍建设。从标准制定上看，标准起草单位一般具有专业的制定标准的团队，标准审定具有专业的审定专家队伍，这确保了制定标准的科学性和专业性。但从管理角度看，目前标准涉及的标准起草单位、归口单位众多，工作交叉、重复，没有良好的沟通，造成资源的浪费重复，甚至造成标准间的冲突。从标准执行角度看，没有相应的部门来推广标准，标准推广不够，更新不及时，标准利用率不高，标准没有落到实处。标准制定与标准使用脱节。主要的原因是对标准的管理、推广的重视不够，没有相应的团队支撑。据此，建立专业的标准体系研究、管理团队和标准推广团队，是确保标准体系的科学性、实用性的基础。

二、标准需求

1. 产业发展 目前水稻标准体系覆盖广，涉及标准多，存在重复、交叉、矛盾等问题，部分标准制定原则性不强、目标不明确。因此，需要对现有标准进行完善改进，构建一套科学、合理、可行的水稻标准体系，以用于指导水稻生产工作。主要原则为：①标准体系总体规划，按需按级制定标准，各级标准层次分明，相互衔接；②专属标准和综合标准有机结合；③科学丰富标准化的表现形式，补充完善框架体系，对目前尚缺乏的标准，如水稻专属的基础标准、水稻品种及地理标志产品的标准，编写规范类标准、特殊品种稻米产品标准及社会化服务标准等。同时，针对我国标准在快速发展阶段制定的水稻相关标准数量多而导致重复、交叉、过时的问题，需要集中进行研究清理重复、交叉、矛盾、过时标准，精简标准体系。

2. 政府管理 增强对标准的重视程度，加强标准各个环节的管理，包括标准整体框架的构建及标准的制定、推广及更新等。首先，需要发挥标委会作用，保证标准框架体系的科学性。标准委员会从全局考虑和布局整个标准体系框架的建设，按需制定标准的制修订计划，杜绝标准随意制定的现象。其次，标准相关部门分工协作，逐步完善体系。通过国家、民间（协会）、地方和企业之间的相互交流协作，充分了解品种选育者、生产者、消费者、管理者的需求，分工协作，与时俱进，逐步完善符合国情的水稻产品类标准体系，满足对水稻产品的管理、提高产品竞争力。最后，加强标准推广力度，建立标准反馈机制，完善标准体系。通过对标准的宣传、推广、示范等途径推广其应用，使标准不仅仅局限于文本，落到实处。同时建立良好的标准反馈机制充分征集和收集标准评价及反馈意见，及时梳理、评估反馈意见和标准实施效果，并反馈至标准委员会用于标准制修订的依据，从而保证标准的科学性、合理性和实用性。

三、标准发展方向

1. 完善标准体系建设

（1）合理布局标准分布　标准的目的是指导和保障水稻标准化生产。水稻作为我国第一大粮食作物，涉及行业和部门较多。因此，要加强标准体系建设，需突破行业、部门限制，从产业需求和发展角度出发，系统、合理布局标准分布，并在此基础上按需制定、修改或废止标准。构建以国家标准、行业标准为主，地方标准为辅的标准体系。基础通用标准以国家标准为主。产品类标准以国家标准和行业标准为主。种质资源、方法标准以行业标准为主。生产管理标准则以地方标准和农业标准为主。

（2）完善专用标准引导稻米生产结构平衡　稻米除了直接食用普通精米外，还有特色功能性食品，酿造、饲料、功能营养等用途，丰富稻米的产品结构有利于调整产量丰缺，稳定水稻生产，保障粮食安全。稻米产品标准目前主要在普通精米的直接食用方面，其他方面尚缺。在名特优新产品方面也缺乏统一的规范，难于对这些产品进行有效评价。

（3）规范生产过程质量控制的关键点　生产过程的质量控制是水稻产品质量的重要保障手段。国家建立了病虫害测报、植物保护、有害生物综合防治、耕地地力评价和土肥服务体系，颁布了禁止使用农药和限制使用农药。但生产服务应用过程，应加以规范，统一操作方式，统一评价体系，强化各系统之间的协调性，提高效率，降低国家运行成本，有效地保障产品和生产环境的安全，维护种植业生产的可持续发展。

（4）建立水稻生产专业化服务的标准　随着农业集约化、专业化的推进，水稻生产方式正在进行转变，专业的育秧、插秧、施肥、病虫草害防治、收割、烘干等专业服务队伍不断壮大，但标准缺乏，服务质量纠纷处理没有依据，不利于水稻生产的创新发展。因此，这些标准应当是今后工作重点之一。

2. 专家团队建设　发挥专业标准化技术委员会的作用，逐步建立和完善水稻标准化技术委员会，实现标准的专业化管理。在现有条件基础上逐步完善水稻产品标准体系框架，从技术上完善标准制修订、清理程序，保障标准的代表性、科学性、先进性、适用性和简明性。

成立专业的标准推广团队，丌放标准权限，推广标准的应用。及时跟踪标准的使用情况，充分征集和收集标准评价及反馈意见，及时梳理、评估反馈意见和标准实施效果，并及时反馈到标准化技术委员会，便于及时制修订、清理标准。

建立标准终身负责制，每项标准均应有专业的制定标准团队，从标准的制定到后期的修订，均由该团队负责，确保标准的连贯性和科学性。

3. 加强推广宣传

（1）推进标准的推广，使标准落到实处　目前水稻标准数量较多，涉及内容众多。但真正应用于实际操作中的较少，标准利用率不高，目前有些标准为了制定而定制，存在“重制定，轻实施”的问题，造成资源浪费。部分标准因农技人员不会使用，部分标准因操作性不强，成为了摆设。如何推广标准的应用，使标准落到实处；提高标准的操作性，使标准真正发挥其作用，使水稻生产得以标准化，是今后标准发展的一个重要方向。

（2）建立反馈机制，完善标准体系　标准的制定与使用之间可能存在一定错位。因此，建立良好的标准反馈机制是保证标准的科学性、合理性和实用性的关键。充分征集和收集标准评价及反馈意见，及时梳理、评估反馈意见和标准实施效果，制修订计划，定期开展标准清理和修订，优化标准结构，提高标准体系对产业发展的服务指导作用。

附录

附表 5-1　水稻（产品）国家标准体系表

序号	产品	分类	标准名称	标准状态	备注
1	水稻	产品类	稻谷	GB 1350—2009	现行有效
2	水稻	产品类	发芽糙米	GB/T	正在制定
3	水稻	产品类	大米	GB/T 1354—2009	现行有效
4	水稻	产品类	优质稻谷 （《优质稻谷》第1号修改单）	GB/T 17891—1999 [GB/T 17891—1999（XG1—2000）]	修改
5	水稻	产品类	糙米	GB/T 18810—2002	修改
6	水稻	产品类	地理标志产品　盘锦大米	GB/T 18824—2008	修改
7	水稻	产品类	地理标志产品　五常大米	GB/T 19266—2008	修改
8	水稻	产品类	地理标志产品　方正大米	GB/T 20040—2005	修改
9	水稻	产品类	地理标志产品　原阳大米	GB/T 22438—2008	修改
10	水稻	产品类	富硒稻谷	GB/T 22499—2008	现行有效
11	水稻	产品类	方便米饭	GB/T 31323—2014	现行有效
12	综合	方法类	食品安全国家标准　除草剂残留量检测方法　第1部分：气相色谱-质谱法测定粮谷及油籽中酰胺类除草剂残留量	GB 23200.1—2016	现行有效
13	综合	方法类	食品安全国家标准　食品中阿维菌素残留量的测定　液相色谱-质谱/质谱法	GB 23200.2—2016	现行有效
14	综合	方法类	食品安全国家标准　除草剂残留量检测方法　第2部分：气相色谱-质谱法测定粮谷及油籽中二苯醚类除草剂残留量	GB 23200.2—2016	现行有效
15	综合	方法类	食品安全国家标准　粮谷和大豆中11种除草剂残留量的测定　气相色谱-质谱法	GB 23200.24—2016	现行有效
16	综合	方法类	食品安全国家标准　食品中多种醚类除草剂残留量的测定　气相色谱-质谱法	GB 23200.28—2016	现行有效
17	综合	方法类	食品安全国家标准　食品中丙炔氟草胺残留量的测定　气相色谱-质谱法	GB 23200.31—2016	现行有效
18	综合	方法类	食品安全国家标准　除草剂残留量检测方　第3部分：液相色谱-质谱/质谱法测定　食品中环己酮类除草剂残留量	GB 23200.3—2016	现行有效
19	综合	方法类	食品安全国家标准　食品中丁酰肼残留量的测定　气相色谱-质谱法	GB 23200.32—2016	现行有效
20	综合	方法类	食品安全国家标准　食品中解草嗪、莎稗磷、二丙烯草胺等110种农药残留量的测定　气相色谱-质谱法	GB 23200.33—2016	现行有效
21	综合	方法类	食品安全国家标准　食品中涕灭砜威、吡唑醚菌酯、嘧菌酯等65种农药残留量的测定　液相色谱-质谱/质谱法	GB 23200.34—2016	现行有效
22	综合	方法类	食品安全国家标准　植物源性食品中取代脲类农药残留量的测定　液相色谱-质谱法	GB 23200.35—2016	现行有效

（续）

序号	产品	分类	标准名称	标准状态	备注
23	综合	方法类	食品安全国家标准　食品中烯啶虫胺、呋虫胺等20种农药残留量的测定　液相色谱-质谱/质谱法	GB 23200.37—2016	现行有效
24	综合	方法类	食品安全国家标准　植物源性食品中环己烯酮类除草剂残留量的测定　液相色谱-质谱/质谱法	GB 23200.38—2016	现行有效
25	综合	方法类	食品安全国家标准　食品中噻虫嗪及其代谢物噻虫胺残留量的测定　液相色谱-质谱/质谱法	GB 23200.39—2016	现行有效
26	综合	方法类	食品安全国家标准　食品中噻节因残留量的检测方法	GB 23200.41—2016	现行有效
27	综合	方法类	食品安全国家标准　除草剂残留量检测方法　第4部分：气相色谱-质谱/质谱法测定　食品中芳氧苯氧丙酸酯类除草剂残留量	GB 23200.4—2016	现行有效
28	综合	方法类	食品安全国家标准　粮谷中氟吡禾灵残留量的检测方法	GB 23200.42—2016	现行有效
29	综合	方法类	食品安全国家标准　食品中除虫脲残留量的测定　液相色谱-质谱法	GB 23200.45—2016	现行有效
30	综合	方法类	食品安全国家标准　食品中嘧霉胺、嘧菌胺、腈菌唑、嘧菌酯残留量的测定　气相色谱-质谱法	GB 23200.46—2016	现行有效
31	综合	方法类	食品安全国家标准　食品中苯醚甲环唑残留量的测定　气相色谱-质谱法	GB 23200.49—2016	现行有效
32	综合	方法类	食品安全国家标准　食品中吡啶类农药残留量的测定　液相色谱-质谱/质谱法	GB 23200.50—2016	现行有效
33	综合	方法类	食品安全国家标准　除草剂残留量检测方法　第5部分：食品中硫代氨基甲酸酯类除草剂残留量的液相色谱-质谱/质谱法测定	GB 23200.5—2016	现行有效
34	综合	方法类	食品安全国家标准　食品中嘧菌环胺残留量的测定　气相色谱-质谱法	GB 23200.52—2016	现行有效
35	综合	方法类	食品安全国家标准　食品中氟硅唑残留量的测定　气相色谱-质谱法	GB 23200.53—2016	现行有效
36	综合	方法类	食品安全国家标准　食品中甲氧基丙烯酸酯类杀菌剂残留量的测定　气相色谱-质谱法	GB 23200.54—2016	现行有效
37	综合	方法类	食品安全国家标准　食品中21种熏蒸剂残留量的测定　顶空气相色谱法	GB 23200.55—2016	现行有效
38	综合	方法类	食品安全国家标准　食品中氯酯磺草胺残留量的测定　液相色谱-质谱/质谱法	GB 23200.58—2016	现行有效
39	综合	方法类	食品安全国家标准　食品中敌草腈残留量的测定　气相色谱-质谱法	GB 23200.59—2016	现行有效
40	综合	方法类	食品安全国家标准　食品中苯胺灵残留量的测定　气相色谱-质谱法	GB 23200.61—2016	现行有效
41	综合	方法类	食品安全国家标准　食品中噻酰菌胺残留量的测定　液相色谱-质谱/质谱法	GB 23200.63—2016	现行有效

（续）

序号	产品	分类	标准名称	标准状态	备注
42	综合	方法类	食品安全国家标准　食品中吡丙醚残留量的测定　液相色谱-质谱/质谱法	GB 23200.64—2016	现行有效
43	综合	方法类	食品安全国家标准　食品中二硝基苯胺类农药残留量的测定　液相色谱-质谱/质谱法	GB 23200.69—2016	现行有效
44	综合	方法类	食品安全国家标准　食品中三氟羧草醚残留量的测定　液相色谱-质谱/质谱法	GB 23200.70—2016	现行有效
45	综合	方法类	食品安全国家标准　食品中二缩甲酰亚胺类农药残留量的测定　气相色谱-质谱法	GB 23200.71—2016	现行有效
46	综合	方法类	食品安全国家标准　食品中井冈霉素残留量的测定　液相色谱-质谱/质谱法	GB 23200.74—2016	现行有效
47	综合	方法类	食品安全国家标准　食品中氟啶虫酰胺残留量的检测方法	GB 23200.75—2016	现行有效
48	综合	方法类	食品安全国家标准　食品中异稻瘟净残留量的检测方法	GB 23200.83—2016	现行有效
49	综合	方法类	食品安全国家标准　粮谷中475种农药及相关化学品残留量的测定　气相色谱-质谱法	GB 23200.9—2016	现行有效
50	综合	方法类	食品安全国家标准　食品中脱氧雪腐镰刀菌烯醇及其乙酰化衍生物的测定	GB 5009.111—2016	现行有效
51	综合	方法类	食品安全国家标准　食品中总砷及无机砷的测定	GB 5009.11—2014	现行有效
52	综合	方法类	食品安全国家标准　食品中T-2毒素的测定	GB 5009.118—2016	现行有效
53	综合	方法类	食品安全国家标准　食品中铅的测定	GB 5009.12—2017	2017年10月6日实施
54	综合	方法类	食品安全国家标准　食品中铬的测定	GB 5009.123—2014	现行有效
55	综合	方法类	食品安全国家标准　食品中氨基酸的测定	GB 5009.124—2016	现行有效
56	综合	方法类	食品安全国家标准　食品中铜的测定	GB 5009.13—2017	2017年10月6日实施
57	综合	方法类	食品安全国家标准　食品中镍的测定	GB 5009.138—2017	2017年10月6日实施
58	综合	方法类	食品安全国家标准　食品中锌的测定	GB 5009.14—2017	2017年10月7日实施
59	综合	方法类	食品安全国家标准　食品中镉的测定	GB 5009.15—2014	现行有效
60	综合	方法类	食品安全国家标准　食品中总汞及有机汞的测定	GB 5009.17—2014	现行有效
61	综合	方法类	食品安全国家标准　食品中铝的测定	GB 5009.182—2017	2017年10月6日实施
62	综合	方法类	食品安全国家标准　食品中玉米赤霉烯酮的测定	GB 5009.209—2016	修改
63	综合	方法类	食品安全国家标准　食品中黄曲霉毒素B族和G族的测定	GB 5009.22—2016	现行有效
64	综合	方法类	食品安全国家标准　食品中桔青霉素的测定	GB 5009.222—2016	现行有效
65	综合	方法类	食品安全国家标准　食品酸度的测定	GB 5009.239—2016	现行有效
66	综合	方法类	食品安全国家标准　食品中镁的测定	GB 5009.241—2017	2017年10月8日实施

（续）

序号	产品	分类	标准名称	标准状态	备注
67	综合	方法类	食品安全国家标准　食品中锰的测定	GB 5009.242—2017	2017年10月9日实施
68	综合	方法类	食品安全国家标准　食品中杂色曲霉素的测定	GB 5009.25—2016	修改
69	综合	方法类	食品安全国家标准　食品中多元素的测定	GB 5009.268—2016	现行有效
70	综合	方法类	食品安全国家标准　食品中水分的测定	GB 5009.3—2016	现行有效
71	综合	方法类	食品安全国家标准　食品中蛋白质的测定	GB 5009.5—2016	现行有效
72	综合	方法类	食品安全国家标准　食品中脂肪的测定	GB 5009.6—2016	现行有效
73	综合	方法类	食品安全国家标准　食品中维生素 B_1 的测定	GB 5009.84—2016	现行有效
74	综合	方法类	食品安全国家标准　食品中维生素 B_2 的测定	GB 5009.85—2016	现行有效
75	综合	方法类	食品安全国家标准　食品中铁的测定	GB 5009.90—2016	现行有效
76	综合	方法类	食品安全国家标准　食品中钾、钠的测定	GB 5009.91—2017	现行有效
77	综合	方法类	食品安全国家标准　食品中淀粉的测定	GB 5009.9—2016	现行有效
78	综合	方法类	食品安全国家标准　食品中钙的测定	GB 5009.92—2016	现行有效
79	综合	方法类	食品安全国家标准　食品中硒的测定	GB 5009.93—2017	2017年10月6日实施
80	综合	方法类	食品安全国家标准　植物性食品中稀土元素的测定	GB 5009.94—2012	现行有效
81	综合	方法类	食品安全国家标准　食品中赭曲霉毒素A的测定	GB 5009.96—2016	现行有效
82	综合	方法类	粮食、油料检验扦样、分样法	GB 5491—1985	修改
83	水稻	方法类	粮食、油料检验黄粒米及裂纹粒检验法	GB 5496—1985	修改
84	综合	方法类	粮油检验 谷物及淀粉糊化特性测定黏度仪法	GB/T 14490—2008	现行有效
85	综合	方法类	粮食、水果和蔬菜中有机磷农药测定的气相色谱法	GB/T 14553—2003	现行有效
86	水稻	方法类	粮油检验　稻谷、大米蒸煮食用品质感官评价方法	GB/T 15682—2008	修改
87	水稻	方法类	大米　直链淀粉含量的测定	GB/T 15683—2008	现行有效
88	综合	方法类	谷物研磨制品　脂肪酸值测定法	GB/T 15684—2015	修改
89	水稻	方法类	米类加工精度异色相差分染色检验法（IDS法）	GB/T 18105—2000	修改
90	水稻	方法类	植物新品种特异性、一致性和稳定性测试指南 水稻	GB/T 19557.7—2004	现行有效
91	综合	方法类	粮食、油料水分两次烘干测定法	GB/T 20264—2006	修改
92	水稻	方法类	三系杂交水稻及亲本 真实性和品种纯度鉴定 DNA分析方法	GB/T 20396—2006	现行有效
93	水稻	方法类	稻谷储存品质判定规则	GB/T 20569—2006	修改
94	综合	方法类	粮谷中486种农药及相关化学品残留量的测定　液相色谱-串联质谱法	GB/T 20770—2008	现行有效

（续）

序号	产品	分类	标准名称	标准状态	备注
95	综合	方法类	小麦粉与大米粉及其制品中甲醛次硫酸氢钠含量的测定	GB/T 21126—2007	现行有效
96	水稻	方法类	大米　稻谷和糙米潜在出米率的测定	GB/T 21499—2008	现行有效
97	水稻	方法类	稻谷整精米率检验法	GB/T 21719—2008	现行有效
98	综合	方法类	谷物和豆类　散存粮食温度测定指南	GB/T 22184—2008	现行有效
99	水稻	方法类	大米、蔬菜、水果中氯氟吡氧乙酸残留量的测定	GB/T 22243—2008	现行有效
100	综合	方法类	植物源产品中三聚氰胺、三聚氰酸一酰胺、三聚氰酸二酰胺和三聚氰酸的测定　气相色谱-质谱法	GB/T 22288—2008	现行有效
101	水稻	方法类	粮油检验　大米胶稠度的测定	GB/T 22294—2008	现行有效
102	综合	方法类	粮油检验　粮食、油料纯粮（质）率检验	GB/T 22725—2008	修改
103	综合	方法类	植物性产品中草甘膦残留量的测定　气相色谱-质谱法	GB/T 23750—2009	现行有效
104	水稻	方法类	粮油检验　大米颜色黄度指数测定	GB/T 24302—2009	现行有效
105	综合	方法类	谷物与豆类隐蔽性昆虫感染的测定　第1部分：总则	GB/T 24534.1—2009	现行有效
106	综合	方法类	谷物与豆类隐蔽性昆虫感染的测定　第2部分：取样	GB/T 24534.2—2009	现行有效
107	综合	方法类	谷物与豆类隐蔽性昆虫感染的测定　第3部分：基准方法	GB/T 24534.3—2009	现行有效
108	综合	方法类	谷物与豆类隐蔽性昆虫感染的测定　第4部分：快速方法	GB/T 24534.4—2009	现行有效
109	水稻	方法类	粮油检验　稻谷粒型检验方法	GB/T 24535—2009	修改
110	水稻	方法类	大米及米粉糊化特性测定　快速黏度仪法	GB/T 24852—2010	修改
111	水稻	方法类	粮油检验 稻谷水分含量测定　近红外法	GB/T 24896—2010	修改
112	水稻	方法类	粮油检验 稻谷粗蛋白质含量测定　近红外法	GB/T 24897—2010	现行有效
113	综合	方法类	粮油检验　粮食中麦角甾醇的测定　正相高效液相色谱法	GB/T 25221—2010	现行有效
114	水稻	方法类	大米　蒸煮过程中米粒糊化时间的评价	GB/T 25226—2010	现行有效
115	综合	方法类	粮食收获质量调查和品质测报技术规范	GB/T 26629—2011	修改
116	水稻	方法类	水稻白叶枯病菌、水稻细菌性条斑病菌检疫鉴定方法	GB/T 28078—2011	修改
117	水稻	方法类	水稻稻粒黑粉病菌检疫鉴定方法	GB/T 28079—2011	现行有效
118	水稻	方法类	水稻细菌性条斑病菌的检疫鉴定方法	GB/T 28099—2011	修改
119	水稻	方法类	水稻细菌性谷枯病菌检疫鉴定方法	GB/T 29396—2012	修改
120	综合	方法类	粮油检验　谷物及制品脂肪酸值测定仪器法	GB/T 29405—2012	现行有效
121	综合	方法类	食品抽样检验通用导则	GB/T 30642—2014	现行有效

（续）

序号	产品	分类	标准名称	标准状态	备注
122	综合	方法类	农作物种子检验规程　总则	GB/T 3543.1—1995	修改
123	综合	方法类	农作物种子检验规程　扦样	GB/T 3543.2—1995	修改
124	综合	方法类	农作物种子检验规程　净度分析	GB/T 3543.3—1995	修改
125	综合	方法类	农作物种子检验规程　发芽试验	GB/T 3543.4—1995	修改
126	综合	方法类	农作物种子检验规程　真实性和纯度鉴定	GB/T 3543.5—1995	修改
127	综合	方法类	农作物种子检验规程　真实性和纯度鉴定（包括修订单）	GB/T 3543.5—1995	现行有效
128	综合	方法类	农作物种子检验规程水分测定	GB/T 3543.6—1995	修改
129	综合	方法类	农作物种子检验规程其他项目检验	GB/T 3543.7—1995	修改
130	综合	方法类	植物类食品中粗纤维的测定	GB/T 5009.10　2003	修改
131	综合	方法类	植物性食品中辛硫磷农药残留量的测定	GB/T 5009.102—2003	现行有效
132	综合	方法类	植物性食品中甲胺磷和乙酰甲胺磷农药残留量的测定	GB/T 5009.103—2003	现行有效
133	综合	方法类	植物性食品中氨基甲酸酯类农药残留量的测定	GB/T 5009.104—2003	现行有效
134	综合	方法类	植物性食品中二氯苯醚菊酯残留量的测定	GB/T 5009.106—2003	现行有效
135	综合	方法类	植物性食品中二嗪磷残留量的测定	GB/T 5009.107—2003	现行有效
136	综合	方法类	植物性食品中氯氰菊酯、氰戊菊酯和溴氰菊酯残留量的测定	GB/T 5009.110—2003	现行有效
137	水稻	方法类	大米和柑橘中喹硫磷残留量的测定	GB/T 5009.112—2003	现行有效
138	水稻	方法类	大米中杀虫环残留量的测定	GB/T 5009.113—2003	现行有效
139	水稻	方法类	大米中杀虫双残留量的测定	GB/T 5009.114—2003	现行有效
140	水稻	方法类	稻谷中三环唑残留量的测定	GB/T 5009.115—2003	现行有效
141	综合	方法类	植物性食品中三唑酮残留量的测定	GB/T 5009.126—2003	现行有效
142	综合	方法类	大豆及谷物中氟磺胺草醚残留量的测定	GB/T 5009.130—2003	现行有效
143	综合	方法类	植物性食品中亚胺硫磷残留量的测定	GB/T 5009.131—2003	现行有效
144	综合	方法类	粮食中绿麦隆残留量的测定	GB/T 5009.133—2003	现行有效
145	水稻	方法类	大米中禾草敌残留量的测定	GB/T 5009.134—2003	现行有效
146	综合	方法类	植物性食品中灭幼脲残留量测定	GB/T 5009.135—2003	现行有效
147	综合	方法类	植物性食品中五氯硝基苯残留量的测定	GB/T 5009.136—2003	现行有效
148	综合	方法类	植物性食品中甲基异柳磷残留量的测定	GB/T 5009.144—2003	现行有效
149	综合	方法类	植物性食品中有机磷和氨基甲酸酯类农药多残留的测定	GB/T 5009.145—2003	现行有效
150	综合	方法类	植物性食品中有机氯和拟除虫菊酯类农药多种残留量的测定	GB/T 5009.146—2008	现行有效
151	综合	方法类	植物性食品中除虫脲残留量的测定	GB/T 5009.147—2003	现行有效
152	水稻	方法类	大米中稻瘟灵残留量的测定	GB/T 5009.155—2003	现行有效
153	水稻	方法类	大米中丁草胺残留量的测定	GB/T 5009.164—2003	现行有效
154	综合	方法类	粮食中 2,4-D 丁酯残留量的测定	GB/T 5009.165—2003	现行有效

（续）

序号	产品	分类	标准名称	标准状态	备注
155	综合	方法类	粮食和蔬菜中2,4-D残留量的测定	GB/T 5009.175—2003	现行有效
156	水稻	方法类	大米中敌稗残留量的测定	GB/T 5009.177—2003	现行有效
157	水稻	方法类	稻谷、花生仁中噁草酮残留量的测定	GB/T 5009.180—2003	现行有效
158	综合	方法类	食品中氟的测定	GB/T 5009.18—2003	现行有效
159	综合	方法类	粮食、蔬菜中噻嗪酮残留量的测定	GB/T 5009.184—2003	现行有效
160	综合	方法类	食品中有机氯农药多组分残留量的测定	GB/T 5009.19—2008	现行有效
161	综合	方法类	食品中有机磷农药残留量的测定	GB/T 5009.20—2003	现行有效
162	水稻	方法类	糙米中50种有机磷农药残留量的测定	GB/T 5009.207—2008	现行有效
163	综合	方法类	粮、油、菜中甲萘威残留量的测定	GB/T 5009.21—2003	现行有效
164	综合	方法类	粮谷中敌菌灵残留量的测定	GB/T 5009.220—2008	现行有效
165	综合	方法类	粮食卫生标准的分析方法	GB/T 5009.36—2003	现行有效
166	综合	方法类	粮食中二溴乙烷残留量的测定	GB/T 5009.73—2003	现行有效
167	综合	方法类	粮油检验　一般规则	GB/T 5490—2010	现行有效
168	综合	方法类	粮油检验　粮食、油料的色泽、气味、口味鉴定	GB/T 5492—2008	现行有效
169	综合	方法类	粮油检验　类型及互混检验	GB/T 5493—2008	现行有效
170	综合	方法类	粮油检验　粮食、油料的杂质、不完善粒检验	GB/T 5494—2008	修改
171	水稻	方法类	粮油检验　稻谷出糙率检验	GB/T 5495—2008	现行有效
172	综合	方法类	粮油检验　容重测定	GB/T 5498—2013	修改
173	水稻	方法类	粮油检验　米类加工精度检验	GB/T 5502—2008	修改
174	综合	方法类	粮油检验　碎米检验法	GB/T 5503—2009	现行有效
175	综合	方法类	粮油检验　粉类粗细度测定	GB/T 5507—2008	现行有效
176	综合	方法类	粮油检验　粉类粮食含砂量测定	GB/T 5508—2011	现行有效
177	综合	方法类	粮油检验　粉类磁性金属物测定	GB/T 5509—2008	现行有效
178	综合	方法类	粮油检验　粮食、油料脂肪酸值测定	GB/T 5510—2011	修改
179	综合	方法类	粮油检验　粮食中还原糖和非还原糖测定	GB/T 5513—2008	修改
180	综合	方法类	粮油检验　粮食中粗纤维素含量测定　介质过滤法	GB/T 5515—2008	修改
181	综合	方法类	粮油检验　粮食运动黏度测定　毛细管黏度计法	GB/T 5516—2011	现行有效
182	综合	方法类	粮油检验　粮食、油料相对密度的测定	GB/T 5518—2008	现行有效
183	综合	方法类	谷物与豆类　千粒重的测定	GB/T 5519—2008	修改
184	综合	方法类	粮油检验　谷物及其制品中α-淀粉酶活性的测定 比色法	GB/T 5521—2008	现行有效
185	综合	方法类	粮油检验　粮食、油料的过氧化氢酶活动度的测定	GB/T 5522—2008	现行有效
186	综合	方法类	粮油检验　粮食、油料的脂肪酶活动度的测定	GB/T 5523—2008	现行有效
187	综合	方法类	粮油检验　谷物不溶性膳食纤维的测定	GB/T 9822—2008	现行有效

（续）

序号	产品	分类	标准名称	标准状态	备注
188	综合	方法类	食品安全国家标准 食品中伏马毒素的测定	GB 5009.240—2016	现行有效
189	综合	机械配套类	连续式粮食干燥机	GB/T 16714—2007	现行有效
190	水稻	机械配套类	水稻插秧机 技术条件	GB/T 20864—2007	修改
191	综合	机械配套类	免耕施肥播种机	GB/T 20865—2007	现行有效
192	水稻	机械配套类	水稻割捆机	GB/T 24686—2009	现行有效
193	水稻	机械配套类	水稻覆土直播机	GB/T 25418—2010	现行有效
194	水稻	机械配套类	粮油机械 糙米精选机	GB/T 26591—2011	现行有效
195	水稻	机械配套类	粮油机械 砻碾组合米机	GB/T 26896—2011	修改
196	水稻	机械配套类	粮油机械 铁辊碾米机	GB/T 26897—2011	修改
197	水稻	机械配套类	水稻插秧机 燃油消耗量指标及测量方法	GB/T 29004—2012	现行有效
198	水稻	机械配套类	粮油机械 大米色选机	GB/T 29884—2013	现行有效
199	综合	机械配套类	粮食干燥系统安全操作规范	GB/T 30466—2013	现行有效
200	水稻	机械配套类	大米去石筛板	GB/T 31056—2014	现行有效
201	水稻	机械配套类	水稻插秧机 试验方法	GB/T 6243—2003	修改
202	综合	机械配套类	粮食干燥机试验方法	GB/T 6970—2007	现行有效
203	综合	基础/通用类	粮食作物种子 第1部分：禾谷类	GB 4404.1—2008	修改
204	综合	基础/通用类	粮油名词术语 粮食、油料及其加工产品	GB/T 22515—2008	修改
205	综合	基础/通用类	粮油名词术语 理化特性和质量	GB/T 26631—2011	修改
206	综合	基础/通用类	粮油名词术语 粮油仓储设备与设施	GB/T 26632—2011	修改
207	水稻	基础/通用类	两系杂交水稻种子生产体系技术规范 第1部分：术语	GB/T 29371.1—2012	现行有效
208	综合	基础/通用类	粮油通用技术、设备名词术语	GB/T 8874—2008	修改
209	综合	基础/通用类	粮油术语 碾米工业	GB/T 8875—2008	修改
210	水稻	生产管理类	稻瘟病测报调查规范	GB/T 15790—2009	修改
211	水稻	生产管理类	稻纹枯病测报技术规范	GB/T 15791—2011	修改
212	水稻	生产管理类	水稻二化螟测报调查规范	GB/T 15792—2009	修改
213	水稻	生产管理类	稻纵卷叶螟测报技术规范	GB/T 15793—2011	修改
214	水稻	生产管理类	稻飞虱测报调查规范	GB/T 15794—2009	修改
215	水稻	生产管理类	稻谷干燥技术规范	GB/T 21015—2007	现行有效
216	综合	生产管理类	主要农作物高温危害温度指标	GB/T 21985—2008	现行有效
217	水稻	生产管理类	大米加工企业良好操作规范	GB/T 26630—2011	现行有效
218	综合	生产管理类	南方水稻、油菜和柑橘低温灾害	GB/T 27959—2011	现行有效
219	综合	物流类	食品安全国家标准 预包装食品营养标签通则	GB 28050—2011	现行有效
220	综合	物流类	食品安全国家标准 预包装食品标签通则	GB 7718—2011	现行有效
221	综合	物流类	粮食销售包装	GB/T 17109—2008	现行有效
222	综合	物流类	粮食包装 麻袋	GB/T 24904—2010	修改

（续）

序号	产品	分类	标准名称	标准状态	备注
223	综合	物流类	粮食加工、储运设备现场监测装置技术规范	GB/T 25227—2010	现行有效
224	综合	物流类	谷物和豆类储存　第1部分：谷物储存的一般建议	GB/T 29402.1—2012	现行有效
225	综合	物流类	谷物和豆类储存　第2部分：实用建议	GB/T 29402.2—2012	现行有效
226	综合	物流类	谷物和豆类储存　第3部分：有害生物的控制	GB/T 29402.3—2012	现行有效
227	综合	种质资源类	农作物种子标签通则	GB 20464—2006	现行有效
228	综合	种质资源类	粮食作物种子　第1部分：禾谷类	GB 4404.1—2008	现行有效
229	综合	种质资源类	主要农作物种子包装	GB 7414—1987	现行有效
230	水稻	种质资源类	水稻种子产地检疫规程	GB 8371—2009	现行有效
231	综合	种质资源类	农作物薄膜包衣种子技术条件	GB/T 15671—2009	现行有效
232	水稻	种质资源类	籼型杂交水稻三系原种生产技术操作规程	GB/T 17314—2011	现行有效
233	水稻	种质资源类	水稻原种生产技术操作规程	GB/T 17316—2011	现行有效
234	水稻	种质资源类	两系杂交水稻种子生产体系技术规范　第2部分：不育系原种生产技术规范	GB/T 29371.2—2012	现行有效
235	水稻	种质资源类	两系杂交水稻种子生产体系技术规范　第3部分：不育系大田用种繁殖技术规范	GB/T 29371.3—2012	现行有效
236	水稻	种质资源类	两系杂交水稻种子生产体系技术规范　第4部分：杂交制种技术规范	GB/T 29371.4—2012	现行有效
237	水稻	种质资源类	两系杂交水稻种子生产体系技术规范　第5部分：种子纯度鉴定和不育系育性监测技术规范	GB/T 29371.5—2012	现行有效
238	水稻	种质资源类	超级杂交稻制种气候风险等级	GB/T 32779—2016	现行有效
239	综合	种质资源类	农作物种子储藏	GB/T 7415—2008	现行有效

附表5-2　水稻（产品）行业标准体系表

序号	产品	分类	标准名称	标准状态	备注
1	水稻	产品类	黑米	NY/T 832—2004	修改
2	水稻	产品类	食用粳米	NY/T 594—2013	修改
3	水稻	产品类	食用籼米	NY/T 595—2013	修改
4	水稻	产品类	饲料用稻谷	NY/T 116—1989	现行有效
5	水稻	产品类	饲料用米糠	NY/T 122—1989	修改
6	水稻	产品类	饲料用米糠饼	NY/T 123—1989	修改
7	水稻	产品类	饲料用米糠粕	NY/T 124—1989	修改
8	水稻	产品类	饲料用碎米	NY/T 212—1992	修改
9	水稻	产品类	香稻米	NY/T 596—2002	现行有效
10	水稻	产品类	绿色食品　稻米	NY/T 419—2014	现行有效
11	水稻	产品类	天津小站米	NY/T 1268—2007	修改
12	水稻	产品类	食用稻品种品质	NY/T 593—2013	现行有效

（续）

序号	产品	分类	标准名称	标准状态	备注
13	水稻	产品类	饲料稻	NY/T 1580—2007	现行有效
14	水稻	产品类	米制品专用稻	NY/T	未制定
15	水稻	产品类	蒸谷米	NY/T	未制定
16	水稻	产品类	大米粉	NY/T	未制定
17	水稻	产品类	米饭、米粥、米粉制品	SB/T 10652—2012	现行有效
18	水稻	产品类	汤圆用水磨白糯米粉	LS/T3240—2012	现行有效
19	水稻	产品类	年糕	SB/T 10507—2008	现行有效
20	水稻	方法类	水稻细菌性条斑病菌检疫检测与鉴定方法	NY/T 2287—2012	修改
21	水稻	方法类	灰飞虱携带水稻条纹病毒检测技术　免疫斑点法	NY/T 2059—2011	现行有效
22	水稻	方法类	稻水象甲检疫鉴定方法	NY/T 1482—2007	修改
23	水稻	方法类	灰飞虱携带水稻条纹病毒检测技术免疫斑点法	NY/T 2059—2011	现行有效
24	水稻	方法类	稻米中吡虫啉残留量的测定　高效液相色谱法	NY/T 1727—2009	现行有效
25	水稻	方法类	稻米中总砷的测定　原子荧光光谱法	NY/T 1099—2006	现行有效
26	水稻	方法类	转基因植物及其产品成分检测　抗虫耐除草剂水稻 G6H1 及其衍生品种定性 PCR 方法	农业部 2259 号公告—11—2015	现行有效
27	水稻	方法类	转基因植物及其产品成分检测　抗虫水稻 TT51-1 及其衍生品种定性 PCR 方法	农业部 1193 号公告—3—2009	现行有效
28	水稻	方法类	转基因植物及其产品成分检测　抗虫转 Bt 基因水稻定性 PCR 方法	农业部 953 号公告—6—2007	现行有效
29	水稻	方法类	转基因植物及其产品成分检测　水稻内标准基因定性 PCR 方法	农业部 1861 号公告—1—2012	现行有效
30	水稻	方法类	转基因植物及其产品成分检测抗病水稻 M12 及其衍生品种定性 PCR 方法	农业部 1485 号公告—5—2010	现行有效
31	水稻	方法类	转基因植物及其产品成分检测抗虫水稻 TT51-1 及其衍生品种定量 PCR 方法	农业部 2122 号公告—8—2014	现行有效
32	水稻	方法类	转基因植物及其产品成分检测抗虫水稻科丰 2 号及其衍生品种定性 PCR 方法	农业部 2031 号公告—7—2013	现行有效
33	水稻	方法类	转基因植物及其产品环境安全检测　抗病水稻　第 1 部分：对靶标病害的抗性	农业部 953 号公告—9. 1—2007	现行有效
34	水稻	方法类	转基因植物及其产品环境安全检测　抗病水稻　第 2 部分：生存竞争能力	农业部 953 号公告—9. 2—2007	现行有效
35	水稻	方法类	转基因植物及其产品环境安全检测　抗病水稻　第 3 部分：外源基因漂移	农业部 953 号公告—9. 3—2007	现行有效
36	水稻	方法类	转基因植物及其产品环境安全检测　抗病水稻　第 4 部分：生物多样性影响	农业部 953 号公告—9. 4—2007	现行有效
37	水稻	方法类	转基因植物及其产品环境安全检测　抗虫水稻　第 1 部分：抗虫性	农业部 953 号公告—8. 1—2007	现行有效
38	水稻	方法类	转基因植物及其产品环境安全检测　抗虫水稻　第 2 部分：生存竞争能力	农业部 953 号公告—8. 2—2007	现行有效

（续）

序号	产品	分类	标准名称	标准状态	备注
39	水稻	方法类	转基因植物及其产品环境安全检测　抗虫水稻　第3部分：外源基因漂移	农业部953号公告—8.3—2007	现行有效
40	水稻	方法类	转基因植物及其产品环境安全检测　抗虫水稻　第4部分：生物多样性影响	农业部953号公告—8.4—2007	现行有效
41	水稻	方法类	转基因植物及其产品环境安全检测　抗除草剂水稻　第1部分：除草剂耐受性	农业部2259号公告—15—2015	现行有效
42	水稻	方法类	转基因植物及其产品环境安全检测　抗除草剂水稻　第2部分：生存竞争能力	农业部2259号公告—16—2015	现行有效
43	水稻	方法类	农作物优异种质资源评价规范　野生稻	NY/T 2175—2012	现行有效
44	水稻	方法类	农作物种质资源鉴定技术规程　野生稻	NY/T 1316—2007	现行有效
45	水稻	方法类	水稻品种鉴定技术规程 SSR 标记法	NY/T 1433—2014	现行有效
46	水稻	方法类	水稻光、温敏雄性核不育系育性鉴定规程	NY/T 1215—2006	现行有效
47	水稻	方法类	农作物品种审定规范稻	NY/T 1090—2006	现行有效
48	水稻	方法类	米质测定方法	NY/T 83—1988	修改
49	水稻	方法类	稻米整精米率、粒型、垩白粒率、垩白度及透明度的测定　图像法	NY/T 2334—2013	修改
50	水稻	方法类	水稻米粉糊化特性测定　快速黏度分析仪法	NY/T 1753—2009	修改
51	水稻	方法类	稻米及制品中抗性淀粉的测定　分光光度法	NY/T 2638—2014	现行有效
52	水稻	方法类	水稻、玉米、谷子籽粒直链淀粉测定法	NY/T 55—1987	修改
53	水稻	方法类	稻米直链淀粉的测定　分光光度法	NY/T 2639—2014	修改
54	水稻	方法类	农作物品种区域试验技术规范　水稻	NY/T 1300—2007	现行有效
55	水稻	方法类	水稻品种抗条纹叶枯病鉴定技术规范	NY/T 2055—2011	现行有效
56	水稻	方法类	水稻抗纹枯病鉴定技术规范	NY/T 2720—2015	现行有效
57	水稻	方法类	水稻品种试验稻瘟病抗性鉴定与评价技术规程	NY/T 2646—2014	现行有效
58	综合	方法类	食品中草甘膦残留量测定	NY/T 1096—2006	现行有效
59	综合	方法类	无公害食品 产品抽样规范　第2部分：粮油	NY/T 5344.2—2006	现行有效
60	综合	方法类	绿色食品　产品抽样准则	NY/T 896—2015	现行有效
61	综合	方法类	粮食、油料检验　脂肪酸值测定	NY/T 2333—2013	修改
62	综合	方法类	谷类籽粒赖氨酸测定法　染料结合赖氨酸（DBL）法	NY/T 9—1984	修改
63	综合	方法类	谷物、豆类作物种子粗蛋白测定法（半微量凯氏法）	NY/T 3—1982	修改
64	综合	方法类	谷物、油料作物种子粗脂肪测定方法	NY/T 4—1982	修改
65	综合	方法类	谷类、豆类粗蛋白质含量的测定　杜马斯燃烧法	NY/T 2007—2011	现行有效
66	综合	方法类	谷物籽粒粗纤维测定法	NY/T 13—1986	修改
67	综合	方法类	谷物中戊聚糖含量的测定　分光光度法	NY/T 2335—2013	现行有效
68	综合	方法类	谷物籽粒氨基酸测定的前处理方法	NY/T 56—1987	修改

（续）

序号	产品	分类	标准名称	标准状态	备注
69	综合	方法类	谷物籽粒色氨酸测定法	NY/T 57—1987	修改
70	水稻	方法类	水稻白叶枯病菌、水稻细菌性条斑病菌的检测方法	SN/T 2372—2009	修改
71	水稻	方法类	水稻条纹病毒、水稻矮缩病毒、水稻黑条矮缩病毒的检测方法　普通 RT-PCR 方法和实时荧光 RT-PCR 方法	SN/T 1666—2005	现行有效
72	水稻	方法类	水稻瘤矮病毒的检疫鉴定方法	SN/T 2635—2010	现行有效
73	水稻	方法类	水稻细菌性谷枯病菌检测方法	SN/T 3065—2011	修改
74	水稻	方法类	水稻细菌性条斑病菌、柑橘溃疡病菌、甘蓝黑腐病菌的基因芯片筛查方法	SN/T 4075—2014	现行有效
75	水稻	方法类	稻水象甲检疫鉴定方法	SN/T 1438—2004	修改
76	水稻	方法类	水稻茎线虫检疫鉴定方法	SN/T 1136—2002	现行有效
77	水稻	方法类	水稻干尖线虫检疫鉴定方法	SN/T 2505—2010	现行有效
78	水稻	方法类	水稻条纹病毒、水稻矮缩病毒、水稻黑条矮缩病毒的检测方法普通 RT-PCR 方法和实时荧光 RT-PCR 方法	SN/T 1666—2005	现行有效
79	水稻	方法类	出口食品中转基因成分环介导等温扩增（LAMP）检测方法　第 20 部分：水稻 Bt-63 品系	SN/T 3767.20—2014	现行有效
80	水稻	方法类	出口食品中转基因成分环介导等温扩增（LAMP）检测方法　第 21 部分：水稻 KF6 品系	SN/T 3767.21—2014	现行有效
81	水稻	方法类	出口食品中转基因成分环介导等温扩增（LAMP）检测方法　第 22 部分：水稻 KF8 品系	SN/T 3767.22—2014	现行有效
82	水稻	方法类	出口食品中转基因成分环介导等温扩增（LAMP）检测方法　第 23 部分：水稻 KMD 品系	SN/T 3767.23—2014	现行有效
83	水稻	方法类	出口食品中转基因成分环介导等温扩增（LAMP）检测方法　第 24 部分：水稻 LLrice62 品系	SN/T 3767.24—2014	现行有效
84	水稻	方法类	出口食品中转基因成分环介导等温扩增（LAMP）检测方法　第 25 部分：水稻 M12 品系	SN/T 3767.25—2014	现行有效
85	水稻	方法类	出口食品中转基因成分环介导等温扩增（LAMP）检测方法　第 26 部分：水稻 T1C-19 品系	SN/T 3767.26—2014	现行有效
86	水稻	方法类	出口食品中转基因成分环介导等温扩增（LAMP）检测方法　第 27 部分：水稻 T2A-1 品系	SN/T 3767.27—2014	现行有效
87	水稻	方法类	水稻及其产品中转基因成分实时荧光 PCR 检测方法	SN/T 2584—2010	现行有效
88	水稻	方法类	转基因大米 PCR-DHPLC 检测方法	SN/T 3690—2013	现行有效
89	水稻	方法类	出入境杂交水稻种子检验检疫规程	SN/T 2019—2007	修改
90	水稻	方法类	出口杂交水稻种子检疫管理规范	SN/T 2512—2010	修改

（续）

序号	产品	分类	标准名称	标准状态	备注
91	水稻	方法类	植物种质资源鉴定方法 稻属植物的鉴定	SN/T 2612—2010	现行有效
92	水稻	方法类	植物种质资源鉴定方法　第1部分：斑点野生稻的鉴定	SN/T 2869.1—2011	现行有效
93	水稻	方法类	三系杂交水稻种子真伪分子鉴定方法	SN/T 2669—2010	现行有效
94	水稻	方法类	两系水稻品种真实性与纯度鉴定　DNA分析法	SN/T 3402—2012	现行有效
95	水稻	方法类	泰国茉莉香米品种鉴定及纯度检验方法	SN/T 2643—2010	现行有效
96	水稻	方法类	粮油检验　稻谷整精米率测定　图像分析法	LS/T 6104—2012	修改
97	水稻	方法类	进出口糙米检验规程	SN/T 1801—2006	现行有效
98	综合	方法类	进出境植物种子检疫规程	SN/T 1809—2006	现行有效
99	综合	方法类	出口花生、谷类及其制品中黄曲霉毒素、赭曲霉毒素、伏马毒素 B_1、脱氧雪腐镰刀菌烯醇、T-2毒素、HT-2毒素的测定	SN/T 3136—2012	现行有效
100	综合	方法类	粮油检验　谷物中脱氧雪腐镰刀菌烯醇测定　胶体金快速测试卡法	LS/T 6110—2014	现行有效
101	综合	方法类	出口食品中脱氧雪腐镰刀菌烯醇、3-乙酰脱氧雪腐镰刀菌烯醇、15-乙酰脱氧雪腐镰刀菌烯醇及其代谢物的测定　液相色谱-质谱/质谱法	SN/T 3137—2012	现行有效
102	综合	方法类	粮油检验　谷物中黄曲霉毒素 B_1 的快速测定　免疫层析法	LS/T 6108—2014	现行有效
103	综合	方法类	出口食品中黄曲霉毒素残留量的测定	SN/T 3263—2012	现行有效
104	综合	方法类	粮油检验　谷物中玉米赤霉烯酮测定　胶体金快速测试卡法	LS/T 6109—2014	现行有效
105	综合	方法类	出口粮谷中赤霉烯酮检验方法	SN 0595—1996	修订
106	综合	方法类	进出口粮谷、饲料中伏马毒素检验方法　液相色谱法	SN/T 1572—2005	修订
107	综合	方法类	进出口食品中氨基甲酸酯类农药残留量的测定　液相色谱-质谱/质谱法	SN/T 2560—2010	现行有效
108	综合	方法类	进出口粮谷中多种氨基甲酸酯类农药残留量检测方法　液相色谱串联质谱法	SN/T 2085—2008	现行有效
109	综合	方法类	进出口食品中狄氏剂和异狄氏剂残留量检测方法　气相色谱-质谱法	SN/T 1978—2007	现行有效
110	综合	方法类	进出口植物性产品中吡虫啉残留量的检测方法　液相色谱串联质谱法	SN/T 2073—2008	现行有效
111	综合	方法类	进出口粮谷中吡虫啉残留量检验方法　液相色谱法	SN/T 1017.8—2004	现行有效
112	综合	方法类	进出口食品中甲胺磷残留量检测方法	SN/T 0278—2009	现行有效
113	综合	方法类	进出口粮谷中灭草松残留量检测方法　气相色谱法	SN/T 0292—2010	现行有效
114	综合	方法类	出口植物源性食品中百草枯和敌草快残留量的测定　液相色谱-质谱/质谱法	SN/T 0293—2014	现行有效

（续）

序号	产品	分类	标准名称	标准状态	备注
115	综合	方法类	进出口食品中丙线磷残留量检测方法	SN/T 0351—2009	现行有效
116	综合	方法类	进出口食品中丙环唑残留量的检测方法	SN/T 0519—2010	现行有效
117	综合	方法类	出口植物源食品中四溴菊酯残留量检验方法　液相色谱-质谱/质谱法	SN/T 0603—2013	现行有效
118	综合	方法类	出口食品中二硝甲酚残留量的测定　液相色谱-质谱/质谱法	SN/T 0707—2014	现行有效
119	综合	方法类	进出口食品中多种菊酯类农药残留量测定方法　气相色谱法	SN/T 1117—2008	现行有效
120	综合	方法类	进出口粮谷中咪唑磺隆残留量检测方法　液相色谱法	SN/T 1866—2007	现行有效
121	综合	方法类	进出口食品中扑草净残留量检测方法　气相色谱-质谱法	SN/T 1968—2007	现行有效
122	综合	方法类	出口食品中三环锡（三唑锡）和苯丁锡含量的测定	SN/T 4558—2016	现行有效
123	综合	方法类	进出口食品中生物苄呋菊酯、氟丙菊酯、联苯菊酯等28种农药残留量的检测方法　气相色谱-质谱法	SN/T 2151—2008	现行有效
124	综合	方法类	进出口食品中氟铃脲残留量检测方法　高效液相色谱-质谱/质谱法	SN/T 2152—2008	现行有效
125	综合	方法类	进出口粮谷中苄嘧磺隆残留量的检测方法　液相色谱法	SN/T 2212—2008	现行有效
126	综合	方法类	进出口食品中三唑醇残留量的检测方法　气相色谱-质谱法	SN/T 2232—2008	现行有效
127	综合	方法类	进出口食品中甲氰菊酯残留量检测方法	SN/T 2233—2008	现行有效
128	综合	方法类	进出口食品中涕灭威、涕灭威砜、涕灭威亚砜残留量检测方法　液相色谱-质谱/质谱法	SN/T 2441—2010	现行有效
129	综合	方法类	进出口食品中苯甲酰脲类农药残留量的测定　液相色谱-质谱/质谱法	SN/T 2540—2010	现行有效
130	综合	方法类	进出口食品中苯并咪唑类农药残留量的测定　液相色谱-质谱/质谱法	SN/T 2559—2010	现行有效
131	综合	方法类	出口植物源食品中二硝基苯胺类除草剂残留量测定　气相色谱-质谱/质谱法	SN/T 3628—2013	现行有效
132	综合	方法类	进出口蔬菜、水果、粮谷中氟草烟残留量检测方法	SN/T 2806—2011	现行有效
133	综合	方法类	出口食品中烯酰吗啉残留量检测方法	SN/T 2917—2011	现行有效
134	综合	方法类	出口食品中三苯锡、苯丁锡残留量检测方法　气相色谱-质谱法	SN/T 3149—2012	现行有效
135	综合	方法类	出口食品中噁唑类杀菌剂残留量的测定	SN/T 3303—2012	现行有效
136	综合	方法类	出口食品中2-氯苯胺含量的测定　液相色谱-质谱/质谱法	SN/T 3622—2013	现行有效
137	综合	方法类	出口食品中对氯苯氧乙酸残留量的测定	SN/T 3725—2013	现行有效
138	综合	方法类	出口食品中异恶唑草酮及代谢物的测定　液相色谱-质谱/质谱法	SN/T 3857—2014	现行有效

（续）

序号	产品	分类	标准名称	标准状态	备注
139	综合	方法类	出口食品中吡蚜酮残留量的测定　液相色谱-质谱/质谱法	SN/T 3860—2014	现行有效
140	综合	方法类	出口食品中六氯对二甲苯残留量的检测方法	SN/T 3861—2014	修改
141	综合	方法类	出口食品中沙蚕毒素类农药残留量的筛查测定　气相色谱法	SN/T 3862—2014	现行有效
142	综合	方法类	出口食品中烯效唑类植物生长调节剂残留量的测定　气相色谱-质谱法	SN/T 3935—2014	现行有效
143	综合	方法类	出口食品中异菌脲残留量的测定　气相色谱-质谱法	SN/T 4013—2013	现行有效
144	综合	方法类	进出口食品中丙溴磷残留量检测方法　气相色谱法和气相色谱-质谱法	SN/T 2234—2008	现行有效
145	综合	方法类	进出口食品中抑草磷、毒死蜱、甲基毒死蜱等33种有机磷农药的残留量检测方法	SN/T 2324—2009	现行有效
146	综合	方法类	进出口食品中草甘膦残留量的检测方法　液相色谱-质谱/质谱法	SN/T 1923—2007	现行有效
147	综合	方法类	出口粮谷中涕灭威、甲萘威、杀线威、恶虫威、抗蚜威残留量的测定	SN/T 1017.7—2014	现行有效
148	综合	方法类	进出口食品中杀线威等12种氨基甲酸酯类农药残留量的检测方法　液相色谱-质谱/质谱法	SN/T 0134—2010	现行有效
149	综合	方法类	进出口食品中莠去津残留量的检测方法　气相色谱-质谱法	SN/T 1972—2007	现行有效
150	综合	方法类	进出口食品中稻瘟灵残留量的检测方法	SN/T 2229—2008	现行有效
151	综合	方法类	出口粮谷中氟乐灵残留量检验方法	SN 0600—1996	现行有效
152	综合	方法类	出口粮谷及油籽中氯苯胺灵残留量检验方法	SN 0583—1996	现行有效
153	综合	方法类	出口粮谷中克螨特残留量的测定	SN/T 0660—2016	现行有效
154	综合	方法类	出口粮谷及油籽中禾草灵残留量检验方法	SN 0687—1997	现行有效
155	综合	方法类	出口粮谷及油籽中丰索磷残留量检验方法	SN 0688—1997	现行有效
156	综合	方法类	出口粮谷中磷胺残留量检验方法	SN 0701—1997	现行有效
157	综合	方法类	进出口食品中敌百虫残留量检测方法　液相色谱-质谱/质谱法	SN/T 0125—2010	现行有效
158	综合	方法类	进出口粮谷中马拉硫磷残留量检测方法	SN/T 0131—2010	现行有效
159	综合	方法类	出口植物源性食品中多种菊酯残留量的检测方法　气相色谱-质谱法	SN/T 0217—2014	现行有效
160	综合	方法类	出口粮谷中天然除虫菊素残留总量的检测方法　气相色谱-质谱法	SN/T 0218—2014	现行有效
161	综合	方法类	出口粮谷中烯菌灵残留量测定方法　液相色谱-质谱/质谱法	SN/T 0520—2012	现行有效

（续）

序号	产品	分类	标准名称	标准状态	备注
162	综合	方法类	出口粮谷中甲硫威（灭虫威）及代谢物残留量的检测方法 液相色谱-质谱/质谱法	SN/T 0527—2012	现行有效
163	综合	方法类	出口粮谷及油籽中特普残留量检测方法	SN/T 0586—2012	现行有效
164	综合	方法类	出口粮谷及油籽中稀禾定残留量检测方法 气相色谱-质谱法	SN/T 0596—2012	现行有效
165	综合	方法类	出口粮谷中双苯唑菌醇残留量检测方法 液相色谱-质谱/质谱法	SN/T 0605—2012	现行有效
166	综合	方法类	进出口粮谷和坚果中乙酯杀螨醇残留量的检测方法 气相色谱-质谱法	SN/T 0702—2011	现行有效
167	综合	方法类	出口粮谷中调环酸钙残留量检测方法 液相色谱法	SN/T 0931—2013	现行有效
168	综合	方法类	进出口粮谷中噻吩甲氯残留量检验方法	SN/T 0965—2000	现行有效
169	综合	方法类	出口食品中多效唑残留量检测方法	SN/T 1477—2012	现行有效
170	综合	方法类	进出口植物性产品中氰草津、氟草隆、莠去津、敌稗、利谷隆残留量检验方法 高效液相色谱法	SN/T 1605—2005	现行有效
171	综合	方法类	进出口植物性产品中苯氧羧酸类除草剂残留量检验方法 气相色谱法	SN/T 1606—2005	现行有效
172	综合	方法类	进出口粮谷和油籽中多种有机磷农药残留量的检测方法 气相色谱串联质谱法	SN/T 1739—2006	现行有效
173	综合	方法类	进出口粮谷中戊唑醇残留量的检测方法 气相色谱-质谱法	SN/T 1952—2007	现行有效
174	综合	方法类	进出口食品中联苯菊酯残留量的检测方法 气相色谱-质谱法	SN/T 1969—2007	现行有效
175	综合	方法类	进出口食品中硫线磷残留量的检测方法	SN/T 2147—2008	现行有效
176	综合	方法类	进出口食品中苯线磷残留量的检测方法 气相色谱-质谱法	SN/T 2156—2008	现行有效
177	综合	方法类	进出口食品中毒死蜱残留量检测方法	SN/T 2158—2008	现行有效
178	综合	方法类	进出口食品中 31 种酸性除草剂残留量的检测方法 气相色谱-质谱法	SN/T 2228—2008	现行有效
179	综合	方法类	进出口食品中百菌清、苯氟磺胺、甲抑菌灵、克菌丹、灭菌丹、敌菌丹和四溴菊酯残留量检测方法 气相色谱质谱法	SN/T 2320—2009	现行有效
180	综合	方法类	进出口食品中腈菌唑残留量检测方法 气相色谱质谱法	SN/T 2321—2009	现行有效
181	综合	方法类	进出口食品中四唑嘧磺隆、甲基苯苏呋安、醚磺隆等 45 种农药残留量的检测方法 高效液相色谱-质谱/质谱法	SN/T 2325—2009	现行有效
182	综合	方法类	出口食品中甲草胺、乙草胺、甲基吡恶磷等 160 种农药残留量的检测方法 气相色谱-质谱法	SN/T 2915—2011	现行有效
183	综合	方法类	出口食品中烯肟菌酯残留量的测定	SN/T 3726—2013	现行有效
184	综合	方法类	出口食品中氰氟虫腙残留量的测定 液相色谱-质谱/质谱法	SN/T 3852—2014	现行有效

（续）

序号	产品	分类	标准名称	标准状态	备注
185	水稻	方法类	稻米中硒代半胱氨酸和硒代蛋氨酸的测定　液相色谱-电感耦合等离子体质谱法		未制定
186	水稻	方法类	水稻中植物螯合肽含量的测定-液相色谱串联质谱法		未制定
187	水稻	方法类	稻米产品中氟吡菌酰胺残留量的测定		未制定
188	水稻	方法类	稻米产品中敌螨普残留量的测定		未制定
189	综合	方法类	出口食品中过氧化苯甲酰含量的测定　高效液相色谱法	SN/T 3148—2012	现行有效
190	综合	方法类	进出口食品中砷、汞、铅、镉的检测方法　电感耦合等离子体质谱（ICP-MS）法	SN/T 0448—2011	现行有效
191	综合	方法类	进出口粮油、饲料检验　抽样和制样方法	SN/T 0800.1—2016	现行有效
192	综合	方法类	粮油检验　粮食水分测定　水浸悬浮法	LS/T 6103—2010	现行有效
193	综合	方法类	进出口粮食、饲料含盐量检验方法	SN/T 0800.11—1999	修改
194	综合	方法类	进出口粮食、饲料发芽势、发芽率检验方法	SN/T 0800.14—1999	现行有效
195	综合	方法类	进出口粮食、饲料类型纯度及互混检验方法	SN/T 0800.17—1999	现行有效
196	综合	方法类	进出口粮食、饲料杂质检验方法	SN/T 0800.18—1999	修改
197	综合	方法类	出口粮食、油料及饲料不完善粒检验方法	SN/T 0800.7—2016	修改
198	综合	方法类	进出口粮食、饲料粗脂肪检验方法	SN/T 0800.2—1999	现行有效
199	综合	方法类	进出口粮食、饲料粗蛋白质检验方法	SN/T　0800.3—1999	修改
200	综合	方法类	进出口粮食、饲料粘度检验方法	SN/T 0800.16—1999	现行有效
201	综合	方法类	进出口粮食、饲料粗纤维含量检验方法	SN/T 0800.8—1999	修改
202	水稻	环境安全类	水稻产地环境技术条件	NY/T 847—2004	现行有效
203	综合	环境安全类	无公害农产品　种植业产地环境条件	NY/T 5010—2016	现行有效
204	综合	环境安全类	绿色食品　产地环境质量	NY/T 391—2013	现行有效
205	综合	环境安全类	农田土壤环境质量监测技术规范	NY/T 395—2012	现行有效
206	综合	环境安全类	农田土壤墒情监测技术规范	NY/T 1782—2009	现行有效
207	综合	环境安全类	农用水源环境质量监测技术规范	NY/T 396—2000	现行有效
208	综合	环境安全类	农区环境空气质量监测技术规范	NY/T 397—2000	现行有效
209	综合	环境安全类	无公害农产品　产地环境评价准则	NY/T 5295—2015	现行有效
210	综合	环境安全类	无公害食品　产地环境质量调查规范	NY/T 5335—2006	现行有效
211	综合	环境安全类	绿色食品　产地环境调查、监测与评价规范	NY/T 1054—2013	现行有效
212	综合	环境安全类	农产品产地安全质量适宜性评价技术规范	NY/T 2149—2012	现行有效
213	综合	环境安全类	农产品产地禁止生产区划分技术指南	NY/T 2150—2012	现行有效
214	综合	环境安全类	基本农田环境质量保护技术规范	NY/T 1259—2007	现行有效
215	综合	环境安全类	农、畜、水产品污染监测技术规范	NY/T 398—2000	现行有效
216	综合	环境安全类	农田污染区登记技术规范	NY/T 1261—2007	现行有效

（续）

序号	产品	分类	标准名称	标准状态	备注
217	综合	环境安全类	农业环境污染事故等级划分规范	NY/T 1262—2007	现行有效
218	综合	环境安全类	农业环境污染事故损失评价技术准则	NY/T 1263—2007	现行有效
219	综合	环境安全类	食用农产品产地环境质量评价标准	HJ/T 332—2006	现行有效
220	水稻	机械配套类	人力打稻机产品质量分等	NY/T 378—1999	现行有效
221	水稻	机械配套类	水稻机插钵形毯状育秧盘	NY/T 2674—2015	现行有效
222	水稻	机械配套类	水稻育秧塑料钵体软盘	NY/T 390—2000	现行有效
223	水稻	机械配套类	水稻插秧机适用性评价方法	NY/T 2191—2012	现行有效
224	水稻	机械配套类	水稻机插秧作业技术规范	NY/T 2192—2012	修改
225	水稻	机械配套类	稻麦割脱机　质量评价技术规范	NY/T 1141—2006	现行有效
226	水稻	机械配套类	水稻工厂化（标准化）育秧设备　试验方法	NY/T 1635—2008	现行有效
227	水稻	机械配套类	碾米成套设备　质量评价技术规范	NY/T 2202—2012	现行有效
228	水稻	机械配套类	水稻插秧机　修理质量	NY/T 2465—2013	现行有效
229	水稻	机械配套类	秸秆粉碎还田机　修理质量	NY/T 504—2016	现行有效
230	水稻	机械配套类	水稻联合收割机　作业质量	NY/T 498—2013	现行有效
231	水稻	机械配套类	稻谷干燥机械　作业质量	NY/T 988—2006	现行有效
232	水稻	机械配套类	水稻联合收割机　作业质量	NY/T 498—2013	现行有效
233	综合	机械配套类	秧盘成型机	NY/T 1125—2006	现行有效
234	综合	机械配套类	农用塑料薄膜安全使用控制技术规范	NY/T 1224—2006	现行有效
235	综合	机械配套类	种子初清机试验鉴定方法	NY/T 369—1999	现行有效
236	综合	机械配套类	联合收获机械　安全标志	NY 2608—2014	现行有效
237	综合	机械配套类	脱粒机　质量评价技术规范	NY/T 1014—2006	现行有效
238	综合	机械配套类	脱粒机安全技术要求	NY 642—2013	现行有效
239	综合	机械配套类	粮食清选机安全技术要求	NY 1410—2007	现行有效
240	综合	机械配套类	粮食干燥机质量评价规范	NY/T 463—2001	现行有效
241	综合	机械配套类	谷物联合收割机修理技术条件	NY/T 998—2006	现行有效
242	综合	机械配套类	农业机械维修业开业技术条件　第2部分：农业机械专项维修点	NY/T 1138.2—2016	现行有效
243	水稻	机械配套类	砻碾组合米机	JB/T 9818—2013	修改
244	水稻	机械配套类	分离式杂粮碾米机	JB/T 11434—2013	修改
245	水稻	机械配套类	喷风式碾米机	JB/T 6286—2013	修改
246	水稻	机械配套类	分离式稻谷碾米机	JB/T 9792—2013	修改
247	水稻	机械配套类	砂辊碾米机通用技术条件	LS/T 3522—1995	修改
248	水稻	机械配套类	喷风碾米机通用技术条件	LS/T 3523—1995	修改
249	水稻	机械配套类	平转白米分离筛通用技术条件	LS/T 3525—1995	现行有效
250	综合	机械配套类	复式粮食清选机	JB/T 7721—2011	现行有效
251	综合	机械配套类	粮食初清筛试验方法	LS/T 3519—1988	修改
252	综合	机械配套类	粮食干燥机技术条件	LS/T 3516—1988	修改
253	综合	机械配套类	粮食烘干机操作规程	LS/T 1205—2002	修改

（续）

序号	产品	分类	标准名称	标准状态	备注
254	水稻	基础/通用类	节水抗旱稻　术语	NY/T 2862—2015	现行有效
255	综合	基础/通用类	禾谷类杂粮作物分类与术语	NY/T 1294—2007	现行有效
256	综合	基础/通用类	粮食作物名词术语	NY/T 1961—2010	修改
257	综合	基础/通用类	进出口粮油、饲料检验　检验名词术语	SN/T 0798—1999	现行有效
258	综合	基础/通用类	粮食、油料及其加工产品性质和质量的名词术语	LS/T 1102—1988	修改
259	综合	基础/通用类	粮油仓储设备名词术语	LS/T 1101—1988	现行有效
260	综合	基础/通用类	粮食信息术语　仓储	LS/T 1801—2016	现行有效
261	水稻	生产管理类	鱼塘专用稻种植技术规程	NY/T 2680—2015	现行有效
262	水稻	生产管理类	无公害食品　稻田养鱼技术规范	NY/T 5055—2001	现行有效
263	水稻	生产管理类	水稻工厂化育秧技术要求	NY/T 1534—2007	修改
264	水稻	生产管理类	机插育秧技术规程	NY/T 1922—2010	现行有效
265	水稻	生产管理类	水稻免耕抛秧栽培技术规程	NY/T 1532—2007	修改
266	水稻	生产管理类	水稻抛秧技术规程	NY/T 1607—2008	修改
267	水稻	生产管理类	东北地区移植水稻生产技术规程	NY/T 145—1990	修改
268	水稻	生产管理类	黑龙江省水稻旱育稀植生产技术规程	NY/T 307—1995	现行有效
269	水稻	生产管理类	水稻冷害田间调查及分级技术规范	NY/T 2285—2012	现行有效
270	水稻	生产管理类	农作物低温冷害遥感监测技术规范　第2部分：北方水稻延迟型冷害	NY/T 2739.2—2015	现行有效
271	水稻	生产管理类	节水抗旱稻抗旱性鉴定技术规范	NY/T 2863—2015	现行有效
272	水稻	生产管理类	无公害食品　水稻生产技术规程	NY/T 5117—2002	现行有效
273	水稻	生产管理类	有机食品　水稻生产技术规程	NY/T 1733—2009	现行有效
274	水稻	生产管理类	有机水稻生产质量控制技术规范	NY/T 2410—2013	现行有效
275	水稻	生产管理类	稻米生产良好农业规范	NY/T 1752—2009	现行有效
276	水稻	生产管理类	无公害食品　稻米加工技术规范	NY/T 5190—2002	现行有效
277	水稻	生产管理类	水稻主要病害防治技术规程	NY/T 2156—2012	修改
278	水稻	生产管理类	水稻条纹叶枯病防治技术规程	NY/T 2385—2013	修改
279	水稻	生产管理类	水稻条纹叶枯病测报技术规范	NY/T 1609—2008	修改
280	水稻	生产管理类	水稻黑条矮缩病防治技术规程	NY/T 2386—2013	修改
281	水稻	生产管理类	水稻黑条矮缩病测报技术规范	NY/T 2730—2015	修改
282	水稻	生产管理类	南方水稻黑条矮缩病测报技术规范	NY/T 2631—2014	修改
283	水稻	生产管理类	稻田稗属杂草抗药性监测技术规程	NY/T 2728—2015	现行有效
284	水稻	生产管理类	水稻二化螟防治标准	NY/T 59—1987	修改
285	水稻	生产管理类	水稻二化螟抗药性监测技术规程	NY/T 2058—2014	现行有效
286	水稻	生产管理类	稻纵卷叶螟和稻飞虱防治技术规程　第1部分：稻纵卷叶螟	NY/T 2737.1—2015	现行有效
287	水稻	生产管理类	稻纵卷叶螟和稻飞虱防治技术规程　第2部分：稻飞虱	NY/T 2737.2—2015	现行有效
288	水稻	生产管理类	水稻褐飞虱抗药性监测技术规程	NY/T 1708—2009	修改
289	水稻	生产管理类	稻瘿蚊测报技术规范	NY/T 2041—2011	修改

（续）

序号	产品	分类	标准名称	标准状态	备注
290	水稻	生产管理类	稻水象甲防治技术规范	NY/T 796—2004	修改
291	水稻	生产管理类	稻水象甲监测技术规范	NY/T 2412—2013	修改
292	水稻	生产管理类	水稻二化螟防治标准	NY/T 59—1987	现行有效
293	综合	生产管理类	农作物低温冷害遥感监测技术规范　第1部分：总则	NY/T 2739.1—2015	现行有效
294	综合	生产管理类	农区鼠害监测技术规范	NY/T 1481—2007	现行有效
295	综合	生产管理类	农区鼠害控制技术规程	NY/T 1856—2010	现行有效
296	综合	生产管理类	无公害食品　粮食生产管理规范	NY/T 5336—2006	现行有效
297	综合	生产管理类	无公害农产品　生产质量安全控制技术规范　第1部分：通则	NY/T 2798.1—2015	现行有效
298	综合	生产管理类	无公害农产品　生产质量安全控制技术规范　第2部分：大田作物产品	NY/T 2798.2—2015	现行有效
299	综合	生产管理类	除草剂安全使用技术规范通则	NY/T 1997—2011	现行有效
300	综合	生产管理类	除草剂对后茬作物影响试验方法	NY/T 1853—2010	现行有效
301	综合	生产管理类	灰飞虱抗药性监测技术规程	NY/T 2622—2014	现行有效
302	综合	生产管理类	农作物害虫性诱监测技术规范（螟蛾类）	NY/T 2732—2015	现行有效
303	综合	生产管理类	蝗虫防治技术规范	NY/T 2736—2015	现行有效
304	水稻	生产管理类	稻田养鱼技术规范	SC/T 1009—2006	现行有效
305	水稻	生产管理类	水稻、玉米冷害等级	QX/T 101—2009	现行有效
306	水稻	生产管理类	水稻冷害评估技术规范	QX/T 182—2013	现行有效
307	综合	生产管理类	有机食品技术规范	HJ/T 80—2001	现行有效
308	综合	生产管理类	进出口粮食储运卫生规范　第1部分：粮食储藏	SN/T 1882.1—2007	现行有效
309	综合	生产管理类	进出口粮食储运卫生规范　第2部分：粮食运输	SN/T 1882.2—2007	现行有效
310	综合	生产管理类	杂草风险分析技术要求	SN/T 1893—2007	现行有效
311	综合	物流类	粮食包装　麻袋	LS/T 3801—1987	修改
312	综合	物流类	农作物种子定量包装	NY/T 611—2002	现行有效
313	综合	种质资源类	对境外繁育农作物种子检疫规程	SN/T 1581—2014	现行有效

附表 5-3　水稻（产品）地方标准体系表

序号	产品	分类	标准名称	标准状态	备注
1	水稻	产品类	饵块粑（贵州年糕）	DB52/492—2005	现行有效
2	水稻	产品类	米线	DB510603/T 06—2010	现行有效
3	水稻	产品类	海南米粉	DB46/113—2008	现行有效
4	水稻	产品类	米粉	DB42/T 206—2009	现行有效
5	水稻	产品类	地理标志产品　湖头米粉	DB35/T 1195—2011	现行有效
6	水稻	产品类	浦城特等精米	DB35/T 116—2009	现行有效
7	水稻	产品类	富硒大米	DB34/T 847—2008	现行有效
8	水稻	产品类	方便湿米粉	DB34/T 1114—2009	现行有效

（续）

序号	产品	分类	标准名称	标准状态	备注
9	水稻	产品类	方便粥	DB34/T 1113—2009	现行有效
10	水稻	产品类	方便米饭	DB34/T 1112—2009	现行有效
11	水稻	产品类	方便米线	DB34 /T 1110—2009	现行有效
12	水稻	产品类	米线	DB34/T 1109—2009	现行有效
13	水稻	产品类	芜湖大米　第 2 部分：质量标准	DB34/T 313. 2—2003	现行有效
14	水稻	产品类	马坝油粘米	DB44/304—2006	现行有效
15	水稻	产品类	广东省优质籼稻谷	DB44/181—2004	现行有效
16	水稻	产品类	安全卫生优质水稻米	DB31/T 263. 1—2001	现行有效
17	水稻	方法类	稻米中有机硒和无机硒含量的测定　原子荧光光谱法	DB3301/T 117—2007	现行有效
18	水稻	方法类	水稻抗稻瘟病鉴定及评价方法	DB43/T 319—2006	现行有效
19	水稻	方法类	水稻抗二化螟性鉴定技术规程	DB51/T 1056—2010	现行有效
20	水稻	方法类	杂交水稻及其亲本种子检验规程真实性和品种纯度的基因指纹鉴定法	DB34/T 196—1999	现行有效
21	水稻	方法类	优质食用稻米品种鉴评方法	DB22/T 1971—2013	现行有效
22	水稻	方法类	水稻品种审定规范	DB32/T 1020—2007	现行有效
23	综合	方法类	蔬菜、水果、粮食、茶叶中 40 种有机磷和氨基甲酸酯类农药多残留同时测定方法　气相色谱法	DB34/T 1076—2009	现行有效
24	综合	方法类	食品安全地方标准　植物源性食品中 α-玉米赤霉烯醇和赤霉烯酮的测定　液相色谱—质谱/质谱法	DBS22/005—2013	现行有效
25	综合	方法类	谷物中玉米赤霉烯酮的测定高效液相色谱法	DB44/T 413—2007	现行有效
26	水稻	机械配套类	机插水稻盘式育秧技术操作规程	DB33/T 681—2008	现行有效
27	水稻	机械配套类	水稻机械脱粒、清选作业技术规程	DB21/T 1671—2008	现行有效
28	水稻	机械配套类	水稻机械插秧作业技术规程	DB21/T 1670—2008	现行有效
29	水稻	机械配套类	水稻生产机械化技术规范　第 6 部分：灌溉机械化	DB34/T 244. 6—2002	现行有效
30	水稻	机械配套类	水稻生产机械化技术规范　第 5 部分：植保机械化	DB34/T 244. 5—2002	现行有效
31	水稻	机械配套类	水稻插秧机操作技术规范	DB64/T 487—2007	现行有效
32	水稻	机械配套类	水稻机械旱直播作业技术规范	DB32/T 1030—2007	现行有效
33	水稻	机械配套类	乘坐式水稻插秧机操作规程	DB32/T 1029—2007	现行有效
34	水稻	机械配套类	水稻生产机械化技术规范　第 8 部分：秸秆还田机械化	DB34/T 244. 8—2002	现行有效
35	水稻	机械配套类	水稻生产机械化技术规范　第 7 部分：收获机械化	DB34/T 244. 7—2002	现行有效
36	水稻	机械配套类	水稻生产机械化技术规范　第 4 部分：栽植机械化	DB34/T 244. 4—2002	现行有效

（续）

序号	产品	分类	标准名称	标准状态	备注
37	水稻	机械配套类	水稻生产机械化技术规范　第3部分：工厂化育秧机械化	DB34/T 244.3—2002	现行有效
38	水稻	机械配套类	水稻生产机械化技术规范　第2部分：稻种破胸催芽机械化	DB34/T 244.2—2002	现行有效
39	水稻	机械配套类	水稻生产机械化技术规范　第1部分：水田耕整地机械化	DB34/T 244.1—2002	现行有效
40	水稻	机械配套类	半喂入联合收割机　水稻收获　作业质量	DB32/T 1025—2007	现行有效
41	水稻	机械配套类	大米色选机	DB34/T 1396—2011	现行有效
42	综合	机械配套类	谷物收获机械作业质量评定办法	DB34/T 432—2004	现行有效
43	水稻	生产管理类	水稻稻瘟病防治技术规程	DB51/T 883—2009	现行有效
44	水稻	生产管理类	水稻稻瘟病菌对稻瘟灵抗药性室内测定技术规程	DB51/T 875—2009	现行有效
45	水稻	生产管理类	沿淮单季稻优质高产病虫草害防治技术规程	DB34/T 1344—2011	现行有效
46	水稻	生产管理类	水稻灰飞虱测报防治　第2部分：水稻灰飞虱防治规范	DB33/T 689.2—2008	现行有效
47	水稻	生产管理类	水稻灰飞虱测报防治　第1部分：水稻灰飞虱测报调查规范	DB33/T 689.1—2008	现行有效
48	水稻	生产管理类	水稻条纹叶枯病测报防治　第2部分：水稻条纹叶枯病防治规范	DB33/690.2—2008	现行有效
49	水稻	生产管理类	水稻害虫测报调查规范水稻三化螟	DB34/T 163.2—1998	现行有效
50	水稻	生产管理类	水稻作物害虫测报调查规范水稻二化螟	DB34/T 163.1—1998	现行有效
51	水稻	生产管理类	水稻超高产栽培技术规范	DB52/T 476—2004	现行有效
52	水稻	生产管理类	水稻超高产强化栽培技术规程	DB51/T 913—2009	现行有效
53	水稻	生产管理类	水稻机械插秧配套栽培技术规程	DB51/T 870—2009	现行有效
54	水稻	生产管理类	杂交中稻洪灾后蓄留再生稻技术规程	DB51/T 1060—2010	现行有效
55	水稻	生产管理类	水稻优化定抛栽培技术规程	DB51/T 1040—2010	现行有效
56	水稻	生产管理类	四川省水稻—秋马铃薯/油菜保护性耕作	DB51/T 1038—2010	现行有效
57	水稻	生产管理类	四川省水稻—秋菜—小麦保护性耕作技术标准	DB51/T 1037—2010	现行有效
58	水稻	生产管理类	安徽省绿色食品原料（水稻）标准化生产基地管理准则	DB34/T 910.1—2009	现行有效
59	水稻	生产管理类	超级稻新两优6号标准化栽培技术规程	DB34/T 895.2—2009	现行有效
60	水稻	生产管理类	富硒稻种植技术规范	DB34/T 846—2008	现行有效
61	水稻	生产管理类	单季水稻机插大田管理技术规范	DB34/T 793—2008	现行有效
62	水稻	生产管理类	超级中籼杂交稻优质高产技术规程	DB34/T 1702—2012	现行有效
63	水稻	生产管理类	绿色食品　水稻生产技术规程	DB34/T 1701—2012	现行有效
64	水稻	生产管理类	Ⅱ优52水稻高产生产技术规程	DB34/T 1579—2011	现行有效
65	水稻	生产管理类	环巢湖地区水稻氮磷减量控制栽培技术规程	DB34/T 1427—2011	现行有效

（续）

序号	产品	分类	标准名称	标准状态	备注
66	水稻	生产管理类	江淮地区机插杂交中籼稻高产栽培技术规程	DB34/T 1401—2011	现行有效
67	水稻	生产管理类	优质双季晚籼稻新优188高产栽培技术规程	DB34/T 1322—2010	现行有效
68	水稻	生产管理类	江淮中稻避灾减灾生产技术规程 第2部分：江淮丘陵中稻避旱补偿栽培技术	DB34/T 1321—2010	现行有效
69	水稻	生产管理类	江淮中稻避灾减灾生产技术规程 第1部分：江淮中稻防高温热害补偿栽培技术	DB34/T 1320—2010	现行有效
70	水稻	生产管理类	绿旱1号直播生产技术规程	DB34/T 1319—2010	现行有效
71	水稻	生产管理类	皖稻125生产技术规程	DB34/T 1318—2010	现行有效
72	水稻	生产管理类	沿淮麦茬中粳（糯）稻旱直播水管生产技术	DB34/T 1229—2010	现行有效
73	水稻	生产管理类	沿淮麦茬籼稻旱直播旱管生产技术	DB34/T 1228—2010	现行有效
74	水稻	生产管理类	水稻土壤养分分区与一季中稻 推荐施肥技术	DB34/T 1226—2010	现行有效
75	水稻	生产管理类	绿色食品（A级）“管子牌”贡米生产技术规程	DB34/T 1082—2009	现行有效
76	水稻	生产管理类	双季稻免耕旱育无盘抛秧栽培技术规程	DB34/T 1069—2009	现行有效
77	水稻	生产管理类	一季稻免耕直播生产技术规程	DB34/T 1068—2009	现行有效
78	水稻	生产管理类	一季稻免耕旱育无盘抛秧生产技术规程	DB34/T 1067—2009	现行有效
79	水稻	生产管理类	中籼稻施肥技术规程	DB34/T 1019—2009	现行有效
80	水稻	生产管理类	双季稻高产优质生产技术	DB34/T 1010—2009	现行有效
81	水稻	生产管理类	中稻直播生产技术	DB34/T 1009—2009	现行有效
82	水稻	生产管理类	杂交中稻抛栽高产优质生产技术	DB34/T 1008—2009	现行有效
83	水稻	生产管理类	水稻塑盘抛秧栽培技术规程	DB3302/T 092—2010	现行有效
84	水稻	生产管理类	中熟晚粳“宁88”年糕专用稻生产技术规程	DB3302/T 073—2008	现行有效
85	水稻	生产管理类	机插水稻大田栽培技术操作规程	DB33/T 680—2008	现行有效
86	水稻	生产管理类	水稻—毛豆复种技术规程	DB3205/T 173—2009	现行有效
87	水稻	生产管理类	早熟晚粳不育系武运粳7号A繁种生产技术操作规程	DB3205/T 153—2008	现行有效
88	水稻	生产管理类	单季晚粳稻田氮磷面源污染控制技术规范	DB3205/T 151—2008	现行有效
89	水稻	生产管理类	稻-虾（克氏原螯虾）共作技术操作规程	DB3201/T 129—2008	现行有效
90	水稻	生产管理类	直播水稻高效栽培技术规程	DB3201/T 122—2008	现行有效
91	水稻	生产管理类	水稻隔寒增温育苗高产栽培技术规程	DB2303/T 023—2009	现行有效
92	水稻	生产管理类	农产品质量安全 辽星1号大米	DB21/T 1597—2008	现行有效
93	水稻	生产管理类	农产品质量安全 辽星1号水稻栽培技术规程	DB21/T 1595—2008	现行有效
94	水稻	生产管理类	有机稻谷生产技术规程	DB13/T 1505—2012	现行有效
95	水稻	生产管理类	富硒水稻生产技术规程	DB43/T 816—2013	现行有效

（续）

序号	产品	分类	标准名称	标准状态	备注
96	水稻	生产管理类	旱稻秸秆全量旋耕促腐还田技术规程	DB34/T 2019—2013	现行有效
97	水稻	生产管理类	单季晚稻栽培规范　第3部分：单季晚稻抛秧栽培规范	DB31/T 192.3—1997	现行有效
98	水稻	生产管理类	单季晚稻栽培规范　第2部分：单季晚稻浅耕旱条播栽培规范	DB31/T 192.2—1997	现行有效
99	水稻	生产管理类	单季晚稻栽培规范　第1部分：单季晚稻机械水直播栽培规范	DB31/T 192.1—1997	现行有效
100	水稻	生产管理类	有机食品　优质中稻生产技术规程	DB36/T 521—2007	现行有效
101	水稻	生产管理类	沿淮单季稻优质高产生产技术	DB34/T 589—2006	现行有效
102	水稻	生产管理类	沿淮机插水稻优质高产生产技术	DB34/T 588—2006	现行有效
103	水稻	生产管理类	芜湖大米　第3部分：生产技术规范	DB34/T 313.3—2003	现行有效
104	水稻	生产管理类	芜湖大米　第1部分：基本准则	DB34/T 313.1—2003	现行有效
105	水稻	生产管理类	水稻机械水直播田间管理技术规范	DB32/T 1031—2007	现行有效
106	水稻	生产管理类	江淮地区高产优质粳稻生产技术	DB34/T 590—2006	现行有效
107	水稻	生产管理类	优质中籼稻大田移栽技术规程	DB34/T 302—2002	现行有效
108	水稻	生产管理类	优质中籼稻旱育壮秧技术规程	DB34/T 301—2002	现行有效
109	水稻	生产管理类	马坝油粘栽培技术规程	DB44/T 301—2006	现行有效
110	水稻	生产管理类	安徽双季晚稻栽培技术规程	DB34/T 105—1995	现行有效
111	水稻	生产管理类	安徽中稻栽培技术规程	DB34/T 104—1995	现行有效
112	水稻	生产管理类	安徽早稻栽培技术规程	DB34/T 103—1995	现行有效
113	水稻	生产管理类	沿江双季稻直-抛优质高效生产技术	DB34/T 592—2006	现行有效
114	水稻	生产管理类	安全卫生优质水稻米生产技术操作规范	DB31/T 263.2—2001	现行有效
115	水稻	生产管理类	沿淮地区小麦水稻周年平衡增产技术规程	DB34/T 1453—2011	现行有效
116	水稻	种质资源类	水稻品种　密阳23	皖DNY18—1987	现行有效
117	水稻	种质资源类	杂交水稻组合　协优64	皖DNY17—1987	现行有效
118	水稻	种质资源类	杂交水稻不育系　协青早A	皖DNY16—1987	现行有效
119	水稻	种质资源类	杂交水稻组合皖稻55	DB34/T 106.9—1995	现行有效
120	水稻	种质资源类	水稻品种皖稻51	DB34/T 106.8—1995	现行有效
121	水稻	种质资源类	杂交水稻不育系皖稻49	DB34/T 106.7—1995	现行有效
122	水稻	种质资源类	杂交水稻组合皖稻47	DB34/T 106.6—1995	现行有效
123	水稻	种质资源类	水稻品种皖稻45	DB34/T 106.5—1995	现行有效
124	水稻	种质资源类	水稻品种皖稻43	DB34/T 106.4—1995	现行有效
125	水稻	种质资源类	杂交水稻组合皖稻29	DB34/T 106.3—1995	现行有效
126	水稻	种质资源类	杂交水稻组合皖稻26	DB34/T 106.2—1995	现行有效
127	水稻	种质资源类	水稻品种皖稻20	DB34/T 106.1—1995	现行有效
128	水稻	种质资源类	水稻品种皖稻27号	DB34/T 088—1993	现行有效
129	水稻	种质资源类	水稻品种皖稻14号	DB34/T 086—1993	现行有效
130	水稻	种质资源类	水稻品种皖稻16号	DB34/T 087—1993	现行有效
131	水稻	种质资源类	水稻品种：辽粳207	DB31/1070—1999	现行有效

（续）

序号	产品	分类	标准名称	标准状态	备注
132	水稻	种质资源类	超级稻新两优 6 号制种技术规程	DB34/T 895.1—2009	现行有效
133	水稻	种质资源类	水稻种子加工技术规范	DB23/T 1037—2006	现行有效
134	水稻	种质资源类	两系杂交稻华安 3 号制种规程	DB34/T 316—2003	现行有效
135	水稻	种质资源类	杂交水稻繁殖制种质量检验规程	DB34/028—1990	现行有效
136	水稻	种质资源类	粳型杂交水稻“三系”原种及杂交种生产技术操作规程	DB11/T 234—2004	现行有效
137	水稻	种质资源类	籼型杂交水稻“三系”原种生产技术操作规程	DB34/T 165—1998	现行有效

主要参考文献

李凤博，孙海艳，2012. 构建中国水稻生产标准化体系研究［J］. 江苏农业科学，40（4）：3-6.
郭金发，刘岩峰，吕晓波，2013. 吉林省水稻标准体系研究［C］//2013全国农业标准化研讨会论文集．北京：中国标准化研究院．
孙丽娟，韩国，胡贤巧，等，2016. 我国主要粮食产品质量标准问题分析［J］. 农产品质量与安全（2）：38-44.

第六章　2017 年度种植业产品标准体系研究报告——马铃薯

马铃薯产业发展到今天，产业提升已经不仅仅局限于单项技术的先进性，越来越需要依赖科学规范的技术体系、管理程序和制度，靠天吃饭、自由发展的传统农业正在向智能化、规模化和标准化转变，所有新鲜的、先进的理念和技术需要一个稳定的载体持续推动，因此，标准体系的完善是产业提升必不可少的重要平台。产业涵盖育种、栽培、植保、加工、机械等各个领域，每个领域都需要标准来支撑先进技术体系的推广应用，整体拉动产业各个方面的进步。

在国际上，市场竞争的核心之一是质量，标准就是检验质量的尺子，是形成技术壁垒的有效策略；在国内，市场竞争焦点之一依然是质量，价格为其次，标准在引导生产、经营水平提高和市场环境改善方面有重要作用，标准体系的完善程度、普及程度和先进程度对产业发展的作用越来越明显，因此，马铃薯标准体系的完善、科学、合理地构架对中国马铃薯产业有重要的战略意义。

一、产业标准体系发展现状

标准体系建设进展情况（包括标准体系建设框架）　自 1982 年第一项马铃薯标准《马铃薯种薯生产技术操作规程》（GB 3243—82）颁布实施，拉开中国马铃薯产业技术体系标准化序幕以来，经过 30 多年发展，初步形成了马铃薯产前、产中、产后以及检验检测和配套农机等标准，使我国马铃薯生产逐步由凭借经验向规范化过渡。

我国马铃薯产业近年来发展速度比较快，同时，随着农业国际化进程的迅速发展，我国马铃薯产业也将很快面临国际市场的考验，无论进口还是出口，马铃薯产业都会受到很大影响，而国际贸易中最突出的表现是各国利用标准设置技术壁垒，因此标准的先进性和可行性将更受关注。

马铃薯产业的标准化是现代农业的重要特征，在众多科研、农业推广和质检等工作者多年的努力下，已经陆续出台了贯穿产业全程的一系列标准。很多国家的马铃薯标准体系都是很庞大的，并且是在国家的法律、法规的保护下得到有效实施，在马铃薯产业发展中切实起到了规范、监督和管理的作用。

经过多年发展，我国马铃薯标准体系建设取得了明显成效，初步形成了国家标准、行业标准、地方标准等多个层级互为补充的技术标准体系框架，行业管理不断加强，科技含量逐步提高，区域特点和地方特色进一步凸显。截至 2017 年 8 月，共发布马铃薯相关现行有效标准 319 项。按照级别和行业分类有国家标准、农业行业标准、国内贸易行业标准、商品检验检疫行业标准、轻工行业标准、粮食行业标准、气象行业标准等，如图 6-1 所示。其中，国家标准 29 项，行

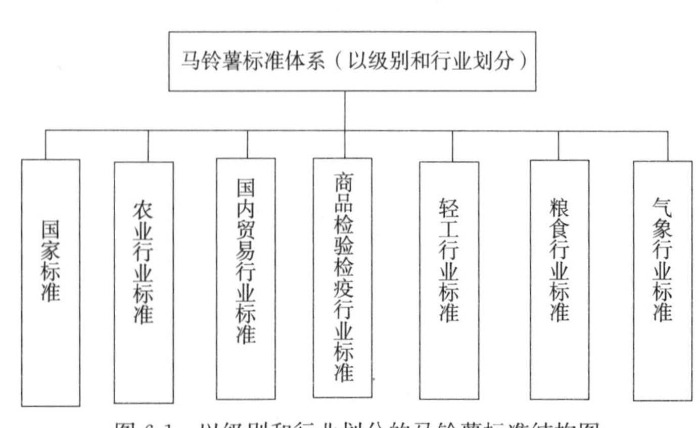

图 6-1　以级别和行业划分的马铃薯标准结构图

业标准 63 项，地方标准 227 项，如表 6-1 所示。

表 6-1　中国马铃薯标准体系概况

标准类别	标准数量	涉及的主要领域
国家标准（GB）	29	加工相关 1 项，机械相关 3 项，生产相关 6 项，植保相关 5 项，储藏和运输 4 项，检测相关 10 项
农业行业标准（NY）	31	加工相关 1 项，机械相关 7 项，生产相关 4 项，植保相关 4 项，储藏相关 1 项，品种相关 5 项，检测相关 9 项
商品检验检疫行业标准（SN）	24	生产相关 1 项，检测相关 23 项
国内贸易行业标准（SB）	5	加工相关 2 项，储藏相关 3 项
轻工行业标准（QB）	1	马铃薯片
气象行业标准（QX）	1	气象观测
粮食行业标准（LS）	1	调拨的商品马铃薯
地方标准（DB 或 DG）	227	马铃薯生产、病害检测等技术规程/范
总计	319	

（1）国家标准和行业标准分类　目前，与马铃薯相关的现行有效的国家标准有 29 项，检测领域的标准最多，占国家标准总数的 1/3，其次是生产技术标准和植物保护标准、机械标准以及储藏和运输标准，分别占 10%～20%，最少的是加工标准。在各类行业标准中，商品检验检疫行业标准近乎全部为病害检测技术标准。农业行业标准中，与检测相关的标准比例为 29%，与生产相关的标准和与植保相关的标准均占总农业标准的 13%，与机械相关的标准比例为 23%，加工和储藏相关标准最少。

其中，涉及马铃薯加工相关标准 1 项，机械相关 3 项，生产相关 6 项，植保相关 5 项，储藏和运输 4 项，检测相关 10 项。在这些标准中，与马铃薯种薯相关的标准 8 项，可见马铃薯种薯在马铃薯产业中的重要地位和受重视程度。但是，这些标准的宣贯、实施和监管还存在一定的问题，没能充分发挥其应有的作用。

（2）地方标准分布　由于我国种植马铃薯的地区较多，各地的环境差异较大。因此，地方标准的数量也是巨大的，目前现行有效的地方标准达到 227 项。这些地方标准主要集中在生产技术、病虫害防治、病害检测等操作规程/范。从图 6-2 可知，我国有 23 个省（自治区、直辖市）制定了马铃薯地方标准，各省（自治区、直辖市）马铃薯地方标准的数量差距很大，其中陕西、安徽、浙江、广东均只有 2 项，而宁夏有 38 项。存在这种差异的主要原因之一是不同的地区种植结构不同，重点关注的作物也不一样，其重视程度自然存在差异。

按照标准的性质和功能分类，我国马铃薯标准体系的构成可用框架图表示，如图 6-3 所示。

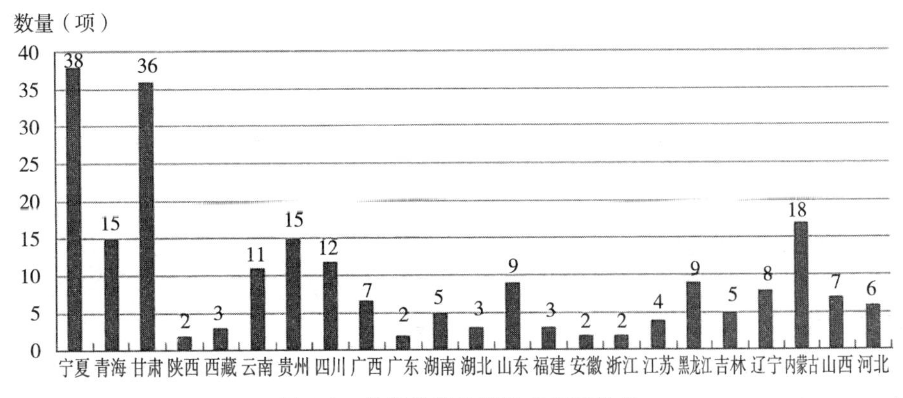

图 6-2　各省份马铃薯地方标准数量

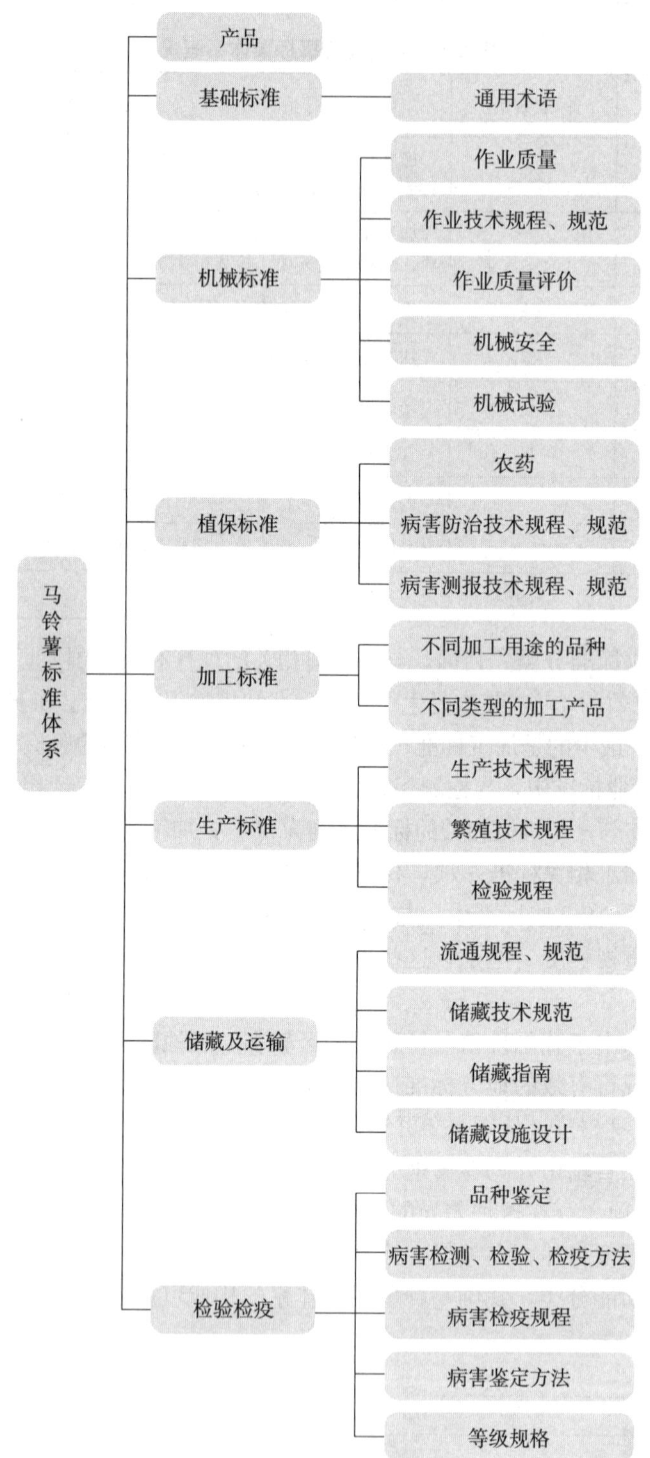

图 6-3　我国马铃薯标准体系的构成框架图

二、存在的主要问题

1. 标准体系问题

（1）标准数量不均衡，涵盖领域不全，急需补充　我国马铃薯标准基本涵盖了生产技术规程、病虫害防控、种薯质量控制、加工、储藏运输、种质资源等领域，但是，涉及加工和储藏运输的标准比较少，表现为重生产，轻产后的产业现状。现行标准以生产技术规程为主，产地环境、农业投入品、农业工程建设、安全卫生、检验方法等标准较少或缺失，产后处理、加工储藏管理以及产品质量检测等领域都缺少相应的规程规范，存在严重脱节。现行标准无论从涉及面还是质量上，不能满足生产需要，标准数量不均衡，涵盖领域不全，弱化了标准的技术支撑作用，成为当前我国马铃薯产业发展的瓶颈。

以马铃薯加工业为例，我国马铃薯加工业发展迅速，马铃薯加工产品逐渐增多，产品主要有马铃薯淀粉、冷冻薯条、全粉、油炸薯片等，但目前除了马铃薯淀粉、马铃薯冷冻薯条有国家标准外，其他的马铃薯食品及深加工产品均没有制定国家标准，难以规范企业生产和产品质量。与产品标准协调统一的工艺标准，检测试验方法标准，安全、卫生、环保标准等都属空白，这样不但无法维护国内市场竞争秩序，更难以应对国际间的贸易壁垒。例如，在马铃薯深加工中，对马铃薯糖苷生物碱、浓缩蛋白及水解蛋白产物等方面测定，在国外已有相关检测标准的出台，而我国仍是空白。在我国，马铃薯加工领域没有制定过马铃薯加工废渣废水排放相关标准，参考国际标准《排放控制　食品发酵装置　马铃薯制品的制作》（VDI 3895-2—1997）及国内其他加工行业标准，马铃薯行业有必要新增马铃薯淀粉加工废渣废水排放相关标准。另外，在马铃薯质量监控方面也有不足，例如，马铃薯田间病害防治技术规范中，虽已经列举了许多病害，但一些规范出台时间已久，许多病害并未添加到标准中，如马铃薯黑痣病、早疫病的田间防治技术就属空白。除此之外，在马铃薯种薯生产领域、病虫害鉴定、检测领域、马铃薯品种分析相关领域以及相关基础性标准都相应需要补充，具体内容见表 6-2。

表 6-2　应补充的马铃薯标准

序号	标准名称	理由
1	马铃薯　术语	马铃薯相关术语在不同标准中叫法不一，在生产和使用中容易引起概念混淆，扰乱市场，希望建立系统的标准，以规范马铃薯产业体系
2	马铃薯早疫病田间防治技术规范	早疫病在全国马铃薯主产区常年发生，一般年份损失 20%，严重地块损失达到 30%～50%，其危害仅次于马铃薯晚疫病。目前，我国在国家、行业标准中没有对田间马铃薯早疫病田间防治技术的相关标准提出，需对其进行制定，从而减少马铃薯早疫病的危害
3	马铃薯块茎糖苷生物碱含量测定	马铃薯糖苷生物碱具有中枢神经毒性，能造成肝损伤、破坏细胞膜从而危害消化系统和影响新陈代谢，通常认为糖苷生物碱含量低于 200mg/kg 的马铃薯是安全的。然而我国部分超市及农贸市场仍然销售发芽和皮发绿的马铃薯，存在食品安全隐患。另外，马铃薯淀粉加工分离汁水中回收的蛋白同样含有糖苷生物碱，欧盟已经将糖苷生物碱列为马铃薯浓缩蛋白的质量指标
4	马铃薯黑痣病田间防治技术规范	目前，我国在国家、行业标准中没有对田间马铃薯黑痣病防治技术的相关标准提出
5	马铃薯浓缩蛋白及水解产物	马铃薯浓缩蛋白（potato protein concentrate，PPC）是从马铃薯淀粉加工分离汁水（potato fruit water，PFW）当中回收的蛋白质，由于马铃薯蛋白品质非常高，营养价值高，可以同鸡蛋蛋白相媲美，因此在食品加工和饲料行业都具有广泛的应用。我国北方地区的马铃薯主产区淀粉加工厂比较集中，部分淀粉厂已建立从马铃薯淀粉加工分离汁水中回收蛋白的生产线，并有相关产品上市，然而缺乏相关产品质量标准。建议加在马铃薯加工领域标准中
6	马铃薯块茎可溶性淀粉合成酶活性的测定	科学测定马铃薯块茎可溶性淀粉合成酶活性，研究马铃薯块茎淀粉的生物合成，对于提高马铃薯淀粉的产量，改良马铃薯品质均有重要的现实意义。目前，文献和资料上没有一个完整且可操作的测定马铃薯块茎可溶性淀粉合成酶活性的标准方法，市场上有测定该酶活性的试剂盒，但检测价格十分昂贵，不适合块茎样品的批量检测。因此，在原方法的基础上，通过实验，优化了测定该酶活性的旧方法，建立了《马铃薯块茎可溶性淀粉合成酶活性的测定》的标准方法
7	马铃薯块茎腺苷二磷酸葡萄糖焦磷酸化酶活性的测定	腺苷二磷酸葡萄糖焦磷酸化酶是马铃薯淀粉合成过程中的限速酶，催化 G-1-P 和 ATP 作用，形成 ADPG 和 PPI。ADPG 则是淀粉合成的葡萄糖的供体。因此，科学测定腺苷二磷酸葡萄糖焦磷酸化酶的活性，研究马铃薯块茎淀粉的生物合成，对于提高马铃薯淀粉的产量，改良马铃薯品质均有重要的现实意义。目前，文献和资料上没有一个完整且可操作的测定马铃薯块茎腺苷二磷酸葡萄糖焦磷酸化酶活性的标准方法，市场上有测定该酶活性的试剂盒，但检测价格十分昂贵，不适合块茎样品的批量检测。因此，在原方法的基础上，通过实验，优化了测定腺苷二磷酸葡萄糖焦磷酸化酶活性的旧方法，建立了“马铃薯块茎腺苷二磷酸葡萄糖焦磷酸化酶活性的测定”标准方法

（续）

序号	标准名称	理由
8	马铃薯块茎直链淀粉含量的双波长测定	马铃薯淀粉的品质和性质是由直链淀粉和支链淀粉的含量和比例决定的。目前，国内一些研究者采用单一曲线法和混合曲线法测定马铃薯块茎的直链淀粉含量。单一曲线法由于没有考虑样品中支链淀粉的吸光度而使测定结果偏高。混合曲线法由于标准曲线对直链和支链淀粉的混合比例不符合马铃薯块茎直支链淀粉的实际比例(马铃薯直链淀粉占总淀粉的20%～30%）和未考虑支链淀粉结构复杂性导致的标准曲线不准确，从而使测定结果也不准确。而本方法由于通过双波长扫描剔除了马铃薯块茎样品中支链淀粉的吸光度，使直链淀粉含量的测定不受样品中支链淀粉的影响，测定结果更加科学可靠
9	侵染马铃薯的AMV检测 RT-PCR法	苜蓿花叶病毒（alfalfa mosaic virus，AMV）侵染马铃薯引起马铃薯杂斑病，植株表现为黄斑花叶、叶脉和茎黑褐色条斑坏死，发展成垂叶坏死症状，与马铃薯Y病毒（Potato Virus Y，PVY）症状非常相似，极易混淆；AMV可导致敏感品种块茎内部坏死，使其失去商业价值，病薯连种两年，可致感病品种绝产。AMV在我国黑龙江、内蒙古、甘肃等地均有发生，而上述地区是我国重要的种薯生产基地，种薯作为马铃薯产业的源头，其质量是影响我国马铃薯主粮化进程的关键因素。制定快速、灵敏、准确的AMV检测技术标准，能够在马铃薯种苗生产阶段，及时淘汰带毒种苗，从源头保障种薯质量。因此，急需制定AMV RT-PCR检测标准
10	早疫病检验规程	早疫病在全国马铃薯主产区常年发生，一般年份损失20%，严重地块损失达到30%～50%，其危害仅次于马铃薯晚疫病。我国目前尚未制定和发布该病害检测方法的国家标准，该检测方法仅应用于科研领域，在生产中应用较少。近年来，我国种薯企业和种植户对马铃薯种薯质量检测越来越重视，但由于检测标准和规范的缺乏，检测部门无法出具相应的具有法律效力的检验报告，在生产中难以保障种植者和消费者的权益。本检测方法一旦应用到生产中，特别是种薯出库前检测，及时有效地汰除染病的种薯，则可有效保证种薯质量，大大减少来年马铃薯感染早疫病的机会，将早疫病危害降到最低，从而提高我国马铃薯的产量和品质
11	晚疫病检验规程	目前，我国尚未制定和颁布对该病害检测的行业标准，然而随着我国马铃薯产业的大力发展以及国内外对晚疫病研究的日趋深入，马铃薯种植者和检测机构均需要一套标准化的检测方法作为法律依据，从而保障生产中种植者和消费者的权益。本标准中的分子快速检测方法一旦应用到生产中，特别是种薯库房检测，能够及时有效地发现染病的种薯，在有效保证种薯质量的同时，也能解决很多贸易纠纷，从而提高马铃薯的产量和品质，促进马铃薯产业的良好发展
12	马铃薯致病性链霉菌（*Streptomyces* spp.）种类的PCR鉴定方法	在马铃薯疮痂病的实际检测过程中，由于致病菌种类繁多，需要根据不同的特异性基因进行多次扩增，工作量繁重，准确性低。拟申报的标准是通过马铃薯疮痂病致病菌分离技术、自行设计的通用引物与测序技术相结合构建的马铃薯致病性链霉菌种类PCR鉴定方法。本标准采用鉴定通用引物可对常见的马铃薯疮痂病致病菌进行一次性种间鉴定检测，既减少了不同特异性基因的重复扩增，又通过序列测定大大提高了结果的准确性
13	马铃薯田间检测技术规程	《马铃薯种薯》(GB18133—2012）国家标准中详细规定了田间检测的时间，检测病害种类，检测点数、田间检测处理方法及质量要求等关键参数，是具有操作性的强制性标准。检测过程中我们发现，国家标准中未明确规定如何选定检测点，选定检测点后行走路线如何进行，在田间检测时需要先看哪些，顺序是什么等检测方法具体细节如何操作。因此，急需完善相关操作规程，使之具有统一的操作标准。该标准用于细化明确田间相关检测技术，使之形成国家标准的补充，使田间检测更加具有可操作性、代表性
14	马铃薯种薯茎尖脱毒及试管苗繁育技术规程	马铃薯病毒的危害已成为当前马铃薯生产上的严重问题，造成马铃薯生长受到抑制、形态畸变、产生叶面皱缩、花叶等症状，薯块品质变劣，产量大幅度下降。马铃薯茎尖分生组织培养是解决马铃薯感染病毒最有效的方法，它是根据病毒在植株体内分布不均匀性及越靠近新生组织部位（如茎尖生长点）病毒含量越低原理。选择具有品种典型特性的薯块，结合高温热处理钝化病毒方法，通过剥取茎尖分生组织进行培养获得核心种苗，在无菌的条件下，将其按单节切段，进行扩繁成脱毒试管苗，使其恢复了品种原有的优良性状。这一技术具有周期短、繁殖效率高等特点，在马铃薯上得到普遍应用
15	马铃薯淀粉加工薯渣及蛋白回收技术规范	我国在马铃薯加工领域没有制定过马铃薯淀粉加工废渣废水排放相关标准，参考国际标准《排放控制　食品发酵装置　马铃薯制品的制作》（VDI 3895-2—1997）及国内其他加工行业标准，一致认为马铃薯行业有必要新增马铃薯淀粉加工废渣废水排放相关标准
16	马铃薯核心种苗生产技术规程	现阶段马铃薯核心种苗生产还比较混乱，每个企业生产技术水平差异也很大。并且与许多无性繁殖的作物一样，马铃薯种苗的生产比有性繁殖作物生产更为复杂，技术难度更大。该标准规范了马铃薯核心种苗生产中各个环节的方法，规定核心种苗来源类型（块茎和组培苗），规范不同类型的处理方法，最终通过严格的质量控制，生产出合格的马铃薯核心种苗。能为企业提供标准规范、质量一致的合格种苗，保证企业效益，促进产业健康有序发展

（2）标准修订速度慢，适应性差　马铃薯相关标准的制修订速度跟不上产业的发展。标龄超长，接近50%的国家标准标龄超过5年，最长的17年；标龄超过10年的占28%。根据《标准化实施条例》规定，国家标准的年限一般为5年，过了年限后国家标准就要进行复审，确定其继续有效，需修订或重新制定。可见，目前马铃薯产业相关现行的国家标准无论从涉及面还是质量上，都已经无法满足生产、生活的需要。

实例：①《马铃薯种植机技术条件》（GB/T 25417—2010），标准制定时间超过5年，不能满足不同产地、不同栽培模式的生产需求，需要及时更新和补充，重漏播率、株距合格指数等要与国际标准统一。②《鲜食马铃薯流通规范》（SB/T 10577—2010），由于制定时间过长，部分内容对于现阶段已经不适用。③《脱毒马铃薯种薯（苗）病毒检测技术规程》（NY/T 401—2000），由于制定时间过长，检测技术和病毒种类有变化，需根据情况进行调整和增加。④《农林机械安全　第16部分：马铃薯收获机》（GB 10395.16—2010），动力输出轴型号、拖拉机动力输出轴、机械安全中一些参数、轮胎行距等参数参差不齐，需要与国际接轨，统一参数。另外，马铃薯收获机中去土去泥技术方面应与国际看齐，一些参数适用性可调整，可加入机械损伤的技术指标要加入标准中。⑤《马铃薯商品薯生产技术规程》（GB/T 31753—2015），不同种薯级别的划分不够统一。另外，检测时，应针对不同用途、级别进行检测。

（3）标准体系不够严谨　马铃薯是一种具有薯粮、菜、饲料、加工原料兼用的多功能作物，可被加工成薯条、薯片、粉丝等产品，用途十分广泛，因此，马铃薯产业涉及的标准内容较多，范围较广，部分标准在内容上出现重复、定义不够明确的问题。

例如，《马铃薯晚疫病防治技术规范》（NY/T 1783—2009）和《马铃薯主要病虫害防治技术规程》（NY/T 2383—2013）两项行业标准，后者内容基本包含了前者，可将二者整合或重新修订。又如《马铃薯脱毒种薯生产技术规程》（GB/T 29378—2012），其包含《马铃薯脱毒试管苗繁育技术规程》（GB/T 29375—2012）和《马铃薯脱毒原原种繁育技术规程》（GB/T 29376—2012）两项国家标准，涉及内容多有交叉和重复，应整合。对比马铃薯种薯相关标准，《马铃薯种薯》（GB 18133—2012）将种薯分为原原种（G1）、原种（G2）、一级种（G3）、二级种（G4）4项标准，而《马铃薯脱毒种薯生产技术规程》（GB/T 29378—2012）将种薯分为原原种（G1）、原种（G2）、大田种薯（G3）3项标准。前者是种薯的质量检测技术标准，后者是种薯的生产技术规程，生产技术标准应以质量标准为主，概念和规范不统一、不严谨，种薯质量难以保证。

（4）标准中结构内容不健全　我国马铃薯产业质量标准的制定分属于农业、轻工业、运销、外贸等不同的管理机构，各行业部门限于职能制约，多从自身职能出发去制定技术标准，条块分割明显，在实际运作过程中，不同行业与部门间缺乏有效的协调和沟通。这种多头管理不可避免地造成技术标准重叠、交叉甚至技术内容矛盾的现象，难于形成全面、系统、符合产业需求的全程质量控制标准体系。

实例：①《马铃薯淀粉》（GB/T 8884—2007），未包括直链/支链淀粉含量、淀粉颗粒大小分布以及红外光谱分析等指标，在杜绝往马铃薯淀粉中掺兑廉价淀粉或非淀粉成分方面有缺陷。②《马铃薯冷冻薯条》（SB/T 10631—2011），参考美国的冷冻法式炸薯条等级划分的标准（塔尔博特，2016），需要考虑味道、颜色、规格与对称性、整齐度、瑕疵质地等因素，给予冷冻薯条不同的分值，确定其等级，该标准没有涉及冷冻薯条分级。③2015年6月16日，美国食品和药物管理局宣布，将在3年内完全禁止在食品中使用人造反式脂肪，以助降低心脏疾病发病率，薯片中存在该问题。另外，在加工过程中，由于采用了氢化植物油引起薯片当中的反式脂肪酸存在，并且长时间高温加热的植物油当中也会产生反式脂肪酸，但《马铃薯片》（QB/T 2686—2005）并没有涉及丙烯酰胺和反式脂肪酸含量问题，在制定和修改马铃薯片标准时需要考虑补充丙烯酰胺限量标准及检测方法，即使不明确规定不得含有反式脂肪酸，至少需要规定反式脂肪酸含量的上限并提供反式脂肪酸含量分析测试方法。④《马铃薯脱毒种薯储藏、运输技术规程》（GB/T 29379—2012）和《早熟马铃薯　预冷和冷藏运输指南》(GB/T 25868—2010）中，均未对运输或储藏中的马铃薯质量控制指标进行规范。

（5）有些标准不合理，建议废止　在我国马铃薯相关标准中，有些标准由于制定时间较长，或已不适用于当前形式，需要重新制定，如《马铃薯（土豆、洋芋）》(LS/T 3016—1985)；有些标准已经失去当前形式下的意义，需要直接废止，例如，《农作物品种审定规范马铃薯》(NY/T 1490—2007)；另外，有的个别标准，制定过于笼统，不够明确，需要废止后重新制定，如《马铃薯主要病虫害防治技术规程》(NY/T 2383—2013)。

2. 标准管理问题

（1）多领域多部门管理，缺乏协调和统一　由于国家、部门和地方政府三者在农业标准制定权限上划分不清，马铃薯产业涉及生产、加工、运销等环节，且马铃薯监管涉及农业、供销、商品检验检疫等多个部门，各部门和行业间由于自身职能的差异，且缺乏有效的协调沟通，制定出的标准协调和统一性不足，难以形成系统、全面、适应产业发展需要的技术标准体系。同一内容标准重复，不能互为补充，既浪费，又会给实际使用带来混乱。

（2）标准执行不到位，缺乏有效的监督机制　有些标准实用性较强，却由于配套的管理跟不上，执行不到位，导致大批标准形同虚设，只有在出现严重的质量纠纷的时候才拿出来作参考，与国际上通过标准规范生产和市场的规则有差距。另外，对马铃薯标准的宣传和示范推广的实施力度不够，标准与生产环境、标准化示范基地建设、企业生产和市场开发脱节严重，不适应产业发展和市场变化的需求。

（3）基础性研究不足，技术支撑不力，标准水平偏低　标准是以科学、技术和实践经验的综合成果为基础，在一定范围内共同使用、重复使用的规范性文件，必须在对大量的科学成果、实践经验进行分析、比较、验证比对的基础上进行规范化。马铃薯标准的基础性研究工作比较薄弱，缺乏开展标准基础性科研工作的专业人才和项目资金，科研成果、技术、经验等转化为标准的程度和自主创新不够，标准的科学性不足、实用性较差。

三、标准需求

1. 充实标准队伍　马铃薯的生产经营涉及种子管理、农技推广、植保植检、质量监督、市场管理等多个部门与生产企业、协会、合作社等组织和农户，贯穿于育种、繁种、生产、储藏、加工、销售等多个环节，全过程需要整合各相关部门力量，充实标准制修订推广、检验检测、产品认证队伍，建成“统一管理、分工负责”的工作机制，各方面通力协作、分工负责、协调动作，创造实施马铃薯标准的良好环境，聚集实施标准的相关力量，从生产加工、质量监测、市场管理等环节入手，全面实施马铃薯标准化，共同推进马铃薯产业发展。

2. 完善标准体系　在充实标准队伍积极实施现有标准的基础上，加强调查研究，总结先进研究成果和生产经验，引进和借鉴国际先进标准，按照巩固、健全、提高的要求，强化以质量为中心的标准制修订，不断完善标准体系，以保证马铃薯标准的先进性与可操作性。

要借鉴工业化发展的理念、经营方式，引入现代物质装备、生物工程技术，着力建设、完善马铃薯生产标准，向产前、产中、产后的产地环境标准、生产资料标准、储藏管理标准、加工包装标准发展，逐步建立以转化先进适用技术为主要内容、涵盖“产贮加销”全过程的马铃薯标准体系；要拓宽标准制定范围和领域，由目前的以技术标准为主，逐步向制定管理标准、工作标准扩展，逐步建立起比较完善的技术标准、管理标准、工作标准“三位一体”的马铃薯标准体系；在现有国家、行业标准基础上，根据各地自然条件、产业发展、生产加工单位（组织）、产地群众基础等具体情况，逐步建立健全地方标准、企业标准，形成既突出地方特色，又符合国家、行业标准规范的标准体系。

3. 加强标准宣贯　调动相关单位的积极性，发挥各种宣传媒介的作用，利用各种有利机会，采取新闻宣传、会议培训、现场咨询、典型示范、技术指导等多种形式，强化对标准和制度的宣传贯彻，提高广大干部群众和生产单位的标准意识，使标准化深入人心。通过努力，在全社会形成依靠标准生产、按照制度经营的良好氛围，夯实实施马铃薯标准的群众基础。

4. 强化标准实施 马铃薯标准涉及面广，标准的实施量大、面宽，实施过程中要由点到面，发挥政府服务推动、基地示范带动、市场竞争拉动的作用，由重点生产单位（企业、协会、合作社）向所有生产者、由核心示范区向一般示范区、由生产基地向所有农户逐步推广实施。

在具体实施过程中要注意以下几方面：①从基础抓起，坚持从标准和制度的宣传培训、生产基地选择、提高生产组织化程度等基础环节抓起，为标准的实施打好基础。②从关键环节抓起，坚持抓住品种、种薯、病虫害防治、储藏加工等主要环节，从严要求、规范管理，严把投入品关，选用适宜的生产基地、优质种薯和合格农药化肥，为从源头上确保产品质量打好基础；严把生产技术关，在生产基地严格按照技术标准生产，为确保产品质量提供技术支撑；严把产品质量检验关，建立以速检、自检为基础，抽检、监测为主体的检测体系，督促标准落实提高产品质量；严把市场销售关，把市场监管纳入经常化、制度化的轨道，落实市场准入制度，严格控制不合格产品流入市场，同时打击假劣行为，规范市场秩序。③从整体推进抓起，围绕标准推广、实施、监督 3 个关键环节，从管理、技术、生产 3 个层面入手，相关部门齐抓共管，同步推进。④推行产品质量追溯制度，实行“源头控制、过程管理、档案追溯”制度和质量承诺制度，督促生产单位提高产品质量。通过强化生产过程的指导与管理，生产投入品和产品质量的监测与管理，市场准入与产品销售环节的监督与管理，实施从产前、产中、产后全程的标准实施与监督管理，提高产品质量，推动产品销售。

四、发展方向

1. 完善标准体系建设 首先，要了解基层对于标准的需求和掌握程度，有针对性地调整标准内容和宣贯措施。

其次，借鉴吸收国际先进经验。密切跟踪国外最新标准动态，学习借鉴国际马铃薯标准化的先进经验，加强对标准、合格评定程序等相关国外技术贸易、技术措施研究，有选择地吸收借鉴适用于我国基本生态条件，技术、经济、市场等基础技术条件的马铃薯产业国际先进标准，是建设马铃薯质量标准体系、提高我国马铃薯产业技术水平和管理水平的有效途径。

再次，由于马铃薯在我国分布较广，不同的地区有其自身的特点，因此，马铃薯标准也应与之呼应，使之具有区域代表性，更适应马铃薯产业的发展。对于通用性的内容，则应制定国家或者行业标准，并宣贯和监督实施，以利于马铃薯行业的健康发展。针对先进的新技术制定的标准则更应注重其宣贯和实施，确保标准技术的先进性得以发挥，保障我国马铃薯产业技术水平的先进性。国家标准、行业标准和地方标准应发挥其各自的作用，互相补充，相互协调，共同构建一个完整、先进、和谐的马铃薯标准体系。

根据建立的标准体系运行机制，建立完善利益导向机制，推动标准的建立和落实；建立生产经营档案制度，使标准实施情况有据可查；建立完善产品质量追溯制度，督促标准实施；建立完善产品市场准入制度，规范市场经营秩序。通过建立完善的标准体系和制度，使马铃薯产业发展有标准可依、有制度可管，为生产规范化、产品优质化、营销品牌。

2. 专家团队建设 目前，我国没有从事制修订马铃薯标准的专职专家团队，马铃薯标准制修订均由从事马铃薯相关行业的专家担任，导致马铃薯标准体系的建立滞后。

建议加大对马铃薯标准体系建设的资金投入，招贤纳士，吸收专业马铃薯标准研究专家，构建一个专业的马铃薯产业体系研究平台，充分利用这个体系平台，群策群力，综合各方意见，加速我国马铃薯标准体系建设的完善。

3. 加强推广宣传 要切实改变目前重制度，轻实施的问题，加强标准的宣传贯彻、示范推广应用，以主产区、标准化示范基地、企业为标准实施主体和示范平台，通过示范带动促进产业发展的标准化水平，突出标准应用的基础支撑作用。

主要参考文献

白艳菊，李学湛，文景芝，等，2006. 中国与荷兰马铃薯种薯标准化程度比较分析［J］. 中国马铃薯，20（6）：357-359.

刘祖昕，石彦琴，李树君，等，2014. 我国马铃薯种薯标准化现状及推进对策［J］. 标准科学（6）：59-62.

白艳菊，李学湛，2009. 马铃薯种薯质量标准体系建设现状与发展策略［J］. 中国马铃薯，23（2）：106-109.

杨明升，魏启文，崔野韩，等，2005. 我国农业技术标准体系建设的问题分析与对策建设［J］. 农业质量标准（4）：27-30.

徐万学，闫晓阳，张新明，等，2016. 我国马铃薯标准体系建设现状与对策研究［J］. 农产品质量与安全（1）：31-34.

韩黎明，童丹，2016. 中国马铃薯产业质量标准体系建设研究［J］. 中国食物与营养，22（5）：17-22.

杨万林，杨芳，2013. 中国马铃薯标准体系建设与发展策略［J］. 中国马铃薯，27（4）：250-254.

张建贤，李永成，2017. 用标准推动马铃薯产业持续发展［J］. 甘肃科技，27（14）：6-8.

张威，白艳菊，李学湛，等，2010. 马铃薯种薯质量控制现状与发展趋势［J］. 中国马铃薯，24（3）：186-189.

第七章　2017 年度种植业产品标准体系研究报告——棉花

一、产品标准及标准体系发展现状

1. 标准体系建设进展情况（包括标准体系建设框架）　棉花是《中华人民共和国种子法》规定的五大主要农作物之一。棉花作物不仅生产纤维，还生产数量约 2 倍于纤维的棉籽，棉籽中含有丰富的油脂和蛋白质，是人类的优质食品和动物饲料。棉纤维是我国乃至世界人民的主要衣着原料，具有不可替代的功能。1990 年以来，我国棉花产量与消费量均居世界首位，分别约占世界总量的 1/4 和 1/3。我国每年的植棉面积约占种植业的 3%，而产值却高达 10%。最近几年，随着产业结构的调整和国内国际市场的变化，种植面积有所萎缩，在 5 000 万亩左右，总产 500 多万 t。据官方统计，我国每年棉花消费量在 700 万 t 以上，最高年份可达 1 000 余万 t。因此，我国棉花生产的发展仍有很大空间。从社会与经济发展角度讲，棉花不仅是我国广大棉区 4 300 万户、约 2 亿农民的主要经济来源，也是我国 6 000 余家纺织企业的主要原料，并为 2 000 万纺织和服装工人提供了就业机会。我国是世界上最大的纺织服装生产国和出口国，2016 年，以棉花为主要原料的纺织品服装为国家出口创汇达 2 624.44 亿美元，是我国第三大类出口商品。因此，棉花在我国国民经济和人民生活中占有举足轻重的地位。

我国棉花标准经历了一个漫长的发展过程。中华人民共和国成立前的棉花标准完全依附于外国，主要是照搬美国棉花标准。中华人民共和国成立以后，国家对棉花标准工作非常重视，曾多次在全国棉花生产和检验工作会议，研究和通过了有关棉花检验工作与检验方法的文件。但我国真正以标准形式发布的棉花标准却是《棉花　细绒棉》(GB 1103—72)。此后，1982 年发布了《棉花原种生产技术操作规程》(GB 3242—82)，1983 年发布了《农作物种子检验规程》(GB 3543—83)，1984 年发布了《棉花种子》(GB 4408—84)。1985 年及其后，又陆续发布了棉花纤维物理特性检验方法方面的标准和棉花加工机械方面的标准。

现已收集到与棉花有关的现行国家和行业标准 347 项，地方标准 440 项；根据科研、生产、加工、检测等方面的需要，拟制定新标准 109 项，合计 896 项，见表 7-1。

表 7-1　棉花标准统计表（项）

标准分类	基础	产品	规程	方法	设备	管理	合计
国家标准	7	25	10	73	16	5	136
农业行业标准	2	16	23	34	1	0	76
其他行业标准	0	9	19	46	58	3	135
地方标准	4	119	279	19	2	17	440
拟新制定标准	1	8	68	29	3	0	109
合计	14	177	399	201	80	25	896

按级别和行业分类，有国家标准、农业国家标准、农业行业标准、供销行业标准、纺织行业标准、机械行业标准、计量行业标准、轻工行业标准、医药行业标准等，如图 7-1 所示。

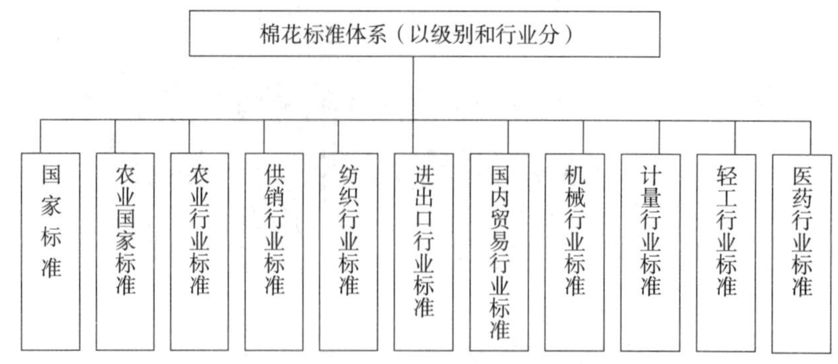

图 7-1　以标准级别和行业划分的标准结构

按标准的类别，可分为基础标准、产品标准、技术规程、方法标准、设备标准和管理标准 6 类，如图 7-2 所示。

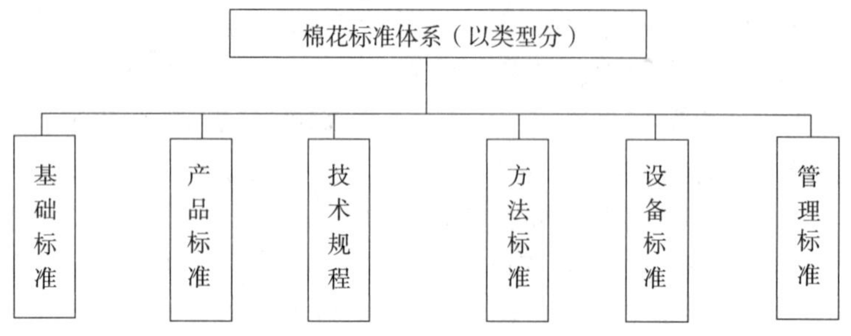

图 7-2　以标准类别划分的标准结构

2. 存在的主要问题

我国的棉花标准在生产、收购、加工、检验、使用、进出口等领域发挥了重要的作用，但还存在不少的问题和缺陷。

(1) 标准体系问题（包括但不局限于系统性、针对性、实用性、时效性等方面）

①标准体系不完善。我国的棉花标准体系还很不完善，尤其在产前与产中各环节亟待加强。在现有的棉花标准中，绝大部分是对棉花纤维品质的检验方法和加工机械方面的。而产前、产中的标准，如产地环境、合理施肥、浇水、用药、密植、收获、收购、储藏等方面的标准一个也没有。多年来，我国在新疆生产“有机棉”，但由于没有自己的标准，只能靠外国的机构来认证。种子是生产的基础，大田用种则是农业生产直接使用的种子，我国有关棉花种子良种繁育的标准只有《棉花原种生产技术操作规程》(GB 3242)，还没有大田用种的良种繁育国家或行业标准。抗逆性（盐碱、干旱）是当前棉花品种的重要特征特性，我国至今没有这方面的评价标准。另外，我国也缺少棉纤维有毒有害物质限量的标准，更缺乏食用棉花产品（如棉籽油、棉籽饼粕等）质量安全方面的标准，与其他农产品相比显然落后了许多。因此，制定棉花产前、产中环节的标准，应是今后纤维标准体系工作的重点。

②部分标准落后。一方面是标准落后于生产。比如《棉花原种生产技术操作规程》(GB 3242) 中，1982 年版只规定了“三年三圃法”，2012 年又增加了“自交混繁法”的棉花原种生产技术，这两种技术虽然严谨，但工作量大、繁殖系数小，在实践中已很少应用。而目前在生产中应用较多的，以育种家种子为基础，连续进行繁殖，直至大田用种的“四级种子生产技术”还没有写进标准中去。

另一方面是落后于国际标准或国外先进标准。2004 年之前，我国的棉花主要以手工检验为主，2004 年实行棉花检验体制改革以来，虽然已得到了很大的改进，2006 年发布实施了《HVI 棉纤维物理性能试验方法》(GB/T 20392—2006)，2013 年又实施了《棉花　第 1 部分：锯齿加工细绒棉》(GB 1103.1—2012) 和《棉花　第 2 部分：皮辊加工细绒棉》(GB 1103.2—2012) 两项新标准，但在基层棉花收购环节，还不具备仪器化检验的条件，主要还是依赖人工感官检验，人为因素很大，难以体现优质优价、公正科学的原则，挫伤了植棉者的积极性。而在 20 世纪 90 年代，世界上绝大部分的主产棉国几乎都使用了美国材料试验协会（ASTM）的《大容量纤维测试仪（HVI）测定棉纤维的试验方法》（ASTM D5867），该方法不但检测速度快，而且同时检测出多项品质指标，棉包上有清楚的质量标签。国际棉花市场上，美国棉花标准被视为“万国标准”。我国在标准上的落后，导致在国际贸易中的被动与吃亏。随着棉花检验体制改革的完成和检验条件的改善，目前已逐步向国际先进标准靠拢，但还难以完全接轨。

③针对性和实用性差。我国棉花收获长期以来都是手工采摘，从20世纪90年代起，新疆生产建设兵团开始引进机械采棉技术，近几年发展迅速，机采率已达80%。黄河流域和长江流域棉区，由于植棉成本高、劳动强度大，也纷纷向机采棉过渡。植棉全程机械化已成为未来棉花生产发展的必然趋势，但相应的标准却没有跟上。不光是产品标准仍以手摘棉为评价对象，整个生产过程的技术规程、也停留在手摘棉状态。因此，标准的更新换代已是当务之急。

④标准的运行与维护不良。一是标准执行不力，得不到有效的运行。如GB 1103是棉花收购、加工、经营所必须遵守的标准，但在实践中却大打折扣。棉花丰收时压级压价、歉收时抬级抬价，级别“一脚踢”、价格“一口清”的现象在基层收购单位十分普遍。没有优质优价、难以发挥标准对生产的指导作用。

二是标准的维护不良，即时效性差问题在棉花标准中表现突出。如《棉纤维断裂强力试验方法 束纤维法》（GB/T 6101—1985）已经发布实施了30多年，至今未修订。还有一些标准也是20世纪80～90年代发布的。这也是导致标准落后的一个重要原因。

标准的执行有赖于行政干预和舆论宣传的引导，更需要市场的力量，随着市场经济的发展与完善，相信会逐步走向轨道。标准的维护重点在保持先进性，应注重与国际标准的接轨。标准应至少每5年修订一次，对改动不大的一些基础标准，也应定期予以确认。

⑤与国际接轨不足。我国的许多标准，最初是借鉴苏联的标准，已逐渐不适应全球棉花产业发展的潮流。随着改革开放的深入和国际交往的增多，我国也在不断吸收国际标准和他国先进标准的内容，但仍显不足。比如给棉花纤维定级的颜色特征、长度的档次划分、短纤维的界定、杂质的种类等，都与国外有所不同。

（2）标准管理问题（包括但不局限于研究基础、队伍建设等方面）

①对标准的研究基础差，缺乏创新性。科学技术高速发展，研究成果日新月异，新的产品不断涌现，也给标准提出了新的更高的要求。棉花相比粮食等食用农产品而言，在标准研究方面显得滞后和薄弱，开展风险评估研究的时间也较晚。即使一些在生产上已存在多年的事物，也没有开展专门的标准研究和出台相应的标准。比如，转基因棉花已大面积在生产上应用，那么，对转基因棉花产品（包括纤维和种子）的检测、栽培与植保方面的标准还没有跟上。天然彩色棉、有机棉已成为消费的时尚，如何对它们的品质与真伪进行检测也成为新的课题。

至今，对棉花品种真实性与纯度的鉴定，仍需进行田间小区种植试验，时间需要3个多月，一般是每年冬季到海南岛进行，不但花费大量的人力物力，而且时效性差，在结果出来之前，种子基本上已卖完了，起不到应有的监督作用，难以避免给生产上带来的损失，也给行政执法带来困难。因此，急需研究新的快速鉴定技术与方法，并制定出国家或行业标准，解决对品种真实性和纯度进行鉴定难的问题。

②标准间协调性差。由于棉花产业链较长，在我国涉及棉花的行业和部门也较多。在长期的计划经济体制下，形成了主要以农业部门管品种和生产、中华全国供销合作总社系统管收购和加工、工商部门管市场、质检系统管检测、中储棉公司管储备、纺织工业用棉花的状况。尽管近年来纤维流通体制进行过多次改革，但以上条块分割的格局并未真正动摇，各行各业也都有自己的一套标准，不但产生大量的重复，标准间的协调性也很差。如在农业科研与生产领域，通常把目前在生产上种植的棉花称为“陆地棉”和“海岛棉”，是以棉花分类为依据的。而在质检和纺织行业，则将其称为“细绒棉”和“长绒棉”，是以棉花纤维长度来区分的。但随着棉花育种科研的进步，育种家现在可以通过高科

技手段将陆地棉培育成具有海岛棉纤维长度的品种，因而就出现了"陆地长绒棉"这种称谓，使质检和纺织行业的人士难以理解。

在棉花纤维的检测中，不少品质指标有多个检测标准，使用的单位名称比较混乱。比如长度这一指标，就有手扯长度、分梳长度、主体长度、品质长度、光电长度、2.5%跨距长度、上半部平均长度、平均长度等；长度整齐度有国际校准棉样（ICC）整齐度和大容量纤维测试仪校准棉样（HVICC）之分；断裂比强度也有ICC比强度和HVICC比强度，而且有gf/tex和cN/tex两个单位。在不同的行业中，也因习惯不同而不一致，如纺织行业通常要检测棉纤维的细度和成熟度，农业行业主要检测棉纤维的马克隆值；农业上主要检测束纤维断裂比强度，而纺织上则更需要了解单纤维强力等。这些名称与单位的不统一，很容易造成混乱。因此，有必要规定一个既科学、又便于检测和行业内使用的名称与单位，使大家在交流时统一规格，方便理解。

③标准体系队伍建设缺位。专业人才缺乏是农业行业棉花标准体系的软肋。多年以来，提出并承担棉花农业行业标准制修订任务的人员，主要是科研院所和大专院校的科研与教学工作者，专门从事标准研究的人才极少。大部分标准起草人虽然对标准制修订有很高的热情，但往往是仅对标准格式有所了解，对标准化体系的知识停留在表面层次上，而缺乏高水平的标准制修订能力。有的甚至将标准制定作为一个科研项目，起草的标准内容很不成熟，实用性较差，发布之后便束之高阁。而长期工作在生产一线的技术人员，有很强的实践经验，但又对标准制修订的程序不熟悉，也很少有机会参与标准制修订，因此，一些在生产上较为实用、有指导作用的技术方法和经验，难以转化为标准。从每年的农业行业标准立项评估会和审定会上不难看出，提出的不少标准名称不恰当，语言很不规范，内容非常混乱，不具备先进性、科学性和实用性。因此，注重建立一支既懂棉花，又懂标准化的人才队伍十分必要。

二、标准需求

棉花标准体系是农业标准体系的重要组成部分。由于棉花产业链长，涉及的部门多，需要有统一规划，协调发展。

建设棉花标准体系的主要措施，一是要加强对棉花标准体系建设工作的领导，在农业部和国家标准委的领导下，成立由全棉花产业链的专家组成的标准技术委员会（或分委会），对棉花标准体系的建设制定规划，给予指导。二是建立棉花标准体系表，对现有的各级各类棉花标准进行梳理，提出保留、修订和废止的意见，并查漏补缺，使棉花标准的制修订有明确的计划性。三是加强对棉花标准的研究与创新，将成熟的科研成果和专利转化为标准，为整个棉花产业服务。四是加大对棉花标准的立项与经费投入，尤其是加大对棉花产品质量安全与新技术新方法标准的立项与投入。五是强化与国际标准的接轨，既要将国际标准和国外先进标准引进来，也要把我们有优势的标准推向国际。六是要建立一支懂标准、有技术的棉花标准体系的人才队伍，这是建设好棉花标准体系的根体保证。

为全面提高我国棉花产品质量水平，满足国内、外市场对棉花产品的需要，增强我国棉花产品的竞争力，必须建立健全我国棉花标准体系。棉花产业发展的新常态为完善其标准体系带来新机遇和挑战。从2017年开始，我国棉花产业迎来市场化改革，取消临时收储政策，代之以目标价格。棉花产业新常态的特点，一是从数量扩张到质量提升，二是从部门之间到部门内部的资源重新配置，三是从政府主导转向市场主导。在种植方式上，今后也将向规模化、专业化、机械化转变。因此，相应的技术标准体系也应随之补充和完善，使之与新常态相适应。根据棉花产业的特点和现有标准状况，以需求为目标，应在以下环节加强标准制修订工作。

1. 棉花科研需要标准 我国的棉花品种资源的数量目前略少于印度和美国，在世界排第三位，苎麻与红麻品种资源数量居世界第一位，蚕桑在我国更是一枝独秀，毛类产品在国际上也占重要地位。这些资源在棉花遗传与育种研究中有着至关重要的作用，为了更好地保护和利用宝贵的资源，对资源材料的鉴定与编目是一项重要的基础工作。目前我国还缺少这方面的技术与方法标准。

我国棉花及纤维产业生产正向高产、优质、高效的方向发展，培育高产、优质新品种是其重要途径。因此，制定高产、优质的品种标准显得十分必要，也是棉花及纤维类新品种审定与推广所急需的。

棉花及纤维产业试验田的设计、生长阶段的划分、栽培试验的方法、抗病虫试验的设施及方法、抗逆性的设施与试验方法、转基因棉花的鉴定与试验方法等，都需要制定相应标准加以规范。

2. 棉花生产需要标准 棉花从播种到收获，整个生育期需要许多个生产管理环节，为了使棉花生产达到高产、优质、高效的目标，每一个环节都应有相关的技术规程。比如播种（目前有人工播种、机械播种和育苗移栽三种方式，有直播，也有与其他作物的间作套种）；棉花肥、水的管理方法；棉花病虫害的防治技术；棉花的化学调控措施等。制定和推广普及标准方法，有利于棉花的集约化生产和现代化管理。

在我国，棉花收获有人工摘花和机械收花两种方式，目前我国人工摘花易混入“三丝”，机械收花杂质偏多，都会降低棉花的使用价值。国家已出台了若干文件与规定，用来加强对“三丝”的监督与管理，还应制定相应的操作性强的技术标准，以便于执行和实施。

另外，我国棉区广阔，各地生态条件不同，不仅要制定统一的国家标准和行业标准，还应因地制宜，制定符合某些区域适用的地方标准。

3. 棉花收购需要标准 目前，我国棉花收获仍以人工采摘为主，收获期较长，不同时期收获的棉花质量不同。加上我国棉花品种多乱杂现象相当严重，不同品种的棉花质量也差异很大。因此，在收购时应特别注意，将不同品种、不同收获时期的棉花分开收购。调查与研究表明，我国棉花的遗传品质在国际上属中上等水平，但商品原棉往往出现品级混杂、内在品质与外在质量不符、掺杂使假、“黑心棉”等情况，问题主要出在收购环节。收购不单是保证棉花质量的关键环节，也是体现公平交易、优质优价的重要环节。麻、毛、丝领域也没有相应标准。

4. 棉花加工需要标准 加工对棉花的质量影响很大。目前，我国已颁布了轧花设备、打包设备、甚至打包用钢丝的国家或行业标准，但却缺少轧花操作规程的技术标准。轧花人员往往是依据轧花设备的操作说明书开展工作，这是很不规范的。另外，在棉花种子剥绒、榨油与饼粕加工等方面也没有现行国家或行业标准。

5. 棉花储藏与运输需要标准 子棉收获和加工之后，或长或短都需经过一定时间的储藏，国家大量的储备棉更要有较长时间的储藏，长者可达数年。棉花在储藏与运输过程中，都会因条件的变化而影响到棉花的质量。《棉花　细绒棉》（GB 1103）中，对棉花的储藏与运输有笼统的要求，但缺乏详细的技术规范，操作性不强，需要制定更细化的标准。麻、毛、丝领域也没有相应标准。

6. 棉花检验需要标准 棉花质量的好坏，通过检验才能获得公正的结论。我国十分重视棉花纤维物理指标检测标准的制修订工作，已颁布实施的有关棉花纤维品质指标的国家和行业检测方法标准就有30多项，大部分标准还实现了与国际的接轨。但我国还缺少对棉花纤维品质进行综合评价的质量标准。比如，具备什么样的物理指标才符合纺织工业的要求，什么棉花可以纺什么样的纱、纺什么样的纱需要什么品质的棉花，等等，尚无标准可依。麻、毛、丝领域的情况也与棉花类似。

目前，我国还没有出台涉及棉花及纤维类产品质量安全方面的标准，急需加紧研制。

7. 棉花贸易需要标准 首先，在国内贸易中，标准是以质定价的依据。棉农与收购企业之间的交易、收购企业与用棉企业之间的交易，都需要质量标准来评价棉花的优劣，并以此确定棉花的价格。其次，在国际贸易中，我们所涉及的不仅仅是国家标准，还必须遵守国际标准或双方相互认同的标准。目前，在国际棉花市场上，美国棉花标准被尊为“万国标准”，受到世界各国的普遍承认。为了在国际上更好地开展棉花贸易，我们也要接受、研究和借鉴美国棉花标准。我国加入WTO以后，棉花及其纺织品的进出口在WTO成员之间也应该享受最惠国待遇。但美国、日本等发达国家为了自身的利益，还不断设置各种所谓的“绿色壁垒”，来限制我国棉花产品的出口，使我国棉花产业蒙受重大损失。因此，我们一方面要通过外交和国际法的途径来维护自己的利益，另一方面也应直面这些“绿色壁垒”，加强质量安全意识，采取科学有效的措施，避开“绿色壁垒”的障碍，生产出符合贸易国标准要求的产品来。另外，我国也是棉花进口大国，我们还要比较分析和研究我国与主要贸易国棉花产品的优势与劣势，制定出有利于我国棉花产品的贸易技术性措施，为我国棉花产业的发展保驾护航。

8. 棉花产业管理需要标准 标准又称技术法规，是政府部门对产业监管的重要依据。20多年来，国家和农业部门连续组织对我国主产棉区的棉花种子和纤维品质进行监督抽查，对规范棉种和皮棉市场、提高质量、维护棉农权益、稳定棉花生产、增强国际竞争力起到了关键作用。但由于某些参数在标准中缺乏明确规定、操作性不强或技术落后，抽查结果往往滞后于生产，比如棉花种子的抽查结果出来之后，种子已经销售完毕，甚至已经播种，对市场的指导意义不大，难以避免对生产造成的损失。

三、发展方向

标准是经济活动和社会发展的技术支撑，是国家治理体系和治理能力现代化的基础性制度。2015年，国务院相继发布了《深化标准化工作改革方案》(国发〔2015〕13号)、《贯彻实施〈深化标准化工作改革方案〉行动计划（2015—2016年）》(国办发〔2015〕67号)、《国家标准化体系建设发展规划（2016—2020年）》(国办发〔2015〕89号）3个文件，可见对标准工作的重视。在《深化标准化工作改革方案》中要求：通过改革，把政府单一供给的现行标准体系，转变为由政府主导制定的标准和市场自主制定的标准共同构成的新型标准体系。提出要建立高效权威的标准化统筹协调机制、整合精简强制性标准、优化完善推荐性标准、培育发展团体标准、放开搞活企业标准、提高标准国际化水平等具体措施，为今后我国标准工作的开展指明了方向。

在《国家标准化体系建设发展规划（2016—2020年）》中，明确提出了农业标准化发展的要求，即制定和实施高标准农田建设、现代种业发展、农业安全种植和健康养殖、农兽药残留限量及检测、农业投入品合理使用规范、产地环境评价等领域标准，以及动植物疫病预测诊治、农业转基因安全评价、农业资源合理利用、农业生态环境保护、农业废弃物综合利用等重要标准。继续完善粮食、棉花等重要农产品分级标准，以及纤维检验技术标准。推动现代农业基础设施标准化建设，继续健全和完善农产品质量安全标准体系，提高农业标准化生产普及程度。

根据国务院文件的要求，结合棉花产业的特点，棉花标准工作、尤其是农业行业的棉花标准工作的发展方向应注重以下几个方面。

1. 完善棉花标准体系建设

(1) 以纺织（市场）需求为导向 面对棉花“国货入库，洋货入市”、国产棉花难以满足纺织需求的局面，要以供给侧结构性改革为引领，调整棉花科研、生产、收购、加工等各环节的工作思路，贴合整个产业，打破行业界限，加强交流、沟通和融合，在制修订棉花标准时以纺织工业的需求为导向，为用棉企业提供更好更多的棉花，即供给跟着需求走。目前改革的重点是提高纤维品质，优化产品结构，扩大中高端棉花的供给。

(2) 对全棉花产业链的标准进行合理整合 由于棉花产业涉及的部门多，在棉花的管理上政出多门，条块分割的现象十分严重，各行业标准间的重复与冲突在所难免。因此，对全棉花产业链中各行业的标准进行合理整合，尤其是统一术语和技术指标显得十分必要与迫切。另外，我国近年来也出现诸如“中国棉花协会”“国家棉花产业联盟”等大型社会团体组织，这些团体涉及全产业链的各个环节，具有人才与技术优势，应发挥他们在产业中的聚合和引领作用，制定适合产业发展的团体标准。

（3）建立新型的棉花标准体系　按照《深化标准化工作改革方案》的要求，把政府单一供给的现行标准体系，转变为由政府主导制定的标准和市场自主制定的标准共同构成的新型标准体系。强化政府标准托底的公共属性，遵循棉花产业链内在逻辑和标准规律，按最终用途和打通产业链的要求，制定覆盖面广、满足消费者和用户需求的贸易型标准。鼓励棉花团体（棉花学会、棉花协会、技术联盟等）标准的发展，放开搞活企业标准，让产业链各相关方自愿广泛参与，最大限度发挥各相关方主动性、积极性和大众智慧，打造棉花团体标准品牌，弥补政府标准的不足。

（4）强化棉花标准创新　针对我国人多地少，粮棉争地矛盾突出，植棉区域向盐碱、干旱地区转移的现实，要加强对盐碱地和干旱地区植棉技术的研究，将研究成果转化为相应标准。针对棉花全程机械化发展的趋势，研制相应的系列技术标准。着力开展检测新技术新方法和快速检验方法的研究，制定简单、快捷、准确、可靠的方法标准。为更好地满足纺织工业和市场的需要，还要进一步改进棉花产品质量分级方法，更新棉花品种审定与区域试验等相关标准中对棉花品质指标的规定和要求。

（5）加强对棉花产品质量安全标准的研制工作　说到农产品质量安全，大家想到的主要是粮、油、蔬、果、蛋、奶、肉等农产品，对棉花却关注不够。其实，与其他农作物相比，棉花具有多功能的特征，它不但可以生产皮棉，还可以生产棉籽油、棉籽蛋白、棉籽壳以及棉子糖、棉酚、天然维生素E等多种功能成分，是人类衣、食、住、行的重要物质基础。近年来，“生态纺织品”逐渐成为世界纺织品服装消费的新潮流，棉花生产过程中大量使用农药则构成了生态纺织品的重要隐患。其次，棉籽油、棉籽蛋白和其他功能成分可被直接食用或做动物饲料，也是人类食物链的重要环节。此外，我国主产棉区的大部分土地均实行了棉花与其他粮食、油料、蔬菜、水果等农作物间作套种，由于在棉花植株上使用农药是不受限制的。不难想象，在棉花上喷洒农药必然会对其他作物带来严重的污染。因此，棉花的质量安全不仅仅与棉花本身有关，也严重影响到食用农产品的质量安全。棉花生产中过度使用农药，会不可避免地污染环境，一部分农药挥发到空气中、降落到土壤中、进入到水体中，对人、动物、植物和微生物造成不同程度的伤害。对农业可持续发展构成不容忽视的威胁，也是棉区环境质量安全面临的严峻问题。另外，目前我国种植的棉花品种，是以转基因抗虫棉品种为主，种植面积占我国棉花面积的70%以上，其环境安全性问题一直备受国内、外关注。因此，对棉花产品质量安全标准的研制是农产品质量安全标准工作的重要部分，必须提到议事日程上来。

（6）加大与国际标准接轨的力度　世界进入知识经济时代以后，经常听到这样一句话：“三流企业卖苦力，二流企业卖产品，一流企业卖技术（专利），超一流企业卖标准。”可以这么说，在当今社会，标准已经成为最重要的行业发展因素。标准之争其实就是市场之争，谁掌握了技术标准，谁就掌握了游戏规则的主动权，就意味着拿到了进入市场的入场券，进而从中获得巨大的经济利益，甚至有“得标准者得天下”之说。目前世界上盛行的棉花标准，是被尊为“万国标准”的美国棉花标准。1990年以来，我国棉花既有进口，也有出口，但往往是“高价买进，低价卖出”，这固然有国产棉花质量本身的问题，而标准落后、权威性差、与国际标准脱轨，无疑也是重要因素之一。棉花产业链较长，商品化率高，国际贸易的比例也很大，我国每年与几十个国家有棉花贸易往来，标准的作用显得十分重要。因此，我们应加大国际标准跟踪、评估和转化力度，进一步提高国际标准转化率和采标标准的一致性程度。积极参与国际标准化活动，推动与主要贸易国之间的标准互认，并以我国有优势的棉花产品和技术为突破口，牵头提出和制定国际标准，推动我国棉花标准国际化，创建中国棉花标准品牌。

2. 注重棉花标准体系专家团队建设　人的因素第一，加强标准化专业人才队伍建设是建立健全和完善棉花标准体系的基础与根本。实际上，我国还没有专业的棉花标准化人才队伍，因此，培养和造就这样一支队伍显得尤为重要与迫切。应有计划、有步骤、分层次地培养棉花标准化各类人才。棉花商品化率高，国际间贸易多，更要注重培养既懂棉花生产、加工、产品质量、检验与评价技术，又要懂贸易并与国际接轨的复合型标准化人才。当务之急，是在行业领导部门指导下，成立棉花专业标准化技术委员会（或分会），组织棉花科研、生产、加工、检验、棉纺、贸易等领域的专业技术人员，开展棉花相关标准的研究、制修订、审查与审定工作。同时，应对标准研究与制修订人员进行知识培训。条件成熟时，组建类似各类产业体系的农业标准化体系，不同的作物设岗位科学家和实验站，为棉花标准化体系水平的提升建立人才保障。在对从事标准化研究和制修订人员的业绩评价方面，农业部门也应当出台鼓励政策，在成果评价、职称评审等方面给予肯定，以激发从事标准化人才的积极性。

3. 加强标准的宣传推广力度 制定标准是为了指导生产、规范市场，因此标准的有效实施才是目的。目前，不少棉花领域的标准发布后，往往束之高阁，不能发挥应有的作用。这一方面体现了标准的科学性和实用性差，另一方面也与对标准的宣传与推广力度不足有关。针对这些问题，建议采取以下措施。首先，标准主管部门应制定标准宣贯计划，组织标准制修订人员编写标准宣贯教材或资料，对涉及标准的各环节人员进行免费培训。其次，建立"标准实施解释"制度和平台，强化标准归口单位对标准的解释服务职能，畅通标准实施问题反馈渠道，并充分发挥标准起草人的作用，有效开展标准咨询，促进标准正确理解，推动标准有效实施。再次，建立标准化实施的试验示范区，在试验示范区内开展棉花全程标准化运作，产生示范带头作用，带动整个产业的标准化实施水平。此外，建立标准信息网络服务平台，凡承担国家财政项目制定的标准，都应免费向社会公开。目前，我国很多国家标准、行业标准和地方标准都不能免费公开，限制了对标准的了解、推广与实施，这种局面应该打破。

附录

现已收集到的现行国家、行业标准等787项，其中国家标准136项，农业行业标准76项，其他行业（包括服装、供销、机械、进出口商品检验检疫、黑色冶金等行业）135项；地方标准440项。根据近年来的调研，计划制修订的标准有109项。见附表7-1～附表7-5。

附表 7-1　棉花国家标准体系表

序号	产品	分类	标准名称	标准状态	备注
1	棉花	基础	纺织　纺织材料性能和试验术语　第1部分：纤维和纱线	GB/T 3291.1—1997	现行有效
2	棉花	基础	纺织　纺织材料性能和试验术语　第3部分：通用	GB/T 3291.3—1997	现行有效
3	棉花	基础	纺织名词术语　（棉部分）	GB 5705—1985	现行有效
4	棉花	基础	种子加工机械　术语	GB/T 12994—2008	现行有效
5	棉花	基础	纺织面料编码　第1部分：棉	GB/T 31007.1—2014	现行有效
6	棉花	基础	棉花加工术语	GB/T 32139—2015	现行有效
7	棉花	基础	纺织机械　棉纺用开包混棉机　术语、定义和结构原理	GB/T 32480—2016	现行有效
8	棉花	产品	棉花　第1部分：锯齿加工细绒棉	GB 1103.1—2012	现行有效
9	棉花	产品	棉花　第2部分：皮辊加工细绒棉	GB 1103.2—2012	现行有效
10	棉花	产品	棉花　天然彩色细绒棉	GB 1103.3—2005	现行有效
11	棉花	产品	棉籽油	GB 1537—2003	现行有效
12	棉花	产品	食用植物油卫生标准	GB 2716—2005	现行有效
13	棉花	产品	食品安全国家标准　食品中农药最大残留限量	GB 2763—2014	现行有效
14	棉花	产品	经济作物种子　第1部分：纤维类	GB 4407.1—2008	现行有效
15	棉花	产品	棉花包装	GB 6975—2013	现行有效
16	棉花	产品	主要农作物种子包装	GB 7414—1987	现行有效
17	棉花	产品	精制棉	GB/T 9107—1999	现行有效
18	棉花	产品	棉籽色拉油	GB 9849.2—1988	现行有效
19	棉花	产品	棉籽高级烹调油	GB 9850.2—1988	现行有效
20	棉花	产品	纺织材料公定回潮率	GB 9994—2008	现行有效
21	棉花	产品	饲料用棉籽饼	GB 10378—1989	现行有效
22	棉花	产品	棉籽	GB/T 11763—2008	现行有效
23	棉花	产品	农作物薄膜包衣种子技术条件	GB/T 15671—2009	现行有效
24	棉花	产品	棉花　长绒棉	GB 19635—2005	现行有效
25	棉花	产品	植物油料卫生标准	GB 19641—2005	现行有效
26	棉花	产品	棉短绒	GB/T 20223—2006	现行有效
27	棉花	产品	天然彩色棉制品及含天然彩色棉制品通用技术要求	GB/T 20393—2006	现行有效
28	棉花	产品	农作物种子标签通则	GB 20464—2006	现行有效
29	棉花	产品	饲料用棉籽粕	GB/T 21264—2007	现行有效
30	棉花	产品	纺织纤维中有毒有害物质的限量	GB/T 22282—2008	现行有效
31	棉花	产品	棉籽质量等级	GB/T 29885—2013	现行有效
32	棉花	产品	染色棉	GB/T 29887—2013	现行有效

（续）

序号	产品	分类	标准名称	标准状态	备注
33	棉花	规程	棉花原种生产技术操作规程	GB/T 3242—2012	现行有效
34	棉花	规程	棉花种子产地检疫规程	GB 7411—2009	现行有效
35	棉花	规程	黏虫测报调查规范	GB/T 15798—1995	现行有效
36	棉花	规程	棉蚜测报技术规范	GB/T 15799—2011	现行有效
37	棉花	规程	棉铃虫测报调查规范	GB/T 15800—2009	现行有效
38	棉花	规程	棉红铃虫测报技术规范	GB/T 15801—2011	现行有效
39	棉花	规程	棉花叶螨测报技术规范	GB/T 15802—2011	现行有效
40	棉花	规程	棉花检疫规程	GB 20817—2006	现行有效
41	棉花	规程	棉花加工技术规程	GB/T 22335—2008	现行有效
42	棉花	规程	纺织品　质量安全因子控制指南	GB/T 32607—2016	现行有效
43	棉花	方法	食品安全国家标准　植物性食品中游离棉酚的测定	GB 5009.148—2014	现行有效
44	棉花	方法	食用植物油卫生标准的检测方法	GB/T 5009.37—2003	现行有效
45	棉花	方法	粮油检验　带壳油料纯仁率检验法	GB/T 5499—2008	现行有效
46	棉花	方法	锯齿轧花机试验方法	GB 5672—1985	现行有效
47	棉花	方法	锯齿剥绒机试验方法	GB 5673—1985	现行有效
48	棉花	方法	棉纤维试验取样方法	GB/T 6097—2012	现行有效
49	棉花	方法	棉纤维长度试验方法　第1部分：罗拉式分析仪法	GB/T 6098.1—2006	现行有效
50	棉花	方法	棉纤维长度试验方法光电长度仪法	GB/T 6098.2—1985	现行有效
51	棉花	方法	棉纤维成熟系数试验方法	GB/T 6099—2008	现行有效
52	棉花	方法	棉纤维成熟度试验方法　中腔胞壁对比法	GB/T 6099.1—1985	现行有效
53	棉花	方法	棉纤维线密度试验方法　中段称重法	GB/T 6100—2007	现行有效
54	棉花	方法	棉纤维断裂强力试验方法　束纤维法	GB/T 6101—1985	现行有效
55	棉花	方法	原棉回潮率试验方法　烘箱法	GB/T 6102.1—2006	现行有效
56	棉花	方法	原棉回潮率试验方法　电阻法	GB/T 6102.2—2012	现行有效
57	棉花	方法	原棉疵点试验方法　手工法	GB/T 6103—2006	现行有效
58	棉花	方法	棉纤维马克隆值试验方法	GB/T 6498—2008	现行有效
59	棉花	方法	原棉含杂率试验方法	GB/T 6499—2012	现行有效
60	棉花	方法	纺织品　调湿和试验用标准大气	GB/T 6529—2008	现行有效
61	棉花	方法	农作物种子储藏	GB 7415—2008	现行有效
62	棉花	方法	油料饼粕　扦样	GB/T 10360—2008	现行有效
63	棉花	方法	饲料中游离棉酚的测定方法	GB/T 13086—1991	现行有效
64	棉花	方法	用校准棉样校准棉纤维试验结果	GB/T 13776—1992	现行有效
65	棉花	方法	棉纤维成熟度试验方法　显微镜法	GB/T 13777—2006	现行有效
66	棉花	方法	棉纤维成熟度测定方法　气流法	GB/T 13778—1992	现行有效
67	棉花	方法	棉纤维长度试验方法　梳片法	GB/T 13779—2008	现行有效
68	棉花	方法	棉纤维长度（跨距长度）和长度整齐度的测定	GB/T 13781—1992	现行有效
69	棉花	方法	纺织纤维长度分布参数试验方法　电容法	GB/T 13782—1992	现行有效

（续）

序号	产品	分类	标准名称	标准状态	备注
70	棉花	方法	棉花颜色试验方法　测色仪法	GB/T 13784—2008	现行有效
71	棉花	方法	棉纤维含糖度试验方法　比色法	GB/T 13785—1992	现行有效
72	棉花	方法	棉花分级室的模拟昼光照明	GB/T 13786—1992	现行有效
73	棉花	方法	纺织纤维鉴别试验方法　着色剂法	GB/T 13787—1992	现行有效
74	棉花	方法	植物油料含油量测定	GB/T 14488.1—2008	现行有效
75	棉花	方法	油料种籽杂质含量测定法	GB/T 14488.2—1993	现行有效
76	棉花	方法	油料水分及挥发物含量测定法	GB/T 14489.1—1993	现行有效
77	棉花	方法	油料粗蛋白质的测定法	GB/T 14489.2—1993	现行有效
78	棉花	方法	粮油检验　植物油料粗蛋白质的测定	GB/T 14489.2—2008	现行有效
79	棉花	方法	油料中的游离脂肪酸含量测定法	GB/T 14489.3—1993	现行有效
80	棉花	方法	稻谷和棉籽油中甲基对硫磷最大残留限量标准	GB 14874—1994	现行有效
81	棉花	方法	花生仁、棉籽油、花生油中涕灭威残留量测定方法	GB/T 14929.2—1994	现行有效
82	棉花	方法	油籽含油量核磁共振测定法	GB/T 15690—1995	现行有效
83	棉花	方法	纺织纤维　线密度试验方法　振动仪法	GB/T 16256—2008	现行有效
84	棉花	方法	纺织纤维　短纤维长度和长度分布的测定　单纤维测量法	GB/T 16257—2008	现行有效
85	棉花	方法	棉纤维　含糖试验方法　定量法	GB/T 16258—2008	现行有效
86	棉花	方法	棉纤维长度试验方法　中段称重法	GB/T 16985—1997	现行有效
87	棉花	方法	食品中游离棉酚的测定	GB/T 17334—1998	现行有效
88	棉花	方法	棉絮片发烟燃烧性能试验方法	GB/T 17597—1998	现行有效
89	棉花	方法	纺织纤维白度色度试验方法	GB/T 17644—1998	现行有效
90	棉花	方法	棉纤维　线密度试验方法　排列法	GB/T 17686—2008	现行有效
91	棉花	方法	农药　田间药效试验准则（二）第128部分：除草剂防治棉花地杂草试验	GB/T 17980.128—2004	现行有效
92	棉花	方法	农药　田间药效试验准则（二）第134部分：棉花生长调节剂药效试验	GB/T 17980.134—2004	现行有效
93	棉花	方法	农药　田间药效试验准则（一）杀虫剂防治棉铃虫	GB/T 17980.5—2000	现行有效
94	棉花	方法	农药　田间药效试验准则（二）第69部分：杀虫剂防治旱地（菜田、棉田）蜗牛及蛞蝓	GB/T 17980.69—2004	现行有效
95	棉花	方法	农药　田间药效试验准则（二）第73部分：杀虫剂防治棉花红铃虫	GB/T 17980.73—2004	现行有效
96	棉花	方法	农药　田间药效试验准则（二）第74部分：杀虫剂防治棉花红蜘蛛	GB/T 17980.74—2004	现行有效
97	棉花	方法	农药　田间药效试验准则（二）第75部分：杀虫剂防治棉花蚜虫	GB/T 17980.75　2004	现行有效
98	棉花	方法	农药　田间药效试验准则（二）第92部分：杀菌剂防治棉花黄、枯萎病药效试验	GB/T 17980.92—2004	现行有效
99	棉花	方法	农药　田间药效试验准则（二）第93部分：杀菌剂种子处理防治棉花苗期病害药效试验	GB/T 17980.93—2004	现行有效
100	棉花	方法	棉花长度试验方法　手扯尺量法	GB/T 19617—2007	现行有效

（续）

序号	产品	分类	标准名称	标准状态	备注
101	棉花	方法	HVI棉纤维物理性能试验方法	GB/T 20392—2006	现行有效
102	棉花	方法	异形纤维形态试验方法　定量法	GB/T 22100—2008	现行有效
103	棉花	方法	棉花抗病虫性评价技术规范　第1部分：棉铃虫	GB/T 22101.1—2008	现行有效
104	棉花	方法	棉花抗病虫性评价技术规范　蚜虫	GB/T 22101.2—2009	现行有效
105	棉花	方法	棉花抗病虫性评价技术规范　红铃虫	GB/T 22101.3—2009	现行有效
106	棉花	方法	棉花抗病虫性评价技术规范　第4部分：枯萎病	GB/T 22101.4—2009	现行有效
107	棉花	方法	棉花抗病虫性评价技术规范　第5部分：黄萎病	GB/T 22101.5—2009	现行有效
108	棉花	方法	农田地膜残留量限值及测定	GB/T 25413—2010	现行有效
109	棉花	方法	棉花种植用地膜厚度限值及测定	GB/T 25414—2010	现行有效
110	棉花	方法	棉花黄萎病菌检疫检测与鉴定	GB/T 28084—2011	现行有效
111	棉花	方法	棉包回潮率试验方法　微波法	GB/T 29886—2013	现行有效
112	棉花	方法	棉花曲叶病毒检疫鉴定方法	GB/T 31791—2015	现行有效
113	棉花	方法	棉花皱叶病毒检疫鉴定方法	GB/T 31803—2015	现行有效
114	棉花	方法	棉花根腐病菌检疫鉴定方法	GB/T 31807—2015	现行有效
115	棉花	方法	棉花　噻苯隆残留量测定方法	GB/T 32718—2016	现行有效
116	棉花	设备	锯齿轧花机、锯齿剥绒机　锯片	GB 5674—1985	现行有效
117	棉花	设备	棉花打包机系列参数	GB/T 9653—2006	现行有效
118	棉花	设备	皮棉清理机	GB 10163—1988	现行有效
119	棉花	设备	液压棉花打包机技术条件	GB 10165—1988	现行有效
120	棉花	设备	农林拖拉机和机械　安全技术要求　第7部分：联合收割机、饲料和棉花收获机	GB 10395.7—2006	现行有效
121	棉花	设备	锯齿衣分试轧机	GB/T 19509—2004	现行有效
122	棉花	设备	籽棉清理机	GB/T 19818—2005	现行有效
123	棉花	设备	锯齿轧花机	GB/T 19819—2005	现行有效
124	棉花	设备	液压棉花打包机	GB/T 19820—2005	现行有效
125	棉花	设备	锯齿剥绒机	GB/T 21306—2007	现行有效
126	棉花	设备	皮辊轧花机	GB/T 21307—2007	现行有效
127	棉花	设备	皮棉清理机	GB/T 21308—2007	现行有效
128	棉花	设备	棉花收获机	GB/T 21397—2008	现行有效
129	棉花	设备	棉花打包用镀锌钢丝	GB/T 21530—2008	现行有效
130	棉花	设备	棉籽脱绒成套设备	GB/T 25416—2010	现行有效
131	棉花	设备	棉花包装　聚酯捆扎带	GB/T 32340—2015	现行有效
132	棉花	管理	棉花加工企业基本技术条件	GB/T 18353—2008	现行有效
133	棉花	管理	棉花加工机械安全要求	GB 18399—2001	现行有效
134	棉花	管理	棉花加工企业生产环境及安全管理要求	GB/T 25736—2010	现行有效
135	棉花	管理	棉花加工工艺系统安装及制作通用技术条件	GB/T 30358—2013	现行有效
136	棉花	管理	农业社会化服务　农作物病虫害防治服务质量评价	GB/T 33311—2016	现行有效

附表 7-2 棉花农业标准体系表

序号	产品	分类	标准名称	标准状态	备注
1	棉花	基础	油料作物与产品名词术语	NY/T 1991—2011	现行有效
2	棉花	基础	棉花术语	NY/T 2673—2015	现行有效
3	棉花	产品	饲料用棉籽饼	NY/T 129—1989	现行有效
4	棉花	产品	硫酸脱绒与包衣棉花种子	NY 400—2000	现行有效
5	棉花	产品	棉花　长绒棉	NY 480—2002	现行有效
6	棉花	产品	农作物种子定量包装	NY/T 611—2002	现行有效
7	棉花	产品	绿色食品　食用植物油	NY/T 751—2011	现行有效
8	棉花	产品	棉花纤维品质评价方法	NY/T 1426—2007	现行有效
9	棉花	产品	农药最大残留限量　阿维菌素　棉籽	NY 1500.1.6—2007	现行有效
10	棉花	产品	农药最大残留限量　三唑酮　棉籽	NY 1500.24.6—2007	现行有效
11	棉花	产品	农药最大残留限量　水胺硫磷　棉籽	NY 1500.28.2—2007	现行有效
12	棉花	产品	农药最大残留限量　吡虫啉　棉籽	NY 1500.5.12—2007	现行有效
13	棉花	产品	农药最大残留限量　毒死蜱　棉籽	NY 1500.62.8—2009	现行有效
14	棉花	产品	农药最大残留限量　哒螨灵　棉籽	NY 1500.7.4—2007	现行有效
15	棉花	产品	农药最大残留限量　甲氨基阿维菌素苯甲酸盐　棉籽	NY 1500.70.3—2009	现行有效
16	棉花	产品	农药最大残留限量　精噁唑禾草灵　棉籽	NY 1500.73.2—2009	现行有效
17	棉花	产品	农药最大残留限量　啶虫脒　棉籽	NY 1500.8.8—2007	现行有效
18	棉花	产品	农药最大残留限量　噻螨酮　棉籽	NY 1500.82.1—2009	现行有效
19	棉花	规程	长江中下游棉花生产技术规程	NY/T 207—1992	现行有效
20	棉花	规程	长绒棉生产技术规程	NY/T 879—2004	现行有效
21	棉花	规程	棉种过量式稀硫酸脱绒技术规范	NY/T 1057—2006	现行有效
22	棉花	规程	种子加工成套设备质量评价技术规范	NY/T 1142—2006	现行有效
23	棉花	规程	长江流域棉花生产技术规程	NY/T 1292—2007	现行有效
24	棉花	规程	农作物品种审定规范　棉花	NY/T 1297—2007	现行有效
25	棉花	规程	农作物品种试验技术规程　棉花	NY/T 1302—2007	现行有效
26	棉花	规程	棉种泡沫酸脱绒、包衣技术规程	NY/T 1384—2007	现行有效
27	棉花	规程	黄河流域棉花生产技术规程	NY/T 1387—2007	现行有效
28	棉花	规程	杂交棉人工去雄制种技术操作规程	NY/T 1734—2009	现行有效
29	棉花	规程	机采棉扎花机械操作技术规程	NY/T 1771—2009	现行有效
30	棉花	规程	棉花南繁技术操作规程	NY/T 1779—2009	现行有效
31	棉花	规程	残地膜回收机操作技术规程	NY/T 2086—2011	现行有效
32	棉花	规程	盲蝽测报技术规范　第1部分：棉花	NY/T 2163.1—2016	现行有效
33	棉花	规程	棉花收获机　质量评价技术规范	NY/T 2201—2012	现行有效
34	棉花	规程	长江流域棉花轻简化栽培技术规程	NY/T 2633—2014	现行有效
35	棉花	规程	棉花良好农业规范	NY/T 2675—2015	现行有效
36	棉花	规程	棉铃虫抗药性监测技术规程	NY/T 2916—2016	现行有效
37	棉花	规程	烟粉虱测报技术规范	NY/T 2950—2016	现行有效
38	棉花	规程	盲蝽综合防治技术规范　第1部分：棉花	NY/T 2951.1—2016	现行有效

（续）

序号	产品	分类	标准名称	标准状态	备注
39	棉花	规程	棉花黄萎病抗性鉴定技术规程	NY/T 2952—2016	现行有效
40	棉花	规程	棉花小麦套种技术规范	NY/T 3031—2016	现行有效
41	棉花	规程	西北内陆棉区机采棉生产技术规程	NY/T 3084—2017	现行有效
42	棉花	方法	转基因植物及其产品食用安全检测　抗营养素　第1部分　植酸、棉酚和芥酸的测定	NY/T 1103.1—2006	现行有效
43	棉花	方法	油料种籽含量的测定　残余法	NY/T 1285—2007	现行有效
44	棉花	方法	棉籽中棉酚旋光体的测定　高效液相色谱法	NY/T 1382—2007	现行有效
45	棉花	方法	棉花种子快速发芽试验方法	NY/T 1385—2007	现行有效
46	棉花	方法	农药田间药效试验准则　第3部分：杀虫剂防治棉盲蝽	NY/T 1464.3—2007	现行有效
47	棉花	方法	农药田间药效试验准则　第26部分：棉花催枯剂试验	NY/T 1464.26—2007	现行有效
48	棉花	方法	植物油中棕榈油的鉴别	NY/T 1526—2007	现行有效
49	棉花	方法	动植物油脂紫外吸光值的测定	NY/T 1597—2008	现行有效
50	棉花	方法	用植物油中维生素E组分和含量的测定　高效液相色谱法	NY/T 1598—2008	现行有效
51	棉花	方法	动植物油脂中反式脂肪酸含量的测定　气相色谱法	NY/T 2005—2011	现行有效
52	棉花	方法	棉花抗棉铃虫性鉴定方法	NY/T 2162—2012	现行有效
53	棉花	方法	植物新品种特异性、一致性和稳定性测试指南　棉花	NY/T 2238—2012	现行有效
54	棉花	方法	农作物种质资源鉴定评价技术规范　棉花	NY/T 2323—2013	现行有效
55	棉花	方法	陆地棉品种鉴定技术规程　SSR分子标记法	NY/T 2469—2013	现行有效
56	棉花	方法	棉花品种真实性鉴定　SSR分子标记法	NY/T 2634—2014	现行有效
57	棉花	方法	棉花抗盲蝽象性鉴定方法	NY/T 2676—2015	现行有效
58	棉花	方法	棉花中水溶性总糖含量的测定　蒽酮比色法	NY/T 3030—2016	现行有效
59	棉花	方法	农药最大残留限量　茚虫威　棉籽	NY 1500.90.5—2009	现行有效
60	棉花	方法	转基因植物及其产品环境安全检测　抗虫棉花　第1部分：对靶标害虫的抗虫性	NYG 农业部953号公告-12.1—2007	现行有效
61	棉花	方法	转基因植物及其产品环境安全检测　抗虫棉花　第2部分：生存竞争能力	NYG 农业部953号公告-12.2—2007	现行有效
62	棉花	方法	转基因植物及其产品环境安全检测　抗虫棉花　第3部分：基因漂移	NYG 农业部953号公告-12.3—2007	现行有效
63	棉花	方法	转基因植物及其产品环境安全检测　抗虫棉花　第4部分：生物多样性影响	NYG 农业部953号公告-12.4—2007	现行有效
64	棉花	方法	转基因植物及其产品成分检测耐除草剂棉花MON1445及其衍生品种定性PCR方法	NYG 农业部1485号公告-1—2010	现行有效
65	棉花	方法	转基因植物及其产品成分检测耐除草剂棉花LLcotton25及其衍生品种定性PCR方法	NYG 农业部1485号公告-10—2010	现行有效
66	棉花	方法	转基因植物及其产品成分检测抗虫转Bt基因棉花定性PCR方法	NYG 农业部1485号公告-11—2010	现行有效
67	棉花	方法	转基因植物及其产品成分检测耐除草剂棉花MON88913及其衍生品种定性PCR方法	NYG 农业部1485号公告-12—2010	现行有效
68	棉花	方法	转基因植物及其产品成分检测抗虫棉花MON15985及其衍生品种定性PCR方法	NYG 农业部1485号公告-13—2010	现行有效

（续）

序号	产品	分类	标准名称	标准状态	备注
69	棉花	方法	转基因植物及其产品成分检测抗虫转 Bt 基因棉花外源蛋白表达量检测技术规范	NYG 农业部 1485 号公告-14—2010	现行有效
70	棉花	方法	转基因植物及其产品成分检测　耐除草剂棉花 GHB614 及其衍生品种定性 PCR 方法	NYG 农业部 1861 号公告-6—2012	现行有效
71	棉花	方法	转基因植物及其产品成分检测　棉花内标准基因定性 PCR 方法	NYG 农业部 1943 号公告-1—2013	现行有效
72	棉花	方法	转基因植物及其产品成分检测　转 crylA 基因抗虫棉花构建特异性定性 PCR 方法	NYG 农业部 1943 号公告-2—2013	现行有效
73	棉花	方法	转基因植物及其产品环境安全检测　抗虫棉花　第 1 部分：对靶标害虫的抗虫性	NYG 农业部 1943 号公告-3—2013	现行有效
74	棉花	方法	转基因植物及其产品成分检测　抗虫转 Bt 基因棉花外源蛋白表达量检测技术规范	NYG 农业部 1943 号公告-4—2013	现行有效
75	棉花	方法	转基因植物及其产品成分检测　棉花标准物质候选物繁殖与鉴定技术规范	农业部 2259 号公告-3—2015	现行有效
76	棉花	设备	采棉机　作业质量	NY/T 1133—2006	现行有效

附表 7-3　棉花其他行业标准体系表

序号	产品	分类	标准名称	标准状态	备注
1	棉花	产品	棉短线	FJ 386—1967	现行有效
2	棉花	产品	纯棉产品的标志	FZ/T 01049—1997	现行有效
3	棉花	产品	脱酚棉籽蛋白	GH/T 1042—2007	现行有效
4	棉花	产品	棉籽质量等级	GH/T 1052—2009	现行有效
5	棉花	产品	棉子低聚糖	GH/T 1063—2010	现行有效
6	棉花	产品	棉花包装	GH/T 6975—2013	现行有效
7	棉花	产品	梳絮棉	SB/T 10097—1992	现行有效
8	棉花	产品	弹絮棉	SB/T 10098—1992	现行有效
9	棉花	产品	医用脱脂棉	YY 0330—2002	现行有效
10	棉花	规程	棉包信息采集技术规程	GH/T 1066—2010	现行有效
11	棉花	规程	棉包信息管理技术规程	GH/T 1067—2010	现行有效
12	棉花	规程	籽棉货场安全技术规范	GH/T 1072—2011	现行有效
13	棉花	规程	棉花加工关键设备电气安全技术规范	GH/T 1075—2011	现行有效
14	棉花	规程	植物油生产工艺测定规程	SB/T 10134—1992	现行有效
15	棉花	规程	进出口棉花检验规程	SN/T 0775—2005	现行有效
16	棉花	规程	进出境棉花检疫规程	SN/T 1361—2015	现行有效
17	棉花	规程	进出口棉短绒检验规程	SN/T 1563—2005	现行有效
18	棉花	规程	进出境油籽检疫规程	SN/T 1808—2006	现行有效
19	棉花	规程	进出境植物种子检疫规程	SN/T 1809—2006	现行有效
20	棉花	规程	进出口医用脱脂棉检验规程	SN/T 1946—2007	现行有效
21	棉花	规程	进出口纺织原料检验规程　植物纤维　第 2 部分：棉花	SN/T 2138. 2—2010	现行有效
22	棉花	规程	植物线虫检测规范	SN/T 2757—2011	现行有效
23	棉花	规程	进出口纺织品质量安全风险评估规范　第 4 部分：纺织原料　棉花	SN/T 3317. 4—2013	现行有效

（续）

序号	产品	分类	标准名称	标准状态	备注
24	棉花	规程	（进）出口纺织品质量符合性验证规范　第1部分：纺织原料	SN/T 3775.1—2015	现行有效
25	棉花	规程	（进）出口纺织品质量符合性验证规范　第4部分：纺织制品	SN/T 3775.4—2014	现行有效
26	棉花	规程	出口纺织品生产企业产品质量保证能力评价规范　第1部分：纺织原料	SN/T 3776—2015	现行有效
27	棉花	规程	纺织产品出口企业分类规范　第1部分：纺织原料	SN/T 3777.1—2015	现行有效
28	棉花	规程	进出口纺织原料检验规程　第1部分：棉花	SN/T 4184.1—2015	现行有效
29	棉花	方法	短绒检验方法	FJ 387—1967	现行有效
30	棉花	方法	棉花品种纺纱试验方法及对棉纤维品质和成纱品质的评价	FZ/T 01012—1991	现行有效
31	棉花	方法	纺织纤维鉴别试验方法　双折射率测定方法	FZ/T 01057.10—1999	现行有效
32	棉花	方法	纺织纤维鉴别试验方法一般说明	FZ/T 01057.1—1999	现行有效
33	棉花	方法	纺织纤维鉴别试验方法　第1部分：通用说明	FZ/T 01057.1—2007	现行有效
34	棉花	方法	纺织纤维鉴别试验方法　系统鉴别方法	FZ/T 01057.11—1999	现行有效
35	棉花	方法	纺织纤维鉴别试验方法　第2部分：燃烧法	FZ/T 01057.2—2007	现行有效
36	棉花	方法	纺织纤维鉴别试验方法　第3部分：显微镜法	FZ/T 01057.3—2007	现行有效
37	棉花	方法	纺织纤维鉴别试验方法　第4部分：溶解法	FZT 01057.4—2007	现行有效
38	棉花	方法	纺织纤维鉴别试验方法　第5部分：含氯含氮呈色反应法	FZ/T 01057.5—2007	现行有效
39	棉花	方法	纺织纤维鉴别试验方法　第6部分：熔点法	FZ/T 01057.6—2007	现行有效
40	棉花	方法	纺织纤维鉴别试验方法　第7部分：密度梯度法	FZ/T 01057.7—2007	现行有效
41	棉花	方法	纺织纤维鉴别试验方法　第8部分：红外光谱法	FZ/T 01057.8—2012	现行有效
42	棉花	方法	纺织纤维鉴别试验方法　第9部分：双折射率法	FZ/T 01057.9—2012	现行有效
43	棉花	方法	轧花厂粉尘测定	GH/T 1025—2000	现行有效
44	棉花	方法	气力输送装置的测定	GH/T 1026—2000	现行有效
45	棉花	方法	籽棉垛温湿度测试方法	GH/T 1099—2014	现行有效
46	棉花	方法	液压棉花打包机试验方法	GH/T 1189—2017	现行有效
47	棉花	方法	籽棉清理机　试验方法	JB/T 6282.2—1992	现行有效
48	棉花	方法	液压棉花打包机试验方法	SB/T 10240—1994	现行有效
49	棉花	方法	进出口棉纤维含糖检验方法　定量法	SN/T 0311.1—1994	现行有效
50	棉花	方法	进出口棉纤维含糖量检验方法　第2部分：色卡比色法	SN/T 0311.2—2010	现行有效
51	棉花	方法	出口饲料中棉酚检验方法　液相色谱法	SN 0535—1996	现行有效
52	棉花	方法	棉花中转基因成分定性 PCR 检验方法	SN/T 1199—2010	现行有效
53	棉花	方法	植物性饲料中中转基因成分定性 PCR 检测方法	SN/T 1201—2003	现行有效
54	棉花	方法	食品中转基因植物成分定性 PCR 检测方法	SN/T 1202—2003	现行有效
55	棉花	方法	食用油脂中转基因植物成分定性 PCR 检测方法	SN/T 1203—2003	现行有效
56	棉花	方法	墨西哥棉铃象鉴定方法	SN/T 1264—2003	现行有效
57	棉花	方法	棉花根腐病菌检疫鉴定方法	SN/T 1356—2004	现行有效
58	棉花	方法	进出口棉花检验方法　HVI 测试法	SN/T 1512—2011	现行有效
59	棉花	方法	进出口棉花粘性测试方法	SN/T 1856—2006	现行有效

（续）

序号	产品	分类	标准名称	标准状态	备注
60	棉花	方法	纺织原料细度试验方法　第1部分：气流仪法	SN/T 2141.1—2008	现行有效
61	棉花	方法	纺织原料　棉花含糖量检测方法　高效液相色谱法	SN/T 2331—2016	现行有效
62	棉花	方法	棉花曲叶病毒检疫鉴定方法	SN/T 2462—2010	现行有效
63	棉花	方法	进出口棉花短纤维指数及棉结的测定　HVI法	SN/T 2628—2010	现行有效
64	棉花	方法	纺织原料断裂强力及伸长试验方法	SN/T 2671—2010	现行有效
65	棉花	方法	棉花皱叶病毒分子检疫鉴定方法	SN/T 3287—2012	现行有效
66	棉花	方法	转基因成分检测　棉花PCR-DHPLC检测方法	SN/T 3577—2013	现行有效
67	棉花	方法	进出口纺织品质量符合性评价方法　纺织原料　第1部分：棉花	SN/T 3981.1—2014	现行有效
68	棉花	方法	进出口棉花　短绒率测定　光电仪测试法	SN/T 4491—2016	现行有效
69	棉花	方法	进出口棉花　重量检测蚊法　自动计重法	SN/T 4492—2016	现行有效
70	棉花	方法	进出口纺织品　纤维定性分析　天然彩色棉　紫外漫反射光谱法	SN/T 4668—2016	现行有效
71	棉花	方法	进出口棉花中草甘膦及其代谢物残留量的测定　液相色谱-质谱/质谱法	SN/T 4671—2016	现行有效
72	棉花	方法	进出口棉花中烟碱类农药残留量的液相色谱-质谱/质谱法	SN/T 4672—2016	现行有效
73	棉花	方法	进出口棉花中乙烯利、噻苯隆、敌草隆农残留量的测定　液相色谱-质谱/质谱法	SN/T 4673—2016	现行有效
74	棉花	方法	出口棉籽中棉酚总量的测定方法	SN 33015—1987	现行有效
75	棉花	设备	棉打包机	FZ/T 93037—2009	现行有效
76	棉花	设备	棉花异纤分检机	FZ/T 93072—2011	现行有效
77	棉花	设备	棉花加工机械产品型号编制方法	GH/T 1002—2015	现行有效
78	棉花	设备	MFCZ-400斩齿机	GH/T 1003—1998	现行有效
79	棉花	设备	MFBD型钢丝打扣机	GH/T 1004—1998	现行有效
80	棉花	设备	锯齿轧花机、锯齿剥绒机	GH/T 1005—1998	现行有效
81	棉花	设备	锯齿剥绒机　肋条	GH/T 1006—1998	现行有效
82	棉花	设备	棉花加工机械　齿条	GH/T 1007—1998	现行有效
83	棉花	设备	籽棉重杂物分离器	GH/T 1008—1998	现行有效
84	棉花	设备	实验室纤维混合器	GH/T 1009—1998	现行有效
85	棉花	设备	便携式棉纤维气流仪	GH/T 1010—1998	现行有效
86	棉花	设备	皮棉清理机	GH/T 1016—1999	现行有效
87	棉花	设备	液压棉花打包机	GH/T 1017—1999	现行有效
88	棉花	设备	集棉机	GH/T 1018—1999	现行有效
89	棉花	设备	梳棉胎	GH/T 1020—2000	现行有效
90	棉花	设备	棉短绒清理机	GH/T 1023—2000	现行有效
91	棉花	设备	风力清籽机	GH/T 1024—2000	现行有效
92	棉花	设备	棉花打包用镀锌钢丝	GH/T 1027—2001	现行有效
93	棉花	设备	籽棉异性纤维清理机	GH/T 1064—2010	现行有效
94	棉花	设备	棉花包装用聚酯捆扎带	GH/T 1068—2010	现行有效
95	棉花	设备	籽棉加湿机	GH/T 1074—2011	现行有效

（续）

序号	产品	分类	标准名称	标准状态	备注
96	棉花	设备	棉花包装用聚乙烯套袋	GH/T 1089—2012	现行有效
97	棉花	设备	籽棉干燥机	GH/T 1094—2014	现行有效
98	棉花	设备	打模机	GH/T 1095—2014	现行有效
99	棉花	设备	运模机	GH/T 1096—2014	现行有效
100	棉花	设备	棉模喂料机	GH/T 1097—2014	现行有效
101	棉花	设备	籽棉温湿度监测仪	GH/T 1098—2014	现行有效
102	棉花	设备	棉花包装用气动焊接机	GH/T 1102—2015	现行有效
103	棉花	设备	籽棉收购计算机网络系统	GH/T 1112—2015	现行有效
104	棉花	设备	棉花加工除尘器　第1部分：尘笼式除尘器	GH/T 1113—2015	现行有效
105	棉花	设备	原棉水分测定仪	JJG 845—2009	现行有效
106	棉花	设备	籽棉清理机　技术条件	JB/T 6282.1—1992	现行有效
107	棉花	设备	棉籽泡沫酸脱绒成套设备　技术条件	JB/T 7285—1994	现行有效
108	棉花	设备	棉籽泡沫酸脱绒成套设备　试验方法	JB/T 7286—1994	现行有效
109	棉花	设备	籽棉烘干机　试验方法	JB/T 7317—1994	现行有效
110	棉花	设备	皮辊轧花机	JB/T 7724—1995	现行有效
111	棉花	设备	锯齿轧花机　技术条件	JB/T 7884.1—1999	现行有效
112	棉花	设备	锯齿轧花机　试验方法	JB/T 7884.2—1999	现行有效
113	棉花	设备	锯齿轧花机　第3部分：肋条	JB 7884.3—1999	现行有效
114	棉花	设备	锯齿轧花机　肋条	JB/T 7884.3—1999	现行有效
115	棉花	设备	锯齿轧花机　第4部分：阻壳肋条	JB/T 7884.4—2013	现行有效
116	棉花	设备	锯齿剥绒机　技术条件	JB/T 7885.1—1999	现行有效
117	棉花	设备	锯齿剥绒机　试验方法	JB/T 7885.2—1999	现行有效
118	棉花	设备	锯齿剥绒机　肋条	JB/T 7885.3—1999	现行有效
119	棉花	设备	锯齿轧花机、锯齿剥绒机　锯片	JB/T 7886.1—1999	现行有效
120	棉花	设备	锯齿轧花机、锯齿剥绒机　隔圈	JB/T 7886.2—1999	现行有效
121	棉花	设备	锯齿轧花机、锯齿剥绒机　毛刷	JB/T 7886.3—1999	现行有效
122	棉花	设备	棉秆联合收割机	JB/T 12444—2015	现行有效
123	棉花	设备	锯齿轧花机　产品质量分等	JB/T 51205—1999	现行有效
124	棉花	设备	锯齿剥绒机　产品质量分等	JB/T 51206—1999	现行有效
125	棉花	设备	锯齿轧花机、锯齿剥绒机　锯片　产品质量分等	JB/T 51207—1999	现行有效
126	棉花	设备	棉花测色仪	JJG 917—1996	现行有效
127	棉花	设备	籽棉清理机	SB/T 10046—1992	现行有效
128	棉花	设备	大型锯齿剥绒机　技术条件	SB/T 10047—1992	现行有效
129	棉花	设备	籽棉干燥机技术条件	SB/T 10237—1994	现行有效
130	棉花	设备	锯齿轧花机	SB/T 10238—1994	现行有效
131	棉花	设备	进口农业机械检验技术要求　第2部分：棉花采摘机	SN/T 4512.2—2016	现行有效
132	棉花	设备	棉花打包用镀锌钢丝	YB/T 5033—2001	现行有效
133	棉花	管理	棉花加工工艺系统安装及制作通用技术条件	GH/T 1043—2007	现行有效

（续）

序号	产品	分类	标准名称	标准状态	备注
134	棉花	管理	棉花加工企业棉包货场场地技术条件	GH/T 1085—2012	现行有效
135	棉花	管理	棉花分级环保型装置技术要求	SN/T 4742—2017	2017年12月1日实施

附表 7-4　地方标准体系表

序号	产品	分类	标准名称	标准状态	备注
1	棉花	基础	棉花生产技术术语	DB37/T 151—1992	现行有效
2	棉花	基础	新疆天然彩色棉产业标准体系总则	DB65/T 2097—2004	现行有效
3	棉花	基础	细绒棉标准体系总则	DB65/T 2207—2005	现行有效
4	棉花	基础	长绒棉标准体系总则	DB65/T 2208—2005	现行有效
5	棉花	产品	棉子粕（饲料用）	CNS 3109—1998	现行有效
6	棉花	产品	食用棉籽油	CNS 4832—2003	现行有效
7	棉花	产品	棉籽原油	CNS 7417—1981	现行有效
8	棉花	产品	棉花品种　中棉16号	DB13/197—1994	现行有效
9	棉花	产品	棉花品种　冀棉17号	DB13/198—1994	现行有效
10	棉花	产品	棉花品种　冀棉18号	DB13/233.1—1995	现行有效
11	棉花	产品	棉花品种　冀棉19号	DB13/233.2—1995	现行有效
12	棉花	产品	棉籽饼酱油卫生标准	DB13/3—1991	现行有效
13	棉花	产品	棉花品种　邯719	DB13/405.10—1999	现行有效
14	棉花	产品	棉花品种　中棉31	DB13/405.11—1999	现行有效
15	棉花	产品	棉花品种　资123	DB13/405.1—1999	现行有效
16	棉花	产品	棉花品种　唐9103	DB13/405.12—1999	现行有效
17	棉花	产品	棉花品种　农大32	DB13/405.2—1999	现行有效
18	棉花	产品	棉花品种　衡无8930	DB13/405.3—1999	现行有效
19	棉花	产品	棉花品种　冀棉28号	DB13/405.4—1999	现行有效
20	棉花	产品	棉花品种　杂66F1	DB13/405.5—1999	现行有效
21	棉花	产品	棉花品种　93辐56	DB13/405.7—1999	现行有效
22	棉花	产品	棉花品种　农大94-7	DB13/405.8—1999	现行有效
23	棉花	产品	棉花品种　邯无23	DB13/405.9—1999	现行有效
24	棉花	产品	棉花品种　石远345	DB13/423.1—1999	现行有效
25	棉花	产品	棉花品种　石抗434	DB13/423.2—1999	现行有效
26	棉花	产品	棉花品种　省无538	DB13/423.3—1999	现行有效
27	棉花	产品	棉花品种　保188	DB13/423.4—1999	现行有效
28	棉花	产品	棉花品种　邯241	DB13/423.5—1999	现行有效
29	棉花	产品	棉花品种　省早441	DB13/423.6—1999	现行有效
30	棉花	产品	棉花品种　中棉12号（中381）	DB13/94—1991	现行有效
31	棉花	产品	小麦、玉米、稻米、棉花、花生、谷子作物品质	DB13/1300 B21 37—1987	现行有效
32	棉花	产品	锯齿棉优质产品补充技术条件	DB13/1300 B32 1—1988	现行有效
33	棉花	产品	棉短绒优质产品补充技术条件	DB13/1300 B32 2—1988	现行有效

（续）

序号	产品	分类	标准名称	标准状态	备注
34	棉花	产品	棉花品种　冀棉 20 号	DB13/T 273.1—1996	现行有效
35	棉花	产品	棉花品种　冀棉 21 号	DB13/T 273.2—1996	现行有效
36	棉花	产品	棉花品种　冀棉 22 号	DB13/T 273.3—1996	现行有效
37	棉花	产品	棉花品种　冀棉 23 号	DB13/T 273.4—1996	现行有效
38	棉花	产品	棉花品种　中棉 20 号	DB13/T 273.5—1996	现行有效
39	棉花	产品	棉花品种　冀棉 24 号	DB13/T 315.1—1997	现行有效
40	棉花	产品	棉花品种　新棉 33B	DB13/T 315.2—1997	现行有效
41	棉花	产品	棉花品种　DP20B	DB13/T 405.6—1999	现行有效
42	棉花	产品	棉花品种　冀棉 21 号	DB13/T 73.2—1996	现行有效
43	棉花	产品	精炼棉籽油优质产品补充技术条件	DB13/T 1300X143—1988	现行有效
44	棉花	产品	学生用被胎	DB14/T 842—2014	
45	棉花	产品	短季棉	DB21/T 1284—2004	现行有效
46	棉花	产品	毛棉籽油	DB21/T 594—2001	现行有效
47	棉花	产品	学生公寓用棉胎实物标准	DB32/SB02—2012	现行有效
48	棉花	产品	棉花　陆地中长绒棉	DB32/T 1888—2011	现行有效
49	棉花	产品	学生公寓用棉胎	DB32/T 2128—2016	现行有效
50	棉花	产品	棉花品种　泗杂 3 号	DB32/T 2467—2013	现行有效
51	棉花	产品	棉花　高品质棉	DB32/T 646—2004	现行有效
52	棉花	产品	转基因抗虫杂交棉皖杂棉 11 号	DB34/T 2070—2014	现行有效
53	棉花	产品	集团购买棉胎（代替 2007 版）	DB36/T 416—2014	现行有效
54	棉花	产品	棉花品种	DB37/T 153—1992	现行有效
55	棉花	产品	棉花晒种质量	DB37/T 156—1992	现行有效
56	棉花	产品	饲料用发酵棉粕	DB37/T 2139—2012	现行有效
57	棉花	产品	纯棉絮棉（代替 2008 版）	DB41/T 261—2014	现行有效
58	棉花	产品	农作物四级种子质量标准　第 10 部分：棉花杂交种	DB41/T 997.10—2014	现行有效
59	棉花	产品	农作物四级种子质量标准　第 9 部分：棉花常规种	DB41/T 997.9—2014	现行有效
60	棉花	产品	棉胎	DB42/201—2003	现行有效
61	棉花	产品	转 Bt 基因抗虫杂交棉花品种　鄂杂棉 30F1	DB42/T 1021—2014	现行有效
62	棉花	产品	鄂杂棉 12F1	DB42/T 584—2009	现行有效
63	棉花	产品	抗虫杂交棉花品种 EK288 F1	DB42/T 585—2009	现行有效
64	棉花	产品	抗虫杂交棉品种　鄂杂棉 5 号 F1	DB42/T 656—2010	现行有效
65	棉花	产品	棉花　不孕籽回收棉	DB42/T 852—2012	现行有效
66	棉花	产品	棉与中空聚酯纤维混合不结板棉胎	DB43/T 1141—2015	现行有效
67	棉花	产品	饲料原料　脱酚棉籽蛋白	DB43/T 885—2014	现行有效
68	棉花	产品	棉花　陆地型长绒棉	DB51/T 1171—2010	现行有效
69	棉花	产品	棉花　华棉 3 号	DB61/T 637—2013	现行有效
70	棉花	产品	棉花　汴棉 8 号	DB61/T 638—2013	现行有效
71	棉花	产品	棉花　西农棉 35	DB61/T 657—2013	现行有效

（续）

序号	产品	分类	标准名称	标准状态	备注
72	棉花	产品	棉花　荔民1号	DB61/T 658—2013	现行有效
73	棉花	产品	棉花　航丰1号	DB61/T 659—2013	现行有效
74	棉花	产品	棉花　秦棉189	DB61/T 660—2013	现行有效
75	棉花	产品	棉花　NK9706	DB61/T 687—2013	现行有效
76	棉花	产品	棉花　西北农大棉5392	DB61/T 762—2014	现行有效
77	棉花	产品	棉花　凯拓841	DB61/T 766—2014	现行有效
78	棉花	产品	棉花　凯拓180F1	DB61/T 767—2014	现行有效
79	棉花	产品	棉花　众信棉12号	DB61/T 768—2014	现行有效
80	棉花	产品	棉花　儒农研18号	DB61/T 769—2014	现行有效
81	棉花	产品	棉花　中棉所60	DB61/T 836—2014	现行有效
82	棉花	产品	农作物品种标准　棉花品种　酒棉2号	DB62/T 1025—2003	现行有效
83	棉花	产品	棉胎	DB62/T 1030—2003	现行有效
84	棉花	产品	棉花　陇棉2号	DB62/T 2130—2011	现行有效
85	棉花	产品	彩色棉陇绿棉4号	DB62/T 2618—2015	现行有效
86	棉花	产品	棉花品种　敦棉2号	DB62/T 509—1997	现行有效
87	棉花	产品	棉花品种　陇棉1号	DB62/T 535—1998	现行有效
88	棉花	产品	辣椒品种　陇棉1号	DB62/T 536—1998	现行有效
89	棉花	产品	棉花品种　酒棉1号	DB62/T 681—2000	现行有效
90	棉花	产品	棉花品种　新陆早7号	DB62/T 732—2001	现行有效
91	棉花	产品	棉花品种　新陆早8号	DB62/T 733—2001	现行有效
92	棉花	产品	棉花品种　陇绿棉1号	DB62/T 734—2001	现行有效
93	棉花	产品	天然彩色细绒棉	DB65/590—2000	现行有效
94	棉花	产品	无公害天然彩色棉花	DB65/2107—2004	现行有效
95	棉花	产品	棉花品种　新彩棉6号	DB65/T 10006—2007	现行有效
96	棉花	产品	棉花品种　新彩棉7号	DB65/T 10007—2007	现行有效
97	棉花	产品	棉花品种　新彩棉8号	DB65/T 10008—2007	现行有效
98	棉花	产品	棉花品种　新海22号	DB65/T 10009—2007	现行有效
99	棉花	产品	棉花品种　新海23号	DB65/T 10010—2007	现行有效
100	棉花	产品	棉花品种　新海24号	DB65/T 10011—2007	现行有效
101	棉花	产品	棉花品种　新海25号	DB65/T 10012—2007	现行有效
102	棉花	产品	棉花品种　新陆早17号	DB65/T 10013—2007	现行有效
103	棉花	产品	棉花品种　新陆早18号	DB65/T 10014—2007	现行有效
104	棉花	产品	棉花品种　新陆早19号	DB65/T 10015—2007	现行有效
105	棉花	产品	棉花品种　新陆早20号	DB65/T 10016—2007	现行有效
106	棉花	产品	棉花品种　新陆早21号	DB65/T 10017—2007	现行有效
107	棉花	产品	棉花品种　新陆早22号	DB65/T 10018—2007	现行有效

（续）

序号	产品	分类	标准名称	标准状态	备注
108	棉花	产品	棉花品种　新陆早 23 号	DB65/T 10019—2007	现行有效
109	棉花	产品	棉花品种　新陆早 24 号	DB65/T 10020—2007	现行有效
110	棉花	产品	棉花品种　新陆中 19 号	DB65/T 10021—2007	现行有效
111	棉花	产品	棉花品种　新陆中 20 号	DB65/T 10022—2007	现行有效
112	棉花	产品	棉花品种　新陆中 21 号	DB65/T 10023—2007	现行有效
113	棉花	产品	棉花品种　新陆中 22 号	DB65/T 10024—2007	现行有效
114	棉花	产品	棉花品种　新陆中 23 号	DB65/T 10025—2007	现行有效
115	棉花	产品	棉花品种　新棉所 43 号	DB65/T 10026—2007	现行有效
116	棉花	产品	棉花品种　中棉所 49	DB65/T 10027—2007	现行有效
117	棉花	产品	天然彩色（棕）棉花品种新彩棉 1 号	DB65/T 2098—2004	现行有效
118	棉花	产品	天然彩色（棕）棉花品种新彩棉 2 号	DB65/T 2099—2004	现行有效
119	棉花	产品	天然彩色（绿）棉花品种新彩棉 3 号	DB65/T 2100—2004	现行有效
120	棉花	产品	天然彩色（绿）棉花品种新彩棉 4 号	DB65/T 2101—2004	现行有效
121	棉花	产品	无公害天然彩色棉花	DB65/T 2106—2004	现行有效
122	棉花	产品	天然彩色（棕）棉花品种新彩棉 5 号	DB65/T 2118—2004	现行有效
123	棉花	产品	中长绒陆地棉	DB65/T 2209—2005	现行有效
124	棉花	规程	抗虫棉果枝叶枝成铃并举模式栽培技术规程	DB/T14 0881001—2004	现行有效
125	棉花	规程	棉花加工技术规程	DB/T14 1027—2014	现行有效
126	棉花	规程	夏播棉栽培技术规程	DB/T14 1176—2016	现行有效
127	棉花	规程	大田转基因棉花外源序列 PCR 检测规程	DB/T14 1177—2015	现行有效
128	棉花	规程	杂交棉优质高产栽培技术规程	DB/T14 875—2014	现行有效
129	棉花	规程	棉花-绿豆间作技术规程	DB/T14 942—2014	现行有效
130	棉花	规程	棉花栽培技术规范	DB12/T 236—2005	现行有效
131	棉花	规程	早熟棉区盐碱地棉花栽培技术规程	DB13/T 1181—2010	现行有效
132	棉花	规程	棉田套种绿豆生产栽培技术规程	DB13/T 1206—2010	现行有效
133	棉花	规程	棉田套种绿豆生产栽培技术规程	DB13/T 1206—2010	现行有效
134	棉花	规程	微咸水灌溉棉花种植技术规程	DB13/T 1281—2010	现行有效
135	棉花	规程	麦套夏播棉亩产籽棉 250kg 栽培技术规程	DB13/T 131—1991	现行有效
136	棉花	规程	棉花耐盐性鉴定评价技术规范	DB13/T 1339—2010	现行有效
137	棉花	规程	亩产百公斤皮棉栽培技术规程	DB13/T 140—1992	现行有效
138	棉花	规程	旱、薄、碱地亩产 50～75kg 皮棉栽培技术规程	DB13/T 141—1992	现行有效
139	棉花	规程	微咸水灌溉棉花-饲用黑麦一体化种植技术规程	DB13/T 1489—2011	现行有效
140	棉花	规程	棉花检测样品管理规范	DB13/T 2178—2015	现行有效
141	棉花	规程	棉花检验安全卫生技术规范	DB13/T 2179—2015	现行有效
142	棉花	规程	棉花应用缩节安全程化控技术规程	DB13/T 223—1995	现行有效
143	棉花	规程	优质棉花生产技术规范	DB13/T 2319—2015	现行有效

（续）

序号	产品	分类	标准名称	标准状态	备注
144	棉花	规程	棉花盲蝽综合防治技术规程	DB13/T 2325—2016	现行有效
145	棉花	规程	两年三熟棉粮轮作种植规程	DB13/T 2390—2016	现行有效
146	棉花	规程	棉花品种冀 863 栽培技术规程	DB13/T 2391—2016	现行有效
147	棉花	规程	冀南棉花冬小麦套种技术规程	DB13/T 2392—2016	现行有效
148	棉花	规程	早熟棉花与饲草小黑麦复种技术规程	DB13/T 2424—2016	现行有效
149	棉花	规程	短季棉与早熟马铃薯　一年两熟栽培技术规程	DB13/T 2533—2017	现行有效
150	棉花	规程	旱碱地棉花集雨增效种植技术规程	DB13/T 2534—2017	现行有效
151	棉花	规程	棉铃虫测报田间调查规程	DB13/T 255—1996	现行有效
152	棉花	规程	棉蚜虫测报田间调查规程	DB13/T 256—1996	现行有效
153	棉花	规程	棉花施肥技术规程	DB13/T 262.1—1996	现行有效
154	棉花	规程	棉花浇水技术规程	DB13/T 262.2—1996	现行有效
155	棉花	规程	棉花主要病害防治技术规程	DB13/T 262.3—1996	现行有效
156	棉花	规程	棉花虫害防治技术规程	DB13/T 262.4—1996	现行有效
157	棉花	规程	棉花栽培技术规程	DB13/T 262—1996	现行有效
158	棉花	规程	抗虫棉新棉 33B 公顷皮棉产量 1 125～1 500kg 栽培技术规程	DB13/T 350—1998	现行有效
159	棉花	规程	旱地棉花覆膜高产栽培技术规程	DB13/T 398.15—1999	现行有效
160	棉花	规程	河北省中熟和中早熟棉区棉花栽培技术规程	DB13/T 507—2004	现行有效
161	棉花	规程	棉花与洋葱套种生产技术规程	DB13/T 773—2006	现行有效
162	棉花	规程	优质棉花生产技术规程	DB13/T 917—2007	现行有效
163	棉花	规程	棉花-西瓜间作生产技术规程	DB13/T 955—2008	现行有效
164	棉花	规程	机械采收棉花脱叶技术规程	DB15/T 1117—2017	现行有效
165	棉花	规程	机械采收棉花栽培技术规程	DB15/T 1118—2017	现行有效
166	棉花	规程	棉花机械化采收技术规程	DB15/T 1119—2017	现行有效
167	棉花	规程	棉花膜下滴灌水肥一体化栽培技术规程	DB15/T 1120—2017	现行有效
168	棉花	规程	棉花全苗早发技术规程	DB15/T 1121—2017	现行有效
169	棉花	规程	棉花轻简化栽培技术规程	DB15/T 1122—2017	现行有效
170	棉花	规程	絮棉质量监督检验规范	DB15/T 354—2001	现行有效
171	棉花	规程	棉胎质量监督检验规范	DB15/T 355—2001	现行有效
172	棉花	规程	棉花覆膜滴灌节水栽培技术规程	DB15/T 586—2013	现行有效
173	棉花	规程	棉花栽培技术规程	DB15/T 587—2013	现行有效
174	棉花	规程	农作物田间损失鉴定技术规程	DB21/T 2115—2013	现行有效
175	棉花	规程	辽河流域棉区棉花高产高效栽培技术规程	DB21/T 2552—2016	现行有效
176	棉花	规程	棉花高产优质生产技术规程	DB22/T 2289—2015	现行有效
177	棉花	规程	棉纺厂节能设计技术规范	DB31/T 972—2016	现行有效
178	棉花	规程	棉花生产全程质量控制技术规程	DB32/T 1073—2007	现行有效
179	棉花	规程	科棉 3 号育苗移栽高产栽培技术规程	DB32/T 1092—2007	现行有效

（续）

序号	产品	分类	标准名称	标准状态	备注
180	棉花	规程	棉花品种（系）抗白萎病性鉴定与评价技术规程	DB32/T 1114—2007	现行有效
181	棉花	规程	移栽地膜棉花栽培技术规程	DB32/T 119.1—2008	现行有效
182	棉花	规程	移栽地膜棉花主要虫害防治技术规程	DB32/T 119.2—2008	现行有效
183	棉花	规程	棉花机械化微钵育苗生产技术规程	DB32/T 1284—2008	现行有效
184	棉花	规程	棉花品种（系）成株期抗枯萎病性鉴定技术规程	DB32/T 1288—2008	现行有效
185	棉花	规程	沿海棉区抗虫杂交棉苏杂 3 号栽培技术规程	DB32/T 1426—2009	现行有效
186	棉花	规程	沿海棉区抗虫杂交棉苏杂 66 号栽培技术规程	DB32/T 1427—2009	现行有效
187	棉花	规程	里下河棉区麦后免耕移栽棉栽培技术规程	DB32/T 1428—2009	现行有效
188	棉花	规程	转基因棉花品种（系）抗棉大卷叶螟鉴定方法与抗性评定技术规程	DB32/T 1505—2009	现行有效
189	棉花	规程	棉花有机基质穴盘育苗技术	DB32/T 1653—2010	现行有效
190	棉花	规程	杂交棉人工制种技术操作规程	DB32/T 1759—2011	现行有效
191	棉花	规程	棉田套种大蒜栽培技术规程	DB32/T 1767—2011	现行有效
192	棉花	规程	杂交抗虫棉苏杂 3 号栽培技术规程	DB32/T 1779—2011	现行有效
193	棉花	规程	棉花亩产皮棉 100kg 生产技术规程	DB32/T 179—2005	现行有效
194	棉花	规程	宁杂棉 3 号栽培技术规程	DB32/T 1846—2011	现行有效
195	棉花	规程	转基因杂交棉诱导长柱头制种技术操作规程	DB32/T 1847—2011	现行有效
196	棉花	规程	科棉 6 号育苗移栽高产栽培技术规程	DB32/T 1886—2011	现行有效
197	棉花	规程	棉花盲蝽象防治技术规范	DB32/T 1956—2011	现行有效
198	棉花	规程	棉花品种审定规范	DB32/T 2076—2012	现行有效
199	棉花	规程	棉花品种（系）苗期耐盐性鉴定与评价技术规程	DB32/T 2268—2012	现行有效
200	棉花	规程	棉籽油份含量无损测定 近红外光谱检测法	DB32/T 2269—2012	现行有效
201	棉花	规程	化学杀雄剂导棉花雄性不育的杂交棉种子生产技术	DB32/T 2329—2013	现行有效
202	棉花	规程	棉花田间生长发育观察记载规范	DB32/T 2429—2013	现行有效
203	棉花	规程	杂交棉宁杂棉 3 号栽培技术规程	DB32/T 2443—2013	现行有效
204	棉花	规程	盐碱地棉花栽培技术规程	DB32/T 2445—2013	现行有效
205	棉花	规程	棉花泗杂棉栽培技术规程	DB32/T 2466—2013	现行有效
206	棉花	规程	棉秆机械化拔秆作业技术规范	DB32/T 2649—2014	现行有效
207	棉花	规程	农作物品种试验技术规范	DB32/T 2855—2015	现行有效
208	棉花	规程	棉花基质苗机械移栽操作规程	DB32/T 2858—2015	现行有效
209	棉花	规程	棉花无土育苗移栽配套栽培技术规程	DB32/T 2935—2016	现行有效
210	棉花	规程	滨海盐碱地棉花高产栽培技术规程	DB32/T 2965—2016	现行有效
211	棉花	规程	棉花育苗移栽亩产皮棉 100～150kg 栽培技术规程	DB32/T 316—2007	现行有效
212	棉花	规程	高品质棉直播地膜栽培技术规程	DB32/T 647—2004	现行有效
213	棉花	规程	转基因棉花品种（系）抗棉铃虫鉴定方法与抗性评定技术规程	DB32/T 668—2004	现行有效
214	棉花	规程	棉田玉米螟综合控制技术规程	DB32/T 669—2004	现行有效
215	棉花	规程	棉铃虫综合控制技术规程	DB32/T 811—2005	现行有效

（续）

序号	产品	分类	标准名称	标准状态	备注
216	棉花	规程	沿江棉花原（良）种常规繁育规程	DB34/T 124.1—2003	现行有效
217	棉花	规程	沿江棉花育苗移栽技术规程	DB34/T 124.2—2003	现行有效
218	棉花	规程	沿江棉花生产技术规程	DB34/T 124.3—2003	现行有效
219	棉花	规程	沿江棉花病虫害化学防治技术规程	DB34/T 124.4—2003	现行有效
220	棉花	规程	棉花堆垛规范	DB34/T 1657—2012	现行有效
221	棉花	规程	转 Bt 基因棉花亲本繁殖技术规程	DB34/T 1731—2012	现行有效
222	棉花	规程	杂交抗虫棉生长调节剂使用技术规范	DB34/T 2016—2013	现行有效
223	棉花	规程	棉花缓释肥料施用技术规程	DB34/T 2017—2013	现行有效
224	棉花	规程	棉花有机基质穴盘育苗技术规程	DB34/T 2018—2013	现行有效
225	棉花	规程	棉花轻简化育苗移栽技术规程	DB34/T 2069—2014	现行有效
226	棉花	规程	棉田套栽油菜高产栽培技术规范	DB34/T 2172—2014	现行有效
227	棉花	规程	转抗虫基因杂交棉制种操作技术规程	DB34/T 2349—2015	现行有效
228	棉花	规程	沿江棉区杂交棉超高产栽培技术规程	DB34/T 2350—2015	现行有效
229	棉花	规程	机采棉花生产技术规程	DB34/T 2652—2016	现行有效
230	棉花	规程	沿江地区油菜茬棉花直播技术规程	DB34/T 2718—2016	现行有效
231	棉花	规程	棉花杂交制种亲本限代繁殖技术规程	DB34/T 2719—2016	现行有效
232	棉花	规程	棉花耐渍涝鉴定评价技术规范	DB34/T 2720—2016	现行有效
233	棉花	规程	转基因棉花土壤和水体环境安全检测技术操作规程	DB34/T 2721—2016	现行有效
234	棉花	规程	棉花主要气象灾害防灾减灾技术规程	DB34/T 2722—2016	现行有效
235	棉花	规程	保铃棉栽培技术规范	DB34/T 315—2003	现行有效
236	棉花	规程	棉花斜蚊叶蛾测报调查规范	DB34/T 677—2007	现行有效
237	棉花	规程	棉花枯萎病测报调查规范	DB34/T 678—2007	现行有效
238	棉花	规程	转 Bt 基因抗虫杂交棉栽培技术规程	DB34/T 687—2011	现行有效
239	棉花	规程	转 Bt 基因抗虫杂交棉病虫害综合防治技术规程	DB34/T 688—2011	现行有效
240	棉花	规程	铜杂棉 411F1 高产栽培技术规程	DB34/T 689—2011	现行有效
241	棉花	规程	棉花基质育苗裸苗移栽技术规程	DB34/T 864—2008	现行有效
242	棉花	规程	杂交棉人工去雄制种质量控制规程	DB34/T 865—2008	现行有效
243	棉花	规程	转基因抗虫棉生产技术规程	DB34/T 866—2008	现行有效
244	棉花	规程	捕食螨防治棉花害螨技术规程	DB35/T 1216—2011	现行有效
245	棉花	规程	转基因抗虫棉专用药肥混用技术规程	DB36/T 598—2010	现行有效
246	棉花	规程	转基因抗虫棉病虫草害综合防治技术规程	DB36/T 599—2010	现行有效
247	棉花	规程	转基因抗病棉花生存竞争能力检测技术操作规程	DB36/T 660—2012	现行有效
248	棉花	规程	转基因抗病棉花生存竞争能力检测技术评价指标	DB36/T 661—2012	现行有效
249	棉花	规程	转基因抗虫抗除草剂棉花生存竞争能力检测技术操作规程	DB36/T 767—2013	现行有效
250	棉花	规程	转基因抗虫抗除草剂棉花生存竞争能力检测技术评价指标	DB36/T 768—2013	现行有效
251	棉花	规程	转双价抗虫基因棉花生存竞争能力检测技术操作规程	DB36/T 769—2013	现行有效
252	棉花	规程	转双价抗虫基因棉花生存竞争能力检测技术评价指标	DB36/T 770—2013	现行有效
253	棉花	规程	棉花高产栽培集成技术操作规程	DB36/T 909—2016	现行有效

（续）

序号	产品	分类	标准名称	标准状态	备注
254	棉花	规程	棉花板地精量播种种植技术规程	DB36/T 910—2016	现行有效
255	棉花	规程	单产子棉 500kg 大田种植技术规程	DB36/T 911—2016	现行有效
256	棉花	规程	棉花烟粉虱测报技术规范	DB37/T 1290—2009	现行有效
257	棉花	规程	棉花杂交制种纯度田间检验规程	DB37/T 1291—2009	现行有效
258	棉花	规程	棉花杂交种子生产技术规程　棉花人工去雄杂交制种技术规程	DB37/T 1292.1—2009	现行有效
259	棉花	规程	棉花杂交种子生产技术规程　棉花不育系杂交制种技术规程	DB37/T 1292.2—2009	现行有效
260	棉花	规程	山东省棉花有害生物安全控制技术规程	DB37/T 1298—2009	现行有效
261	棉花	规程	棉花产量结构	DB37/T 154—1992	现行有效
262	棉花	规程	棉花施肥技术规程	DB37/T 157—2010	现行有效
263	棉花	规程	棉花灌溉技术规程	DB37/T 158—2010	现行有效
264	棉花	规程	棉花病虫害防治技术规程	DB37/T 159—2010	现行有效
265	棉花	规程	春套棉花栽培技术规程	DB37/T 160—2010	现行有效
266	棉花	规程	短季棉栽培技术规程	DB37/T 161—2010	现行有效
267	棉花	规程	棉花地膜覆盖栽培技术规程	DB37/T 162—2010	现行有效
268	棉花	规程	棉花营养钵育苗移栽技术规程	DB37/T 163—2010	现行有效
269	棉花	规程	棉田使用缩节安（助壮素）技术规程	DB37/T 164—2010	现行有效
270	棉花	规程	棉花摘拾技术规程	DB37/T 165—2010	现行有效
271	棉花	规程	棉花田杂草综合治理技术规程	DB37/T 1842—2011	现行有效
272	棉花	规程	棉花及棉制品仓储服务规范	DB37/T 2109—2012	现行有效
273	棉花	规程	麦套春棉生产技术规程	DB37/T 2125—2012	现行有效
274	棉花	规程	棉花高产栽培技术规程	DB37/T 2126—2012	现行有效
275	棉花	规程	棉田绿盲蝽综合防治技术规程	DB37/T 2238—2013	现行有效
276	棉花	规程	机采棉农艺技术规程	DB37/T 2736—2015	现行有效
277	棉花	规程	棉花轻简化栽培技术规程	DB37/T 2739—2015	现行有效
278	棉花	规程	大蒜-棉花一年两作双高产栽培技术规程	DB37/T 2917—2017	现行有效
279	棉花	规程	棉花微咸水滴灌和自然降水利用技术规程	DB37/T 2923—2017	现行有效
280	棉花	规程	农作物四级种子生产技术规程　第 10 部分：棉花杂交种	DB41/T 293.10—2014	现行有效
281	棉花	规程	农作物四级种子生产技术规程　第 9 部分：棉花常规种	DB41/T 293.9—2014	现行有效
282	棉花	规程	湖北省棉花人工收获、交售、加工操作技术规程	DB42/236—2002	现行有效
283	棉花	规程	棉种精加工操作技术规程	DB42/T 071—2002	现行有效
284	棉花	规程	棉花良种繁育操作技术规程	DB42/T 096—2002	现行有效
285	棉花	规程	棉麦两熟棉田棉花地膜覆盖优质高产栽培技术规程	DB42/T 097—2002	现行有效
286	棉花	规程	主要农作物涝渍防控技术规程	DB42/T 1029—2016	现行有效
297	棉花	规程	机采棉栽培技术规程	DB42/T 1104—2015	现行有效
288	棉花	规程	无公害农产品　棉花田主要杂草综合防治技术规程	DB42/T 1139—2016	现行有效
289	棉花	规程	棉花精量机械直播栽培技术规程	DB42/T 1274—2017	现行有效

（续）

序号	产品	分类	标准名称	标准状态	备注
290	棉花	规程	棉铃虫测报调查资料统计规范	DB42/T 152—2002	现行有效
291	棉花	规程	移栽地膜棉优质高产栽培技术规程	DB42/T 166—1999	现行有效
292	棉花	规程	棉花营养钵育苗移栽优质高产栽培技术	DB42/T 227—2002	现行有效
293	棉花	规程	油后移栽棉优质高产栽培技术规程	DB42/T 285—2004	现行有效
294	棉花	规程	留叶枝棉花优质高产栽培技术规程	DB42/T 308—2005	现行有效
295	棉花	规程	抗虫棉优质高产栽培技术规程	DB42/T 309—2005	现行有效
296	棉花	规程	棉花品种间杂种一代人工制种生产技术操作规程	DB42/T 311—2005	现行有效
297	棉花	规程	棉花基质育苗移栽技术规程	DB42/T 488—2008	现行有效
298	棉花	规程	棉花品种区域试验技术操作规程	DB42/T 581—2009	现行有效
299	棉花	规程	棉花烟粉虱测报技术规范	DB42/T 596—2009	现行有效
300	棉花	规程	转基因抗虫杂交棉　鄂杂棉 5 号 F1 病虫害综合防治技术规程	DB42/T 657—2010	现行有效
301	棉花	规程	转 Bt 基因抗虫杂交棉栽培技术规程	DB42/T 687—2011	现行有效
302	棉花	规程	转 Bt 基因抗虫杂交棉病虫害综合防治技术规程	DB42/T 688—2011	现行有效
303	棉花	规程	铜杂棉 411F1 高产栽培技术规程	DB42/T 689—2011	现行有效
304	棉花	规程	棉花轻简化栽培技术规程	DB42/T 751—2011	现行有效
305	棉花	规程	西瓜套种棉花生产技术规程	DB42/T 868—2012	现行有效
306	棉花	规程	甜瓜套种棉花生产技术规程	DB42/T 869—2012	现行有效
307	棉花	规程	棉花垄作栽培技术规程	DB42/T 886—2013	现行有效
308	棉花	规程	棉花无土育苗技术操作规程	DB42/T 903—2013	现行有效
309	棉花	规程	杂交棉楚杂 180F1 亲本及其杂交种生产技术规程	DB42/T 910—2013	现行有效
310	棉花	规程	棉花海陆嫁接育苗技术规程	DB42/T 933—2013	现行有效
311	棉花	规程	转 Bt 基因抗虫杂交棉花品种 KB02F1 及其栽培技术规程	DB42/T 959—2014	现行有效
312	棉花	规程	转 Bt 基因抗虫杂交棉冈杂棉 8 号 F1 及其栽培技术	DB42/T 976—2014	现行有效
313	棉花	规程	抗除草剂转基因棉花对除草剂抗性田间评价技术规程	DB42/T 985—2014	现行有效
314	棉花	规程	棉花栽培技术规范	DB43/T 286—2006	现行有效
315	棉花	规程	棉花人工采摘操作规程	DB43/T 513—2010	现行有效
316	棉花	规程	杂交棉亲本保纯与繁育技术规程	DB43/T 676—2012	现行有效
317	棉花	规程	湘丰棉 1 号生产技术规程	DB43/T 945—2014	现行有效
318	棉花	规程	湘丰棉 3 号生产技术规程	DB43/T 946—2014	现行有效
319	棉花	规程	湘丰棉 5 号生产技术规程	DB43/T 947—2014	现行有效
320	棉花	规程	湘丰棉 6 号生产技术规程	DB43/T 948—2014	现行有效
321	棉花	规程	湘农棉 8 号生产技术规程	DB43/T 949—2014	现行有效
322	棉花	规程	湘沃棉 5 号生产技术规程	DB43/T 950—2014	现行有效
323	棉花	规程	春玉米套种棉花栽培技术规程	DB/T 1116—2014	现行有效
324	棉花	规程	常规棉良种繁育技术规程	DB51/T 1033—2010	现行有效
325	棉花	规程	棉花枯萎病抗性鉴定技术规程	DB51/T 1200—2011	现行有效
326	棉花	规程	棉花黄萎病抗性鉴定技术规程	DB51/T 1205—2011	现行有效

（续）

序号	产品	分类	标准名称	标准状态	备注
327	棉花	规程	抗虫杂交棉栽培技术规程	DB51/T 1637—2013	现行有效
328	棉花	规程	棉花品种描述规范	DB51/T 1668—2013	现行有效
329	棉花	规程	棉花杂交种子生产技术规程	DB51/T 482—2005	现行有效
330	棉花	规程	棉花黄萎病检验鉴定技术规程	DB51/T 716—2007	现行有效
331	棉花	规程	抗虫杂交棉栽培技术规程	DB51/T 811—2008	现行有效
332	棉花	规程	农作物种子生产技术规程　杂交棉花	DB62/T 1053—2003	现行有效
333	棉花	规程	甘肃省棉花水肥一体化膜下滴灌技术规程	DB62/T 1474—2007	现行有效
334	棉花	规程	无公害农产品　酒泉棉花生产技术规程	DB62/T 1557—2007	现行有效
335	棉花	规程	武威市棉花膜下滴灌干播湿出栽培技术规程	DB62/T 2064—2011	现行有效
336	棉花	规程	张掖市棉花套种胡麻生产技术规程	DB62/T 2589—2015	现行有效
337	棉花	规程	武威市棉花地膜连年利用免耕栽培技术规程	DB62/T 2072—2011	现行有效
338	棉花	规程	甜瓜　棉花地膜覆盖间作栽培技术规程	DB62/T 2607—2015	现行有效
339	棉花	规程	农用地膜加收技术规范	DB62/T 2622—2015	现行有效
340	棉花	规程	农业废弃物基质化种用　玉米（棉花）秸秆处理技术规程	DB62/T 2738—2016	现行有效
341	棉花	规程	天然彩色棉花品种区域试验方案	DB65/T 2102—2004	现行有效
342	棉花	规程	天然彩色棉花原种生产技术规程	DB65/T 2103—2004	现行有效
343	棉花	规程	天然彩色棉花种子田繁育技术规程	DB65/T 2104—2004	现行有效
344	棉花	规程	天然彩色棉花种子加工技术要求	DB65/T 2105—2004	现行有效
345	棉花	规程	天然彩色棉花种子储藏与运输	DB65/T 2106—2004	现行有效
346	棉花	规程	天然彩色棉花无公害栽培技术规程	DB65/T 2108—2004	现行有效
347	棉花	规程	天然彩色棉花病虫害防治技术规程	DB65/T 2109—2004	现行有效
348	棉花	规程	天然彩色棉花耕作种植技术要求	DB65/T 2110—2004	现行有效
349	棉花	规程	天然彩色棉花仓储标准	DB65/T 2111—2004	现行有效
350	棉花	规程	棉花原种生产技术规程	DB65/T 2133—2004	现行有效
351	棉花	规程	细绒棉滴灌种植技术规程	DB65/T 2263—2005	现行有效
352	棉花	规程	中长细绒棉种植技术规程	DB65/T 2264—2005	现行有效
353	棉花	规程	长绒棉栽培技术规程	DB65/T 2265—2005	现行有效
354	棉花	规程	机采细绒棉种植作业技术规程	DB65/T 2266—2005	现行有效
355	棉花	规程	细绒棉高产优质高效栽培技术规程	DB65/T 2267—2005	现行有效
356	棉花	规程	棉花人工采摘、交售、收购操作技术规程	DB65/T 2268—2005	现行有效
357	棉花	规程	长绒棉品种区域试验方案	DB65/T 2269—2005	现行有效
358	棉花	规程	有机棉种植技术规程	DB65/T 2270—2005	现行有效
359	棉花	规程	棉花主要病虫害综合防治技术规程	DB65/T 2271—2005	现行有效
360	棉花	规程	棉花配方施肥技术规程	DB65/T 2565—1996	现行有效
361	棉花	规程	甜瓜棉花复合种植栽培技术规程	DB65/T 2920—2008	现行有效
362	棉花	规程	甜瓜棉花复合种植主要病虫害综合防治技术规程	DB65/T 2921—2008	现行有效
363	棉花	规程	棉花作物信息数据无应用规范	DB65/T 3059—2010	现行有效
364	棉花	规程	棉花膜下滴灌水肥管理技术规程	DB65/T 3107—2010	现行有效

（续）

序号	产品	分类	标准名称	标准状态	备注
365	棉花	规程	棉铃虫性信息素在加工番茄棉铃虫防治的应用技术规程	DB65/T 3133—2010	现行有效
366	棉花	规程	南疆膜下滴灌超高产棉田棉纤维品质保优栽培技术规程	DB65/T 3192—2010	现行有效
367	棉花	规程	盐渍化区域棉花膜下滴灌水盐调控技术规程	DB65/T 3269—2011	现行有效
368	棉花	规程	新疆棉区亩产皮棉 250kg 种植技术规程	DB65/T 3299—2011	现行有效
369	棉花	规程	南疆咸水灌溉棉田高产优质栽培技术规程	DB65/T 3373—2012	现行有效
370	棉花	规程	南疆枣棉间作陆地棉高产优质栽培技术规程	DB65/T 3374—2012	现行有效
371	棉花	规程	南疆枣棉间作海岛棉高产优质栽培技术规程	DB65/T 3375—2012	现行有效
372	棉花	规程	干旱区膜下咸水滴灌棉田水盐调控技术规程	DB65/T 3396—2012	现行有效
373	棉花	规程	机采早熟陆地棉栽培技术规程	DB65/T 3479—2013	现行有效
374	棉花	规程	棉田耕前地表残膜回收机操作规程	DB65/T 3515—2013	现行有效
375	棉花	规程	南疆枣棉间作田棉纤维品质保优栽培技术规程	DB65/T 3620—2014	现行有效
376	棉花	规程	南疆棉区杂交棉优质高产栽培技术规程	DB65/T 3656—2014	现行有效
377	棉花	规程	北疆棉区杂交棉优质高产栽培技术规程	DB65/T 3657—2014	现行有效
378	棉花	规程	新疆早熟陆地棉优质高产栽培技术规程	DB65/T 3658—2014	现行有效
379	棉花	规程	南疆枣棉间作棉花结构优化配置技术规程	DB65/T 3688—2015	现行有效
380	棉花	规程	农田废旧地膜回收质量要求	DB65/T 3834—2015	现行有效
381	棉花	规程	棉田残膜加收技术规范	DB65/T 3835—2016	现行有效
382	棉花	规程	农田废旧地膜加工技术规程	DB65/T 3836—2015	现行有效
383	棉花	规程	农田土壤残膜调查技术规范	DB65/T 3837—2015	现行有效
384	棉花	规程	棉花生产全程机械化技术规程　第 1 部分：总则	DB65/T 3843.1—2015	现行有效
385	棉花	规程	棉花生产全程机械化技术规程　第 2 部分：栽培管理	DB65/T 3843.2—2015	现行有效
386	棉花	规程	棉花生产全程机械化技术规程　第 3 部分：耕地作业	DB65/T 3843.3—2015	现行有效
387	棉花	规程	棉花生产全程机械化技术规程　第 4 部分：整地作业	DB65/T 3843.4—2015	现行有效
388	棉花	规程	棉花生产全程机械化技术规程　第 5 部分：铺管铺膜精密播种作业	DB65/T 3843.5—2015	现行有效
389	棉花	规程	棉花生产全程机械化技术规程　第 6 部分：植作（脱叶）作业	DB65/T 3843.6—2015	现行有效
390	棉花	规程	棉花生产全程机械化技术规程　第 7 部分：采收作业	DB65/T 3843.7—2015	现行有效
391	棉花	规程	棉花生产全程机械化技术规程　第 8 部分：机采籽棉储运作业	DB65/T 3843.8—2015	现行有效
392	棉花	规程	棉花生产全程机械化技术规程　第 9 部分：棉秆处理作业	DB65/T 3843.9—2015	现行有效
393	棉花	规程	中棉所 49 机采棉栽培、采收技术规程	DB65/T 3851—2016	现行有效
394	棉花	规程	中棉所 49 人工采摘技术规程	DB65/T 3917—2016	现行有效
395	棉花	规程	棉花质量仪器化公证检验实验室建设和管理规范	DB65/T 3920—2016	现行有效
396	棉花	规程	机采棉田机械施药技术规范	DB65/T 3979—2017	现行有效
397	棉花	规程	机采棉脱叶剂喷施技术规范	DB65/T 3980—2017	现行有效
398	棉花	规程	棉花收获机安全使用规范	DB65/T 3981—2017	现行有效
399	棉花	规程	南疆咸水灌溉棉田高产优质栽培技术规程	DB65/T3373—2012	现行有效
400	棉花	规程	中棉所 49 膜下滴灌水肥一体化技术规程	DBN659003/T 021—2016	现行有效

（续）

序号	产品	分类	标准名称	标准状态	备注
401	棉花	规程	中棉所49原种生产技术规程	DBN659003/T 022—2016	现行有效
402	棉花	规程	中棉所49棉种过量式稀硫酸脱绒、包衣技术规程	DBN659003/T 023—2016	现行有效
403	棉花	方法	饲料级棉子粕或棉子饼中游离棉子醇含量测定法	CNS 7067—1981	现行有效
404	棉花	方法	棉纤维试样之取样法	CNS 7501—1981	现行有效
405	棉花	方法	转基因植物及其产品成分筛查Cry1AbCry1Ac试纸条法	DB12/T 650—2016	现行有效
406	棉花	方法	棉花品种区域实验方法	DB12/T 062—1996	现行有效
407	棉花	方法	棉花品种观察、记载标准	DB12/T 063—1996	现行有效
408	棉花	方法	棉籽饼酱油中游离棉酚测定方法	DB13/4—1991	现行有效
409	棉花	方法	莱赛尔/棉纤维混纺产品纤维含量的测定	DB13/T 1360—2011	现行有效
410	棉花	方法	莫代尔/棉纤维混纺产品纤维含量的测定	DB13/T 1361—2011	现行有效
411	棉花	方法	竹材粘胶/棉纤维混纺产品纤维含量的测定	DB13/T 1362—2011	现行有效
412	棉花	方法	杂交棉花及亲本真实性鉴定DNA分析方法	DB34/T 2072—2014	现行有效
413	棉花	方法	农作物种子转基因成分检测方法	DB41/T 1210—2016	现行有效
414	棉花	方法	棉花　染色色差试验方法	DB42/T 1277—2017	现行有效
415	棉花	方法	纤维鉴别方法　热塑薄膜法	DB42/T 1278—2017	现行有效
416	棉花	方法	棉花抗性鉴定方法	DB65/T 2272—2005	现行有效
417	棉花	方法	棉田耕前地表残膜回收机试验方法	DB65/T 2945—2008	现行有效
418	棉花	方法	巯基乙酸法测定棉花纤维中的木质素含量	DB65/T 3184—2010	现行有效
419	棉花	方法	乙酰溴法测定棉花纤维中的苯丙烷类化合物含量	DB65/T 3191—2010	现行有效
420	棉花	方法	中棉所49真实性鉴定SSR分子标记法	DB65/T 3850—2016	现行有效
421	棉花	方法	棉花纤维中酸不溶木质素含量的测定	DB65/T 3888—2016	现行有效
422	棉花	设备	棉秆铲切机	DB62/T 1431—2006	现行有效
423	棉花	设备	梳脱型棉花收获机	DB65/T 3518—2013	现行有效
424	棉花	管理	棉花品种区域试验调查项目指标	DB13/128—1991	现行有效
425	棉花	管理	主要粮棉作物微咸水灌溉矿化度阈值	DB13/T 2363—2016	现行有效
426	棉花	管理	棉胎加工技术要求	DB14/T 1111—2016	现行有效
427	棉花	管理	棉花缓释复合（复混）肥料	DB34/T 2159—2014	现行有效
428	棉花	管理	棉花种植区划	DB37/T 152—2010	现行有效
429	棉花	管理	棉花产量结构	DB37/T 154—2010	现行有效
430	棉花	管理	棉花长势	DB37/T 155—2010	现行有效
431	棉花	管理	棉花播种质量	DB37/T 156—2010	现行有效
432	棉花	管理	商品棉基地县建设标准	DB61/T 96—1992	现行有效
433	棉花	管理	天然彩色棉花种子售后服务	DB65/T 2114—2004	现行有效
434	棉花	管理	天然彩色皮棉售后服务	DB65/T 2115—2004	现行有效
435	棉花	管理	天然彩色棉制品销售服务	DB65/T 2116—2004	现行有效
436	棉花	管理	细绒棉品种区域试验方案	DB65/T 2261—2005	现行有效
437	棉花	管理	长绒棉品种区域试验方案	DB65/T 2269—2005	现行有效
438	棉花	管理	细绒棉产地环境条件	DB65/T 2262—2005	现行有效
439	棉花	管理	长绒棉产地环境条件及生产区划	DB65/T 2273—2005	现行有效
440	棉花	管理	棉花包装用塑料套袋	DB65/T 3298—2011	现行有效

附表 7-5 拟制定修订棉花标准体系表

序号	产品	分类	标准名称	标准状态	备注
1	棉花	基础	棉花标准体系表		未制定
2	棉花	产品	长绒棉种子		未制定
3	棉花	产品	机采棉		未制定
4	棉花	产品	棉花品种标准（分品种）		未制定
5	棉花	产品	无公害棉花		未制定
6	棉花	产品	有机棉花		未制定
7	棉花	产品	棉花种子包装与标签		未制定
8	棉花	产品	机采棉适宜品种		未制定
9	棉花	产品	精量点播棉花种子活力要求		未制定
10	棉花	规程	棉花转基因技术操作规程——农杆菌法		未制定
11	棉花	规程	棉花转基因技术操作规程——花粉管通道法		未制定
12	棉花	规程	棉花转基因技术操作规程——基因枪法		未制定
13	棉花	规程	棉花红铃虫预测预报与防治操作技术规程		未制定
14	棉花	规程	棉花苗期病害防治技术规范		未制定
15	棉花	规程	棉花品种抗病虫性（分害虫种类）评价技术规范		未制定
16	棉花	规程	棉花品种抗黄萎病性鉴定及防治技术规范		未制定
17	棉花	规程	棉花品种抗棉铃虫性鉴定及防治方法		未制定
18	棉花	规程	棉花品种抗蚜虫性鉴定及防治技术规范		未制定
19	棉花	规程	棉花生产中肥料使用准则		未制定
20	棉花	规程	棉花生产中农药使用准则（分杀虫剂、杀菌剂、生长调节剂）		未制定
21	棉花	规程	棉铃虫综合防治技术规程		未制定
22	棉花	规程	低酚（无毒）棉生产技术规程		未制定
23	棉花	规程	机采棉轧花操作技术规程		未制定
24	棉花	规程	毛棉子剥绒技术规程		未制定
25	棉花	规程	棉花“矮密早”栽培技术规程		未制定
26	棉花	规程	棉花采收操作技术规程		未制定
27	棉花	规程	棉花地膜覆盖技术规程		未制定
28	棉花	规程	棉花-瓜、菜（分作物）间作套种技术规范		未制定
29	棉花	规程	棉花机械播种技术规程		未制定
30	棉花	规程	棉花良种繁育技术操作规程		未制定
31	棉花	规程	棉花-粮食（分作物）间作套种技术规范		未制定
32	棉花	规程	棉花人工播种技术规程		未制定
33	棉花	规程	棉花优质高产栽培技术规程		未制定
34	棉花	规程	棉花-油料间作套种技术规范		未制定
35	棉花	规程	棉花育苗移栽技术规程		未制定
36	棉花	规程	棉花育种技术规范（分不同方法）		未制定
37	棉花	规程	棉花种质资源数据库管理技术规范		未制定
38	棉花	规程	棉花种质资源储藏、发放、更新管理技术规范		未制定

（续）

序号	产品	分类	标准名称	标准状态	备注
39	棉花	规程	棉花种子机械摩擦脱绒技术规程		未制定
40	棉花	规程	棉花种子储藏与运输技术条件		未制定
41	棉花	规程	棉花储藏与运输技术条件		未制定
42	棉花	规程	棉籽饼、粕脱毒（棉酚）技术规程		未制定
43	棉花	规程	棉籽榨油技术规程		未制定
44	棉花	规程	手摘棉轧花操作技术规程		未制定
45	棉花	规程	无公害棉花生产技术规程		未制定
46	棉花	规程	西北内陆棉花生产技术规范		未制定
47	棉花	规程	有机棉花生产技术规程		未制定
48	棉花	规程	棉花生产全程质量控制技术规程		未制定
49	棉花	规程	杂交棉种子生产技术规程		未制定
50	棉花	规程	转基因棉花环境安全评价技术规范		未制定
51	棉花	规程	转基因棉花生产技术规程		未制定
52	棉花	规程	良种棉收购技术规范		未制定
53	棉花	规程	棉花区域试验技术规范		未制定
54	棉花	规程	转基因抗虫棉田主要害虫防治技术规程		未制定
55	棉花	规程	无公害棉花产地环境（土壤、水质、空气）条件		未制定
56	棉花	规程	有机棉花产地环境条件		未制定
57	棉花	规程	采棉机质量评价技术规范		未制定
58	棉花	规程	采棉机作业技术规范		未制定
59	棉花	规程	滨海盐碱地棉花丰产简化栽培技术规程		未制定
60	棉花	规程	棉田除草剂安全使用技术		未制定
61	棉花	规程	转基因抗虫杂交棉安全生产技术标准		未制定
62	棉花	规程	东北特早熟棉区棉花规范化栽培技术		未制定
63	棉花	规程	棉花化学脱叶剂使用技术规程		未制定
64	棉花	规程	棉花缓（控）释肥使用技术规程		未制定
65	棉花	规程	棉花轻简育苗移栽技术规程		未制定
66	棉花	规程	棉花生产全程质量控制技术规程		未制定
67	棉花	规程	棉田残膜清理技术规程		未制定
68	棉花	规程	棉田食用间套作物栽培技术规程		未制定
69	棉花	规程	新疆机采棉种植技术规程		未制定
70	棉花	规程	新疆亩产皮棉250kg超高产种植技术规程		未制定
71	棉花	规程	优质彩棉品种生产技术规程		未制定
72	棉花	规程	棉花“三系”杂交制种规程		未制定
73	棉花	规程	棉花“两系”杂交制种规程		未制定
74	棉花	规程	转抗病基因棉花对黄萎病的抗性评价技术规范		未制定
75	棉花	规程	长江中下游棉花生产技术规程		未制定
76	棉花	规程	亚洲棉生产技术规程		未制定
77	棉花	规程	西北内陆棉区棉花轻简化栽培技术规程		未制定

（续）

序号	产品	分类	标准名称	标准状态	备注
78	棉花	方法	棉花种质资源分类方法		未制定
79	棉花	方法	棉花纤维物理品质指标检测方法　单纤维测试法		未制定
80	棉花	方法	棉花产量与产量结构评估方法		未制定
81	棉花	方法	主要农作物品种真实性和纯度 SSR 分子标记检测　棉花		未制定
82	棉花	方法	棉花品种鉴定技术规程 SNP 标记法		未制定
83	棉花	方法	棉花抗病（分病害种类）性鉴定方法		未制定
84	棉花	方法	棉花抗虫（分害虫种类）性鉴定方法		未制定
85	棉花	方法	棉花抗旱性鉴定及评价方法		未制定
86	棉花	方法	棉花耐盐性鉴定及评价方法		未制定
87	棉花	方法	棉花品种描述规范		未制定
88	棉花	方法	棉花试验田及试验设施技术条件		未制定
89	棉花	方法	棉花纤维中除草剂（分品种）检测方法		未制定
90	棉花	方法	棉花纤维中激素类（分品种）检测方法		未制定
91	棉花	方法	棉花纤维中菊酯类农药（分品种）检测方法		未制定
92	棉花	方法	棉花纤维中有机磷农药（分品种）检测方法		未制定
93	棉花	方法	棉花纤维中重金属（镉、铬、汞、铅、砷等）检测方法		未制定
94	棉花	方法	棉花种质资源鉴定方法		未制定
95	棉花	方法	棉花种质资源性状描述规范		未制定
96	棉花	方法	棉籽中除草剂（分品种）检测方法		未制定
97	棉花	方法	棉籽中激素类（分品种）检测方法		未制定
98	棉花	方法	棉籽中菊酯类农药（分品种）检测方法		未制定
99	棉花	方法	棉籽中有机磷农药（分品种）检测方法		未制定
100	棉花	方法	棉花转基因成分检测方法（分基因种类）		未制定
101	棉花	方法	业洲棉纤维品质测试方法		未制定
102	棉花	方法	棉籽中油分的测定方法		未制定
103	棉花	方法	棉籽中天然维生素 E 的测定方法		未制定
104	棉花	方法	棉花纤维伴生物的测定方法		未制定
105	棉花	方法	棉花种子生活力测定方法		未制定
106	棉花	方法	棉花抗盲蝽象性鉴定方法		未制定
107	棉花	设备	拔棉秆机作业质量		未制定
108	棉花	设备	棉花播种机技术条件		未制定
109	棉花	设备	棉花打顶机		未制定

第八章 2017年度种植业产品标准体系研究报告——油料

一、产品标准及标准体系发展现状

1. 标准体系建设进展情况（标准体系建设框架） 进入21世纪以来，我国标准化事业快速发展，标准体系初步形成，应用范围不断扩大，水平持续提升，国际影响力显著增强，全社会标准化意识普遍提高。油料是农产品中重要组成部分，油料标准体系建设在此背景下，卓有成效。我国初步建成了油料产品的标准体系框架，按照标准类型可以分为：基础/通用类（术语、分类）、方法类（检验/检测）、环境安全类（产地环境、投入品）、种质资源类（种子、种苗）、生产管理类（种植、植保、加工）、产品类（等级规格、品质/安全、原产地保护）、物流类（包装、标识、储运）和质量追溯类等；按照产品种类可以分为：大豆、油菜籽、花生、芝麻、向日葵及其他油料；按照标准级别可以分为：国家标准、行业标准及地方标准3个级别。具体级别及标准数量见表8-1。由表可见，我国大豆、油菜籽、花生3种主要油料作物所占比例最高。在油料标准体系中，国家标准、农业行业标准和地方标准不分伯仲。按照类型分类，方法类（检验/检测）最多，其次是产品和规程（规范）。

表8-1 我国油料标准级别及数量（项）

标准级别	大豆	油菜籽	花生	芝麻	向日葵	亚麻籽	棉籽	合计
国家标准	38	7	14	6	—	5	4	74
行业标准	29	16	32	4	1	4	1	87
地方标准	32	5	18	12	2	2	1	72
共计	99	28	64	22	3	11	6	233

近年来，中国农业科学院油料作物研究所和农业部油料及制品质量监督检验测试中心等单位跟踪研究并收集整理了国际标准组织和主要油料贸易国油料标准，主持研究制定了油菜、大豆、花生、芝麻等主要油料生产、质量、检测和市场流通的急需产品和检测技术标准，特别是针对我国双低油菜科研、品种水平高而产品质量低，制约双低产业化发展的实际问题，以全程质量控制为目标，国内外首次研究建立了双低油菜从产前种子源头质量控制，到产中产地环境及生产技术和产后低芥酸、低硫苷产品以及配套质量控制检测方法等4大类20多项技术标准，把产前、产中、产后全过程纳入标准化轨道，构建了系统配套的双低油菜全程质量控制技术标准体系，解决了双低油菜产业发展中质量控制一系列复杂技术难题。在鄂、豫、皖、湘、苏、浙、川、黔、滇、陕等15省150多个县市得到广泛推广应用，覆盖率达我国油菜产区的90%，促进了我国油菜生产从普通油菜到双低油菜的技术跨越，显著提高了双低油菜生产科技含量和产品质量，推动了我国双低油菜产业的快速发展，并获2008年国家科技进步二等奖。

建立和完善油料标准体系，对油料生产、加工、流通等全过程进行控制，是推动中国油料生产健康发展、保障消费安全的必要手段。近年来，在农业部标准制修订专项的支持下，我国油菜全程质量安全控制标准体系已经基本建立，但对于花生全程质量安全控制标准体系还有待完善，芝麻、向日葵等油料产品标准体系建设尚处于起步阶段。花生、芝麻、向日葵等油料产品标准体系的建立应该以油菜标准体系建立为模板，以不同油料产品的自身特点建立具有产品特色的标准作为补充，构建油菜、花生、芝麻、向日葵等油料标准体系，体系框架如图 8-1。

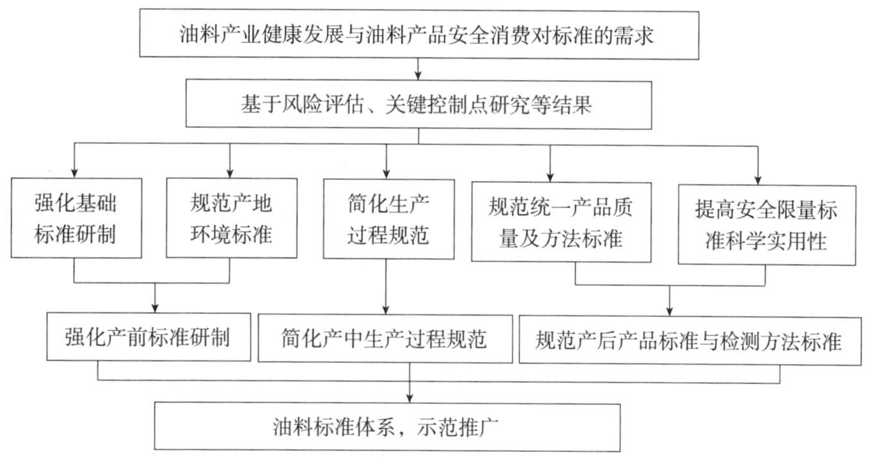

图 8-1　油料标准体系框架

2. 存在的主要问题

（1）标准体系问题（包括但不局限于系统性、针对性、实用性、时效性等方面）

①油料产品营养功能成分评价标准不完备。我国油料检测方法标准方面对于营养及功能性成分研究相对薄弱，现有检测方法主要涉及油料、油脂中磷脂，大豆中异黄酮，植物油中甾醇、维生素 E，芝麻中芝麻素，花生中白藜芦醇，随着人民生活水平的提高，消费者对油料产品的认识和关注从仅能提供油脂和蛋白质的载体上升到特色营养功能成分的有效提供者，开展油料作物产品中营养功能成分方法标准与分级标准研究与评价，为提升油料产品市场竞争力提供关键技术支撑，十分有必要。我国应加强营养功能性成分的研究及检测方法标准的制定，完善其系统性，以适应产业需求。

②部分油料产品标准缺乏时效性和实用性。我国目前有效使用的油料产品与方法标准中，存在部分标准标龄较长，标准组成合理性欠缺的问题。以植物油脂中含油量的测定为例，目前现行有效的标准是《植物油料　含油量测定》（GB/T 14488.1—2008），而当前近红外技术已经十分普及，油菜中含油量的近红外测定方法和技术也相对成熟，相关标准却没有，标准发布严重滞后于当前技术的发展，应该及时发布实施以便于产业发展，或者对现行有效标准进行修订，以更好地服务于现在的油料产业。

③油料作物真菌毒素污染防控标准的针对性不强。油料作物极易遭受真菌侵染而产生真菌毒素，造成巨大损失。目前仅有《预防与降低谷物中真菌毒素污染操作规范》（GB/T 22508—2008）用来预防和降低谷物中真菌毒素。而在现有的油料产品标准体系中，还没有针对油料作物制定的真菌毒素污染防控技术规程。不同油料作物会受到不同的菌种侵染产生不同的毒素，因此，需要根据不同油料产品制定各自的真菌毒素污染防控标准，以降低毒素污染风险，保障油料供给。

④农机农艺配套标准缺乏，无法满足产业需求。油料全程机械化是“十三五”油料创新研究重点，也是解决目前我国农村劳动力不足，提升油料产品市场竞争力，推动油料产业发展的重要技术革新。然而，油料除了油菜机械化收获中关注的核心指标：油菜籽抗裂角指数，及其分级指标有标准之外，其他油料作物的农机农艺配套标准缺乏，远远不能满足当前农业发展的进程，亟须加大油料农机农艺配套技术标准的研制和在油料主产区的推广应用，进一步推动油料产业发展。

⑤油料中部分产品标准的系统性缺乏。我国现有油料标准体系主要以产品标准为主，70%左右的检测技术标准是与食品、粮食共用的检测技术方法标准，适合油料专用的检测技术方法标准很少，而国际上则是以系统配套的技术标准为主。油料生产涉及生产的产前、产中、产后各个环节，只有依靠配套的标准从良种繁育等基础工作入手，把标准实施贯穿在田间管理、收获、收购、加工、包装、标

识、储藏、运输、检验直到销售的整个过程，才能有效地保证最终产品质量，因此，制定系统配套的标准体系尤为重要。近年来，在农业行业标准制修订专项的支持下，我国已经建立了较为完善的油菜全程质量安全控制标准体系，但对于芝麻、向日葵等油料产品标准体系建设处于起步阶段，需要借鉴油菜标准体系框架建设成功经验，研制芝麻、向日葵等油料产前品种审定、种子质量控制标准体系，产中生产过程控制标准，产后质量安全标准及配套的检测方法标准，以产品为主线，构建芝麻等油料作物产品标准体系。

（2）标准管理问题（包括但不局限于研究基础、队伍建设等方面）

①标准国际化不够。当前我国参与国际标准化活动能力还不够，承担国际标准化技术机构数量不足，参与和主导制定的国际标准数量还不足，导致国际上的话语权不足，应该着力加强国际标准制定，推进和主要贸易伙伴国家的标准互认工作。

②标准人才队伍和标准化基础有待加强。当前，我国标准化人才培养不够，特别是国际标准化专业人才不足。应该推进标准化学科建设，支持更多高校、研究机构开设标准化课程和开展学历教育，设立标准化专业学位，推动标准化普及教育。加大国际标准化高端人才队伍建设力度，加强标准化专业人才、管理人才培养和企业标准化人员培训，满足不同层次、不同领域的标准化人才需求。

二、标准需求

1. 加强油料质量安全全程防控标准体系建设，服务产业发展 油料作物真菌毒素对人与牲畜具有致癌、致畸、致突变作用，毒性强，危害大，威胁油料消费安全和产业发展。油料作物真菌毒素预警与全程防控已经成为我国农业产业可持续发展迫切需要解决的瓶颈问题。开展油料质量安全全程防控标准体系建设，主要是建立油料作物产品相关毒素检测标准，研究制定真菌毒素污染油料的分级分选标准和不同油料作物中不同毒素的全程污染防控技术规程，并依托粮油种植基地、收购与储藏及加工龙头企业开展示范应用，带动我国油料作物主产区真菌毒素风险预警与全程防控能力的提升，推动我国油料作物产业发展由“产量型”到“提质增效型”的重大变革。

2. 研究制定油料产品营养标准体系，推动农业供给侧结构性改革 营养和安全是油料产品质量安全的两驾马车，缺一不可。随着经济不断发展，人民对营养需求日益增长。油料产品营养标准包括油料产品基础营养标准、特异性营养标准和功能营养标准。研究和构建我国油料产品营养标准体系，是推动农业供给侧结构性改革、顺应广大居民膳食营养改善、完善我国农产品质量标准总体系的迫切需求，是全面提升我国农产品质量的重要基础工作。

三、发展方向

1. 完善标准体系建设 政府主导制定的标准与市场自主制定的标准协同发展、协调配套，强制性标准守底线、推荐性标准保基本、企业标准强质量的作用充分发挥，在技术发展快、市场创新活跃的领域培育和发展一批具有国际影响力的团体标准。以大豆、油菜、花生、芝麻主要油料作物为主，率先建立完善相关油料作物的标准体系，在此基础上，再构建小众油料产品的标准体系。

2. 专家团队建设 加强标准化技术委员会管理。优化标准化技术委员会体系结构，加强跨领域、综合性联合工作组建设。增强标准化技术委员会委员构成的广泛性、代表性，广泛吸纳行业、地方和产业联盟代表，鼓励消费者参与，促进军、民标准化技术委员会之间相互吸纳对方委员。利用信息化手段规范标准化技术委员会运行，严格委员投票表决制度。建立完善标准化技术委员会考核评价和奖惩退出机制。

加强标准化科研机构建设。支持各类标准化科研机构开展标准化理论、方法、规划、政策研究，提升标准化科研水平。支持符合条件的标准化科研机构承担科技计划和标准化科研项目。加快标准化科研机构改革，激发科研人员创新活力，提升服务产业和企业能力，鼓励标准化科研人员与企业技术人员相互交流。加强标准化、计量、认证认可、检验检测协同发展，逐步夯实国家质量技术基础，支撑产业发展、行业管理和社会治理。加强各级标准馆建设。

3. 加强推广宣传 加强标准化信息化建设。充分利用各类标准化信息资源，建立全国标准信息网络平台，实现跨部门、跨行业、跨区域标准化信息交换与资源共享，加强民用标准化信息平台与军用标准化信息平台之间的共享合作、互联互通，全面提升标准化信息服务能力。

加快培育标准化服务机构。支持各级各类标准化科研机构、标准化技术委员会及归口单位、标准出版发行机构等加强标准化服务能力建设。鼓励社会资金参与标准化服务机构发展。引导有能力的社会组织参与标准化服务。

附录

附表 8-1　油料（产品）国家标准体系

序号	产品	分类	标准名称	标准状态	备注
1	大豆	产品	大豆油	GB/T 1535—2003	现行有效
2	大豆	产品	食品安全国家标准　食品添加剂　改性大豆磷脂	GB 1886.238—2016	现行有效
3	大豆	产品	大豆蛋白粉	GB/T 22493—2008	现行有效
4	大豆	产品	大豆蔻	GB/T 30379—2013	现行有效
5	大豆	产品	大豆	GB 1352—2009	现行有效
6	大豆	产品	饲料添加剂　大豆磷脂	GB/T 23878—2009	现行有效
7	大豆	产品	食品安全国家标准　食品添加剂　酶解大豆磷脂	GB 30607—2014	现行有效
8	大豆	产品	大豆膳食纤维粉	GB/T 22494—2008	现行有效
9	大豆	产品	大豆肽粉	GB/T 22492—2008	现行有效
10	大豆	产品	饲料用大豆粕	GB/T 19541—2004	现行有效
11	大豆	产品	大豆低聚糖	GB/T 22491—2008	现行有效
12	大豆	产品	饲料用大豆	GB/T 20411—2006	现行有效
13	大豆	产品	大豆皂苷	GB/T 22464—2008	现行有效
14	大豆	产品	食用大豆粕	GB/T 13382—2008	现行有效
15	大豆	方法	饲料用大豆制品中尿素酶活性的测定	GB/T 8622—2006	现行有效
16	大豆	方法	食品安全国家标准　粮谷和大豆中 11 种除草剂残留量的测定　气相色谱-质谱法	GB 23200.24—2016	现行有效
17	大豆	方法	食品安全国家标准　大豆制品中胰蛋白酶抑制剂活性的测定	GB 5009.224—2016	现行有效
18	大豆	方法	大豆中咪唑啉酮类除草剂残留量的测定	GB/T 23818—2009	现行有效
19	大豆	方法	大豆中磺酰脲类除草剂残留量的测定	GB/T 23817—2009	现行有效
20	大豆	方法	大豆中三嗪类除草剂残留量的测定	GB/T 23816—2009	现行有效
21	大豆	方法	保健食品中大豆异黄酮的测定方法　高效液相色谱法	GB/T 23788—2009	现行有效
22	大豆	方法	粮油检验　大豆异黄酮含量测定　高效液相色谱法	GB/T 26625—2011	现行有效
23	大豆	方法	大豆及谷物中氟磺胺草醚残留量的测定	GB/T 5009.130—2003	现行有效
24	大豆	方法	花生、大豆中异丙甲草胺残留量的测定	GB/T 5009.174—2003	现行有效
25	大豆	方法	大豆、花生、豆油、花生油中的氟乐灵残留量的测定	GB/T 5009.172—2003	现行有效
26	大豆	方法	粮油检验　大豆粗蛋白质、粗脂肪含量的测定　近红外法	GB/T 24870—2010	现行有效
27	大豆	方法	大豆种子品种鉴定实验方法　简单重复序列间区法	GB/T 19563—2004	现行有效
28	大豆	方法	植物新品种特异性、一致性和稳定性测试指南　大豆	GB/T 19557.4—2004	现行有效

（续）

序号	产品	分类	标准名称	标准状态	备注
29	大豆	方法	大豆制品甲酚红指数的测定	GB/T 15403—1994	现行有效
30	大豆	规程/规范	大豆储存品质判定规则	GB/T 31785—2015	现行有效
31	大豆	规程/规范	大豆原种生产技术操作规程	GB/T 17318—2011	现行有效
32	大豆	规程/规范	大豆种子产地检疫规程	GB 12743—2003	现行有效
33	大豆	规程/规范	大豆食心虫测报调查规范	GB/T 19562—2004	现行有效
34	大豆	生产管理	农药田间药效试验准则（二） 第147部分：大豆生长调节剂试验	GB/T 17980.147—2004	现行有效
35	大豆	生产管理	农药田间药效试验准则（二） 第125部分：除草剂防治大豆田杂草	GB/T 17980.125—2004	现行有效
36	大豆	生产管理	农药田间药效试验准则（二） 第88部分：杀菌剂防治大豆根腐病	GB/T 17980.88—2004	现行有效
37	大豆	生产管理	农药田间药效试验准则（二） 第89部分：杀菌剂防治大豆锈病	GB/T 17980.89—2004	现行有效
38	大豆	生产管理	农药田间药效试验准则（二） 第71部分：杀虫剂防治大豆食心虫	GB/T 17980.71—2004	现行有效
39	油菜籽	产品	油菜籽	GB/T 11762—2006	现行有效
40	菜籽粕	产品	饲料用菜籽粕	GB/T 23736—2009	现行有效
41	菜籽粕	产品	菜籽粕	GB/T 22514—2008	现行有效
42	菜籽油	产品	菜籽油（含第1号修改单）	GB/T 1536—2004	现行有效
43	菜籽粕	产品	饲料用菜籽粕	GB/T 23736—2009	现行有效
44	油菜籽	方法	油菜籽叶绿素含量测定 分光光度计法	GB/T 22182—2008	现行有效
45	油菜籽	方法	油菜籽中芥酸及硫苷的测定 分光光度法	GB/T 23890—2009	现行有效
46	花生	产品	花生油	GB/T 1534—2003	现行有效
47	花生	产品	花生	GB/T 1532—2008	现行有效
48	花生	产品	食用花生饼、粕	GB/T 13383—2008	现行有效
49	花生	产品	地理标志产品 新昌花生（小京生）	GB/T 19693—2008	现行有效
50	花生	方法	食品安全国家标准 食品添加剂 花生四烯酸油脂（发酵法）	GB 26401—2011	现行有效
51	花生	方法	花生仁、棉籽油、花生油中涕灭威残留量测定方法	GB/T 14929.2—1994	现行有效
52	花生	方法	花生、大豆中异丙甲草胺残留量的测定	GB/T 5009.174—2003	现行有效
53	花生	方法	大豆、花生、豆油、花生油中的氟乐灵残留量的测定	GB/T 5009.172—2003	现行有效
54	花生	方法	稻谷、花生仁中恶草酮残留量的测定	GB/T 5009.180—2003	现行有效
55	花生	方法	粮油检验 花生中白藜芦醇的测定 高效液相色谱法	GB/T 24903—2010	现行有效
56	花生	生产管理	农药田间药效试验准则（二） 第84部分：杀菌剂防治花生锈病	GB/T 17980.84—2004	现行有效
57	花生	生产管理	农药田间药效试验准则（二） 第134部分：棉花生长调节剂试验	GB/T 17980.134—2004	现行有效
58	花生	生产管理	农药田间药效试验准则（二） 第85部分：杀菌剂防治花生叶斑病	GB/T 17980.85—2004	现行有效

（续）

序号	产品	分类	标准名称	标准状态	备注
59	花生	生产管理	农药田间药效试验准则（二） 第126部分：除草剂防治花生田杂草	GB/T 17980.126—2004	现行有效
60	芝麻	产品	芝麻油	GB/T 8233—2008	现行有效
61	芝麻	产品	芝麻粕	GB/T 22477—2008	现行有效
62	芝麻	产品	芝麻	GB/T 11761—2006	现行有效
63	芝麻	产品	黑芝麻糊	GB/T 23781—2009	现行有效
64	芝麻	产品	芝麻香型白酒	GB/T 20824—2007	现行有效
65	芝麻	方法	粮油检验 芝麻油中芝麻素和芝麻林素的测定 高效液相色谱法	GB/T 31579—2015	现行有效
66	亚麻籽	产品	食品安全国家标准 食品添加剂 亚麻籽胶（又名富兰克胶）	GB 1886.175—2016	现行有效
67	亚麻籽	产品	亚麻籽油	GB/T 8235—2008	现行有效
68	亚麻籽	产品	亚麻籽	GB/T 15681—2008	现行有效
69	亚麻籽	方法	食品安全国家标准 保健食品中α-亚麻酸、二十碳五烯酸、二十二碳五烯酸和二十二碳六烯酸的测定	GB 28404—2012	现行有效
70	亚麻籽	规程/规范	亚麻纤维加工系统粉尘防爆安全规程	GB 19881—2005	现行有效
71	棉籽	产品	棉籽油	GB/T 1537—2003	现行有效
72	棉籽	产品	饲料用棉籽粕	GB/T 21264—2007	现行有效
73	棉籽	产品	棉籽	GB/T 11763—2008	现行有效
74	棉籽	方法	花生仁、棉籽油、花生油中涕灭威残留量测定方法	GB/T 14929.2—1994	现行有效

附表 8-2 油料（产品）行业标准体系

序号	产品	分类	标准名称	标准状态	备注
1	大豆	产品	绿色食品 高级大豆烹调油	NY/T 287—1995	现行有效
2	大豆	产品	绿色食品 大豆油	NY/T 286—1995	现行有效
3	大豆	产品	农作物品种审定规范 大豆	NY/T 1298—2007	现行有效
4	大豆	产品	大豆品质同质性评价技术规范	NY/T 1010—2006	现行有效
5	大豆	产品	大豆异黄酮	NY/T 1252—2006	现行有效
6	大豆	方法	大豆品种鉴定技术规程 SSR分子标记法	NY/T 2595—2014	现行有效
7	大豆	方法	大豆及制品中磷脂组分和含量的测定 高效液相色谱法	NY/T 2004—2011	现行有效
8	大豆	方法	大豆疫霉病菌检疫检测与鉴定方法	NY/T 2114—2012	现行有效
9	大豆	方法	大豆水溶性蛋白含量的测定	NY/T 1205—2006	现行有效
10	大豆	方法	转基因植物及其产品检测 大豆定性PCR方法	NY/T 675—2003	现行有效
11	大豆	方法	转基因大豆环境安全检测技术规范 第3部分：对生物多样性影响的检测	NY/T 719.3—2003	现行有效
12	大豆	方法	转基因大豆环境安全检测技术规范 第2部分：外源基因流散的生态风险检测	NY/T 719.2—2003	现行有效
13	大豆	方法	转基因大豆环境安全检测技术规范 第1部分：生存竞争能力检测	NY/T 719.1—2003	现行有效

（续）

序号	产品	分类	标准名称	标准状态	备注
14	大豆	方法	大豆中异黄酮含量的测定　高效液相色谱法	NY/T 1740—2009	现行有效
15	大豆	方法	大豆热损伤率的测定	NY/T 1599—2008	现行有效
16	大豆	规程	大豆主要病害防治技术规程	NY/T 2159—2012	现行有效
17	大豆	规程	大豆蛋白粉及制品辐照杀菌技术规范	NY/T 2317—2013	现行有效
18	大豆	规程	大豆疫霉病检测技术规范	NY/T 2115—2012	现行有效
19	大豆	规程	大豆等级规格	NY/T 1933—2010	现行有效
20	大豆	规程	小粒大豆生产技术规程	NY/T 1424—2007	现行有效
21	大豆	规程	大豆磨浆机质量评价技术规范	NY/T 1414—2007	现行有效
22	大豆	规程	东北地区大豆生产技术规程	NY/T 495—2002	现行有效
23	大豆	规程	大豆品种纯度鉴定技术规程　SSR分子标记法	NY/T 1788—2009	现行有效
24	大豆	规程	大豆带式精选机质量评价技术规范	NY/T 1359—2007	现行有效
25	大豆	规程	东北高油大豆栽培技术规范	NY/T 1216—2006	现行有效
26	大豆	规程	黄淮海地区高蛋白夏大豆栽培技术规程	NY/T 1293—2007	现行有效
27	大豆	生产管理	大豆联合收割机械作业质量	NY/T 738—2003	现行有效
28	大豆	术语	大豆栽培工	NY/T 1542—2007	现行有效
29	大豆	产地环境	大豆产地环境技术条件	NY/T 850—2004	现行有效
30	油菜籽	产品	绿色食品　油菜籽	NY/T 2982—2016	现行有效
31	菜籽油	产品	低芥酸菜籽色拉油	NY/T 1273—2007	现行有效
32	油菜籽	产品	高芥酸油菜籽	NY/T 1990—2011	现行有效
33	油菜籽	产品	低芥酸低硫苷油菜籽	NY/T 415—2000	现行有效
34	菜籽油	产品	低芥酸菜籽油	NY/T 416—2000	现行有效
35	菜籽粕	产品	饲料用菜籽粕	NY/T 126—2005	现行有效
36	菜籽粕	产品	饲料用低硫苷菜籽饼（粕）	NY/T 417—2000	现行有效
37	油菜籽	方法	油菜籽中叶绿素含量的测定　光度法	NY/T 1287—2007	现行有效
38	菜籽油	方法	菜籽油中芥酸的测定	NY/T 2002—2011	现行有效
39	菜籽油	方法	菜籽油氧化稳定性的测定　加速氧化试验	NY/T 2003—2011	现行有效
40	菜籽饼粕	方法	菜籽饼粕及其饲料中噁唑烷硫酮的测定　紫外分光光度法	NY/T 1799—2009	现行有效
41	油菜籽	方法	油菜籽芥酸硫苷的测定（光度法）	NY/T 792—2004	现行有效
42	油菜籽	方法	油菜籽中游离脂肪酸的测定　滴定法	NY/T 1797—2009	现行有效
43	油菜籽	方法	油菜籽中硫代葡萄糖苷的测定　高效液相色谱法	NY/T 1582—2007	现行有效
44	油菜籽	规程	油菜籽干燥与储藏技术规程	NY/T 1087—2006	现行有效
45	油菜籽	规程	双低油菜籽等级规格	NY/T 1795—2009	现行有效
46	花生	产品	绿色食品　花生及制品	NY/T 420—2009	现行有效
47	花生	产品	油用花生	NY/T 1068—2006	现行有效
48	花生	产品	食用花生	NY/T 1067—2006	现行有效
49	花生	产品	花生酱	NY/T 958—2006	现行有效
50	花生	方法	花生仁中氨基酸含量测定　近红外法	NY/T 2794—2015	现行有效
51	花生	方法	花生黄曲霉侵染抗性鉴定方法	NY/T 2310—2013	现行有效

（续）

序号	产品	分类	标准名称	标准状态	备注
52	花生	规程	低温压榨花生油生产技术规范	NY/T 2786—2015	现行有效
53	花生	规程	花生热风干燥技术规范	NY/T 2785—2015	现行有效
54	花生	规程	花生黄曲霉毒素污染控制技术规程	NY/T 2308—2013	现行有效
55	花生	规程	花生栽培观察记载技术规范	NY/T 2408—2013	现行有效
56	花生	规程	花生防早衰适期晚收高产栽培技术规程	NY/T 2407—2013	现行有效
57	花生	规程	花生防空秕栽培技术规程	NY/T 2406—2013	现行有效
58	花生	规程	花生连作高产栽培技术规程	NY/T 2405—2013	现行有效
59	花生	规程	花生单粒精播高产栽培技术规程	NY/T 2404—2013	现行有效
60	花生	规程	旱薄地花生高产栽培技术规程	NY/T 2403—2013	现行有效
61	花生	规程	高蛋白花生生产技术规程	NY/T 2402—2013	现行有效
62	花生	规程	覆膜花生机械化生产技术规程	NY/T 2401—2013	现行有效
63	花生	规程	绿色食品　花生生产技术规程	NY/T 2400—2013	现行有效
64	花生	规程	花生种子生产技术规程	NY/T 2399—2013	现行有效
65	花生	规程	夏直播花生生产技术规程	NY/T 2398—2013	现行有效
66	花生	规程	高油花生生产技术规程	NY/T 2397—2013	现行有效
67	花生	规程	麦田套种花生生产技术规程	NY/T 2396—2013	现行有效
68	花生	规程	花生田主要杂草防治技术规程	NY/T 2395—2013	现行有效
69	花生	规程	花生主要病害防治技术规程	NY/T 2394—2013	现行有效
70	花生	规程	花生主要虫害防治技术规程	NY/T 2393—2013	现行有效
71	花生	规程	花生田镉污染控制技术规程	NY/T 2392—2013	现行有效
72	花生	规程	农作物品种区域试验与审定技术规程　花生	NY/T 2391—2013	现行有效
73	花生	规程	花生干燥与储藏技术规程	NY/T 2390—2013	现行有效
74	花生	规程	加工用花生等级规格	NY/T 1893—2010	现行有效
75	花生	规程	黄河流域棉花生产技术规程	NY/T 1387—2007	现行有效
76	花生	生产管理	花生摘果机　作业质量	NY/T 993—2006	现行有效
77	花生	生产管理	花生剥壳机　作业质量	NY/T 994—2006	现行有效
78	芝麻	产品	绿色食品　芝麻及其制品	NY/T 1509—2007	现行有效
79	芝麻	方法	芝麻中芝麻素含量的测定　高效液相色谱法	NY/T 1595—2008	现行有效
80	芝麻	方法	农药田间药效试验准则　第18部分：除草剂防治芝麻田杂草	NY/T 1464.18—2007	现行有效
81	芝麻	规程	芝麻油冷榨技术规范	NY/T 2307—2013	现行有效
82	亚麻籽	产品	饲料用亚麻仁粕	NY/T 217—1992	现行有效
83	亚麻籽	产品	饲料用亚麻仁饼	NY/T 216—1992	现行有效
84	亚麻籽	方法	植物新品种特异性、一致性和稳定性测试指南　亚麻	NY/T 2562—2014	现行有效
85	亚麻籽	方法	亚麻纤维细度快速检测　显微图像法	NY/T 2338—2013	现行有效
86	棉籽	方法	棉籽中棉酚旋光体的测定　高效液相色谱法	NY/T 1382—2007	现行有效
87	向日葵	产品	食用向日葵籽	NY/T 1581—2007	现行有效
88	大豆	产品	大豆生育期组划分		未制定
89	大豆	产品	鲜食大豆品种		未制定

（续）

序号	产品	分类	标准名称	标准状态	备注
90	大豆	方法	大豆及其制品中胰蛋白活性抑制测定		未制定
91	大豆	规程	大豆机械化生产技术规程		未制定
92	大豆	规程	大豆玉米间作套种生产技术规程		未制定
93	大豆	规程	大豆食叶害虫危害监测技术规范		未制定
94	大豆	规程	大豆抗食心虫鉴定技术规程		未制定
95	大豆	规程	大豆花叶病毒抗性鉴定技术规程		未制定
96	大豆	规程	黄淮夏大豆机械化免耕栽培技术规程		未制定
97	大豆	规程	大豆化学除草技术规程		未制定
98	油菜	产品	“菜油两用”型油菜品种		未制定
99	油菜	产品	高油酸油菜品种		未制定
100	油菜	产品	三熟制早熟油菜品种		未制定
101	油菜	产品	北方强冬性油菜品种		未制定
102	油菜	产品	油菜机械化品种		未制定
103	油菜	产品	高油酸油菜籽		未制定
104	油菜	产品	油菜化杀杂交品种		未制定
105	油菜	方法	油菜籽中芥子醇的测定　气相色谱质谱联用法		未制定
106	油菜	方法	油菜籽中粗蛋白质含量的测定　近红外法		未制定
107	油菜	方法	油菜籽中灰分含量的测定　近红外法		未制定
108	油菜	方法	油菜籽中芥子酶活性的测定		未制定
109	油菜	方法	油菜籽中水分含量的测定　近红外法		未制定
110	油菜	方法	油菜籽粗蛋白质的含量测定　近红外法		未制定
111	油菜	方法	油菜籽生育酚的含量测定　近红外法		未制定
112	油菜	方法	油菜籽中硫代葡萄糖苷的测定　近红外光谱法		未制定
113	油菜	规程	油菜抗倒性鉴定技术规程		未制定
114	油菜	规程	油菜抗（耐）菌核病性鉴定技术规程		未制定
115	油菜	规程	油菜裂角抗性鉴定技术规程		未制定
116	油菜	规程	油菜抗冻性鉴定技术规程		未制定
117	油菜	规程	油菜蚜虫防治技术规程		未制定
118	油菜	规程	油菜黑胫病抗性鉴定技术规程		未制定
119	油菜	规程	油菜籽总酚的测定　福林酚法		未制定
120	油菜	规程	油菜籽及饼粕中酚酸类化合物的测定　高效液相色谱法		未制定
121	油菜	规程	三熟制油菜品种生产技术规程		未制定
122	油菜	规程	北方冬油菜良种繁育技术规程		未制定
123	油菜	规程	北方白菜型冬油菜品种区域试验记载规范		未制定
124	油菜	规程	北方白菜型冬油菜栽培技术规程		未制定
125	油菜	规程	油菜缓释施肥技术规程		未制定
126	油菜	规程	春油菜机械化生产技术规程		未制定
127	油菜	规程	稻油两熟制油菜轻简化生产技术规程		未制定
128	油菜	规程	油菜机械化直播农机农艺技术规范		未制定

（续）

序号	产品	分类	标准名称	标准状态	备注
129	油菜	规程	油菜毯状苗移栽机质量评价技术规范		未制定
130	油菜	规程	油菜根肿病防治与抗性评价标准		未制定
131	油菜	规程	富硒双低油菜病虫防治技术规程		未制定
132	油菜	规程	油菜化学除草技术规程		未制定
133	油菜	生产管理	油菜籽脱皮机与皮仁分离系统		未制定
134	油菜	生产管理	油菜机械化精量联合直播机技术条件		未制定
135	油菜	产地环境	富硒双低油菜产地环境条件		未制定
136	花生	方法	花生中含油量的测定　近红外法		未指定
137	花生	方法	花生中灰分含量的测定　近红外法		未制定
138	花生	方法	花生中水分含量的测定　近红外法		未制定
139	花生	方法	花生及其制品中白藜芦醇测定方法		未制定
140	花生	方法	花生田间测产方法		未制定
141	花生	方法	花生品种鉴定技术规程　SSR分子标记法		未制定
142	花生	规程	花生植株形态与农艺性状调查技术规程		未制定
143	花生	规程	花生抗旱性鉴定技术规程		未制定
144	花生	规程	花生种子休眠性鉴定及评价技术规程		未制定
145	花生	规程	花生种子繁育技术规程		未制定
146	花生	规程	旱薄地花生膜下滴灌技术规程		未制定
147	花生	规程	春玉米间作花生生产技术规程		未制定
148	花生	规程	甘薯间作花生栽培技术规程		未制定
149	花生	规程	花生与玉米轮作栽培技术规程		未制定
150	花生	规程	花生肥效后移防衰增产栽培技术规程		未制定
151	花生	规程	盐碱地花生生产技术规程		未制定
152	花生	规程	花生渍涝灾害防控技术规程		未制定
153	花生	规程	南方红壤旱地花生栽培技术规程		未制定
154	花生	规程	花生良好农业生产技术规范		未制定
155	花生	规程	花生疮痂病防治技术规程		未制定
156	花生	规程	花生网斑病防治技术规程		未制定
157	花生	规程	花生耐渍性鉴定技术标准		未制定
158	花生	规程	花生蚜虫防治技术规程		未制定
159	花生	规程	花生缺铁性黄化症防治技术规程		未制定
160	花生	规程	花生储藏技术规程		未制定
161	花生	规程	花生充气密闭储藏技术规程		未制定
162	花生	规程	花生果真空入味烘烤加工技术规程		未制定
163	花生	规程	产后花生防霉包装技术规程		未制定
164	花生	规程	产后花生熏蒸防霉技术规程		未制定
165	花生	规程	花生黄曲霉毒素臭氧脱毒技术规程		未制定
166	花生	规程	花生黄曲霉毒素紫外光脱毒技术规程		未制定
167	花生	规程	花生田间病害鉴定技术规程		未制定

（续）

序号	产品	分类	标准名称	标准状态	备注
168	芝麻	产品	芝麻生育期组划分		未制定
169	芝麻	产品	高油、高蛋白芝麻		未制定
170	芝麻	产品	高芝麻素芝麻		未制定
171	芝麻	产品	冷榨芝麻油		未制定
172	芝麻	产品	芝麻		未制定
173	芝麻	产品	芝麻蛋白粉		未制定
174	芝麻	产品	芝麻饼粕		未制定
175	芝麻	方法	芝麻中粗蛋白质含量的测定　近红外法		未制定
176	芝麻	方法	芝麻中含油量的测定　近红外法		未制定
177	芝麻	方法	芝麻中灰分含量的测定　近红外法		未制定
178	芝麻	方法	芝麻中水分含量的测定　近红外法		未制定
179	芝麻	方法	芝麻品种鉴定技术规程　SSR分子标记法		未制定
180	芝麻	规程	芝麻抗旱性鉴定技术规程		未制定
181	芝麻	规程	芝麻耐湿性鉴定技术规程		未制定
182	芝麻	规程	芝麻茎点枯病抗性鉴定技术规程		未制定
183	芝麻	规程	芝麻枯萎病抗性鉴定技术规程		未制定
184	芝麻	规程	芝麻青枯病抗性鉴定技术规程		未制定
185	芝麻	规程	农作物品种试验技术规程　芝麻		未制定
186	芝麻	规程	芝麻种子繁育技术规程		未制定
187	芝麻	规程	芝麻高产轻简化栽培技术规程		未制定
188	芝麻	规程	芝麻隐性核不育三系配套杂交制种技术规程		未制定
189	芝麻	规程	芝麻生产技术规程		未制定
190	芝麻	规程	芝麻青枯病防控技术规程		未制定
191	芝麻	规程	芝麻农机农艺生产技术规程		未制定
192	芝麻	规程	芝麻储藏技术规程		未制定
193	芝麻	产地环境	绿色芝麻基地环境		未制定
194	芝麻	产地环境	有机芝麻基地环境		未制定
195	胡麻	方法	胡麻粗脂肪及其组分测定技术　近红外检测		未制定
196	胡麻	方法	胡麻木酚素及其组分测定技术　近红外检测		未制定
197	胡麻	方法	胡麻粗蛋白质及其组分测定技术　近红外检测		未制定
198	胡麻	规程	胡麻抗旱性鉴定技术规程		未制定
199	胡麻	规程	胡麻枯萎病抗性鉴定技术规程		未制定
200	胡麻	规程	胡麻抗旱性鉴定技术规程		未制定
201	胡麻	规程	胡麻枯萎病抗性鉴定技术规程		未制定
202	胡麻	规程	胡麻区域试验技术规程		未制定
203	胡麻	规程	胡麻杂交种纯度分子鉴定技术规程		未制定
204	胡麻	规程	胡麻种子加工及储藏技术规程		未制定
205	胡麻	规程	胡麻草害化学控制技术规程		未制定
206	胡麻	规程	胡麻有机栽培技术规程		未制定

（续）

序号	产品	分类	标准名称	标准状态	备注
207	胡麻	规程	胡麻全程机械化技术规程		未制定
208	胡麻	规程	灌区胡麻节水高效种植技术规程		未制定
209	胡麻	规程	高亚麻酸胡麻生产技术规程		未制定
210	胡麻	规程	地膜重复利用胡麻栽培技术规程		未制定
211	胡麻	规程	胡麻高效施肥技术规程		未制定
212	胡麻	规程	旱地胡麻垄膜集雨沟播抗旱增产栽培技术规程		未制定
213	胡麻	规程	胡麻蚜虫无公害防控技术规程		未制定
214	胡麻	规程	胡麻田杂草无公害防除技术规程		未制定
215	胡麻	规程	胡麻枯萎病防控技术规程		未制定
216	胡麻	规程	胡麻蚜虫防控技术规程		未制定
217	胡麻	规程	胡麻有机栽培与绿色防控集成技术规程		未制定
218	胡麻	生产管理	胡麻油食用安全生产技术		未制定
219	胡麻	生产管理	胡麻籽木酚素高效提取技术		未制定
220	胡麻	生产管理	胡麻籽胶高效提纯技术		未制定
221	胡麻	生产管理	胡麻籽高附加值产品加工技术		未制定
222	胡麻	生产管理	胡麻籽冷榨固体吸附精炼生产技术		未制定
223	胡麻	产地环境	高亚麻酸胡麻基地环境		未制定
224	胡麻	产地环境	有机胡麻基地环境		未制定
225	蓖麻	生产管理	蓖麻生态区划		未制定
226	蓖麻	生产管理	蓖麻生产技术规程		未制定
227	红花	生产管理	红花生态区划		未制定
228	红花	规程	红花种子生产技术规程		未制定
229	红花	规程	红花病虫害综合防控技术规程		未制定
230	红花	产品	红花花瓣		未制定
231	向日葵	产品	仁用向日葵籽		未制定
232	向日葵	方法	向日葵杂交种及亲本纯度鉴定　电泳法		未制定
233	向日葵	方法	向日葵菌核病检疫鉴定方法		未制定
234	向日葵	方法	向日葵霜霉病检疫鉴定方法		未制定
235	向日葵	方法	向日葵茎腐病检疫鉴定方法		未制定
236	向日葵	规程	向日葵种质资源繁殖更新技术规程		未制定
237	向日葵	规程	向日葵套种瓜类栽培技术规程		未制定
238	向日葵	规程	有机农产品向日葵栽培技术规程		未制定
239	向日葵	规程	绿色农产品向日葵栽培技术规程		未制定
240	向日葵	规程	无公害农产品向日葵栽培技术规程		未制定
241	向日葵	规程	向日葵机械化收获技术规程		未制定
242	向日葵	规程	向日葵机械化除草技术规程		未制定
243	向日葵	规程	向日葵膜下滴管高效灌溉技术规程		未制定
244	向日葵	规程	向日葵螟防治技术规程		未制定
245	向日葵	规程	向日葵菌核病综合防控技术规程		未制定

（续）

序号	产品	分类	标准名称	标准状态	备注
246	向日葵	规程	向日葵霜霉病综合防控技术规程		未制定
247	向日葵	规程	向日葵茎腐病综合防控技术规程		未制定
248	向日葵	规程	向日葵储藏技术规程		未制定
249	向日葵	生产管理	向日葵常规种繁殖技术		未制定
250	植物油	方法	食用植物油中的植物甾醇的测定　气相色谱-质谱联用法		未制定
251	植物油	方法	食用植物油中三氯丙二醇的测定　气相色谱法		未制定
252	植物油	方法	食用植物油中甘油三酯组成和含量的测定　液相色谱-质谱联用法		未制定
253	植物油	方法	拟南芥微量种子中脂肪酸组成和含量的测定　气相色谱法		未制定
254	植物油	方法	食用植物油中棉籽油的鉴别		未制定
255	植物油	方法	油料中甘油三酯含量的测定　液相色谱串联质谱法		未制定
256	植物油	方法	油料中硫苷含量的测定　液相色谱串联质谱法		未制定
257	植物油	方法	油料种子油和含水量的同步测量　脉冲核磁共振法		未制定
258	植物油	方法	植物油料油酸的含量测定　近红外法		未制定
259	植物油	方法	植物油中多酚的测定　液相色谱串联质谱法		正在制定
260	植物油	方法	油脂中甾醇的测定　气相色谱-质谱法		正在制定
261	植物油	方法	植物油脂中辣椒素的测定　免疫分析法		正在制定
262	植物油	方法	植物油中异黄酮的测定　液相色谱串联质谱法		正在制定
263	植物油	方法	油料中全谱脂肪酸的测定　气相色谱-质谱法		正在制定
264	植物油	产品	富硒双低菜籽油		未制定
265	植物油	产品	冷榨菜籽油		未制定
266	植物油	产品	玉米胚芽油		未制定
267	植物油	产品	番茄籽油		未制定
268	植物油	产品	牡丹籽油		未制定
269	植物油	产品	沙棘籽油		未制定
270	葵花籽	产品	食用葵花籽		未制定
271	葵花籽	产品	油用葵花籽		未制定
272	葵花籽	规程	食葵机械化精量播种技术规程		未制定
273	葵花籽	规程	油葵机械化精量播种技术		未制定
274	葵花籽	规程	油葵膜下滴管高效灌溉技术规程		未制定
275	水稻	规程	水稻中黄曲霉毒素预防和减控技术规程		未制定
276	小麦	规程	小麦中脱氧雪腐镰刀菌烯醇预防和减控技术规程		未制定
277	小麦	规程	小麦中玉米赤霉烯酮预防和减控技术规程		正在制定
278	玉米	规程	玉米中黄曲霉毒素减控技术规程		正在制定
279	饲料	方法	饲料中黄曲霉毒素和赭曲霉毒素 A 的同步测定　上转换荧光免疫法		未制定

（续）

序号	产品	分类	标准名称	标准状态	备注
280	饲料	产品	饲料用发酵菜粕		未制定
281	亚麻籽	方法	亚麻籽及其制品中木酚素的测定		未制定
282	大麻	规程	大麻主要病虫害防治技术规范		未制定
283	苏子	规程	苏子生产技术规程		未制定
284	油菜籽	生产管理	油茶籽脱壳分离组合装置		未制定
285	苎麻	产品	饲用苎麻		未制定
286	其他	方法	农产品赭曲霉菌株产毒力鉴定方法		未制定
287	其他	规程	黄曲霉生防菌活性鉴定技术规程		未制定

附表 8-3　油料（产品）地方标准体系

序号	产品	分类	标准名称	标准状态	备注
1	大豆	产品	饲料原料　膨化大豆	DB43/T 887—2014	现行有效
2	大豆	产品	芽用大豆	DB22/T 1750—2012	现行有效
3	大豆	产品	纳豆用小粒大豆	DB22/T 1749—2012	现行有效
4	大豆	产品	高蛋白大豆	DB22/T 1748—2012	现行有效
5	大豆	产品	饲料用膨化大豆	DB44/T 1177—2013	现行有效
6	大豆	产品	优质大豆	DB21/T 1282—2004	现行有效
7	大豆	产品	富硒双低菜籽油	DB61/T 508.6—2011	现行有效
8	大豆	产品	固态发酵饲用菜籽粕	DB51/T 1086—2010	现行有效
9	大豆	方法	大豆转基因成分筛查方法	DB12/T 506—2014	现行有效
10	大豆	方法	大豆中溴虫腈残留量的测定　气相色谱-质谱/质谱法	DB22/T 1626—2012	现行有效
11	大豆	方法	大豆油生产主要工序单位产品能耗限额及计算方法	DB32/2623—2014	现行有效
12	大豆	方法	大豆饼粕中掺有玉米面的鉴定（暂无文本）	DB21/T 846—1995	现行有效
13	大豆	方法	大豆疫霉菌分子检测技术规程	DB35/T 1280—2012	现行有效
14	大豆	方法	大豆疫霉菌致病性测定	DB35/T 1220—2011	现行有效
15	大豆	方法	大豆品种抗旱性鉴定方法及评价	DB11/T 720—2010	现行有效
16	大豆	方法	大豆及其制品蛋白质溶解度的测定	DB13/T 812—2006	现行有效
17	大豆	方法	莫代尔纤维、莱赛尔纤维、大豆蛋白聚乙烯醇复合纤维鉴别试验方法　溶解性试验	DB13/T 814.4—2006	现行有效
18	大豆	方法	莫代尔纤维、莱赛尔纤维、大豆蛋白聚乙烯醇复合纤维鉴别试验方法　显微镜观察	DB13/T 814.3—2006	现行有效
19	大豆	方法	莫代尔纤维、莱赛尔纤维、大豆蛋白聚乙烯醇复合纤维鉴别试验方法　燃烧试验	DB13/T 814.2—2006	现行有效
20	大豆	方法	莫代尔纤维、莱赛尔纤维、大豆蛋白聚乙烯醇复合纤维鉴别试验方法　总则	DB13/T 814.1—2006	现行有效
21	大豆	规程	菜用大豆生产技术规程	DB35/T 1281—2012	现行有效
22	大豆	规程	大豆种子加工技术规范	DB23/T 1038—2006	现行有效
23	大豆	规程	无公害菜用大豆　生产技术规程	DB3302/T 095—2010	现行有效
24	大豆	规程	绿色农产品　青大豆生产操作规程	DB140400/T 009—2004	现行有效

（续）

序号	产品	分类	标准名称	标准状态	备注
25	大豆	规程	高蛋白大豆“皖豆24号”高产保优栽培技术操作规程	DB34/T 1455—2011	现行有效
26	大豆	规程	淮北地区大豆玉米间作高产栽培技术规程	DB34/T 1454—2011	现行有效
27	大豆	规程	大豆生产技术规程	DB11/T 261—2005	现行有效
28	大豆	规程	农作物品种试验操作规程　第3部分：大豆	DB11/T 324.3—2005	现行有效
29	大豆	规程	夏大豆窄行密植栽培技术规程	DB13/T 771—2006	现行有效
30	大豆	规程	风沙半干旱地区大豆节水高产优质栽培技术规程	DB21/T 1389—2005	现行有效
31	大豆	规程	大豆病虫安全控害技术规程	DB21/T 1319—2004	现行有效
32	大豆	规程	高油大豆栽培技术规程	DB13/T 839—2007	现行有效
33	菜籽油	产品	低芥酸优质菜籽油	DB34/T 200—2000	现行有效
34	菜籽粕	产品	饲料用低硫苷菜籽粕	DB34/T 201—2000	现行有效
35	油菜籽	产品	高芥酸油菜籽	DB510823/T 007—2010	现行有效
36	油菜籽	规程	无公害农产品　双低油菜苏油1号菜籽生产技术规程	DB3205/T 037—2003	现行有效
37	油菜籽	规程	无公害农产品　双低油菜籽生产技术规程	DB34/T 990—2009	现行有效
38	花生	产品	食品安全地方标准　花生糕制品	DBS41/004—2015	现行有效
39	花生	产品	小村红衣米花生	DB42/T 466—2008	现行有效
40	花生	产品	地理标志产品　龙岩咸酥花生	DB35/T 867—2008	现行有效
41	花生	产品	花生碎通用技术条件	DB37/T 1623—2010	现行有效
42	花生	产品	泰兴花生果分级	DB32/T 420—2010	现行有效
43	花生	产品	花生酥糕点	DB13/T 1294—2010	现行有效
44	花生	产品	地理标志产品　大悟花生	DB42/T 999—2014	现行有效
45	花生	产品	地理标志产品　傅家花生	DB21/T 1731—2009	现行有效
46	花生	方法	花生油中掺伪分析方法	DB35/T 99—1999	现行有效
47	花生	规程	食品安全地方标准　小油坊压榨花生油黄曲霉毒素 B_1 控制规范	DBS45/045—2017	现行有效
48	花生	规程	地理标志产品　滦县花生（东路花生）	DB13/T 2150—2014	现行有效
49	花生	规程	有机花生生产技术规程	DB21/T 2531—2015	现行有效
50	花生	规程	贵州铜仁花生生产技术规程	DB52/T 793—2013	现行有效
51	花生	规程	安徽省花生病虫草害防治技术规程	DB34/T 1323—2010	现行有效
52	花生	规程	绿色食品　沿淮地区花生栽培技术规程	DB34/T 1576—2011	现行有效
53	花生	规程	花生地膜覆盖栽培技术规程	DB34/T 1457—2011	现行有效
54	花生	规程	花生摘果机械作业技术规程	DB21/T 1807—2010	现行有效
55	花生	规程	花生生产技术规程	DB11/T 260—2005	现行有效
56	芝麻	产品	地理标志产品　平舆白芝麻	DB41/T 798—2013	现行有效
57	芝麻	产品	鲁菜　面点　芝麻锅饼	DB37/T 2658.21—2015	现行有效
58	芝麻	产品	江津芝麻杆	DB50/258—2007	现行有效
59	芝麻	产品	芝麻酥糖	DB37/T 1485—2009	现行有效
60	芝麻	产品	食品安全地方标准　江津芝麻杆	DBS50/019—2014	现行有效

（续）

序号	产品	分类	标准名称	标准状态	备注
61	芝麻	方法	芝麻油中掺伪分析方法	DB35/T 100—1999	现行有效
62	芝麻	方法	芝麻油纯度的测定　比色法	DB34/T 924—2009	现行有效
63	芝麻	规程	石磨芝麻香油　制作加工技术规范	DB37/T 2638—2014	现行有效
64	芝麻	规程	无公害农产品　“宁芝1号”芝麻生产技术规程	DB3201/T 045—2004	现行有效
65	芝麻	规程	无公害蔬菜　芝麻菜生产技术规程	DB11/T 571—2008	现行有效
66	芝麻	规程	农产品质量安全　芝麻生产技术规程	DB21/T 1601—2008	现行有效
67	芝麻	规程	无公害芝麻生产技术规程	DB13/T 847—2007	现行有效
68	亚麻籽	产品	熟制压榨胡麻籽油（亚麻籽油）	DB64/673—2010	现行有效
69	亚麻籽	规程	亚麻（胡麻）有机栽培技术规程	DB13/T 780—2006	现行有效
70	棉籽	产品	毛棉籽油	DB21/T 594—2001	现行有效
71	向日葵	规程	无公害食品　食用向日葵生产技术规程	DB64/T 505—2007	现行有效
72	向日葵	规程	无公害食品　油用向日葵生产技术规程	DB64/T 504—2007	现行有效

第九章　2017年度种植业产品标准体系研究报告——麻类

麻类作物主要包括苎麻、亚麻、大麻、黄麻、红麻、剑麻、蕉麻等。麻类是人类最早种植利用的纤维植物之一，我国麻类作物种类几乎包括了世界上所有的麻类作物，主要作为纺织、包装、建材、造纸、环保等行业原料。纺织行业中使用的麻纤维原料大多为韧皮纤维，包括苎麻、亚麻、黄麻、红麻等纤维，其中苎麻、亚麻、大麻等并称为“软质纤维”，在植物纤维中，其重要性仅次于棉花，是纺织业的重要原料。红麻（又称洋麻）和黄麻是亚热带和热带一年生草本植物，性能较为相似，熟黄（红）麻纤维有着柔和的光泽和颜色，强度大、吸湿散湿较快、能抗菌，并能很好地与棉花、黏胶、羊毛及其他纤维混纺，生产出高附加值产品。麻纤维能在自然环境中完全降解，不污染环境，可用来生产地膜。剑麻、蕉麻属于硬质纤维，主要用来生产地毯、绳索、绳芯等。

随着苎麻、亚麻、红麻、黄麻等的利用率及其产品档次的提高、应用范围的扩大，新产品不断地开发和涌现，作为基础原材料的麻类标准建设显得尤为必要与紧迫。

一、麻类标准体系现状

自20世纪80年代以来，为提高麻类纤维质量、规范麻类纤维加工与市场，建立健全麻类标准体系，陆续颁布了一批麻类产品生产、收购和加工产品质量标准与检验检测方法标准。截至2016年底，已制修订麻类生产、收购、加工及产品检测方法等国家标准和农业行业标准共计83项，这些标准在麻类生产、收购、加工、检验、进出口等领域发挥了重要的作用，但也存在不少问题与缺陷。

1. 标准分布很不均衡　麻的种类很多，有苎麻、亚麻、大麻、黄麻、红麻、剑麻、蕉麻等，但现有麻类标准分布极不均衡，有些还没有标准，有些又分得太细、太烦琐。就不同种类的麻而言，剑麻的标准要细、要齐得多，现行83项麻类标准中（表9-1），剑麻占比很高，如《剑麻织物　短时间中度静负载后厚度减损的测定》《剑麻织物 长时间重度静负载后厚度减损的测定》，完全没有必要做成两项标准。《苎麻回潮率、含水率试验方法》与《剑麻纤维及制品回潮率的测定》两个方法基本一致，操作上也不存在差别，可以把几种麻统一成一项标准如《麻类产品回潮率及含水率试验方法》。就标准的类别而言，产品标准和方法标准相对较多，基础标准和生产标准则很少，如产品标准28项、方法标准43项，而基础标准仅6项、生产标准6项等，也是极不均衡。另外，现有的标准绝大部分

表9-1　现行麻类标准目录

类别	序号	标准名称	标准代号
基础标准	1	纺织名词术语（麻部分）	GB/T 5707—1985
	2	龙舌兰麻纤维及制品术语	NY/T 233—1994
	3	剑麻产品质量分级规则	NY/T 1802—2009
	4	剑麻织物　物理性能试验的取样和试样裁取	NY/T 249—1995
	5	农作物种质资源鉴定技术规范　苎麻	NY/T 1321—2007
	6	农作物优异种质资源评价规范　苎麻	NY/T 2178—2012

（续）

类别	序号	标准名称	标准代号
产品标准	7	苎麻	GB/T 7699—1999
	8	苎麻精干麻	GB/T 20793—2015
	9	苎麻精干麻切段开松麻	GB/T 32754—2016
	10	苎麻落麻	GB/T 31811—2015
	11	熟黄麻	GB/T 12945—2003
	12	熟红麻	GB/T 12946—2003
	13	大麻原麻	GB/T 16984—2008
	14	大麻纤维　第1部分：大麻精麻	GB/T 18146.1—2000
	15	大麻纤维　第2部分：大麻麻条	GB/T 18146.2—2015
	16	大麻纤维　第3部分：棉型大麻纤维	GB/T 18146.3—2015
	17	纤维用亚麻原茎	GB/T 13833—2002
	18	纤维用亚麻雨露干茎	GB/T 13834—2008
	19	亚麻打成麻	GB/T 17345—2016
	20	亚麻棉	GB/T 18888—2002
	21	亚麻籽	GB/T 15681—2008
	22	亚麻籽油	GB/T 8235—2008
	23	经济作物种子　纤维类	GB/T 4407.1—1996
	24	饲料用亚麻仁粕	NY/T 217—1992
	25	饲料用亚麻仁饼	NY/T 216—1992
	26	剑麻纤维	GB/T 15031—2009
	27	剑麻种苗	NY/T 1439—2007
	28	剑麻白棕绳	GB/T 15029—2009
	29	剑麻钢丝绳芯	GB/T 15030—2009
	30	剑麻纱	NY/T 255—2007
	31	农用剑麻纱	NY/T 457—2001
	32	钢丝绳芯用剑麻纱	NY/T 1523—2007
	33	剑麻地毯	NY/T 458—2001
	34	剑麻布	NY/T 712—2011
方法标准	35	苎麻理化性能试验取样方法	GB/T 5581—1986
	36	苎麻束纤维断裂强度试验方法	GB/T 5582—1986
	37	苎麻回潮率、含水率试验方法	GB/T 5583—1986
	38	苎麻纤维支数试验方法	GB/T 5584—1986
	39	苎麻纤维白度试验方法	GB/T 5585—1986
	40	苎麻单纤维强度试验方法	GB/T 5586—1986
	41	苎麻纤维长度试验方法	GB/T 5587—1986
	42	苎麻纤维聚合度试验方法	GB/T 5588—1986
	43	苎麻化学成分定量分析方法	GB/T 5589—1986
	44	大麻纤维试验方法　第1部分：含油率试验方法	GB/T18147.1—2008
	45	大麻纤维试验方法　第2部分：残胶率试验方法	GB/T 18147.2—2008
	46	大麻纤维试验方法　第3部分：长度试验方法	GB/T 18147.3—2015

（续）

类别	序号	标准名称	标准代号
方法标准	47	大麻纤维试验方法　第 4 部分：细度试验方法	GB/T 18147.4—2015
	48	大麻纤维试验方法　第 5 部分：断裂强度试验方法	GB/T 18147.5—2015
	49	大麻纤维试验方法　第 6 部分：疵点试验方法	GB/T 18147.6—2015
	50	黄、红麻纤维试验方法	GB/T 12411—2006
	51	亚麻纤维细度的测定　气流法	GB/T 17260—2008
	52	苎麻纤维细度快速测定方法	NY/T 1538—2007
	53	熟黄（红）麻木质素测定　硫酸法	NY/T 2337—2013
	54	亚麻纤维细度快速检测　显微图像法	NY/T 2338—2013
	55	剑麻纱线细度均匀度的测定　片段长度称重法	NY/T 247—2009
	56	剑麻纤维及制品回潮率的测定	NY/T 243—2011
	57	剑麻纤维制品含油率的测定	NY/T 245—1995
	58	剑麻纤维及制品商业公定重量的测定	NY/T 1539—2007
	59	剑麻纱线　线密度的测定	NY/T 246—1995
	60	剑麻纱线　断裂强力的测定	NY/T 250—2009
	61	剑麻织物　单位面积质量的测定	NY/T 251—1995
	62	剑麻织物　厚度的测定	NY/T 248—1995
	63	剑麻织物　短时间中度静负载后厚度减损的测定	NY/T 252—1995
	64	剑麻织物　长时间重度静负载后厚度减损的测定	NY/T 254—1995
	65	剑麻织物　在不同水和热处理下尺寸变化的测定	NY/T 256—1995
	66	剑麻纱线　捻度和捻缩的测定　直接计数法	NY/T 257—1995
	67	剑麻纤维制品含油率的测定	NY/T 245—2016
	68	剑麻加工机械　刮麻机	NY/T 264—2015
	69	剑麻纤维加工技术规程	NY/T 2648—2014
	70	剑麻加工机械　手喂式刮麻机　质量评价技术规范	NY/T 2647—2014
	71	植物新品种特异性、一致性和稳定性测试指南　苎麻	GB/T 19557.6—2004
	72	植物新品种特异性、一致性和稳定性测试指南　青麻	NY/T 2481—2013
	73	苎麻生物脱胶技术规范	NY/T 1537—2007
	74	苎麻纤维拉伸断裂强力试验方法	NY/T 2635—2014
	75	黄、红麻纤维线密度快速测定方法	NY/T 2870—2016
	76	苎麻精干麻硬条（并丝）率试验方法	GB/T 32753—2016
	77	植物新品种特异性、一致性和稳定性测试指南　大麻	NY/T 2569—2014
生产规程	78	剑麻栽培技术规程	NY/T 222—2004
	79	剑麻主要病虫害防治技术规程	NY/T 1803—2009
	80	剑麻种苗繁育技术规程	NY/T 2448—2013
	81	农作物种质资源鉴定技术规程　龙舌兰麻	NY/T 1401—2010
	82	龙舌兰麻抗病性鉴定技术规程	NY/T 1402—2010
	83	苎麻主要病虫害防治技术规范	NY/T 2042—2011

是关于麻类产品质量与品质的检验方法标准，标准制定不系统，分布不均。麻类产前、产中的标准，生产资料使用等方面的标准几乎为空白。有关麻类作物的种子繁育、种苗繁育、生产管理、病虫害防治、麻类纤维收获加工等方面的规程或标准也极不均衡，麻类标准体系很不完善，应该加强产前

与产中各环节标准的制定。

2. 部分麻类标准落后，不能满足现代社会发展的需求 很多麻类标准的标龄普遍过长，更新速度缓慢。时至今日，标龄近30年的麻类标准有10项，标龄近20年的标准有15项，这些标准还是20世纪80年代中期至90年代初制定的标准，从未进行过修订，如苎麻标准GB/T 5881—86至GB/T 5889—86的9项方法标准，近30年未修订，这些标准在当时的历史条件下发挥了一定的作用，但与这些标准配套的仪器设备大都不生产了，部分标准实际上早已被搁置不用，自动废止了。随着科学技术的进步，仪器自动化、智能化水平的提高，出现了各种不同类型的电子检测仪器，这些落后的标准远不能适应现代社会发展的需求，应尽快修订标龄过长的标准，尽快实现麻类标准与国际接轨。

3. 标准间协调性差 在麻类纤维的检测中，同一个品质指标有多个单位名称，使用的物理量的名称或单位比较混乱，协调性差。如麻纤维细度指标，苎麻纤维叫公制支数（单位：m/g，名称为公支），黄、红麻纤维称线密度［单位：kg/m，名称为特克斯（tex）］；再如纤维强力（度）单位有gf（gf/tex、gf/d）和cN（cN/tex）等。并且在不同的行业中，也因习惯不同而不一致。名称与单位的不统一，协调性差，容易引起混淆。因此，有必要规定一个既科学、又方便检测和行业内使用的统一名称与单位，有国际单位制单位的尽量采用国际单位。

4. 标准的贯彻执行与维护不良 标准执行不力，得不到有效的运行。如《苎麻》（GB/T 7699—1999）、《熟黄麻》（GB/T 12945—2003）、《熟红麻》（GB/T 12946—2003）等是现行麻类纤维收购、加工、经营所必须遵守的标准，但在实际操作中很少取样送检测部门检测，依据检测品质指标，对照相应的产品标准分等定级或分类定等，按质论价。麻丰产时压级压价、歉收时抬级抬价，不论类别、等级，一口价。有必要加强行政和舆论宣传的引导，提高标准执行的力度，通过市场的力量及市场经济的发展与完善，标准得到有效贯彻执行，使标准真正在市场经济中发挥作用，为市场经济保驾护航。

5. 标准缺乏创新性 科学技术高速发展，科技成果日新月异，新的产品、新的检测技术不断涌现，也给标准提出了新的、更高的要求。目前的仪器设备通过与计算机联用，其操作简单，速度快，效率高，性能稳定，结果准确度高，仪器自动化、智能化水平在不断提高，陈旧落后的麻类标准还停留在20世纪80年代的水平，麻类标准缺乏创新。手工操作的、烦琐的重复劳动的方法标准严重不适应市场的快速发展需求，而一些新产品如麻地膜、机剥麻等以及一些新技术还缺乏相应的标准。

二、麻类标准体系构建的探讨与建议

麻类标准是麻类科研、生产、产品、贸易、储运、检验与监管的依据，通过在产前、产中、产后各环节的实施与运用，把先进的科学技术与成功的生产经验转化为现实生产力。根据麻类产业各环节的特点与需求，建议麻类标准体系分为以下4个部分（表9-2）。

1. 基础标准 主要涉及通用术语、资源评价、抽样取样等方面的标准。目前有通用术语、资源评价与保护、抽样、实验室脱胶技术规范、包装标识、运输等共13项。建议整合2项术语标准（表9-2序号1和序号2）。包括现有的和需要制定合并的共计11项。

2. 产品标准 包括已有的国家标准和行业标准，再加上需要新制定的标准共27项。可以考虑把《剑麻纱》《农用剑麻纱》《钢丝绳芯用剑麻纱》3项标准合为1项，或者按照农业部现在的标准范畴，主要定位于农产品、初级农产品。表9-2中序号31～37的7项标准分别为剑麻绳、剑麻纱、剑麻地毯等，不属于初级农产品的范畴，是否保留值得进一步探讨。

3. 方法标准 麻类方法类标准包括原来已有的国家标准和行业标准，再加上需要新制定的标准共42项。这42项标准中，建议废止序号41～49的9项早已过期且因为部分没有相应的仪器没法继续执行的标准；废止表9-2中序号第56号《亚麻纤维细度的测定　气流法》，因为从来都没有相应的仪器设备，属于没法使用的标准；废止序号第72号《剑麻纱线　捻度和捻缩的测定　直接计数法》；

整合序号 61～62，分别到序号 77 和 78 对应的方法标准。表 9-2 中序号为 63～71 的 9 项标准为剑麻纱线、织物类标准，不属于初级农产品的范畴，是否保留值得进一步探讨。

4. 生产加工规程标准 麻类生产加工规程标准是麻类标准中最少的，特别是苎麻、红麻、黄麻、亚麻等几种麻类基本上没有或很少有生产加工规程类标准，因此，需要制定的标准比较多，包括已有的此类标准 9 项，需要制定的共 13 项，此类标准共 22 项。

表 9-2 麻类标准体系构建建议

类别	序号	标准名称	标准代号	建议	备注
基础标准	1	纺织名词术语（麻部分）	GB/T 5707—1985	整合	整合到“10”
	2	龙舌兰麻纤维及制品术语	NY/T 233—1994	整合	整合到“10”
	3	剑麻产品质量分级规则	NY/T 1802—2009	保留	
	4	剑麻织物 物理性能试验的取样和试样裁取	NY/T 249—1995	保留	
	5	农作物种质资源鉴定技术规范 苎麻	NY/T 1321—2007	保留	
	6	农作物优异种质资源评价规范 苎麻	NY/T 2178—2012	保留	
	7	苎麻种质资源描述规范	已立项	保留	
	8	农作物种质资源鉴定评价技术规范 亚麻	—	制定	
	9	农作物种质资源鉴定评价技术规范 红（黄）麻	—	制定	
	10	麻类作物与产品名词术语	—	制定	整合“1”“2”
	11	麻纤维理化性能试验取样方法	—	制定	
	12	苎麻实验室样品脱胶技术规范	—	制定	
	13	麻纤维及制品包装、标识、运输和储藏通则	—	制定	
产品标准	14	苎麻	GB/T 7699—1999	修订	
	15	苎麻精干麻	GB/T 20793—2006	保留	
	16	熟黄麻	GB/T 12945—2003	保留	
	17	熟红麻	GB/T 12946—2003	保留	
	18	大麻原麻	GB/T 16984—2008	保留	
	19	大麻纤维 第 1 部分：大麻精麻	GB/T 18147.1—2008	保留	
	20	纤维用亚麻原茎	GB/T 13833—2002	保留	
	21	纤维用亚麻雨露干茎	GB/T 13834—2008	保留	
	22	亚麻打成麻	GB/T 17345—2008	保留	
	23	亚麻棉	GB/T 18888—2002	保留	
	24	亚麻籽	GB/T 15681—2008	保留	
	25	亚麻籽油	GB/T 8235—2008	保留	
	26	经济作物种子 纤维类	GB/T 4407.1—1996	保留	
	27	饲料用亚麻仁粕	NY/T 217—1992	修订	
	28	饲料用亚麻仁饼	NY/T 216—1992	修订	
	29	剑麻纤维	GB/T 15031—2009	保留	
	30	剑麻 种苗	NY/T 1439—2007	保留	
	31	剑麻白棕绳	GB/T 15029—2009	待定	此类标准可否归于纺织类标准
	32	剑麻钢丝绳芯	GB/T 15030—2009	待定	
	33	剑麻纱	NY/T 255—2007	待定	
	34	农用剑麻纱	NY/T 457—2001	待定	

（续）

类别	序号	标准名称	标准代号	建议	备注
产品标准	35	钢丝绳芯用剑麻纱	NY/T 1523—2007	待定	此类标准可否归于纺织类标准
	36	剑麻地毯	NY/T 458—2001	待定	
	37	剑麻布	NY/T 712—2011	待定	
	38	苎麻种子、种苗	—	制定	
	39	红麻杂交种子	—	制定	
	40	麻地膜	—	制定	
方法标准	41	苎麻理化性能试验取样方法	GB/T 5581—1986	废止	
	42	苎麻束纤维断裂强度试验方法	GB/T 5582—1986	废止	
	43	苎麻回潮率、含水率试验方法	GB/T 5583—1986	废止	
	44	苎麻纤维支数试验方法	GB/T 5584—1986	废止	
	45	苎麻纤维白度试验方法	GB/T 5585—1986	废止	
	46	苎麻单纤维强度试验方法	GB/T 5586—1986	废止	
	47	苎麻纤维长度试验方法	GB/T 5587—1986	废止	
	48	苎麻纤维聚合度试验方法	GB/T 5588—1986	废止	
	49	苎麻化学成分定量分析方法	GB/T 5589—1986	废止	
	50	大麻纤维试验方法　第2部分：残胶率试验方法	GB/T 18147.2—2008	保留	
	51	大麻纤维试验方法　第3部分：长度试验方法	GB/T 18147.3—2008	保留	
	52	大麻纤维试验方法　第4部分：细度试验方法	GB/T 18147.4—2008	保留	
	53	大麻纤维试验方法　第5部分：断裂强度试验方法	GB/T 18147.5—2008	保留	
	54	大麻纤维试验方法　第6部分：疵点试验方法	GB/T 18147.6—2008	保留	
	55	黄、红麻纤维试验方法	GB/T 12411—2006	保留	
	56	亚麻纤维细度的测定　气流法	GB/T 17260—2008	废止	不适用
	57	苎麻纤维细度快速测定方法	NY/T 1538—2007	修订	
	58	熟黄（红）麻木质素测定　硫酸法	NY/T 2337—2013	保留	
	59	亚麻纤维细度快速检测　显微图像法	NY/T 2338—2013	保留	
	60	黄、红麻纤维线密度快速测定方法	已立项	保留	
	61	剑麻纤维及制品回潮率的测定	NY/T 243—2011	整合	整合到“77”
	62	剑麻纤维制品含油率的测定	NY/T 245—1995	整合	整合到“78”
	63	剑麻纤维及制品商业公定重量的测定	NY/T 1539—2007	保留	
	64	剑麻纱线细度均匀度的测定　片段长度称重法	NY/T 247—2009	保留	
	65	剑麻纱线　断裂强力的测定	NY/T 250—2009	保留	此类标准可否归于纺织类标准
	66	剑麻纱线　线密度的测定	NY/T 246—1995	待定	
	67	剑麻织物　单位面积质量的测定	NY/T 251—1995	待定	
	68	剑麻织物　厚度的测定	NY/T 248—1995	待定	
	69	剑麻织物　短时间中度静负载后厚度减损的测定	NY/T 252—1995	待定	
	70	剑麻织物　长时间重度静负载后厚度减损的测定	NY/T 254—1995	待定	
	71	剑麻织物　在不同水和热处理下尺寸变化的测定	NY/T 256—1995	待定	
	72	剑麻纱线　捻度和捻缩的测定　直接计数法	NY/T 257—1995	废止	不适用
	73	苎麻纤维拉伸断裂强度试验方法	已完成，待发布	保留	
	74	苎麻果胶、半纤维素及纤维素测定	—	制定	

（续）

类别	序号	标准名称	标准代号	建议	备注
方法标准	75	红（黄）麻果胶、半纤维素及纤维素测定	—	制定	
	76	麻类束纤维断裂强度试验方法	—	制定	
	77	麻类产品回潮率及含水率试验方法	—	制定	整合“61”
	78	麻类产品含油（脂蜡）试验方法	—	制定	整合“62”
	79	麻纤维残胶率试验方法	—	制定	
	80	麻类产品中灰分测定	—	制定	
	81	苎麻纤维结晶度（取向度）测定	—	制定	
	82	剑麻叶片纤维含量的测定	—	制定	
生产加工规程标准	83	植物新品种特异性、一致性和稳定性测试指南　苎麻	GB/T 19557.6—2004	保留	
	84	植物新品种特异性、一致性和稳定性测试指南　青麻	NY/T 2481—2013	保留	
	85	苎麻生物脱胶技术规范	NY/T 1537—2007	保留	
	86	剑麻栽培技术规程	NY/T 222—2004	保留	
	87	剑麻纤维加工技术规程	已立项	在制	
	88	剑麻主要病虫害防治技术规程	NY/T 1803—2009	保留	
	89	农作物种质资源鉴定技术规程　龙舌兰麻	NY/T 1401—2010	保留	
	90	龙舌兰麻抗病性鉴定技术规程	NY/T 1402—2010	保留	
	91	苎麻主要病虫害防治技术规范	NY/T 2042—2011	保留	
	92	红麻杂交种子制种技术规范	—	制定	
	93	苎麻种子、种苗繁育技术规程	—	制定	
	94	亚麻种子繁育技术规程	—	制定	
	95	黄（红）麻种子繁育技术规程	—	制定	
	96	红（黄）麻主要病虫害防治技术规范	—	制定	
	97	亚麻主要病虫害防治技术规范	—	制定	
	98	苎麻生产技术规程	—	制定	
	99	红（黄）麻生产技术规程	—	制定	
	100	亚麻生产技术规程	—	制定	
	101	工业大麻生产技术规程	—	制定	
	102	麻地膜生产技术规范	—	制定	
	103	苎麻剥制技术规范	—	制定	
	104	红（黄）麻剥皮技术规程	—	制定	

第十章　2017年度种植业产品标准体系研究报告——蚕桑

一、产品标准及标准体系发展现状

1. 标准体系建设进展情况（标准体系建设框架）　我国蚕业标准化工作起步较晚，虽然从20世纪50年代开始，制定了蚕种繁育制度和各种技术规程，但是始终没有上升到行业或国家标准高度。1989年和1992年分别颁布了国家标准《饲料用榨蚕蛹粉》（GB 10386—1989）和行业标准《饲料用桑蚕蛹》（NY/T 218—1992），但是它们都是饲料产业的标准，所以第1项蚕桑产业标准是1997年颁布实施的《桑蚕一代杂交种》（NY 326—1997）、《桑蚕一代杂交种检验规程》（NY/T 327—1997）。1998年农业行业标准制修订专项计划启动以后，蚕桑产业标准化工作得到较快发展，规范和促进了产业的发展。2008年10月“全国蚕桑产业标准化技术委员会”成立，为蚕桑产业标准化提供了组织保障。蚕桑产业标准体系框架如图10-1所示。

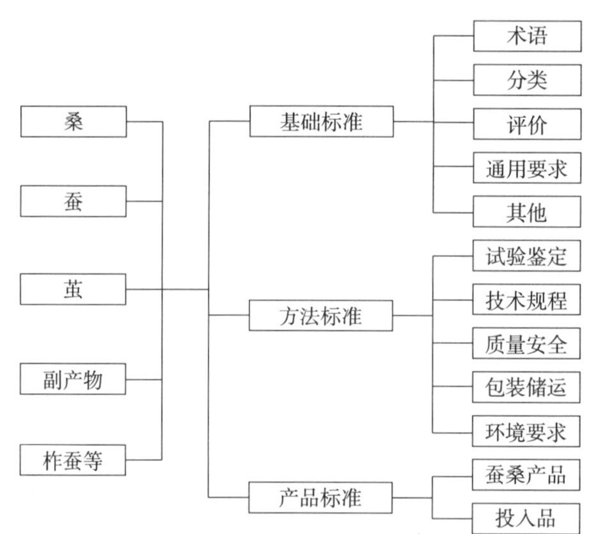

图10-1　蚕桑产业标准体系框架

截至2017年8月底，已经制定和颁布实施的蚕桑产业标准（包括柞蚕产业）及其相关标准共37项，其中国家标准13项、行业标准24项。标准类型包括产品标准、方法标准、规程和投入品标准；从产业链分，包括桑（种子、苗木）、蚕种及其繁育、蚕茧、蚕品种鉴定方法以及饲料用蚕蛹、蚕丝被，基本上覆盖了传统意义上的整个蚕桑产业，构成了蚕桑产业标准体系框架。

通过农业部和商务部立项的标准制修订工作正稳步地开展，国家标准制修订工作正积极争取立项。正在制定的蚕桑产业行业标准约有14项，其中，《家蚕质型多角体病毒荧光定量PCR检测方法》已于2017年7月通过审定，正在颁布中。

地方标准制定工作进展　栽桑养蚕由于受不同气候及地理环境的影响较大，因此各省份积极制定和推行地方标准，为当地的蚕桑产业发展提供了有力保障。蚕桑产业地方标准的编制和实施是从20世纪90年代初开始，江西省、四川省等最早发布实施《江西省蚕种生产检验规程》（DB 36/006—1991）、《蚕种质量》（DB 51/192—1994）、《蚕种检验规程》（DB 51/193—1994）。

截至2017年8月，共收集到来自广东、广西、安徽、江苏、河南、浙江、重庆、四川、山东、新疆、陕西、贵州、云南及山西14个省（自治区、直辖市）已颁布的地方标准206项，其中涉及蚕种质量生产环节的标准数量为34项，涉及桑树生产环节的有48项，涉及养蚕技术环节的有76项，涉及蚕茧生产环节的有23项，涉及综合利用环节的有25项。另共有34项地方标准正在制定中，其中涉及蚕种质量、桑树、养蚕技术、蚕茧及其他生产环节的分别为11项、7项、8项、1项及1项，另有3项为柞蚕相关标准。

根据不同区域的生态特点，按照轻简、优质、高效、生态的要求，以增加农民收入、稳定蚕桑生产为目标，按照华南亚热带蚕区、华东优质茧丝生产区、西南丘陵山地高原蚕区、华北及北方生态蚕区各自特点将全国蚕桑生产划为五个片区，即华南区、华东区、西南区、北方区及华北区，各区域地方标准分布见图10-2。由图10-2可看出，各区域养蚕技术相关标准数量丰富，而蚕茧及综合利用相关标准数量较少。

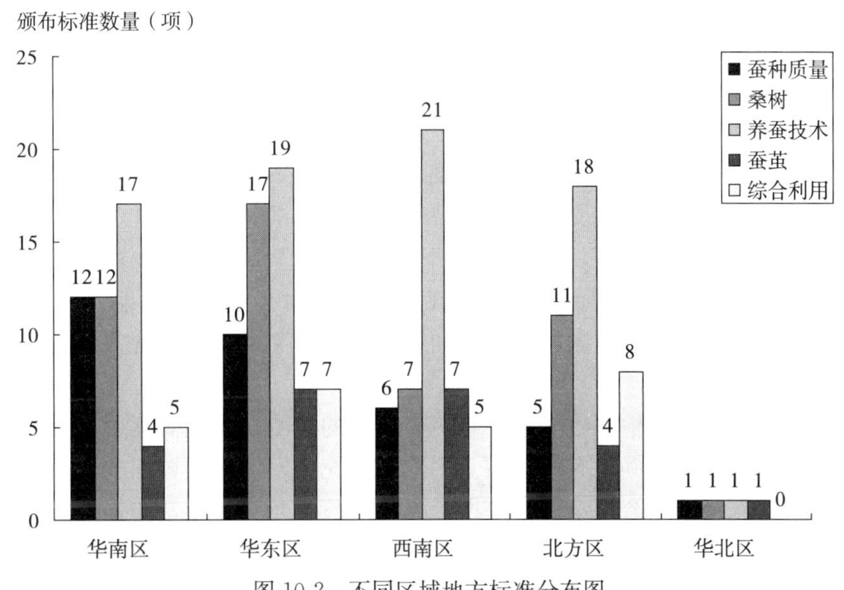

图10-2　不同区域地方标准分布图

2. 存在的主要问题

（1）标准体系问题

①全国蚕桑标准体系已基本形成。现有标准体系涵盖产品、方法、规程及投入品标准，涉及桑树、蚕种、养蚕、蚕茧及综合利用多个生产环节。标准体系中以养蚕技术、蚕种质量及桑树为重点，以养蚕技术为例，全国共有82项相关标准，其中国家及行业标准6项，地方标准76项。覆盖蚕种的冷藏、浸酸、催青、小蚕共育、繁育、制种、疫病检疫及病害防治等各个技术层面。因此，以国家标准、行业标准为主体，地方标准相配套的蚕桑产业标准体系已基本形成。

虽然蚕桑产业标准体系的雏形已经基本形成，但是标准化步伐仍然比较缓慢，与产业发展和适应全球经济竞争需要还有很大差距。现行蚕业标准分析提示，蚕业包括蚕桑产业和柞蚕业的基础性标准、综合利用产品质量标准、物流标准和投入品质量标准等几乎都还是空白。因此，今后一段时间内重点要加快这些标准的编制工作。制定涵盖蚕桑生产的桑树育苗、桑树栽培、桑园管理、蚕种催青、小蚕共育、大蚕饲养、蚕病防治、蚕茧收烘等系列国家、行业或地方标准，严格按标准化组织生产。

②国家及行业标准数量少，结构不完整。蚕桑产业是一个集种植业和养殖业为一体的产业，生产周期长、涉及面广，而且生产技术要求相对较高，目前已颁布实施的国家及行业标准只有37项，数量少，标准体系结构相对单一，内容不够细化，覆盖面不广。当前蚕桑产业朝着多元化方向发展，蚕桑副产物综合利用发展迅速，桑叶茶、桑果汁饮料、食用蚕粉、蚕蛹，蛹虫草等产品已纷纷入市，但是，与其相应的质量标准却严重缺失。有些标准已实施多年，随着产业的发展和科技的进步更新，部

分标准修订滞后。因此，现有的标准体系远不能满足产业发展的需求。

近年来，蚕桑产业逐步融入大农业、大生物、大纺织领域，特别是进入食品领域（含动物饲料）后，对蚕桑产业产品标准及安全提出了更高要求。然而目前的蚕桑标准体系中，此类标准也几乎是空白。建立蚕桑产品及食用昆虫产品质量安全风险评估平台和相应的技术体系，以确保我国蚕桑产品及食用昆虫生产、加工和制备环节的卫生和安全，引导民众健康消费、安全消费，对推动相关产业的健康发展具有重要意义。因此，加快病原微生物、农兽药残留、重金属污染、生物毒素等的检测技术的相关标准的制定也已迫在眉睫。因此，今后要进一步加强此类蚕桑产业标准制定工作，根据国家农业标准化建设规划，在全面调查研究的基础上确定蚕桑产业标准化的目标，制定总体规划，突出重点、分清主次，坚持市场优先原则，分步分阶段组织制定、修订和实施推广。

③地方标准数量较多，结构重复。近几年，地方上增强了标准意识，加大制定标准的力度。目前，现有地方标准约206项，数量庞大，结构层次较为全面。其中，华东区作为老牌的优质蚕桑生产区域拥有地方标准60项，作为后起之秀的华南区也已制定了50余项地方标准，西南与北方区也各出台地方标准46项。地方标准的颁布实施为保障各省份蚕桑产业的健康、稳定发展提供了有力保障。但是，少数相邻区域的地方标准中存在重复制定标准、反复制定标准的现象，地方标准缺乏相关部门的监管与梳理。

（2）标准管理问题（包括但不局限于研究基础、队伍建设等方面）

①规范整理现有各级标准，避免交叉重复。现有的国家标准、行业标准、地方标准及企业标准的层级结构中，经常有重复的标准出现，各职能部门应重新规范整理，加强国家标准化管理部门和行业部门的协调与沟通，联合加快标准的制定、修订工作，加强对行业标准和地方标准的备案管理和协调，避免出现行业标准、地方标准与国家标准之间相互矛盾、交叉和重复现象，构建我国高效统一的蚕桑产业标准体系。

②加强检测技术研究，提高检测技术水平。目前蚕桑的检测技术相对落后，基本依赖于传统的手工检测，检测结果的科学性与准确性有待提高。因此，要充分发挥本领域标准化技术委员会在专业技术和检测手段上的优势，紧密结合蚕桑科研院所、高等院校、龙头企业，加强检测技术研究，研究开发可用于现场的简单、快速的检测方法和仪器，增加有毒有害物质检测方法的技术储备，加强检验方法和仪器的校验比对，提高各个实验室检验结果的准确性和可比性，并积极地将应用型技术成果与先进的实践经验相结合，制定出高水平的检测标准。

③增加科研投入，提高标准化科研水平。目前我国蚕桑标准化程度不高、经费不足是标准化工作面临的主要问题，也是长期以来制约我国标准化事业发展的关键因素。行业主管部门应考虑增加经费投入，加大制定标准科研力度，为制定先进科学的标准体系，大力推进蚕桑质量标准化进程提供保障，同时也为培养高水平的制定标准技术人才及稳定和壮大标准化工作队伍提供保障。

二、标准需求

1. 基础标准

主要包括桑蚕术语、柞蚕术语、蓖麻蚕术语、桑蚕分类、柞蚕分类、蓖麻蚕分类、桑术语、桑分类、桑蚕茧术语、桑蚕茧分类、桑树新品种保护、桑蚕新品种保护、柞蚕新品种保护、蚕桑产品标签标识指南。

2. 物流标准

主要包括桑蚕种包装储运指南、桑蚕茧包装储运指南、柞蚕种包装储运指南、柞蚕鲜茧包装储运指南、桑树种子苗木包装储运指南。

3. 质量标准

主要包括桑叶粉、桑茶、桑葚、食用桑蚕蛹、食用桑蚕蛾、桑蚕人工饲料、柞蚕鲜茧、柞蚕生物茧、食用柞蚕蛹、生防用柞蚕卵寄生蜂、蚕蛹虫草。

4. 技术规程

主要包括杂交桑种子繁育技术规程、桑树苗木繁育技术规程、桑树新品种DUS测试技术规范、桑蚕原种繁殖基地建设技术规范、桑蚕一代杂交种繁殖基地建设技术规范、桑蚕丝茧生产技术规范(通则)、桑蚕种催青技术规程、桑蚕种人工孵化技术规程、桑蚕种冷藏条件与技术、桑蚕种保护、桑蚕茧收烘与储运、桑蚕微粒子病防治技术规程、桑蚕血液型脓病防治技术规程、桑药临床试验规范、蚕药临床试验规范、柞蚕繁育技术规程、柞蚕饲养技术规程、柞蚕防病技术规程、柞蚕种繁育基地建设技术规范、柞蚕饲养基地建设技术规范。

5. 方法标准

主要包括桑品种资源保护和评价方法、桑品种区域试验方法、桑蚕品种资源保护和评价方法、桑蚕品种实验室鉴定方法、桑蚕母蛾微粒子病检疫规程、桑蚕成品卵微粒子病检疫规程、桑蚕幼虫微粒子病检疫规程、蚕蛹中氯霉素残留检测方法、桑叶农药残留检测方法、蚕蛹中农药残留检测方法、蚕蛹中重金属残留检测方法、蚕丝中重金属残留检测方法、桑蚕急性农药中毒诊断方法、柞蚕品种生产鉴定方法、柞蚕新品种保护方法、柞蚕茧检验规程、柞蚕种检验检疫规程。

在总结市场需求分析、产业目标分析和技术壁垒分析的基础上，确定突破产业技术壁垒和关键技术难点的研发需求。经过项目组分类、归纳、分析、综合，以及汇集问卷调查、研讨会的意见后，针对蚕桑质量安全与标准化技术领域涉及的技术难点，初步提出技术及质量标准研究、生产安全因素控制技术、质量控制评价、产业管理经营模式4个技术研发方向，并对35项顶级研发需求进行了重点分析（表10-1）。

表10-1 研发需求分析

序号	项目名称	时间节点	组织主体	发展模式
1	蚕桑标准化生产试验示范区的建立	短期	产业	产学研
2	蚕桑产业网络信息化技术服务	短期	产业	产学研
3	蚕桑生产的技术效率评价模式研究	短期	产业	产学研
4	蚕桑生产组织模式的比较研究	短期	产业	产学研
5	家蚕组织中农药残留限量及检测方法标准制定	短期	产业	企事业
6	桑蚕品种实验室鉴定方法标准制定	短期	产业	产学研
7	桑葚（果）生产技术规程制定	短期	产业	产学研
8	桑叶农药残留限量及检测方法标准制定	短期	产业	产学研
9	小批样鲜（干）蚕茧鉴定评价技术规程制定	短期	产业	产学研
10	病虫害预测和防控体系建设	中期	产业	产学研
11	不同生态区蚕桑生产技术规程编制	中期	产业	独立
12	蚕茧、蛹等相关产品储运及加工质量控制体系	中期	产业	产学研
13	蚕桑标准宣贯与培训	中期	产业	产学研
14	蚕桑产品生产过程质量跟踪方法标准制定	中期	产业	产学研
15	蚕桑产品食用、药用危害因子评估	中期	产业	独立
16	蚕桑产品质量安全追溯系统研究	中期	产业	产学研
17	蚕桑生产过程质量风险因子研究	中期	产业	产学研
18	蚕桑种子、种苗、蚕茧等的包装储运指南制定	中期	产业	产学研
19	蚕桑资源利用研发产品质量标准制定	中期	产业	产学研
20	蚕种成品卵检测技术及设备研究	中期	产业	产学研

（续）

序号	项目名称	时间节点	组织主体	发展模式
21	家蚕微粒子病检验检疫新技术研究	中期	产业	产学研
22	家蚕自体毒素的形态和代谢/转化途径研究	中期	产业	独立
23	建立蚕标准化安全（绿色）饲养技术体系	中期	产业	产学研
24	建立桑树标准化栽培模式	中期	产业	产学研
25	农村养蚕环境灾害预警平台建设研究	中期	产业	产学研
26	桑叶有害物质快速检测技术研究	中期	产业	产学研
27	外源化学污染物对蚕体影响及积累代谢规律研究	中期	产业	独立
28	完善蚕桑术语、分类、新品种保护及产品标签标识指南等标准	中期	产业	独立
29	以家蚕为指示物种的环境质量检测技术及评价指标体系建立	中期	产业	产学研
30	种桑养蚕农户规模及其效率研究	中期	产业	产学研
31	蚕桑产品安全监测与评估体系建立	长期	产业	产学研
32	环境因子对蚕桑生产的影响研究	长期	产业	产学研
33	家蚕组织中不同污染类型的 Marker（指示物）研究	长期	产业	产学研
34	基于GIS的蚕桑产业产品质量安全监测预警分析系统研究	中期	产业	产学研
35	桑树吸收有害物质生态效应评价	中期	产业	独立

三、发展方向

1. 完善标准体系建设 虽然蚕桑标准体系已初步形成，但现有标准质量不高，结构不齐，不统一。而且以产中技术规程居多，产后标准少，与市场流通直接关联的标准则更少，因此，标准化推广的进程比较缓慢。今后要进一步加强蚕桑产业标准化工作，根据国家农业标准化建设规划，在全面调查研究的基础上确定蚕桑产业标准化的目标，制定总体规划，突出重点、分清主次，坚持市场优先原则，分步分阶段组织制定、修订和实施推广。加大国家标准、行业标准及地方标准的整合力度，将一批适合产业发展，可操作性强的地方标准上升为行业标准和国家标准，完善标准体系。加大对国际标准采标率，提高蚕桑产业标准水平，积极参与国际标准的编制，提高我国蚕业产品在国际市场的竞争力。

农业标准化是实现农业现代化的一项综合性技术基础工作，是科技兴农的重要组成部分，没有农业标准化就没有农业的产业化、规范化，更不可能实现农业现代化。蚕桑产业是劳动密集型产业，如何提高蚕农的技术水平，增加蚕农的收入是蚕桑产业稳定发展的前提，作为大农业中的一分子，蚕桑生产和加工也要跟上时代的步伐，建立蚕桑产业标准化体系和标准化生产基地势在必行。开展蚕桑产业标准化的根本目标是运用标准化的简化、统一、协调、优化原则与方法，实现蚕桑生产的指标化、规范化、科学化，达到高效、低耗地提高产品的产量与质量。在我国以家庭经营为主体的蚕桑生产模式中，如何将市场对蚕茧的具体要求量化为农民可操作的标准就成为具体而现实的问题。克服传统生产方式中的盲目性和随意性，并要在种桑、养蚕、采茧到后面的储藏、运输、加工以及蚕种的供应和技术服务等环节上，实现标准化生产与管理，发展品牌蚕桑产品，提高竞争力，应成为我国蚕桑产业标准化发展的一个新视野。主要涉及以下内容：①建立桑树栽培标准化生产模式；②建立蚕标准化安全（绿色）养殖生产体系；③病虫害预测和防控体系建设；④蚕茧、蛹等相关产品储运及加工体系；⑤产品安全监测与评估体系。建立蚕桑产品及食用昆虫产品质量安全风险评估平台和相应的技术体系，以确保我国蚕桑产品及食用昆虫生产、加工和制备环节的卫生和安全，引导民众健康消费、安全消费，对推动相关产业的健康发展具有重要意义。需在以下几个领域建立相应的检测技术及评价指标体系。

（1）蚕桑生产安全因素控制主要涉及方面

①家蚕组织中农药残留的检测。通过检测不同农药在家蚕组织中的残留情况，选定检测残留量最大的家蚕组织作为检测样本，以便判断家蚕的中毒成分和中毒来源，并可定量检测家蚕组织中农药残留量。

②在家蚕组织中寻找不同污染类型的指示物（Marker)。寻找能够反映不同农药污染的参数和指标，用这些参数的出现和变化来判断污染类型和程度（生理、生化指标等)。例如，通过农药等化学污染物引起的蚕体中某些蛋白质表达量的变化，找出引起家蚕中毒的主要污染物和污染源，为蚕农提供具有重要实用价值的预警信息。

③家蚕农药中毒机理的研究。包括不结茧的原因是不是污染物导致的蚕的丝腺发育异常或者是污染物引起蚕体内分泌腺失调、神经系统出现障碍而不能吐丝等。通过这些研究可解析家蚕抗性形成和免疫调控机制，为家蚕的抗性育种提供理论和技术支持。同时，家蚕作为模式昆虫，对它的农药中毒机理研究，可为农作物害虫的生物防治提供重要借鉴。

④PM2.5以及重金属对家蚕的影响。PM2.5是指大气中直径小于或等于2.5μm的颗粒物，它产生的主要来源是日常发电、工业生产、汽车尾气排放等过程中经过燃烧而排放的残留物。由于其颗粒中大多含有重金属等有毒物质，所以与人类健康关系密切，近来越来越受人们的关注。我们希望在PM2.5对家蚕生理及产丝的影响等方面进行探索性研究。

⑤以家蚕为指示物种的环境评价研究。

（2）蚕桑食用开发领域

①常见蚕与食用昆虫的饲养条件的模拟实验，以便全面掌握蚕和昆虫饲养过程的各个环节，准确定位各质量风险因子。

②蚕、桑、食用昆虫作为食品和饲料的危害因子识别与筛查、危害因子风险程度的评价与实验验证。其中包括农药（兽药）残留分析，生物毒素、有害微生物的识别和定量分析，重金属残留的定性与定量，以及生产和加工过程中是否存在有害物质的添加等。

③蚕、桑、食用昆虫营养成分和功能的研究，包括蚕、桑、昆虫所含人体必需氨基酸、不饱和脂肪酸种类和含量，某些昆虫含有的新的蛋白质资源及其营养价值，蚕、桑、昆虫内金属形态和生物可利用性等。

④重金属和农药等化学污染物在昆虫体内的吸收、分布、代谢、排泄（ADME）规律研究。

⑤研究昆虫体内毒素在哪些组织中累积和储存，必要时在食用/加工之前能够去除。同时可对这些毒素的形态和代谢/转化途径进行分析。

2. 专家团队建设 承担标准制修订和审定的人才不仅需要相关专业知识和技能，还需要有很强的标准化理论基础和政策理论水平。现有的蚕业标准化人才主要是从蚕业科研和蚕业管理方面转移过来的专业技术人才，而且大多数是兼职。标准化专业人才严重缺乏，在当前全国农业标准化整体推进的形势下，蚕业主管部门应该通过举办各种类型的培训班，加强对标准化人员的培训，加速标准化人才的成长。从长远发展看，农业高等院校作为农业高层次人才培养的主要渠道应设立农业标准化专业，培养农业标准化专业人才，包括农业标准化管理人才、经营人才和专业技术人才。

3. 加强推广宣传 蚕桑标准化的实施有赖于全体生产者、经营者、消费者和管理者的共同参与，因此要加大标准培训力度，把实用技术培训与农业标准化培训有机结合，使他们全面掌握蚕桑标准的最新知识。通过举办培训班、建立示范点等，让群众强化标准意识，教育和引导农民按照标准化技术科学养殖，提高收益。

附录

附表 10-1 蚕桑产品国家标准体系

序号	产品	分类	标准名称	标准状态	备注
1	桑种苗木	产品	桑树种子和苗木	GB 19173—2010	现行有效
2	桑种苗木	规程	桑树种子和苗木检验规程	GB/T 10177—2003	现行有效
3	桑树	规程	热带亚热带桑树栽培管理技术规程	GB/T 29573—2013	现行有效
4	桑果	产品	桑葚（桑果）	GB/T 29572—2013	现行有效
5	蚕种	产品	桑蚕原种	GB 19179—2003	现行有效
6	蚕种	规程	桑蚕原种检验规程	GB/T 19178—2003	现行有效
7	蚕种	方法	桑蚕微粒子病病原鉴定方法	GB/T 20395—2006	现行有效
8	蚕种	规程	桑蚕原种产地环境要求	GB/T 29569—2013	现行有效
9	桑蚕茧	产品	桑蚕鲜茧	GB/T 15268—2008	现行有效
10	桑蚕茧	方法	桑蚕鲜茧分级（干壳量法）	GB/T 19113—2003	现行有效
11	桑蚕茧	产品	桑蚕干茧	GB/T 9176—2006	现行有效
12	桑蚕茧	方法	桑蚕干茧试验方法	GB/T 9111—2006	现行有效
13	桑蚕茧	产品	桑蚕天然彩色茧	GB/T 29571—2013	现行有效
14	柞蚕茧	产品	柞蚕鲜茧	GB/T 10115—1988	废止
15	桑叶	方法	桑叶中重金属残留检测方法		未制定
16	蚕蛹	方法	蚕蛹中兽药残留的检测方法		未制定
17	蚕蛹	产品	食用桑蚕蛹		未制定
18	人工饲料	产品	桑蚕人工饲料		未制定

附表 10-2 蚕桑产品行业标准体系

序号	产品	分类	标准名称	标准状态	备注
1	桑蚕种	规程	桑蚕原种繁育技术规程	NY/T 1492—2007	现行有效
2	桑蚕种	产品	桑蚕一代杂交种	NY 326	修改
3	桑蚕种	规程	桑蚕一代杂交种检验规程	NY/T 327	修改
4	桑蚕种	规程	桑蚕一代杂交种繁育技术规程	NY/T 1093—2006	现行有效
5	桑蚕种	规程	养蚕用药技术规程	NY/T 1026—2006	现行有效
6	桑蚕种	方法	桑蚕品种生产鉴定方法	NY/T 1732—2009	现行有效
7	桑蚕种	产品	出口蚕种检验检疫规程	SN/T 1660—2005	现行有效
8	桑蚕种	方法	蚕桑生产基地评价方法	SB/T 10406—2007	现行有效
9	桑蚕种	规程	桑蚕小蚕共育技术规程	NY/T	正在制定中
10	桑蚕种	规程	桑蚕种催青技术规程	NY/T	正在制定中
11	桑蚕种	方法	桑蚕品种实验室鉴定方法	NY/T	正在制定中
12	桑蚕种	规程	蚕种冷藏浸酸技术规程	NY/T	正在制定中
13	桑蚕种	规程	家蚕质型多角体病毒荧光定量 PCR 检测方法	NY/T ×××—	正在制定中
14	桑蚕种		桑蚕五龄期条桑斜面育技术规程		未制定

（续）

序号	产品	分类	标准名称	标准状态	备注
15	桑蚕种		大蚕地面育技术规程		未制定
16	桑蚕种		桑蚕上蔟技术规程		未制定
17	桑蚕种		桑蚕母蛾微粒子病检疫规程		未制定
18	柞蚕种	规程	柞蚕种质资源保存与鉴定技术规程	NY/T 2331—2013	现行有效
19	柞蚕种	产品	柞蚕一代杂交种	NY 1092—2006	现行有效
20	柞蚕种	产品	柞蚕种质量	NY/T 1625—2008	现行有效
21	柞蚕种	规程	柞蚕种放养技术规程	NY/T 1626—2008	现行有效
22	柞蚕种		柞蚕饲养基地建设技术规范		未制定
23	柞蚕种		柞蚕种检验检疫规程		未制定
24	蚕蛹	产品	饲料用桑蚕蛹	NY/T 218—1992	现行有效
25	蚕蛹		蚕蛹中农药残留检测方法		未制定
26	蚕蛹		蚕蛹中重金属残留检测方法		未制定
27	蚕蛹		蚕蛹虫草		未制定
28	蚕沙	产品	蚕沙肥料	SB/T 10999—2013	现行有效
29	桑树	规范	农作物优异种质资源评价规范　桑树	NY/T 2181—2012	现行有效
30	桑树	规范	农作物种质资源鉴定技术规程　桑树	NY/T 1313—2007	现行有效
31	桑树	规程	桑园用药技术规程	NY/T 1027—2006	现行有效
32	桑树	规范	桑树种质资源描述规范	NY/T	正在制定中
33	桑树	规程	杂交桑种子繁育技术规程	SB/T	正在制定中
34	桑树	规程	果桑生产技术规程	NY/T	正在制定中
35	桑树		桑树种子资源保存与评价	NY/T	正在制定中
36	桑树		桑树苗木繁育技术规程		未制定
37	桑树		桑树扦插成园生产技术规程		未制定
38	桑树		桑果汁及桑果汁饮料		未制定
39	桑树		桑果酒		未制定
40	桑叶粉	产品	饲料用桑叶粉	SB/T 10998—2013	现行有效
41	蚕茧	规程	小批样桑蚕鲜（干）茧鉴定技术规程	NY/T	正在制定中
42	蚕茧	产品	丝素与丝胶	SB/T 10407—2007	现行有效
43	蚕茧	方法	蚕茧干燥技术	NY/T	正在制定中
44	蚕茧		桑蚕鲜茧收购技术条件	SB/T	正在制定中
45	蚕茧		蚕丝中重金属残留检测方法		未制定
46	蚕种纸	投入品	蚕种纸	QB/T 2103—1995	现行有效
47	蚕具	投入品	机制蚕蔟	NY/T 1556—2007	现行有效
48	蚕茧干燥设备	投入品	蚕茧干燥设备	NY/T 1251—2006	现行有效

主要参考文献

吕鸿声，1991. 中国养蚕学［M］. 1版. 上海：上海科学技术出版社.

中国农业科学院蚕业研究所，1992. 世界蚕丝业［M］. 南昌：江西科学技术出版社.

杨辉，2005. 农业标准化体系建设现状及前景［J］. 农场经济管理，6：12-13.

崔伟，郭振金，2005. 实施农业标准化 推进农业现代化［J］. 农场经济管理，6：14-15.

张灵光，2001. 我国农业标准化现状与对策［J］. 中国标准化，11：6-7.

沈兴家，陈涛，吴萍，等，2010. 我国蚕桑产业标准化的现状及其发展思考［J］. 中国蚕业，31：67-69.

钱永忠，魏启文，2005. 中国农业技术标准发展战略研究［M］. 北京：中国标准出版社.

第十一章　2017年度种植业产品标准体系研究报告——甜菜

我国南方盛产甘蔗，北方适种甜菜，是世界上少数几个既产甘蔗糖又产甜菜糖的国家之一。“十一五”期间，全国年均产糖量1 176.4万t，食糖累计产量5 882万t，年均消费量1 287.8万t，食糖累计消费量6 439万t，食糖累计产量和消费量分别比“十五”期间增长32%和31.6%。预计在今后几十年，中国年人均食糖需求将以每年4.4%的速度递增，到“十二五”末期食糖消费量可达到1 600万t。

糖业是关系农产品加工、食品生产、化工制药等产业的行业，也是关系国计民生的重要行业。甜菜是我国北方（及西北）区域重要的糖料作物。其产量的高低、品质的优劣，直接关系到我国糖料生产和制糖工业生产的效益和持续稳定发展。甜菜及其制品的技术标准体系的制定、推广及应用有利于农业和农村经济结构调整，提高甜菜种植效益，同时对确保消费者安全、促进安全优质和无公害农产品的生产，实现优质优价，提高农产品的质量和市场竞争能力具有重要意义。我国在甜菜基础研究、品种选育、栽培技术和实际应用研究以及其标准制定等方面同其他制糖国家相比存在较大差距，虽然近年来制定了一些糖料标准，但与国际糖料标准和国内其他农作物质量标准体系建设比较，甜菜产品标准的建设尤其落后，因此，甜菜质量标准体系亟待完善。

一、产品标准及标准体系发展现状

1. 甜菜标准体系建设进展情况（标准体系建设框架）

（1）甜菜标准体系建设现状　甜菜是我国三北地区的主要糖料作物，现行的甜菜及其制品标准共计84项（表11-1），其中，甜菜及其制品国家标准24项，行业标准52项（含修改标准2项），在行业标准中农业行业标准占13项（表11-2），地方标准8项（表11-3）。

按一般标准分类可将甜菜及其制品标准分为八类：基础/通用类（术语、分类）、方法类（检验/检测）、环境安全类（产地环境、投入品）、种质资源类（种子、种苗）、生产管理类（种植、植保、加工）、产品类（等级规格、品质/安全、原产地保护）、物流类（包装、标识、储运）和质量追溯类等八个方面。

通过研究分析表明（表11-1），基础/通用类标准（术语、分类）26项，占甜菜标准总数的30.95%，方法类（检验/检测）标准各33项，占甜菜标准总数的39.29%，种质资源类（种子、种苗）标准2项，甜菜标准总数的2.38%，产品（等级规格、品质/安全、原产地保护）类标准各3项，占甜菜标准总数的3.57%，生产管理类（种植、植保、加工）标准20项，占甜菜标准总数的23.81%，环境安全、物流和质量追溯三类标准均为空白。通过对现行甜菜标准的梳理看出，围绕着甜菜及制品生产的产前、产中、产后全过程标准体系建设总的情况是“两少加覆盖不全”，即标准总数量少，甜菜标准少，标准覆盖不全。甜菜（包括涉及甜菜产品）的标准总计仅84项，其中75项国家和行业标准中，甜菜制品标准占47项为62.7%，甜菜作物生产环节标准占28项为37.3%，数量远远落后于其他农产品。

表11-1　甜菜及其制品标准覆盖情况

标准类	标准数量（项）	占标准的百分比（%）
基础/通用类（术语、分类）	26	30.95

（续）

标准类	标准数量（项）	占标准的百分比（%）
方法类（检验/检测）	33	39.29
环境安全类（产地环境、投入品）	0	0
种质资源类（种子、种苗）	2	2.38
生产管理类（种植、植保、加工）	20	23.81
产品类（等级规格、品质/安全、原产地保护）	3	3.57
物流类（包装、标识、储运）	0	0
质量追溯	0	0
总计	84	100

（2）甜菜标准体系建设框架　根据我国目前甜菜标准的情况和生产要求，结合种植业标准体系框架情况，通过对现行甜菜标准初步分析，甜菜标准体系建设框架应分为六类：基础/通用类、方法类、环境安全类、种质资源类、生产管理类、产品类等。从标准重点领域建立框架，包括体系主要方面和层级等内容（图11-1）。

①基础/通用类标准。甜菜及制品名词、术语、分类等。

②方法类标准。甜菜种子/种苗的检测方法、甜菜块根各项指标检测方法、甜菜及其制品感官检测方法、甜菜及其制品理化指标检测方法、甜菜及其制品有害微生物的检测方法、甜菜及其制品生物毒素的检测方法等。

③环境安全类标准。甜菜产地环境标准、甜菜绿色农产品标准、甜菜有机农产品标准、甜菜生产用专用肥标准、纸筒及农业机械等相关标准。

④种质资源类标准。甜菜种子/种苗的质量标准、甜菜的植物新品种特异性、一致性和稳定性测试指南、各类甜菜种质资源引进、检疫、收集、整理、编目、保存等相关标准。

⑤生产管理类标准。甜菜种子繁育技术规程、甜菜原料生产技术规程、甜菜品种区域试验规范、甜菜病虫草害鉴定技术规程等。

⑥产品类标准。甜菜等级规格标准、甜菜块根品质检测分析标准、甜菜及其制品的包装、标识、储运标准、甜菜及其制品质量追溯类标准、各类甜菜重金属污染物限量标准、各类甜菜农药残留限量标准等。

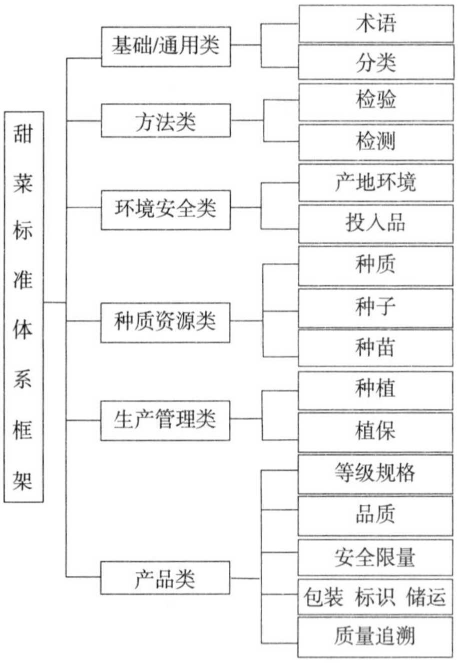

图11-1　甜菜标准体系框架

（3）甜菜标准体系研究建议　对84项甜菜现行标准梳理和分析后建议：修订标准20项，占甜菜现行标准的23.8%，整合（修订）2项，占甜菜现行标准的2.4%，废止标准2项，占甜菜现行标准的2.4%（表11-2）。

依据上述对现行甜菜标准体系的梳理分析，根据甜菜体系发展的需要，认为甜菜标准体系至少应包括137项相关标准，总体研究建议如下：现行有效标准84项（其中，需要修改或整合标准20项，包括在84项之内），正在制定的标准9项，需要制定但尚未制定的标准44项，具体详见甜菜标准体系建设一览表（表11-3）。

表 11-2 现行甜菜标准体系梳理表

序号	标准编号	标准名称	清理意见				清理依据	备注
			废止	现行有效	修订	整合（修订）		
1	GB 317—2006	白砂糖			√		年代过久；检测方法需改进	
2	GB 1445—2000	绵白糖			√		年代过久；检测方法需改进	
3	GB/T 15108—2006	原糖			√		年代过久；检测方法需改进	
4	QB/T 2398—1998	糖料甜菜术语				√	内容雷同	同“5”整合
5	QB/T 5018—2016	糖料甜菜术语				√	内容雷同	同“4”整合
6	QB/T 3778—1999	粗制乳糖			√		年代过久；改进	
7	QB/T 1214—2002	方糖			√		年代过久；改进	
8	QB/T 1173—2002	单晶体冰糖			√		年代过久；改进	
9	QB/T 1174—2002	多晶体冰糖			√		年代过久；改进	
10	QB/T 2343.1—1997	赤砂糖			√		年代过久；改进	
11	QB/T 2685—2005	冰片糖			√		年代过久；改进	
12	SN/T 0676—1997	进出口糖检验规程			√		年代过久；改进	
13	GB/T 5009.55—2003	食糖卫生标准的分析方法			√		年代过久；改进	
14	SN/T 1398—2004	进出境原糖检疫规程			√		年代过久；改进	
15	QB/T 3779—1999	粗制乳糖检验方法			√		年代过久；改进	
16	JB/T 6276—2007	甜菜收获机械 试验方法			√		年代过久；改进	
17	NY/T 1747—2009	甜菜栽培技术规范			√		增加新技术	2016年修订
18	NY/T 978—2006	甜菜种子生产技术规程			√		增加新技术	
19	NY/T 1412—2007	甜菜收获机作业质量			√		增加新技术	2016年修订
20	GB/T 10496—2002	糖料甜菜			√		年代过久；铅制剂已更换铝制剂	
21	GB 19176—2010	糖用甜菜种子			√		急需调整技术指标	
22	农业部茄果类蔬菜等58类无公害农产品检测目录（农办质〔2015〕4号）（三十二、甜菜）	无公害食品 甜菜			√		增加农残限量参数	
23	DB13/T 1242—2010	糖料甜菜栽培技术规程	√				由NY/T 1747替代	2016年修订
24	DB15/T 826—2015	直播甜菜高产优质高效栽培技术规程	√				由NY/T 1747替代	2016年修订

表 11-3 甜菜标准体系建设一览表

序号	产品	分类	标准名称	标准状态	备注
1	甜菜	生产管理	农药田间药效试验准则（一） 除草剂防治甜菜地杂草	GB/T 17980.50—2000	现行有效
2	甜菜	生产管理	农药田间药效试验准则（二） 第86部分：杀菌剂防治甜菜褐斑病	GB/T 17980.86—2004	现行有效

（续）

序号	产品	分类	标准名称	标准状态	备注
3	甜菜	生产管理	农药田间药效试验准则（二） 第87部分：杀菌剂防治甜菜根腐病	GB/T 17980.87—2004	现行有效
4	甜菜	生产管理	甜菜孢囊线虫检疫鉴定方法	SN/T 1140—2002	现行有效
5	甜菜	生产管理	甜菜霜霉病菌检疫鉴定方法	SN/T 2035—2007	现行有效
6	甜菜	生产管理	十字花科蔬菜病虫害测报技术规范 第4部分：甜菜夜蛾	GB/T 23392.4—2009	现行有效
7	甜菜	生产管理	甜菜收获机械 试验方法	JB/T 6276—2007	现行有效
8	甜菜	生产管理	甜菜纸筒育苗生产技术规范	NY/T 3027—2016	现行有效
9	甜菜		甜菜覆膜操作技术规程	NY/T ×××—××××	正在制定中
10	甜菜		甜菜田杂草综合防治技术规程	NY/T ×××—××××	正在制定中
11	甜菜	生产管理	甜菜栽培技术规范	NY/T 1747—2009	修改
12	甜菜	生产管理	甜菜种子生产技术规程	NY/T 978—2006	现行有效
13	甜菜	生产管理	甜菜收获机作业质量	NY/T 1412—2007	修改
14	甜菜	生产管理	甜菜全程机械化生产技术规范	NY/T 3014—2016	现行有效
15	甜菜		甜菜包衣种子技术条件	NY/T ×××—××××	正在制定中
16	甜菜		覆膜甜菜机械化生产技术规程	NY/T ×××—××××	未制定
17	甜菜		甜菜主要虫害安全防控技术规程	NY/T ×××—××××	未制定
18	甜菜		甜菜主要病害安全防控技术规程	NY/T ×××—××××	未制定
19	甜菜		甜菜生产质量安全控制技术规范	NY/T ×××—××××	未制定
20	甜菜		甜菜苗床肥质量要求	NY/T ×××—××××	未制定
21	甜菜		甜菜品种区域试验技术规范	NY/T ×××—××××	未制定
22	甜菜		甜菜灌溉生产技术规范	NY/T ×××—××××	未制定
23	甜菜		原料甜菜储藏技术规程	NY/T ×××—××××	未制定
24	甜菜		甜菜主要草害安全防控技术规程	NY/T ×××—××××	未制定
25	甜菜		甜菜品种 ISSR 鉴定技术规程	NY/T ×××—××××	未制定
26	甜菜		有机甜菜生产技术规程	NY/T ×××—××××	未制定
27	甜菜		甜菜种苗组培快繁技术规程	NY/T ×××—××××	未制定
28	甜菜		农作物品种审定规范 甜菜	NY/T ×××—××××	未制定
29	甜菜		甜菜品质评价技术规范	NY/T ×××—××××	未制定
30	甜菜		引进甜菜种质资源试种鉴定技术规程	NY/T ×××—××××	未制定
31	甜菜		甜菜种质资源描述规范	NY/T ×××—××××	未制定
32	甜菜		甜菜不育系鉴定技术规范	NY/T ×××—××××	未制定
33	甜菜		甜菜营养诊断技术规程	NY/T ×××—××××	未制定
34	甜菜		甜菜品种抗病性评价技术规范	NY/T ×××—××××	未制定
35	甜菜		甜菜黄化毒病鉴评标准	NY/T ×××—××××	未制定
36	甜菜		甜菜不育系制种技术操作规程	NY/T ×××—××××	未制定
37	甜菜		甜菜立枯病鉴评标准	NY/T ×××—××××	未制定
38	甜菜		甜菜根腐病鉴评标准	NY/T ×××—××××	未制定
39	甜菜		甜菜生育期虫害鉴评标准	NY/T ×××—××××	未制定
40	甜菜		甜菜单胚种播种质量技术规范	NY/T ×××—××××	未制定

（续）

序号	产品	分类	标准名称	标准状态	备注
41	甜菜		农作物种质资源鉴定评价技术规范　甜菜	NY/T ×××—××××	未制定
42	甜菜	生产管理	甜菜夜蛾测报调查规范	DB/T 897—2009	现行有效
43	甜菜	生产管理	糖料甜菜栽培技术规程	DB13/T 1242—2010	现行有效
44	甜菜	生产管理	膜下滴灌纸筒甜菜栽培技术规程	DB 15/T 692—2014	现行有效
45	甜菜	生产管理	直播甜菜高产优质高效栽培技术规程	DB15/T 826—2015	现行有效
46	甜菜	生产管理	覆膜甜菜高产优质高效栽培技术规程	DB15/T 827—2015	现行有效
47	甜菜	生产管理	甜菜优质丰产　平作膜下滴灌栽培技术规程	DB N65/T 163—2014	现行有效
48	甜菜	生产管理	甜菜优质丰产　机械化栽培技术规程	DB N65/T 164—2014	现行有效
49	甜菜	生产管理	甜菜优质丰产　地膜覆盖栽培技术规程	DB N65/T 162—2014	现行有效
50	甜菜	产品	糖料甜菜	GB/T 10496—2002	现行有效
51	甜菜	产品	饲用甜菜	NY/T 1748—2009	现行有效
52	甜菜		甜菜等级规格　糖料甜菜	NY/T ×××—××××	正在制定中
53	甜菜		食用甜菜	NY/T ×××—××××	未制定
54	甜菜		糖用甜菜品种分类	NY/T ×××—××××	未制定
55	甜菜	产品	无公害食品　甜菜	农业部茄果类蔬菜等58类无公害农产品检测目录（农办质〔2015〕4号）（三十二、甜菜）	现行有效
56	甜菜	种质资源	糖用甜菜种子	GB 19176—2010	现行有效
57	甜菜	种质资源	植物新品种特异性、一致性和稳定性测试指南　糖用甜菜	NY/T 2482—2013	现行有效
58	甜菜		乙氧呋草黄在甜菜中的限量	NY/T ×××—××××	正在制定中
59	甜菜		三苯基乙酸锡在甜菜中的残留限量	NY/T ×××—××××	正在制定中
60	甜菜		甜菜种子活力测定	NY/T ×××—××××	正在制定中
61	甜菜		甜菜品种鉴定技术规程　SSR分子标记法	NY/T ××× ××××	正在制定中
62	甜菜		甜菜中甜菜碱的测定　液相色谱-串联质谱法	NY/T ×××—××××	正在制定中
63	甜菜	方法	食品安全国家标准　食品微生物学检验　菌落总数测定	GB 4789.2—2016	现行有效
64	甜菜	方法	食品安全国家标准　食品微生物学检验　大肠菌群计数	GB 4789.3—2016	现行有效
65	甜菜	方法	食品安全国家标准　食品微生物学检验　沙门氏菌检验	GB 4789.4—2016	现行有效
66	甜菜	方法	食品安全国家标准　食品微生物学检验　志贺氏菌检验	GB 4789.5—2012	现行有效
67	甜菜	方法	食品安全国家标准　食品微生物学检验　金黄色葡萄球菌检验	GB 4789.10—2016	现行有效
68	甜菜	方法	食品安全国家标准　食品微生物学检验　β型溶血性链球菌检验	GB 4789.11—2014	现行有效
69	甜菜	方法	食品安全国家标准　食品中总砷及无机砷的测定	GB 5009.11—2014	现行有效
70	甜菜	方法	食品安全国家标准　食品中铅的测定	GB 5009.12—2010	现行有效

（续）

序号	产品	分类	标准名称	标准状态	备注
71	甜菜	方法	食品中铜的测定	GB/T 5009.13—2003	现行有效
72	甜菜	方法	食品中亚硫酸盐的测定（新标准名称：食品中二氧化硫的测定）	GB 5009.34—2003	现行有效
73	甜菜	方法	甜菜丛根病的检验　酶联免疫法	NY/T 1750—2009	现行有效
74	甜菜	方法	甜菜中甜菜碱的测定　比色法	NY/T 1746—2009	现行有效
75	甜菜	方法	甜菜还原糖的测定	NY/T 1751—2009	现行有效
76	甜菜	方法	甜菜中钾、钠、α-氮的测定	NY/T 1754—2009	现行有效
77	甜菜	方法	甜菜霜霉病菌检疫鉴定方法	SN/T 2035—2007	现行有效
78	甜菜	方法	甜菜中糖度的测定	QB/T 5016—2016	现行有效
79	甜菜	方法	甜菜中α-氨基氮的测定	QB/T 5015—2016	现行有效
80	甜菜	方法	糖料甜菜试验方法	QB/T 5014—2016	现行有效
81	甜菜	方法	食糖中亚硝酸盐的测定	QB/T 5013—2016	现行有效
82	甜菜	方法	绵白糖试验方法	QB/T 5012—2016	现行有效
83	甜菜	方法	方糖试验方法	QB/T 5011—2016	现行有效
84	甜菜	方法	冰糖试验方法	QB/T 5010—2016	现行有效
85	甜菜	方法	白砂糖中亚硝酸盐的测定	QB/T 5009—2016	现行有效
86	甜菜	方法	白砂糖中螨的测定	QB/T 5008—2016	现行有效
87	甜菜	方法	白砂糖中不溶水杂质的测定	QB/T 5007—2016	现行有效
88	甜菜	方法	赤砂糖试验方法	QB/T 2343.2—2013	现行有效
89	甜菜	方法	进出口糖检验规程	SN/T 0676—1997	现行有效
90	甜菜	方法	食糖卫生标准的分析方法	GB/T 5009.55—2003	现行有效
91	甜菜	方法	进出境原糖检疫规程	SN/T 1398—2004	现行有效
92	甜菜	方法	粗制乳糖检验方法	QB/T 3779—1999	现行有效
93	甜菜	方法	甜菜中转基因成分检测　普通PCR方法和实时荧光PCR方法	SN/T 3959—2014	现行有效
94	甜菜	方法	出口食品中转基因成分环介导等温扩增（LAMP）检测方法　第29部：甜菜H7-1品系	SN/T 3767.29—2014	现行有效
95	甜菜		转基因植物及其产品成分检测　耐除草剂甜菜H7-1及其衍生品种定性PCR方法	农业部1485号公告—3—2010	现行有效
96	甜菜		甲基硫菌灵在甜菜中的限量	NY/T ×××—××××	未制定
97	甜菜		福美双在甜菜中的限量	NY/T ×××—××××	未制定
98	甜菜		草甘膦在甜菜中的限量	NY/T ×××—××××	未制定
99	甜菜		百菌清在甜菜中的限量	NY/T ×××—××××	未制定
100	甜菜		多效唑在甜菜中的限量	NY/T ×××—××××	未制定
101	甜菜		吡唑醚菌酯在甜菜中的限量	NY/T ×××—××××	未制定
102	甜菜		倍硫磷在甜菜中的限量	NY/T ×××—××××	未制定
103	甜菜		敌草胺在甜菜中的限量	NY/T ×××—××××	未制定
104	甜菜		甜菜中稀土元素的测定　电感耦合等离子体发射光谱法	NY/T ×××—××××	未制定
105	甜菜		甜菜纯度的测定	NY/T ×××—××××	未制定

（续）

序号	产品	分类	标准名称	标准状态	备注
106	甜菜		甜菜可溶性糖的测定	NY/T ×××—××××	未制定
107	甜菜		甜菜中全氮的测定	NY/T ×××—××××	未制定
108	甜菜		甜菜中氨基酸的测定	NY/T ×××—××××	未制定
109	甜菜		甜菜品种鉴定　SNP 分子标记法	NY/T ×××—××××	未制定
110	甜菜		甜菜叶绿素的测定	NY/T ×××—××××	未制定
111	甜菜		甜菜灰分测定方法	NY/T ×××—××××	未制定
112	甜菜	基础/通用	白砂糖	GB 317—2006	现行有效
113	甜菜	基础/通用	食品安全国家标准　食糖	GB 13104—2014	现行有效
114	甜菜	基础/通用	绵白糖	GB 1445—2000	现行有效
115	甜菜	基础/通用	原糖	GB/T 15108—2006	现行有效
116	甜菜	基础/通用	食品安全国家标准　食品中农药最大残留限量	GB 2763—2016	现行有效
117	甜菜	基础/通用	食品安全国家标准　食品中污染物限量	GB 2762—2012	现行有效
118	甜菜	基础/通用	食品安全国家标准　食品添加剂　甜菜红	GB 1886.111—2015	现行有效
119	甜菜	基础/通用	糖用甜菜术语	QB/T 2398—1998	现行有效
120	甜菜	基础/通用	糖料甜菜术语	QB/T 5018—2016	现行有效
121	甜菜	基础/通用	粗制乳糖	QB/T 3778—1999	现行有效
122	甜菜	基础/通用	方糖	QB/T 1214—2002	现行有效
123	甜菜	基础/通用	单晶体冰糖	QB/T 1173—2002	现行有效
124	甜菜	基础/通用	多晶体冰糖	QB/T 1174—2002	现行有效
125	甜菜	基础/通用	赤砂糖	QB/T 2343.1—1997	现行有效
126	甜菜	基础/通用	黄方糖	QB/T 4566—2013	现行有效
127	甜菜	基础/通用	全糖粉	QB/T 4565—2013	现行有效
128	甜菜	基础/通用	精幼砂糖	QB/T 4564—2013	现行有效
129	甜菜	基础/通用	金砂糖	QB/T 4563—2013	现行有效
130	甜菜	基础/通用	块糖	QB/T 4562—2013	现行有效
131	甜菜	基础/通用	黑糖	QB/T 4567—2013	现行有效
132	甜菜	基础/通用	红糖	QB/T 4561—2013	现行有效
133	甜菜	基础/通用	冰片糖	QB/T 2685—2005	现行有效
134	甜菜	基础/通用	甜菜糖蜜	QB/T 5005—2016	现行有效
135	甜菜	基础/通用	黄砂糖	QB/T 4091—2010	现行有效
136	甜菜	基础/通用	液体糖	QB/T 4093—2010	现行有效
137	甜菜	基础/通用	农林机械安全　第 17 部分：甜菜收获机	GB 10395.17—2010	现行有效

2. 存在的主要问题

（1）标准体系问题（包括但不局限于系统性、针对性、实用性、时效性等方面）　近年来，随着我国科技创新能力的提高及标准化体系的日益成熟，对甜菜产业标准化的工作认识也有了一定提高。但是，随着世界经济一体化进程的加快，我国甜菜生产质量标准体系与发达国家相比，无论在数量上还是技术水平上都显薄弱，产业标准化工作存在标准制定晚、标准制定不全、标准制定难度大、制定过程繁冗以及标准宣贯不力和实施范围窄等一系列问题。

①甜菜质量标准体系配套性较低。从我国现行的甜菜质量标准体系来看，在 84 项标准中，基础/

通用类和方法类标准59项，数量占全部标准的比例为70.2%，并且其中的糖产品（甜菜制品）20项占33.9%，而环境安全和质量追溯（产地环境、投入品）类标准为空白，种质资源类（种子、种苗）标准、产品类（等级规格、品质/安全、原产地保护）标准等均较少，因此，目前甜菜标准体系的配套性有待进一步完善和加强。

②甜菜标准数量少不能全覆盖。甜菜是二年生作物，生产环节多，产业链长，仅制糖初级甜菜原料生产部分至少应包括产地环境、农资投入品、种子、生产技术规程、病虫草害防治与测报、等级规格、品质/安全、检验/检测、包装、标识、储运和质量监测等环节，将涉及的标准类别包括：环境安全类、种质资源类、生产管理类、方法类、产品类、物流类和质量追溯类标准等。通过对现行甜菜标准分析看出，种质资源和产品类标准数量较少，环境安全、物流和质量追溯三类标准均为空白。围绕甜菜生产初级产品产前、产中、产后全过程的标准体系建设总的情况是标准覆盖不全，标准数量少，不能通过全面覆盖甜菜标准体系控制甜菜生产质量和安全。

③种质资源、产品和质量追溯类标准短缺。甜菜种子是甜菜生产不可替代的重要生产资料，甜菜块根是其原料生产的初级农产品，但目前对甜菜种子活力、健康、种子包衣技术要求、品种鉴别技术等均没有制定标准，对甜菜块根也没有制定等级规格的相关标准规范。国际甜菜生产先进国家和地区如欧盟、美国、日本等，均有一系列适合自己的质量追溯标准保障甜菜块根品质，但我国在该方面正在探索阶段，尚未制定相关的质量追溯标准体系，与国内其他农作物比较也很滞后。

④安全和农残限量标准短缺。农药残留的检测和限量指标与国外比较差距很大，《食品中农药最大残留限量》（GB2763—2016）标准中对甜菜进行农药残留限量规定的标准有45项，与欧盟的445项、日本的287项相比还有很大的差距。

⑤检测技术滞后。我国的甜菜产品标准与国外比严重滞后，尤其是检测方法方面。《糖料甜菜》（GB/T 10496—2002）中，继续沿用铅为澄清剂，严重污染环境，有待修订。

（2）标准管理问题（包括但不局限于研究基础、队伍建设等方面）

①轻工系统对现行甜菜标准缺乏系统研究与管理，导致新制定标准与现行有效标准冲突等问题。在甜菜产业生产过程中，由农业制定初级甜菜产品标准（从种子至糖品加工前的原料），轻工业制定糖品标准比较顺畅。目前轻工系统严重缺乏专职部门和人员系统研究甜菜标准，导致新制定的标准《糖料甜菜术语》（QB/T 5018—2016）与《糖料甜菜术语》（QB/T 2398—1998）不仅标准名称相同而且内容也相似，并且在2016版标准前言中未说明替代1998版标准。

②运行机制导致各农作物标准体系建设发展不均衡。由于我国标准制定基本实行的是计划管理模式，计划由各部门提出，专家组评审立项，由于专家对各行业的情况了解深度的不同，导致各行业标准的立项数量差别较大，导致各农作物标准体系建设发展不均衡。

③投入机制障碍。经费不足、渠道单一是制约我国农业标准体系建设的关键因素之一，也是我国农业标准技术水平低的根本原因。要保证我国农业标准体系建设的顺利进行，国家应该在管理、标准研制、农业科研等方面给予足够的投入。

④缺乏健全完善的农业标准体系。近年来我国农业标准体系建设工作取得了很大进展，但由于起步较晚，地区之间也存在着较大差异，农业标准体系建设尚处在试点和起步发展阶段，与国外先进水平相比，还有很大差距，远远满足不了农业市场化和现代化的要求。对农业标准体系建设的重要性认识不足，重视不够，宣传不到位，推广、实施力度不大；农业标准体系不够健全，监测机构和法规体系不完善，认证不规范，执行不严格。

二、标准需求

为持续提高我国甜菜产品的产量和质量、推动我国的甜菜产品创品牌、有效增加甜菜产品的附加值，从而有利于提高我国甜菜产品市场竞争力，化解其市场风险，促进品牌出口扩大，实现甜菜产业的可持续发展。计划在“十三五”期间，利用5年时间，重点完善和建立健全甜菜产品收获以前生产环节的质量标准体系建设；计划在“十四五”期间，用8～10年时间，完善和建立健全甜菜产品收储运、限量与检测方法及其他甜菜质量标准体系建设。并以此完善甜菜质量标准体系，推进强化甜菜产品质量安全监管，以国家标准和行业标准为基础，地方标准和企业标准相衔接配套，在我国甜菜产区建立和产地环境相适应的甜菜质量控制、生产技术标准。指导、规范甜菜的生产、储运、加工、销售等各项活动。

1. “十三五”目标 围绕甜菜标准化发展的需要，结合甜菜生产实际，广泛搜集现有的国内相关标准，参照有关国际标准，并结合绿色食品、有机食品和地理标志的认证需求，进一步制定、修订符合产区实际的生产技术规程、产地环境、甜菜投入品的质量标准。“十三五”期间，计划初步建立健全甜菜质量标准体系；计划制定、修订国家和行业标准10～20项。

2. 修订国家标准为主，补充制定为辅 在现行的25项国家标准中，其中17项标准是涉及甜菜制品（糖品）的基础/通用标准和方法类标准，这些标准应及时修订以持续满足市场对糖产品的要求。需要补充制定的国家标准包括：一是甜菜产品及副产品的标准，主要是甜菜初级产品的标准；二是涉及食品安全的国家标准，如农药最大残留限量标准等。随着我国甜菜种植中使用化学除草剂比例的逐步增加，甜菜各类新登记农药最大残留限量标准的制定也应提上日程。

3. 完善配套行业标准质量体系 甜菜是二年生作物，生产环节多，产业链长，但现行的行业和地方标准仅有23项，已建立的五类标准包括：基础/通用类、方法类、种质资源类、生产管理类、产品类，在环境安全、物流和质量追溯等方面没有制定标准，产地环境、投入品、标识、储运和质量追溯方面标准为零，标准数量少覆盖不全。因此，甜菜行业标准的发展方向应以制定农业行业标准为主，尽快申报立项制定甜菜种子、专肥料、甜菜品质控制和植保等方面的标准，逐步建立并完善配套。

4. 制定地方和企业标准补充配套甜菜标准体系 国家标准和行业标准涉及范围广、行业面宽，申报和立项程序较多。与其他农作物比较，甜菜标准立项难度较大，获得制定标准项目的概率少。因此，对本区域或企业急需的标准，建议在获得国家标准和行业标准立项之前，首先制定地方和企业标准，这不仅有利于甜菜质量标准体系的配套，而且有利于标准的完善和升级。

三、发展方向

1. 完善标准体系建设，增加甜菜农业行业标准申报数量 目前，甜菜生产从产地环境、种子种苗或品种、产品或规格等级、生产技术规程、病虫害防治与测报、收储运、限量与检测方法等各个生产环节的甜菜质量标准控制均十分匮乏。拓宽甜菜产品标准体系研究范围，对我国食用甜菜产地环境、品种应用、生产栽培技术、病虫害防治、收储运加工销售、限量与检测方法等各个生产环节进行研究，为建立绿色食用甜菜标准体系提供基础资料。分析研究现行甜菜限量标准：就甜菜现行限量标准和检测方法进行验证性分析研究，对限量值进行甜菜生产符合性评价。

2. 专家团队建设 结合我国现有甜菜标准的制定和修订工作，通过全面梳理、整合和制修订甜菜标准，逐步健全甜菜标准体系，使甜菜产品在产前、产中、产后全过程标准覆盖率达到90%以上，标准化生产基地标准应用推广率达到90%；到2020年，打造一支由首席专家、岗位专家和科研人员组成的标准体系建设核心团队；培养一批标准宣贯实施骨干人员，辐射带动我国甜菜产区进一步壮大标准化工作队伍力量。

3. 加强推广宣传 强化标准实施，为甜菜标准体系建设提供良性循环动力。一是在将强制性标准转化技术法规和加快我国技术法规体系建设的基础上，将标准与技术法规紧密结合；二是建立标准研发与合格评定的协调合作机制，形成标准和合格评定的信息共享和技术协商机制，使得技术标准和合格评定制度更加紧密地结合，以更好地服务糖业生产和贸易；三是加强标准的宣贯和培训；四是要培育标准实施的主体；五是加强甜菜标准化示范区建设；六是推行甜菜及其制品包装上市。

附录

附表 11-1　甜菜（产品）国家标准体系表

序号	产品	分类	标准名称	标准状态	备注
1	甜菜	生产管理	农药田间药效试验准则（一）　除草剂防治甜菜地杂草	GB/T 17980.50—2000	现行有效
2	甜菜	生产管理	农药田间药效试验准则（二）　第 86 部分：杀菌剂防治甜菜褐斑病	GB/T 17980.86— 2004	现行有效
3	甜菜	生产管理	农药田间药效试验准则（二）　第 87 部分：杀菌剂防治甜菜根腐病	GB/T 17980.87—2004	现行有效
4	甜菜	生产管理	甜菜孢囊线虫检疫鉴定方法	SN/T 1140—2002	现行有效
5	甜菜	生产管理	甜菜霜霉病菌检疫鉴定方法	SN/T 2035—2007	现行有效
6	甜菜	生产管理	十字花科蔬菜病虫害测报技术规范　第 4 部分：甜菜夜蛾	GB/T 23392.4—2009	现行有效
7	甜菜	生产管理	甜菜收获机械　试验方法	JB/T 6276—2007	现行有效
8	甜菜	生产管理	甜菜纸筒育苗生产技术规范	NY/T 3027—2016	现行有效
9	甜菜	生产管理	甜菜栽培技术规范	NY/T 1747—2009	修改
10	甜菜	生产管理	甜菜种子生产技术规程	NY/T 978—2006	现行有效
11	甜菜	生产管理	甜菜收获机作业质量	NY/T 1412—2007	修改
12	甜菜	生产管理	甜菜全程机械化生产技术规范	NY/T 3014—2016	现行有效
13	甜菜	生产管理	甜菜夜蛾测报调查规范	DB/T 897—2009	现行有效
14	甜菜	生产管理	糖料甜菜栽培技术规程	DB 13/T 1242—2010	现行有效
15	甜菜	生产管理	膜下滴灌纸筒甜菜栽培技术规程	DB 15/T 692—2014	现行有效
16	甜菜	生产管理	直播甜菜高产优质高效栽培技术规程	DB15/T 826—2015	现行有效
17	甜菜	生产管理	覆膜甜菜高产优质高效栽培技术规程	DB15/T 827—2015	现行有效
18	甜菜	生产管理	甜菜优质丰产　平作膜下滴灌栽培技术规程	DB N65/T 163—2014	现行有效
19	甜菜	生产管理	甜菜优质丰产　机械化栽培技术规程	DB N65/T 164—2014	现行有效
20	甜菜	生产管理	甜菜优质丰产　地膜覆盖栽培技术规程	DB N65/T 162—2014	现行有效
21	甜菜	产品	糖料甜菜	GB/T 10496—2002	现行有效
22	甜菜	产品	饲用甜菜	NY/T 1748—2009	现行有效
23	甜菜	产品	农业部茄果类蔬菜等 58 类无公害农产品检测目录（农办质〔2015〕4 号）（三十二、甜菜）	无公害食品　甜菜	现行有效
24	甜菜	种质资源	糖用甜菜种子	GB 19176—2010	现行有效
25	甜菜	种质资源	植物新品种特异性、一致性和稳定性测试指南　糖用甜菜	NY/T 2482—2013	现行有效
26	甜菜	方法	食品安全国家标准　食品微生物学检验　菌落总数测定	GB 4789.2—2016	现行有效
27	甜菜	方法	食品安全国家标准　食品微生物学检验　大肠菌群计数	GB 4789.3—2016	现行有效
28	甜菜	方法	食品安全国家标准　食品微生物学检验　沙门氏菌检验	GB 4789.4—2016	现行有效

（续）

序号	产品	分类	标准名称	标准状态	备注
29	甜菜	方法	食品安全国家标准　食品微生物学检验　志贺氏菌检验	GB 4789.5—2012	现行有效
30	甜菜	方法	食品安全国家标准　食品微生物学检验　金黄色葡萄球菌检验	GB 4789.10—2016	现行有效
31	甜菜	方法	食品安全国家标准　食品微生物学检验　β型溶血性链球菌检验	GB 4789.11—2014	现行有效
32	甜菜	方法	食品安全国家标准　食品中总砷及无机砷的测定	GB 5009.11—2014	现行有效
33	甜菜	方法	食品安全国家标准　食品中铅的测定	GB 5009.12—2010	现行有效
34	甜菜	方法	食品中铜的测定	GB/T 5009.13—2003	现行有效
35	甜菜	方法	食品中亚硫酸盐的测定（新标准名称：食品中二氧化硫的测定）	GB 5009.34—2003	现行有效
36	甜菜	方法	甜菜丛根病的检验　酶联免疫法	NY/T 1750—2009	现行有效
37	甜菜	方法	甜菜中甜菜碱的测定　比色法	NY/T 1746—2009	现行有效
38	甜菜	方法	甜菜还原糖的测定	NY/T 1751—2009	现行有效
39	甜菜	方法	甜菜中钾、钠、α-氮的测定	NY/T 1754—2009	现行有效
40	甜菜	方法	甜菜霜霉病菌检疫鉴定方法	SN/T 2035—2007	现行有效
41	甜菜	方法	甜菜中糖度的测定	QB/T 5016—2016	现行有效
42	甜菜	方法	甜菜中α-氨基氮的测定	QB/T 5015—2016	现行有效
43	甜菜	方法	糖料甜菜试验方法	QB/T 5014—2016	现行有效
44	甜菜	方法	食糖中亚硝酸盐的测定	QB/T 5013—2016	现行有效
45	甜菜	方法	绵白糖试验方法	QB/T 5012—2016	现行有效
46	甜菜	方法	方糖试验方法	QB/T 5011—2016	现行有效
47	甜菜	方法	冰糖试验方法	QB/T 5010—2016	现行有效
48	甜菜	方法	白砂糖中亚硝酸盐的测定	QB/T 5009—2016	现行有效
49	甜菜	方法	白砂糖中螨的测定	QB/T 5008—2016	现行有效
50	甜菜	方法	白砂糖中不溶水杂质的测定	QB/T 5007　2016	现行有效
51	甜菜	方法	赤砂糖试验方法	QB/T 2343.2—2013	现行有效
52	甜菜	方法	进出口糖检验规程	SN/T 0676—1997	现行有效
53	甜菜	方法	食糖卫生标准的分析方法	GB/T 5009.55—2003	现行有效
54	甜菜	方法	进出境原糖检疫规程	SN/T 1398—2004	现行有效
55	甜菜	方法	粗制乳糖检验方法	QB/T 3779—1999	现行有效
56	甜菜	方法	甜菜中转基因成分检测　普通PCR方法和实时荧光PCR方法	SN/T 3959—2014	现行有效
57	甜菜	方法	出口食品中转基因成分环介导等温扩增(LAMP)检测方法　第29部：甜菜H7-1品系	SN/T 3767.29—2014	现行有效
58	甜菜	方法	转基因植物及其产品成分检测　耐除草剂甜菜H7-1及其衍生品种定性PCR方法	农业部1485号公告-3—2010	现行有效
59	甜菜	基础/通用	白砂糖	GB 317—2006	现行有效
60	甜菜	基础/通用	食品安全国家标准　食糖	GB 13104—2014	现行有效
61	甜菜	基础/通用	绵白糖	GB 1445—2000	现行有效

（续）

序号	产品	分类	标准名称	标准状态	备注
62	甜菜	基础/通用	原糖	GB/T 15108—2006	现行有效
63	甜菜	基础/通用	食品安全国家标准　食品中农药最大残留限量	GB 2763—2016	现行有效
64	甜菜	基础/通用	食品安全国家标准　食品中污染物限量	GB 2762—2012	现行有效
65	甜菜	基础/通用	食品安全国家标准　食品添加剂　甜菜红	GB 1886.111—2015	现行有效
66	甜菜	基础/通用	糖用甜菜术语	QB/T 2398—1998	现行有效
67	甜菜	基础/通用	糖料甜菜术语	QB/T 5018—2016	现行有效
68	甜菜	基础/通用	粗制乳糖	QB/T 3778—1999	现行有效
69	甜菜	基础/通用	方糖	QB/T 1214—2002	现行有效
70	甜菜	基础/通用	单晶体冰糖	QB/T 1173—2002	现行有效
71	甜菜	基础/通用	多晶体冰糖	QB/T 1174—2002	现行有效
72	甜菜	基础/通用	赤砂糖	QB/T 2343.1—1997	现行有效
73	甜菜	基础/通用	黄方糖	QB/T 4566—2013	现行有效
74	甜菜	基础/通用	全糖粉	QB/T 4565—2013	现行有效
75	甜菜	基础/通用	精幼砂糖	QB/T 4564—2013	现行有效
76	甜菜	基础/通用	金砂糖	QB/T 4563—2013	现行有效
77	甜菜	基础/通用	块糖	QB/T 4562—2013	现行有效
78	甜菜	基础/通用	黑糖	QB/T 4567—2013	现行有效
79	甜菜	基础/通用	红糖	QB/T 4561—2013	现行有效
80	甜菜	基础/通用	冰片糖	QB/T 2685—2005	现行有效
81	甜菜	基础/通用	甜菜糖蜜	QB/T 5005—2016	现行有效
82	甜菜	基础/通用	黄砂糖	QB/T 4091—2010	现行有效
83	甜菜	基础/通用	液体糖	QB/T 4093—2010	现行有效
84	甜菜	基础/通用	农林机械安全　第17部分：甜菜收获机	GB 10395.17—2010	现行有效

附表 11-2　甜菜（产品）行业标准体系表

序号	产品	分类	标准名称	标准状态	备注
1	甜菜	生产管理	甜菜孢囊线虫检疫鉴定方法	SN/T 1140—2002	现行有效
2	甜菜	生产管理	甜菜霜霉病菌检疫鉴定方法	SN/T 2035—2007	现行有效
3	甜菜	生产管理	甜菜收获机械　试验方法	JB/T 6276—2007	现行有效
4	甜菜	生产管理	甜菜纸筒育苗生产技术规范	NY/T 3027—2016	现行有效
5	甜菜	生产管理	甜菜覆膜操作技术规程	NY/T ×××—××××	正在制定中
6	甜菜	生产管理	甜菜田杂草综合防治技术规程	NY/T ×××—××××	正在制定中
7	甜菜	生产管理	甜菜栽培技术规范	NY/T 1747—2009	修改
8	甜菜	生产管理	甜菜种子生产技术规程	NY/T 978—2006	现行有效
9	甜菜	生产管理	甜菜收获机作业质量	NY/T 1412—2007	修改
10	甜菜	生产管理	甜菜全程机械化生产技术规范	NY/T 3014—2016	现行有效
11	甜菜	生产管理	农业部茄果类蔬菜等58类无公害农产品检测目录（农办质〔2015〕4号）（三十二、甜菜）	无公害食品　甜菜	现行有效

（续）

序号	产品	分类	标准名称	标准状态	备注
12	甜菜	种质资源	植物新品种特异性、一致性和稳定性测试指南　糖用甜菜	NY/T 2482—2013	现行有效
13	甜菜	方法	甜菜丛根病的检验酶联免疫法	NY/T 1750—2009	现行有效
14	甜菜	方法	甜菜中甜菜碱的测定　比色法	NY/T 1746—2009	现行有效
15	甜菜	方法	甜菜还原糖的测定	NY/T 1751—2009	现行有效
16	甜菜	方法	甜菜中钾、钠、α-氮的测定	NY/T 1754—2009	现行有效
17	甜菜	方法	甜菜霜霉病菌检疫鉴定方法	SN/T 2035—2007	现行有效
18	甜菜	方法	甜菜中糖度的测定	QB/T 5016—2016	现行有效
19	甜菜	方法	甜菜中 α-氨基氮的测定	QB/T 5015—2016	现行有效
20	甜菜	方法	糖料甜菜试验方法	QB/T 5014—2016	现行有效
21	甜菜	方法	食糖中亚硝酸盐的测定	QB/T 5013—2016	现行有效
22	甜菜	方法	绵白糖试验方法	QB/T 5012—2016	现行有效
23	甜菜	方法	方糖试验方法	QB/T 5011—2016	现行有效
24	甜菜	方法	冰糖试验方法	QB/T 5010—2016	现行有效
25	甜菜	方法	白砂糖中亚硝酸盐的测定	QB/T 5009—2016	现行有效
26	甜菜	方法	白砂糖中螨的测定	QB/T 5008—2016	现行有效
27	甜菜	方法	白砂糖中不溶水杂质的测定	QB/T 5007—2016	现行有效
28	甜菜	方法	赤砂糖试验方法	QB/T 2343.2—2013	现行有效
29	甜菜	方法	进出口糖检验规程	SN/T 0676—1997	现行有效
30	甜菜	方法	进出境原糖检疫规程	SN/T 1398—2004	现行有效
31	甜菜	方法	粗制乳糖检验方法	QB/T 3779—1999	现行有效
32	甜菜	方法	甜菜中转基因成分检测　普通 PCR 方法和实时荧光 PCR 方法	SN/T 3959—2014	现行有效
33	甜菜	方法	出口食品中转基因成分环介导等温扩增（LAMP）检测方法　第 29 部：甜菜 H7-1 品系	SN/T 3767.29—2014	现行有效
34	甜菜	方法	转基因植物及其产品成分检测　耐除草剂甜菜 H7-1 及其衍生品种定性 PCR 方法	农业部 1485 号公告-3—2010	现行有效
35	甜菜	基础/通用	糖用甜菜术语	QB/T 2398—1998	现行有效
36	甜菜	基础/通用	糖料甜菜术语	QB/T 5018—2016	现行有效
37	甜菜	基础/通用	粗制乳糖	QB/T 3778—1999	现行有效
38	甜菜	基础/通用	方糖	QB/T 1214—2002	现行有效
39	甜菜	基础/通用	单晶体冰糖	QB/T 1173—2002	现行有效
40	甜菜	基础/通用	多晶体冰糖	QB/T 1174—2002	现行有效
41	甜菜	基础/通用	赤砂糖	QB/T 2343.1—1997	现行有效
42	甜菜	基础/通用	黄方糖	QB/T 4566—2013	现行有效
43	甜菜	基础/通用	全糖粉	QB/T 4565—2013	现行有效
44	甜菜	基础/通用	精幼砂糖	QB/T 4564—2013	现行有效
45	甜菜	基础/通用	金砂糖	QB/T 4563—2013	现行有效
46	甜菜	基础/通用	块糖	QB/T 4562—2013	现行有效
47	甜菜	基础/通用	黑糖	QB/T 4567—2013	现行有效

（续）

序号	产品	分类	标准名称	标准状态	备注
48	甜菜	基础/通用	红糖	QB/T 4561—2013	现行有效
49	甜菜	基础/通用	冰片糖	QB/T 2685—2005	现行有效
50	甜菜	基础/通用	甜菜糖蜜	QB/T 5005—2016	现行有效
51	甜菜	基础/通用	黄砂糖	QB/T 4091—2010	现行有效
52	甜菜	基础/通用	液体糖	QB/T 4093—2010	现行有效

附表 11-3 甜菜（产品）地方标准体系表

序号	产品	分类	标准名称	标准状态	备注
1	甜菜	生产管理	甜菜夜蛾测报调查规范	DB/T 897—2009	现行有效
2	甜菜	生产管理	糖料甜菜栽培技术规程	DB13/T 1242—2010	现行有效
3	甜菜	生产管理	膜下滴灌纸筒甜菜栽培技术规程	DB15/T 692—2014	现行有效
4	甜菜	生产管理	直播甜菜高产优质高效栽培技术规程	DB15/T 826—2015	现行有效
5	甜菜	生产管理	覆膜甜菜高产优质高效栽培技术规程	DB15/T 827—2015	现行有效
6	甜菜	生产管理	甜菜优质丰产　平作膜下滴灌栽培技术规程	DB N65/T 163—2014	现行有效
7	甜菜	生产管理	甜菜优质丰产　机械化栽培技术规程	DB N65/T 164—2014	现行有效
8	甜菜	生产管理	甜菜优质丰产　地膜覆盖栽培技术规程	DB N65/T 162—2014	现行有效

第十二章　2017 年度种植业产品标准体系研究报告——甘蔗

甘蔗是世界上最重要的糖料作物，全球甘蔗产糖量约占食糖总产的 80%。我国现为世界第三大产糖国，居巴西、印度之后，糖料种植在我国农业经济中占有重要地位，其产量和产值仅次于粮食、油料、棉花，居第四位。甘蔗糖在我国食糖生产中居主导地位。据全国糖业信息中心统计（糖业信息，2016）：2015/2016 榨季全国累计生产食糖 870.19 万 t，其中甘蔗糖 785.21 万 t，占全国食糖总产量的 90.2%；刚刚结束的 2016/2017 榨季全国累计生产食糖 928.82 万 t，其中甘蔗糖 824.11 万 t，占全国食糖总产量的 88.7%。可见，甘蔗糖在保障我国食糖安全上的地位举足轻重，2010 年中央 1 号文开始将甘蔗列为大宗农产品。我国从事甘蔗种植及食糖加工的人数超过 4 000 万人，主产区既有经济高度发达的广东，也有经济欠发达的广西、云南，既有丘陵山地，也有海南等环海岛屿；既有大型农场，也有零散农户。生产水平参差不齐，造成我国蔗糖产业高成本、管控不力的矛盾尖锐，而基于现代企业制度建立的规模化、标准化和机械化生产模式的第一产糖大国巴西，掌握着国际原糖定价权，因其蔗糖生产成本低、效率高的优势明显，造成国际食糖到岸价远低于我国自产糖价格的局面，使我国甘蔗糖业遭受巨大冲击。甘蔗产业技术标准是从事甘蔗生产、经营、加工及流通过程中需要共同遵守的技术依据。标准化是现代生产制度的内在要求，是产业技术水平、经营水平的重要标志。随着我国土地流转制度的实施和国家对农业投入力度的不断加大，农业生产逐步向规模化、机械化方向发展，标准化成为推动机械化作业、提高生产效率和增产节支的关键，科学规划和建立甘蔗产业标准化体系是提升我国甘蔗产业生产水平和国际竞争力，引领和支撑甘蔗产业持续健康发展的重要手段。

一、产品标准及标准体系发展现状

1. 标准体系建设进展情况（标准体系建设框架）

至 2017 年，我国现行有效的甘蔗产业相关标准计 98 项，其中国家标准 12 项，占一成；行业标准 35 项，占 1/3；地方标准 51 项，占一半。另有编制新标准 4 项。从不同级别标准的内容来看，甘蔗国家标准侧重于农药的田间药效试验、糖料甘蔗试验和病菌、病毒检疫、检测等方法类标准，集中在植保和栽培两个学科。行业标准覆盖面广，涉及环境保护、机械、农业、轻工、气象、商品检验检疫、卫生等行业，其中农业行业标准 20 项，居主导地位。行业标准中以方法类标准数量最多，达 20 项，主要包括试验及其评价、鉴定方法，病菌、病毒、害虫、副产物检疫鉴定方法等；其次为种质资源类标准，共计 6 项。“十二五”以来，甘蔗产业地方标准发展态势活跃，并呈现出明显的主产区区域性特点，广西、云南两大主产区分别制定发布实施了 24 项和 21 项地方标准，两地合计占地方标准总数的 87%；广西地方标准中生产管理类标准占 71%，覆盖了环境安全、高产栽培、机械化作业、节水灌溉、间套种、自然灾害和虫害防控、副产物资源化利用等方面，实用性特色鲜明。而云南地方标准同时还注重上、下游技术的标准化，如育种及脱毒扩繁技术、品质及抗病性鉴定、收购等。

从标准内容看，我国甘蔗产业现行标准中共有基础/通用类标准（术语、分类）1 项，占现行所有标准数的 1.0%；环境安全类标准（产地环境、投入品）9 项，占现行所有标准数的 9.2%；方法类标准（检验/检测）42 项，占现行所有标准数的 42.9%，所占比例较大；种质资源类标准（种子、种苗）10 项，占现行所有标准数的 10.2%；生产管理类（种植、植保、加工）标准 26 项，占现行所有标准数的26.5%；产品类标准（等级规格、品质/安全、原产地保护）9项，占现行所有标准数的9.2%；流通类（收购）标准1项，占现行所有标准数的1.0%。从标准类型看，现行标准体系框架中方法类标准（检验/检测）最多，超过四成；其次是生产管理类标准，占1/4；种质资源类标准和产品类标准各占1/10左右；基础/通用类和流通类各占1%。其中，方法类标准中，病、虫、草害标准分别占13.4%、5.2%和1.0%；甘蔗品种类占11.3%，机械设备类占7.2%；加工类占2.1%；甘蔗制品类占3.1%。

2. 存在的主要问题

（1）标准体系问题（包括但不局限于系统性、针对性、实用性、时效性等方面） 从我国甘蔗产业技术标准体系建设发展现状可以看出，我国虽已建立了不同层次的技术标准，形成了一定的技术标准框架，但也存在一些问题，主要如下。

①国家标准制定缺乏系统性、计划性和时效性，与产业发展有所脱节。在甘蔗产业发展需要共同遵守的共性技术依据中，对于基础性和通用性强、涉及面广，事关甘蔗产业全局的技术依据应该制定为国家标准。而现有的甘蔗国家标准只有农药的田间药效试验、糖料甘蔗试验和病菌、病毒检疫、检测等方法类标准，集中在植保和栽培两个学科，且方法类占国家标准总数的75%，基础/通用类、环境安全类、种质资源类、物流类（包装、标识、储运）和质量追溯类等标准严重缺乏，仅有的生产管理类标准中也缺乏植保、加工类等标准，产品类中没有等级规格、品质/安全、原产地保护等标准，缺乏系统性。另外，已有的农药田间药效试验类标准是在2000—2004年制定，距今已有十多年时间，随着科技进步，许可使用的农药名录已经发生了很大变化，加上人们生活水平的提高，产地安全和食品安全问题，尤其是农药残留超标等问题日益受到人们关注。而这些标准却依旧停留在十几年前，没有开展相应的制修订工作，凸显国家标准制定工作缺乏计划性和时效性，与产业发展有所脱节。

②行业标准制定的统一性、协调性和时效性有待加强。甘蔗种植领域的标准目前分别由轻工、农业等几个部门归口管理，各部门缺乏统一性和协调性，标准制定上容易出现政出多门、交叉重复，指标不统一的现象。如由国家环境保护总局发布的《清洁生产标准　甘蔗制糖业》（HJ/T 186—2006）和由国家工业和信息化部发布的《制糖行业清洁生产水平评价标准》（QB/T 4570—2013）对于糖业企业清洁生产指标分级均分为3级，但在更细化的水重复利用率指标3级指标值就有明显不同，前一标准1～3级分别为≥90%、≥80%、≥70%，后一标准1～3级分别为≥95%、≥90%、≥70%。标准技术指标不一致甚至冲突，既造成企业执行标准困难，也造成政府部门制定标准的资源浪费和执法尺度不一。此外，在现有的35项甘蔗行业标准中，超过10年未修订的有10项，接近现行行业标准总数的1/3，超过20年未修订的有4项，超过30年未修订的有1项。

③甘蔗质量安全标准覆盖面窄，产业存在潜在风险。甘蔗是亚热带作物，靠蔗茎进行无性繁殖，一年生或多年生，与蔬菜粮食类作物相比，病、虫、草、鼠等有害生物种类多，仅我国危害甘蔗的害虫就有100多种，病害50多种。主要害虫有螟虫、蓟马、绵蚜等，主要病害有花叶病、黑穗病、黄叶病、梢腐病、叶斑病、白条病等，梢腐病有扩大趋势。另外，预防非生物因素灾害类的防灾、减灾生产技术类标准仍属空白，应对国际市场价格波动对甘蔗产业造成冲击类标准也未制定。与主要作物已经建立的保险理赔类标准相比，甘蔗产业尚未有此类标准，仅见广西在编制政策性糖料甘蔗保险理赔服务质量规范。以上所述的甘蔗产业需求，事关甘蔗产业安全，通用性强、涉及面广，影响甘蔗产业全局，如不尽快制定成标准并实施，将影响我国甘蔗产业持续健康发展。

（2）标准管理问题（包括但不局限于研究基础、队伍建设等方面） 针对现有甘蔗产业技术标准体系存在的一系列问题，如国家标准缺乏系统性、计划性和时效性，与产业发展脱节问题，行业标准缺乏统一性、协调性和时效性问题，甘蔗质量安全标准覆盖面窄，产业存在潜在风险问题等，我们应反思，既然我国是世界第三大产糖国，国家将甘蔗列为大宗农产品，糖料种植在我国农业经济中占有重要地位，甘蔗又是工业原料，那为什么会发生产生标准与产业发展脱节的问题？有些标准似乎制定之后就没有发挥过作用，不然，为什么超过30年而未修订？最有可能的解释是，这些标准制定之后就束之高阁，没有实施措施，很少被使用过，不然，历经30年发展，各行各业都发生了巨大变化，标准实施过程中与实际不符的问题会被反馈，迫使对标准进行修订。最大的问题应该在管理上，现有甘蔗产业标准从制定到实施缺乏有力的组织力和执行力。因此，面对受传统种植意识和文化水平制约、标准意识不强的蔗农，大量零散的甘蔗种植户造成甘蔗种植标准化生产管理的难度大，甘蔗生产上存在着的“小农户”与标准化生产的矛盾始终没有解决。此外，甘蔗标准化专业技术推广人员水平不高，人员数量严重不足，对推广实施甘蔗标准化工作缺乏具体实施方案和措施，缺少系统的培训和直接的工作指导，制约着中国甘蔗及产品标准化的深入普及和推广。

显然，我国甘蔗产业依然建立在小农生产模式上，标准化在生产中没有发挥应有作用。小农经济造就自给自足型社会，而规模化生产才是市场经济的基础。这也解释了国际食糖到岸价远低于我国自产糖价格的原因，我国甘蔗产业落后的生产方式必然要遭受来自国际市场的巨大冲击。

二、标准需求

随着我国土地流转制度的实施，土地逐渐从小农生产模式中被解放出来；同时，国家惠农措施增多和对农业投入力度也在不断加大，农业基础设施在不断完善，生产水平在不断提高，小农生产模式正在逐步被淘汰，农业正向规模化、机械化和自动化方向发展。规模化是机械化的前提，机械化效率的提高需要标准化的实施。标准化成为推动机械化作业、提高生产效率和增产节支的关键。面对新形势，根据现有标准体系存在的问题，产业发展不仅需要标准在数量上有较大增加，标准体系的结构也需要优化，水平有待提高。

从标准数量上，甘蔗产业与其他种植业产品相比仍较为落后，尤以国家标准差距较大，主持起草单位数量亦有限，且覆盖面偏窄，这与甘蔗作为我国最大宗糖料作物、热带作物和食糖这一战略储备物资的重要地位难以匹配。

从标准类别上，甘蔗产业基础/通用类、物流类、质量追溯类标准严重缺乏，环境安全类、产品类标准偏少，标准体系现有结构不尽合理，反映出产业标准化基础较薄弱，环境安全标准化意识不强，产品多元化开发、市场化水平及其产业带动性尚未得到较好发挥。

从标准规划实施情况看，甘蔗产业标准制定、修订规划科学性、实施计划性有待提升，现行标准结构性、系统性较为分散，行业、地方两个层级的标准技术水平参差不齐，有些标准对产业技术发展进步的前瞻性不足，导致时效性、执行性及成效性不理想。

从标准化工作组织开展来看，甘蔗种植业标准化工作相关单位、组织、人才的稳定性、可持续性仍显不足，标准化基础培训、宣贯、社会影响力较弱，标准化工作积极性、主动性、创新性尚未充分发挥，标准化组织机构及运行管理机制有待建立完善。

三、发展方向

1. 重点发展方向

（1）尽快建设完善国家标准体系　我国甘蔗产业模式正在面临重大变革和前所未有的历史机遇，这种变革波及的是整个产业，而非局部性或区域性的，这对国家标准体系建设提出了需求。现有的国家标准体系已经不能适应甘蔗产业的发展需求，鉴于现有标准体系缺乏的系统性、统一性、协调性、时效性以及覆盖面窄等问题，除对现有标准进行修订外，对于事关甘蔗产业全局的、通用性强、涉及面广的技术需求，如基础/通用类、环境安全类、种质资源类、物流类（包装、标识、储运）、甘蔗质量安全类和质量追溯类等技术依据，尽快启动国家标准的制定工作，建立起系统性好、统一性高、时效性强和覆盖面广的国家标准体系，为提高我国甘蔗产业的规模化、机械化和自动化生产打下坚实基础。

（2）依据标准通行性、技术先进性、区域代表性等原则规划实施国家、行业、地方三个层级标准的制定、修订工作。

（3）以衔接国际标准、引领技术创新、适应新形势（如《种子法》修订）为原则，进一步提升种质资源类、试验、检测、评价方法类标准的技术指标和方法水平，尤其是疫病指标和检测方法，并着力提高标准的规范效力与执行性。

（4）强化环境安全类标准制定、修订工作，包括产地环境指标体系和评估技术体系，投入品及其他新技术手段的环境安全性及其可能造成的损害评估指标及修复治理技术，甘蔗耕地生产类型、耕地水土保持、土地生产力指标及其持续提升技术等。

（5）积极服务产业转型升级和生产方式转变下全程机械化、耕作制度变革、卫星导航、遥感、节水灌溉技术、物联网技术、生物技术、新型投入品等高产稳产、轻简节本、可持续的特色生产管理类标准和专业化服务规范、技术要求等标准的制定、修订工作。

（6）积极拓展甘蔗多元化开发的安全、健康、饲用、纤维、生物产品及其特征、特色指标以及衍生业态产品和服务类标准的制定、修订工作。

2. 标准体系建设主要措施

（1）鉴于原有国家标准制定工作缺乏领导和科学规划，建议在主管部门指导下，组织甘蔗行业国家或部级质检中心、工程技术研究中心、重点实验室、甘蔗协会等机构的专家，尽快组成甘蔗国家标准制定专家指导组，根据甘蔗产业发展方向统一规划国家标准制定框架，依据标准通行性、技术先进性、区域代表性等原则厘清国家、行业和地方三个层级标准的制定、修订范围和任务。鉴于国家标准在产业链的许多领域无标可依的严峻形势，尽快拟定国家标准制定、修订目录和时间表，组织有关部门尽快制定相关标准。

（2）设立甘蔗标准制定、修订工作秘书处，负责专家库建设，配合主管部门、标委会做好发布制定标准公告、标准研发、计划报送等工作。按照标准制定专家指导组工作方案，指导、监督国家、行业和地方制定标准工作，常态化开展标准体系建设。

（3）设立甘蔗标准化工作宣贯办公室。负责部门领导和专家团队建设，宣贯标准，收集反馈信息等。加强各级各类部门和单位对标准化工作的重视和支持力度，加强标准化工作基础培训和宣贯工作，加强业内外标准化工作的交流与协作，不断提高甘蔗产业标准化水平。

附录

附表 12-1　甘蔗（产品）国家标准体系表

序号	产品	分类	标准名称	标准状态	备注
1	甘蔗农药	方法类	农药　田间药效试验准则（一）　除草剂防治甘蔗田杂草	GB/T 17980.49—2000	现行有效
2	甘蔗农药	方法类	农药　田间药效试验准则（二）　第61部分：杀虫剂防治甘蔗螟虫	GB/T 17980.61—2004	现行有效
3	甘蔗农药	方法类	农药　田间药效试验准则（二）　第62部分：杀虫剂防治甘蔗蚜虫	GB/T 17980.62—2004	现行有效
4	甘蔗农药	方法类	农药　田间药效试验准则（二）　第63部分：杀虫剂防治甘蔗蔗龟	GB/T 17980.63—2004	现行有效
5	甘蔗农药	方法类	农药　田间药效试验准则（二）　第101部分：杀菌剂防治甘蔗凤梨病	GB/T 17980.101—2004	现行有效
6	甘蔗	生产管理类	旱地糖料甘蔗高产栽培技术规程	GB/T 19566—2004	现行有效
7	甘蔗	产品类	糖料甘蔗	GB/T 10498—2010	现行有效
8	甘蔗	方法类	甘蔗黄叶病毒实时荧光 RT-PCR 检测方法	GB/T 28067—2011	现行有效
9	甘蔗	生产管理类	甘蔗地深耕、深松机械作业技术规范	GB/T 29007—2012	现行有效
10	甘蔗	方法类	甘蔗白色条纹病菌的检疫鉴定方法	GB/T 29578—2013	现行有效
11	甘蔗	方法类	糖料甘蔗试验方法	GB/T 10499—2014	现行有效
12	甘蔗	方法类	甘蔗线条病毒检疫鉴定方法	GB/T 33127—2016	现行有效

注：国家标准分类请按基础/通用类（术语、分类），方法类（检验/检测），环境安全类（产地环境、投入品），种质资源类（种子、种苗），生产管理类（种植、植保、加工），产品类（等级规格、品质/安全、原产地保护），物流类（包装、标识、储运）和质量追溯类8个方面进行整理归纳。

附表 12-2　甘蔗（产品）行业标准体系表

序号	产品	分类	标准名称	标准状态	备注
1	甘蔗	环境安全类	清洁生产标准　甘蔗制糖业	HJ/T 186—2006	现行有效
2	甘蔗机械	产品类	全封闭甘蔗压榨机减速器	JB/T 6121—1992	现行有效
3	甘蔗	方法类	甘蔗收获机械　试验方法	JB/T 6275—2007	现行有效
4	甘蔗机械	产品类	甘蔗种植机	JB/T 12441—2015	现行有效
5	甘蔗	种质资源类	农作物种质资源鉴定技术规程　甘蔗	NY/T 1488—2007	现行有效
6	甘蔗	方法类	甘蔗深耕机械　作业质量	NY/T 1646—2008	现行有效
7	甘蔗	方法类	甘蔗剥叶机　质量评价技术规范	NY/T 1770—2009	现行有效
8	甘蔗	方法类	农作物品种试验技术规程　甘蔗	NY/T 1784—2009	现行有效
9	甘蔗	种质资源类	甘蔗种茎生产技术规程	NY/T 1785—2009	现行有效
10	甘蔗	方法类	农作物品种鉴定规范　甘蔗	NY/T 1786—2009	现行有效
11	甘蔗	生产管理类	糖料甘蔗生产技术规程	NY/T 1787—2009	现行有效
12	甘蔗	种质资源类	甘蔗种苗	NY/T 1796—2009	现行有效
13	甘蔗	方法类	甘蔗花叶病毒检测技术规范	NY/T 1804—2009	现行有效
14	甘蔗	种质资源类	农作物优异种质资源评价规范　甘蔗	NY/T 2180—2012	现行有效

（续）

序号	产品	分类	标准名称	标准状态	备注
15	甘蔗	生产管理类	甘蔗生产良好农业规范	NY/T 2254—2012	现行有效
16	甘蔗	种质资源类	植物新品种特异性、一致性和稳定性测试指南　甘蔗	NY/T 2348—2013	现行有效
17	甘蔗	方法类	甘蔗病原菌检测规程　宿根矮化病菌　环介导等温扩增检测法	NY/T 2679—2015	现行有效
18	甘蔗	种质资源类	甘蔗脱毒种苗生产技术规程	NY/T 2724—2015	现行有效
19	甘蔗	方法类	甘蔗白色条纹病菌检验检疫技术规程　实时荧光定量PCR法	NY/T 2743—2015	现行有效
20	甘蔗	环境安全类	农作物生产基地建设标准　糖料甘蔗	NY/T 2775—2015	现行有效
21	甘蔗	方法类	甘蔗联合收获机　作业质量	NY/T 2902—2016	现行有效
22	甘蔗	方法类	甘蔗收获机　质量评价技术规范	NY/T 2903—2016	现行有效
23	甘蔗	方法类	甘蔗制糖工业企业综合能耗标准和计算方法	QB/T 1310—1991	现行有效
24	甘蔗	产品类	甘蔗糖蜜	QB/T 2684—2005	现行有效
25	甘蔗机械	产品类	甘蔗压榨机	QB/T 1168—2015	现行有效
26	甘蔗	方法类	甘蔗糖厂设计规范	QB/J G102—1987	现行有效
27	甘蔗	环境安全类	制糖行业清洁生产水平评价标准	QB/T 4570—2013	现行有效
28	甘蔗	方法类	甘蔗长势卫星遥感评估技术规范	QX/T 284—2015	现行有效
29	甘蔗	方法类	甘蔗流胶病菌检疫鉴定方法	SN/T 1400—2004	现行有效
30	甘蔗	方法类	进口可用作原料的废物检验检疫规程　第2部分：甘蔗糖蜜	SN/T 1791.2—2006	现行有效
31	甘蔗	方法类	几内亚甘蔗象检疫鉴定方法	SN/T 3407—2012	现行有效
32	甘蔗	方法类	褐纹甘蔗象检疫鉴定方法	SN/T 3570—2013	现行有效
33	甘蔗	方法类	甘蔗凋萎病菌检疫鉴定方法	SN/T 3676—2013	现行有效
34	甘蔗	方法类	甘蔗壳多胞叶枯病菌检疫鉴定方法	SN/T 3677—2013	现行有效
35	甘蔗	方法类	变质甘蔗食物中毒诊断标准及处理原则	WS/T 10—1996	现行有效

注：行业标准分类请按基础/通用类（术语、分类），方法类（检验/检测），环境安全类（产地环境、投入品），种质资源类（种子、种苗），生产管理类（种植、植保、加工），产品类（等级规格、品质/安全、原产地保护），物流类（包装、标识、储运）和质量追溯类8个方面进行整理归纳。

附表 12-3　甘蔗（产品）地方标准体系表

序号	产品	分类	标准名称	标准状态	备注
1	甘蔗	方法类	食用甘蔗检验法	CNS 13502—1995	现行有效
2	甘蔗	产品类	食用甘蔗	CNS 2876—1995	现行有效
3	甘蔗机械	产品类	小型甘蔗中耕施肥机	DB44/T 1585—2015	现行有效
4	甘蔗	环境安全类	甘蔗制糖企业安全生产标准化规范	DB45/T 807—2012	现行有效
5	甘蔗	环境安全类	甘蔗制糖工业水污染物排放标准	DB45/893—2013	现行有效
6	甘蔗	生产管理类	甘蔗机械深耕深松技术规程	DB45/T 935—2013	现行有效
7	甘蔗	生产管理类	甘蔗机械中耕培土技术规程	DB45/T 936—2013	现行有效
8	甘蔗	生产管理类	甘蔗间套种马铃薯栽培技术规程	DB45/T 994—2014	现行有效
9	甘蔗	生产管理类	旱地甘蔗高产高糖高效节本栽培技术规程	DB45/T 1021—2014	现行有效

（续）

序号	产品	分类	标准名称	标准状态	备注
10	甘蔗	生产管理类	甘蔗施用糖蜜酒精（酵母）发酵液技术规程	DB45/T 1022—2014	现行有效
11	甘蔗	生产管理类	糖料甘蔗滴灌高产栽培技术规程	DB45/T 1077—2014	现行有效
12	甘蔗	生产管理类	宿根甘蔗机械化地膜覆盖栽培技术规程	DB45/T 1117—2014	现行有效
13	甘蔗	方法类	甘蔗种植机　作业质量	DB45/T 1119—2014	现行有效
14	甘蔗	方法类	甘蔗装车机　作业质量	DB45/T 1120—2014	现行有效
15	甘蔗	生产管理类	甘蔗间作花生栽培技术规程	DB45/T 1210—2015	现行有效
16	甘蔗	生产管理类	甘蔗间种大豆技术规程	DB45/T 1235—2015	现行有效
17	甘蔗	生产管理类	甘蔗蓟马防治技术规程	DB45/T 1236—2015	现行有效
18	甘蔗	生产管理类	甘蔗间种绿豆生产技术规程	DB45/T 1239—2015	现行有效
19	甘蔗	生产管理类	螟黄赤眼蜂防治甘蔗螟虫技术规程	DB45/T 1242—2015	现行有效
20	甘蔗	基础/通用类	甘蔗制糖能源消耗限额	DB46/T 217—2011	现行有效
21	甘蔗	环境安全类	无公害农产品生产技术规程　双高甘蔗	DB51/T 600—2006	现行有效
22	甘蔗	生产管理类	糖料甘蔗黔糖 4 号高产优质栽培技术规程	DB52/T 483—2005	现行有效
23	甘蔗	生产管理类	无公害果蔗栽培技术规程	DB33/T 550.2—2005	现行有效
24	甘蔗	生产管理类	果蔗生产技术规程	DB3201T 124—2008	现行有效
25	甘蔗	生产管理类	甘蔗机械化生产技术规范	DB53/T 364—2011	现行有效
26	甘蔗	种质资源类	甘蔗温水脱毒种苗生产技术规程	DB53/T 370—2012	现行有效
27	甘蔗	方法类	甘蔗种苗宿根矮化病菌检测技术规程	DB53/T 441—2012	现行有效
28	甘蔗	产品类	甘蔗原料信息管理系统功能规范	DB53/T 478—2013	现行有效
29	甘蔗	种质资源类	甘蔗杂交育种家系评价及选择技术规程	DB53/T 479—2013	现行有效
30	甘蔗	种质资源类	甘蔗组培脱毒苗生产技术规程	DB53/T 480—2013	现行有效
31	甘蔗	生产管理类	旱地甘蔗槽植栽培技术规程	DB53/T 481—2013	现行有效
32	甘蔗	生产管理类	甘蔗“吨糖田”栽培技术规程	DB53/T 482—2013	现行有效
33	甘蔗	方法类	甘蔗锈病抗病性鉴定技术规程	DB53/T 530—2013	现行有效
34	甘蔗	生产管理类	甘蔗螟虫综合防治技术规程	DB53/T 531—2013	现行有效
35	甘蔗	方法类	甘蔗花叶病抗病性鉴定技术规程	DB53/T 637—2014	现行有效
36	甘蔗	方法类	甘蔗品质的分析方法　第 1 部分：样品的采集和处理	DB53/T 664.1—2015	现行有效
37	甘蔗	方法类	甘蔗品质的分析方法　第 2 部分：锤度、糖度、蔗糖分和纤维分的测定	DB53/T 664.2—2015	现行有效
38	甘蔗	方法类	甘蔗品质的分析方法　第 3 部分：还原糖分的测定	DB53/T 664.3—2015	现行有效
39	甘蔗	方法类	甘蔗品质的分析方法　第 4 部分：自然磷酸值的测定	DB53/T 664.4—2015	现行有效
40	甘蔗	种质资源类	甘蔗实生苗培育技术规程	DB53/T 734—2015	现行有效
41	甘蔗	流通类	糖料甘蔗收购技术规程	DB 53/T 763—2016	现行有效
42	甘蔗	生产管理类	糖料甘蔗轻简高效栽培技术规程	DB45/T 1251—2016	现行有效
43	甘蔗	生产管理类	甘蔗霜冻灾害调查规范	DB45/T 1253—2016	现行有效
44	甘蔗	产品类	甘蔗和蔗渣的蔗糖分、锤度及纤维分测定湿式分解法	DB45/T 450—2007	现行有效

（续）

序号	产品	分类	标准名称	标准状态	备注
45	甘蔗	环境安全类	甘蔗制糖行业清洁生产评价指标体系	DB45/T 1188—2015	现行有效
46	甘蔗	环境安全类	清洁生产审核指南　甘蔗制糖业	DB45/T 1331—2016	现行有效
47	甘蔗	方法类	蔗叶蔗渣栽培双孢蘑菇工厂化生产技术规程	DB45/T 1332—2016	现行有效
48	甘蔗	方法类	蔗叶蔗渣栽培巴西菇工厂化生产技术规程	DB45/T 1333—2016	现行有效
49	甘蔗	方法类	甘蔗品种区域化试验规范	DB53/T 326—2010	现行有效
50	甘蔗	环境安全类	清洁生产标准　甘蔗制糖业（含糖蜜酒精）	DB53/T 234—2007	现行有效
51	甘蔗	生产管理类	冬春植甘蔗施肥规范	DB460025	现行有效
52	甘蔗	方法类	甘蔗脱叶性的分级要求（征求意见稿）		正在制定中
53	甘蔗	方法类	甘蔗梢腐病的鉴定检测方法（征求意见稿）		正在制定中
54	甘蔗	环境安全类	甘蔗健康种苗生产技术规程（征求意见稿）		正在制定中
55	甘蔗	保险类	广西政策性糖料甘蔗保险理赔服务质量规范（征求意见稿）		正在制定中

第十三章　2017年度种植业产品标准体系研究报告——蔬菜

一、产品标准及标准体系发展现状

1. 标准体系建设进展情况

经过多年的建设和发展，我国蔬菜产品标准体系建设步伐不断加快，产品标准实施成效日益显著。主要体现在以下几方面。

（1）蔬菜产品标准不断完善　以蔬菜产品国家标准为例，与2016年比较，2017年我国蔬菜产品质量安全标准共520项，比2016年增加了196项。具体情况见表13-1。

表13-1　2017年蔬菜产品质量安全标准分类及个数

标准分类	标准数量（项）	
	2016年	2017年
基础/通用类（术语、分类）	6	6
方法类（检验/检测）	225	409
环境安全类（产地环境、投入品）	8	15
种质资源类（种子、种苗）	8	8
生产管理类（种植、植保、加工）	37	38
产品类（等级规格、品质/安全、原产地保护）	24	27
物流类（包装、标识、储运）	16	17
质量追溯类	1	1

从上表可以看出，2017年蔬菜质量安全标准体系的总体框架没有改变，依然是基础/通用类（术语、分类），方法类（检验/检测、试验规程、检疫规程），环境安全类（产地环境、投入品），种质资源类（种子、种苗），生产管理类（种植、植保、加工），产品类（等级规格、品质/安全、原产地保护），物流类（包装、标识、储运）和质量追溯类8个方面，已从单纯检验、把好最后一道关，发展到监控生产、加工、包装、储运和销售（从农场到卖场）的全过程，每一个环节和阶段都有相应的标准来严格控制蔬菜质量与安全。除了生产、加工、品质、等级、包装、标识、储运、销售等，还包括污染物、最大农药残留允许量、质量追溯、检验检测等，以及取样和分析方法等标准规定。各标准之间也都具有内在的制约和连带关系，体系比较完整。从标准数量来看，与2016年标准比较，数量增加的有5类：方法类（检验/检测），环境安全类（产地环境、投入品），生产管理类（种植、植保、加工），产品类（等级规格、品质/安全、原产地保护），物流类（包装、标识、储运），数量没有变化的有3类：种质资源类（种子、种苗），基础/通用类（术语、分类），质量追溯类。从标准数量变化情况可以看出，2017年我国蔬菜标准制修订主要集中在方法类，从侧面表明我国蔬菜标准化检测能力正在逐渐增强。

（2）农业标准体系基本建成　近年来，农业部根据法定职能加快了以农兽药残留为重点的农产品质量安全强制性标准和以大宗、优势、特色农产品为重点的现代农业产业发展技术标准制修订。截至2018年，农业农村部已组织制定发布农业国家标准和行业标准近10 000项，基本涵盖了种植业、畜牧业、渔业、农垦、饲料工业、农村工业、农机化、农村能源与环境、农业信息化等领域，标准范围拓展到农产品产地环境、种养措施、采收加工、储运包装、管理规范等各环节，基本建立起以产品为单元，覆盖农业产前、产中、产后各环节全过程的农业标准体系框架。

（3）农药残留安全标准逐步突破　第一，从国家层面实现农药残留标准的统一。目前，农药残留安全标准由农业部与国家卫生和计划生育委员会联合发布，且是我国监管食品中农药残留的唯一强制性国家标准。第二，在标准数量和产品覆盖上取得突破。截至目前，共制定了433种农药的4 140项最大残留限量及配套的413项检测方法国家标准。基本覆盖了我国常用农药品种和主要食品农产品种类，在数量和覆盖率上都有较大的突破，为规范科学合理用药和农产品质量安全监管、严厉打击非法使用和滥用农药行为提供了法定的技术依据。我国种植业产品中，以粮食、蔬菜和水果类标准数量较多，制修订力度最大，而基础通用类标准较为薄弱；从标准类别看，农业行业标准数量远高于国家标准数量；从生产环节看，种植过程标准所占比例最高，有害生物防治标准次之，收获环节标准最少。

（4）标准制定理念逐步与国际接轨　一是在技术上，遵循国际食品法典委员会（Codex Alimentarius Commission，CAC）风险评估原则，根据农药的毒理学数据、农药在农作物中代谢分布数据以及我国居民各类食品的膳食消费数据，对人通过食物间接摄入农药残留产生的风险进行定性和定量评价。二是在程序上，按照《食品安全法》和世界贸易组织（World Trade Organization，WTO）对透明度的要求，农药残留限量标准制定全程向社会公开，向WTO成员通报并接受评议。三是在国际标准制修订中，主动承担国际食品法典农药残留委员会（Codex Committee on Pesticide Residues，CCPR）主席国责任，先后参与制定了3种农药共6项国际标准，并对106种农药在79种食品中1 259项国际限量标准进行评估转化，加快了我国农药残留限量标准制定步伐。2014年4月农业部和国家卫生和计划生育委员会联合颁布的3 650项农药残留限量中，1 999项为CAC已制定，其中1 811项（占90.6%）与CAC标准一致或者更严。

2. 存在的主要问题

（1）总体问题

通用标准：包装、运输和储存标准制定的还不多，其他标准基本已制定。

农业投入品标准：蔬菜种子质量标准不完善，种苗标准很少，是今后制定的重点。

产品标准：目前新鲜蔬菜产品标准包括绿色食品蔬菜产品标准、地理标志产品标准、蔬菜等级规格标准及蔬菜产品标准，其中，蔬菜等级规格标准及蔬菜产品标准存在内容重复的情况，而且很多蔬菜标准标龄已超过10年，其中的技术内容及引用标准与现实严重不符；脱水蔬菜已有国家标准，冷冻蔬菜已有单个蔬菜的标准，是否应像脱水蔬菜一样制定一项通用标准即可，有待研究。

安全标准：安全标准均有国家强制性标准，且在不断完善。

生产技术规程和加工工艺标准：蔬菜种子种苗繁育技术规程基本没有，是今后制定的重点；蔬菜病害鉴定评价技术规程还不完善，今后还要继续制定；其他技术规程基本完善。

检测方法标准：蔬菜及制品感官检测方法标准目前没有制定，是否制定需要研究；蔬菜及制品理化指标检测方法标准目前已有国家标准和部分行业标准，大部分理化指标的检测方法标准已制定；蔬菜及制品农药残留限量检测方法目前已清理整合；蔬菜及制品污染物检测方法、蔬菜及制品有害微生物检验方法、蔬菜及制品生物毒素的检测方法和蔬菜及制品转基因成分的检测方法已有国家标准。

（2）标准体系问题

① 标准体系的系统性不强。受制于长期以来缺乏协调机制的多头管理体制，标准体系建设和发展缺乏统一规划，导致出现系统性、互补性、配套性和一致性较差的问题。如2017年蔬菜产品的国家标准中方法类有409项，而质量安全追溯类标准仅有1项，标准体系的组成成分比例不当。另外，国家标准中蔬菜产品分等分级类数量很少。另外我国现行农产品质量标准中，基本上全部是针对产品制定的具体标准，仅有《农产品等级规格标准编写通则》（NY/T 2113—2012）和《农产品等级规格评定技术规范　通则》（NY/T 2714—2015）等极少数基础通用性标准。农产品涉及种植、畜牧、水

产等不同行业，这些行业涵盖的产业类别之间产品特性差异悬殊，产业类别内部产品特性具有相似性，因此，需要结合产业特点和具体标准制修订需求，补齐通用性标准，更好地发挥通用性标准对具体标准制定的规范和指导作用。目前产品类标准整体多而不成体系，且存在标准重复交叉。主要反映在标准规范对象和适用范围部分或完全重合，或者一项标准的规范对象和适用范围完全被另一项标准所覆盖。除了绿色食品外，其他产品标准既有单独产品标准，还有产品等级规格标准，一般来说产品标准又涉及等级规格内容，如《丝瓜》（NY/T 776—2004）和《丝瓜等级规格》（NY/T 1982—2011）。

② 部分标准的针对性有待提升。在我国标准体系中，有些标准的针对性很强，如《黄瓜中百菌清残留量的测定》(GB/T 5009.105—2003)，不仅写明了哪种蔬菜，而且写明了哪种农药。但部分标准的针对性不强，存在重复交叉的问题。如《食品塑料周转箱》（GB/T 5737—1995）与《蔬菜塑料周转箱》(GB 8868—1988）同为国家标准，却有重复交叉的部分，国家标准和行业标准中也有类似问题。另外，种苗繁育、种植技术、病虫害防治、采收各环节的标准存在重叠。

③ 部分标准的科学性有待增强。比如《韭菜中甲胺磷等七种农药残留检测方法》（NY/T 447—2001)、《蔬菜上有机磷和氨基甲酸酯类农药残毒快速检测方法》（NY/T 448—2001）等方法，早已不再列入《食品安全国家标准　食品中农药最大残留限量》（GB 2763—2016）推荐方法。另外，同为地理标志产品，有些是国家标准等级，如《地理标志产品　怀山药》(GB/T 20351—2006）等，而大部分地理标志产品属于地方标准，这就会对地理标志的不同级别产生疑惑。因此解决标准的科学性问题，不管从短期还是长远来看，都是农业标准研究和制定工作的一项重要任务。

④ 标准的制定、修订与农业产业发展结合不紧密。目前，针对污染物限量等这一类型的食品安全国家标准，在现行的标准制定和发布机制下，行业主管部门的意见很难被采纳，导致部分涉及农产品安全卫生等方面的限量与农业产业脱节，不适应现代农业产业发展的需要。例如，早在2004年，就有黄花菜中二氧化硫残留量卫生指标之争。生产技术标准难以满足实际生产需要，没有足够的科学种植技术、用药指南等标准，农技指导人员、农业生产主体无章可循，无法从技术规范上保障农产品质量安全，检测和判定标准落后于实际工作需要。农业投入品种类繁多，很多目前还没有标准的检测方法，或可以检测却不能判定，导致执法取证难，监测工作不能更好地为监管服务。如何兼顾消费安全与产业发展，怎样才能使标准“最严谨”，是当前亟须明确的重点问题。

⑤ 部分标准的时效性较差。例如，在统计的蔬菜产品国家标准中，有11项标准仍然为20世纪80年代制定，距今约有30年的时间，标准的格式、要求等与现行标准不匹配，标准的时效性较差。另外，最近几年间GB 2763不断更新，这对农产品质量安全有了更完善的法律依据，但由于标准普及、推广、认知需要一个过程，若时间间隔较短，对禁用农药可能会导致产品外流难回收，或因信息不灵通而导致厂家继续生产、种植者继续使用的情况出现，这就给农产品质量安全带来隐患，也可能会威胁到种植者、农药生产者和经营者的利益。再比如，目前的生产技术规程类标准年代较为久远，相关标准主要集中在2010年以前，且涉及的产品品种有限。根据以上问题，需要根据标准体系规划，对生产技术规程类标准做好定位，为农业标准化生产提供技术支撑。

⑥ 部分类别的标准缺失。为了适应现代化农业发展的需求，需要进一步加大对农业现代化生产中的新产品、新技术提出相应的标准规范，促进农业现代化转型升级，如《蔬菜集约化育苗场建设标准》(NY/T 2442—2013)、《蔬菜产地批发市场建设标准》（NY/T 2776—2015）等。另外，质量追溯对控制源头安全起着重要作用，而2017年在该类国家标准方面并没有增加，即只有《马铃薯商品薯质量追溯体系的建立与实施规程》(GB/T 31575—2015）1项。

⑦ 国际先进标准借鉴与引用程度低。与种植业相关的国际通用生产过程管控标准主要有良好农业规范（Good Agricultural Practice，GAP)、危害分析及关键控制点（Hazard Analysis and Critical Control Point，HACCP)、良好生产规范（Good Manufacturing Practice，GMP)、有机生产管理等，主要是通过体系认证的方式推进标准化。我国的农产品标准体系已开始借鉴与引用国外先进的过程管

控理念与技术。我国GAP参考欧盟（EU）的全球良好农业操作认证（Global GAP），已形成31项标准（国家标准27项，农业行业标准4项），27项国家标准均是对大类产品控制点和符合性规范的要求，真正的生产过程技术规范仅有4项，仅涉及双低油菜等4个种类产品；我国HACCP体系是参考CAC标准建立，已形成20项标准（国家标准14项，农业行业标准6项），但大部分是食品加工的标准，尚无针对种植业农产品的HACCP标准；我国的GMP参考EU标准，已形成12项标准（国家标准10项，农业行业标准2项），仅有1项《木薯生产良好操作规范》（NY/T 1681—2009）涉及种植业初级生产；我国有机生产的相关标准有12项（国家标准4项，农业行业标准8项），涉及的种植业农产品仅有茄果类蔬菜等4个种类。虽然目前这些国际先进生产过程管控标准在有效指导和规范我国农业生产行为、提升农业标准化水平方面发挥了积极的引导和促进作用，但从涵盖的农产品种类、囊括的产业链环节来说还有待扩展，对建立农产品生产过程管控标准体系的探讨还有待深入。

（3）标准管理问题

① 标准管理职能不明确。目前，我国没有统一的机构负责制定农产品质量标准，也没有专门的机构负责推广实施，国标委、农业、质检、供销等部门都参与相关标准的制修订和实施，这种管理界限不清、责任界定不明的多部门管理机制，容易导致标准制定不协调、不统一，造成一品多标、指标矛盾等问题。由于标准制定主体的级别和来源不同，粮油、果蔬、畜牧、水产等产品都存在一个产品有多项标准的现象。相对于标准制定，标准实施则体现为部门缺位，没有一个部门针对农产品质量分级建立相应的管理制度和体系队伍，农产品质量标准实施以企业自我声明为主，缺乏监督管理与市场认可。

政府关于农业标准化的管理上，虽然在示范区的标准化和监测机构的建设方面取得了一定的成绩，但重复建设的问题十分突出。政府农产品安全的管理职能已不能适应当前的经济发展需要，条块不清、管理缺失的情况时有发生，很多管理目标和职能都是错位的。权利分配上，很多部门难以实现整合。农民没有形成自己的合作组织，经营上十分分散，不利于有效控制食品安全。我国的农产品质量安全管理中要求比较多，包括生产的条件、资料和过程，另外还有一些其他类似包装和运输方面等环节。在整体性方面上，在我国过去的经济体制影响下，对于比较传统的农作物监管还是不够，农产品的质量安全仍然没有得到足够的重视。而且我国的监管机制不统一，各个部门之间分散经营，在遇到问题的时候，很难统一出一个相同观点，不容易找到标准管理的主体。

② 标准制修订机制有待完善。自2001年农业部实施无公害食品行动计划、设立农业标准制修订专项以来，农业农村部年均下达标准项目计划300多项。但是，项目承担单位一直比较分散，既有科研能力强、制定标准经验丰富、整体水平高的“老兵”，也有整体水平一般、缺乏经验的“新手”。因制定标准的单位来自不同层次和不同水平，导致一些同类型的标准项目甚至是系列标准的水平参差不齐。而且由于项目分散，单项标准项目经费一直维持在较低水平，制定标准的积极性急需加强。

③ 相关配套软硬件较薄弱。农产品安全标准作为农产品安全监管的重要手段，其运作也需要外力的支持和配合，比如说农产品安全检测体系、农产品安全认证体系、农产品安全风险评估、农产品安全应急管理系统，以及政府对农产品安全标准投入的基础设施和人员等方面。由于我国的标准化建设相对于国外发达国家来说起步晚，因此，农产品安全管理的基础建设薄弱，方法与手段滞后并仍在不断地完善和发展中。我国农产品安全监管的基础设施建设滞后，各级政府部门尤其是基层单位的建设不能满足当前发展的需要，普遍存在人员不足、装备滞后、检测能力水平低等问题。虽然卫生部门、农业部门、质监部门、工商部门都有各自的检测仪器与人员，前三者还有专门的检测机构，但是由于资源分散、各自执法、缺乏数据共享的渠道，导致设备重复检测现象突出，不仅浪费了资源，工作协调也非常差、严重影响了监管程序的严密性，漏检现象时有发生，这大大降低了监管保障作用的发挥，安全性大打折扣。从检测主体来看，检测机构与检测需求的供求矛盾特别突出，特别是用于检测农产品中农药残留、重金属等安全类检测机构的数量远远不能满足实际需求。从地理位置的分布情况看，各类质量监督和检验检疫机构在地区间分布不均衡。总体情况大致为，东部沿海相对集中，而

中西部地区则十分落后，检验机构建设薄弱；城市集中，而面向广大农村地区的综合性农产品检测机构则严重不足。

④ 产地准出监管机制不全。《中华人民共和国农产品质量安全法》规定，农产品质量安全实行属地管理，基地准出监管理应由农产品生产所在地农业部门承担，但基地农业部门由于机构、人员、技术、法律规定等原因，监管职能侧重于产地农产品例行抽检和监督抽检工作，在生产者资质管理、农产品准出制度建设、农产品产地证明开具、机构建设及检测技术软硬件等方面投入明显不足，导致产地准出未能有效实施，源头监管除了投入品监管、产地农产品实行监测制外，缺少了产地准出的日常监督机制。

（4）标准结构问题　目前，产品标准的技术内容中包括了产品标识、包装、储存和运输等技术内容。在国务院分工中，将农产品的储存和运输环节交给了农业部，势必要加强对这两个环节标准的制修订工作。从目前现有标准的情况看，已制定的产品标准中都包括了标识、包装、储存和运输等技术内容，也存在个别蔬菜的储运标准，如《胡萝卜储藏与运输》（NY/T 717—2003），《番茄　冷藏和冷藏运输指南》（SB/T 10449—2007）。但标准数量少，这样有存在技术内容重复的问题，而且如果标准技术内容不统一，会造成执行上的问题，因此，要明确产品标准的结构。

在标准结构上存在的最主要问题就是国家标准化管理委员会和国家卫生健康委员会颁布的标准各成一套格式。如国家标准化管理委员会要求在前言中规定标准的起草单位和起草人，但国家卫生健康委员会不需写明；在范围中，国家标准化管理委员会要求第一句写明该标准规定什么，但卫计委的产品标准不要求，只写本标准适用于什么；对于附录的性质，国家标准化管理委员会要求写明，但国家卫生健康委员会不要求等。同是国家标准，但文本格式不统一。

二、标准需求

1. 物流产业的需求　在消费者需求日益个性化、多样化的今天，农产品流通的顺畅、快捷、安全、有序关乎农产品流通业的发展进程，关乎农业产业结构的调整、升级与优化，更关乎国家“三农”政策和战略的顺利实施。而目前我国国际标准中在物流方面的标准主要是针对某种产品而言的，而且主要涉及温度、包装和运输方面，可喜的是《新鲜水果、蔬菜包装和冷链运输通用操作规程》（GB/T 33129—2016）对蔬菜类包装、运输等进行了通用性规定。但也出现了一些问题，具体包括：①对包装后的标签标识没有相关规定，而很多小包装的产品是需要在包装上进行标识的，方便消费者选购与溯源。②在包装前或包装后是否需要对产品预处理，比如紫外杀菌、分等分级之类的，目前标准上未规定。③由于目前网购比较热，由于很多店主都不懂或者不看标准的，无法保证网购包装产品的质量。④通用性标准比较概括，可能会对特色蔬菜（如水生蔬菜——莼菜等）可能不适合，有针对性的蔬菜物流类标准仍有必要制定。

2. 溯源技术的需求　在农产品领域溯源技术被广泛应用，尤其是发达国家，如美国、日本、欧盟等。一旦农产品发现存在着安全问题，有利于及时找到其源头并将产品召回，将损失降到最低，溯源系统的使用保障了农产品的质量安全。从20世纪的后期开始，我国对农产品质量安全问题越发重视，针对农产品溯源方面进行了比较深入的研究。我国是农产品出口的大国，所以如何对其进行追溯是保证质量安全的首要任务。当前我国农业生产比较分散，集中生产农产品的数量较少，不利于开展溯源体系。我国的农产品溯源目前处于起步阶段，有必要在这方面进行研究与加强。

3. 急需农业标准化人才　农技推广队伍是对上联系农业科研院所，对下联系广大农业劳动者的桥梁和纽带，是农业标准化工作顺利推广的重要技术保障。当前我国的农技推广队伍情况不容乐观，存在着专业人员少、人员质量参差不齐、人员年龄老化等问题，加之基层工作条件艰苦，待遇较低，优秀的年轻人才难引进，即使招来了也难以留住，这样的人才队伍现状远不能满足我国加快农业标准化工作的需求。

4. 农产品分等分级的需求 当前，发达国家在农产品的企业中拥有自己的标准和分级。例如美国农业部的农产品分级是由政府部门负责管理。农业市场服务局负责肉类和畜产品的分级管理，农业部负责管理粮食、水稻等的分级，国家海洋渔业局负责鱼类、壳类的分级。分级标准包含了多个强制性的内容，在农产品的分级标准上，美国国家层面的标准拥有300多项，包括奶类产品、蔬菜和水果、加工产品、粮食和豆类与烟草类的分级等。通过修订分级，很多农产品分级都采用资源选用的方法，不同产品的分等分级水平也不同，体现了标准化和产品差异的关系。将农产品质量标准以及生产形成了适合自己的标准，体现了产品的差异性。提升名牌农产品的标准化水平，保证了消费者对品牌的忠诚度，将企业的品牌开发和农产品标准化统一协调起来。例如，选用的产品分级要取决于消费者的偏好、产品的质量评价标准和消费偏好、产品的差异要适用于不同的消费者对产品质量的评价标准等。

5. 农业标准化研究基础有待加强 我国在农业方面的人才培养不足，无法深入开展很高程度的农产品标准化研究，缺少专业技术的研究人员，就无法制定更高标准的农产品质量检测的方案。食品安全风险评估制度是食品安全控制的科学手段，目前国际食品法典、世贸组织以及各国政府都把它作为制定食品安全标准和政策的主要技术依据。我国《食品安全法》的第十三条和第十六条规定："食品安全风险评估结果是制定、修订食品安全标准和对食品安全实施监督管理的科学依据"。但是作为支撑食品安全风险评估的关键技术手段，我国食品毒理学方面的研究还是严重滞后于发达国家，在管理制度、人才素质以及技术水平等多方面都与发达国家存在较大的差距，在制定食品标准时对相关指标的选取和具体设定，并没有真正做到以风险评估为依据。这已经成为我国食品安全风险评估和食品安全管理发展的短板。

三、发展方向

1. 完善标准体系建设 一方面重点加强对国际标准和国内生产、加工、安全等各个环节的新形势、新发展的探索性研究。在比对参照国际标准的基础上，从满足重点行业生产、监管、贸易的实际需要出发，以生产加工环境要求及分析测试、种质要求及繁育检验评价、农业投入品质量要求及评价、农业投入品使用、动植物疫病防治、生产加工规程及管理规范、产品质量要求及测试、安全限量及测试、产品等级规格、包装标识、储藏技术等全过程为链条进一步完善我国农业标准体系。国家层面标准重点突出农兽药残留限量及检测方法、产地环境控制、农产品质量要求以及通用生产管理规范等标准。农产品生产技术规范、操作规程类标准由地方标准来配套，使每个县域、每个基地、每个产品、每个环节、每个流程都有标可依、有标必依。

另一方面加强农业标准化信息体系建设，更好地做好农业标准信息公开，提高农业标准化服务水平，有效解决公众查标准难、用标准难的现实问题。①要尽快完善中国农业质量标准网的政务服务和社会服务功能，将网站建设成为全国农业质量标准工作的权威门户。②要开发标准信息系统。各省级质检、农业部门应立足标准信息源头，着眼公共服务，建立起集质量标准信息动态发布、意见征求、文本推送、标准宣贯、意见反馈、统计分析于一体，数据准确、推送快捷、使用方便、服务高效的标准信息系统，逐步将各地农业地方标准与农业部的标准信息系统对接，形成"一个平台、分布对接，整合资源、集中服务"的标准信息服务新机制。

2. 专家团队建设 加强对学科领域的细分，在蔬菜相关标准方面，形成以农产品质量安全、蔬菜育种、蔬菜栽培与田间管理、蔬菜储藏保鲜方面的专家人才库，组织专家对标准制修订项目进行立项评审和项目结题验收评审；在标准项目实施过程中，鼓励形成以中青年专业技术人员为项目负责人，由项目首席专家技术指导的标准研究团队，加强标准研究人员的培训力度。

3. 加强推广宣传 标准的贯彻和实施是整个农业标准化活动中一个关键环节，其重要性主要表现在以下几个方面。①实施标准有助于提升产业经济，尤其是从小农经济走向规模经营。农业标准化包含两个方面的内容，一是农业标准制定、修订，二是标准的组织实施及监督。目前我国已基本建立了一套与国际接轨的农产品质量安全技术标准体系，农产品质量安全监管、农业生产指导基本实现了有标可依。将标准应用于农业生产实际中，提高农业专业化、规模化、产业化水平，是推动农产品生产方式转变，提升农产品市场竞争力的重要途径。②实施标准有助于推广先进技术经验。标准是对重复性事物和概念所做的统一规定，它是科学、技术和实践经验的总结。实施标准是科研、生产、使用三者之间的桥梁。一项科研成果或者先进技术，一旦纳入相应标准，就得到了推广和应用的良好载体。因此，实施标准，也就是标准化可使新技术和新科研成果得到迅速推广应用，从而促进技术进步。同时，标准的实施过程也是标准发展、完善和提高的过程。随着科学技术的不断发展和进步，各种标准也随之更新和修订。③实施标准有助于提高政府管理效率。在政府监管中，标准的重要价值在于它架起了法律与科学之间的桥梁；提高了行政决定过程的公开性与结果的准确性；为规范和控制行政裁量权提供了工具。标准的实施为提高政府管理效率提供了便捷技术措施。我国的食品安全国家标准中的限量指标，即是政府实施食品和农产品质量安全管理的便捷、高效的技术措施。

因此，应大力加强宣传和贯彻农产品标准化知识，健全和完善农业标准推广体系。可以探索以下几个主要途径：通过报纸、广播、电视等各种媒体和方式，加强农业标准化的科普宣传力度，大力宣传标准化在农业生产及管理中的作用，促进农民的观念转变和思想更新，加强农民的标准化知识培训，使他们掌握与其相关的农业标准化基本知识。建立标准化推广网络。充分利用现有农业技术推广体系，发挥各级农业技术推广人员主力军的作用，并以此为骨干，在全省建立市有示范区、县有示范乡、乡有示范村、村有重点示范户的标准推广网络，让农民亲眼看到农产品标准化的效益。充分发挥龙头企业的带动性。加大农业产业化经营力度，充分利用龙头企业的带动作用，把成千上万农户的生产经营引导到农业标准化轨道上来，从而加快农业标准化进程。

4. 发展信息化农业，培养高素质农民 转变农业发展方式，实行标准化的生产，大力引进各类信息化的专业性人才，同时注重培养高素质农民，构建以学校教育为基础，在职培训为重点的农业信息化人才培养体系。定期对农业信息化人员开展有针对性的培训及交流，并及时更新，以此带动农产品溯源系统的发展。

5. 全面提升标准化生产能力 高度重视标准实施问题，一是要推广按标生产技术，尤其是规模化生产经营主体；二是要扩大建设规模，抓好“三园两场”，充分发挥辐射带动作用；三是要加强品牌培育，抓好“三品一标”，打造一批安全优质的知名农产品品牌和生产基地。

6. 继续强化风险评估机制 风险评估是食品安全风险分析体系乃至食品安全标准制定的基础。加强我国风险评估相关的体制机制，建立有效数据链接，力求膳食消费资料和报告与国际对接，加快我国农药残留标准国际化步伐。确保标准制定、登记批准、风险评估、免除残留限量等农药产品生命周期理念得到有效应用，形成了一个风险评估-风险管理的有机体系。

7. 加强国际间交流与合作 关注国际农药残留和重金属监管动态，积极参与国际农药残留和重金属管理事务，加强与相关国际组织及发达国家或地区农药、有害物质管理机构的交流与合作。提升我国蔬菜安全监管水平和能力。逐步实现国家标准与国际标准对接，监测资源合作利用与共享。

附录

附表 13-1 蔬菜产品国家标准体系表

序号	产品	分类	标准名称	标准状态	备注
1	水果和蔬菜	基础/通用（术语、分类）	新鲜水果和蔬菜　词汇	GB/T 23351—2009	现行有效
2	预包装食品	基础/通用（术语、分类）	预包装食品中的致敏原成分	GB/T 23779—2009	现行有效
3	水果和蔬菜	基础/通用（术语、分类）	水果和蔬菜　形态学和结构学术语	GB/T 26430—2010	现行有效
4	食品加工设备	基础/通用（术语、分类）	食品加工设备术语	GB/T 30785—2014	现行有效
5	蔬菜	基础/通用（术语、分类）	蔬菜名称（一）	GB/T 8854—1988	现行有效
6	水果和蔬菜	基础/通用（术语、分类）	水果和蔬菜　冷库中物理条件　定义和测量	GB/T 9829—2008	现行有效
7	水果和蔬菜	方法类（检验/检测）	水果和蔬菜产品 pH 的测定方法	GB 10468—1989	现行有效
8	食品	方法类（检验/检测）	食品安全国家标准　食品安全性毒理学评价程序	GB 15193. 1—2014	现行有效
9	食品	方法类（检验/检测）	食品安全国家标准　食品毒理学实验室操作规范	GB 15193. 2—2014	现行有效
10	水果和蔬菜	方法类（检验/检测）	食品安全国家标准　水果和蔬菜中乙烯利残留量的测定　气相色谱法	GB 23200. 16—2016	现行有效
11	水果和蔬菜	方法类（检验/检测）	食品安全国家标准　水果和蔬菜中噻菌灵残留量的测定　液相色谱法	GB 23200. 17—2016	现行有效
12	蔬菜	方法类（检验/检测）	食品安全国家标准　蔬菜中非草隆等15种取代脲类除草剂残留量的测定　液相色谱法	GB 23200. 18—2016	现行有效
13	水果和蔬菜	方法类（检验/检测）	食品安全国家标准　水果和蔬菜中阿维菌素残留量的测定　液相色谱法	GB 23200. 19—2016	现行有效
14	食品	方法类（检验/检测）	食品安全国家标准　食品中阿维菌素残留量的测定　液相色谱-质谱/质谱法	GB 23200. 20—2016	现行有效
15	食品	方法类（检验/检测）	食品安全国家标准　食品中地乐酚残留量的测定　液相色谱-质谱/质谱法	GB 23200. 23—2016	现行有效
16	食品	方法类（检验/检测）	食品安全国家标准　食品中多种醚类除草剂残留量的测定　气相色谱-质谱法	GB 23200. 28—2016	现行有效
17	水果和蔬菜	方法类（检验/检测）	食品安全国家标准　水果和蔬菜中唑螨酯残留量的测定　液相色谱法	GB 23200. 29—2016	现行有效
18	食品	方法类（检验/检测）	食品安全国家标准　食品中环氟菌胺残留量的测定　气相色谱-质谱法	GB 23200. 30—2016	现行有效
19	食品	方法类（检验/检测）	食品安全国家标准　食品中丙炔氟草胺残留量的测定　气相色谱-质谱法	GB 23200. 31—2016	现行有效
20	食品	方法类（检验/检测）	食品安全国家标准　除草剂残留量检测方法　第 3 部分：液相色谱-质谱/质谱法测定　食品中环己酮类除草剂残留量	GB 23200. 3—2016	现行有效
21	食品	方法类（检验/检测）	食品安全国家标准　食品中丁酰肼残留量的测定　气相色谱-质谱法	GB 23200. 32—2016	现行有效
22	食品	方法类（检验/检测）	食品安全国家标准　食品中解草嗪、莎稗磷、二丙烯草胺等 110 种农药残留量的测定　气相色谱-质谱法	GB 23200. 33—2016	现行有效

（续）

序号	产品	分类	标准名称	标准状态	备注
23	食品	方法类（检验/检测）	食品安全国家标准 食品中涕灭砜威、吡唑醚菌酯、嘧菌酯等65种农药残留量的测定 液相色谱-质谱/质谱法	GB 23200.34—2016	现行有效
24	植物源性食品	方法类（检验/检测）	食品安全国家标准 植物源性食品中取代脲类农药残留量的测定 液相色谱-质谱法	GB 23200.35—2016	现行有效
25	植物源性食品	方法类（检验/检测）	食品安全国家标准 植物源性食品中氯氟吡氧乙酸、氟硫草定、氟吡草腙和噻唑烟酸除草剂残留量的测定 液相色谱-质谱/质谱法	GB 23200.36—2016	现行有效
26	食品	方法类（检验/检测）	食品安全国家标准 食品中烯啶虫胺、呋虫胺等20种农药残留量的测定 液相色谱-质谱/质谱法	GB 23200.37—2016	现行有效
27	植物源性食品	方法类（检验/检测）	食品安全国家标准 植物源性食品中环己烯酮类除草剂残留量的测定 液相色谱-质谱/质谱法	GB 23200.38—2016	现行有效
28	食品	方法类（检验/检测）	食品安全国家标准 食品中噻虫嗪及其代谢物噻虫胺残留量的测定 液相色谱-质谱/质谱法	GB 23200.39—2016	现行有效
29	食品	方法类（检验/检测）	食品安全国家标准 食品中噻节因残留量的检测方法	GB 23200.41—2016	现行有效
30	食品	方法类（检验/检测）	食品安全国家标准 除草剂残留量检测方法 第4部分：气相色谱-质谱/质谱法测定 食品中芳氧苯氧丙酸酯类除草剂残留量	GB 23200.4—2016	现行有效
31	食品	方法类（检验/检测）	食品安全国家标准 食品中除虫脲残留量的测定 液相色谱-质谱法	GB 23200.45—2016	现行有效
32	食品	方法类（检验/检测）	食品安全国家标准 食品中嘧霉胺、嘧菌胺、腈菌唑、嘧菌酯残留量的测定 气相色谱-质谱法	GB 23200.46—2016	现行有效
33	食品	方法类（检验/检测）	食品安全国家标准 食品中四螨嗪残留量的测定 气相色谱-质谱法	GB 23200.47—2016	现行有效
34	食品	方法类（检验/检测）	食品安全国家标准 食品中野燕枯残留量的测定 气相色谱-质谱法	GB 23200.48—2016	现行有效
35	食品	方法类（检验/检测）	食品安全国家标准 食品中苯醚甲环唑残留量的测定 气相色谱-质谱法	GB 23200.49—2016	现行有效
36	食品	方法类（检验/检测）	食品安全国家标准 食品中吡啶类农药残留量的测定 液相色谱-质谱/质谱法	GB 23200.50—2016	现行有效
37	食品	方法类（检验/检测）	食品安全国家标准 食品中呋虫胺残留量的测定 液相色谱-质谱/质谱法	GB 23200.51—2016	现行有效
38	食品	方法类（检验/检测）	食品安全国家标准 除草剂残留量检测方法 第5部分：液相色谱-质谱/质谱法测定 食品中硫代氨基甲酸酯类除草剂残留量	GB 23200.5—2016	现行有效
39	食品	方法类（检验/检测）	食品安全国家标准 食品中嘧菌环胺残留量的测定 气相色谱-质谱法	GB 23200.52—2016	现行有效

（续）

序号	产品	分类	标准名称	标准状态	备注
40	食品	方法类（检验/检测）	食品安全国家标准　食品中氟硅唑残留量的测定　气相色谱-质谱法	GB 23200.53—2016	现行有效
41	食品	方法类（检验/检测）	食品安全国家标准　食品中甲氧基丙烯酸酯类杀菌剂残留量的测定　气相色谱-质谱法	GB 23200.54—2016	现行有效
42	食品	方法类（检验/检测）	食品安全国家标准　食品中21种熏蒸剂残留量的测定　顶空气相色谱法	GB 23200.55—2016	现行有效
43	食品	方法类（检验/检测）	食品安全国家标准　食品中喹氧灵残留量的检测方法	GB 23200.56—2016	现行有效
44	食品	方法类（检验/检测）	食品安全国家标准　食品中乙草胺残留量的检测方法	GB 23200.57—2016	现行有效
45	食品	方法类（检验/检测）	食品安全国家标准　食品中氯酯磺草胺残留量的测定　液相色谱-质谱/质谱法	GB 23200.58—2016	现行有效
46	食品	方法类（检验/检测）	食品安全国家标准　食品中敌草腈残留量的测定　气相色谱-质谱法	GB 23200.59—2016	现行有效
47	食品	方法类（检验/检测）	食品安全国家标准　食品中炔草酯残留量的检测方法	GB 23200.60—2016	现行有效
48	食品	方法类（检验/检测）	食品安全国家标准　食品中苯胺灵残留量的测定　气相色谱-质谱法	GB 23200.61—2016	现行有效
49	食品	方法类（检验/检测）	食品安全国家标准　除草剂残留量检测方法　第6部分：液相色谱-质谱/质谱法测定　食品中杀草强残留量	GB 23200.6—2016	现行有效
50	食品	方法类（检验/检测）	食品安全国家标准　食品中氟烯草酸残留量的测定　气相色谱-质谱法	GB 23200.62—2016	现行有效
51	食品	方法类（检验/检测）	食品安全国家标准　食品中噻酰菌胺残留量的测定　液相色谱-质谱/质谱法	GB 23200.63—2016	现行有效
52	食品	方法类（检验/检测）	食品安全国家标准　食品中吡丙醚残留量的测定　液相色谱-质谱/质谱法	GB 23200.64—2016	现行有效
53	食品	方法类（检验/检测）	食品安全国家标准　食品中四氟醚唑残留量的检测方法	GB 23200.65—2016	现行有效
54	食品	方法类（检验/检测）	食品安全国家标准　食品中吡螨胺残留量的测定　气相色谱-质谱法	GB 23200.66—2016	现行有效
55	食品	方法类（检验/检测）	食品安全国家标准　食品中炔苯酰草胺残留量的测定　气相色谱-质谱法	GB 23200.67—2016	现行有效
56	食品	方法类（检验/检测）	食品安全国家标准　食品中啶酰菌胺残留量的测定　气相色谱-质谱法	GB 23200.68—2016	现行有效
57	食品	方法类（检验/检测）	食品安全国家标准　食品中二硝基苯胺类农药残留量的测定　液相色谱-质谱/质谱法	GB 23200.69—2016	现行有效
58	食品	方法类（检验/检测）	食品安全国家标准　食品中三氟羧草醚残留量的测定　液相色谱-质谱/质谱法	GB 23200.70—2016	现行有效
59	食品	方法类（检验/检测）	食品安全国家标准　食品中二缩甲酰亚胺类农药残留量的测定　气相色谱-质谱法	GB 23200.71—2016	现行有效
60	食品	方法类（检验/检测）	食品安全国家标准　食品中苯酰胺类农药残留量的测定　气相色谱-质谱法	GB 23200.72—2016	现行有效

（续）

序号	产品	分类	标准名称	标准状态	备注
61	食品	方法类（检验/检测）	食品安全国家标准　食品中鱼藤酮和印楝素残留量的测定　液相色谱-质谱/质谱法	GB 23200.73—2016	现行有效
62	食品	方法类（检验/检测）	食品安全国家标准　食品中井冈霉素残留量的测定　液相色谱-质谱/质谱法	GB 23200.74—2016	现行有效
63	食品	方法类（检验/检测）	食品安全国家标准　食品中氟啶虫酰胺残留量的检测方法	GB 23200.75—2016	现行有效
64	食品	方法类（检验/检测）	食品安全国家标准　食品中氟苯虫酰胺残留量的测定　液相色谱-质谱/质谱法	GB 23200.76—2016	现行有效
65	食品	方法类（检验/检测）	食品安全国家标准　食品中苄螨醚残留量的检测方法	GB 23200.77—2016	现行有效
66	水果和蔬菜	方法类（检验/检测）	食品安全国家标准　水果和蔬菜中500种农药及相关化学品残留量的测定　气相色谱-质谱法	GB 23200.8—2016	现行有效
67	食品	方法类（检验/检测）	食品安全国家标准　食品中异稻瘟净残留量的检测方法	GB 23200.83—2016	现行有效
68	食品	方法类（检验/检测）	食品安全国家标准　食品中有机磷农药残留量的测定　气相色谱-质谱法	GB 23200.93—2016	现行有效
69	食品	方法类（检验/检测）	食品安全国家标准　食品中真菌毒素限量	GB 2761—2011	2017-9-17 作废
70	食品	方法类（检验/检测）	食品安全国家标准　食品中真菌毒素限量	GB 2761—2017	2017-9-17 实施
71	食品	方法类（检验/检测）	食品安全国家标准　食品中污染物限量	GB 2762—2012	2017-9-17 作废
72	食品	方法类（检验/检测）	食品安全国家标准　食品中污染物限量	GB 2762—2017	2017-9-17 实施
73	食品	方法类（检验/检测）	食品安全国家标准　食品中致病菌限量	GB 29921—2013	现行有效
74	食品接触材料及制品	方法类（检验/检测）	食品安全国家标准　食品接触材料及制品 2,2-二（4-羟基苯基）丙烷（双酚A）迁移量的测定	GB 31604.10—2016	现行有效
75	食品接触材料及制品	方法类（检验/检测）	食品安全国家标准　食品接触材料及制品　1,3-苯二甲胺迁移量的测定	GB 31604.11—2016	现行有效
76	食品接触材料及制品	方法类（检验/检测）	食品安全国家标准　食品接触材料及制品迁移试验通则	GB 31604.1—2015	现行有效
77	食品接触材料及制品	方法类（检验/检测）	食品安全国家标准　食品接触材料及制品　1,3-丁二烯的测定和迁移量的测定	GB 31604.12—2016	现行有效
78	食品接触材料及制品	方法类（检验/检测）	食品安全国家标准　食品接触材料及制品　11-氨基十一酸迁移量的测定	GB 31604.13—2016	现行有效
79	食品接触材料及制品	方法类（检验/检测）	食品安全国家标准　食品接触材料及制品　1-辛烯和四氢呋喃迁移量的测定	GB 31604.14—2016	现行有效
80	食品接触材料及制品	方法类（检验/检测）	食品安全国家标准　食品接触材料及制品　2,4,6-三氨基-1,3,5-三嗪（三聚氰胺）迁移量的测定	GB 31604.15—2016	现行有效
81	食品接触材料及制品	方法类（检验/检测）	食品安全国家标准　食品接触材料及制品　苯乙烯和乙苯的测定	GB 31604.16—2016	现行有效

（续）

序号	产品	分类	标准名称	标准状态	备注
82	食品接触材料及制品	方法类（检验/检测）	食品安全国家标准　食品接触材料及制品　丙烯腈的测定和迁移量的测定	GB 31604.17—2016	现行有效
83	食品接触材料及制品	方法类（检验/检测）	食品安全国家标准　食品接触材料及制品　丙烯酰胺迁移量的测定	GB 31604.18—2016	现行有效
84	食品接触材料及制品	方法类（检验/检测）	食品安全国家标准　食品接触材料及制品　己内酰胺的测定和迁移量的测定	GB 31604.19—2016	现行有效
85	食品接触材料及制品	方法类（检验/检测）	食品安全国家标准　食品接触材料及制品　醋酸乙烯酯迁移量的测定	GB 31604.20—2016	现行有效
86	食品接触材料及制品	方法类（检验/检测）	食品安全国家标准　食品接触材料及制品　对苯二甲酸迁移量的测定	GB 31604.21—2016	现行有效
87	食品接触材料及制品	方法类（检验/检测）	食品安全国家标准　食品接触材料及制品　高锰酸钾消耗量的测定	GB 31604.2—2016	现行有效
88	食品接触材料及制品	方法类（检验/检测）	食品安全国家标准　食品接触材料及制品　发泡聚苯乙烯成型品中二氟二氯甲烷的测定	GB 31604.22—2016	现行有效
89	食品接触材料及制品	方法类（检验/检测）	食品安全国家标准　食品接触材料及制品　复合食品接触材料中二氨基甲苯的测定	GB 31604.23—2016	现行有效
90	食品接触材料及制品	方法类（检验/检测）	食品安全国家标准　食品接触材料及制品　镉迁移量的测定	GB 31604.24—2016	现行有效
91	食品接触材料及制品	方法类（检验/检测）	食品安全国家标准　食品接触材料及制品　铬迁移量的测定	GB 31604.25—2016	现行有效
92	食品接触材料及制品	方法类（检验/检测）	食品安全国家标准　食品接触材料及制品　环氧氯丙烷的测定和迁移量的测定	GB 31604.26—2016	现行有效
93	食品接触材料及制品	方法类（检验/检测）	食品安全国家标准　食品接触材料及制品　塑料中环氧乙烷和环氧丙烷的测定	GB 31604.27—2016	现行有效
94	食品接触材料及制品	方法类（检验/检测）	食品安全国家标准　食品接触材料及制品　己二酸二（2-乙基）己酯的测定和迁移量的测定	GB 31604.28—2016	现行有效
95	食品接触材料及制品	方法类（检验/检测）	食品安全国家标准　食品接触材料及制品　甲基丙烯酸甲酯迁移量的测定	GB 31604.29—2016	现行有效
96	食品接触材料及制品	方法类（检验/检测）	食品安全国家标准　食品接触材料及制品　邻苯二甲酸酯的测定和迁移量的测定	GB 31604.30—2016	现行有效
97	食品接触材料及制品	方法类（检验/检测）	食品安全国家标准　食品接触材料及制品　氯乙烯的测定和迁移量的测定	GB 31604.31—2016	现行有效
98	食品接触材料及制品	方法类（检验/检测）	食品安全国家标准　食品接触材料及制品　树脂干燥失重的测定	GB 31604.3—2016	现行有效
99	食品接触材料及制品	方法类（检验/检测）	食品安全国家标准　食品接触材料及制品　木质材料中二氧化硫的测定	GB 31604.32—2016	现行有效
100	食品接触材料及制品	方法类（检验/检测）	食品安全国家标准　食品接触材料及制品　镍迁移量的测定	GB 31604.33—2016	现行有效
101	食品接触材料及制品	方法类（检验/检测）	食品安全国家标准　食品接触材料及制品　铅的测定和迁移量的测定	GB 31604.34—2016	现行有效
102	食品接触材料及制品	方法类（检验/检测）	食品安全国家标准　食品接触材料及制品　全氟辛烷磺酸（PFOS）和全氟辛酸（PFOA）的测定	GB 31604.35—2016	现行有效

（续）

序号	产品	分类	标准名称	标准状态	备注
103	食品接触材料及制品	方法类（检验/检测）	食品安全国家标准　食品接触材料及制品　软木中杂酚油的测定	GB 31604.36—2016	现行有效
104	食品接触材料及制品	方法类（检验/检测）	食品安全国家标准　食品接触材料及制品　三乙胺和三正丁胺的测定	GB 31604.37—2016	现行有效
105	食品接触材料及制品	方法类（检验/检测）	食品安全国家标准　食品接触材料及制品　砷的测定和迁移量的测定	GB 31604.38—2016	现行有效
106	食品接触材料及制品	方法类（检验/检测）	食品安全国家标准　食品接触材料及制品　食品接触用纸中多氯联苯的测定	GB 31604.39—2016	现行有效
107	食品接触材料及制品	方法类（检验/检测）	食品安全国家标准　食品接触材料及制品　顺丁烯二酸及其酸酐迁移量的测定	GB 31604.40—2016	现行有效
108	食品接触材料及制品	方法类（检验/检测）	食品安全国家标准　食品接触材料及制品　锑迁移量的测定	GB 31604.41—2016	现行有效
109	食品接触材料及制品	方法类（检验/检测）	食品安全国家标准　食品接触材料及制品　树脂中挥发物的测定	GB 31604.4—2016	现行有效
110	食品接触材料及制品	方法类（检验/检测）	食品安全国家标准　食品接触材料及制品　锌迁移量的测定	GB 31604.42—2016	现行有效
111	食品接触材料及制品	方法类（检验/检测）	食品安全国家标准　食品接触材料及制品　乙二胺和己二胺迁移量的测定	GB 31604.43—2016	现行有效
112	食品接触材料及制品	方法类（检验/检测）	食品安全国家标准　食品接触材料及制品　乙二醇和二甘醇迁移量的测定	GB 31604.44—2016	现行有效
113	食品接触材料及制品	方法类（检验/检测）	食品安全国家标准　食品接触材料及制品　异氰酸酯的测定	GB 31604.45—2016	现行有效
114	食品接触材料及制品	方法类（检验/检测）	食品安全国家标准　食品接触材料及制品　游离酚的测定和迁移量的测定	GB 31604.46—2016	现行有效
115	食品接触材料及制品	方法类（检验/检测）	食品安全国家标准　食品接触材料及制品　纸、纸板及纸制品中荧光增白剂的测定	GB 31604.47—2016	现行有效
116	食品接触材料及制品	方法类（检验/检测）	食品安全国家标准　食品接触材料及制品　甲醛迁移量的测定	GB 31604.48—2016	现行有效
117	食品接触材料及制品	方法类（检验/检测）	食品安全国家标准　食品接触材料及制品　砷、镉、铬、铅的测定和砷、镉、铬、镍、铅、锑、锌迁移量的测定	GB 31604.49—2016	现行有效
118	食品接触材料及制品	方法类（检验/检测）	食品安全国家标准　食品接触材料及制品　树脂中提取物的测定	GB 31604.5—2016	现行有效
119	食品接触材料及制品	方法类（检验/检测）	食品安全国家标准　食品接触材料及制品　树脂中灼烧残渣的测定	GB 31604.6—2016	现行有效
120	食品接触材料及制品	方法类（检验/检测）	食品安全国家标准　食品接触材料及制品　脱色试验	GB 31604.7—2016	现行有效
121	食品接触材料及制品	方法类（检验/检测）	食品安全国家标准　食品接触材料及制品　总迁移量的测定	GB 31604.8—2016	现行有效
122	食品接触材料及制品	方法类（检验/检测）	食品安全国家标准　食品接触材料及制品　食品模拟物中重金属的测定	GB 31604.9—2016	现行有效
123	食品	方法类（检验/检测）	食品安全国家标准　食品微生物学检验　金黄色葡萄球菌检验	GB 4789.10—2016	现行有效
124	食品	方法类（检验/检测）	食品安全国家标准　食品微生物学检验　β型溶血性链球菌检验	GB 4789.11—2014	现行有效

（续）

序号	产品	分类	标准名称	标准状态	备注
125	食品	方法类（检验/检测）	食品安全国家标准　食品微生物学检验　总则	GB 4789.1—2016	现行有效
126	食品	方法类（检验/检测）	食品安全国家标准　食品微生物学检验　肉毒梭菌及肉毒毒素检验	GB 4789.12—2016	现行有效
127	食品	方法类（检验/检测）	食品安全国家标准　食品微生物学检验　产气荚膜梭菌检验	GB 4789.13—2012	现行有效
128	食品	方法类（检验/检测）	食品安全国家标准　食品微生物学检验　蜡样芽胞杆菌检验（2015-5-1 实施）	GB 4789.14—2014	现行有效
129	食品	方法类（检验/检测）	食品安全国家标准　食品微生物学检验　霉菌和酵母计数	GB 4789.15—2016	现行有效
130	食品	方法类（检验/检测）	食品安全国家标准　食品微生物学检验　常见产毒霉菌的形态学鉴定	GB 4789.16—2016	现行有效
131	食品	方法类（检验/检测）	食品安全国家标准　食品微生物学检验　菌落总数测定	GB 4789.2—2016	现行有效
132	食品	方法类（检验/检测）	食品安全国家标准　食品微生物学检验　商业无菌检验（2014-6-1 实施）	GB 4789.26—2013	现行有效
133	食品	方法类（检验/检测）	食品安全国家标准　食品微生物学检验　培养基和试剂的质量要求	GB 4789.28—2013	现行有效
134	食品	方法类（检验/检测）	食品安全国家标准　食品微生物学检验　单核细胞增生李斯特氏菌检验	GB 4789.30—2016	现行有效
135	食品	方法类（检验/检测）	食品安全国家标准　食品微生物学检验　沙门氏菌、志贺氏菌和致泻大肠埃希氏菌的肠杆菌科噬菌体诊断检验	GB 4789.31—2013	现行有效
136	食品	方法类（检验/检测）	食品安全国家标准　食品微生物学检验　大肠菌群计数	GB 4789.3—2016	现行有效
137	食品	方法类（检验/检测）	食品安全国家标准　食品微生物学检验　双歧杆菌检验	GB 4789.34—2016	现行有效
138	食品	方法类（检验/检测）	食品安全国家标准　食品微生物学检验　乳酸菌检验	GB 4789.35—2016	现行有效
139	食品	方法类（检验/检测）	食品安全国家标准　食品微生物学检验　大肠埃希氏菌 O157：H7NM 检验	GB 4789.36—2016	现行有效
140	食品	方法类（检验/检测）	食品安全国家标准　食品微生物学检验　大肠埃希氏菌计数	GB 4789.38—2012	现行有效
141	食品	方法类（检验/检测）	食品安全国家标准　食品微生物学检验　粪大肠菌群计数	GB 4789.39—2013	现行有效
142	食品	方法类（检验/检测）	食品安全国家标准　食品微生物学检验　克罗诺杆菌属（阪崎肠杆菌）检验	GB 4789.40—2016	现行有效
143	食品	方法类（检验/检测）	食品安全国家标准　食品微生物学检验　肠杆菌科检验（2017-3-1 实施）	GB 4789.41—2016	现行有效
144	食品	方法类（检验/检测）	食品安全国家标准　食品微生物学检验　沙门氏菌检验	GB 4789.4—2016	现行有效
145	食品	方法类（检验/检测）	食品安全国家标准　食品微生物学检验　诺如病毒检验	GB 4789.42—2016	现行有效
146	食品	方法类（检验/检测）	食品安全国家标准　食品微生物学检验　微生物源酶制剂抗菌活性的测定	GB 4789.43—2016	现行有效

（续）

序号	产品	分类	标准名称	标准状态	备注
147	食品	方法类（检验/检测）	食品安全国家标准　食品微生物学检验　志贺氏菌检验	GB 4789.5—2012	现行有效
148	食品	方法类（检验/检测）	食品安全国家标准　食品微生物学检验　致泻大肠埃希氏菌检验	GB 4789.6—2016	现行有效
149	食品	方法类（检验/检测）	食品安全国家标准　食品微生物学检验　副溶血性弧菌检验	GB 4789.7—2013	现行有效
150	食品	方法类（检验/检测）	食品安全国家标准　食品微生物学检验　小肠结肠炎耶尔森氏菌检验（2017-3-1实施）	GB 4789.8—2016	现行有效
151	食品	方法类（检验/检测）	食品安全国家标准　食品微生物学检验　空肠弯曲菌检验（2015-5-1 实施）	GB 4789.9—2014	现行有效
152	食品	方法类（检验/检测）	食品安全国家标准　食品中脱氧雪腐镰刀菌烯醇及其乙酰化衍生物的测定	GB 5009.111—2016	现行有效
153	食品	方法类（检验/检测）	食品安全国家标准　食品中总砷及无机砷的测定	GB 5009.11—2014	现行有效
154	食品	方法类（检验/检测）	食品安全国家标准　食品中 T-2 毒素的测定	GB 5009.118—2016	现行有效
155	食品	方法类（检验/检测）	食品安全国家标准　食品中丙酸钠、丙酸钙的测定	GB 5009.120—2016	现行有效
156	食品	方法类（检验/检测）	食品安全国家标准　食品中脱氢乙酸的测定	GB 5009.121—2016	现行有效
157	食品	方法类（检验/检测）	食品安全国家标准　食品中铅的测定	GB 5009.12—2010	2017-10-6 作废
158	食品	方法类（检验/检测）	食品安全国家标准　食品中铅的测定	GB 5009.12—2017	2017-10-6 实施
159	食品	方法类（检验/检测）	食品安全国家标准　食品中铬的测定	GB 5009.123—2014	现行有效
160	食品	方法类（检验/检测）	食品安全国家标准　食品中氨基酸的测定	GB 5009.124—2016	现行有效
161	食品	方法类（检验/检测）	食品安全国家标准　食品中胆固醇的测定	GB 5009.128—2016	现行有效
162	食品	方法类（检验/检测）	食品安全国家标准　食品中铜的测定	GB 5009.13—2017	现行有效
163	食品	方法类（检验/检测）	食品安全国家标准　食品中锑的测定	GB 5009.137—2016	现行有效
164	食品	方法类（检验/检测）	食品安全国家标准　食品中镍的测定	GB 5009.138—2017	现行有效
165	食品	方法类（检验/检测）	食品安全国家标准　食品中诱惑红的测定	GB 5009.141—2016	现行有效
166	食品	方法类（检验/检测）	食品安全国家标准　食品中锌的测定	GB 5009.14—2017	现行有效
167	植物性食品	方法类（检验/检测）	食品安全国家标准　植物性食品中游离棉酚的测定	GB 5009.148—2014	现行有效
168	食品	方法类（检验/检测）	食品安全国家标准　食品中栀子黄的测定	GB 5009.149—2016	现行有效
169	食品	方法类（检验/检测）	食品安全国家标准　食品中红曲色素的测定	GB 5009.150—2016	现行有效
170	食品	方法类（检验/检测）	食品安全国家标准　食品中镉的测定	GB 5009.15—2014	现行有效
171	食品	方法类（检验/检测）	食品安全国家标准　食品中植酸的测定	GB 5009.153—2016	现行有效

（续）

序号	产品	分类	标准名称	标准状态	备注
172	食品	方法类（检验/检测）	食品安全国家标准　食品中维生素 B_6 的测定	GB 5009.154—2016	现行有效
173	食品接触材料及制品	方法类（检验/检测）	食品安全国家标准　食品接触材料及制品迁移试验预处理方法通则	GB 5009.156—2016	现行有效
174	食品	方法类（检验/检测）	食品安全国家标准　食品有机酸的测定	GB 5009.157—2016	现行有效
175	食品	方法类（检验/检测）	食品安全国家标准　食品中维生素 K_1 的测定	GB 5009.158—2016	现行有效
176	食品	方法类（检验/检测）	食品安全国家标准　食品中锡的测定	GB 5009.16—2014	现行有效
177	食品	方法类（检验/检测）	食品安全国家标准　食品中脂肪酸的测定	GB 5009.168—2016	现行有效
178	食品	方法类（检验/检测）	食品安全国家标准　食品中牛磺酸的测定	GB 5009.169—2016	现行有效
179	食品	方法类（检验/检测）	食品安全国家标准　食品中总汞及有机汞的测定	GB 5009.17—2014	现行有效
180	食品	方法类（检验/检测）	食品安全国家标准　食品中三甲胺的测定	GB 5009.179—2016	现行有效
181	食品	方法类（检验/检测）	食品安全国家标准　食品中丙二醛的测定	GB 5009.181—2016	现行有效
182	食品	方法类（检验/检测）	食品安全国家标准　食品中铝的测定	GB 5009.182—2017	现行有效
183	食品	方法类（检验/检测）	食品安全国家标准　食品中展青霉素的测定	GB 5009.185—2016	现行有效
184	食品	方法类（检验/检测）	食品安全国家标准　食品中米酵菌酸的测定	GB 5009.189—2016	现行有效
185	食品	方法类（检验/检测）	食品安全国家标准　食品中指示性多氯联苯含量的测定	GB 5009.190—2014	现行有效
186	食品	方法类（检验/检测）	食品安全国家标准　食品中氯丙醇及其脂肪酸酯含量的测定	GB 5009.191—2016	现行有效
187	食品	方法类（检验/检测）	食品安全国家标准　食品中丙烯酰胺的测定	GB 5009.204—2014	现行有效
188	食品	方法类（检验/检测）	食品安全国家标准　食品中二噁英及其类似物毒性当量的测定	GB 5009.205—2013	现行有效
189	食品	方法类（检验/检测）	食品安全国家标准　食品中生物胺的测定	GB 5009.208—2016	现行有效
190	食品	方法类（检验/检测）	食品安全国家标准　食品中玉米赤霉烯酮的测定	GB 5009.209—2016	现行有效
191	食品	方法类（检验/检测）	食品安全国家标准　食品中泛酸的测定	GB 5009.210—2016	现行有效
192	食品	方法类（检验/检测）	食品安全国家标准　食品中叶酸的测定	GB 5009.211—2014	现行有效
193	食品	方法类（检验/检测）	食品安全国家标准　食品中有机锡的测定	GB 5009.215—2016	现行有效
194	食品	方法类（检验/检测）	食品安全国家标准　食品中黄曲霉毒素B族和G族的测定	GB 5009.22—2016	现行有效

（续）

序号	产品	分类	标准名称	标准状态	备注
195	食品	方法类（检验/检测）	食品安全国家标准　食品中桔青霉素的测定	GB 5009.222—2016	现行有效
196	食品	方法类（检验/检测）	食品安全国家标准　食品中氨基甲酸乙酯的测定	GB 5009.223—2014	现行有效
197	食品	方法类（检验/检测）	食品安全国家标准　食品中过氧化氢残留量的测定	GB 5009.226—2016	现行有效
198	食品	方法类（检验/检测）	食品安全国家标准　食品中过氧化值的测定	GB 5009.227—2016	现行有效
199	食品	方法类（检验/检测）	食品安全国家标准　食品中挥发性盐基氮的测定	GB 5009.228—2016	现行有效
200	食品	方法类（检验/检测）	食品安全国家标准　食品中酸价的测定	GB 5009.229—2016	现行有效
201	食品	方法类（检验/检测）	食品安全国家标准　食品中羰基价的测定	GB 5009.230—2016	现行有效
202	水果、蔬菜及其制品	方法类（检验/检测）	食品安全国家标准　水果、蔬菜及其制品中甲酸的测定	GB 5009.232—2016	现行有效
203	食品	方法类（检验/检测）	食品安全国家标准　食品中铵盐的测定	GB 5009.234—2016	现行有效
204	食品	方法类（检验/检测）	食品安全国家标准　食品中氨基酸态氮的测定	GB 5009.235—2016	现行有效
205	食品	方法类（检验/检测）	食品安全国家标准　食品 pH 的测定	GB 5009.237—2016	现行有效
206	食品	方法类（检验/检测）	食品安全国家标准　食品水分活度的测定	GB 5009.238—2016	现行有效
207	食品	方法类（检验/检测）	食品安全国家标准　食品酸度的测定	GB 5009.239—2016	现行有效
208	食品	方法类（检验/检测）	食品安全国家标准　食品中伏马毒素的测定	GB 5009.240—2016	现行有效
209	食品	方法类（检验/检测）	食品安全国家标准　食品中镁的测定	GB 5009.241—2017	现行有效
210	食品	方法类（检验/检测）	食品安全国家标准　食品中黄曲霉毒素M族的测定	GB 5009.24—2016	现行有效
211	食品	方法类（检验/检测）	食品安全国家标准　食品中锰的测定	GB 5009.242—2017	现行有效
212	食品	方法类（检验/检测）	食品安全国家标准　食品中二氧化氯的测定	GB 5009.244—2016	现行有效
213	食品	方法类（检验/检测）	食品安全国家标准　食品中聚葡萄糖的测定	GB 5009.245—2016	现行有效
214	食品	方法类（检验/检测）	食品安全国家标准　食品中二氧化钛的测定	GB 5009.246—2016	现行有效
215	食品	方法类（检验/检测）	食品安全国家标准　食品中纽甜的测定	GB 5009.247—2016	现行有效
216	食品	方法类（检验/检测）	食品安全国家标准　食品中叶黄素的测定	GB 5009.248—2016	现行有效
217	食品	方法类（检验/检测）	食品安全国家标准　食品中乙基麦芽酚的测定	GB 5009.250—2016	现行有效
218	食品	方法类（检验/检测）	食品安全国家标准　食品中 1，2-丙二醇的测定	GB 5009.251—2016	现行有效

（续）

序号	产品	分类	标准名称	标准状态	备注
219	食品	方法类（检验/检测）	食品安全国家标准　食品中杂色曲霉素的测定	GB 5009.25—2016	现行有效
220	食品	方法类（检验/检测）	食品安全国家标准　食品中乙酰丙酸的测定	GB 5009.252—2016	现行有效
221	食品	方法类（检验/检测）	食品安全国家标准　食品中果聚糖的测定	GB 5009.255—2016	现行有效
222	食品	方法类（检验/检测）	食品安全国家标准　食品中多种磷酸盐的测定	GB 5009.256—2016	现行有效
223	食品	方法类（检验/检测）	食品安全国家标准　食品中反式脂肪酸的测定	GB 5009.257—2016	现行有效
224	食品	方法类（检验/检测）	食品安全国家标准　食品中棉子糖的测定	GB 5009.258—2016	现行有效
225	食品	方法类（检验/检测）	食品安全国家标准　食品中生物素的测定	GB 5009.259—2016	现行有效
226	食品	方法类（检验/检测）	食品安全国家标准　食品中叶绿素铜钠的测定	GB 5009.260—2016	现行有效
227	食品	方法类（检验/检测）	食品安全国家标准　食品中 N-亚硝胺类化合物的测定	GB 5009.26—2016	现行有效
228	食品	方法类（检验/检测）	食品安全国家标准　食品中溶剂残留量的测定	GB 5009.262—2016	现行有效
229	食品	方法类（检验/检测）	食品安全国家标准　食品中阿斯巴甜和阿力甜的测定	GB 5009.263—2016	现行有效
230	食品	方法类（检验/检测）	食品安全国家标准　食品乙酸苄酯的测定	GB 5009.264—2016	现行有效
231	食品	方法类（检验/检测）	食品安全国家标准　食品中多环芳烃的测定	GB 5009.265—2016	现行有效
232	食品	方法类（检验/检测）	食品安全国家标准　食品中甲醇的测定	GB 5009.266—2016	现行有效
233	食品	方法类（检验/检测）	食品安全国家标准　食品中碘的测定	GB 5009.267—2016	现行有效
234	食品	方法类（检验/检测）	食品安全国家标准　食品中多元素的测定	GB 5009.268—2016	现行有效
235	食品	方法类（检验/检测）	食品安全国家标准　食品中滑石粉的测定	GB 5009.269—2016	现行有效
236	食品	方法类（检验/检测）	食品安全国家标准　食品中肌醇的测定	GB 5009.270—2016	现行有效
237	食品	方法类（检验/检测）	食品安全国家标准　食品中邻苯二甲酸酯的测定	GB 5009.2712016	现行有效
238	食品	方法类（检验/检测）	食品安全国家标准　食品中苯并（a）芘的测定	GB 5009.27—2016	现行有效
239	食品	方法类（检验/检测）	食品安全国家标准　食品中磷脂酰胆碱、磷脂酰乙醇胺、磷脂酰肌醇的测定	GB 5009.272—2016	现行有效
240	食品	方法类（检验/检测）	食品安全国家标准　食品中硼酸的测定	GB 5009.275—2016	现行有效
241	食品	方法类（检验/检测）	食品安全国家标准　食品中葡萄糖酸-δ-内酯的测定	GB 5009.276—2016	现行有效
242	食品	方法类（检验/检测）	食品安全国家标准　食品中双乙酸钠的测定	GB 5009.277—2016	现行有效

（续）

序号	产品	分类	标准名称	标准状态	备注
243	食品	方法类（检验/检测）	食品安全国家标准　食品中乙二胺四乙酸盐的测定	GB 5009.278—2016	现行有效
244	食品	方法类（检验/检测）	食品安全国家标准　食品中木糖醇、山梨醇、麦芽糖醇、赤藓糖醇的测定	GB 5009.279—2016	现行有效
245	食品	方法类（检验/检测）	食品安全国家标准　食品中苯甲酸、山梨酸和糖精钠的测定	GB 5009.28—2016	现行有效
246	食品	方法类（检验/检测）	食品安全国家标准　食品中对羟基苯甲酸脂类的测定	GB 5009.31—2016	现行有效
247	食品	方法类（检验/检测）	食品安全国家标准　食品中水分的测定	GB 5009.3—2016	现行有效
248	食品	方法类（检验/检测）	食品安全国家标准　食品中9种抗氧化剂的测定	GB 5009.32—2016	现行有效
249	食品	方法类（检验/检测）	食品安全国家标准　食品中亚硝酸盐与硝酸盐的测定	GB 5009.33—2016	现行有效
250	食品	方法类（检验/检测）	食品安全国家标准　食品中二氧化硫的测定	GB 5009.34—2016	现行有效
251	食品	方法类（检验/检测）	食品安全国家标准　食品中合成着色剂的测定	GB 5009.35—2016	现行有效
252	食品	方法类（检验/检测）	食品安全国家标准　食品中氰化物的测定	GB 5009.36—2016	现行有效
253	食品	方法类（检验/检测）	食品安全国家标准　食品中灰分的测定	GB 5009.4—2016	现行有效
254	食品	方法类（检验/检测）	食品安全国家标准　食品中氯化物的测定	GB 5009.44—2016	现行有效
255	食品	方法类（检验/检测）	食品安全国家标准　食品中蛋白质的测定	GB 5009.5—2016	现行有效
256	食品	方法类（检验/检测）	食品安全国家标准　食品中脂肪的测定	GB 5009.6—2016	现行有效
257	食品	方法类（检验/检测）	食品安全国家标准　食品中还原糖的测定	GB 5009.7—2016	现行有效
258	食品	方法类（检验/检测）	食品安全国家标准　食品中果糖、葡萄糖、蔗糖、麦芽糖、乳糖的测定	GB 5009.8—2016	现行有效
259	食品	方法类（检验/检测）	食品安全国家标准　食品中维生素A、D、E的测定	GB 5009.82—2016	现行有效
260	食品	方法类（检验/检测）	食品安全国家标准　食品中胡萝卜素的测定	GB 5009.83—2016	现行有效
261	食品	方法类（检验/检测）	食品安全国家标准　食品中维生素 B_1 的测定	GB 5009.84—2016	现行有效
262	食品	方法类（检验/检测）	食品安全国家标准　食品中维生素 B_2 的测定	GB 5009.85—2016	现行有效
263	食品	方法类（检验/检测）	食品安全国家标准　食品中抗坏血酸的测定	GB 5009.86—2016	现行有效

（续）

序号	产品	分类	标准名称	标准状态	备注
264	食品	方法类（检验/检测）	食品安全国家标准　食品中磷的测定	GB 5009.87—2016	现行有效
265	食品	方法类（检验/检测）	食品安全国家标准　食品中膳食纤维的测定	GB 5009.88—2014	现行有效
266	食品	方法类（检验/检测）	食品安全国家标准　食品中烟酸和烟酰胺的测定	GB 5009.89—2016	现行有效
267	食品	方法类（检验/检测）	食品安全国家标准　食品中铁的测定	GB 5009.90—2016	现行有效
268	食品	方法类（检验/检测）	食品安全国家标准　食品中钾、钠的测定	GB 5009.91—2017	现行有效
269	食品	方法类（检验/检测）	食品安全国家标准　食品中淀粉的测定	GB 5009.9—2016	现行有效
270	食品	方法类（检验/检测）	食品安全国家标准　食品中钙的测定	GB 5009.92—2016	现行有效
271	食品	方法类（检验/检测）	食品安全国家标准　食品中硒的测定	GB 5009.93—2010	2017-10-6作废
272	食品	方法类（检验/检测）	食品安全国家标准　食品中硒的测定	GB 5009.93—2017	现行有效
273	植物性食品	方法类（检验/检测）	食品安全国家标准　植物性食品中稀土元素的测定	GB 5009.94—2012	现行有效
274	食品	方法类（检验/检测）	食品安全国家标准　食品中赭曲霉毒素A的测定	GB 5009.96—2016	现行有效
275	食品	方法类（检验/检测）	食品安全国家标准　食品中环己基氨基磺酸钠的测定	GB 5009.97—2016	现行有效
276	马铃薯	方法类（检验/检测）	马铃薯种薯产地检疫规程	GB 7331—2003	现行有效
277	脱水大蒜	方法类（检验/检测）	脱水大蒜中挥发性有机硫化合物的测定方法	GB 8862—1988	现行有效
278	水果和蔬菜	方法类（检验/检测）	水果和蔬菜产品中挥发性酸度的测定方法	GB/T 10467—1989	现行有效
279	速冻水果和蔬菜	方法类（检验/检测）	速冻水果和蔬菜　矿物杂质测定方法	GB/T 10470—2008	现行有效
280	速冻水果和蔬菜	方法类（检验/检测）	速冻水果和蔬菜　净重测定方法	GB/T 10471—2008	现行有效
281	粮食、水果和蔬菜	方法类（检验/检测）	粮食、水果和蔬菜中有机磷农药测定的气相色谱法	GB/T 14553—2003	现行有效
282	水果、蔬菜及其制品	方法类（检验/检测）	水果、蔬菜及其制品　钠、钾含量的测定	GB/T 15402—1994	2017-10-6作废
283	食品	方法类（检验/检测）	食品中葡萄糖的测定　酶-比色法和酶-电极法	GB/T 16285—2008	现行有效
284	黄瓜	方法类（检验/检测）	农药　田间药效试验准则（二）　第110部分：杀菌剂防治黄瓜细菌性角斑病	GB/T 17980.110—2004	现行有效
285	番茄	方法类（检验/检测）	农药　田间药效试验准则（二）　第111部分：杀菌剂防治番茄叶霉病	GB/T 17980.111—2004	现行有效
286	瓜类	方法类（检验/检测）	农药　田间药效试验准则（二）　第112部分：杀菌剂防治瓜类炭疽病	GB/T 17980.112—2004	现行有效
287	瓜类	方法类（检验/检测）	农药　田间药效试验准则（二）　第113部分：杀菌剂防治瓜类枯萎病	GB/T 17980.113—2004	现行有效
288	大白菜	方法类（检验/检测）	农药　田间药效试验准则（二）　第114部分：杀菌剂防治大白菜软腐病	GB/T 17980.114—2004	现行有效

（续）

序号	产品	分类	标准名称	标准状态	备注
289	大白菜	方法类（检验/检测）	农药 田间药效试验准则（二） 第115部分：杀菌剂防治大白菜霜霉病	GB/T 17980.115—2004	现行有效
290	作物田	方法类（检验/检测）	农药 田间药效试验准则（二） 第127部分：除草剂行间喷雾防治作物田杂草	GB/T 17980.127—2004	现行有效
291	十字花科蔬菜	方法类（检验/检测）	农药 田间药效试验准则（一）杀虫剂防治十字花科蔬菜的鳞翅目幼虫	GB/T 17980.13—2000	现行有效
292	马铃薯	方法类（检验/检测）	农药 田间药效试验准则（二） 第133部分：马铃薯脱叶干燥剂试验	GB/T 17980.133—2004	现行有效
293	水生作物田	方法类（检验/检测）	农药 田间药效试验准则（二） 第135部分：除草剂防治草莓地杂草	GB/T 17980.135—2004	现行有效
294	马铃薯	方法类（检验/检测）	农药 田间药效试验准则（二） 第137部分：马铃薯抑芽剂试验	GB/T 17980.137—2004	现行有效
295	水生作物田	方法类（检验/检测）	农药 田间药效试验准则（二） 第138部分：除草剂防治水生杂草	GB/T 17980.138—2004	现行有效
296	黄瓜	方法类（检验/检测）	农药 田间药效试验准则（二） 第141部分：黄瓜生长调节剂试验	GB/T 17980.141—2004	现行有效
297	蔬菜	方法类（检验/检测）	农药 田间药效试验准则（一）杀虫剂防治菜螟	GB/T 17980.14—2000	现行有效
298	番茄	方法类（检验/检测）	农药 田间药效试验准则（二） 第142部分：番茄生长调节剂试验	GB/T 17980.142—2004	现行有效
299	田间	方法类（检验/检测）	农药 田间药效试验准则（二） 第149部分：杀虫剂防治红火蚁	GB/T 17980.149—2009	现行有效
300	马铃薯	方法类（检验/检测）	农药 田间药效试验准则（一） 杀虫剂防治马铃薯等作物蚜虫	GB/T 17980.15—2000	现行有效
301	蔬菜	方法类（检验/检测）	农药 田间药效试验准则（一） 杀虫剂防治温室白粉虱	GB/T 17980.16—2000	现行有效
302	豆类、蔬菜	方法类（检验/检测）	农药 田间药效试验准则（一） 杀螨剂防治豆类、蔬菜叶螨	GB/T 17980.17—2000	现行有效
303	十字花科蔬菜	方法类（检验/检测）	农药 田间药效检验准则（一） 杀虫剂防治十字花科蔬菜黄条跳甲	GB/T 17980.18—2000	现行有效
304	黄瓜	方法类（检验/检测）	农药 田间药效试验准则（一） 杀菌剂防治黄瓜霜霉病	GB/T 17980.26—2000	现行有效
305	蔬菜	方法类（检验/检测）	农药 田间药效试验准则（一） 杀菌剂防治蔬菜叶斑病	GB/T 17980.27—2000	现行有效
306	蔬菜	方法类（检验/检测）	农药 田间药效试验准则（一） 杀菌剂防治蔬菜灰霉病	GB/T 17980.28—2000	现行有效
307	蔬菜	方法类（检验/检测）	农药 田间药效试验准则（一） 杀菌剂防治蔬菜锈病	GB/T 17980.29—2000	现行有效
308	黄瓜	方法类（检验/检测）	农药 田间药效试验准则（一） 杀菌剂防治黄瓜白粉病	GB/T 17980.30—2000	现行有效
309	番茄	方法类（检验/检测）	农药 田间药效试验准则（一） 杀菌剂防治番茄早疫病和晚疫病	GB/T 17980.31—2000	现行有效
310	辣椒	方法类（检验/检测）	农药 田间药效试验准则（一） 杀菌剂防治辣椒疫病	GB/T 17980.32—2000	现行有效

（续）

序号	产品	分类	标准名称	标准状态	备注
311	辣椒	方法类（检验/检测）	农药　田间药效试验准则（一）　杀菌剂防治辣椒炭疽病	GB/T 17980.33—2000	现行有效
312	马铃薯	方法类（检验/检测）	农药　田间药效试验准则（一）　杀菌剂防治马铃薯晚疫病	GB/T 17980.34—2000	现行有效
313	种子	方法类（检验/检测）	农药　田间药效试验准则（一）　杀菌剂种子处理防治苗期病害	GB/T 17980.36—2000	现行有效
314	蔬菜	方法类（检验/检测）	农药　田间药效试验准则（一）　杀线虫剂防治胞囊线虫病	GB/T 17980.37—2000	现行有效
315	根	方法类（检验/检测）	农药　田间药效试验准则（一）　杀线虫剂防治根部线虫病	GB/T 17980.38—2000	现行有效
316	叶菜类作物地	方法类（检验/检测）	农药　田间药效试验准则（一）　除草剂防治叶菜类作物地杂草	GB/T 17980.43—2000	现行有效
317	果菜类作物	方法类（检验/检测）	农药　田间药效试验准则（一）　除草剂防治露地果菜类作物地杂草	GB/T 17980.46—2000	现行有效
318	根菜类蔬菜	方法类（检验/检测）	农药　田间药效试验准则（一）　除草剂防治根菜类蔬菜田杂草	GB/T 17980.47—2000	现行有效
319	甜菜	方法类（检验/检测）	农药　田间药效试验准则（一）　除草剂防治甜菜地杂草	GB/T 17980.50—2000	现行有效
320	耕地	方法类（检验/检测）	农药　田间药效试验准则（一）　除草剂防治非耕地杂草	GB/T 17980.51—2000	现行有效
321	马铃薯	方法类（检验/检测）	农药　田间药效试验准则（一）　除草剂防治马铃薯地杂草	GB/T 17980.52—2000	现行有效
322	轮作作物	方法类（检验/检测）	农药　田间药效试验准则（一）　除草剂防治轮作作物间杂草	GB/T 17980.53—2000	现行有效
323	蔬菜	方法类（检验/检测）	农药　田间药效试验准则（二）　第66部分：杀虫剂防治蔬菜潜叶蝇	GB/T 17980.66—2004	现行有效
324	韭菜	方法类（检验/检测）	农药　田间药效试验准则（二）　第67部分：杀虫剂防治韭菜韭蛆、根蛆	GB/T 17980.67—2004	现行有效
325	农田	方法类（检验/检测）	农药　田间药效试验准则（二）　第68部分：杀虫剂防治农田害鼠	GB/T 17980.68—2004	现行有效
326	旱地	方法类（检验/检测）	农药　田间药效试验准则（二）　第69部分：杀虫剂防治旱地蜗牛及蛞蝓	GB/T 17980.69—2004	现行有效
327	旱地	方法类（检验/检测）	农药　田间药效试验准则（二）　第72部分：杀虫剂防治旱地地下害虫	GB/T 17980.72—2004	现行有效
328	甜菜	方法类（检验/检测）	农药　田间药效试验准则（二）　第86部分：杀菌剂防治甜菜褐斑病	GB/T 17980.86—2004	现行有效
329	甜菜	方法类（检验/检测）	农药　田间药效试验准则（二）　第87部分：杀菌剂防治甜菜根腐病	GB/T 17980.87—2004	现行有效
330	蔬菜	方法类（检验/检测）	蔬菜中有机磷及氨基甲酸酯农药残留量的简易检验方法（酶抑制法）	GB/T 18630—2002	现行有效
331	大白菜	方法类（检验/检测）	植物新品种特异性、一致性和稳定性测试指南　大白菜	GB/T 19557.5—2004	现行有效
332	水果和蔬菜	方法类（检验/检测）	水果和蔬菜中450种农药及相关化学品残留量的测定　液相色谱-串联质谱法	GB/T 20769—2008	现行有效
333	辣椒	方法类（检验/检测）	辣椒辣度的感官评价方法	GB/T 21265—2007	现行有效

（续）

序号	产品	分类	标准名称	标准状态	备注
334	辣椒及辣椒制品	方法类（检验/检测）	辣椒及辣椒制品中辣椒素类物质测定及辣度表示方法	GB/T 21266—2007	现行有效
335	大米、蔬菜、水果	方法类（检验/检测）	大米、蔬菜、水果中氯氟吡氧乙酸残留量的测定	GB/T 22243—2008	现行有效
336	食品	方法类（检验/检测）	食品中铝的测定　电感耦合等离子体质谱法	GB/T 23374—2009	2017-10-6作废
337	蔬菜及其制品	方法类（检验/检测）	蔬菜及其制品中铜、铁、锌、钙、镁、磷的测定	GB/T 23375—2009	2017-10-6作废
338	水果、蔬菜及茶叶	方法类（检验/检测）	水果、蔬菜及茶叶中吡虫啉残留的测定　高效液相色谱法	GB/T 23379—2009	现行有效
339	水果、蔬菜	方法类（检验/检测）	水果、蔬菜中多菌灵残留的测定　高效液相色谱法	GB/T 23380—2009	现行有效
340	水果、蔬菜	方法类（检验/检测）	水果、蔬菜中啶虫脒残留量的测定　液相色谱-串联质谱法	GB/T 23584—2009	现行有效
341	菜豆荚	方法类（检验/检测）	菜豆荚斑驳病毒检疫鉴定方法	GB/T 28063—2011	现行有效
342	蚕豆	方法类（检验/检测）	蚕豆染色病毒检疫鉴定方法	GB/T 28064—2011	现行有效
343	豌豆	方法类（检验/检测）	丁香假单胞杆菌豌豆致病型检疫鉴定方法	GB/T 28066—2011	现行有效
344	蔬菜	方法类（检验/检测）	根螨检疫鉴定方法	GB/T 28069—2011	现行有效
345	黄瓜	方法类（检验/检测）	黄瓜绿斑驳花叶病毒检疫鉴定方法	GB/T 28071—2011	现行有效
346	蔬菜	方法类（检验/检测）	南芥菜花叶病毒检疫鉴定方法	GB/T 28073—2011	现行有效
347	菜豆	方法类（检验/检测）	萨氏假单胞杆菌菜豆生致病型检疫鉴定方法	GB/T 28075—2011	现行有效
348	刺茄	方法类（检验/检测）	刺茄检疫鉴定方法	GB/T 28087—2011	现行有效
349	葱类	方法类（检验/检测）	葱类黑粉病菌检疫鉴定方法	GB/T 28089—2011	现行有效
350	马铃薯	方法类（检验/检测）	马铃薯银屑病菌检疫鉴定方法	GB/T 28093—2011	现行有效
351	辣椒及其油树脂	方法类（检验/检测）	辣椒及其油树脂　总辣椒碱含量的测定　高效液相色谱法	GB/T 30388—2013	现行有效
352	辣椒及其油树脂	方法类（检验/检测）	辣椒及其油树脂　总辣椒碱含量的测定　分光光度法	GB/T 30389—2013	现行有效
353	食品	方法类（检验/检测）	食品抽样检验通用导则	GB/T 30642—2014	现行有效
354	农产品	方法类（检验/检测）	品牌价值评价　农产品	GB/T 31045—2014	现行有效
355	与食品接触染色纸和纸板	方法类（检验/检测）	与食品接触染色纸和纸板色牢度的测定	GB/T 31479—2015	现行有效
356	马铃薯	方法类/产品类	马铃薯商品薯分级与检验规程	GB/T 31784—2015	现行有效
357	食品	方法类（检验/检测）	食品卫生微生物学检验　椰毒假单胞菌酵米面亚种检验	GB/T 4789.29—2003	现行有效
358	食品	方法类（检验/检测）	食品卫生微生物学检验　大肠菌群测定	GB/T 4789.3—2003	现行有效

（续）

序号	产品	分类	标准名称	标准状态	备注
359	食品容器及包装材料用聚酯树脂及其成型品	方法类（检验/检测）	食品容器及包装材料用聚酯树脂及其成型品中锑的测定	GB/T 5009.101—2003	现行有效
360	植物类食品	方法类（检验/检测）	植物类食品中粗纤维的测定	GB/T 5009.10—2003	现行有效
361	植物类食品	方法类（检验/检测）	植物性食品中辛硫磷农药残留量的测定	GB/T 5009.102—2003	现行有效
362	植物类食品	方法类（检验/检测）	植物性食品中甲胺磷和乙酰甲胺磷农药残留量的测定	GB/T 5009.103—2003	现行有效
363	植物类食品	方法类（检验/检测）	植物性食品中氨基甲酸酯类农药残留量的测定	GB/T 5009.104—2003	现行有效
364	黄瓜	方法类（检验/检测）	黄瓜中百菌清残留量的测定	GB/T 5009.105—2003	现行有效
365	植物类食品	方法类（检验/检测）	植物性食品中二氯苯醚菊酯残留量的测定	GB/T 5009.106—2003	现行有效
366	植物类食品	方法类（检验/检测）	植物性食品中二嗪磷残留量的测定	GB/T 5009.107—2003	现行有效
367	植物类食品	方法类（检验/检测）	植物性食品中氯氰菊酯、氰戊菊酯和溴氰菊酯残留量的测定	GB/T 5009.110—2003	现行有效
368	食品	方法类（检验/检测）	食品卫生检验方法　理化部分　总则	GB/T 5009.1—2003	现行有效
369	食品容器、包装材料	方法类（检验/检测）	食品容器、包装材料用聚氯乙烯树脂及成型品中残留1,1-二氯乙烷的测定	GB/T 5009.122—2003	现行有效
370	植物性食品	方法类（检验/检测）	植物性食品中三唑酮残留量的测定	GB/T 5009.126—2003	现行有效
371	食品包装用聚酯树脂及其成型品	方法类（检验/检测）	食品包装用聚酯树脂及其成型品中锗的测定	GB/T 5009.127—2003	现行有效
372	植物性食品	方法类（检验/检测）	植物性食品中亚胺硫磷残留量的测定	GB/T 5009.131—2003	现行有效
373	食品	方法类（检验/检测）	食品中铜的测定	GB/T 5009.13—2003	2017-10-6作废
374	食品	方法类（检验/检测）	食品中莠去津残留量的测定	GB/T 5009.132—2003	现行有效
375	植物性食品	方法类（检验/检测）	植物性食品中灭幼脲残留量的测定	GB/T 5009.135—2003	现行有效
376	植物性食品	方法类（检验/检测）	植物性食品中五氯硝基苯残留量的测定	GB/T 5009.136—2003	现行有效
377	食品	方法类（检验/检测）	食品中镍的测定	GB/T 5009.138—2003	现行有效
378	食品	方法类（检验/检测）	食品中锌的测定	GB/T 5009.14—2003	2017-10-6作废
379	植物性食品	方法类（检验/检测）	植物性食品中吡氟禾草灵、精吡氟禾草灵残留量的测定	GB/T 5009.142—2003	现行有效
380	蔬菜、水果、食用油	方法类（检验/检测）	蔬菜、水果、食用油中双甲脒残留量的测定	GB/T 5009.143—2003	现行有效
381	植物性食品	方法类（检验/检测）	植物性食品中甲基异柳磷残留量的测定	GB/T 5009.144—2003	现行有效
382	植物性食品	方法类（检验/检测）	植物性食品中有机磷和氨基甲酸酯类农药多种残留的测定	GB/T 5009.145—2003	现行有效
383	植物性食品	方法类（检验/检测）	植物性食品中有机氯和拟除虫菊酯类农药多种残留量的测定	GB/T 5009.146—2008	现行有效

（续）

序号	产品	分类	标准名称	标准状态	备注
384	植物性食品	方法类（检验/检测）	植物性食品中除虫脲残留量的测定	GB/T 5009.147—2003	现行有效
385	食品	方法类（检验/检测）	食品中锗的测定	GB/T 5009.151—2003	现行有效
386	食品包装用树脂及其制品	方法类（检验/检测）	食品包装用树脂及其制品的预试验	GB/T 5009.166—2003	现行有效
387	粮食	方法类（检验/检测）	粮食和蔬菜中2,4-滴残留量的测定	GB/T 5009.175—2003	现行有效
388	食品	方法类（检验/检测）	食品中氟的测定	GB/T 5009.18—2003	现行有效
389	粮食、蔬菜	方法类（检验/检测）	粮食、蔬菜中噻酮残留量的测定	GB/T 5009.184—2003	现行有效
390	蔬菜、水果	方法类（检验/检测）	蔬菜、水果中甲基托布津、多菌灵的测定	GB/T 5009.188—2003	现行有效
391	食品	方法类（检验/检测）	食品中有机氯农药多组分残留量的测定	GB/T 5009.19—2008	现行有效
392	蔬菜	方法类（检验/检测）	蔬菜中有机磷和氨基甲酸酯类农药残留量的快速检测	GB/T 5009.199—2003	现行有效
393	食品	方法类（检验/检测）	食品中有机磷农药残留量的测定	GB/T 5009.20—2003	现行有效
394	粮、油、菜	方法类（检验/检测）	粮、油、菜中甲萘威残留量的测定	GB/T 5009.21—2003	现行有效
395	水果和蔬菜	方法类（检验/检测）	水果和蔬菜中多种农药残留量的测定	GB/T 5009.218—2008	现行有效
396	食品	方法类（检验/检测）	食品中叔丁基羟基茴香醚（BHA）与2,6-二叔丁基对甲酚（BHT）的测定	GB/T 5009.30—2003	现行有效
397	蔬菜、水果	方法类（检验/检测）	蔬菜、水果卫生标准的分析方法	GB/T 5009.38—2003	现行有效
398	食品包装用聚苯乙烯树脂	方法类（检验/检测）	食品包装用聚苯乙烯树脂卫生标准的分析方法	GB/T 5009.59—2003	现行有效
399	食品包装用聚乙烯、聚苯乙烯、聚丙烯成型品	方法类（检验/检测）	食品包装用聚乙烯、聚苯乙烯、聚丙烯成型品卫生标准的分析方法	GB/T 5009.60—2003	现行有效
400	食品包装用三聚氰胺成型品	方法类（检验/检测）	食品包装用三聚氰胺成型品卫生标准的分析方法	GB/T 5009.61—2003	现行有效
401	陶瓷制食具容器	方法类（检验/检测）	陶瓷制食具容器卫生标准的分析方法	GB/T 5009.62—2003	现行有效
402	搪瓷制食具容器	方法类（检验/检测）	搪瓷制食具容器卫生标准的分析方法	GB/T 5009.63—2003	现行有效
403	食品用橡胶垫片（圈）	方法类（检验/检测）	食品用橡胶垫片（圈）卫生标准的分析方法	GB/T 5009.64—2003	现行有效
404	食品包装用聚氯乙烯成型品	方法类（检验/检测）	食品包装用聚氯乙烯成型品卫生标准的分析方法	GB/T 5009.67—2003	现行有效
405	食品容器内壁过氯乙烯涂料	方法类（检验/检测）	食品容器内壁过氯乙烯涂料卫生标准的分析方法	GB/T 5009.68—2003	现行有效
406	食品容器内壁聚酰胺环氧树脂涂料	方法类（检验/检测）	食品容器内壁聚酰胺环氧树脂涂料卫生标准的分析方法	GB/T 5009.70—2003	现行有效
407	食品包装用聚丙烯树脂	方法类（检验/检测）	食品包装用聚丙烯树脂卫生标准的分析方法	GB/T 5009.71—2003	现行有效
408	铝制食具容器	方法类（检验/检测）	铝制食具容器卫生标准的分析方法	GB/T 5009.72—2003	现行有效
409	食品包装用原纸	方法类（检验/检测）	食品包装用原纸卫生标准的分析方法	GB/T 5009.78—2003	现行有效

（续）

序号	产品	分类	标准名称	标准状态	备注
410	食品用橡胶管	方法类（检验/检测）	食品用橡胶管卫生检验方法	GB/T 5009.79—2003	现行有效
411	食品容器内壁聚四氟乙烯涂料	方法类（检验/检测）	食品容器内壁聚四氟乙烯涂料卫生标准的分析方法	GB/T 5009.80—2003	现行有效
412	食品	方法类（检验/检测）	食品中铁、镁、锰的测定	GB/T 5009.90—2003	2017-10-6作废
413	食品	方法类（检验/检测）	食品中钾、钠的测定	GB/T 5009.91—2003	2017-10-6作废
414	食品容器及包装材料用不饱和聚酯树脂及其玻璃钢制品	方法类（检验/检测）	食品容器及包装材料用不饱和聚酯树脂及其玻璃钢制品卫生标准分析方法	GB/T 5009.98—2003	现行有效
415	新鲜水果和蔬菜	方法类（检验/检测）	新鲜水果和蔬菜　取样方法	GB/T 8855—2008	现行有效
416	食品接触用橡胶材料及制品	环境安全类（产地环境、投入品）	食品安全国家标准　食品接触用橡胶材料及制品	GB 4806.11—2016	现行有效
417	食品接触材料及制品	环境安全类（产地环境、投入品）	食品安全国家标准　食品接触材料及制品通用安全要求	GB 4806.1—2016	现行有效
418	食品接触用塑料树脂	环境安全类（产地环境、投入品）	食品安全国家标准　食品接触用塑料树脂	GB 4806.6—2016	现行有效
419	食品接触用金属材料及制品	环境安全类（产地环境、投入品）	食品安全国家标准　食品接触用金属材料及制品	GB 4806.9—2016	现行有效
420	蔬菜塑料周转箱	环境安全类（产地环境、投入品）	蔬菜塑料周转箱	GB 8868—1988	现行有效
421	食品容器、包装材料用添加剂	环境安全类（产地环境、投入品）	食品容器、包装材料用添加剂使用卫生标准	GB 9685—2008	2017-10-19作废
422	食品接触材料及制品用添加剂	环境安全类（产地环境、投入品）	食品安全国家标准　食品接触材料及制品用添加剂使用标准	GB 9685—2016	现行有效
423	食品用塑料自粘保鲜膜	环境安全类（产地环境、投入品）	食品用塑料自粘保鲜膜	GB/T 10457—2009	未实施（暂缓实施）
424	食品包装用聚氯乙烯硬片、膜	环境安全类（产地环境、投入品）	食品包装用聚氯乙烯硬片、膜	GB/T 15267-1994	现行有效
425	食品包装用聚偏二氯乙烯（PVDC）片状肠衣膜	环境安全类（产地环境、投入品）	食品包装用聚偏二氯乙烯（PVDC）片状肠衣膜	GB/T 17030—2008	现行有效
426	食品包装用纸与塑料复合膜、袋	环境安全类（产地环境、投入品）	食品包装用纸与塑料复合膜、袋	GB/T 30768—2014	现行有效
427	固体食品包装用纸板	环境安全类（产地环境、投入品）	固体食品包装用纸板	GB/T 31123—2014	现行有效
428	食品包装材料和容器用胶粘剂	环境安全类（产地环境、投入品）	食品包装材料和容器用胶粘剂	GB/T 33320—2016	现行有效
429	食品接触塑料制品	环境安全类（产地环境、投入品）	电子商务交易产品信息描述　食品接触塑料制品	GB/T 33986—2017	现行有效
430	食品塑料周转箱	环境安全类（产地环境、投入品）	食品塑料周转箱	GB/T 5737—1995	现行有效
431	瓜类	种质资源类（种子、种苗）	瓜菜作物种子　第1部分：瓜类	GB 16715.1—2010	现行有效

（续）

序号	产品	分类	标准名称	标准状态	备注
432	白菜类	种质资源类（种子、种苗）	瓜菜作物种子　第2部分：白菜类	GB 16715.2—2010	现行有效
433	茄果类	种质资源类（种子、种苗）	瓜菜作物种子　第3部分：茄果类	GB 16715.3—2010	现行有效
434	甘蓝类	种质资源类（种子、种苗）	瓜菜作物种子　第4部分：甘蓝类	GB 16715.4—2010	现行有效
435	绿叶菜类	种质资源类（种子、种苗）	瓜菜作物种子　第5部分：绿叶菜类	GB 16715.5—2010	现行有效
436	马铃薯种薯	种质资源类（种子、种苗）	马铃薯种薯	GB 18133—2012	现行有效
437	芹菜籽	种质资源类（种子、种苗）	芹菜籽	GB/T 22303—2008	现行有效
438	宝清大白板南瓜籽	种质资源类（种子、种苗）	地理标志产品　宝清大白板南瓜籽	GB/T 24712—2009	现行有效
439	马铃薯收获机	生产管理类（种植、植保、加工）	农林机械　安全　第16部分：马铃薯收获机	GB 10395.16—2010	现行有效
440	食品	生产管理类（种植、植保、加工）	食品安全国家标准　食品生产通用卫生规范	GB 14881—2013	现行有效
441	新鲜水果、蔬菜类	生产管理类（种植、植保、加工）	辐照新鲜水果、蔬菜类卫生标准	GB 14891.5—1997	现行有效
442	脱水蔬菜	生产管理类（种植、植保、加工）	脱水蔬菜辐照杀菌工艺	GB/T 18526.3—2001	现行有效
443	大蒜	生产管理类（种植、植保、加工）	大蒜辐照抑制发芽工艺	GB/T 18527.2—2001	现行有效
444	蔬菜	生产管理类（种植、植保、加工）	蔬菜加工企业HACCP体系审核指南	GB/T 19537—2004	现行有效
445	水果和蔬菜	生产管理类（种植、植保、加工）	良好农业规范　第5部分：水果和蔬菜控制点与符合性规范	GB/T 20014.5　2013	现行有效
446	十字花科蔬菜	生产管理类（种植、植保、加工）	十字花科蔬菜病虫害测报技术规范　第1部分：霜霉病	GB/T 23392.1—2009	现行有效
447	十字花科蔬菜	生产管理类（种植、植保、加工）	十字花科蔬菜病虫害测报技术规范　第2部分：软腐病	GB/T 23392.2—2009	现行有效
448	十字花科蔬菜	生产管理类（种植、植保、加工）	十字花科蔬菜病虫害测报技术规范　第3部分：小菜蛾	GB/T 23392.3—2009	现行有效
449	十字花科蔬菜	生产管理类（种植、植保、加工）	十字花科蔬菜病虫害测报技术规范　第4部分：甜菜夜蛾	GB/T 23392.4—2009	现行有效
450	蔬菜	生产管理类（种植、植保、加工）	蔬菜病虫害安全防治技术规范　第1部分：总则	GB/T 23416.1—2009	现行有效
451	茄果类	生产管理类（种植、植保、加工）	蔬菜病虫害安全防治技术规范　第2部分：茄果类	GB/T 23416.2—2009	现行有效
452	瓜类	生产管理类（种植、植保、加工）	蔬菜病虫害安全防治技术规范　第3部分：瓜类	GB/T 23416.3—2009	现行有效
453	甘蓝类	生产管理类（种植、植保、加工）	蔬菜病虫害安全防治技术规范　第4部分：甘蓝类	GB/T 23416.4—2009	现行有效
454	白菜类	生产管理类（种植、植保、加工）	蔬菜病虫害安全防治技术规范　第5部分：白菜类	GB/T 23416.5—2009	现行有效

（续）

序号	产品	分类	标准名称	标准状态	备注
455	绿叶菜类	生产管理类（种植、植保、加工）	蔬菜病虫害安全防治技术规范　第6部分：绿叶菜类	GB/T 23416.6—2009	现行有效
456	豆类	生产管理类（种植、植保、加工）	蔬菜病虫害安全防治技术规范　第7部分：豆类	GB/T 23416.7—2009	现行有效
457	根菜类	生产管理类（种植、植保、加工）	蔬菜病虫害安全防治技术规范　第8部分：根菜类	GB/T 23416.8—2009	现行有效
458	葱蒜类	生产管理类（种植、植保、加工）	蔬菜病虫害安全防治技术规范　第9部分：葱蒜类	GB/T 23416.9—2009	现行有效
459	果汁和蔬菜汁类	生产管理类（种植、植保、加工）	食品安全管理体系　果汁和蔬菜汁类生产企业要求	GB/T 27305—2008	现行有效
460	百合、马蹄莲、唐菖蒲种球	生产管理类（种植、植保、加工）	百合、马蹄莲、唐菖蒲种球采后处理技术规程	GB/T 28681—2012	现行有效
461	食品	生产管理类（种植、植保、加工）	食品生产加工企业电子记录通用要求	GB/T 30644—2014	现行有效
462	食品	生产管理类（种植、植保、加工）	食品加工机械　行星式搅拌机	GB/T 30784—2014	现行有效
463	速冻水果和速冻蔬菜	生产管理类（种植、植保、加工）	速冻水果和速冻蔬菜生产管理规范	GB/T 31273—2014	现行有效
464	食品	生产管理类（种植、植保、加工）	食品工业企业诚信管理体系	GB/T 33300—2016	现行有效
465	菠菜	生产管理类（种植、植保、加工）	菠菜生产技术规范	GB/Z 26573—2011	现行有效
466	蚕豆	生产管理类（种植、植保、加工）	蚕豆生产技术规范	GB/Z 26574—2011	现行有效
467	大葱	生产管理类（种植、植保、加工）	大葱生产技术规范	GB/Z 26577—2011	现行有效
468	大蒜	生产管理类（种植、植保、加工）	大蒜生产技术规范	GB/Z 26578—2011	现行有效
469	黄瓜	生产管理类（种植、植保、加工）	黄瓜生产技术规范	GB/Z 26581—2011	现行有效
470	结球甘蓝	生产管理类（种植、植保、加工）	结球甘蓝生产技术规范	GB/Z 26582—2011	现行有效
471	辣椒	生产管理类（种植、植保、加工）	辣椒生产技术规范	GB/Z 26583—2011	现行有效
472	生姜	生产管理类（种植、植保、加工）	生姜生产技术规范	GB/Z 26584—2011	现行有效
473	甜豌豆	生产管理类（种植、植保、加工）	甜豌豆生产技术规范	GB/Z 26585—2011	现行有效
474	西兰花	生产管理类（种植、植保、加工）	西兰花生产技术规范	GB/Z 26586—2011	现行有效
475	小菘菜	生产管理类（种植、植保、加工）	小菘菜生产技术规范	GB/Z 26588—2011	现行有效
476	洋葱	生产管理类（种植、植保、加工）	洋葱生产技术规范	GB/Z 26589—2011	现行有效
477	辣椒干	产品类（等级规格、品质/安全、原产地保护）	辣椒干	GB 10465—1989	现行有效

（续）

序号	产品	分类	标准名称	标准状态	备注
478	食品	产品类（等级规格、品质/安全、原产地保护）	食品安全国家标准　食品中真菌毒素限量	GB 2761—2011	作废
479	食品	方法类（检验/检测）	食品安全国家标准　食品中真菌毒素限量	GB 2761—2017	现行有效
480	食品	产品类（等级规格、品质/安全、原产地保护）	食品安全国家标准　食品中污染物限量	GB 2762—2012	作废
481	食品	方法类（检验/检测）	食品安全国家标准　食品中污染物限量	GB 2762—2017	现行有效
482	食品	产品类（等级规格、品质/安全、原产地保护）	食品安全国家标准　食品中农药最大残留限量	GB 2763—2016	现行有效
483	食品	产品类（等级规格、品质/安全、原产地保护）	食品安全国家标准　食品中致病菌限量	GB 29921—2013	现行有效
484	黄花菜	产品类（等级规格、品质/安全、原产地保护）	黄花菜	GB 7949—1987	现行有效
485	脱水洋葱	产品类（等级规格、品质/安全、原产地保护）	脱水洋葱	GB 8860—1988	现行有效
486	脱水大蒜	产品类（等级规格、品质/安全、原产地保护）	脱水大蒜	GB 8861—1988	现行有效
487	速冻菜豆	产品类（等级规格、品质/安全、原产地保护）	速冻菜豆	GB 8864—1988	现行有效
488	速冻豌豆	产品类（等级规格、品质/安全、原产地保护）	速冻豌豆	GB 8865—1988	现行有效
489	蚕豆	产品类（等级规格、品质/安全、原产地保护）	蚕豆	GB/T 10459—2008	现行有效
490	豌豆	产品类（等级规格、品质/安全、原产地保护）	豌豆	GB/T 10460—2008	现行有效
491	出口蔬菜	产品类（等级规格、品质/安全、原产地保护）	地理标志产品　宝应荷（莲）藕	GB/T 19906—2005	现行有效
492	怀山药	产品类（等级规格、品质/安全、原产地保护）	地理标志产品　怀山药	GB/T 20351—2006	现行有效
493	中牟大白蒜	产品类（等级规格、品质/安全、原产地保护）	地理标志产品　中牟大白蒜	GB/T 21002—2007	现行有效
494	金乡大蒜	产品类（等级规格、品质/安全、原产地保护）	地理标志产品　金乡大蒜	GB/T 22212—2008	现行有效
495	辣椒粉	产品类（等级规格、品质/安全、原产地保护）	辣椒粉	GB/T 23183—2009	现行有效
496	甜椒	产品类（等级规格、品质/安全、原产地保护）	甜椒	GB/T 26431—2010	现行有效
497	无籽西瓜	产品类（等级规格、品质/安全、原产地保护）	无籽西瓜分等分级	GB/T 27659—2011	现行有效
498	辣椒	产品类（等级规格、品质/安全、原产地保护）	辣椒（整的或粉状）	GB/T 30382—2013	现行有效
499	生姜	产品类（等级规格、品质/安全、原产地保护）	生姜	GB/T 30383—2013	现行有效
500	梅里斯洋葱	产品类（等级规格、品质/安全、原产地保护）	地理标志产品　梅里斯洋葱	GB/T 30723—2014	现行有效

（续）

序号	产品	分类	标准名称	标准状态	备注
501	竹笋	产品类（等级规格、品质/安全、原产地保护）	主要竹笋质量分级	GB/T 30762—2014	现行有效
502	蔬菜	产品类（等级规格、品质/安全、原产地保护）	出口蔬菜质量安全控制规范	GB/Z 21724—2008	现行有效
503	预包装食品	物流类（包装、标识、储运）	食品安全国家标准　预包装食品标签通则	GB 7718—2011	现行有效
504	芦笋	物流类（包装、标识、储运）	芦笋　储藏指南	GB/T 16870—2009	现行有效
505	黄瓜	物流类（包装、标识、储运）	黄瓜储藏和冷藏运输	GB/T 18518—2001	现行有效
506	花椰菜	物流类（包装、标识、储运）	花椰菜　冷藏和冷藏运输指南	GB/T 20372—2006	现行有效
507	水果和蔬菜	物流类（包装、标识、储运）	水果和蔬菜　气调储藏技术规范	GB/T 23244—2009	现行有效
508	大蒜	物流类（包装、标识、储运）	大蒜　冷藏	GB/T 24700—2010	现行有效
509	根菜类	物流类（包装、标识、储运）	根菜类　冷藏和冷藏运输	GB/T 25867—2010	现行有效
510	早熟马铃薯	物流类（包装、标识、储运）	早熟马铃薯　预冷和冷藏运输指南	GB/T 25868—2010	现行有效
511	洋葱	物流类（包装、标识、储运）	洋葱　储藏指南	GB/T 25869—2010	现行有效
512	甜瓜	物流类（包装、标识、储运）	甜瓜　冷藏和冷藏运输	GB/T 25870—2010	现行有效
513	结球生菜	物流类（包装、标识、储运）	结球生菜　预冷和冷藏运输指南	GB/T 25871—2010	现行有效
514	马铃薯	物流类（包装、标识、储运）	马铃薯　通风库储藏指南	GB/T 25872—2010	现行有效
515	结球甘蓝	物流类（包装、标识、储运）	结球甘蓝　冷藏和冷藏运输指南	GB/T 25873—2010	现行有效
516	新鲜蔬菜	物流类（包装、标识、储运）	新鲜蔬菜储藏与运输准则	GB/T 26432—2010	现行有效
517	新鲜水果、蔬菜	物流类（包装、标识、储运）	新鲜水果、蔬菜包装和冷链运输通用操作规程	GB/T 33129—2016	现行有效
518	马铃薯	物流类（包装、标识、储运）	马铃薯储藏设施设计规范	GB/T 51124—2015	现行有效
519	蒜薹	物流类（包装、标识、储运）	蒜薹简易气调冷藏技术	GB/T 8867—2001	现行有效
520	马铃薯	质量追溯类	马铃薯商品薯质量追溯体系的建立与实施规程	GB/T 31575—2015	现行有效

附表 13-2　蔬菜产品行业标准体系表

序号	产品	分类	标准名称	标准状态	备注
1	农产品	基础/通用类（术语、分类）	农产品追溯编码导则	NY/T 1431—2007	现行有效
2	蔬菜	基础/通用类（术语、分类）	蔬菜名称及计算机编码	NY/T 1741—2009	现行有效

（续）

序号	产品	分类	标准名称	标准状态	备注
3	农产品	基础/通用类（术语、分类）	农产品等级规格标准编写通则	NY/T 2113—2012	现行有效
4	农产品	基础/通用类（术语、分类）	农产品市场信息分类与计算机编码	NY/T 2137—2012	现行有效
5	薯类	基础/通用类（术语、分类）	蔬菜加工名词术语	NY/T 2780—2015	现行有效
6	薯类	基础/通用类（术语、分类）	薯类及薯制品名词术语	NY/T 2963—2016	现行有效
7	薯类	基础/通用类	马铃薯主食产品　分类和术语	NY/T 3100—2017	现行有效
8	韭菜	方法类（检验/检测）	韭菜中甲胺磷等七种农药残留检测方法	NY/T 447—2001	现行有效
9	蔬菜	方法类（检验/检测）	蔬菜上有机磷和氨基甲酸酯类农药残毒快速检测方法	NY/T 448—2001	现行有效
10	蒜薹、青椒、柑橘、葡萄	方法类（检验/检测）	蒜薹、青椒、柑橘、葡萄中仲丁胺残留量测定	NY/T 946—2006	现行有效
11	蔬菜及其制品	方法类（检验/检测）	蔬菜及其制品中铜、铁、锌的测定	NY/T 1201—2006	现行有效
12	蔬菜	方法类（检验/检测）	蔬菜、水果中吡虫啉残留量的测定	NY/T 1275—2007	现行有效
13	蔬菜	方法类（检验/检测）	蔬菜中异菌脲残留量的测定　高效液相色谱法	NY/T 1277—2007	现行有效
14	蔬菜及其制品	方法类（检验/检测）	蔬菜及其制品中可溶性糖的测定　铜还原碘量法	NY/T1278—2007	现行有效
15	植物产品	方法类（检验/检测）	植物产品中氟的测定　离子色谱法	NY/T 1374—2007	现行有效
16	蔬菜	方法类（检验/检测）	蔬菜中334种农药多残留的测定　气相色谱质谱法和液相色谱质谱法	NY/T 1379—2007	现行有效
17	蔬菜	方法类（检验/检测）	蔬菜、水果中51种农药多残留的测定　气相色谱-质谱法	NY/T 1380—2007	现行有效
18	蔬菜	方法类（检验/检测）	辣椒素的测定　高效液相色谱法	NY/T 1381—2007	现行有效
19	蔬菜	方法类（检验/检测）	蔬菜中2,4-D等13种除草剂多残留的测定液相色谱质谱法	NY/T 1434—2007	现行有效
20	蔬菜及其制品	方法类（检验/检测）	水果、蔬菜及其制品中二氧化硫总量的测定	NY/T 1435—2007	现行有效
21	蔬菜	方法类（检验/检测）	蔬菜及水果中多菌灵等16种农药残留测定　液相色谱-质谱-质谱联用法	NY/T 1453—2007	现行有效
22	蔬菜	方法类（检验/检测）	蔬菜和水果中有机磷、有机氯、拟除虫菊酯和氨基甲酸酯类农药多残留的测定	NY/T 761—2008	现行有效
23	食用菌	方法类（检验/检测）	食用菌中粗多糖含量的测定	NY/T 1676—2008	现行有效
24	蔬菜	方法类（检验/检测）	水果、蔬菜及其制品中单宁含量的测定　分光光度法	NY/T 1600—2008	现行有效
25	蔬菜	方法类（检验/检测）	蔬菜中溴氰菊酯残留量的测定　气相色谱法	NY/T 1603—2008	现行有效
26	蔬菜及其制品	方法类（检验/检测）	蔬菜及制品中番茄红素的测定　高效液相色谱法	NY/T 1651—2008	现行有效
27	蔬菜	方法类（检验/检测）	蔬菜、水果中克螨特残留量的测定　气相色谱法	NY/T 1652—2008	现行有效
28	植物性食品	方法类（检验/检测）	植物性食品中氨基甲酸酯类农药残留的测定液相色谱-串联质谱法	NY/T 1679—2009	现行有效

（续）

序号	产品	分类	标准名称	标准状态	备注
29	蔬菜	方法类（检验/检测）	蔬菜水果中多菌灵等4种苯并咪唑类农药残留量的测定　高效液相色谱法	NY/T 1680—2009	现行有效
30	蔬菜	方法类（检验/检测）	水果、蔬菜中杀铃脲等七种苯甲酰脲类农药残留量的测定　高效液相色谱法	NY/T 1720—2009	现行有效
31	蔬菜	方法类（检验/检测）	蔬菜中敌菌灵残留量的测定高效液相色谱法	NY/T 1722—2009	现行有效
32	蔬菜	方法类（检验/检测）	蔬菜中灭蝇胺残留量的测定高效液相色谱法	NY/T 1725—2009	现行有效
33	蔬菜	方法类（检验/检测）	蔬菜中非草隆等15种取代脲类除草剂残留量的测定液相色谱法	NY/T 1726—2009	现行有效
34	大蒜及制品	方法类（检验/检测）	大蒜及制品中大蒜素的测定气相色谱法	NY/T 1800—2009	现行有效
35	植物性食品	方法类（检验/检测）	植物性食品中稀土元素的测定　电感耦合等离子体发射光谱法	NY/T 1938—2010	现行有效
36	植物	方法类（检验/检测）	植物中氮、磷、钾的测定	NY/T 2017—2011	现行有效
37	蔬菜	方法类（检验/检测）	水果蔬菜中有机酸和阴离子的测定　离子色谱法	NY/T 2277—2012	现行有效
38	蔬菜	方法类（检验/检测）	水果和蔬菜可溶性固形物含量的测定　折射仪法	NY/T 2637—2014	现行有效
39	植物源性食品	方法类（检验/检测）	植物源性食品中花青素的测定　高效液相色谱法	NY/T 2640—2014	现行有效
40	植物源性食品	方法类（检验/检测）	植物源性食品中白藜芦醇和白藜芦醇苷的测定　高效液相色谱法	NY/T 2641—2014	现行有效
41	农产品	方法类（检验/检测）	农产品中137Cs的测定　无源效率刻度γ能谱分析法	NY/T 2652—2014	现行有效
42	植物性食品	方法类（检验/检测）	植物性食品中腈苯唑残留量的测定　气相色谱-质谱法	NY/T 2819—2015	现行有效
43	植物性食品	方法类（检验/检测）	植物性食品中抑食肼、虫酰肼、甲氧虫酰肼、呋喃虫酰肼和环虫酰肼5种双酰肼类农药残留量的同时测定	NY/T 2820—2015	现行有效
44	蔬菜及制品	方法类（检验/检测）	水果、蔬菜及制品中叶绿素含量的测定　分光光度法	NY/T 3082—2017	现行有效
45	蔬菜	环境安全类（产地环境、投入品）	蔬菜地分等	NY/T 294—1995	现行有效
46	农产品	环境安全类（产地环境、投入品）	农用水源环境质量监测技术规范	NY/T 396—2000	现行有效
47	农产品	环境安全类（产地环境、投入品）	农、畜、水产品污染监测技术规范	NY/T 398—2000	现行有效
48	农产品	环境安全类（产地环境、投入品）	无公害食品　产地认定规范	NY/T 5343—2006	现行有效
49	农产品	环境安全类（产地环境、投入品）	无公害食品　产地环境质量调查规范	NY/T 5335—2006	现行有效
50	农产品	环境安全类（产地环境、投入品）	农产品产地编码规则	NY/T 1430—2007	现行有效

（续）

序号	产品	分类	标准名称	标准状态	备注
51	农产品	环境安全类（产地环境、投入品）	耕地质量监测技术规程	NY/T 1119—2012	现行有效
52	农产品	环境安全类（产地环境、投入品）	农产品产地禁止生产区划分技术指南	NY/T 2150—2012	现行有效
53	农产品	环境安全类（产地环境、投入品）	绿色食品　产地环境质量	NY/T 391—2013	现行有效
54	农产品	环境安全类（产地环境、投入品）	绿色食品　食品添加剂使用准则	NY/T 392—2013	现行有效
55	农产品	环境安全类（产地环境、投入品）	绿色食品　农药使用准则	NY/T 393—2013	现行有效
56	农产品	环境安全类（产地环境、投入品）	绿色食品　肥料使用准则	NY/T 394—2013	现行有效
57	农产品	环境安全类（产地环境、投入品）	农田土壤环境质量监测技术规范	NY/T 395—2012	现行有效
58	农产品	环境安全类（产地环境、投入品）	绿色食品　产地环境调查、监测与评价规范	NY/T 1054—2013	现行有效
59	农产品	环境安全类（产地环境、投入品）	无公害食品　产地环境评价准则	NY/T 5295—2015	现行有效
60	农产品	环境安全类（产地环境、投入品）	无公害食品　种植业产地环境条件	NY 5010—2016	现行有效
61	黄瓜	环境安全类（产地环境、投入品）	农药室内生物测定试验准则杀菌剂　第3部分：抑制黄瓜霜霉病菌试验　平皿叶片法	NY/T 1156.3—2006	现行有效
62	黄瓜	环境安全类（产地环境、投入品）	农药室内生物测定试验准则杀菌剂　第7部分:防治黄瓜霜霉病试验　盆栽法	NY/T 1156.7—2006	现行有效
63	瓜类	环境安全类（产地环境、投入品）	农药室内生物测定试验准则杀菌剂　第11部分：防治瓜类白粉病试验　盆栽法	NY/T 1156.11—2008	现行有效
64	瓜类	环境安全类（产地环境、投入品）	农药室内生物测定试验准则杀菌剂　第14部分：防治瓜类炭疽病试验　盆栽法	NY/T 1156.14—2008	现行有效
65	农产品	方法类（检验/检测）	农药理化性质测定试验导则　第1部分：pH	NY/T 1860.1—2016	现行有效
66	黄瓜	环境安全类（产地环境、投入品）	农药室内生物测定试验准则　植物生长调节剂　第3部分：促进抑制生长试验　黄瓜子叶扩张法	NY/T 2061.3—2012	现行有效
67	黄瓜	环境安全类（产地环境、投入品）	农药室内生物测定试验准则　植物生长调节剂　第4部分：促进抑制生根试验　黄瓜子叶生根法	NY/T 2061.4—2012	现行有效
68	木薯	种质资源类（种子、种苗）	木薯种茎	NY/T 356—1999	现行有效
69	马铃薯	种质资源类（种子、种苗）	脱毒马铃薯种薯（苗）病毒检测技术规程	NY/T 401—2000	现行有效
70	生姜	种质资源类（种子、种苗）	脱毒生姜种姜（苗）病毒检测技术规程	NY/T 404—2000	现行有效
71	大蒜	种质资源类（种子、种苗）	脱毒大蒜种蒜（苗）病毒检测技术规程	NY/T 405—2000	现行有效

（续）

序号	产品	分类	标准名称	标准状态	备注
72	甘薯	种质资源类（种子、种苗）	脱毒甘薯种薯（苗）病毒检测技术规程	NY/T 402—2016	现行有效
73	魔芋 、	种质资源类（种子、种苗）	魔芋种芋繁育技术规程	NY/T 715—2003	现行有效
74	甘薯	种质资源类（种子、种苗）	甘薯脱毒种薯	NY/T 1200—2006	现行有效
75	马铃薯	种质资源类（种子、种苗）	马铃薯脱毒种薯繁育技术规程（马铃薯脱毒技术规程、脱毒马铃薯基础种薯生产技术规程）	NY/T 1212—2006	现行有效
76	豆类蔬菜	种质资源类（种子、种苗）	豆类蔬菜种子繁育技术规程	NY/T 1213—2006	现行有效
77	黄瓜	种质资源类（种子、种苗）	黄瓜种子繁育技术规程	NY/T 1214—2006	现行有效
78	马铃薯	种质资源类（种子、种苗）	农作物种质资源鉴定技术规程　马铃薯	NY/T 1303—2007	现行有效
79	甘薯	种质资源类（种子、种苗）	农作物种质资源鉴定技术规程　甘薯	NY/T 1320—2007	现行有效
80	马铃薯	种质资源类（种子、种苗）	农作物品种试验技术规程　马铃薯	NY/T 1489—2007	现行有效
81	马铃薯	种质资源类（种子、种苗）	农作物品种审定规范　马铃薯	NY/T 1490—2007	现行有效
82	芋	种质资源类（种子、种苗）	农作物种质资源鉴定评价技术规范　芋	NY/T 2327—2013	现行有效
83	马铃薯	种质资源类（种子、种苗）	马铃薯种薯生产技术操作规程	NY/T 1606—2008	现行有效
84	木薯	种质资源类（种子、种苗）	木薯嫩茎枝种苗快速繁殖技术规程	NY/T 1685—2009	现行有效
85	胡椒	种质资源类（种子、种苗）	胡椒种苗黄瓜花叶病毒检测技术规范	NY/T 1805—2009	现行有效
86	木薯	种质资源类（种子、种苗）	木薯种质资源描述规范	NY/T 1943—2010	现行有效
87	农产品	种质资源类（种子、种苗）	植物品种鉴定　DNA分子标记法　总则	NY/T 2594—2016	现行有效
88	马铃薯	种质资源类（种子、种苗）	马铃薯品种鉴定	NY/T 1963—2010	现行有效
89	茄果类蔬菜	种质资源类（种子、种苗）	茄果类蔬菜穴盘育苗技术规程	NY/T 2312—2013	现行有效
90	番茄	种质资源类（种子、种苗）	番茄品种鉴定技术规程　Indel分子标记法	NY/T 2471—2013	现行有效
91	结球甘蓝	种质资源类（种子、种苗）	结球甘蓝品种鉴定技术规程　SSR分子标记法	NY/T 2473—2013	现行有效
92	黄瓜	种质资源类（种子、种苗）	黄瓜品种鉴定技术规程　SSR分子标记法	NY/T 2474—2013	现行有效
93	辣椒	种质资源类（种子、种苗）	辣椒品种鉴定技术规程　SSR分子标记法	NY/T 2475—2013	现行有效
94	大白菜	种质资源类（种子、种苗）	大白菜品种鉴定技术规程　SSR分子标记法	NY/T 2476—2013	现行有效
95	大葱	种质资源类（种子、种苗）	植物新品种特异性、一致性和稳定性测试指南　大葱	NY/T 2340—2013	现行有效
96	山药	种质资源类（种子、种苗）	植物新品种特异性、一致性和稳定性测试指南　山药	NY/T 2495—2013	现行有效
97	芦笋	种质资源类（种子、种苗）	植物新品种特异性、一致性和稳定性测试指南　芦笋	NY/T 2496—2013	现行有效
98	魔芋	种质资源类（种子、种苗）	植物新品种特异性、一致性和稳定性测试指南　魔芋	NY/T 2500—2013	现行有效

（续）

序号	产品	分类	标准名称	标准状态	备注
99	丝瓜	种质资源类（种子、种苗）	植物新品种特异性、一致性和稳定性测试指南　丝瓜	NY/T 2501—2013	现行有效
100	芋	种质资源类（种子、种苗）	植物新品种特异性、一致性和稳定性测试指南　芋	NY/T 2502—2013	现行有效
101	菊芋	种质资源类（种子、种苗）	植物新品种特异性、一致性和稳定性测试指南　菊芋	NY/T 2503—2013	现行有效
102	瓠瓜	种质资源类（种子、种苗）	植物新品种特异性、一致性和稳定性测试指南　瓠瓜	NY/T 2504—2013	现行有效
103	姜	种质资源类（种子、种苗）	植物新品种特异性、一致性和稳定性测试指南　姜	NY/T 2505—2013	现行有效
104	茼蒿	种质资源类（种子、种苗）	植物新品种特异性、一致性和稳定性测试指南　茼蒿	NY/T 2507—2013	现行有效
105	莴苣	种质资源类（种子、种苗）	植物新品种特异性、一致性和稳定性测试指南　莴苣	NY/T 2559—2014	现行有效
106	胡萝卜	种质资源类（种子、种苗）	植物新品种特异性、一致性和稳定性测试指南　胡萝卜	NY/T 2561—2014	现行有效
107	菜薹	种质资源类（种子、种苗）	植物新品种特异性、一致性和稳定性测试指南　菜薹	NY/T 2574—2014	现行有效
108	马蹄莲	种质资源类（种子、种苗）	植物新品种特异性、一致性和稳定性测试指南　马蹄莲属	NY/T 2580—2014	现行有效
109	洋桔梗	种质资源类（种子、种苗）	植物新品种特异性、一致性和稳定性测试指南　洋桔梗	NY/T 2586—2014	现行有效
110	韭菜	生产管理类（种植、植保、加工）	无公害食品　韭菜生产技术规程	NY/T5002—2001	现行有效
111	大白菜	生产管理类（种植、植保、加工）	无公害食品　大白菜生产技术规程	NY/T 5004—2001	现行有效
112	番茄	生产管理类（种植、植保、加工）	无公害食品　番茄露地生产技术规程	NY/T 5006—2001	现行有效
113	番茄	环境安全类（产地环境、投入品）	无公害食品　番茄保护地生产技术规程	NY/T 5007—2001	现行有效
114	结球甘蓝	生产管理类（种植、植保、加工）	无公害食品　结球甘蓝生产技术规程	NY/T 5009—2001	现行有效
115	黄瓜	生产管理类（种植、植保、加工）	无公害食品　黄瓜生产技术规程	NY/T 5075—2002	现行有效
116	苦瓜	生产管理类（种植、植保、加工）	无公害食品　苦瓜生产技术规程	NY/T 5077—2002	现行有效
117	豇豆	生产管理类（种植、植保、加工）	无公害食品　豇豆生产技术规程	NY/T 5079—2002	现行有效
118	菜豆	生产管理类（种植、植保、加工）	无公害食品　菜豆生产技术规程	NY/T 5081—2002	现行有效
119	萝卜	生产管理类（种植、植保、加工）	无公害食品　萝卜生产技术规程	NY/T 5083—2002	现行有效
120	胡萝卜	生产管理类（种植、植保、加工）	无公害食品　胡萝卜生产技术规程	NY/T 5085—2002	现行有效

（续）

序号	产品	分类	标准名称	标准状态	备注
121	菠菜	生产管理类（种植、植保、加工）	无公害食品　菠菜生产技术规程	NY/T 5090—2002	现行有效
122	芹菜	生产管理类（种植、植保、加工）	无公害食品　芹菜生产技术规程	NY/T 5092—2002	现行有效
123	蕹菜	生产管理类（种植、植保、加工）	无公害食品　蕹菜生产技术规程	NY/T 5094—2002	现行有效
124	豌豆	生产管理类（种植、植保、加工）	无公害食品　豌豆生产技术规程	NY/T 5208—2004	现行有效
125	青蚕豆	生产管理类（种植、植保、加工）	无公害食品　青蚕豆生产技术规程	NY/T 5210—2004	现行有效
126	普通白菜	生产管理类（种植、植保、加工）	无公害食品　普通白菜生产技术规程	NY/T 5214—2004	现行有效
127	芥蓝	生产管理类（种植、植保、加工）	无公害食品　芥蓝生产技术规程	NY/T 5216—2004	现行有效
128	茼蒿	生产管理类（种植、植保、加工）	无公害食品　茼蒿生产技术规程	NY/T 5218—2004	现行有效
129	西葫芦	生产管理类（种植、植保、加工）	无公害食品　西葫芦生产技术规程	NY/T 5220—2004	现行有效
130	马铃薯	生产管理类（种植、植保、加工）	无公害食品　马铃薯生产技术规程	NY/T 5222—2004	现行有效
131	洋葱	生产管理类（种植、植保、加工）	无公害食品　洋葱生产技术规程	NY/T 5224—2004	现行有效
132	生姜	生产管理类（种植、植保、加工）	无公害食品　生姜生产技术规程	NY/T 5226—2004	现行有效
133	大蒜	生产管理类（种植、植保、加工）	无公害食品　大蒜生产技术规程	NY 5228—2004	现行有效
134	芦笋	生产管理类（种植、植保、加工）	无公害食品　芦笋生产技术规程	NY/T 5231—2004	现行有效
135	竹笋	生产管理类（种植、植保、加工）	无公害食品　竹笋干生产技术规程	NY/T 5233—2004	现行有效
136	萝卜	生产管理类（种植、植保、加工）	无公害食品　小型生产技术规程	NY/T 5235—2004	现行有效
137	叶用莴苣	生产管理类（种植、植保、加工）	无公害食品　叶用莴苣生产技术规程	NY/T 5237—2004	现行有效
138	四棱豆	生产管理类（种植、植保、加工）	无公害食品　四棱豆生产技术规程	NY/T 5254—2004	现行有效
139	茄子	生产管理类（种植、植保、加工）	茄子生产技术规程	NY/T 1383—2007	现行有效
140	木薯	生产管理类（种植、植保、加工）	木薯生产良好操作规范（GAP）	NY/T 1681—2009	现行有效
141	蔬菜	生产管理类（种植、植保、加工）	农药田间药效试验准则　第6部分：杀虫剂防治蔬菜蓟马	NY/T 1464.6—2007	现行有效
142	番茄	生产管理类（种植、植保、加工）	农药田间药效试验准则　第8部分：杀菌剂防治番茄病毒病	NY/T 1464.8—2007	现行有效

（续）

序号	产品	分类	标准名称	标准状态	备注
143	辣椒	生产管理类（种植、植保、加工）	农药田间药效试验准则　第 9 部分：杀菌剂防治辣椒病毒病	NY/T 1464.9—2007	现行有效
144	番茄	生产管理类（种植、植保、加工）	农药田间药效试验准则　第 20 部分：除草剂防治番茄田杂草	NY/T 1464.20—2007	现行有效
145	黄瓜	生产管理类（种植、植保、加工）	农药田间药效试验准则　第 21 部分：除草剂防治黄瓜田杂草	NY/T 1464.21—2007	现行有效
146	大蒜	生产管理类（种植、植保、加工）	农药田间药效试验准则　第 22 部分：除草剂防治大蒜田杂草	NY/T 1464.22—2007	现行有效
147	十字花科蔬菜	生产管理类（种植、植保、加工）	农药田间药效试验准则　第 27 部分：杀虫剂防治十字花科蔬菜蚜虫	NY/T 1464.27—2010	现行有效
148	生姜	生产管理类（种植、植保、加工）	农药田间药效试验准则　第 31 部分：杀菌剂防治生姜姜瘟病	NY/T 1464.31—2010	现行有效
149	番茄	生产管理类（种植、植保、加工）	农药田间药效试验准则　第 32 部分：杀菌剂防治番茄青枯病	NY/T 1464.32—2010	现行有效
150	豇豆	生产管理类（种植、植保、加工）	农药田间药效试验准则　第 33 部分：杀菌剂防治豇豆锈病	NY/T 1464.33—2010	现行有效
151	茄子	生产管理类（种植、植保、加工）	农药田间药效试验准则　第 34 部分：杀菌剂防治茄子黄萎病	NYT 1464.34—2010	现行有效
152	蔬菜	生产管理类（种植、植保、加工）	农药田间药效试验准则　第 35 部分：除草剂防治直播蔬菜田杂草	NY/T 1464.35—2010	现行有效
153	黄瓜	生产管理类（种植、植保、加工）	农药田间药效试验准则　第 38 部分：杀菌剂防治黄瓜黑星病	NY/T 1464.38—2011	现行有效
154	莴苣	生产管理类（种植、植保、加工）	农药田间药效试验准则　第 39 部分：杀菌剂防治莴苣霜霉病	NY/T 1464.39—2011	现行有效
155	马铃薯	生产管理类（种植、植保、加工）	农药田间药效试验准则　第 42 部分：杀虫剂防治马铃薯二十八星瓢虫	NY/T 1464.42—2012	现行有效
156	蔬菜	生产管理类（种植、植保、加工）	农药田间药效试验准则　第 43 部分：杀虫剂防治蔬菜烟粉虱	NY/T 1464.43—2012	现行有效
157	番茄	生产管理类（种植、植保、加工）	番茄主要病害抗病性鉴定技术规程　第 1 部分：番茄抗晚疫病鉴定技术规程	NY/T 1858.1—2010	现行有效
158	番茄	生产管理类（种植、植保、加工）	番茄主要病害抗病性鉴定技术规程　第 2 部分：番茄抗叶霉病鉴定技术规程	NY/T 1858.2—2010	现行有效
159	番茄	生产管理类（种植、植保、加工）	番茄主要病害抗病性鉴定技术规程　第 3 部分：番茄抗枯萎病鉴定技术规程	NY/T 1858.3—2010	现行有效
160	番茄	生产管理类（种植、植保、加工）	番茄主要病害抗病性鉴定技术规程　第 4 部分：番茄抗青枯病鉴定技术规程	NY/T 1858.4—2010	现行有效
161	番茄	生产管理类（种植、植保、加工）	番茄主要病害抗病性鉴定技术规程　第 5 部分：番茄抗疮痂病鉴定技术规程	NY/T 1858.5—2010	现行有效
162	番茄	生产管理类（种植、植保、加工）	番茄主要病害抗病性鉴定技术规程　第 6 部分：番茄抗番茄花叶病毒病鉴定技术规程	NY/T 1858.6—2010	现行有效
163	番茄	生产管理类（种植、植保、加工）	番茄主要病害抗病性鉴定技术规程　第 7 部分：番茄抗黄瓜花叶病毒病鉴定技术规程	NY/T 1858.7—2010	现行有效

（续）

序号	产品	分类	标准名称	标准状态	备注
164	番茄	生产管理类（种植、植保、加工）	番茄主要病害抗病性鉴定技术规程 第8部分：番茄抗南方根结线虫病鉴定技术规程	NY/T 1858.8—2010	现行有效
165	辣椒	生产管理类（种植、植保、加工）	辣椒抗病性鉴定技术规程 第1部分：辣椒抗疫病鉴定技术规程	NY/T 2060.1—2011	现行有效
166	辣椒	生产管理类（种植、植保、加工）	辣椒抗病性鉴定技术规程 第2部分：辣椒抗青枯病鉴定技术规程	NY/T 2060.2—2011	现行有效
167	辣椒	生产管理类（种植、植保、加工）	辣椒抗病性鉴定技术规程 第3部分：辣椒抗烟草花叶病毒病鉴定技术规程	NY/T 2060.3—2011	现行有效
168	辣椒	生产管理类（种植、植保、加工）	辣椒抗病性鉴定技术规程 第4部分：辣椒抗黄瓜花叶病毒病鉴定技术规程	NY/T 2060.4—2011	现行有效
169	辣椒	生产管理类（种植、植保、加工）	辣椒抗病性鉴定技术规程 第5部分：辣椒抗南方根结线虫病鉴定技术规程	NY/T 2060.5—2011	现行有效
170	黄瓜	生产管理类（种植、植保、加工）	黄瓜主要病害抗病性鉴定技术规程 第1部分：黄瓜抗霜霉病鉴定技术规程	NY/T 1857.1—2010	现行有效
171	黄瓜	生产管理类（种植、植保、加工）	黄瓜主要病害抗病性鉴定技术规程 第2部分：黄瓜抗白粉病鉴定技术规程	NY/T 1857.2—2010	现行有效
172	黄瓜	生产管理类（种植、植保、加工）	黄瓜主要病害抗病性鉴定技术规程 第3部分：黄瓜抗枯萎病鉴定技术规程	NY/T 1857.3—2010	现行有效
173	黄瓜	生产管理类（种植、植保、加工）	黄瓜主要病害抗病性鉴定技术规程 第4部分：黄瓜抗疫病鉴定技术规程	NY/T 1857.4—2010	现行有效
174	黄瓜	生产管理类（种植、植保、加工）	黄瓜主要病害抗病性鉴定技术规程 第5部分：黄瓜抗黑星病鉴定技术规程	NY/T 1857.5—2010	现行有效
175	黄瓜	生产管理类（种植、植保、加工）	黄瓜主要病害抗病性鉴定技术规程 第6部分：黄瓜抗细菌性角斑病鉴定技术规程	NY/T 1857.6—2010	现行有效
176	黄瓜	生产管理类（种植、植保、加工）	黄瓜主要病害抗病性鉴定技术规程 第7部分：黄瓜抗黄瓜花叶病毒病鉴定技术规程	NY/T 1857.7—2010	现行有效
177	黄瓜	生产管理类（种植、植保、加工）	黄瓜主要病害抗病性鉴定技术规程 第8部分：黄瓜抗南方根结线虫病鉴定技术规程	NY/T 1857.8—2010	现行有效
178	蔬菜	生产管理类（种植、植保、加工）	西花蓟马鉴定技术规范	NY/T 2867—2015	现行有效
179	马铃薯	生产管理类（种植、植保、加工）	马铃薯收获机质量评价技术规范	NY/T 648—2002	现行有效
180	马铃薯	生产管理类（种植、植保、加工）	马铃薯种植机械 作业质量	NY/T 990—2006	现行有效
181	魔芋	生产管理类（种植、植保、加工）	魔芋精粉机	NY/T 1124—2006	现行有效
182	马铃薯	生产管理类（种植、植保、加工）	马铃薯收获机械	NY/T 1130—2006	现行有效

（续）

序号	产品	分类	标准名称	标准状态	备注
183	蔬菜	生产管理类（种植、植保、加工）	残地膜回收机　作业质量	NY/T 1227—2006	现行有效
184	马铃薯	生产管理类（种植、植保、加工）	马铃薯种植机质量评价技术规范	NY/T 1415—2007	现行有效
185	蔬菜	生产管理类（种植、植保、加工）	铺膜机质量评价技术规范	NY/T 1552—2007	现行有效
186	番茄	生产管理类（种植、植保、加工）	番茄收获机作业质量	NY/T 1824—2009	现行有效
187	蔬菜	生产管理类（种植、植保、加工）	蔬菜清洗机洗净度测试方法	NY/T 2135—2012	现行有效
188	蔬菜	生产管理类（种植、植保、加工）	蔬菜清洗机耗水性能测试方法	NY/T 2532—2013	现行有效
189	脱水蔬菜	生产管理类（种植、植保、加工）	脱水蔬菜原料通用技术规范	NY/T 1081—2006	现行有效
190	脱水蔬菜	生产管理类（种植、植保、加工）	葱蒜热风脱水加工技术规范	NY/T 1208—2006	现行有效
191	鲜切蔬菜	生产管理类（种植、植保、加工）	鲜切蔬菜加工技术规范	NY/T 1529—2007	现行有效
192	蔬菜	生产管理类（种植、植保、加工）	蔬菜安全生产关键控制技术规程	NY/T 1654—2008	现行有效
193	马铃薯	生产管理类（种植、植保、加工）	马铃薯晚疫病防治技术规范	NY/T 1783—2009	现行有效
194	蔬菜	生产管理类（种植、植保、加工）	菜豆象检疫检测与鉴定方法	NY/T 2052—2011	现行有效
195	蔬菜	生产管理类（种植、植保、加工）	蔬菜育苗基质	NY/T 2118—2012	现行有效
196	蔬菜	生产管理类（种植、植保、加工）	蔬菜穴盘育苗　通则	NY/T 2119—2012	现行有效
197	马铃薯	生产管理类（种植、植保、加工）	马铃薯辐照抑制发芽技术规范	NY/T 2210—2012	现行有效
198	番茄	生产管理类（种植、植保、加工）	番茄溃疡病菌检疫检测与鉴定方法	NY/T 2286—2012	现行有效
199	甘蓝	生产管理类（种植、植保、加工）	甘蓝抗枯萎病鉴定技术规程	NY/T 2313—2013	现行有效
200	马铃薯	生产管理类（种植、植保、加工）	马铃薯主要病虫害防治技术规程	NY/T 2383—2013	现行有效
201	茄果类蔬菜	生产管理类（种植、植保、加工）	有机茄果类蔬菜生产质量控制技术规范	NY/T 2409—2013	现行有效
202	辣椒	生产管理类（种植、植保、加工）	泡椒类食品辐照杀菌技术规范	NY/T 2650—2014	现行有效
203	蔬菜	生产管理类（种植、植保、加工）	十字花科小菜蛾抗药性监测技术规范	NY/T 2360—2013	现行有效
204	马铃薯	生产管理类（种植、植保、加工）	旱作马铃薯全膜覆盖技术规范	NY/T 2866—2015	现行有效

（续）

序号	产品	分类	标准名称	标准状态	备注
205	植物源农产品	生产管理类（种植、植保、加工）	植物源农产品中农药残留储藏稳定性试验准则	NY/T 3094—2017	现行有效
206	蔬菜	生产管理类（种植、植保、加工）	无公害食品　蔬菜生产管理规范	NY/T 5363—2010	现行有效
207	蔬菜	生产管理类（种植、植保、加工）	蔬菜集约化育苗场建设标准	NY/T 2442—2013	现行有效
208	蔬菜	生产管理类（种植、植保、加工）	蔬菜产地批发市场建设标准	NY/T 2776—2015	现行有效
209	胡萝卜	产品类（等级规格、品质/安全、原产地保护）	胡萝卜	NY/T 493—2002	现行有效
210	黄瓜	产品类（等级规格、品质/安全、原产地保护）	黄瓜	NY/T 578—2002	现行有效
211	韭菜	产品类（等级规格、品质/安全、原产地保护）	韭菜	NY/T 579—2002	现行有效
212	芹菜	产品类（等级规格、品质/安全、原产地保护）	芹菜	NY/T 580—2002	现行有效
213	茄子	产品类（等级规格、品质/安全、原产地保护）	茄子	NY/T 581—2002	现行有效
214	莴苣	产品类（等级规格、品质/安全、原产地保护）	莴苣	NY/T 582—2002	现行有效
215	结球甘蓝	产品类（等级规格、品质/安全、原产地保护）	结球甘蓝	NY/T 583—2002	现行有效
216	芦笋	产品类（等级规格、品质/安全、原产地保护）	芦笋	NY/T 760—2004	现行有效
217	丝瓜	产品类（等级规格、品质/安全、原产地保护）	丝瓜	NY/T 776—2004	现行有效
218	紫菜薹	产品类（等级规格、品质/安全、原产地保护）	紫菜薹	NY/T 778—2004	现行有效
219	花椰菜	产品类（等级规格、品质/安全、原产地保护）	花椰菜	NY/T 962—2006	现行有效
220	苦瓜	产品类（等级规格、品质/安全、原产地保护）	苦瓜	NY/T 963—2006	现行有效
221	菠菜	产品类（等级规格、品质/安全、原产地保护）	菠菜	NY/T 964—2006	现行有效
222	豇豆	产品类（等级规格、品质/安全、原产地保护）	豇豆	NY/T 965—2006	现行有效
223	洋葱	产品类（等级规格、品质/安全、原产地保护）	洋葱	NY/T 1071—2006	现行有效
224	荔浦芋	产品类（等级规格、品质/安全、原产地保护）	荔浦芋	NY/T 1079—2006	现行有效
225	姜	产品类（等级规格、品质/安全、原产地保护）	姜	NY/T 1193—2006	现行有效
226	萝卜	产品类（等级规格、品质/安全、原产地保护）	萝卜	NY/T 1267—2007	现行有效
227	木薯	产品类（等级规格、品质/安全、原产地保护）	木薯	NY/T 1520—2007	现行有效

（续）

序号	产品	分类	标准名称	标准状态	备注
228	芥菜	产品类（等级规格、品质/安全、原产地保护）	加工用芥菜	NY/T 706—2003	现行有效
229	番茄	产品类（等级规格、品质/安全、原产地保护）	加工用番茄	NY/T 1517—2007	现行有效
230	马铃薯	产品类（等级规格、品质/安全、原产地保护）	加工用马铃薯　油炸	NY/T 1605—2008	现行有效
231	鲜切蔬菜	产品类（等级规格、品质/安全、原产地保护）	鲜切蔬菜	NY/T 1987—2011	现行有效
232	胡萝卜汁	产品类（等级规格、品质/安全、原产地保护）	胡萝卜汁	NY/T 874—2004	现行有效
233	速冻菠菜	产品类（等级规格、品质/安全、原产地保护）	速冻菠菜	NY/T 952—2006	现行有效
234	番茄酱	产品类（等级规格、品质/安全、原产地保护）	番茄酱	NY/T 956—2006	现行有效
235	番茄粉	产品类（等级规格、品质/安全、原产地保护）	番茄粉	NY/T 957—2006	现行有效
236	速冻马蹄片	产品类（等级规格、品质/安全、原产地保护）	速冻马蹄片	NY/T 1069—2006	现行有效
237	脱水姜片和姜粉	产品类（等级规格、品质/安全、原产地保护）	脱水姜片和姜粉	NY/T 1073—2006	现行有效
238	魔芋粉	产品类（等级规格、品质/安全、原产地保护）	魔芋粉	NY/T 494—2010	现行有效
239	甘薯干	产品类（等级规格、品质/安全、原产地保护）	甘薯干	NY/T 708—2016	现行有效
240	食用木薯淀粉	产品类（等级规格、品质/安全、原产地保护）	食用木薯淀粉	NY/T 875—2012	现行有效
241	辣椒酱	产品类（等级规格、品质/安全、原产地保护）	辣椒酱	NY/T 1070—2006	现行有效
242	黄瓜	产品类（等级规格、品质/安全、原产地保护）	绿色食品　黄瓜	NY/T 269—1995	现行有效
243	番茄	产品类（等级规格、品质/安全、原产地保护）	绿色食品　番茄	NY/T 270—1995	现行有效
244	菜豆	产品类（等级规格、品质/安全、原产地保护）	绿色食品　菜豆	NY/T 271—1995	现行有效
245	豇豆	产品类（等级规格、品质/安全、原产地保护）	绿色食品　豇豆	NY/T 272—1995	现行有效
246	果（蔬）酱	产品类（等级规格、品质/安全、原产地保护）	绿色食品　果（蔬）酱	NY/T 431—2009	现行有效
247	果蔬汁饮料	产品类（等级规格、品质/安全、原产地保护）	绿色食品　果蔬汁饮料	NY/T 434—2009	现行有效
248	蔬菜脆片	产品类（等级规格、品质/安全、原产地保护）	绿色食品　水果、蔬菜脆片	NY/T 435—2012	现行有效
249	白菜类蔬菜	产品类（等级规格、品质/安全、原产地保护）	绿色食品　白菜类蔬菜	NY/T 654—2012	现行有效
250	茄果类蔬菜	产品类（等级规格、品质/安全、原产地保护）	绿色食品　茄果类蔬菜	NY/T 655—2012	现行有效

（续）

序号	产品	分类	标准名称	标准状态	备注
251	绿叶类蔬菜	产品类（等级规格、品质/安全、原产地保护）	绿色食品　绿叶类蔬菜	NY/T 743—2012	现行有效
252	葱蒜类蔬菜	产品类（等级规格、品质/安全、原产地保护）	绿色食品　葱蒜类蔬菜	NY/T 744—2012	现行有效
253	根菜类蔬菜	产品类（等级规格、品质/安全、原产地保护）	绿色食品　根菜类蔬菜	NY/T 745—2012	现行有效
254	甘蓝类蔬菜	产品类（等级规格、品质/安全、原产地保护）	绿色食品　甘蓝类蔬菜	NY/T 746—2012	现行有效
255	瓜类蔬菜	产品类（等级规格、品质/安全、原产地保护）	绿色食品　瓜类蔬菜	NY/T 747—2012	现行有效
256	豆类蔬菜	产品类（等级规格、品质/安全、原产地保护）	绿色食品　豆类蔬菜	NY/T 748—2012	现行有效
257	脱水蔬菜	产品类（等级规格、品质/安全、原产地保护）	绿色食品　脱水蔬菜	NY/T 1045—2014	现行有效
258	蔬菜罐头	产品类（等级规格、品质/安全、原产地保护）	绿色食品　水果、蔬菜罐头	NY/T 1047—2014	现行有效
259	薯芋类蔬菜	产品类（等级规格、品质/安全、原产地保护）	绿色食品　薯芋类蔬菜	NY/T 1049—2015	现行有效
260	芥菜类蔬菜	产品类（等级规格、品质/安全、原产地保护）	绿色食品　芥菜类蔬菜	NY/T 1324—2015	现行有效
261	芽苗类蔬菜	产品类（等级规格、品质/安全、原产地保护）	绿色食品　芽苗类蔬菜	NY/T 1325—2015	现行有效
262	多年生蔬菜	产品类（等级规格、品质/安全、原产地保护）	绿色食品　多年生蔬菜	NY/T 1326—2015	现行有效
263	水生蔬菜	产品类（等级规格、品质/安全、原产地保护）	绿色食品　水生蔬菜	NY/T 1405—2015	现行有效
264	速冻蔬菜	产品类（等级规格、品质/安全、原产地保护）	绿色食品　速冻蔬菜	NY/T 1406—2007	现行有效
265	山野菜	产品类（等级规格、品质/安全、原产地保护）	绿色食品　山野菜	NY/T 1507—2016	现行有效
266	辣椒制品	产品类（等级规格、品质/安全、原产地保护）	绿色食品　辣椒制品	NY/T 1711—2009	现行有效
267	魔芋及其制品	产品类（等级规格、品质/安全、原产地保护）	绿色食品　魔芋及其制品	NY/T 2981—2016	现行有效
268	淀粉类蔬菜粉	产品类（等级规格、品质/安全、原产地保护）	绿色食品　淀粉类蔬菜粉	NY/T 2984—2016	现行有效
269	番茄	产品类（等级规格、品质/安全、原产地保护）	番茄等级规格	NY/T 940—2006	现行有效
270	青花菜	产品类（等级规格、品质/安全、原产地保护）	青花菜等级规格	NY/T 941—2006	现行有效
271	茎用莴苣	产品类（等级规格、品质/安全、原产地保护）	茎用莴苣等级规格	NY/T 942—2006	现行有效
272	大白菜	产品类（等级规格、品质/安全、原产地保护）	大白菜等级规格	NY/T 943—2006	现行有效
273	辣椒	产品类（等级规格、品质/安全、原产地保护）	辣椒等级规格	NY/T 944—2006	现行有效

（续）

序号	产品	分类	标准名称	标准状态	备注
274	蒜薹	产品类（等级规格、品质/安全、原产地保护）	蒜薹等级规格	NY/T 945—2006	现行有效
275	菜豆	产品类（等级规格、品质/安全、原产地保护）	菜豆等级规格	NY/T 1062—2006	现行有效
276	芥蓝	产品类（等级规格、品质/安全、原产地保护）	芥蓝等级规格	NY/T 1064—2006	现行有效
277	山药	产品类（等级规格、品质/安全、原产地保护）	山药等级规格	NY/T 1065—2006	现行有效
278	马铃薯	产品类（等级规格、品质/安全、原产地保护）	马铃薯等级规格	NY/T 1066—2006	现行有效
279	洋葱	产品类（等级规格、品质/安全、原产地保护）	洋葱等级规格	NY/T 1584—2008	现行有效
280	芦笋	产品类（等级规格、品质/安全、原产地保护）	芦笋等级规格	NY/T 1585—2008	现行有效
281	结球甘蓝	产品类（等级规格、品质/安全、原产地保护）	结球甘蓝等级规格	NY/T 1586—2008	现行有效
282	黄瓜	产品类（等级规格、品质/安全、原产地保护）	黄瓜等级规格	NY/T 1587—2008	现行有效
283	苦瓜	产品类（等级规格、品质/安全、原产地保护）	苦瓜等级规格	NY/T 1588—2008	现行有效
284	大蒜	产品类（等级规格、品质/安全、原产地保护）	大蒜等级规格	NY/T 1791—2009	现行有效
285	大葱	产品类（等级规格、品质/安全、原产地保护）	大葱等级规格	NY/T 1835—2010	现行有效
286	西葫芦	产品类（等级规格、品质/安全、原产地保护）	西葫芦等级规格	NY/T 1837—2010	现行有效
287	茄子	产品类（等级规格、品质/安全、原产地保护）	茄子等级规格	NY/T 1894—2010	现行有效
288	丝瓜	产品类（等级规格、品质/安全、原产地保护）	丝瓜等级规格	NY/T 1982—2011	现行有效
289	胡萝卜	产品类（等级规格、品质/安全、原产地保护）	胡萝卜等级规格	NY/T 1983—2011	现行有效
290	叶用莴苣	产品类（等级规格、品质/安全、原产地保护）	叶用莴苣等级规格	NY/T 1984—2011	现行有效
291	菠菜	产品类（等级规格、品质/安全、原产地保护）	菠菜等级规格	NY/T 1985—2011	现行有效
292	姜	产品类（等级规格、品质/安全、原产地保护）	农产品等级规格　姜	NY/T 2376—2013	现行有效
293	甘薯	产品类（等级规格、品质/安全、原产地保护）	甘薯等级规格	NY/T 2642—2014	现行有效
294	脱水蔬菜	产品类（等级规格、品质/安全、原产地保护）	脱水蔬菜　根菜类	NY/T 959—2006	现行有效
295	脱水蔬菜	产品类（等级规格、品质/安全、原产地保护）	脱水蔬菜　叶菜类	NY/T 960—2006	现行有效
296	脱水蔬菜	产品类（等级规格、品质/安全、原产地保护）	脱水蔬菜　茄果类	NY/T 1393—2007	现行有效

（续）

序号	产品	分类	标准名称	标准状态	备注
297	露地蔬菜	产品类（等级规格、品质/安全、原产地保护）	露地蔬菜产品认证申报审核规范	NY/T 1840—2010	现行有效
298	农产品	产品类（等级规格、品质/安全、原产地保护）	无公害食品　认定认证现场检查规范	NY/T 5341—2006	现行有效
299	农产品	产品类（等级规格、品质/安全、原产地保护）	无公害食品　产品认证准则	NY/T 5342—2006	现行有效
300	农产品	产品类（等级规格、品质/安全、原产地保护）	无公害农产品检测目录	农办质〔2015〕4号	现行有效
301	农产品	物流类（包装、标识、储运）	农用运输车安全监理技术规范	NY/T 640—2002	现行有效
302	农产品	物流类（包装、标识、储运）	绿色食品　包装通用准则	NY/T 658—2015	现行有效
303	胡萝卜	物流类（包装、标识、储运）	胡萝卜储藏与运输	NY/T 717—2003	现行有效
304	农产品	物流类（包装、标识、储运）	绿色食品　储藏运输准则	NY/T 1056—2006	现行有效
305	豆类蔬菜	物流类（包装、标识、储运）	豆类蔬菜储藏保鲜技术规程	NY/T 1202—2006	现行有效
306	茄果类蔬菜	物流类（包装、标识、储运）	茄果类蔬菜储藏保鲜技术规程	NY/T 1203—2006	现行有效
307	蔬菜	物流类（包装、标识、储运）	蔬菜包装标识通用准则	NY/T 1655—2008	现行有效
308	干制蔬菜	物流类（包装、标识、储运）	干制蔬菜储藏导则	NY/T 2320—2013	现行有效
309	蔬菜	物流类（包装、标识、储运）	蔬菜产地批发市场建设标准	NY/T 2776—2015	现行有效
310	薯类蔬菜	物流类（包装、标识、储运）	薯类储藏技术规范	NY/T 2789—2015	现行有效
311	瓜类蔬菜	物流类（包装、标识、储运）	瓜类蔬菜采后处理与产地储藏技术规范	NY/T 2790—2015	现行有效
312	大白菜	物流类（包装、标识、储运）	大白菜储运技术规范	NY/T 2868—2015	现行有效
313	姜	物流类（包装、标识、储运）	姜储运技术规范	NY/T 2869—2015	现行有效
314	农产品	质量追溯类	无公害农产品　生产质量安全控制技术规范　第1部分：通则	NY/T 2798.1—2015	现行有效
315	农产品	质量追溯类	无公害农产品　生产质量安全控制技术规范　第1部分：大田作物产品	NY/T 2798.2—2015	现行有效
316	蔬菜	质量追溯类	无公害农产品　生产质量安全控制技术规范　第3部分：蔬菜	NY/T 2798.3—2015	现行有效
317	蔬菜	质量追溯类	蔬菜农药残留检测抽样规范	NY/T 762—2004	现行有效
318	农产品	质量追溯类	绿色食品　产品抽样准则	NY/T 896—2015	现行有效
319	农产品	质量追溯类	绿色食品　产品检验规则	NY/T 1055—2015	现行有效
320	农产品	质量追溯类	无公害食品　产品检验规范	NY/T 5340—2006	现行有效
321	农产品	质量追溯类	农产品质量安全追溯操作规程　通则	NY/T 1761—2009	现行有效
322	农产品	质量追溯类	农产品质量安全追溯操作规程　蔬菜	NY/T 1993—2011	现行有效
323	蔬菜	质量追溯类	蔬菜抽样技术规范	NY/T 2103—2011	现行有效
324	农产品	质量追溯类	农产品质量追溯信息交换接口规范	NY/T 2531—2013	现行有效
325	农产品	质量追溯类	无公害食品　产品抽样规范　第1部分：通则	NY/T 5344.1—2006	现行有效

附表 13-3　蔬菜产品地方标准体系表

序号	产品	分类	标准名称	标准状态	备注
1	瓜类	生产管理类（种植、植保、加工）	无公害农产品　温室苦瓜生产技术规程	DBN6528/T 103—2012	现行有效

（续）

序号	产品	分类	标准名称	标准状态	备注
2	瓜类	生产管理类（种植、植保、加工）	无公害农产品　温室丝瓜生产技术规程	DBN6528/T 085—2012	现行有效
3	瓜类	生产管理类（种植、植保、加工）	黄瓜生产技术规程	DB46/T 137—2009	现行有效
4	瓜类	生产管理类（种植、植保、加工）	瓜菜覆膜滴（喷）灌栽培技术规程	DB46/T 123—2008	现行有效
5	瓜类	生产管理类（种植、植保、加工）	蜜本南瓜栽培技术规程	DB46/T 101—2007	现行有效
6	瓜类	生产管理类（种植、植保、加工）	黑皮冬瓜生产技术规程	DB440100/T 44—2004	现行有效
7	瓜类	产品类（等级规格、品质安全、原产地保护）	地理标志产品　新丰佛手瓜	DB44/T 931—2011	现行有效
8	瓜类	生产管理类（种植、植保、加工）	无公害西葫芦生产技术规程	DB3703/T 024—2005	现行有效
9	瓜类	生产管理类（种植、植保、加工）	无公害露地黄瓜生产技术规程	DB3703/T 022—2005	现行有效
10	瓜类	生产管理类（种植、植保、加工）	无公害佛手瓜生产技术规程	DB3703/T 016—2005	现行有效
11	瓜类	生产管理类（种植、植保、加工）	无公害大棚西葫芦生产技术规程	DB3703/T 011—2005	现行有效
12	瓜类	生产管理类（种植、植保、加工）	无公害大棚黄瓜生产技术规程	DB3703/T 009—2005	现行有效
13	瓜类	生产管理类（种植、植保、加工）	良好农业规范　出口黄瓜操作指南	DB37/T 1058—2008	现行有效
14	瓜类	生产管理类（种植、植保、加工）	瓜菜育苗基质	DB34/T 975—2009	现行有效
15	瓜类	生产管理类（种植、植保、加工）	黄瓜霜霉病测报调查规范	DB34/T 880—2009	现行有效
16	瓜类	生产管理类（种植、植保、加工）	日光温室丝瓜生产技术规程	DB34/T 1781　2012	现行有效
17	瓜类	生产管理类（种植、植保、加工）	绿色食品　马铃薯、南瓜、萝卜三熟制栽培技术规程	DB34/T 1572—2011	现行有效
18	瓜类	生产管理类（种植、植保、加工）	绿色食品　南瓜生产技术规程	DB34/T 1155—2010	现行有效
19	瓜类	生产管理类（种植、植保、加工）	绿色食品（A级）丝瓜生产技术规程	DB34/T 1093—2009	现行有效
20	瓜类	生产管理类（种植、植保、加工）	水果型黄瓜大棚周年生产技术操作规范	DB3205/T 184—2009	现行有效
21	瓜类	生产管理类（种植、植保、加工）	绿色食品　番茄-丝瓜-芹菜　高效种植技术规范	DB3205/T 162　2008	现行有效
22	瓜类	生产管理类（种植、植保、加工）	笋瓜生产技术规程	DB3201/T 132—2008	现行有效
23	瓜类	生产管理类（种植、植保、加工）	有机食品黄瓜生产技术操作规程	DB23/T 1033—2006	现行有效
24	瓜类	生产管理类（种植、植保、加工）	农产品质量安全　南瓜生产技术规程	DB21/T 1657—2008	现行有效

（续）

序号	产品	分类	标准名称	标准状态	备注
25	瓜类	生产管理类（种植、植保、加工）	冀西北高寒区小南瓜生产技术规程	DB13/T 1381—2011	现行有效
26	瓜类	生产管理类（种植、植保、加工）	绿色食品　黄瓜生产技术规程	DB11/T 958—2013	现行有效
27	瓜类	生产管理类（种植、植保、加工）	无公害农产品　南瓜设施生产技术规程	DB11/T 911—2012	现行有效
28	瓜类	生产管理类（种植、植保、加工）	蔬菜采后处理技术规程　第5部分：瓜类	DB11/T 867.5—2012	现行有效
29	瓜类	生产管理类（种植、植保、加工）	有机食品　黄瓜设施生产技术规程	DB11/T 701—2010	现行有效
30	瓜类	生产管理类（种植、植保、加工）	日光温室黄瓜无公害生产技术规程	DB34/T 1024—2009	现行有效
31	瓜类	生产管理类（种植、植保、加工）	农产品质量安全　黄瓜嫁接育苗技术规程	DB21/T 1537—2007	现行有效
32	瓜类	产品类（等级规格、品质安全、原产地保护）	黄瓜节水性鉴定技术规范	DB13/T 1285—2010	现行有效
33	瓜类	生产管理类（种植、植保、加工）	苦瓜栽培技术规程	DB43/T 295—2006	现行有效
34	瓜类	生产管理类（种植、植保、加工）	丝瓜栽培技术规程	DB43/T 293—2006	现行有效
35	瓜类	生产管理类（种植、植保、加工）	烟台地黄瓜生产技术规程	DB37/T 646—2006	现行有效
36	瓜类	产品类（等级规格、品质安全、原产地保护）	烟台地黄瓜	DB37/T 645—2006	现行有效
37	瓜类	生产管理类（种植、植保、加工）	吊瓜生产操作规程	DB32/T 1034—2007	现行有效
38	瓜类	生产管理类（种植、植保、加工）	保护地黄瓜霜霉病测报调查规范	DB11/T 286—2005	现行有效
39	瓜类	生产管理类（种植、植保、加工）	黄瓜嫁接苗生产技术规程	DB11/T 268—2005	现行有效
40	瓜类	生产管理类（种植、植保、加工）	无公害蔬菜　露地冬瓜生产技术规程	DB11/T 262—2005	现行有效
41	瓜类	生产管理类（种植、植保、加工）	无公害蔬菜　保护地西葫芦生产技术规程	DB11/T 232—2004	现行有效
42	瓜类	生产管理类（种植、植保、加工）	日本爱碧斯小南瓜无公害生产技术规程	DB34/T 642—2006	现行有效
43	瓜类	产品类（等级规格、品质安全、原产地保护）	日本爱碧斯小南瓜	DB34/T 641—2006	现行有效
44	瓜类	生产管理类（种植、植保、加工）	无公害冬瓜生产技术规程	DB34/T 505—2005	现行有效
45	瓜类	生产管理类（种植、植保、加工）	无公害南瓜生产技术规程	DB34/T 504—2005	现行有效
46	瓜类	生产管理类（种植、植保、加工）	无公害瓠瓜生产技术规程	DB34/T 501—2005	现行有效
47	瓜类	生产管理类（种植、植保、加工）	栝楼果实采收技术规范	DB34/T 410—2004	现行有效

（续）

序号	产品	分类	标准名称	标准状态	备注
48	瓜类	生产管理类（种植、植保、加工）	栝楼中耕除草技术规范	DB34/T 370—2003	现行有效
49	瓜类	生产管理类（种植、植保、加工）	栝楼肥水管理技术规范	DB34/T 369—2003	现行有效
50	瓜类	生产管理类（种植、植保、加工）	蔬菜种子生产技术操作规程　第7部分：黄瓜	DB11/T 198.7—2003	现行有效
51	瓜类	生产管理类（种植、植保、加工）	无公害蔬菜保护地黄瓜生产技术规程	DB11/T 162—2002	现行有效
52	瓜类	生产管理类（种植、植保、加工）	栝楼整枝技术规程	DB34/T 264—2002	现行有效
53	瓜类	生产管理类（种植、植保、加工）	栝楼种植整地与移栽技术规程	DB34/T 263—2002	现行有效
54	瓜类	生产管理类（种植、植保、加工）	栝楼种根育苗技术规程	DB34/T 262—2002	现行有效
55	瓜类	产品类（等级规格、品质安全、原产地保护）	栝楼种根	DB34/T 261—2002	现行有效
56	瓜类	生产管理类（种植、植保、加工）	无公害黄瓜生产技术操作规程	DB34/T 245—2002	现行有效
57	瓜类	生产管理类（种植、植保、加工）	麦套玉米间作麦茬黄瓜生产技术标准	DB11/T 115—1999	现行有效
58	瓜类	生产管理类（种植、植保、加工）	黑皮冬瓜生产技术规程	DB44/T 225—2005	现行有效
59	瓜类	生产管理类（种植、植保、加工）	瓜豆类蔬菜产地检疫规程	DB44/T 206—2004	现行有效
60	瓜类	生产管理类（种植、植保、加工）	丝瓜生产技术规程	DB44/T 172—2003	现行有效
61	瓜类	生产管理类（种植、植保、加工）	无公害瓜果菜产品质量标准	DB46/18—2001	现行有效
62	瓜类	生产管理类（种植、植保、加工）	无公害西葫芦生产技术规程	DB34/T 502—2005	现行有效
63	瓜类	生产管理类（种植、植保、加工）	无公害丝瓜生产技术规程	DB34/T 386—2003	现行有效
64	菜豆类	生产管理类（种植、植保、加工）	无公害农产品　温室菜豆生产技术规程	DBN6528/T 089—2012	现行有效
65	菜豆类	生产管理类（种植、植保、加工）	食荚菜豌生产技术规程	DB51/T 827—2008	现行有效
66	菜豆类	生产管理类（种植、植保、加工）	荷兰豆生产技术规程	DB440100/T 89—2006	现行有效
67	菜豆类	生产管理类（种植、植保、加工）	无公害早春芸豆生产技术规程	DB3703/T 035—2005	现行有效
68	菜豆类	生产管理类（种植、植保、加工）	无公害大棚芸豆生产技术规程	DB3703/T 008—2005	现行有效
69	菜豆类	生产管理类（种植、植保、加工）	菜用大豆生产技术规程	DB35/T 1281—2012	现行有效
70	菜豆类	生产管理类（种植、植保、加工）	绿色食品（A级）荷兰豆生产技术规程	DB34/T 920.3—2009	现行有效

（续）

序号	产品	分类	标准名称	标准状态	备注
71	菜豆类	生产管理类（种植、植保、加工）	扁豆生产技术规程	DB34/T 1775—2012	现行有效
72	菜豆类	生产管理类（种植、植保、加工）	无公害蚕豆生产技术规程	DB34/T 1212—2010	现行有效
73	菜豆类	生产管理类（种植、植保、加工）	大棚早熟毛豆无公害生产技术规程	DB34/T 1026—2009	现行有效
74	菜豆类	生产管理类（种植、植保、加工）	无公害菜用大豆　生产技术规程	DB3302/T 095—2010	现行有效
75	菜豆类	生产管理类（种植、植保、加工）	豇豆防虫网覆盖栽培技术规范	DB3205/T 160—2008	现行有效
76	菜豆类	产品类（等级规格、品质安全、原产地保护）	大豆安全要求	DB23/T 1041—2006	现行有效
77	菜豆类	生产管理类（种植、植保、加工）	绿色食品　菜豆生产技术规程	DB11/T 957—2013	现行有效
78	菜豆类	生产管理类（种植、植保、加工）	无公害农产品　荷兰豆生产技术规程	DB11/T 909—2012	现行有效
79	菜豆类	生产管理类（种植、植保、加工）	蔬菜采后处理技术规程　第6部分：豆类	DB11/T 867.6—2012	现行有效
80	菜豆类	方法类（检验/检测）	蔬菜品种真实性和纯度田间检验规程　第10部分：豆类	DB11/T 199.10—2003	现行有效
81	菜豆类	生产管理类（种植、植保、加工）	有机食品　毛豆生产技术规程	DB36/T 520—2007	现行有效
82	菜豆类	生产管理类（种植、植保、加工）	花芸豆主要病虫害预测预报技术规程	DB65/T 2650—2006	现行有效
83	菜豆类	生产管理类（种植、植保、加工）	无公害花芸豆病虫害防治技术规程	DB65/T 2649—2006	现行有效
84	菜豆类	生产管理类（种植、植保、加工）	无公害花芸豆平衡施肥技术规程	DB65/T 2648—2006	现行有效
85	菜豆类	生产管理类（种植、植保、加工）	无公害花芸豆高产栽培技术规程	DB65/T 2647—2006	现行有效
86	菜豆类	产品类（等级规格、品质安全、原产地保护）	花芸豆收购分级标准	DB65/T 2646—2006	现行有效
87	菜豆类	种质资源（种子、种苗）	蚕豆　戴韦	DB63/623—2007	现行有效
88	菜豆类	生产管理类（种植、植保、加工）	无公害蔬菜　豇豆生产技术规程	DB11/T 225—2004	现行有效
89	菜豆类	生产管理类（种植、植保、加工）	无公害菜用豌豆生产技术规程	DB34/T 387—2003	现行有效
90	菜豆类	生产管理类（种植、植保、加工）	无公害蔬菜　架豆生产技术规程	DB11/T 226—2004	现行有效
91	菜豆类	生产管理类（种植、植保、加工）	瓜豆类蔬菜产地检疫规程	DB44/T 206—2004	现行有效
92	菜豆类	种质资源（种子、种苗）	毛豆品种新六青	DB34/T 112.6—1995	现行有效
93	菜豆类	生产管理类（种植、植保、加工）	绿色食品（A级）毛豆生产技术规程	DB34/T 566—2005	现行有效

（续）

序号	产品	分类	标准名称	标准状态	备注
94	菜豆类	生产管理类（种植、植保、加工）	绿色食品（A级）菜豆生产技术规程	DB34/T 565—2005	现行有效
95	菜豆类	生产管理类（种植、植保、加工）	无公害豇豆生产技术规程	DB34/T 381—2003	现行有效
96	菜豆类	生产管理类（种植、植保、加工）	无公害毛豆生产技术规程	DB34/T 379—2003	现行有效
97	白菜类	生产管理类（种植、植保、加工）	小白菜生产技术规范	DB31/T 988—2016	现行有效
98	白菜类	生产管理类（种植、植保、加工）	无公害农产品　温室菜心生产技术规程	DBN6528/T 101—2012	现行有效
99	白菜类	生产管理类（种植、植保、加工）	无公害农产品　温室油白菜生产技术规程	DBN6528/T 092—2012	现行有效
100	白菜类	种质资源（种子、种苗）	菜心	DB440100/T 29—2003	现行有效
101	白菜类	生产管理类（种植、植保、加工）	无公害大白菜生产技术规程	DB3703/T 004—2005	现行有效
102	白菜类	生产管理类（种植、植保、加工）	高秆白菜生产技术规程	DB34/T 1641—2012	现行有效
103	白菜类	生产管理类（种植、植保、加工）	乌菜杂交制种技术规程	DB34/T 1606—2012	现行有效
104	白菜类	生产管理类（种植、植保、加工）	绿色食品　马铃薯、鲜食玉米、大白菜三熟制栽培技术规程	DB34/T 1573—2011	现行有效
105	白菜类	生产管理类（种植、植保、加工）	春大白菜高效栽培技术规程	DB3205/T 159—2008	现行有效
106	白菜类	生产管理类（种植、植保、加工）	小白菜防虫网覆盖生产技术规程	DB3201/T 130—2008	现行有效
107	白菜类	生产管理类（种植、植保、加工）	菜心生产技术规程	DB3201/T 127—2008	现行有效
108	白菜类	生产管理类（种植、植保、加工）	农产品质量安全　乌塌菜生产技术规程	DB21/T 1658—2008	现行有效
109	白菜类	生产管理类（种植、植保、加工）	农产品质量安全　菜心生产技术规程	DB21/T 1655—2008	现行有效
110	白菜类	生产管理类（种植、植保、加工）	地理标志产品　玉田白菜（玉田包尖白菜）栽培技术规程	DB13/T 1502—2012	现行有效
111	白菜类	生产管理类（种植、植保、加工）	地理标志产品　玉田白菜（玉田包尖白菜）	DB13/T 1501—2012	现行有效
112	白菜类	生产管理类（种植、植保、加工）	无公害农产品　菜心生产技术规程	DB11/T 908—2012	现行有效
113	白菜类	方法类（检验/检测）	白菜品种纯度及真实性分子检测方法	DB11/T 829—2011	现行有效
114	白菜类	生产管理类（种植、植保、加工）	胶州大白菜生产技术规程	DB37/T 637—2006	现行有效
115	白菜类	种质资源（种子、种苗）	胶州大白菜	DB37/T 636—2006	现行有效
116	白菜类	生产管理类（种植、植保、加工）	无公害大白菜生产技术规程	DB34/T 396—2004	现行有效
117	白菜类	生产管理类（种植、植保、加工）	大白菜霜霉病测报调查规范	DB11/T 287—2005	现行有效

（续）

序号	产品	分类	标准名称	标准状态	备注
118	白菜类	生产管理类（种植、植保、加工）	蔬菜种子生产技术操作规程　第1部分：大白菜种	DB11/T 198.1—2003	现行有效
119	白菜类	生产管理类（种植、植保、加工）	无公害蔬菜大白菜生产技术规程	DB11/T 163—2002	现行有效
120	白菜类	生产管理类（种植、植保、加工）	菜心种子生产规程	DB44/T 170—2003	现行有效
121	白菜类	种质资源（种子、种苗）	农作物品种试验操作规程　第6部分：大白菜	DB11/T 324.6—2007	现行有效
122	甘蓝类	生产管理类（种植、植保、加工）	无公害农产品　温室结球甘蓝生产技术规程	DBN6528/T 087—2012	现行有效
123	甘蓝类	生产管理类（种植、植保、加工）	无公害农产品　温室花椰菜生产技术规程	DBN6528/T 086—2012	现行有效
124	甘蓝类	生产管理类（种植、植保、加工）	青花菜生产技术规程	DB51/T 828—2008	现行有效
125	甘蓝类	生产管理类（种植、植保、加工）	无公害越夏菜花生产技术规程	DB3703/T 034—2005	现行有效
126	甘蓝类	生产管理类（种植、植保、加工）	无公害甘蓝生产技术规程	DB3703/T 018—2005	现行有效
127	甘蓝类	生产管理类（种植、植保、加工）	无公害食品　青花菜生产技术规程	DB34/T 857—2008	现行有效
128	甘蓝类	生产管理类（种植、植保、加工）	无公害花椰菜　生产技术规程	DB3302/T 094—2010	现行有效
129	甘蓝类	环境安全类（产地环境、投入品）	无公害青花菜　第1部分：产地环境	DB3302/T 067.1—2008	现行有效
130	甘蓝类	生产管理类（种植、植保、加工）	无公害农产品　芥蓝生产技术规程	DB3205/T 181—2009	现行有效
131	甘蓝类	生产管理类（种植、植保、加工）	有机食品　甘蓝（露地）生产技术操作规程	DB23/T 1035—2006	现行有效
132	甘蓝类	生产管理类（种植、植保、加工）	甘蓝杂交种子生产技术规程	DB21/T 1666—2008	现行有效
133	甘蓝类	生产管理类（种植、植保、加工）	坝上蔬菜　花椰菜生产技术规程	DB13/T 947—2008	现行有效
134	甘蓝类	生产管理类（种植、植保、加工）	无公害农产品　芥蓝生产技术规程	DB11/T 910—2012	现行有效
135	甘蓝类	生产管理类（种植、植保、加工）	蔬菜采后处理技术规程　第3部分：花菜类	DB11/T 867.3—2012	现行有效
136	甘蓝类	生产管理类（种植、植保、加工）	无公害蔬菜　结球红菊苣露地生产技术规程	DB11/T 568—2008	现行有效
137	甘蓝类	生产管理类（种植、植保、加工）	无公害蔬菜　球茎茴香日光温室生产技术规程	DB11/T 565—2008	现行有效
138	甘蓝类	生产管理类（种植、植保、加工）	无公害蔬菜　抱子甘蓝日光温室生产技术规程	DB11/T 563—2008	现行有效
139	甘蓝类	生产管理类（种植、植保、加工）	安全卫生优质结球生菜生产与加工技术操作规范	DB31/T 333—2005	现行有效
140	甘蓝类	产品类（等级规格、品质安全、原产地保护）	安全卫生优质结球生菜	DB31/T 332—2005	现行有效

（续）

序号	产品	分类	标准名称	标准状态	备注
141	甘蓝类	生产管理类（种植、植保、加工）	有机食品　青花菜生产技术规程	DB3201/T 123—2008	现行有效
142	甘蓝类	生产管理类（种植、植保、加工）	无公害蔬菜　结球生菜生产技术规程	DB11/T 230—2004	现行有效
143	甘蓝类	生产管理类（种植、植保、加工）	无公害花椰菜生产技术规程	DB34/T 500—2005	现行有效
144	甘蓝类	生产管理类（种植、植保、加工）	无公害结球甘蓝生产技术规程	DB34/T 401—2004	现行有效
145	甘蓝类	生产管理类（种植、植保、加工）	无公害蔬菜　结球甘蓝生产技术规程	DB11/T 227—2004	现行有效
146	甘蓝类	生产管理类（种植、植保、加工）	保护地甘蓝栽培技术综合标准	DB11/T 128—2001	现行有效
147	葱蒜类	生产管理类（种植、植保、加工）	无公害农产品　温室韭菜生产技术规程	DBN6528/T 091—2012	现行有效
148	葱蒜类	生产管理类（种植、植保、加工）	红葱生产技术规程	DB440100/T 94—2006	现行有效
149	葱蒜类	生产管理类（种植、植保、加工）	无公害圆葱生产技术规程	DB3703/T 033—2005	现行有效
150	葱蒜类	生产管理类（种植、植保、加工）	无公害水培蒜黄生产技术规程	DB3703/T 031—2005	现行有效
151	葱蒜类	生产管理类（种植、植保、加工）	无公害四色韭黄生产技术规程	DB3703/T 030—2005	现行有效
152	葱蒜类	生产管理类（种植、植保、加工）	无公害韭苔生产技术规程	DB3703/T 020—2005	现行有效
153	葱蒜类	生产管理类（种植、植保、加工）	无公害小拱棚韭菜生产技术规程	DB3703/T 019—2005	现行有效
154	葱蒜类	方法类（检验/检测）	出口大蒜安全技术规范　第3部分：检验检疫要求	DB37/T 661.3—2007	现行有效
155	葱蒜类	生产管理类（种植、植保、加工）	无公害食品　大蒜生产技术规程	DB34/T 862—2008	现行有效
156	葱蒜类	生产管理类（种植、植保、加工）	无公害食品　香葱生产技术规程	DB34/T 861—2008	现行有效
157	葱蒜类	生产管理类（种植、植保、加工）	无公害大葱生产技术规程	DB34/T 1217—2010	现行有效
158	葱蒜类	生产管理类（种植、植保、加工）	出口大葱栽培技术规程	DB3301/T 113—2007	现行有效
159	葱蒜类	生产管理类（种植、植保、加工）	无公害韭菜周年生产栽培技术规程	DB13/T 1123—2009	现行有效
160	葱蒜类	生产管理类（种植、植保、加工）	无公害小葱小拱棚生产技术规程	DB13/T 1001—2008	现行有效
161	葱蒜类	生产管理类（种植、植保、加工）	茶陵紫皮大蒜栽培技术规程	DB43/T 322—2006	现行有效
162	葱蒜类	生产管理类（种植、植保、加工）	绿色食品（A级）藠头生产技术要求	DB43/T 315—2006	现行有效
163	葱蒜类	生产管理类（种植、植保、加工）	藠头栽培技术规程	DB43/T 314—2006	现行有效

（续）

序号	产品	分类	标准名称	标准状态	备注
164	葱蒜类	产品类（等级规格、品质安全、原产地保护）	茶陵紫皮大蒜	DB43/T 313—2006	现行有效
165	葱蒜类	产品类（等级规格、品质安全、原产地保护）	湘阴藠头	DB43/T 312—2006	现行有效
166	葱蒜类	生产管理类（种植、植保、加工）	韭菜栽培技术规程	DB43/T 294—2006	现行有效
167	葱蒜类	生产管理类（种植、植保、加工）	无公害农产品　温室韭菜生产技术规程	DBN6528/T 091—2012	现行有效
168	葱蒜类	生产管理类（种植、植保、加工）	红葱生产技术规程	DB440100/T 94—2006	现行有效
169	葱蒜类	生产管理类（种植、植保、加工）	无公害洋葱生产技术规程	DB34/T 506—2005	现行有效
170	葱蒜类	生产管理类（种植、植保、加工）	无公害蔬菜　洋葱生产技术规程	DB11/T 264—2005	现行有效
171	葱蒜类	生产管理类（种植、植保、加工）	无公害蔬菜韭菜生产技术规程	DB11/T 164—2002	现行有效
172	葱蒜类	生产管理类（种植、植保、加工）	韭黄生产技术规程	DB44/T 214—2004	现行有效
173	葱蒜类	生产管理类（种植、植保、加工）	火蒜生产技术规程	DB44/T 212—2004	现行有效
174	葱蒜类	生产管理类（种植、植保、加工）	无公害韭黄栽培技术规程	DB34/T 388—2003	现行有效
175	茄果类	生产管理类（种植、植保、加工）	无公害农产品　日光温室嫁接辣椒栽培技术规程	DBN6528/T 144—2017	现行有效
176	茄果类	生产管理类（种植、植保、加工）	无公害农产品　日光温室嫁接茄子再生长季节栽培技术规程	DBN6528/T 143—2017	现行有效
177	茄果类	生产管理类（种植、植保、加工）	无公害农产品　复播加工番茄穴盘育苗技术规程	DBN6528/T 139—2016	现行有效
178	茄果类	产品类（等级规格、品质安全、原产地保护）	复播加工番茄穴盘苗质量分级	DBN6528/T 138—2016	现行有效
179	茄果类	生产管理类（种植、植保、加工）	A级绿色食品　加工用辣椒生产技术规程	DBN6528/T 121—2014	现行有效
180	茄果类	生产管理类（种植、植保、加工）	A级绿色食品　加工用番茄育苗移栽生产技术规程	DBN6528/T 120—2014	现行有效
181	茄果类	生产管理类（种植、植保、加工）	无公害农产品　新椒21号栽培技术规程	DBN6528/T 119—2013	现行有效
182	茄果类	生产管理类（种植、植保、加工）	无公害农产品　新椒3号栽培技术规程	DBN6528/T 118—2013	现行有效
183	茄果类	生产管理类（种植、植保、加工）	无公害农产品　新椒11号栽培技术规程	DBN6528/T 117—2013	现行有效
184	茄果类	生产管理类（种植、植保、加工）	无公害农产品　新椒22号栽培技术规程	DBN6528/T 116—2013	现行有效
185	茄果类	生产管理类（种植、植保、加工）	无公害农产品　加工用辣椒叶螨防治技术规程	DBN6528/T 115—2013	现行有效
186	茄果类	生产管理类（种植、植保、加工）	无公害农产品　制酱、鲜食辣椒栽培技术规程	DBN6528/T 114—2013	现行有效

（续）

序号	产品	分类	标准名称	标准状态	备注
187	茄果类	生产管理类（种植、植保、加工）	无公害农产品　加工用铁皮辣椒栽培技术规程	DBN6528/T 113—2013	现行有效
188	茄果类	生产管理类（种植、植保、加工）	无公害农产品　加工用板椒栽培技术规程	DBN6528/T 112—2013	现行有效
189	茄果类	生产管理类（种植、植保、加工）	无公害农产品　加工用线椒栽培技术规程	DBN6528/T 111—2013	现行有效
190	茄果类	产品类（等级规格、品质安全、原产地保护）	无公害农产品　加工用辣椒穴盘苗分级	DBN6528/T 110—2013	现行有效
191	茄果类	生产管理类（种植、植保、加工）	无公害农产品　加工用辣椒白粉病防治技术规程	DBN6528/T 109—2013	现行有效
192	茄果类	生产管理类（种植、植保、加工）	无公害农产品　加工用辣椒蚜虫防治技术规程	DBN6528/T 108—2013	现行有效
193	茄果类	生产管理类（种植、植保、加工）	无公害农产品　地膜鲜食辣椒栽培技术规程	DBN6528/T 073—2011	现行有效
194	茄果类	生产管理类（种植、植保、加工）	工业番茄钵盘育苗技术规程	DBN6528/T 072—2011	现行有效
195	茄果类	产品类（等级规格、品质安全、原产地保护）	加工用辣椒品种分类	DBN6528/T 071—2013	现行有效
196	茄果类	生产管理类（种植、植保、加工）	无公害农产品　加工用辣椒病虫害综合防治技术规程	DBN6528/T 067—2013	现行有效
197	茄果类	生产管理类（种植、植保、加工）	无公害农产品　加工用辣椒穴盘育苗技术规程	DBN6528/T 065—2013	现行有效
198	茄果类	物流类（包装、标识、储运）	无公害番茄包装标准	DB510422/T 024—2010	现行有效
199	茄果类	质量追溯类	无公害番茄溯源编码标准	DB510422/T 023—2010	现行有效
200	茄果类	物流类（包装、标识、储运）	无公害番茄标识标签标准	DB510422/T 022—2010	现行有效
201	茄果类	生产管理类（种植、植保、加工）	无公害番茄采摘操作规程	DB510422/T 021—2010	现行有效
202	茄果类	生产管理类（种植、植保、加工）	无公害农产品番茄生产操作技术标准	DB510422/T 020—2010	现行有效
203	茄果类	生产管理类（种植、植保、加工）	无公害番茄育苗标准	DB510422/T 019—2010	现行有效
204	茄果类	生产管理类（种植、植保、加工）	樱桃番茄生产技术规程	DB51/T 919—2009	现行有效
205	茄果类	生产管理类（种植、植保、加工）	茄子生产技术规程	DB51/T 1043—2010	现行有效
206	茄果类	生产管理类（种植、植保、加工）	甜椒生产技术规程	DB46/T 185—2010	现行有效
207	茄果类	生产管理类（种植、植保、加工）	无公害露地番茄生产技术规程	DB3703/T 041—2005	现行有效
208	茄果类	生产管理类（种植、植保、加工）	无公害大棚茄子生产技术规程	DB3703/T 015—2005	现行有效
209	茄果类	生产管理类（种植、植保、加工）	无公害大棚番茄生产技术规程	DB3703/T 014—2005	现行有效
210	茄果类	生产管理类（种植、植保、加工）	无公害大棚甜（辣）椒生产技术规程	DB3703/T 013—2005	现行有效

（续）

序号	产品	分类	标准名称	标准状态	备注
211	茄果类	生产管理类（种植、植保、加工）	无公害长茄生产技术规程	DB3703/T 007—2005	现行有效
212	茄果类	生产管理类（种植、植保、加工）	无公害食品　辣椒生产技术规程	DB36/T 466—2005	现行有效
213	茄果类	产品类（等级规格、品质安全、原产地保护）	无公害食品　辣椒	DB36/T 465—2005	现行有效
214	茄果类	产品类（等级规格、品质安全、原产地保护）	地理标志产品　永安鸡爪椒	DB35/T 1004—2010	现行有效
215	茄果类	生产管理类（种植、植保、加工）	塑料大棚辣椒杂交制种技术规程	DB34/T 1611—2012	现行有效
216	茄果类	生产管理类（种植、植保、加工）	茄子制种技术规程	DB34/T 1605—2012	现行有效
217	茄果类	生产管理类（种植、植保、加工）	番茄长季节栽培技术规程	DB34/T 1604—2012	现行有效
218	茄果类	生产管理类（种植、植保、加工）	绿色食品　马铃薯、鲜食玉米、大白菜三熟制栽培技术规程	DB34/T 1573—2011	现行有效
219	茄果类	生产管理类（种植、植保、加工）	辣椒疫病测报技术规范	DB34/T 1324—2010	现行有效
220	茄果类	生产管理类（种植、植保、加工）	樱桃番茄大棚生产技术规程	DB3205/T 177—2009	现行有效
221	茄果类	生产管理类（种植、植保、加工）	辣椒早熟生产技术规范	DB3205/T 176—2009	现行有效
222	茄果类	生产管理类（种植、植保、加工）	冬春番茄育苗技术规范	DB3205/T 163—2008	现行有效
223	茄果类	生产管理类（种植、植保、加工）	绿色食品　番茄-丝瓜-芹菜　高效种植技术规范	DB3205/T 162—2008	现行有效
224	茄果类	生产管理类（种植、植保、加工）	茄子长季节再生栽培技术规程	DB3201/T 131—2008	现行有效
225	茄果类	生产管理类（种植、植保、加工）	有机食品茄子（露地）生产技术操作规程	DB23/T 1034—2006	现行有效
226	茄果类	生产管理类（种植、植保、加工）	有机食品番茄（露地）生产技术操作规程	DB23/T 1029—2006	现行有效
227	茄果类	产品类（等级规格、品质安全、原产地保护）	鲜食彩色甜椒	DB13/T 837—2007	现行有效
228	茄果类	产品类（等级规格、品质安全、原产地保护）	地理标志产品　望都辣椒	DB13/T 1357—2011	现行有效
229	茄果类	生产管理类（种植、植保、加工）	日光温室黄瓜、番茄节水灌溉技术规程	DB13/T 1137—2009	现行有效
230	茄果类	生产管理类（种植、植保、加工）	早春地膜双覆盖无公害茄子栽培技术规程	DB13/T 1124—2009	现行有效
231	茄果类	生产管理类（种植、植保、加工）	甜（辣）椒嫁接苗生产技术规程	DB11/T 920—2012	现行有效
232	茄果类	生产管理类（种植、植保、加工）	番茄嫁接苗生产技术规程	DB11/T 919—2012	现行有效

（续）

序号	产品	分类	标准名称	标准状态	备注
233	茄果类	生产管理类（种植、植保、加工）	蔬菜作物品种鉴定试验规程　第1部分：茄果类	DB11/T 907.1—2012	现行有效
234	茄果类	生产管理类（种植、植保、加工）	蔬菜采后处理技术规程　第4部分：茄果类	DB11/T 867.4—2012	现行有效
235	茄果类	生产管理类（种植、植保、加工）	有机食品　番茄设施生产技术规程	DB11/T 700—2010	现行有效
236	茄果类	生产管理类（种植、植保、加工）	富硒番茄生产技术规程	DB43/T 831—2013	现行有效
237	茄果类	生产管理类（种植、植保、加工）	富硒辣椒生产技术规程	DB43/T 826—2013	现行有效
238	茄果类	生产管理类（种植、植保、加工）	彩色甜椒生产技术操作规范	DB31/T 424—2008	现行有效
239	茄果类	产品类（等级规格、品质安全、原产地保护）	彩色甜椒	DB31/T 423—2008	现行有效
240	茄果类	生产管理类（种植、植保、加工）	辣椒栽培技术规程	DB43/T 316—2006	现行有效
241	茄果类	生产管理类（种植、植保、加工）	益都红辣椒生产技术规程	DB37/T 648—2006	现行有效
242	茄果类	生产管理类（种植、植保、加工）	绿色食品（A级）番茄生产技术规程	DB34/T 564—2005	现行有效
243	茄果类	生产管理类（种植、植保、加工）	绿色食品（A级）辣椒生产技术规程	DB34/T 563—2005	现行有效
244	茄果类	生产管理类（种植、植保、加工）	保护地番茄灰霉病测报调查规范	DB11/T 285—2005	现行有效
245	茄果类	生产管理类（种植、植保、加工）	无公害蔬菜　保护地甜椒生产技术规程	DB11/T 231—2004	现行有效
246	茄果类	生产管理类（种植、植保、加工）	无公害蔬菜　保护地茄子生产技术规程	DB11/T 229—2004	现行有效
247	茄果类	生产管理类（种植、植保、加工）	无公害食品　秋延后辣椒栽培技术规程	DB34/T 651—2006	现行有效
248	茄果类	生产管理类（种植、植保、加工）	无公害蔬菜保护地番茄生产技术规程	DB11/T 168—2002	现行有效
249	茄果类	生产管理类（种植、植保、加工）	樱桃番茄保护地生产技术规程	DB34/T 291—2002	现行有效
250	茄果类	生产管理类（种植、植保、加工）	樱桃番茄智能化温室栽培技术规程	DB34/T 290—2002	现行有效
251	茄果类	生产管理类（种植、植保、加工）	彩色甜椒智能化温室栽培技术规程	DB34/T 288—2002	现行有效
252	茄果类	生产管理类（种植、植保、加工）	无公害食品　番茄大棚秋延后栽培技术规程	DB34/T 206.2—2006	现行有效
253	茄果类	生产管理类（种植、植保、加工）	无公害食品　番茄大棚春早熟栽培技术规程	DB34/T 206.1—2006	现行有效
254	茄果类	生产管理类（种植、植保、加工）	无公害食品　辣椒大棚春早熟栽培技术规程	DB34/T 205—2006	现行有效

（续）

序号	产品	分类	标准名称	标准状态	备注
255	茄果类	生产管理类（种植、植保、加工）	辣椒秋延栽培技术规程	DB34/T 166—1998	现行有效
256	茄果类	种质资源（种子、种苗）	杂交辣椒组合皖椒1号	DB34/T 112.3—1995	现行有效
257	茄果类	种质资源（种子、种苗）	杂交辣椒组合珠丰早椒	DB34/T 112.2—1995	现行有效
258	茄果类	种质资源（种子、种苗）	辣椒品种安体椒	DB34/T 112.1—1995	现行有效
259	茄果类	生产管理类（种植、植保、加工）	彩色甜椒保护地生产技术规程	DB34/T 289—2002	现行有效
260	薯芋类	生产管理类（种植、植保、加工）	旱地马铃薯补水种植技术规程	DB64/T 519—2008	现行有效
261	薯芋类	种质资源（种子、种苗）	峨眉山雪魔芋　第4部分：峨眉山雪魔芋	DB511181/T 3.4—2010	现行有效
262	薯芋类	生产管理类（种植、植保、加工）	峨眉山雪魔芋　第3部分：峨眉山雪魔芋加工技术规程	DB511181/T 3.3—2010	现行有效
263	薯芋类	生产管理类（种植、植保、加工）	峨眉山雪魔芋　第2部分：魔芋栽培技术规程	DB511181/T 3.2—2010	现行有效
264	薯芋类	生产管理类（种植、植保、加工）	峨眉山雪魔芋　第1部分：魔芋种植基地建设规程	DB511181/T 3.1—2010	现行有效
265	薯芋类	生产管理类（种植、植保、加工）	秋马铃薯生产技术规程	DB51/T 819—2008	现行有效
266	薯芋类	生产管理类（种植、植保、加工）	无公害食品　紫心甘薯生产技术规程	DB440300/T 40—2013	现行有效
267	薯芋类	生产管理类（种植、植保、加工）	槟榔芋生产技术规程	DB440100/T 49—2004	现行有效
268	薯芋类		槟榔芋	DB440100/T 48—2004	现行有效
269	薯芋类	生产管理类（种植、植保、加工）	无公害山药生产技术规程	DB3703/T 029—2005	现行有效
270	薯芋类	生产管理类（种植、植保、加工）	无公害马铃薯生产技术规程	DB3703/T 025—2005	现行有效
271	薯芋类	生产管理类（种植、植保、加工）	绿色食品　甘薯生产技术规程	DB37/T 1559—2010	现行有效
272	薯芋类	生产管理类（种植、植保、加工）	良好农业规范　出口芋头操作指南	DB37/T 1050—2008	现行有效
273	薯芋类	产品类（等级规格、品质安全、原产地保护）	无公害食品　红芽芋	DB36/T 463—2005	现行有效
274	薯芋类	生产管理类（种植、植保、加工）	山药栽培技术规范	DB35/T 1266—2012	现行有效
275	薯芋类	生产管理类（种植、植保、加工）	山药栽培技术规程	DB34/T 979—2009	现行有效
276	薯芋类	生产管理类（种植、植保、加工）	绿色食品（A级）春甘薯生产技术规程	DB34/T 920.1—2009	现行有效
277	薯芋类	生产管理类（种植、植保、加工）	地膜覆盖马铃薯早熟生产技术规程	DB34/T 1782—2012	现行有效
278	薯芋类	生产管理类（种植、植保、加工）	绿色食品　山药生产技术规程	DB34/T 1776—2012	现行有效

（续）

序号	产品	分类	标准名称	标准状态	备注
279	薯芋类	生产管理类（种植、植保、加工）	绿色食品　马铃薯、鲜食玉米、大白菜三熟制栽培技术规程	DB34/T 1573—2011	现行有效
280	薯芋类	生产管理类（种植、植保、加工）	绿色食品　马铃薯、南瓜、萝卜三熟制栽培技术规程	DB34/T 1572—2011	现行有效
281	薯芋类	生产管理类（种植、植保、加工）	绿色食品　马铃薯稻草覆盖栽培技术规程	DB34/T 1136—2010	现行有效
282	薯芋类	生产管理类（种植、植保、加工）	绿色食品（A级）马铃薯生产技术规程	DB34/T 1094—2009	现行有效
283	薯芋类	方法类（检验/检测）	脱毒芋艿种芋（苗）病毒检测技术规程	DB33/T 783—2010	现行有效
284	薯芋类	生产管理类（种植、植保、加工）	紫心甘薯生产技术规程	DB3201/T 128—200	现行有效
285	薯芋类	生产管理类（种植、植保、加工）	有机食品马铃薯生产技术操作规程	DB23/T 1032—2006	现行有效
286	薯芋类	生产管理类（种植、植保、加工）	甘薯储藏技术规范	DB13/T 1316—2010	现行有效
287	薯芋类	生产管理类（种植、植保、加工）	无公害麻山药生产技术规程	DB13/T 1003—2008	现行有效
288	薯芋类	方法类（检验/检测）	粮经作物品种鉴定试验规程　第1部分：甘薯	DB11/T 926.1—2012	现行有效
289	薯芋类	生产管理类（种植、植保、加工）	甘薯安全储藏技术规程	DB52/T 859—2013	现行有效
290	薯芋类	生产管理类（种植、植保、加工）	甘薯肥料试验技术规程	DB52/T 858—2013	现行有效
291	薯芋类	生产管理类（种植、植保、加工）	甘薯地下害虫综合防治技术规程	DB52/T 857—2013	现行有效
292	薯芋类	生产管理类（种植、植保、加工）	绿色食品　紫心甘薯生产技术规程	DB52/T 856—2013	现行有效
293	薯芋类	生产管理类（种植、植保、加工）	甘薯育苗技术规程	DB52/T 855—2013	现行有效
294	薯芋类	生产管理类（种植、植保、加工）	甘薯脱毒原原种（苗）生产技术规程	DB52/T 854—2013	现行有效
295	薯芋类	生产管理类（种植、植保、加工）	贵州省豆薯种子生产技术规程	DB52/T 853—2013	现行有效
296	薯芋类	生产管理类（种植、植保、加工）	木薯栽培技术规程	DB52/T 852—2013	现行有效
297	薯芋类	生产管理类（种植、植保、加工）	富硒马铃薯生产技术规程	DB43/T 829—2013	现行有效
298	薯芋类	生产管理类（种植、植保、加工）	富硒山药生产技术规程	DB43/T 828—2013	现行有效
299	薯芋类	生产管理类（种植、植保、加工）	富硒红薯生产技术规程	DB43/T 819—2013	现行有效
300	薯芋类	生产管理类（种植、植保、加工）	绿色食品　大棚马铃薯秋延迟栽培技术规程	DB34/T 2013—2013	现行有效
301	薯芋类	生产管理类（种植、植保、加工）	马铃薯机械化种植技术操作规程	DB63/T 634—2007	现行有效

（续）

序号	产品	分类	标准名称	标准状态	备注
302	薯芋类	生产管理类（种植、植保、加工）	马铃薯机械化收获技术操作规程	DB63/T 633—2007	现行有效
303	薯芋类	生产管理类（种植、植保、加工）	马铃薯阿尔法丰产栽培技术规范	DB63/T 626—2007	现行有效
304	薯芋类	生产管理类（种植、植保、加工）	马铃薯大西洋丰产栽培技术规范	DB63/T 624—2007	现行有效
305	薯芋类	产品类（等级规格、品质安全、原产地保护）	马铃薯青薯 9 号	DB63/622—2007	现行有效
306	薯芋类	产品类（等级规格、品质安全、原产地保护）	魔芋干片（角、条）	DB61/T 382.6—2006	现行有效
307	薯芋类	产品类（等级规格、品质安全、原产地保护）	商品魔芋	DB61/T 382.5—2006	现行有效
308	薯芋类	生产管理类（种植、植保、加工）	魔芋病害防治技术规程	DB61/T 382.4—2006	现行有效
309	薯芋类	生产管理类（种植、植保、加工）	魔芋栽培技术规程	DB61/T 382.2—2006	现行有效
310	薯芋类	种质资源（种子、种苗）	魔芋种芋（种子、种茎）	DB61/T 382.1—2006	现行有效
311	薯芋类	生产管理类（种植、植保、加工）	脱毒马铃薯栽培技术规程	DB52/T 499—2006	现行有效
312	薯芋类	生产管理类（种植、植保、加工）	无公害马铃薯　第 2 部分：栽培技术规程	DB33/T 549.2—2005	现行有效
313	薯芋类	环境安全类（产地环境、投入品）	无公害马铃薯　第 1 部分：产地环境条件	DB33/T 549.1—2005	现行有效
314	薯芋类	生产管理类（种植、植保、加工）	脱毒甘薯生产技术规程栽培技术规程	DB34/T 185.2—1999	现行有效
315	薯芋类	生产管理类（种植、植保、加工）	脱毒甘薯生产技术规程良种繁育规程	DB34/T 185.1—1999	现行有效
316	薯芋类	产品类（等级规格、品质安全、原产地保护）	甘薯品种皖薯 5 号	DB34/T 107.4—1995	现行有效
317	薯芋类	产品类（等级规格、品质安全、原产地保护）	甘薯品种皖薯 4 号	DB34/T 107.3—1995	现行有效
318	薯芋类	产品类（等级规格、品质安全、原产地保护）	甘薯品种皖薯 3 号	DB34/T 107.2—1995	现行有效
319	薯芋类	环境安全类（产地环境、投入品）	无公害马铃薯　生产技术规范　第 4 部分：产地环境要求	DB34/T 374.4—2003	现行有效
320	薯芋类	物流类（包装、标识、储运）	无公害马铃薯　生产技术规范　第 3 部分：储存保鲜与运输要求	DB34/T 374.3—2003	现行有效
321	薯芋类	生产管理类（种植、植保、加工）	无公害马铃薯　生产技术规范　第 2 部分：病虫害防治	DB34/T 374.2—2003	现行有效
322	薯芋类	生产管理类（种植、植保、加工）	无公害马铃薯　生产技术规范　第 1 部分：露地种植技术	DB34/T 374.1—2003	现行有效
323	芥菜类	产品类（等级规格、品质安全、原产地保护）	芥菜	DB440100/T 64—2005	现行有效
324	芥菜类	生产管理类（种植、植保、加工）	芥菜生产技术规程	DB440100/T 63—2005	现行有效

（续）

序号	产品	分类	标准名称	标准状态	备注
325	芥菜类	产品类（等级规格、品质安全、原产地保护）	安全卫生优质农产品雪菜	DB3302/T 042—2002	现行有效
326	根茎类	生产管理类（种植、植保、加工）	无公害农产品　温室萝卜生产技术规程	DBN6528/T 088—2012	现行有效
327	根茎类	生产管理类（种植、植保、加工）	无公害胡萝卜生产技术规程	DB3703/T 040—2005	现行有效
328	根茎类	生产管理类（种植、植保、加工）	良好农业规范　出口萝卜操作指南	DB37/T 1055—2008	现行有效
329	根茎类	生产管理类（种植、植保、加工）	良好农业规范　出口胡萝卜操作指南	DB37/T 1049—2008	现行有效
330	根茎类	生产管理类（种植、植保、加工）	无公害胡萝卜栽培技术规范	DB3502/T 002—2009	现行有效
331	根茎类	生产管理类（种植、植保、加工）	绿色食品　马铃薯、南瓜、萝卜三熟制栽培技术规程	DB34/T 1572—2011	现行有效
332	根茎类	生产管理类（种植、植保、加工）	无公害萝卜生产技术规程	DB34/T 1213—2010	现行有效
333	根茎类	生产管理类（种植、植保、加工）	绿色食品（A级）萝卜生产技术规程	DB34/T 1091—2009	现行有效
334	根茎类	生产管理类（种植、植保、加工）	绿色食品（A级）胡萝卜生产技术规程	DB34/T 1071—2009	现行有效
335	根茎类	生产管理类（种植、植保、加工）	糖料甜菜栽培技术规程	DB13/T 1242—2010	现行有效
336	根茎类	生产管理类（种植、植保、加工）	蔬菜采后处理技术规程　第1部分：根菜类	DB11/T 867.1—2012	现行有效
337	根茎类	生产管理类（种植、植保、加工）	富硒萝卜生产技术规程	DB43/T 830—2013	现行有效
338	根茎类	生产管理类（种植、植保、加工）	铜陵白姜孵种技术规程	DB34/T 2007—2013	现行有效
339	根茎类	生产管理类（种植、植保、加工）	有机食品　生姜生产技术规程	DB36/T 522　2007	现行有效
340	根茎类	生产管理类（种植、植保、加工）	无公害萝卜生产技术规程	DB34/T 407—2004	现行有效
341	根茎类	生产管理类（种植、植保、加工）	铜陵白姜生产技术规程	DB34/T 636—2006	现行有效
342	根茎类	生产管理类（种植、植保、加工）	无公害生姜生产技术规程	DB34/T 400—2004	现行有效
343	根茎类	生产管理类（种植、植保、加工）	无公害胡萝卜生产技术规程	DB34/T 398—2004	现行有效
344	根茎类	生产管理类（种植、植保、加工）	无公害蔬菜胡萝卜生产技术规程	DB11/T 167—2002	现行有效
345	根茎类	生产管理类（种植、植保、加工）	无公害蔬菜白萝卜生产技术规程	DB11/T 166—2002	现行有效
346	根茎类	生产管理类（种植、植保、加工）	大肉姜生产技术规程	DB44/T 216—2004	现行有效
347	根茎类	生产管理类（种植、植保、加工）	白沙萝卜系列品种种子生产技术规程	DB44/T 210—2004	现行有效

（续）

序号	产品	分类	标准名称	标准状态	备注
348	根茎类	产品类（等级规格、品质安全、原产地保护）	萝卜品种凤台水萝卜	DB34/T 112.5—1995	现行有效
349	根茎类	产品类（等级规格、品质安全、原产地保护）	地理标志产品　铜陵白姜	DB34/635—2006	现行有效
350	水生类	生产管理类（种植、植保、加工）	莲藕生产技术规程	DB440100/T 92—2006	现行有效
351	水生类	生产管理类（种植、植保、加工）	练塘茭白　生产技术规范	DB31/T 439—2009	现行有效
352	水生类	生产管理类（种植、植保、加工）	练塘茭白　质量安全要求	DB31/T 438—2009	现行有效
353	水生类	生产管理类（种植、植保、加工）	安宁无公害浅水藕种植综合标准　第5部分：浅水藕	DB53/T 208.5—2007	现行有效
354	水生类	生产管理类（种植、植保、加工）	安宁无公害浅水藕种植综合标准　第4部分：浅水藕种植病虫害防治规范	DB53/T 208.4—2007	现行有效
355	水生类	生产管理类（种植、植保、加工）	安宁无公害浅水藕种植综合标准　第3部分：浅水藕种植管理技术规范	DB53/T 208.3—2007	现行有效
356	水生类	生产管理类（种植、植保、加工）	安宁无公害浅水藕种植综合标准　第2部分：浅水藕品种选择	DB53/T 208.2—2007	现行有效
357	水生类	环境安全类（产地环境、投入品）	安宁无公害浅水藕种植综合标准　第1部分：浅水藕种植环境要求与布局	DB53/T 208.1—2007	现行有效
358	水生类	生产管理类（种植、植保、加工）	莲藕栽培技术规程	DB43/T 296—2006	现行有效
359	水生类	生产管理类（种植、植保、加工）	日本慈姑无公害生产技术规程	DB34/T 640—2006	现行有效
360	水生类	产品类（等级规格、品质安全、原产地保护）	日本慈姑	DB34/T 639—2006	现行有效
361	水生类	生产管理类（种植、植保、加工）	高山茭白生产技术规程	DB34/T 638—2006	现行有效
362	水生类	产品类（等级规格、品质安全、原产地保护）	高山茭白	DB34/T 637—2006	现行有效
363	水生类	产品类（等级规格、品质安全、原产地保护）	双季茭白分等质量标准	DB34/T 520—2005	现行有效
364	水生类	生产管理类（种植、植保、加工）	双季茭白选种及繁育技术规程	DB34/T 519—2005	现行有效
365	水生类	生产管理类（种植、植保、加工）	无公害莲藕生产技术操作规程	DB34/T 246—2002	现行有效
366	水生类	产品类（等级规格、品质安全、原产地保护）	豆瓣菜（西洋菜）	DB44/T 298—2006	现行有效
367	水生类	生产管理类（种植、植保、加工）	无公害荸荠生产技术规程	DB34/T 384—2003	现行有效
368	水生类	生产管理类（种植、植保、加工）	无公害茭白生产技术规程	DB34/T 382—2003	现行有效
369	水生类	生产管理类（种植、植保、加工）	无公害水芹生产技术规程	DB34/T 380—2003	现行有效
370	芽苗菜类	方法类（检验/检测）	食品安全地方标准　豆芽中4-氯苯氧乙酸钠的测定　高效液相色谱法	DBS 22/001—2013	现行有效

（续）

序号	产品	分类	标准名称	标准状态	备注
371	芽苗菜类	生产管理类（种植、植保、加工）	无公害大棚豆苗生产技术规程	DB3703/T 012—2005	现行有效
372	芽苗菜类	生产管理类（种植、植保、加工）	豆芽工厂化生产技术规程	DB34/T 1081—2009	现行有效
373	芽苗菜类	产品类（等级规格、品质安全、原产地保护）	豆芽	DB21 2036—2012	现行有效
374	芽苗菜类	生产管理类（种植、植保、加工）	豆芽生产管理技术规范	DB3702/T 090—2006	现行有效
375	芽苗菜类	方法类（检验/检测）	无公害豆芽　第3部分：6-苄基腺嘌呤残留量和4-氯苯氧乙酸钠残留量的测定	DB33/T 625.3—2007	现行有效
376	芽苗菜类	生产管理类（种植、植保、加工）	豆芽生产技术规程	DB11/T 378—2006	现行有效
377	芽苗菜类	方法类（检验/检测）	豆芽中4-氯苯氧乙酸钠、6-苄基腺嘌呤、2,4-滴、赤霉素、福美双的测定	DB11/T 379—2006	现行有效
378	绿叶菜类	生产管理类（种植、植保、加工）	无公害农产品　温室莴笋生产技术规程	DBN6528/T 100—2012	现行有效
379	绿叶菜类	生产管理类（种植、植保、加工）	无公害农产品　温室落葵生产技术规程	DBN6528/T 099—2012	现行有效
380	绿叶菜类	生产管理类（种植、植保、加工）	无公害农产品　温室生菜生产技术规程	DBN6528/T 098—2012	现行有效
381	绿叶菜类	生产管理类（种植、植保、加工）	无公害农产品　温室油麦菜生产技术规程	DBN6528/T 097—2012	现行有效
382	绿叶菜类	生产管理类（种植、植保、加工）	无公害农产品　温室蕹菜生产技术规程	DBN6528/T 096—2012	现行有效
383	绿叶菜类	生产管理类（种植、植保、加工）	无公害农产品　温室茼蒿生产技术规程	DBN6528/T 095—2012	现行有效
384	绿叶菜类	生产管理类（种植、植保、加工）	无公害农产品　温室芫荽生产技术规程	DBN6528/T 094—2012	现行有效
385	绿叶菜类	生产管理类（种植、植保、加工）	无公害农产品　温室菠菜生产技术规程	DBN6528/T 093—2012	现行有效
386	绿叶菜类	生产管理类（种植、植保、加工）	无公害农产品　温室芹菜生产技术规程	DBN6528/T 090—2012	现行有效
387	绿叶菜类	生产管理类（种植、植保、加工）	菊苣栽培技术规程	DB51/T 685—2007	现行有效
388	绿叶菜类	生产管理类（种植、植保、加工）	油菜抗病毒病性田间鉴定技术规程	DB51/T 1036—2010	现行有效
389	绿叶菜类	生产管理类（种植、植保、加工）	油菜抗菌核病性田间鉴定技术规程	DB51/T 1035—2010	现行有效
390	绿叶菜类	生产管理类（种植、植保、加工）	无公害露地芹菜生产技术规程	DB3703/T 027—2005	现行有效
391	绿叶菜类	生产管理类（种植、植保、加工）	良好农业规范　出口菠菜操作指南	DB37/T 687—2007	现行有效
392	绿叶菜类	生产管理类（种植、植保、加工）	紫云英、苕子与油菜混播绿肥高产栽培技术规程	DB34/T 1785—2012	现行有效
393	绿叶菜类	生产管理类（种植、植保、加工）	中华水芹生产技术规程	DB34/T 1777—2012	现行有效

（续）

序号	产品	分类	标准名称	标准状态	备注
394	绿叶菜类	生产管理类（种植、植保、加工）	甘蓝型油菜隐性核不育两系杂交制种技术规程	DB34/T 1730—2012	现行有效
395	绿叶菜类	生产管理类（种植、植保、加工）	甘蓝型油菜隐性上位互作核不育三系制种技术操作规程	DB34/T 1456—2011	现行有效
396	绿叶菜类	生产管理类（种植、植保、加工）	环巢湖地区油菜氮磷减量控制栽培技术规程	DB34/T 1425—2011	现行有效
397	绿叶菜类	生产管理类（种植、植保、加工）	安徽省绿色食品原料（油菜）标准化生产基地管理准则	DB34/T 1231—2010	现行有效
398	绿叶菜类	生产管理类（种植、植保、加工）	水稻-油菜轮作区油菜高效施肥推荐	DB34/T 1225—2010	现行有效
399	绿叶菜类	生产管理类（种植、植保、加工）	绿色食品（A级）大棚芦蒿生产技术规程	DB34/T 1095—2009	现行有效
400	绿叶菜类	生产管理类（种植、植保、加工）	安徽省油菜轻简化栽培技术规程	DB34/T 1063—2009	现行有效
401	绿叶菜类	生产管理类（种植、植保、加工）	大棚莴笋无公害生产技术规程	DB34/T 1025—2009	现行有效
402	绿叶菜类	生产管理类（种植、植保、加工）	小菘菜生产技术操作规程	DB3302/T 096—2010	现行有效
403	绿叶菜类	生产管理类（种植、植保、加工）	油菜菌核病和病毒病测报技术规范	DB33/T 882—2012	现行有效
404	绿叶菜类	生产管理类（种植、植保、加工）	叶菜类大棚生产硝酸盐含量控制技术操作规范	DB3205/T 180—2009	现行有效
405	绿叶菜类	生产管理类（种植、植保、加工）	散叶生菜周年生产技术规程	DB3205/T 179—2009	现行有效
406	绿叶菜类	生产管理类（种植、植保、加工）	冬春莴笋高效种植技术规范	DB3205/T 178—2009	现行有效
407	绿叶菜类	生产管理类（种植、植保、加工）	双低油菜苏油4号生产技术规程	DB3205/T 172—2009	现行有效
408	绿叶菜类	生产管理类（种植、植保、加工）	绿色食品　番茄-丝瓜-芹菜　高效种植技术规范	DB3205/T 162—2008	现行有效
409	绿叶菜类	生产管理类（种植、植保、加工）	荷兰芹生产技术规程	DB3201/T 135—2008	现行有效
410	绿叶菜类	生产管理类（种植、植保、加工）	马齿苋生产技术规程	DB3201/T 125—2008	现行有效
411	绿叶菜类	生产管理类（种植、植保、加工）	秋冬西芹基质栽培技术规程	DB13/T 1417—2011	现行有效
412	绿叶菜类	生产管理类（种植、植保、加工）	冬油菜栽培技术规程	DB11/T 923—2012	现行有效
413	绿叶菜类	生产管理类（种植、植保、加工）	蔬菜采后处理技术规程　第2部分：叶菜类	DB11/T 867.2—2012	现行有效
414	绿叶菜类	生产管理类（种植、植保、加工）	无公害蔬菜　香芹生产技术规程	DB11/T 572—2008	现行有效
415	绿叶菜类	生产管理类（种植、植保、加工）	无公害蔬菜　芝麻菜生产技术规程	DB11/T 571—2008	现行有效
416	绿叶菜类	生产管理类（种植、植保、加工）	无公害蔬菜　苦苣生产技术规程	DB11/T 566—2008	现行有效

（续）

序号	产品	分类	标准名称	标准状态	备注
417	绿叶菜类	生产管理类（种植、植保、加工）	无公害蔬菜　根芹日光温室生产技术规程	DB11/T 564—2008	现行有效
418	绿叶菜类	生产管理类（种植、植保、加工）	富硒油菜生产技术规程	DB43/T 818—2013	现行有效
419	绿叶菜类	生产管理类（种植、植保、加工）	油菜根肿病技术规程	DB34/T 2020—2013	现行有效
420	绿叶菜类	产品类（等级规格、品质安全、原产地保护）	油菜品种	DB31/280—2002	现行有效
421	绿叶菜类	产品类（等级规格、品质安全、原产地保护）	青杂油白菜1号	DB63/620—2007	现行有效
422	绿叶菜类	生产管理类（种植、植保、加工）	莴笋栽培技术规程	DB43/T 317—2006	现行有效
423	绿叶菜类	生产管理类（种植、植保、加工）	无公害蔬菜　保护地芹菜生产技术规程	DB11/T 267—2005	现行有效
424	绿叶菜类	生产管理类（种植、植保、加工）	无公害蔬菜　茼蒿生产技术规程	DB11/T 266—2005	现行有效
425	绿叶菜类	生产管理类（种植、植保、加工）	无公害蔬菜　根茬菠菜生产技术规程	DB11/T 265—2005	现行有效
426	绿叶菜类	生产管理类（种植、植保、加工）	无公害蔬菜　春莴笋生产技术规程	DB11/T 263—2005	现行有效
427	绿叶菜类	生产管理类（种植、植保、加工）	无公害菠菜生产技术规程	DB34/T 620—2006	现行有效
428	绿叶菜类	生产管理类（种植、植保、加工）	无公害生菜生产技术规程	DB34/T 619—2006	现行有效
429	绿叶菜类	生产管理类（种植、植保、加工）	无公害芹菜生产技术规程	DB34/T 618—2006	现行有效
430	绿叶菜类	生产管理类（种植、植保、加工）	无公害苋菜生产技术规程	DB34/T 507—2005	现行有效
431	绿叶菜类	生产管理类（种植、植保、加工）	无公害蕹菜（空心菜）生产技术规程	DB34/T 503—2005	现行有效
432	绿叶菜类	生产管理类（种植、植保、加工）	无公害黄心乌生产技术规程	DB34/T 399—2004	现行有效
433	绿叶菜类	生产管理类（种植、植保、加工）	无公害莴笋生产技术规程	DB34/T 397—2004	现行有效
434	绿叶菜类	生产管理类（种植、植保、加工）	无公害蔬菜油菜生产技术规程	DB11/T 165—2002	现行有效
435	绿叶菜类	生产管理类（种植、植保、加工）	涡阳县薹干加工技术规程	DB34/T 116—2006	现行有效
436	绿叶菜类	生产管理类（种植、植保、加工）	涡阳薹干良种繁育规程	DB34/T 115—2006	现行有效
437	绿叶菜类	生产管理类（种植、植保、加工）	涡阳薹干栽培技术规程	DB34/T 114—2006	现行有效
438	绿叶菜类	产品类（等级规格、品质安全、原产地保护）	涡阳薹干	DB34/T 085—2006	现行有效
439	绿叶菜类	生产管理类（种植、植保、加工）	无公害叶菜类蔬菜农药使用技术规程	DB44/T 224—2000	现行有效

（续）

序号	产品	分类	标准名称	标准状态	备注
440	绿叶菜类	生产管理类（种植、植保、加工）	优质油菜主要病虫害防治技术规程	DB34/T 171—1998	现行有效
441	绿叶菜类	生产管理类（种植、植保、加工）	优质油菜育苗技术规程	DB34/T 170—1998	现行有效
442	绿叶菜类	生产管理类（种植、植保、加工）	优质油菜栽培技术规程整地	DB34/T 169.1—1999	现行有效
443	绿叶菜类	生产管理类（种植、植保、加工）	优质油菜栽培技术规程	DB34/T 169—1998	现行有效
444	绿叶菜类	生产管理类（种植、植保、加工）	安徽省主要农作物施肥技术规范油菜平衡施肥技术	DB34/T 140.3—1997	现行有效
445	绿叶菜类	产品类（等级规格、品质安全、原产地保护）	塌菜品种寿春黄心乌	DB34/T 112.4—1995	现行有效
446	绿叶菜类	生产管理类（种植、植保、加工）	叶用莴苣水培生产技术规程	DB11/T 444—2007	现行有效
447	绿叶菜类	生产管理类（种植、植保、加工）	保护地茼蒿栽培技术综合标准	DB11/T 129—2001	现行有效
448	绿叶菜类	生产管理类（种植、植保、加工）	保护地油菜栽培技术综合标准	DB11/T 127—2001	现行有效
449	食用菌类	生产管理类（种植、植保、加工）	草生食用菌安全生产技术规范	DB35/T 1201—2011	现行有效
450	食用菌类	生产管理类（种植、植保、加工）	银耳栽培种质量检验规程	DB35/T 1203—2011	现行有效
451	食用菌类	生产管理类（种植、植保、加工）	安全卫生优质食用菌生产技术操作规范	DB31/T 259.2—2001	现行有效
452	食用菌类	生产管理类（种植、植保、加工）	安全卫生优质食用菌	DB31/T 259.1—2001	现行有效
453	食用菌类	产品类（等级规格、品质安全、原产地保护）	地理标志产品　通江银耳	DB511921/T 2—2010	现行有效
454	食用菌类	生产管理类（种植、植保、加工）	大球盖菇生产技术规程	DB51/T 1066—2010	现行有效
455	食用菌类	产品类（等级规格、品质安全、原产地保护）	毛木耳菌种	DB51/T 1059—2010	现行有效
456	食用菌类	生产管理类（种植、植保、加工）	长根菇生产技术规程	DB51/T 1028—2010	现行有效
457	食用菌类	生产管理类（种植、植保、加工）	出口姬菇菌种	DB51/T 1027—2010	现行有效
458	食用菌类	生产管理类（种植、植保、加工）	草菇菌种生产技术规程	DB440100/T 37—2004	现行有效
459	食用菌类	产品类（等级规格、品质安全、原产地保护）	草菇	DB440100/T 28—2003	现行有效
460	食用菌类	生产管理类（种植、植保、加工）	无公害金针菇工厂化生产技术规程	DB3703/T 038—2005	现行有效
461	食用菌类	生产管理类（种植、植保、加工）	无公害姬菇工厂化生产技术规程	DB3703/T 037—2005	现行有效
462	食用菌类	生产管理类（种植、植保、加工）	无公害香菇生产技术规程	DB3703/T 032—2005	现行有效

（续）

序号	产品	分类	标准名称	标准状态	备注
463	食用菌类	生产管理类（种植、植保、加工）	无公害山洞双孢菇生产技术规程	DB3703/T 028—2005	现行有效
464	食用菌类	生产管理类（种植、植保、加工）	无公害平菇生产技术规程	DB3703/T 026—2005	现行有效
465	食用菌类	生产管理类（种植、植保、加工）	无公害花菇生产技术规程	DB3703/T 017—2005	现行有效
466	食用菌类	生产管理类（种植、植保、加工）	良好农业规范　出口平菇操作指南	DB37/T 1074—2008	现行有效
467	食用菌类	生产管理类（种植、植保、加工）	良好农业规范　出口双孢菇操作指南	DB37/T 1051—2008	现行有效
468	食用菌类	生产管理类（种植、植保、加工）	无公害杏鲍菇栽培技术规范	DB3502/T 021—2009	现行有效
469	食用菌类	生产管理类（种植、植保、加工）	无公害鸡腿菇栽培技术规范	DB3502/T 020—2009	现行有效
470	食用菌类	生产管理类（种植、植保、加工）	毛木耳　栽培技术规范	DB35/T 659—2006	现行有效
471	食用菌类	产品类（等级规格、品质安全、原产地保护）	秀珍菇	DB35/T 649—2005	现行有效
472	食用菌类	生产管理类（种植、植保、加工）	白灵菇　栽培技术规范	DB35/T 588—2004	现行有效
473	食用菌类	生产管理类（种植、植保、加工）	真姬菇　栽培技术规范	DB35/T 557—2004	现行有效
474	食用菌类	生产管理类（种植、植保、加工）	巨大口蘑　栽培技术规范	DB35/T 554—2004	现行有效
475	食用菌类	生产管理类（种植、植保、加工）	无公害食用菌栽培技术规范	DB35/T 552—2004	现行有效
476	食用菌类	生产管理类（种植、植保、加工）	金针菇　菌种制作技术规范	DB35/T 523.3—2003	现行有效
477	食用菌类	种质资源（种子、种苗）	金针菇　菌种	DB35/T 523.2—2003	现行有效
478	食用菌类	产品类（等级规格、品质安全、原产地保护）	茶树菇	DB35/T 522.5—2003	现行有效
479	食用菌类	生产管理类（种植、植保、加工）	茶树菇　栽培技术规范	DB35/T 522.4—2003	现行有效
480	食用菌类	种质资源（种子、种苗）	茶树菇　菌种	DB35/T 522.2—2003	现行有效
481	食用菌类	产品类（等级规格、品质安全、原产地保护）	鸡腿菇	DB35/T 505—2003	现行有效
482	食用菌类	产品类（等级规格、品质安全、原产地保护）	杏鲍菇	DB35/T 504　2003	现行有效
483	食用菌类	生产管理类（种植、植保、加工）	竹荪栽培技术规范	DB35/T 1268—2012	现行有效
484	食用菌类	方法类（检验/检测）	食用菌菌种活力检测技术规范	DB35/T 1233—2011	现行有效
485	食用菌类	生产管理类（种植、植保、加工）	巴西蘑菇菌种生产技术规范	DB35/T 1217—2011	现行有效

（续）

序号	产品	分类	标准名称	标准状态	备注
486	食用菌类	生产管理类（种植、植保、加工）	木生食用菌安全生产技术规范	DB35/T 1200—2011	现行有效
487	食用菌类	生产管理类（种植、植保、加工）	木薯秆（渣）栽培食用菌技术规程	DB35/T 1159—2011	现行有效
488	食用菌类	产品类（等级规格、品质安全、原产地保护）	地理标志产品　古田银耳	DB35/T 1096—2011	现行有效
489	食用菌类	生产管理类（种植、植保、加工）	寿宁花菇　烘干技术规范	DB35/T 1030—2010	现行有效
490	食用菌类	生产管理类（种植、植保、加工）	寿宁花菇　保鲜技术规范	DB35/T 1029—2010	现行有效
491	食用菌类	生产管理类（种植、植保、加工）	寿宁花菇　栽培技术规范	DB35/T 1028—2010	现行有效
492	食用菌类	产品类（等级规格、品质安全、原产地保护）	花菇	DB35/T 1027—2010	现行有效
493	食用菌类	种质资源（种子、种苗）	毛木耳　菌种	DB35/658—2006	现行有效
494	食用菌类	种质资源（种子、种苗）	白灵菇　菌种	DB35/587—2004	现行有效
495	食用菌类	产品类（等级规格、品质安全、原产地保护）	真姬菇	DB35/574—2004	现行有效
496	食用菌类	种质资源（种子、种苗）	真姬菇　菌种	DB35/556—2004	现行有效
497	食用菌类	产品类（等级规格、品质安全、原产地保护）	巨大口蘑	DB35/555—2004	现行有效
498	食用菌类	种质资源（种子、种苗）	巨大口蘑　菌种	DB35/553—2004	现行有效
499	食用菌类	产品类（等级规格、品质安全、原产地保护）	食用菌质量安全要求	DB35/551—2004	现行有效
500	食用菌类	生产管理类（种植、植保、加工）	金福菇栽培技术规程	DB34/T 930—2009	现行有效
501	食用菌类	生产管理类（种植、植保、加工）	无公害食品　草菇生产技术规程	DB34/T 860—2008	现行有效
502	食用菌类	生产管理类（种植、植保、加工）	固态菌种生产技术规程	DB34/T 803—2008	现行有效
503	食用菌类	生产管理类（种植、植保、加工）	液态菌种生产技术规程	DB34/T 802—2008	现行有效
504	食用菌类	生产管理类（种植、植保、加工）	无公害杏鲍菇栽培技术规程	DB34/T 801—2008	现行有效
505	食用菌类	生产管理类（种植、植保、加工）	无公害白灵菇栽培技术规程	DB34/T 800—2008	现行有效
506	食用菌类	生产管理类（种植、植保、加工）	无公害杏鲍菇工厂化生产技术规程	DB34/T 1704—2012	现行有效
507	食用菌类	生产管理类（种植、植保、加工）	无公害食品　海鲜菇生产技术规程	DB34/T 1665—2012	现行有效
508	食用菌类	生产管理类（种植、植保、加工）	双孢蘑菇采收、分级和盐渍技术规程	DB34/T 1277—2010	现行有效

（续）

序号	产品	分类	标准名称	标准状态	备注
509	食用菌类	生产管理类（种植、植保、加工）	双孢蘑菇生产加工废弃物综合利用规程	DB34/T 1276—2010	现行有效
510	食用菌类	生产管理类（种植、植保、加工）	无公害秀珍菇生产技术规程	DB34/T 1215—2010	现行有效
511	食用菌类	生产管理类（种植、植保、加工）	无公害平菇生产技术规程	DB34/T 1214—2010	现行有效
512	食用菌类	生产管理类（种植、植保、加工）	农产品追溯要求　食用菌	DB34/T 1185—2010	现行有效
513	食用菌类	生产管理类（种植、植保、加工）	桑枝黑木耳生产技术规程	DB33/T 798—2010	现行有效
514	食用菌类	生产管理类（种植、植保、加工）	秀珍菇生产技术规程	DB33/T 526—2012	现行有效
515	食用菌类	生产管理类（种植、植保、加工）	花菇栽培技术规程	DB33/811—2010	现行有效
516	食用菌类	生产管理类（种植、植保、加工）	工厂化杏鲍菇栽培技术规程	DB3205/T 186—2009	现行有效
517	食用菌类	生产管理类（种植、植保、加工）	杏鲍菇工厂化生产技术规程	DB32/T 1660—2010	现行有效
518	食用菌类	生产管理类（种植、植保、加工）	杏鲍菇菌种生产技术规程	DB32/T 1659—2010	现行有效
519	食用菌类	生产管理类（种植、植保、加工）	农产品质量安全　白灵菇袋式栽培技术规程	DB21/T 1674—2008	现行有效
520	食用菌类	生产管理类（种植、植保、加工）	农产品质量安全　鸡腿菇发酵料栽培技术规程	DB21/T 1673—2008	现行有效
521	食用菌类	生产管理类（种植、植保、加工）	无公害食品　双孢蘑菇生产技术规程	DB14/T 556—2010	现行有效
522	食用菌类	生产管理类（种植、植保、加工）	无公害食品　香菇生产技术规程	DB14/T 555—2010	现行有效
523	食用菌类	生产管理类（种植、植保、加工）	无公害食品　白灵菇生产技术规程	DB14/T 554—2010	现行有效
524	食用菌类	产品类（等级规格、品质安全、原产地保护）	金针菇菌种	DB13/T 958—2008	现行有效
525	食用菌类	生产管理类（种植、植保、加工）	无公害地栽香菇生产技术规程	DB13/T 1148—2009	现行有效
526	食用菌类	生产管理类（种植、植保、加工）	北方无公害双孢菇规模化生产技术规程	DB13/T 1087—2009	现行有效
527	食用菌类	生产管理类（种植、植保、加工）	无公害全日光露地黑木耳生产技术规程	DB13/T 1048—2009	现行有效
528	食用菌类	产品类（等级规格、品质安全、原产地保护）	榛蘑	DB13/T 1047—2009	现行有效
529	食用菌类	生产管理类（种植、植保、加工）	秀珍菇生产技术规程	DB11/T 922—2012	现行有效
530	食用菌类	生产管理类（种植、植保、加工）	山区林地食用菌仿野生栽培技术规范	DB11/T 843—2011	现行有效
531	食用菌类	生产管理类（种植、植保、加工）	无公害食用菌　香菇生产技术规程	DB11/T 253—2004	现行有效

（续）

序号	产品	分类	标准名称	标准状态	备注
532	食用菌类	生产管理类（种植、植保、加工）	富硒平菇生产技术规程	DB43/T 827—2013	现行有效
533	食用菌类	生产管理类（种植、植保、加工）	食用菌主要病虫害防治技术规程	DB34/T 2021—2013	现行有效
534	食用菌类	生产管理类（种植、植保、加工）	蟹味菇工厂化生产技术操作规范	DB31/T 350—2005	现行有效
535	食用菌类	产品类（等级规格、品质安全、原产地保护）	有机食品　武当香菇	DB42/T 394—2006	现行有效
536	食用菌类	产品类（等级规格、品质安全、原产地保护）	有机食品　武当黑木耳	DB42/T 393—2006	现行有效
537	食用菌类	生产管理类（种植、植保、加工）	无公害黑木耳代料生产技术规程	DB34/T 509—2005	现行有效
538	食用菌类	生产管理类（种植、植保、加工）	无公害杏鲍菇　第4部分：栽培技术规程	DB33/T 636.4—2007	现行有效
539	食用菌类	生产管理类（种植、植保、加工）	无公害杏鲍菇　第3部分：原辅材料	DB33/T 636.3—2007	现行有效
540	食用菌类	环境安全类（产地环境、投入品）	无公害杏鲍菇　第1部分：产地环境	DB33/T 636.1—2007	现行有效
541	食用菌类	生产管理类（种植、植保、加工）	无公害高温蘑菇　第2部分：生产技术	DB33/T 476.2—2004	现行有效
542	食用菌类	种质资源（种子、种苗）	无公害高温蘑菇　第1部分：菌种	DB33/T 476.1—2004	现行有效
543	食用菌类	生产管理类（种植、植保、加工）	无公害双孢蘑菇　第2部分：生产技术	DB33/T 447.2—2003	现行有效
544	食用菌类	生产管理类（种植、植保、加工）	无公害蔬菜　平菇生产技术规程	DB11/T 252—2004	现行有效
545	食用菌类	生产管理类（种植、植保、加工）	无公害蔬菜　白灵菇和杏鲍菇生产技术规程	DB11/T 251—2004	现行有效
546	食用菌类	产品类（等级规格、品质安全、原产地保护）	杏鲍菇	DB11/T 250—2004	现行有效
547	食用菌类	产品类（等级规格、品质安全、原产地保护）	白灵菇	DB11/T 249—2004	现行有效
548	食用菌类	生产管理类（种植、植保、加工）	无公害白金针菇生产技术规程	DB34/T 508—2005	现行有效
549	食用菌类	生产管理类（种植、植保、加工）	无公害食品　竹荪　第3部分：采收、加工	DB33/T 400.3—2003	现行有效
550	食用菌类	生产管理类（种植、植保、加工）	无公害食品　竹荪　第2部分：栽培技术	DB33/T 400.2—2003	现行有效
551	食用菌类	种质资源（种子、种苗）	无公害食品　竹荪　第1部分：菌种	DB33/400.1—2003	现行有效
552	食用菌类	生产管理类（种植、植保、加工）	无公害代料香菇生产技术规程	DB34/T 385—2003	现行有效
553	食用菌类	生产管理类（种植、植保、加工）	无公害双孢蘑菇生产技术规程	DB34/T 383—2003	现行有效
554	食用菌类	种质资源（种子、种苗）	食用菌菌种双孢蘑菇	DB31/T 242—2000	现行有效

（续）

序号	产品	分类	标准名称	标准状态	备注
555	食用菌类	产品类（等级规格、品质安全、原产地保护）	北方香菇标准	DB13/T 382.5—1998	现行有效
556	多年生及杂类	生产管理类（种植、植保、加工）	无公害芦笋生产技术规程	DB3703/T 039—2005	现行有效
557	多年生及杂类	生产管理类（种植、植保、加工）	无公害食品　黄花菜生产技术规程	DB36/T 467—2005	现行有效
558	多年生及杂类	产品类（等级规格、品质安全、原产地保护）	地理标志产品　尤溪绿竹笋	DB35/T 1006—2010	现行有效
559	多年生及杂类	生产管理类（种植、植保、加工）	无公害食品　鲜芦笋生产技术规程	DB34/T 859—2008	现行有效
560	多年生及杂类	产品类（等级规格、品质安全、原产地保护）	安徽省毛竹笋材两用林　第5部分：商品竹材	DB34/T 772.5—2008	现行有效
561	多年生及杂类	产品类（等级规格、品质安全、原产地保护）	安徽省毛竹笋材两用林　第4部分：笋质量安全要求	DB34/T 772.4—2008	现行有效
562	多年生及杂类	产品类（等级规格、品质安全、原产地保护）	安徽省毛竹笋材两用林　第3部分：有害生物及无公害防治	DB34/T 772.3—2008	现行有效
563	多年生及杂类	生产管理类（种植、植保、加工）	安徽省毛竹笋材两用林　第2部分：栽培技术与验收标准	DB34/T 772.2—2008	现行有效
564	多年生及杂类	种质资源（种子、种苗）	安徽省毛竹笋材两用林　第1部分：母竹	DB34/T 772.1—2008	现行有效
565	多年生及杂类	生产管理类（种植、植保、加工）	无公害食用笋生产技术规程	DB34/T 1216—2010	现行有效
566	多年生及杂类	生产管理类（种植、植保、加工）	绿色食品（A级）芦笋生产技术规程	DB34/T 1092—2009	现行有效
567	多年生及杂类	生产管理类（种植、植保、加工）	大棚芦蒿无公害生产技术规程	DB34/T 1027—2009	现行有效
568	多年生及杂类	产品类（等级规格、品质安全、原产地保护）	雷竹笋　第4部分：产品质量要求	DB3301/T 118.4—2007	现行有效
569	多年生及杂类	生产管理类（种植、植保、加工）	雷竹笋　第2部分：生产技术规程	DB3301/T 118.2　2007	现行有效
570	多年生及杂类	生产管理类（种植、植保、加工）	雷竹笋　第1部分：产地环境要求	DB3301/T 118.1—2007	现行有效
571	多年生及杂类	生产管理类（种植、植保、加工）	无公害绿芦笋大棚生产技术规程	DB33/T 717—2008	现行有效
572	多年生及杂类	生产管理类（种植、植保、加工）	芦笋育苗技术规程	DB13/T 1075—2009	现行有效
573	多年生及杂类	产品类（等级规格、品质安全、原产地保护）	无公害优质香椿　第2部分：分类与分级技术规范	DB34/T 279—2002	现行有效
574	多年生及杂类	产品类（等级规格、品质安全、原产地保护）	保鲜竹笋	DB43/T 300—2006	现行有效
575	多年生及杂类	生产管理类（种植、植保、加工）	无公害食用百合生产技术规程	DB34/T 395—2004	现行有效
576	多年生及杂类	产品类（等级规格、品质安全、原产地保护）	无公害优质香椿生产技术规范　第8部分：加工厂卫生要求	DB34/T 378—2003	现行有效
577	多年生及杂类	生产管理类（种植、植保、加工）	无公害竹笋　第2部分：生产技术规程	DB33/T 333.2—2006	现行有效

（续）

序号	产品	分类	标准名称	标准状态	备注
578	多年生及杂类	环境安全类（产地环境、投入品）	无公害竹笋　第1部分：产地环境要求	DB33/T 333.1—2006	现行有效
579	多年生及杂类	产品类（等级规格、品质安全、原产地保护）	笋竹两用毛竹林　第5部分：商品竹	DB33/T 261.5—2005	现行有效
580	多年生及杂类	生产管理类（种植、植保、加工）	笋竹两用毛竹林　第3部分：主要病虫害综合防治	DB33/T 261.3—2005	现行有效
581	多年生及杂类	生产管理类（种植、植保、加工）	无公害优质香椿生产技术规范　第4部分：日光温室栽培技术	DB34/T 376—2003	现行有效
582	多年生及杂类	生产管理类（种植、植保、加工）	无公害优质香椿　第1部分：育苗与栽培技术规范	DB34/T 278—2002	现行有效
583	多年生及杂类	生产管理类（种植、植保、加工）	芦笋栽培技术规程	DB34/T 645—2006	现行有效
584	多年生及杂类	生产管理类（种植、植保、加工）	无公害优质香椿生产技术规范　第6部分：太和贡椿	DB34/T 377—2003	现行有效
585	多年生及杂类	生产管理类（种植、植保、加工）	无公害优质香椿　第5部分：保鲜与腌制技术规范	DB34/T 280—2002	现行有效

主要参考文献

曹树贵，窦晓涵，刘璐，2017. 基于国内外农产品溯源发展现状推进我国农产品溯源的发展［J］. 河北企业（7）：89-90.

陈增龙，朱玉龙，张昭，等，2017. 我国农药残留监管与标准体系建设［J］. 植物保护，43（2）：1-5.

崔轶繁，李佳惠，林琳，2017. 浅析中外农产品质量安全标准体系的对比情况［J］. 南方农机，48（3）：71-78.

杜梦瑶，2013. 我国食品安全标准管理中的政府职责研究［D］. 南京：南京理工大学.

郭林宇，汤晓艳，毛雪飞，等，2017. 我国农产品质量标准问题与对策［J］. 中国食物与营养，23（4）：11-14.

胡浒，李松，孙劲松，等，2017. 农产品质量安全产地准出监管体系创建探讨［J］. 湖北植保（2）：51-53.

蒋凯亚，林燕，孟月志，等，2017. 丽水市农产品质量安全保障标准体系的探讨［J］. 浙江农业科学，58（3）：465-468.

金发忠，2008. 农产品质量安全管理技术规范与指南［M］. 北京：中国农业科学技术出版社.

靳西彪，2017. 农业标准化与农产品检测体系现状分析及其对策研究［J］. 中国标准化（6）：66.

李国锋，张振华，邹轶，2016. 农业生产标准化存在的问题及对策建议［J］. 江苏农业科学，44（2）：468-470.

李庆生，2008. 农产品质量安全实施技术［M］. 北京：中国农业出版社.

廖贤，2017. 农业标准化与农产品质量分等分级［J］. 食品安全导刊（12）：58.

刘香香，王艳，魏鹏娟，等，2015. 我国农产品质量安全标准现状与落实对策［J］. 中国标准化（10）：126-130.

卢海燕，刘贤金，2016. 种植业生产过程标准体系发展现状与对策建议［J］. 农产品质量与安全（4）：18-22.

徐学万，马飞，李董，等，2017. 我国农业标准体系建设问题与对策分析［J］. 农产品质量与安全（1）：36-38.

郑鹭飞，2016. 我国农业入品标准体系的现状与问题分析［J］. 农产品质量与安全（6）：24-27.

第十四章　2017 年度种植业产品标准体系研究报告——食用菌

一、产品标准及标准体系发展现状

1. 标准体系建设进展情况

截至 2017 年 8 月底，我国共发布食用菌相关国家标准 31 项，行业标准 64 项（其中农业部发布 44 项），地方标准（不完全统计）122 项，合计 217 项。

按环节对国家标准和行业标准统计看，具体包括：通用标准 2 项；安全标准 2 项；产地环境及基质类标准 3 项；菌种类标准 12 项；技术规范（程）类标准 12 项；收储运标准 6 项；产品类标准 30 项；检测方法类 24 项；新品种测试类 4 项。产品类标准和检测方法类标准小计 54 项，约占总数的 56.8%。

按标龄对国家标准和行业标准统计看，具体包括：2013 年 1 月及以后制修订的标准 15 项；2007—2012 年制修订的标准 52 项；2006 年及之前的标准 28 项。标龄在 5 年以上的标准有 80 项，约占总数的 84.2%。标龄主要集中在 5～10 年，超过总数的一半。

按品种对国家标准和行业标准统计看，6 种大宗品种现行有效的标准数分别为：香菇 12 项、木耳 9 项、双孢蘑菇 7 项、平菇 2 项、银耳 4 项、金针菇 1 项。小计 35 项，约占总数的 1/3。

2. 存在的主要问题

（1）标准体系问题

①标龄长，标准内容重复交叉。目前现行有效的食用菌国家标准和行业标准中，2000 年（含）之前的有 6 项，2001—2005 年制定的有 16 项，2006—2010 年制定的有 46 项，2011 年后制定的有 27 项。现行有效最早的《草菇》（SB/T 10038—1992），标龄已达 25 年，标准中引用的部分标准已经作废。除标龄长外，现行标准间内容重复交叉问题突出。如《食用菌菌种通用技术要求》（NY/T 1742—2009）对平菇、木耳、香菇、金针菇等 20 项食用菌品种的母种（一级种）、原种（二级种）和栽培种（三级种）质量要求、检验规则、运输储存等要求，但《香菇菌种》（GB 19170—2003）、《平菇菌种》（GB 19172—2003）等标龄较长的单个品种的菌种标准仍在并行；部分产品标准和产品等级规格标准内容交叉重复，如 NY/T 224—2006 和 NY/T 1790—2009 均对双孢蘑菇等级规格作了规定，但两项标准间在等级划分及具体指标上存在明显差异，使用标准时无所适从。

②部分环节标准缺失较多。食用菌标准缺失环节主要体现在栽培基质（菌棒）、收储运 2 个环节。目前栽培基质（菌棒）的生产逐渐走向集约化，种类多为秸秆、麸皮等农业下脚料，若质量控制不当，对产业造成的影响也明显增大。已经发布的 4 项有关栽培基质（菌棒）的标准中，3 项为无公害标准，另有 1 项只规定了一般要求，无明确技术指标，对栽培基质（菌棒）重金属、农药等安全指标的控制无标可依。收储运环节亦是标准缺失较多的一环。食用菌属于鲜活真菌产品，生长速度快，代谢强度高，即使采收后仍然具有旺盛的生命力，采后若处置不当，极易导致产品品质下降。如新鲜双孢蘑菇子实体若储藏不当，很快就会出现褐变、开伞、失重、萎缩、软化、液化、腐烂和产生异味等现象，严重影响其商品性状和营养价值，同时又可能造成非法添加剂的乱用。我国已发布的食用菌收储运环节标准只对香菇、双孢蘑菇、平菇和金针菇 4 个品种鲜品流通环节要求进行了规定，但我国实际生产消费的食用菌鲜品远多于这 4 种，如杏鲍菇、蟹味菇、白玉菇等。

③野生菌产品相关标准少。野生菌是近年来消费需求不断增长的一大类食用菌，但目前有关野生菌的收储运及质量安全标准缺失较多，目前仅有 1 项产品标准《松茸》(GB/T 23188—2008)。野生菌采后不易储藏，罗晓莉等对野生菌质量安全现状研究中指出可能存在农药残留、重金属含量较高以及有毒无毒菌混杂等问题，为充分保障野生食用菌的食用安全性，提升野生食用菌产业的整体效益，需尽快制定相关技术标准。

④食用菌重金属限量标准需要再评估。近年来，国际食品法典委员会（CAC）、欧盟等纷纷修订了包括食用菌在内的各类食品中重金属限量，总体趋势越来越严格，如 2015 年 6 月 26 日，欧盟发布了（EC）1005/2015 号法规，对原（EC）1881/2006 号法规中有关食品中铅的限量标准进行了修订，该规定要求除新鲜的双孢蘑菇、平菇和香菇中镉的含量为 0.3mg/kg 外，其余均为 0.1mg/kg。该法规自 2015 年 7 月 15 日开始实施。我国目前现行有效的标准 GB 2762—2012 中规定，食用菌及其制品中铅限量值为 1.0mg/kg，未区分品种及干鲜品等产品形式，且明显宽松于欧盟标准，已与目前国内食用菌消费量不相匹配。我国标准是否需要修订，或者即使不修订，也需开展进一步的风险评估工作做好技术贸易壁垒应对，这一问题迫在眉睫。

（2）标准管理问题

据中国食用菌协会（隶属于商务部）数据（中食菌协〔2016〕36 号文件）统计，2015 年我国食用菌总产量 3 476.3 万 t，产值 2 516.4 亿元，分别比 2014 年增长了 6.3%和 11.4%。2015 年出口量和出口额分别为 52.6 万 t 和 26.3 亿美元。目前食用菌产业已经成为我国继粮、油、蔬、果后的第五大农产品，也是我国重要的出口创汇产业。但与产业规模不成正比的是，目前还无专门的食用菌标准化技术委员会，相关工作体制和机制缺乏，正规意义上的专家团队建设更无法保障。导致目前相关标准建议的提出和申报等均比较分散，缺乏系统性和规划性。

二、标准需求

尽快制定食用菌栽培基质（菌棒）质量安全标准、品种分类标准、收储运环节技术规范以及野生菌产品质量安全标准，进一步适应目前食用菌生产工厂化、规模化的发展要求。栽培基质（菌棒）质量安全标准主要是指用于基质（菌棒）质量控制时的重金属、农药残留等安全限量标准。收储运环节建议尽快制定食用菌冷藏及冷链运输技术规范，目前冷链在我国鲜活农产品的储藏、运输和销售各环节中应用越来越广，可作为食用菌采后鲜品流通环节保持商品品质、延长货架期的一种有效手段，同时避免了非法添加剂的乱用、滥用等现象。野生菌产品质量安全标准主要是指产品采收后收储运环节技术规范以及产品中农药、重金属等的安全限量标准。

三、发展方向

1. 完善标准体系建设 在对前期标准梳理的基础上，进一步完善标准制修订体系的方向和分工。国家标准的制修订以通用基础标准（如术语、取样技术规范类）、产品安全性标准及其相关参数的检测技术标准为主；行业标准的制修订以需要在行业内统一的新品种测试技术标准、具有探索性的特色营养功能成分检测技术标准、收储运环节技术标准等为主；地方标准类制修订以菌种类、生产技术规范（程）类标准为主；团体标准制修订以产品等级规格等具有市场竞争力和行为的标准为主。

2. 专家团队建设 成立专门的食用菌标准化技术委员会，以标委会的名义组织聘请食用菌产业内覆盖生产、流通、科研等环节的专家，有针对性地做好食用菌标准体系的规划和布局，使得食用菌标准体系建设更加具有长远性和系统性。

附录

附表 14-1　食用菌（产品）国家标准体系

序号	产品	分类	标准名称	标准状态	备注
1	食用菌	通用	食用菌术语	GB/T 12728—2006	现行有效
2	食用菌	安全标准	食品安全国家标准　食用菌及其制品	GB/T 7096—2014	现行有效
3	食用菌	安全标准	食用菌罐头卫生标准	GB/T 7098—2015	现行有效
4	食用菌	检测方法	食用菌灰分测定	GB/T 12532—2008	现行有效
5	食用菌	检测方法	食用菌杂质测定	GB/T 12533—2008	现行有效
6	食用菌	检测方法	食用菌中440种农药及相关化学品残留量的测定　液相色谱-串联质谱法	GB/T 23200.12—2016	现行有效
7	食用菌	检测方法	食用菌中503种农药及相关化学品残留量的测定　气相色谱-质谱法	GB/T 23200.15—2016	现行有效
8	食用菌	检测方法	食用菌中粗蛋白含量的测定	GB/T 15673—2009	现行有效
9	食用菌	检测方法	食用菌中粗脂肪含量的测定	GB/T 15674—2009	现行有效
10	食用菌	检测方法	食用菌中总糖含量的测定	GB/T 15672—2009	现行有效
11	食用菌	检测方法	银耳中米酵菌酸的测定	GB/T 5009.189—2003	现行有效
12	食用菌	收储运	灵芝孢子粉采收及加工技术规范	GB/T 29344—2012	现行有效
13	食用菌	菌种	食用菌品种选育技术规范	GB/T 21125—2007	现行有效
14	食用菌	菌种	草菇菌种	GB/T 23599—2009	现行有效
15	食用菌	菌种	双孢蘑菇菌种	GB/T 19171—2003	现行有效
16	食用菌	菌种	黑木耳菌种	GB/T 19169—2003	现行有效
17	食用菌	菌种	平菇菌种	GB/T 19172—2003	现行有效
18	食用菌	菌种	香菇菌种	GB/T 19170—2003	现行有效
19	食用菌	生产技术规范	香菇生产技术规范	GB/Z 26587—2011	现行有效
20	食用菌	生产技术规范	银耳菌种生产技术规范	GB/T 29368—2012	现行有效
21	食用菌	生产技术规范	银耳生产技术规范	GB/T 29369—2012	现行有效
22	食用菌	产品	地理标志产品　卢氏黑木耳	GB/T 23395—2009	现行有效
23	食用菌	产品	地理标志产品　泌阳花菇	GB/T 22746—2008	现行有效
24	食用菌	产品	地理标志产品　庆元香菇	GB/T 19087—2008	现行有效
25	食用菌	产品	黑木耳	GB/T 6192—2008	现行有效
26	食用菌	产品	牛肝菌　美味牛肝菌	GB/T 23191—2008	现行有效
27	食用菌	产品	平菇	GB/T 23189—2008	现行有效
28	食用菌	产品	食品安全国家标准　食品营养强化剂　富硒食用菌粉	GB/T 1903.22—2016	现行有效
29	食用菌	产品	双孢蘑菇	GB/T 23190—2008	现行有效
30	食用菌	产品	松茸	GB/T 23188—2008	现行有效
31	食用菌	产品	压缩食用菌	GB/T 23775—2009	现行有效

附表 14-2　食用菌（产品）行业标准体系

序号	产品	分类	标准名称	标准状态	备注
1	食用菌	通用	食用菌品种描述技术规范	NY/T 1098—2006	现行有效
2	食用菌	产地环境	无公害食品　食用菌产地环境条件	NY 5358—2007	现行有效
3	食用菌	原辅料	无公害食品　食用菌栽培基质安全技术要求	NY 5099—2002	现行有效
4	食用菌	新品种	植物新品种特异性、一致性和稳定性测试指南　草菇	NY/T 2525—2013	现行有效
5	食用菌	新品种	植物新品种特异性、一致性和稳定性测试指南　黑木耳	NY/T 2588—2014	现行有效
6	食用菌	新品种	植物新品种特异性、一致性和稳定性测试指南　香菇	NY/T 2560—2014	现行有效
7	食用菌	栽培基质	食用菌栽培基质质量安全要求	NY/T 1935—2010	现行有效
8	食用菌	品种审定	农作物品种审定规范食用菌	NY/T 1844—2010	现行有效
9	食用菌	出口检验规程	出口干香菇检验规程	SN/T 0627.7—2016	现行有效
10	食用菌	出口检验规程	出口速冻蔬菜检验规程　食用菌	SN/T 0626.7—1997	现行有效
11	食用菌	出口检验规程	出口鲜松茸检验规程	SN/T 3693—2013	现行有效
12	食用菌	出口检验规程	出口盐渍食用菌检验规程	SN/T 0633—1997	现行有效
13	食用菌	检测方法	出口蘑菇罐头中尿素残留量检验方法	SN/T 1004—2001	现行有效
14	食用菌	检测方法	出口蘑菇罐头中硒的测定方法　荧光分光光度法	SN/T 0860—2000	现行有效
15	食用菌	检测方法	辐照食用菌鉴定　热释光法	NY/T 2213—2012	现行有效
16	食用菌	检测方法	灵芝产品中灵芝酸含量的测定　高效液相色谱法	NY/T 2278—2012	现行有效
17	食用菌	检测方法	破壁灵芝孢子粉破壁率的测定	NY/T 1677—2008	现行有效
18	食用菌	检测方法	食用菌菌种真实性鉴定　ISSR 法	NY/T 1730—2009	现行有效
19	食用菌	检测方法	食用菌菌种真实性鉴定　RAPD 法	NY/T 1743—2009	现行有效
20	食用菌	检测方法	食用菌菌种真实性鉴定　酯酶同工酶电泳法	NY/T 1097—2006	现行有效
21	食用菌	检测方法	食用菌菌种中杂菌及害虫的检验	NY/T 1284—2007	现行有效
22	食用菌	检测方法	食用菌中粗多糖含量的测定	NY/T 1676—2008	现行有效
23	食用菌	检测方法	食用菌中亚硫酸盐的测定　充氮蒸馏-分光光度计法	NY/T 1373—2007	现行有效
24	食用菌	检测方法	食用菌中岩藻糖、阿糖醇、海藻糖、甘露醇、甘露糖、葡萄糖、半乳糖、核糖的测定　离子色谱法	NY/T 2279—2012	现行有效
25	食用菌	检测方法	食用菌中荧光物质的检测	NY/T 1257—2006	现行有效
26	食用菌	检测方法	双孢蘑菇中蘑菇氨酸的测定　高效液相色谱法	NY/T 2280—2012	现行有效
27	食用菌	检测方法	香菇中甲醛含量的测定	NY/T 1283—2007	现行有效
28	食用菌	检测方法	主要食用菌中转基因成分定性 PCR 检测方法	SN/T 2074—2008	现行有效
29	食用菌	收储运	食用菌流通规范	SB/T 11099—2014	现行有效
30	食用菌	收储运	食用菌热风脱水加工技术规范	NY/T 1204—2006	现行有效
31	食用菌	收储运	双孢蘑菇、金针菇储运技术规范	NY/T 1934—2010	现行有效
32	食用菌	收储运	双孢蘑菇冷藏及冷链运输技术规范	NY/T 2117—2012	现行有效
33	食用菌	收储运	松口蘑采收及保鲜技术规程	LY/T 1651—2005	现行有效

（续）

序号	产品	分类	标准名称	标准状态	备注
34	食用菌	菌种	食用菌菌种检验规程	NY/T 1846—2010	现行有效
35	食用菌	菌种	食用菌菌种良好作业规范	NY/T 1731—2009	现行有效
36	食用菌	菌种	食用菌菌种区别性鉴定拮抗反应	NY/T 1845—2010	现行有效
37	食用菌	菌种	食用菌菌种生产技术规程	NY/T 528—2010	现行有效
38	食用菌	菌种	食用菌菌种通用技术要求	NY/T 1742—2009	现行有效
39	食用菌	菌种	杏鲍菇和白灵菇菌种	NY 862—2004	现行有效
40	食用菌	生产技术规程	北方杏鲍菇栽培技术规程	LY/T 2040—2012	现行有效
41	食用菌	生产技术规程	段木栽培黑木耳技术	LY/T 1208—1997	现行有效
42	食用菌	生产技术规程	秸秆栽培食用菌霉菌污染综合防控技术规范	NY/T 2064—2011	现行有效
43	食用菌	生产技术规程	灵芝短段木栽培技术规程	LY/T 2476—2015	现行有效
44	食用菌	生产技术规程	食用菌生产技术规范	NY/T 2375—2013	现行有效
45	食用菌	产品	《口蘑》第 1 号修改单	NY/T 445—2001（XG1—2012）	现行有效
46	食用菌	产品	保鲜黑木耳	LY/T 1649—2005	现行有效
47	食用菌	产品	草菇	NY/T 833—2004	现行有效
48	食用菌	产品	草菇	SB/T 10038—1992	现行有效
49	食用菌	产品	黑木耳块	LY/T 1207—2007	现行有效
50	食用菌	产品	灰树花	NY/T 446—2001	现行有效
51	食用菌	产品	姬松茸	LY/T 1696—2007	现行有效
52	食用菌	产品	绿色食品　食用菌	NY/T 749—2012	现行有效
53	食用菌	产品	毛木耳	NY/T 695—2003	现行有效
54	食用菌	产品	木灵芝干品质量	LY/T 1826—2009	现行有效
55	食用菌	产品	森林食品　猴头菇干制品	LY/T 2132—2013	现行有效
56	食用菌	产品	食用菌、山野菜干制品压缩块	LY/T 1577—2009	现行有效
57	食用菌	产品	双孢蘑菇	NY/T 224—2006	现行有效
58	食用菌	产品	香菇	GH/T 1013—2015	现行有效
59	食用菌	产品	银耳	NY/T 834—2004	现行有效
60	食用菌	产品	竹荪	NY/T 836—2004	现行有效
61	食用菌	产品	无公害食品　茶树菇	NY 5247—2004	现行有效
62	食用菌	产品	黑木耳等级规格	NY/T 1838—2010	现行有效
63	食用菌	产品	双孢蘑菇等级规格	NY/T 1790—2009	现行有效
64	食用菌	产品等级	香菇等级规格	NY/T 1061—2006	现行有效

附表 14-3　食用菌（产品）地方标准体系

序号	产品	分类	标准名称	标准状态	备注
1	食用菌	通用	农产品追溯要求　食用菌	DB34/T 1185—2010	现行有效
2	食用菌	通用	食用菌主要病虫害防治技术规程	DB34/T 2021—2013	现行有效
3	食用菌	原辅料	无公害鲜香菇　第 3 部分：原辅材料	DB33/T 401.3—2003	现行有效
4	食用菌	原辅料	无公害杏鲍菇　第 3 部分：原辅材料	DB33/T 636.3—2007	现行有效
5	食用菌	其他	双孢蘑菇生产菇房（棚）建设规范	DB34/T 1275—2010	现行有效

（续）

序号	产品	分类	标准名称	标准状态	备注
6	食用菌	其他	双孢蘑菇生产加工废弃物综合利用规程	DB34/T 1276—2010	现行有效
7	食用菌	出口检验规程	出口灵芝检验规程	DB33/T 510—2004	现行有效
8	食用菌	出口指南	良好农业规范　出口平菇操作指南	DB37/T 1074—2008	现行有效
9	食用菌	初加工	寿宁花菇　保鲜技术规范	DB35/T 1029—2010	现行有效
10	食用菌	初加工	寿宁花菇　烘干技术规范	DB35/T 1030—2010	现行有效
11	食用菌	产地环境	无公害鲜香菇　第1部分：产地环境	DB33/401.1—2003	现行有效
12	食用菌	产地环境	无公害杏鲍菇　第1部分：产地环境	DB33/T 636.1—2007	现行有效
13	食用菌	安全标准	食用菌质量安全要求	DB35/551—2004	现行有效
14	食用菌	检测方法	食用菌中荧光增白剂检验规程	DB51/T 907—2009	现行有效
15	食用菌	收储运	灵芝子实体和灵芝孢子粉采收加工技术规范	DB34/T 2009—2013	现行有效
16	食用菌	收储运	双孢蘑菇采收、分级和盐渍技术规程	DB34/T 1277—2010	现行有效
17	食用菌	收储运	无公害食品　竹荪　第3部分：采收、加工	DB33/T 400.3—2003	现行有效
18	食用菌	菌种	白灵菇　菌种	DB35/587—2004	现行有效
19	食用菌	菌种	北冬虫夏草栽培技术规程　第1部分：菌种	DB33/748.1—2009	现行有效
20	食用菌	菌种	茶树菇　菌种	DB35/T 522.2—2003	现行有效
21	食用菌	菌种	出口姬菇　菌种	DB51/T 1027—2010	现行有效
22	食用菌	菌种	大别山灵芝　菌种	DB34/T 482—2004	现行有效
23	食用菌	菌种	金针菇　菌种	DB35/T 523.2—2003	现行有效
24	食用菌	菌种	金针菇　菌种	DB13/T 958—2008	现行有效
25	食用菌	菌种	靖州茯苓　菌种	DB43/T 842—2013	现行有效
26	食用菌	菌种	巨大口蘑　菌种	DB35/553—2004	现行有效
27	食用菌	菌种	毛木耳　菌种	DB35/658—2006	现行有效
28	食用菌	菌种	毛木耳　菌种	DB51/T 1059—2010	现行有效
29	食用菌	菌种	食用菌菌种活力检测技术规范	DB35/T 1233—2011	现行有效
30	食用菌	菌种	食用菌菌种双孢蘑菇	DB31/T 242—2000	现行有效
31	食用菌	菌种	无公害高温蘑菇　第1部分：菌种	DB33/T 476.1—2004	现行有效
32	食用菌	菌种	无公害猴头菇　第1部分：菌种	DB33/384.1—2002	现行有效
33	食用菌	菌种	无公害江山白菇　第1部分：菌种	DB33/605.1—2006	现行有效
34	食用菌	菌种	无公害食品　竹荪　第1部分：菌种	DB33/400.1—2003	现行有效
35	食用菌	菌种	无公害双孢蘑菇　第1部分：菌种	DB33/447.1—2003	现行有效
36	食用菌	菌种	无公害鲜香菇　第2部分：菌种	DB33/401.2—2003	现行有效
37	食用菌	菌种	无公害杏鲍菇　第2部分：菌种	DB33/636.2—2007	现行有效
38	食用菌	菌种	银耳栽培种质量检验规程	DB35/T 1203—2011	现行有效
39	食用菌	菌种	真姬菇　菌种	DB35/556—2004	现行有效
40	食用菌	生产技术规程	安全卫生优质食用菌生产技术操作规范	DB31/T 259.2—2001	现行有效
41	食用菌	生产技术规程	巴西蘑菇菌种生产技术规范	DB35/T 1217—2011	现行有效
42	食用菌	生产技术规程	草菇菌种生产技术规程	DB440100/T 37—2004	现行有效
43	食用菌	生产技术规程	草生食用菌安全生产技术规范	DB35/T 1201—2011	现行有效
44	食用菌	生产技术规程	茶树菇　栽培技术规范	DB35/T 522.4—2003	现行有效

（续）

序号	产品	分类	标准名称	标准状态	备注
45	食用菌	生产技术规程	茶树菇生产技术规程	DB51/T 895—2009	现行有效
46	食用菌	生产技术规程	长根菇生产技术规程	DB51/T 1028—2010	现行有效
47	食用菌	生产技术规程	出口双孢蘑菇室内生产技术规程	DB51/T 1054—2010	现行有效
48	食用菌	生产技术规程	富硒平菇生产技术规程	DB43/T 827—2013	现行有效
49	食用菌	生产技术规程	工厂化杏鲍菇栽培技术规程	DB3205/T 186—2009	现行有效
50	食用菌	生产技术规程	固态菌种生产技术规程	DB34/T 803—2008	现行有效
51	食用菌	生产技术规程	花菇栽培技术规程	DB33/811—2010	现行有效
52	食用菌	生产技术规程	金福菇栽培技术规程	DB34/T 930—2009	现行有效
53	食用菌	生产技术规程	金针菇　菌种制作技术规范	DB35/T 523.3—2003	现行有效
54	食用菌	生产技术规程	巨大口蘑　栽培技术规范	DB35/T 554—2004	现行有效
55	食用菌	生产技术规程	灵芝栽培技术规程	DB34/T 2008—2013	现行有效
56	食用菌	生产技术规程	毛木耳　栽培技术规范	DB35/T 659—2006	现行有效
57	食用菌	生产技术规程	木生食用菌安全生产技术规范	DB35/T 1200—2011	现行有效
58	食用菌	生产技术规程	木薯秆（渣）栽培食用菌技术规程	DB35/T 1159—2011	现行有效
59	食用菌	生产技术规程	桑枝黑木耳生产技术规程	DB33/T 798—2010	现行有效
60	食用菌	生产技术规程	山区林地食用菌仿野生栽培技术规范	DB11/T 843—2011	现行有效
61	食用菌	生产技术规程	寿宁花菇　栽培技术规范	DB35/T 1028—2010	现行有效
62	食用菌	生产技术规程	无公害代料香菇生产技术规程	DB34/T 385—2003	现行有效
63	食用菌	生产技术规程	无公害地栽香菇生产技术规程	DB13/T 1148—2009	现行有效
64	食用菌	生产技术规程	无公害黑木耳代料生产技术规程	DB34/T 509—2005	现行有效
65	食用菌	生产技术规程	无公害猴头菇　第2部分:栽培技术操作规范	DB33/T 384.2—2002	现行有效
66	食用菌	生产技术规程	无公害花菇生产技术规程	DB3703/T 017—2005	现行有效
67	食用菌	生产技术规程	无公害姬菇工厂化生产技术规程	DB3703/T 037—2005	现行有效
68	食用菌	生产技术规程	无公害金针菇工厂化生产技术规程	DB3703/T 038—2005	现行有效
69	食用菌	生产技术规程	无公害灵芝生产技术规程	DB13/T 1245—2010	现行有效
70	食用菌	生产技术规程	无公害平菇生产技术规程	DB34/T 1214—2010	现行有效
71	食用菌	生产技术规程	无公害平菇生产技术规程	DB3703/T 026—2005	现行有效
72	食用菌	生产技术规程	无公害全日光露地黑木耳生产技术规程	DB13/T 1048—2009	现行有效
73	食用菌	生产技术规程	无公害食品　草菇生产技术规程	DB34/T 860—2008	现行有效
74	食用菌	生产技术规程	无公害食品　双孢蘑菇生产技术规程	DB14/T 556—2010	现行有效
75	食用菌	生产技术规程	无公害食品　香菇生产技术规程	DB14/T 555—2010	现行有效
76	食用菌	生产技术规程	无公害食品　竹荪　第2部分：栽培技术	DB33/T 400.2—2003	现行有效
77	食用菌	生产技术规程	无公害食用菌　香菇生产技术规程	DB11/T 253—2004	现行有效
78	食用菌	生产技术规程	无公害食用菌栽培技术规范	DB35/T 552—2004	现行有效
79	食用菌	生产技术规程	无公害蔬菜　白灵菇和杏鲍菇生产技术规程	DB11/T 251—2004	现行有效
80	食用菌	生产技术规程	无公害蔬菜　平菇生产技术规程	DB11/T 252—2004	现行有效
81	食用菌	生产技术规程	无公害双孢蘑菇　第2部分：生产技术	DB33/T 447.2—2003	现行有效
82	食用菌	生产技术规程	无公害双孢蘑菇生产技术规程	DB34/T 383—2003	现行有效
83	食用菌	生产技术规程	无公害鲜香菇　第4部分：栽培技术规程	DB33/T 401.4—2003	现行有效

（续）

序号	产品	分类	标准名称	标准状态	备注
84	食用菌	生产技术规程	无公害香菇生产技术规程	DB3703/T 032—2005	现行有效
85	食用菌	生产技术规程	无公害杏鲍菇　第4部分：栽培技术规程	DB33/T 636.4—2007	现行有效
86	食用菌	生产技术规程	无公害杏鲍菇工厂化生产技术规程	DB34/T 1704—2012	现行有效
87	食用菌	生产技术规程	无公害杏鲍菇栽培技术规程	DB34/T 801—2008	现行有效
88	食用菌	生产技术规程	无公害杏鲍菇栽培技术规范	DB3502/T 021—2009	现行有效
89	食用菌	生产技术规程	无公害秀珍菇　第1部分：生产技术规程	DB33/T 526.1—2004	现行有效
90	食用菌	生产技术规程	无公害秀珍菇生产技术规程	DB34/T 1215—2010	现行有效
91	食用菌	生产技术规程	香菇安全生产技术规范	DB33/T 676—2008	现行有效
92	食用菌	生产技术规程	蟹味菇工厂化生产技术操作规范	DB31/T 350—2005	现行有效
93	食用菌	生产技术规程	杏鲍菇工厂化生产技术规程	DB32/T 1660—2010	现行有效
94	食用菌	生产技术规程	杏鲍菇菌种生产技术规程	DB32/T 1659—2010	现行有效
95	食用菌	生产技术规程	秀珍菇生产技术规程	DB11/T 922—2012	现行有效
96	食用菌	生产技术规程	秀珍菇生产技术规程	DB33/T 526—2012	现行有效
97	食用菌	生产技术规程	液态菌种生产技术规程	DB34/T 802—2008	现行有效
98	食用菌	生产技术规程	真姬菇栽培技术规范	DB35/T 557—2004	现行有效
99	食用菌	生产技术规程	竹荪栽培技术规范	DB35/T 1268—2012	现行有效
100	食用菌	生产技术规程	无公害白金针菇生产技术规程	DB34/T 508—2005	现行有效
101	食用菌	产品	安全卫生优质食用菌	DB31/T 259.1—2001	现行有效
102	食用菌	产品	北方香菇标准	DB13/T 382.5—1998	现行有效
103	食用菌	产品	草菇	DB440100/T 28—2003	现行有效
104	食用菌	产品	茶树菇	DB35/T 522.5—2003	现行有效
105	食用菌	产品	地理标志产品　古田银耳	DB35/T 1096—2011	现行有效
106	食用菌	产品	地理标志产品　通江银耳	DB511921/T 2—2010	现行有效
107	食用菌	产品	花菇	DB35/T 1027—2010	现行有效
108	食用菌	产品	金针菇	DB44/T 462—2008	现行有效
109	食用菌	产品	巨人口蘑	DB35/555—2004	现行有效
110	食用菌	产品	食品安全地方标准　风味食用菌	DBS 50/014—2013	现行有效
111	食用菌	产品	无公害猴头菇　第3部分：商品菇	DB33/384.3—2002	现行有效
112	食用菌	产品	无公害食品　竹荪　第4部分：商品竹荪	DB33/400.4—2003	现行有效
113	食用菌	产品	无公害双孢蘑菇　第3部分：商品菇	DB33/T 447.3—2003	现行有效
114	食用菌	产品	无公害鲜香菇　第5部分：商品菇	DB33/401.5—2003	现行有效
115	食用菌	产品	无公害杏鲍菇　第5部分：质量安全要求	DB33/636.5—2007	现行有效
116	食用菌	产品	无公害秀珍菇　第2部分：质量安全要求	DB33/526.2—2004	现行有效
117	食用菌	产品	杏鲍菇	DB11/T 250—2004	现行有效
118	食用菌	产品	杏鲍菇	DB35/T 504—2003	现行有效
119	食用菌	产品	秀珍菇	DB35/T 649—2005	现行有效
120	食用菌	产品	有机食品　武当黑木耳	DB42/T 393—2006	现行有效
121	食用菌	产品	有机食品　武当香菇	DB42/T 394—2006	现行有效
122	食用菌	产品	真姬菇	DB35/574—2004	现行有效

附表 14-4　食用菌（产品）企业标准体系

序号	产品	分类	标准名称	标准状态	备注
1	食用菌	产品	调味食用菌类罐头	QB/T 4706—2014	现行有效
2	食用菌	产品	猴头菇罐头	QB/T 1397—1991	现行有效
3	食用菌	产品	滑子蘑罐头	QB/T 3619—1999	现行有效
4	食用菌	产品	香菇罐头	QB/T 1399—1991	现行有效
5	食用菌	产品	香菇肉酱罐头	QB/T 4630—2014	现行有效
6	食用菌	产品	香菇猪脚腿罐头	QB/T 1357—1991	现行有效

第十五章 2017 年度种植业产品标准体系研究报告——果品

一、我国果品标准体系建设成就

我国果品标准制定工作蓬勃开展始于 20 世纪 80 年代，特别是农业农村部设立行业标准制修订财政专项以来，我国果品标准制修订工作明显加强，制定和发布实施了一大批国家标准和行业标准，我国果品标准体系不断充实和完善，在果品生产、储运和销售中发挥着越来越大的作用。目前，我国涉及果品的行业标准和国家标准达 1 162 项，其中，农业行业标准占 36.7%，出入境检验检疫行业标准占 23.1%，国家标准占 28.0%，林业行业标准占 8.3%，国内贸易行业标准占 2.3%，气象行业标准占 0.7%，机械行业标准、供销合作行业标准、国家环境保护标准、轻工行业标准、水利行业标准等其他标准共占 0.9%。这些标准以“十五”以来颁布的为主，占 96.6%，其中，“十五”“十一五”“十二五”和“十三五”颁布的标准分别占 10.9%、28.1%、37.0%和 20.6%。这些标准主要是推荐性标准（占 87.6%），强制性标准仅占 12.1%，指导性文件仅占 0.3%。标准名称涉及近 90 种果树，其中，含“苹果”“柑橘(桔)”“梨”“香蕉”“葡萄”“枣”“桃”和“核桃”的标准均超过了 20 项，分别达到 80 项、56 项、46 项、43 项、42 项、31 项、28 项和 25 项；含“食品”和“水果”的标准分别达到 258 项和 142 项。

在这 1 162 项标准中，检验检测类标准最多（占 28.5%），生产管理类标准、产品类标准和检疫性病虫类标准次之（分别占 16.5%、16.4%和 14.1%），种质资源类标准再次（占 9.8%），种子苗木类标准、采后物流类标准、环境安全类标准和基础/通用类标准仅分别占 5.7%、5.0%、2.9%和 1.2%（图 15-1）。其中，基础/通用类标准包括词汇、术语、分类、编码（代码）、通用要求等方面标准。种质资源类标准包括品种测试、品种鉴定、品种审定、品种试验、品种选育、种质资源保存、种质资源鉴定、种质资源描述、种质资源评价等方面标准。环境安全类标准包括产地环境、非疫区建设、投入品等方面标准。生产管理方面标准包括生产栽培、病虫防治（含病虫监测、病虫检测、病虫防控）、投入品使用、良好规范、规划建设、质量控制、果品加工等方面标准。检验检测类标准包括果品检测标准和果品检验标准。种子苗木类标准包括种苗产品、种苗繁育、种苗检疫等方面标准。产品类标准包括安全限量、产品卫生、产品质量等方面标准。采后物流类标准包括包装、标识、储运、购销等方面标准。检疫性病虫类标准包括病虫检疫、疫情监测、果品检疫等方面标准。

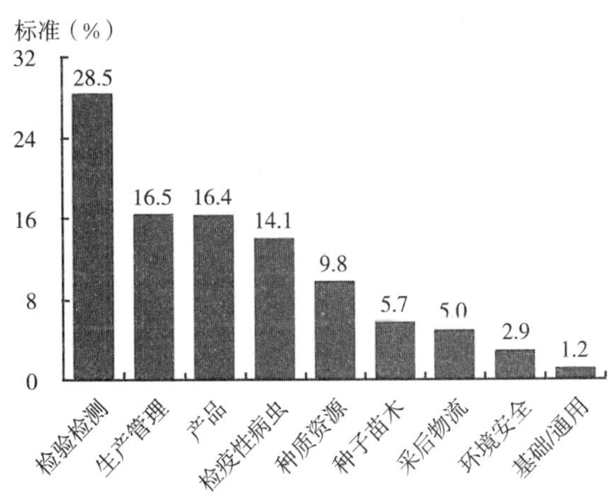

图 15-1 各类果品标准所占比例

二、我国果品标准体系存在的问题

1. 标准缺乏系统性 长期以来，我国果品标准分散在多个部门和多个系统，各自为政。由于缺乏统一、完善、清晰的果品标准框架体系的指导以及缺乏部门和系统之间的良好沟通和协调，导致标准交叉和缺失问题突出，标准系统性、互补性、配套性和一致性较差，尚未构建起前瞻性、针对性、科学性和实用性兼备的果品标准框架体系。国家标准、农业行业标准、出入境检验检疫行业标准、林业行业标准、国内贸易行业标准等之间尤其如此。全国果品标准化技术委员会（SAC/TC 501）成立以后该现象仍十分普遍。当前，该委员会与全国植物新品种测试标准化技术委员会（SAC/TC 277）、全国农产品购销标准化技术委员会（SAC/TC 517）等相关标准化技术委员会以及有关部委在果品标准研究与制修订的职责和业务范围方面仍多有重叠和交叉。

2. 标准制定碎片化 主要反映在分品种制定产品标准、分种类制定病虫害防治标准、分区域制定生产技术标准。在分品种制定产品标准方面，以梨为例，既制定了综合性产品标准《鲜梨》（GB/T 10650—2008），又分品种制定了《莱阳梨》（NY/T 955—2006）、《南果梨》（NY/T 1076—2006）、《黄花梨》（NY/T 1077—2006）、《鸭梨》（NY/T 1078—2006）、《砀山酥梨》（NY/T 1191—2006）、《巴梨》（NY/T 865—2004）、《库尔勒香梨》（NY/T 585—2002）等分品种的产品标准。分种类制定病虫害防治标准的现象日趋明显，以苹果为例，既制定了综合性的《苹果主要病虫害防治技术规程》（NY/T 2384—2013），又制定了《桃小食心虫综合防治技术规程》（NY/T 60—2015）、《桃小食心虫测报技术规范》（NY/T 1610—2008）、《桃小食心虫监测性诱芯应用技术规范》（NY/T 2734—2015）、《苹果树腐烂病防治技术规程》（NY/T 2684—2015）等单一病虫害防治标准。在生产技术标准方面，主要存在分区域制定标准的问题。以苹果为例，既制定了全国性的《苹果生产技术规程》（NY/T 441—2013），又制定了区域性标准《渤海湾地区苹果生产技术规程》（NY/T 1083—2006）和《黄土高原苹果生产技术规程》（NY/T 1082—2006）。

3. 标准交叉现象普遍 标准重复交叉主要反映在规范对象和适用范围部分或完全重合，或者一项标准的规范对象和适用范围完全被另一项标准所覆盖。以枣为例，仅干制红枣就制定了《干制红枣》（GB/T 5835—2009）、《干制红枣质量等级》（LY/T 1780—2008）、《免洗红枣》（GB/T 26150—2010）、《板枣》（NY/T 700—2003）4 项标准；鲜枣标准则制定了 3 项，即《鲜枣质量等级》（GB/T 22345—2008）、《梨枣》（LY/T 1920—2010）和《哈密大枣》（NY/T 871—2004）。又如苹果产品标准，制定了《仁果类果品流通规范》（SB/T 11100—2014）、《鲜苹果》（GB/T 10651—2008）、《苹果等级规格》（NY/T 1793—2009）、《加工用苹果分级》（GB/T 23616—2009）、《加工用苹果》（NY/T 1072—2013）、《红富士苹果》（NY/T 1075—2006）等 6 项标准，前 3 项标准之间，以及《加工用苹果分级》（GB/T 23616—2009）和《加工用苹果》（NY/T 1072—2013）之间，在规范对象和适用范围上均存在高度甚至完全重复和交叉。又如苹果蠹蛾检疫鉴定方法，国家标准《苹果蠹蛾检疫鉴定方法》（GB/T 28074—2011）和商品检验检疫行业标准《苹果蠹蛾检疫鉴定方法》（SN/T 1120—2002）同在。

4. 标准缺失问题突出 果品产地环境标准和农药残留限量配套检测方法标准缺失问题突出。目前仅有少数果品制定了产地环境标准，如《苹果产地环境技术条件》（NY/T 856—2004）、《京白梨产地环境技术条件》（NY/T 854—2004）和《葡萄产地环境技术条件》（NY/T 857—2004），然而，即使这些为数不多的标准也存在明显缺陷，均未涵盖生态环境条件指标，而适地适栽是发展果品产业的基本原则。果树苗木标准一般应包括繁育技术规程、产地检疫规程、产品标准、脱毒技术规范、病毒检测技术规范、无病毒母本树和苗木检疫规程等标准，目前多数果品的苗木标准仅有其中一项或数项，甚至一项标准都没有（如板栗），欠缺不少。以梨为例，仅制定了《梨苗木繁育技术规程》（NY/T 2681—2015）、《梨苗木》（NY 475—2002）、《梨无病毒母本树和苗木》（NY/T 2282—2012），还缺 5 项标准。缺乏规范的营养诊断技术是导致果品生产中肥料不合理施用的重要原因，目前，果品生产中肥料施用主要凭经验，肥料不合理施用现象非常普遍，主要体现在施肥种类和施肥量不合理，不仅对果品产量和品质以及生产环境（特别是土壤）造成非常不利的影响，还增加了不少生产成本。GB 2763—2016 制定的果品农药残留限量涉及的农药中尚有苯嘧磺草胺、苯嘧磺草胺、草铵膦、春雷霉素、单氰胺、敌螨普、丁醚脲、丁香菌酯、多果定、多抗霉素、噁霉灵、氟吡菌胺、氟啶虫胺腈、氟啶虫酰胺、氟吗啉、复硝酚钠、环酰菌胺、苦参碱、喹啉铜、喹氧灵、硫酰氟、螺虫乙酯、氯虫苯甲酰胺、氯噻啉、宁南霉素、噻苯隆、噻唑锌、三乙膦酸铝、双胍三辛烷基苯磺酸盐、双炔酰菌胺、辛菌、溴甲烷、溴菌腈、亚胺唑、乙蒜素、唑嘧菌胺等 36 种农药残留未提供检测方法，对该标准的贯彻实施极为不利。

5. 产品标准结构和布局不统一 我国的果品产品标准其名称、布局、结构和技术要求往往不尽一致。在标准名称上，有的就是产品名，有的还有“等级规格”“分级”“质量等级”等字样，如《鲜苹果》(GB/T 10651—2008)、《苹果等级规格》(NY/T 1793—2009)、《农产品等级规格 枇杷》(NY/T 2304—2013)、《加工用苹果分级》(GB/T 23616—2009)、《鲜枣质量等级》(GB/T 22345—2008)。在等级划分方式、等级数和等级名称上多有不同，有的标准分等，有的标准分级，例如《鲜苹果》(GB/T 10651—2008) 分优等、一等、二等，《苹果等级规格》(NY/T 1793—2009) 分特级、一级、二级，而《预包装鲜苹果》(SB/T 10892—2012) 分一级、二级和三级，《鲜枣质量等级》(GB/T 22345—2008) 分为特级、一级、二级和三级，《桃等级规格》(NY/T 1972—2009)、《农产品等级规格 樱桃》(NY/T 2302—2013) 等标准除划分等级外，还根据大小（单果重）划分了规格。规范内容不完全一致，甚至相差很大，例如，《农产品等级规格 樱桃》(NY/T 2302—2013) 的等级划分指标为成熟度、果柄、色泽、果形、裂果、畸形果和瑕疵，《樱桃质量等级》(GB/T 26906—2011) 的等级划分指标为果形、色泽、果面、果梗、机械伤和单果重。特别值得注意的是，我国许多果品产品标准将果个大小列为分等指标，果个越大等级越高。这势必严重误导经营者和消费者，诱导生产者通过多施化肥、使用生长调节剂等措施增大果个，导致果品品质大幅度下降，甚至影响到产业的发展。事实上，不论哪种果品，每个品种的果实都有其固有的大小，过小和过大都不好。

6. 标准复审和修订不及时 发达国家的标准基本上以 5 年为周期进行 1 次修订，标准的技术内容能够根据产业发展和市场变化及时进行调整。我国为加强国家标准的管理，根据《中华人民共和国标准化法》和《中华人民共和国标准化法实施条例》的有关规定，1990 年 8 月 24 日发布了《国家标准管理办法》(国家技术监督局令第 10 号)。该《国家标准管理办法》第二十七条规定，“国家标准实施后，应当根据科学技术的发展和经济建设的需要，由该国家标准的主管部门组织有关单位适时进行复审，复审周期一般不超过 5 年。”然而，由于复审机制的缺失，我国标准复审工作并未全面落实，标准发布实施后，其科学性、实用性和先进性极少受到跟踪评价，致使标准修订不及时，失去效用的标准没有得到及时清理和废止，影响了标准的有效性和应用效果。技术内容过时的标准和存在重大技术缺陷的标准不但不会促进产业发展，反而会带来不可忽视的负面影响。统计显示，在我国现行的 1 162 项果品标准中，标龄在 6 年以上的标准高达 49.6%，其中，标龄在 6～11 年的标准占 30.2%，标龄在 11 年以上的标准占 19.4%（图 15-2）。

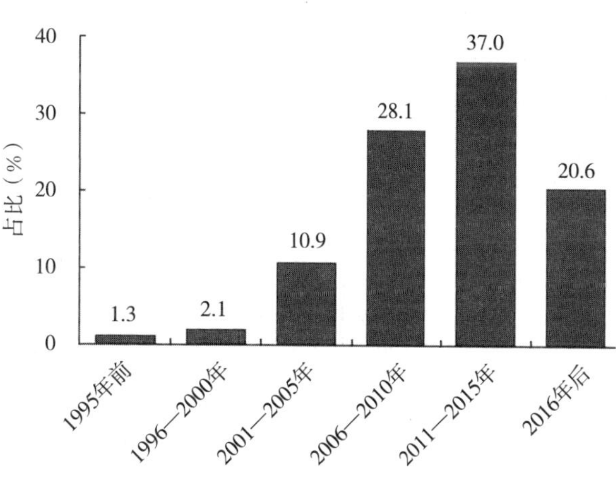

图 15-2 我国果品标准在发布时间上的分布

7. 标准应用亟待加强 主要存在两个方面的问题，一是标准获取难，二是标准应用少。目前，我国制定的国家标准和行业标准往往印数很少，而且几乎都需要购买才能获取，严重限制了标准的宣传和普及。而 UNECE（联合国欧洲经济委员会）、OECD（经济合作与发展组织）、CAC（国际食品法典委员会）等国际组织和美国等发达国家的做法是，建立开放的公共平台，可随时查阅和免费下载标准文本。标准不是教科书，也不是操作手册，文字上比较精炼，国内外概莫能外。这就要求标准使用者具有一定的专业知识和较高的文化素质，也需要系统的技术指导和培训。然而，在我国，农村青壮劳动力向城市和工业大量转移，留在农村从事果树生产的多为老年人，总体而言，其技术水平和文化素质普遍较低，要充分理解果品标准、自觉应用果品标准，客观上有很大难度。由于宣传、培训和激励机制的缺失，使得我国的不少果品标准在果品生产和流通中应用不多，甚至没有应用。当然，我国果品生产标准化程度低也与我国果品生产模式以一家一户小规模分散经营为主有很大关系，没有规模化就很难实现标准化。

8. 标准研究严重不足 主要反映在以下两个方面，一是标准研究少、缺乏系统性；二是队伍不稳定、缺乏持续性。对于前者，存在的主要问题是储备性研究不多，标准制修订中缺乏研究基础和数据支撑的现象比较普遍；尤其对先进国家和重要国际组织标准研究不系统、不深入，借鉴和采用不多。对于后者，存在的主要问题是缺乏核心团队，标准制修订项目经费偏少、竞争激烈、缺乏持续性，难以建立稳定、高水平的人员队伍，有碍持续、系统、深入地开展果品标准制修订与研究工作，影响了果品标准及其制修订工作的质量。

三、我国果品标准体系发展建议

1. 健全标准框架体系 建议从以下三个方面加以完善和改进。一是界定各相关标委会或部门之间在果品标准制修订上的职责、范围和工作领域，搞好分工、协作，使果品标准体系建立健全工作既不交叉、重叠、矛盾、冲突，又能无缝连接、无空白和死角。果品标准的制修订应以农业农村部、全国果品标准化技术委员会（SAC/TC 501）和国家林业局为主体，并建立跨部门会商机制。二是在借鉴国外果品标准及其体系基础上，结合我国实际情况，以全程质量控制（图 15-3）为导向，以产前、产中、采后、出入境和支撑 5 个环节为重点，着眼于种质资源、种子苗木、环境安全、生产管理、果品产品、果品检验检测、果品采后物流、检疫性病虫、基础/通用 9 大方面，确定需要制修订的标准，构建起统一协调的果品标准框架体系（表 15-1）。

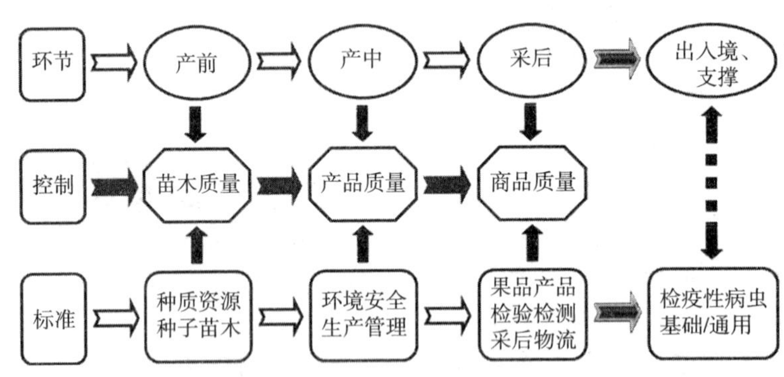

图 15-3 果品生产全程质量控制标准体系

表 15-1 果品标准框架体系

环节	方面	标准
产前	种质资源	品种测试、品种鉴定、品种审定、品种试验、品种选育、种质资源描述、种质资源鉴定、种质资源评价、种质资源保存等方面标准
	种子苗木	种苗繁育（含脱毒、病毒检测）、种苗检疫、种苗产品等方面标准
产中	环境安全	产地环境、非疫区建设、投入品（肥料、农药、果袋、农机、清洗剂）等方面标准
	生产管理	生产栽培、病虫防治（病虫监测、病虫检测、病虫防控）、投入品使用、良好规范、规划建设、质量控制、果品加工等方面标准

（续）

环节	方面	标准
采后	果品产品	安全限量、产品卫生、产品质量等方面标准
	检验检测	果品检测、果品检验等标准
	采后物流	包装、标识、储运、购销等方面标准
出入境	检疫性病虫	疫情监测、病虫检疫、果品检疫等方面标准
支撑	基础/通用	词汇、术语、分类、编码、代码、通用要求等方面标准

2. 制定标准体系表 重点针对大宗果品，适当兼顾小宗果品，加快制定各自的标准体系表，将其作为我国果品标准制修订立项的依据和指南。在此基础上，对现有标准进行清理。一是对内涵和外延有重复交叉的标准进行整合，如各树种的果品产品标准仅制定2项，普通产品标准和加工用原料果标准（均不再分品种制定标准）；栽培技术标准仅制定1项（不再分品种和区域制定标准），病虫害防治标准也只制定1项“××病虫害防治技术规程”（不再分病虫种类制定标准，但该标准由多个部分组成，每个部分为一种主要病虫害的防治技术）。二是对缺失的标准进行填平补齐，例如苗木标准、产地环境条件标准（应包括生态环境条件指标）、营养诊断标准、包装标准、储运标准等。

不分品种和分病虫制定标准主要是为了避免标准间矛盾和标准制定经济高效。我国绝大多数经济栽培的果品都有许多品种，有的多达数百个，乃至上千个，分品种制定产品标准在经费、人力和时间上均不允许。而且分品种制定的产品标准，往往与综合性产品标准存在诸多不一致甚至矛盾之处，严重影响标准的应用和实施。在我国，绝大多数果品在产销过程中均会发生多种病虫害（许多果品的病虫害多达十余种），针对单一病虫害分别制定防治技术标准显然不现实，也不经济。因此，标准的制定应遵循这样一个基本原则，不分品种制定产品标准，不针对单一病虫害制定防治技术标准，不分区域制定生产技术规程。

3. 及时复审和修订标准 为保证果品标准的科学性、实用性和有效性，果品标准制定和归口部门或标委会应加强果品标准复审工作，建议根据《国家标准管理办法》（国家技术监督局令第10号）第二十七条的规定，依托高水平果品标准研究和制修订队伍，以5年为复审周期，适时对到期果品标准进行复审（审核内容包括标准结构和技术内容的科学性、实用性、先进性，以及是否与其他标准存在交叉、重复和矛盾），根据复审结果，参照《国家标准管理办法》，按下列情况分别处理。①不需要修改的标准确认继续有效。确认继续有效的标准，不改顺序号和年号，当标准重版时，在标准封面上、标准编号下写明“××××年确认有效”字样。②需作修改的标准作为修订项目，列入计划。③已无存在必要的标准，予以废止。需要说明的是，行业标准虽然不是严格意义上的国家标准，但可视其为特殊的国家标准，其复审完全可以、而且应该参照该《国家标准管理办法》。

4. 规范产品标准结构 除某些特殊的品质特征外，衡量果品品质的基本要素是完全相同的。这就要求除某些特殊要求外，不同果品的产品标准，其对品质的基本要求应保持一致。正是基于这一理念，UNECE制定了专门的《新鲜水果和蔬菜标准布局》（Standard Layout for UNECE Standards on Fresh Fruit and Vegetables）和《干及干制品标准布局》（Standard Layout for UNECE Standards on Dry and Dried Produce），为该组织统一和规范干鲜果品产品标准的结构和技术要求提供了重要的指导和技术手段，使得该组织制定的产品标准在布局、结构和技术要求上具有高度的一致性，在制定某具体产品标准时，只需在该文件基础上填上本产品的具体要求即可。不仅UNECE，CAC、ISO（国际标准化组织）、EU（欧盟）、美国等重要国际组织和先进国家的果品标准在标准名称和技术内容上就本组织或本国而言，也都具有高度的一致性和良好的规范性。

我国应下大力气对标准进行规范，借鉴重要国际组织和先进国家的果品标准及其体系，特别是参照UNECE的做法，制定《新鲜水果标准布局》和《果干和干果标准布局》，用以统一和规范干鲜水果产品标准的结构和技术要素，将其作为标准立项、标准制修订和标准审定的依据和指南。另外，在果品产品标准中，应将果个大小从等级指标中剥离出来，而将其作为规格指标，使果个大小成为反应果实大小的客观指标，而非衡量品质优劣的指标。

5. 加强标准应用宣贯 为促进果品标准的一致性解释（其实质是促进果品标准的应用与实施），UNECE和OECD已联合制定了草莓、鳄梨、柑橘、梨、李、芒果、猕猴桃、苹果、石榴、桃和油桃、甜瓜、鲜食葡萄、西瓜、鲜无花果、杏、樱桃、榛子（带壳榛子和榛子仁）等果品的产品标准应用手册以及应用手册标准布局《Standard Layout for UNECE Explanatory Brochures on Fresh Fruit and Vegetables（FFV）》，在各标准应用手册中，针对UNECE标准的条文，逐一给出了解读文本，有的还配置了相应的图片，以《苹果（APPLES）》（UNECE STANDARD FFV-50）为例，各个等级均针对果面色泽、品种特征果锈、损伤、缺陷、成熟度、容许度、包装中的一致性、标识等给出了图例。这种制定标准应用手册的做法非常值得我国借鉴和学习，对于有关果品的产品标准和生产技术标准尤其如此，将为标准使用者自学标准、对标准的一致性理解和标准应用奠定良好基础。另外，我国在推进果品标准实施与应用上，鉴于其良好的人员、经济和硬件基础，应将具有一定规模的果品生产经营者作为果品标准应用与实施的主体，加强标准的培训宣贯和标准应用实施的技术指导。

6. 加强标准研究工作 需做好以下两个方面的工作。一是加强队伍建设，提升工作能力。应努力培养一支既熟悉国际规则又精通国内政策、既懂标准工作和专业知识又熟悉产业情况的专家队伍。尽快分类组建果品标准制修订与研究核心团队，可设立仁果类、核果类、浆果类、柑橘类、热带和亚热带水果、坚果、干果7个核心团队，给予持续稳定的项目和经费支持，将其作为果品标准研究与制修订的核心力量，使之成为承担标准研究项目和标准制修订任务的主力军。同时，适度增加各类标准制修订项目的工作经费。另外，还要鼓励有能力的行业协会或企业参与或承担国家标准和行业标准的制定工作。二是强化基础研究，提高工作水平。要针对中国、重要国际组织、重要国家和区域组织，加强标准需求研究、标准制修订储备性研究和标准试验验证，为果品标准制修订工作提供扎实的科学依据。

附录

我国现行有效的有关果品的国家标准 326 项，包括 325 项国家标准和 1 项国家环境标准。其中，果品检验检测类标准 161 项、果品产品类标准 73 项、检疫性病虫类标准 25 项、生产管理类标准 25 项、采后物流类标准 16 项、环境安全类标准 10 项、种子苗木类标准 8 项、种质资源类标准 5 项、基础/通用类标准 3 项。

附表 15-1　果品国家标准

序号	编号	大类	小类	名称
1	GB 2760—2014	生产管理	投入品使用	食品安全国家标准　食品添加剂使用标准
2	GB 2761—2017	果品产品	安全限量	食品安全国家标准　食品中真菌毒素限量
3	GB 2762—2017	果品产品	安全限量	食品安全国家标准　食品中污染物限量
4	GB 2763—2016	果品产品	安全限量	食品安全国家标准　食品中农药最大残留限量
5	GB 3095—2012	环境安全	产地环境	环境空气质量标准
6	GB/T 5009.1—2003	检验检测	果品检测	食品卫生检验方法　理化部分　总则
7	GB 5009.3—2016	检验检测	果品检测	食品安全国家标准　食品中水分的测定
8	GB 5009.4—2016	检验检测	果品检测	食品安全国家标准　食品中灰分的测定
9	GB 5009.5—2016	检验检测	果品检测	食品安全国家标准　食品中蛋白质的测定
10	GB 5009.6—2016	检验检测	果品检测	食品安全国家标准　食品中脂肪的测定
11	GB 5009.7—2016	检验检测	果品检测	食品安全国家标准　食品中还原糖的测定
12	GB 5009.8—2016	检验检测	果品检测	食品安全国家标准　食品中果糖、葡萄糖、蔗糖、麦芽糖、乳糖的测定
13	GB 5009.9—2016	检验检测	果品检测	食品安全国家标准　食品中淀粉的测定
14	GB/T 5009.10—2003	检验检测	果品检测	植物类食品中粗纤维的测定
15	GB 5009.11—2014	检验检测	果品检测	食品安全国家标准　食品中总砷及无机砷的测定
16	GB 5009.12—2017	检验检测	果品检测	食品安全国家标准　食品中铅的测定
17	GB 5009.13—2017	检验检测	果品检测	食品安全国家标准　食品中铜的测定
18	GB 5009.14—2017	检验检测	果品检测	食品安全国家标准　食品中锌的测定
19	GB 5009.15—2014	检验检测	果品检测	食品安全国家标准　食品中镉的测定
20	GB 5009.16—2014	检验检测	果品检测	食品安全国家标准　食品中锡的测定
21	GB 5009.17—2014	检验检测	果品检测	食品安全国家标准　食品中总汞及有机汞的测定
22	GB/T 5009.18—2003	检验检测	果品检测	食品中氟的测定
23	GB/T 5009.20—2003	检验检测	果品检测	食品中有机磷农药残留量的测定
24	GB 5009.22—2016	检验检测	果品检测	食品安全国家标准　食品中黄曲霉毒素 B 族和 G 族的测定
25	GB 5009.33—2016	检验检测	果品检测	食品安全国家标准　食品中硝酸盐和亚硝酸盐的测定
26	GB 5009.34—2016	检验检测	果品检测	食品安全国家标准　食品中二氧化硫的测定
27	GB/T 5009.38—2003	检验检测	果品检测	蔬菜、水果卫生标准的分析方法
28	GB 5009.44—2016	检验检测	果品检测	食品安全国家标准　食品中氯化物的测定
29	GB 5009.82—2016	检验检测	果品检测	食品安全国家标准　食品中维生素 A、D、E 的测定
30	GB 5009.83—2016	检验检测	果品检测	食品安全国家标准　食品中胡萝卜素的测定
31	GB 5009.84—2016	检验检测	果品检测	食品安全国家标准　食品中维生素 B_1 的测定

（续）

序号	编号	大类	小类	名称
32	GB 5009.85—2016	检验检测	果品检测	食品安全国家标准　食品中维生素 B_2 的测定
33	GB 5009.86—2016	检验检测	果品检测	食品安全国家标准　食品中抗坏血酸的测定
34	GB 5009.87—2016	检验检测	果品检测	食品安全国家标准　食品中磷的测定
35	GB 5009.88—2014	检验检测	果品检测	食品安全国家标准　食品中膳食纤维的测定
36	GB 5009.89—2016	检验检测	果品检测	食品安全国家标准　食品中烟酸和烟酰胺的测定
37	GB 5009.90—2016	检验检测	果品检测	食品安全国家标准　食品中铁的测定
38	GB 5009.91—2017	检验检测	果品检测	食品安全国家标准　食品中钾、钠的测定
39	GB 5009.92—2016	检验检测	果品检测	食品安全国家标准　食品中钙的测定
40	GB 5009.93—2017	检验检测	果品检测	食品安全国家标准　食品中硒的测定
41	GB 5009.94—2012	检验检测	果品检测	食品安全国家标准　植物性食品中稀土元素的测定
42	GB/T 5009.102—2003	检验检测	果品检测	植物性食品中辛硫磷农药残留量的测定
43	GB/T 5009.106—2003	检验检测	果品检测	植物性食品中二氯苯醚菊酯残留量的测定
44	GB/T 5009.107—2003	检验检测	果品检测	植物性食品中二嗪磷残留量的测定
45	GB/T 5009.109—2003	检验检测	果品检测	柑橘中水胺硫磷残留量的测定
46	GB/T 5009.112—2003	检验检测	果品检测	大米和柑橘中喹硫磷残留量的测定
47	GB 5009.123—2014	检验检测	果品检测	食品安全国家标准　食品中铬的测定
48	GB 5009.124—2016	检验检测	果品检测	食品安全国家标准　食品中氨基酸的测定
49	GB/T 5009.126—2003	检验检测	果品检测	植物性食品中三唑酮残留量的测定
50	GB/T 5009.129—2003	检验检测	果品检测	水果中乙氧基喹残留量的测定
51	GB/T 5009.135—2003	检验检测	果品检测	植物性食品中灭幼脲残留量的测定
52	GB 5009.137—2016	检验检测	果品检测	食品安全国家标准　食品中锑的测定
53	GB 5009.138—2017	检验检测	果品检测	食品安全国家标准　食品中镍的测定
54	GB/T 5009.143—2003	检验检测	果品检测	蔬菜、水果、食用油中双甲脒残留量的测定
55	GB/T 5009.146—2008	检验检测	果品检测	植物性食品中有机氯和拟除虫菊酯类农药多种残留量的测定
56	GB/T 5009.147—2003	检验检测	果品检测	植物性食品中除虫脲残留量的测定
57	GB/T 5009.151—2003	检验检测	果品检测	食品中锗的测定
58	GB 5009.153—2016	检验检测	果品检测	食品安全国家标准　植物性食品中植酸的测定
59	GB 5009.154—2016	检验检测	果品检测	食品安全国家标准　食品中维生素 B_6 的测定
60	GB 5009.157—2016	检验检测	果品检测	食品安全国家标准　食品中有机酸的测定
61	GB/T 5009.160—2003	检验检测	果品检测	水果中单甲脒残留量的测定
62	GB/T 5009.173—2003	检验检测	果品检测	梨果类、柑橘类水果中噻螨酮残留量的测定
63	GB/T 5009.176—2003	检验检测	果品检测	茶叶、水果、食用植物油中三氯杀螨醇残留量的测定
64	GB/T 5009.188—2003	检验检测	果品检测	蔬菜、水果中甲基托布津、多菌灵的测定
65	GB/T 5009.201—2003	检验检测	果品检测	梨中烯唑醇残留量的测定
66	GB 5009.210—2016	检验检测	果品检测	食品安全国家标准　食品中泛酸的测定
67	GB/T 5009.218—2008	检验检测	果品检测	水果和蔬菜中多种农药残留量的测定
68	GB 5009.232—2016	检验检测	果品检测	食品安全国家标准　水果、蔬菜及其制品中甲酸的测定
69	GB 5009.241—2017	检验检测	果品检测	食品安全国家标准　食品中镁的测定
70	GB 5009.242—2017	检验检测	果品检测	食品安全国家标准　食品中锰的测定

（续）

序号	编号	大类	小类	名称
71	GB 5009.244—2016	检验检测	果品检测	食品安全国家标准　食品中二氧化氯的测定
72	GB 5009.256—2016	检验检测	果品检测	食品安全国家标准　食品中多种磷酸盐的测定
73	GB 5009.259—2016	检验检测	果品检测	食品安全国家标准　食品中生物素的测定
74	GB 5009.263—2016	检验检测	果品检测	食品安全国家标准　食品中阿斯巴甜和阿力甜的测定
75	GB 5009.267—2016	检验检测	果品检测	食品安全国家标准　食品中碘的测定
76	GB 5009.268—2016	检验检测	果品检测	食品安全国家标准　食品中多元素的测定
77	GB 5009.271—2016	检验检测	果品检测	食品安全国家标准　食品中邻苯二甲酸酯的测定
78	GB 5040—2003	种子苗木	种苗检疫	柑橘苗木产地检疫规程
79	GB 5084—2005	环境安全	产地环境	农田灌溉水质标准
80	GB/T 5835—2009	果品产品	产品质量	干制红枣
81	GB/T 8210—2011	检验检测	果品检验	柑橘鲜果检验方法
82	GB/T 8321.1—2000	生产管理	投入品使用	农药合理使用准则（一）
83	GB/T 8321.2—2000	生产管理	投入品使用	农药合理使用准则（二）
84	GB/T 8321.3—2000	生产管理	投入品使用	农药合理使用准则（三）
85	GB/T 8321.4—2006	生产管理	投入品使用	农药合理使用准则（四）
86	GB/T 8321.5—2006	生产管理	投入品使用	农药合理使用准则（五）
87	GB/T 8321.6—2000	生产管理	投入品使用	农药合理使用准则（六）
88	GB/T 8321.7—2002	生产管理	投入品使用	农药合理使用准则（七）
89	GB/T 8321.8—2007	生产管理	投入品使用	农药合理使用准则（八）
90	GB/T 8321.9—2009	生产管理	投入品使用	农药合理使用准则（九）
91	GB 8370—2009	种子苗木	种苗检疫	苹果苗木产地检疫规程
92	GB/T 8559—2008	采后物流	储运	苹果冷藏技术
93	GB/T 8855—2008	检验检测	果品检测	新鲜水果和蔬菜　取样方法
94	GB/T 9659—2008	种子苗木	种苗产品	柑橘嫁接苗
95	GB/T 9827—1988	果品产品	产品质量	香蕉
96	GB/T 9829—2008	采后物流	储运	水果和蔬菜　冷库中物理条件　定义和测量
97	GB 9847—2003	种子苗木	种苗产品	苹果苗木
98	GB/T 10467—1989	检验检测	果品检测	水果和蔬菜产品中挥发性酸度的测定方法
99	GB/T 10468—1989	检验检测	果品检测	水果和蔬菜产品 pH 的测定方法
100	GB/T 10470—2008	检验检测	果品检测	速冻水果和蔬菜矿物杂质测定方法
101	GB/T 10471—2008	检验检测	果品检测	速冻水果和蔬菜　净重测定方法
102	GB/T 10650—2008	果品产品	产品质量	鲜梨
103	GB/T 10651—2008	果品产品	产品质量	鲜苹果
104	GB/T 12456—2008	检验检测	果品检测	食品中总酸的测定
105	GB/T 12943—2007	种子苗木	种苗检疫	苹果无病毒母本树和苗木检疫规程
106	GB/T 12947—2008	果品产品	产品质量	鲜柑橘
107	GB/T 13607—1992	采后物流	包装	苹果、柑橘包装
108	GB/T 13867—1992	果品产品	产品质量	鲜枇杷果
109	GB/T 14553—2003	检验检测	果品检测	粮食、水果和蔬菜中有机磷农药测定的气相色谱法

（续）

序号	编号	大类	小类	名称
110	GB 14883.1—2016	检验检测	果品检测	食品安全国家标准 食品中放射性物质检验 总则
111	GB 14883.2—2016	检验检测	果品检测	食品安全国家标准 食品中放射性物质氢-3的测定
112	GB 14883.3—2016	检验检测	果品检测	食品安全国家标准 食品中放射性物质锶-89和锶-90的测定
113	GB 14883.4—2016	检验检测	果品检测	食品安全国家标准 食品中放射性物质钷-147的测定
114	GB 14883.5—2016	检验检测	果品检测	食品安全国家标准 食品中放射性物质钋-210的测定
115	GB 14883.6—2016	检验检测	果品检测	食品安全国家标准 食品中放射性物质镭-226和镭-228的测定
116	GB 14883.7—2016	检验检测	果品检测	食品安全国家标准 食品中放射性物质天然钍和铀的测定
117	GB 14883.8—2016	检验检测	果品检测	食品安全国家标准 食品中放射性物质钚-239、钚-240的测定
118	GB 14883.9—2016	检验检测	果品检测	食品安全国家标准 食品中放射性物质碘-131的测定
119	GB 14883.10—2016	检验检测	果品检测	食品安全国家标准 食品中放射性物质铯-137的测定
120	GB 14891.5—1997	果品产品	产品卫生	辐照新鲜水果、蔬菜类卫生标准
121	GB/T 15034—2009	采后物流	储运	芒果 储藏导则
122	GB 15618—1995	环境安全	产地环境	土壤环境质量标准
123	GB 16325—2005	果品产品	产品卫生	干果食品卫生标准
124	GB/T 16862—2008	采后物流	储运	鲜食葡萄冷藏技术
125	GB/T 17479—1998	采后物流	储运	杏冷藏
126	GB/T 18010—1999	果品产品	产品质量	腰果仁 规格
127	GB/T 18525.4—2001	采后物流	储运	枸杞干、葡萄干辐照杀虫工艺
128	GB/T 18627—2002	检验检测	果品检测	食品中八甲磷残留量的测定
129	GB/T 18628—2002	检验检测	果品检测	食品中乙滴涕残留量的测定
130	GB/T 18629—2002	检验检测	果品检测	食品中扑草净残留量的测定
131	GB/T 18672—2014	果品产品	产品质量	枸杞
132	GB/T 18740—2008	果品产品	产品质量	地理标志产品 黄骅冬枣
133	GB/T 18846—2008	果品产品	产品质量	地理标志产品 沾化冬枣
134	GB/T 18965—2008	果品产品	产品质量	地理标志产品 烟台苹果
135	GB/T 19051—2008	果品产品	产品质量	地理标志产品 南丰蜜桔
136	GB/T 19116—2003	生产管理	生产栽培	枸杞栽培技术规程
137	GB 19174—2010	种子苗木	种苗产品	猕猴桃苗木
138	GB 19175—2010	种子苗木	种苗产品	桃苗木
139	GB 19300—2014	果品产品	产品质量	坚果与籽类食品
140	GB/T 19332—2008	果品产品	产品质量	地理标志产品 常山胡柚
141	GB/T 19505—2008	果品产品	产品质量	地理标志产品 露水河红松籽仁
142	GB/T 19557.8—2004	种质资源	品种测试	植物新品种特异性、一致性和稳定性测试指南 李
143	GB/T 19585—2008	果品产品	产品质量	地理标志产品 吐鲁番葡萄
144	GB/T 19586—2008	果品产品	产品质量	地理标志产品 吐鲁番葡萄干
145	GB/T 19690—2008	果品产品	产品质量	地理标志产品 余姚杨梅
146	GB/T 19697—2008	果品产品	产品质量	地理标志产品 黄岩蜜桔
147	GB/T 19742—2008	果品产品	产品质量	地理标志产品 宁夏枸杞
148	GB/T 19859—2005	果品产品	产品质量	地理标志产品 库尔勒香梨

（续）

序号	编号	大类	小类	名称
149	GB/T 19908—2005	果品产品	产品质量	地理标志产品　塘栖枇杷
150	GB/T 19909—2005	果品产品	产品质量	地理标志产品　建瓯锥栗
151	GB/T 19958—2005	果品产品	产品质量	地理标志产品　鞍山南果梨
152	GB/T 19970—2005	果品产品	产品质量	无核白葡萄
153	GB/T 20014.5—2013	生产管理	良好规范	良好农业规范　第5部分：水果和蔬菜控制点与符合性规范
154	GB/T 20355—2006	果品产品	产品质量	地理标志产品　赣南脐橙
155	GB/T 20357—2006	果品产品	产品质量	地理标志产品　永福罗汉果
156	GB/T 20397—2006	果品产品	产品质量	银杏种核质量等级
157	GB/T 20398—2006	果品产品	产品质量	核桃坚果质量等级
158	GB/T 20452—2006	果品产品	产品质量	仁用杏杏仁质量等级
159	GB/T 20453—2006	果品产品	产品质量	柿子产品质量等级
160	GB/T 20496—2006	检疫性病虫	疫情监测	进口葡萄苗木疫情监测规程
161	GB/T 20559—2006	果品产品	产品质量	地理标志产品　永春芦柑
162	GB/T 20769—2008	检验检测	果品检测	水果和蔬菜中450种农药及相关化学品残留量的测定　液相色谱-串联质谱法
163	GB/T 21142—2007	果品产品	产品质量	地理标志产品　泰兴白果
164	GB/T 21488—2006	果品产品	产品质量	脐橙
165	GB/T 22165—2008	果品产品	产品质量	坚果炒货食品通则
166	GB/T 22243—2008	检验检测	果品检测	大米、蔬菜、水果中氯氟吡氧乙酸残留量的测定
167	GB/T 22345—2008	果品产品	产品质量	鲜枣质量等级
168	GB/T 22346—2008	果品产品	产品质量	板栗质量等级
169	GB/T 22439—2008	果品产品	产品质量	地理标志产品　寻乌蜜桔
170	GB/T 22440—2008	果品产品	产品质量	地理标志产品　琼中绿橙
171	GB/T 22441—2008	果品产品	产品质量	地理标志产品　丁岙杨梅
172	GB/T 22442—2008	果品产品	产品质量	地理标志产品　瓯柑
173	GB/T 22444—2008	果品产品	产品质量	地理标志产品　昌平苹果
174	GB/T 22445—2008	果品产品	产品质量	地理标志产品　房山磨盘柿
175	GB/T 22446—2008	果品产品	产品质量	地理标志产品　大兴西瓜
176	GB/T 22738—2008	果品产品	产品质量	地理标志产品　尤溪金柑
177	GB/T 22740—2008	果品产品	产品质量	地理标志产品　灵宝苹果
178	GB/T 22741—2008	果品产品	产品质量	地理标志产品　灵宝大枣
179	GB 23200.3—2016	检验检测	果品检测	食品安全国家标准　除草剂残留量检测方法　第3部分：液相色谱-质谱/质谱法测定　食品中环己酮类除草剂残留量
180	GB 23200.4—2016	检验检测	果品检测	食品安全国家标准　除草剂残留量检测方法　第4部分：气相色谱-质谱/质谱法测定　食品中芳氧苯氧丙酸酯类除草剂残留量
181	GB 23200.5—2016	检验检测	果品检测	食品安全国家标准　除草剂残留量检测方法　第5部分：液相色谱-质谱/质谱法测定　食品中硫代氨基甲酸酯类除草剂残留量
182	GB 23200.6—2016	检验检测	果品检测	食品安全国家标准　除草剂残留量检测方法　第6部分：液相色谱-质谱/质谱法测定　食品中杀草强残留量
183	GB 23200.7—2016	检验检测	果品检测	食品安全国家标准　蜂蜜、果汁和果酒中497种农药及相关化学品残留量的测定　气相色谱-质谱法

（续）

序号	编号	大类	小类	名称
184	GB 23200.8—2016	检验检测	果品检测	食品安全国家标准　水果和蔬菜中500种农药及相关化学品残留量的测定　气相色谱-质谱法
185	GB 23200.10—2016	检验检测	果品检测	食品安全国家标准　桑枝、金银花、枸杞子和荷叶中488种农药及相关化学品残留量的测定　气相色谱-质谱法
186	GB 23200.11—2016	检验检测	果品检测	食品安全国家标准　桑枝、金银花、枸杞子和荷叶中413种农药及相关化学品残留量的测定　液相色谱-质谱法
187	GB 23200.14—2016	检验检测	果品检测	食品安全国家标准　果蔬汁和果酒中512种农药及相关化学品残留量的测定　液相色谱-质谱法
188	GB 23200.16—2016	检验检测	果品检测	食品安全国家标准　水果和蔬菜中乙烯利残留量的测定　气相色谱法
189	GB 23200.17—2016	检验检测	果品检测	食品安全国家标准　水果和蔬菜中噻菌灵残留量的测定　液相色谱法
190	GB 23200.19—2016	检验检测	果品检测	食品安全国家标准　水果和蔬菜中阿维菌素残留量的测定　液相色谱法
191	GB 23200.20—2016	检验检测	果品检测	食品安全国家标准　食品中阿维菌素残留量的测定　液相色谱-质谱/质谱法
192	GB 23200.21—2016	检验检测	果品检测	食品安全国家标准　水果中赤霉酸残留量的测定　液相色谱-质谱/质谱法
193	GB 23200.22—2016	检验检测	果品检测	食品安全国家标准　坚果及坚果制品中抑芽丹残留量的测定　液相色谱法
194	GB 23200.23—2016	检验检测	果品检测	食品安全国家标准　食品中地乐酚残留量的测定　液相色谱-质谱/质谱法
195	GB 23200.25—2016	检验检测	果品检测	食品安全国家标准　水果中噁草酮残留量的检测方法
196	GB 23200.27—2016	检验检测	果品检测	食品安全国家标准　水果中4,6-二硝基邻甲酚残留量的测定　气相色谱-质谱法
197	GB 23200.28—2016	检验检测	果品检测	食品安全国家标准　食品中多种醚类除草剂残留量的测定　气相色谱-质谱法
198	GB 23200.29—2016	检验检测	果品检测	食品安全国家标准　水果和蔬菜中唑螨酯残留量的测定　液相色谱法
199	GB 23200.30—2016	检验检测	果品检测	食品安全国家标准　食品中环氟菌胺残留量的测定　气相色谱-质谱法
200	GB 23200.31—2016	检验检测	果品检测	食品安全国家标准　食品中丙炔氟草胺残留量的测定　气相色谱-质谱法
201	GB 23200.32—2016	检验检测	果品检测	食品安全国家标准　食品中丁酰肼残留量的测定　气相色谱-质谱法
202	GB 23200.35—2016	检验检测	果品检测	食品安全国家标准　植物源性食品中取代脲类农药残留量的测定　液相色谱-质谱法
203	GB 23200.36—2016	检验检测	果品检测	食品安全国家标准　植物源性食品中氯氟吡氧乙酸、氟硫草定、氟吡草腙和噻唑烟酸除草剂残留量的测定　液相色谱-质谱/质谱法
204	GB 23200.38—2016	检验检测	果品检测	食品安全国家标准　植物源性食品中环己烯酮类除草剂残留量的测定　液相色谱-质谱/质谱法
205	GB 23200.39—2016	检验检测	果品检测	食品安全国家标准　食品中噻虫嗪及其代谢物噻虫胺残留量的测定　液相色谱-质谱/质谱法
206	GB 23200.41—2016	检验检测	果品检测	食品安全国家标准　食品中噻节因残留量的检测方法
207	GB 23200.45—2016	检验检测	果品检测	食品安全国家标准　食品中除虫脲残留量的测定　液相色谱-质谱法
208	GB 23200.46—2016	检验检测	果品检测	食品安全国家标准　食品中嘧霉胺、嘧菌胺、腈菌唑、嘧菌酯残留量的测定　气相色谱-质谱法
209	GB 23200.47—2016	检验检测	果品检测	食品安全国家标准　食品中四螨嗪残留量的测定　气相色谱-质谱法

（续）

序号	编号	大类	小类	名称
210	GB 23200.49—2016	检验检测	果品检测	食品安全国家标准　食品中苯醚甲环唑残留量的测定　气相色谱-质谱法
211	GB 23200.50—2016	检验检测	果品检测	食品安全国家标准　食品中吡啶类农药残留量的测定　液相色谱-质谱/质谱法
212	GB 23200.51—2016	检验检测	果品检测	食品安全国家标准　食品中呋虫胺残留量的测定　液相色谱-质谱/质谱法
213	GB 23200.52—2016	检验检测	果品检测	食品安全国家标准　食品中嘧菌环胺残留量的测定　气相色谱-质谱法
214	GB 23200.53—2016	检验检测	果品检测	食品安全国家标准　食品中氟硅唑残留量的测定　气相色谱-质谱法
215	GB 23200.54—2016	检验检测	果品检测	食品安全国家标准　食品中甲氧基丙烯酸酯类杀菌剂残留量的测定　气相色谱-质谱法
216	GB 23200.56—2016	检验检测	果品检测	食品安全国家标准　食品中喹氧灵残留量的检测方法
217	GB 23200.57—2016	检验检测	果品检测	食品安全国家标准　食品中乙草胺残留量的检测方法
218	GB 23200.58—2016	检验检测	果品检测	食品安全国家标准　食品中氯酯磺草胺残留量的测定　液相色谱-质谱/质谱法
219	GB 23200.59—2016	检验检测	果品检测	食品安全国家标准　食品中敌草腈残留量的测定　气相色谱-质谱法
220	GB 23200.60—2016	检验检测	果品检测	食品安全国家标准　食品中炔草酯残留量的检测方法
221	GB 23200.61—2016	检验检测	果品检测	食品安全国家标准　食品中苯胺灵残留量的测定　气相色谱-质谱法
222	GB 23200.62—2016	检验检测	果品检测	食品安全国家标准　食品中氟烯草酸残留量的测定　气相色谱-质谱法
223	GB 23200.63—2016	检验检测	果品检测	食品安全国家标准　食品中噻酰菌胺残留量的测定　液相色谱-质谱/质谱法
224	GB 23200.64—2016	检验检测	果品检测	食品安全国家标准　食品中吡丙醚残留量的测定　液相色谱-质谱/质谱法
225	GB 23200.65—2016	检验检测	果品检测	食品安全国家标准　食品中四氟醚唑残留量的检测方法
226	GB 23200.66—2016	检验检测	果品检测	食品安全国家标准　食品中吡螨胺残留量的测定　气相色谱-质谱法
227	GB 23200.67—2016	检验检测	果品检测	食品安全国家标准　食品中炔苯酰草胺残留量的测定　气相色谱-质谱法
228	GB 23200.68—2016	检验检测	果品检测	食品安全国家标准　食品中啶酰菌胺残留量的测定　气相色谱-质谱法
229	GB 23200.69—2016	检验检测	果品检测	食品安全国家标准　食品中二硝基苯胺类农药残留量的测定　液相色谱-质谱/质谱法
230	GB 23200.70—2016	检验检测	果品检测	食品安全国家标准　食品中三氟羧草醚残留量的测定　液相色谱-质谱/质谱法
231	GB 23200.71—2016	检验检测	果品检测	食品安全国家标准　食品中二缩甲酰亚胺类农药残留量的测定　气相色谱-质谱法
232	GB 23200.72—2016	检验检测	果品检测	食品安全国家标准　食品中苯酰胺类农药残留量的测定　气相色谱-质谱法
233	GB 23200.73—2016	检验检测	果品检测	食品安全国家标准　食品中鱼藤酮和印楝素残留量的测定　液相色谱-质谱/质谱法
234	GB 23200.74—2016	检验检测	果品检测	食品安全国家标准　食品中井冈霉素残留量的测定　液相色谱-质谱/质谱法
235	GB 23200.75—2016	检验检测	果品检测	食品安全国家标准　食品中氟啶虫酰胺残留量的检测方法
236	GB 23200.76—2016	检验检测	果品检测	食品安全国家标准　食品中氟苯虫酰胺残留量的测定　液相色谱-质谱/质谱法
237	GB 23200.77—2016	检验检测	果品检测	食品安全国家标准　食品中苄螨醚残留量的检测方法

（续）

序号	编号	大类	小类	名称
238	GB 23200.83—2016	检验检测	果品检测	食品安全国家标准　食品中异稻瘟净残留量的检测方法
239	GB 23200.93—2016	检验检测	果品检测	食品安全国家标准　食品中有机磷农药残留量的测定　气相色谱-质谱法
240	GB/T 23234—2009	果品产品	产品质量	中国沙棘果实质量等级
241	GB/T 23244—2009	采后物流	储运	水果和蔬菜　气调储藏技术规范
242	GB/T 23349—2009	环境安全	投入品	肥料中砷、镉、铅、铬、汞生态指标
243	GB/T 23351—2009	基础/通用	词汇	新鲜水果和蔬菜　词汇
244	GB/T 23352—2009	果品产品	产品质量	苹果干技术规格和实验方法
245	GB/T 23353—2009	果品产品	产品质量	梨干技术规格和实验方法
246	GB/T 23372—2009	检验检测	果品检测	食品中无机砷的测定　液相色谱-电感耦合等离子体质谱法
247	GB/T 23379—2009	检验检测	果品检测	水果、蔬菜及茶叶中吡虫啉残留的测定　高效液相色谱法
248	GB/T 23380—2009	检验检测	果品检测	水果、蔬菜中多菌灵残留的测定　高效液相色谱法
249	GB/T 23398—2009	果品产品	产品质量	地理标志产品　哈密瓜
250	GB/T 23401—2009	果品产品	产品质量	地理标志产品　延川红枣
251	GB/T 23584—2009	检验检测	果品检测	水果、蔬菜中啶虫脒残留量的测定　液相色谱-串联质谱法
252	GB/T 23616—2009	果品产品	产品质量	加工用苹果分级
253	GB/T 23619—2009	检疫性病虫	疫情监测	柑橘小实蝇疫情监测规程
254	GB/T 23622—2009	种子苗木	种苗检疫	香蕉种苗产地检疫规程
255	GB/T 23631—2009	环境安全	非疫区建立	实蝇非疫区建立的要求
256	GB/T 23750—2009	检验检测	果品检测	植物性产品中草甘膦残留量的测定　气相色谱-质谱法
257	GB/T 24306—2009	果品产品	产品质量	红松种仁
258	GB/T 24307—2009	果品产品	产品质量	山核桃产品质量等级
259	GB/T 24691—2009	环境安全	投入品	果蔬清洗剂
260	GB/T 24831—2009	检疫性病虫	病虫检疫	香蕉穿孔线虫检疫鉴定方法
261	GB/T 24884—2010	种质资源	品种测试	植物新品种特异性、一致性、稳定性测试指南　梅
262	GB/T 24886—2010	种质资源	品种测试	植物新品种特异性、一致性、稳定性测试指南　榛属
263	GB/T 25393—2010	环境安全	投入品	葡萄栽培和葡萄酒酿制设备　葡萄收获机试验方法
264	GB/T 25419—2010	环境安全	投入品	气动果树剪枝机
265	GB/T 25870—2010	采后物流	储运	甜瓜　冷藏和冷藏运输
266	GB/T 26150—2010	果品产品	产品质量	免洗红枣
267	GB/T 26430—2010	基础/通用	术语	水果和蔬菜　形态学和结构学术语
268	GB/T 26532—2011	果品产品	产品质量	地理标志产品　慈溪杨梅
269	GB/T 26534—2011	生产管理	生产栽培	山杏封沙育林技术规程
270	GB/Z 26575—2011	生产管理	生产栽培	草莓生产技术规范
271	GB/Z 26579—2011	生产管理	生产栽培	冬枣生产技术规范
272	GB/Z 26580—2011	生产管理	生产栽培	柑橘生产技术规范
273	GB/T 26901—2011	采后物流	储运	李储藏技术规程
274	GB/T 26904—2011	采后物流	储运	桃储藏技术规程
275	GB/T 26905—2011	采后物流	储运	杏储藏技术规程
276	GB/T 26906—2011	果品产品	产品质量	樱桃质量等级

（续）

序号	编号	大类	小类	名称
277	GB/T 26908—2011	采后物流	储运	枣储藏技术规程
278	GB/T 26909—2011	种质资源	品种测试	植物新品种特异性、一致性、稳定性测试指南　核桃属
279	GB/T 27633—2011	果品产品	产品质量	琯溪蜜柚
280	GB/T 27657—2011	果品产品	产品质量	树莓
281	GB/T 27658—2011	果品产品	产品质量	蓝莓
282	GB/T 27659—2011	果品产品	产品质量	无籽西瓜分等分级
283	GB/T 27959—2011	生产管理	生产栽培	南方水稻、油菜和柑橘低温灾害
284	GB/T 28062—2011	生产管理	病虫防治	柑橘黄龙病菌实时荧光 PCR 检测方法
285	GB/T 28065—2011	生产管理	病虫防治	地中海实蝇生物芯片检测方法
286	GB/T 28068—2011	生产管理	病虫防治	柑橘溃疡病菌实时荧光 PCR 检测方法
287	GB/T 28072—2011	检疫性病虫	病虫检疫	梨黑斑病菌检疫鉴定方法
288	GB/T 28074—2011	检疫性病虫	病虫检疫	苹果蠹蛾检疫鉴定方法
289	GB/T 28094—2011	检疫性病虫	病虫检疫	芒果细菌性黑斑病菌检疫鉴定方法
290	GB/T 28097—2011	检疫性病虫	病虫检疫	苹果黑星病菌检疫鉴定方法
291	GB/T 28107—2011	检疫性病虫	病虫检疫	枣大球蚧检疫鉴定方法
292	GB/T 28976—2012	检疫性病虫	病虫检疫	草莓潜隐环斑病毒检疫鉴定方法
293	GB/T 28984—2012	检疫性病虫	病虫检疫	香蕉苞片花叶病毒检疫鉴定方法
294	GB/T 29370—2012	果品产品	产品质量	柠檬
295	GB/T 29373—2012	生产管理	质量控制	农产品追溯要求　果蔬
296	GB/T 29393—2012	检疫性病虫	病虫检疫	柑橘黄龙病菌的检疫检测与鉴定
297	GB/T 29394—2012	检疫性病虫	病虫检疫	柑橘溃疡病菌的检疫检测与鉴定
298	GB/T 29395—2012	检疫性病虫	病虫检疫	鳄梨象检疫鉴定方法
299	GB/T 29397—2012	检疫性病虫	病虫检疫	香蕉枯萎病菌 4 号小种检疫检测与鉴定
300	GB/T 29429—2012	检疫性病虫	病虫检疫	草莓角斑病菌检疫鉴定方法
301	GB/T 29572—2013	果品产品	产品质量	桑葚（桑果）
302	GB/T 29586—2013	检疫性病虫	病虫检疫	苹果绵蚜检疫鉴定方法
303	GB/T 29647—2013	生产管理	良好规范	坚果与籽类炒货食品良好生产规范
304	GB/T 29891—2013	环境安全	投入品	荔枝、龙眼干燥设备　技术条件
305	GB/T 29892—2013	环境安全	投入品	荔枝、龙眼干燥设备　试验方法
306	GB/T 30362—2013	种质资源	品种测试	植物新品种特异性、一致性、稳定性测试指南　杏
307	GB/T 30761—2014	果品产品	产品质量	扁桃仁
308	GB/T 31273—2014	生产管理	果品加工	速冻水果和速冻蔬菜生产管理规范
309	GB/T 31735—2015	果品产品	产品质量	龙眼
310	GB/T 31739—2015	采后物流	购销	农产品购销基本信息描述　仁果类
311	GB/T 31800—2015	检疫性病虫	病虫检疫	李痘病毒检疫鉴定方法
312	GB/T 31804—2015	检疫性病虫	病虫检疫	苹果锈果类病毒检疫鉴定方法
313	GB/T 32714—2016	果品产品	产品质量	冬枣
314	GB/T 32717—2016	检疫性病虫	病虫检疫	番木瓜长尾实蝇检疫鉴定方法
315	GB/T 33019—2016	检疫性病虫	病虫检疫	桃树细菌性溃疡病菌检疫鉴定方法

（续）

序号	编号	大类	小类	名称
316	GB/T 33020—2016	检疫性病虫	病虫检疫	苹果瘿蚊检疫鉴定方法
317	GB/T 33036—2016	生产管理	病虫防治	香蕉穿孔线虫监测规范
318	GB/T 33038—2016	生产管理	病虫防治	苹果蠹蛾防控技术规程
319	GB/T 33114—2016	检疫性病虫	病虫检疫	李属坏死环斑病毒检疫鉴定方法
320	GB/T 33118—2016	检疫性病虫	病虫检疫	李叶蜂检疫鉴定方法
321	GB/T 33119—2016	检疫性病虫	病虫检疫	葡萄藤猝倒病菌检疫鉴定方法
322	GB/T 33120—2016	检疫性病虫	病虫检疫	梨疱状溃疡类病毒检疫鉴定方法
323	GB/T 33129—2016	采后物流	储运	新鲜水果、蔬菜包装和冷链运输通用操作规程
324	GB/T 33470—2016	果品产品	产品质量	金橘
325	GB/T 34256—2017	采后物流	购销	农产品购销基本信息描述　热带和亚热带水果类
326	HJ/T 80—2001	基础/通用	通用要求	有机食品技术规范

现行有效的有关果品的行业标准836项，分属农业行业标准（427项）、出入境检验检疫行业标准（269项）、林业行业标准（96项）、国内贸易行业标准（27项）、气象行业标准（8项）、机械行业标准（4项）、供销合作行业标准（1项）、轻工行业标准（3项）和水利行业标准（1项）。其中，检验检测类标准170项、果品产品类标准118项、检疫性病虫类标准140项、生产管理类标准168项、采后物流类标准39项、环境安全类标准24项、种子苗木类标准59项、种质资源类标准110项、基础/通用类标准8项。

附表15-2　果品行业标准

序号	编号	大类	小类	名称
1	GH/T 1029—2002	果品产品	产品质量	板栗
2	JB/T 11906—2014	环境安全	投入品	板栗脱蓬机
3	JB/T 12027—2014	环境安全	投入品	核桃青皮脱皮机
4	JB/T 12443—2015	环境安全	投入品	滚杠式干果分级机
5	JB/T 12823—2016	环境安全	投入品	核桃破壳机
6	LY/T 1329—1999	生产管理	生产栽培	核桃丰产与坚果品质
7	LY/T 1337—2017	生产管理	生产栽培	板栗优质丰产栽培技术规程
8	LY/T 1497—2017	生产管理	生产栽培	枣优质丰产栽培技术规程
9	LY/T 1532—1999	果品产品	产品质量	油橄榄鲜果
10	LY/T 1558—2017	生产管理	生产栽培	仁用杏优质丰产栽培技术规程
11	LY/T 1629—2005	生产管理	生产栽培	红松果林丰产技术规程
12	LY/T 1650—2005	果品产品	产品质量	榛子坚果　平榛、平欧杂种榛
13	LY/T 1661—2006	生产管理	生产栽培	木瓜栽培技术规程
14	LY/T 1674—2006	采后物流	储运	板栗储藏保鲜技术规程
15	LY/T 1677—2006	生产管理	生产栽培	杏树保护地丰产栽培技术规程
16	LY/T 1702—2007	生产管理	生产栽培	石榴栽培技术规程
17	LY/T 1741—2008	果品产品	产品质量	酸角果实
18	LY/T 1747—2008	果品产品	产品质量	杨梅质量等级
19	LY/T 1748—2008	生产管理	生产栽培	樱桃李栽培技术规程

（续）

序号	编号	大类	小类	名称
20	LY/T 1750—2008	生产管理	生产栽培	巴旦木（扁桃）生产技术规程
21	LY/T 1768—2008	果品产品	产品质量	山核桃产品质量要求
22	LY/T 1773—2008	果品产品	产品质量	香榧籽质量要求
23	LY/T 1774—2008	生产管理	生产栽培	香榧栽培技术规程
24	LY/T 1780—2008	果品产品	产品质量	干制红枣质量等级
25	LY/T 1781—2008	采后物流	储运	甜樱桃储藏保鲜技术规程
26	LY/T 1782—2008	果品产品	产品质量	无公害干果
27	LY/T 1841—2009	采后物流	储运	猕猴桃储藏技术规程
28	LY/T 1851—2009	种质资源	品种测试	植物新品种特异性、一致性、稳定性测试指南　板栗
29	LY/T 1870—2010	种质资源	品种测试	植物新品种特异性、一致性、稳定性测试指南　柿
30	LY/T 1883—2010	种子苗木	种苗繁育	核桃优良品种育苗技术规程
31	LY/T 1884—2010	生产管理	生产栽培	核桃优良品种丰产栽培管理技术规程
32	LY/T 1886—2010	种子苗木	种苗产品	柿苗木
33	LY/T 1887—2010	生产管理	生产栽培	柿栽培技术规程
34	LY/T 1893—2010	种子苗木	种苗繁育	石榴苗木培育技术规程
35	LY/T 1909—2010	生产管理	生产栽培	美国黑核桃栽培技术规程
36	LY/T 1920—2010	果品产品	产品质量	梨枣
37	LY/T 1921—2010	果品产品	产品质量	红松松籽
38	LY/T 1922—2010	果品产品	产品质量	核桃仁
39	LY/T 1937—2011	种子苗木	种苗产品	油橄榄苗木质量等级
40	LY/T 1940—2011	生产管理	生产栽培	果用香榧栽培技术规程
41	LY/T 1941—2011	生产管理	生产栽培	美国山核桃栽培技术规程
42	LY/T1943—2011	生产管理	生产栽培	文冠果栽培技术规程
43	LY/T 1963—2011	果品产品	产品质量	澳洲坚果果仁
44	LY/T 1964—2011	果品产品	产品质量	酸枣
45	LY/T 2023—2012	检疫性病虫	病虫检疫	枣实蝇检疫技术规程
46	LY/T 2035—2012	生产管理	生产栽培	杏李生产技术规程
47	LY/T 2036—2012	生产管理	生产栽培	油橄榄栽培技术规程
48	LY/T 2038—2012	生产管理	生产栽培	橄榄丰产栽培技术规程
49	LY/T 2099—2013	种质资源	品种测试	植物新品种特异性、一致性、稳定性测试指南　枸杞属
50	LY/T 2112—2013	生产管理	病虫防治	苹果蠹蛾防治技术规程
51	LY/T 2124—2013	生产管理	生产栽培	人心果栽培技术规程
52	LY/T 2127—2013	生产管理	生产栽培	杨梅栽培技术规程
53	LY/T 2128—2013	生产管理	生产栽培	银杏栽培技术规程
54	LY/T 2129—2013	生产管理	生产栽培	甜樱桃栽培技术规程
55	LY/T 2131—2013	生产管理	生产栽培	山核桃生产技术规程
56	LY/T 2135—2013	果品产品	产品质量	石榴质量等级
57	LY/T 2190—2013	种质资源	品种测试	植物新品种特异性、一致性、稳定性测试指南　枣
58	LY/T 2201—2013	种子苗木	种苗繁育	平欧杂种榛绿枝直立压条育苗技术规程

（续）

序号	编号	大类	小类	名称
59	LY/T 2205—2013	生产管理	生产栽培	平欧杂种榛栽培技术规程
60	LY/T 2287—2014	种质资源	品种测试	植物新品种特异性、一致性和稳定性测试指南　沙棘
61	LY/T 2298—2014	种子苗木	种苗繁育	油橄榄扦插育苗技术规程
62	LY/T 2299—2014	种子苗木	种苗产品	树莓苗木质量分级
63	LY/T 2315—2014	种子苗木	种苗繁育	薄壳山核桃实生苗培育技术规程
64	LY/T 2317—2014	生产管理	规划建设	观光果园总体设计规范
65	LY/T 2323—2014	生产管理	生产栽培	花果兼用梅栽培技术规程
66	LY/T 2340—2014	果品产品	产品质量	西伯利亚杏杏仁质量等级
67	LY/T 2341—2014	检验检测	果品检测	干果生产现场检测规程
68	LY/T 2343—2014	生产管理	生产栽培	青梅生产技术规程
69	LY/T 2344—2014	生产管理	生产栽培	泡核桃栽培技术规程
70	LY/T 2353—2014	检疫性病虫	病虫检疫	枣大球蚧检疫技术规程
71	LY/T 2423—2015	检疫性病虫	病虫检疫	椰心叶甲检疫技术规程
72	LY/T 2424—2015	检疫性病虫	病虫检疫	苹果蠹蛾检疫技术规程
73	LY/T 2426—2015	种质资源	品种鉴定	枣品种鉴定技术规程　SSR 分子标记法
74	LY/T 2433—2015	种子苗木	种苗繁育	薄壳山核桃采穗圃营建技术规程
75	LY/T 2438—2015	种子苗木	种苗繁育	观赏银杏苗木繁殖技术规程
76	LY/T 2450—2015	生产管理	生产栽培	无花果栽培技术规程
77	LY/T 2452—2015	生产管理	生产栽培	接骨木栽培技术规程
78	LY/T 2462—2015	生产管理	生产栽培	蛇皮果栽培技术规程
79	LY/T 2471—2015	生产管理	生产栽培	蓝靛果忍冬栽培技术规程
80	LY/T 2475—2015	生产管理	生产栽培	越桔栽培技术规程
81	LY/T 2531—2015	种子苗木	种苗繁育	核桃育苗嫁接技术规程
82	LY/T 2535—2015	生产管理	生产栽培	南方鲜食枣栽培技术规程
83	LY/T 2599—2016	种质资源	品种测试	植物新品种特异性、一致性、稳定性测试指南　蛇葡萄属
84	LY/T 2606—2016	生产管理	病虫防治	枣实蝇防治技术规程
85	LY/T 2701—2016	种子苗木	种苗繁育	黄褐毛忍冬育苗技术规程
86	LY/T 2745—2016	种质资源	品种鉴定	仁用杏品种鉴定技术规程　SSR 分子标记法
87	LY/T 2754—2016	种子苗木	种苗繁育	无花果硬枝扦插技术规程
88	LY/T 2755—2016	生产管理	生产栽培	果桑栽培技术规程
89	LY/T 2760—2016	生产管理	生产栽培	牛心柿培育技术规程
90	LY/T 2763—2016	生产管理	生产栽培	无核君迁子培育技术规程
91	LY/T 2766—2016	种质资源	品种选育	银杏核用品种选育程序与要求
92	LY/T 2774—2016	生产管理	生产栽培	板栗生产技术规程
93	LY/T 2783—2016	种子苗木	种苗繁育	油橄榄采穗圃营建技术规程
94	LY/T 2784—2016	生产管理	生产栽培	油橄榄高接换优技术规程
95	LY/T 2785—2016	种子苗木	种苗繁育	文冠果播种育苗技术规程
96	LY/T 2804—2017	种质资源	种质资源描述	薄壳山核桃遗传资源调查编目技术规程
97	LY/T 2824—2017	生产管理	生产栽培	杏栽培技术规程

（续）

序号	编号	大类	小类	名称
98	LY/T 2825—2017	生产管理	生产栽培	枣栽培技术规程
99	LY/T 2826—2017	生产管理	生产栽培	李栽培技术规程
100	LY/T 2838—2017	生产管理	生产栽培	刺梨培育技术规程
101	LY/T 2852—2017	生产管理	病虫防治	山核桃有害生物防治技术指南
102	NY/T 60—2015	生产管理	病虫防治	桃小食心虫综合防治技术规程
103	NY/T 328—1997	种子苗木	种苗繁育	苹果无病毒苗木繁育规程
104	NY 329—2006	种子苗木	种苗产品	苹果无病毒母本树和苗木
105	NY/T 353—2012	种子苗木	种苗产品	椰子　种果和种苗
106	NY/T 354—1999	种子苗木	种苗产品	龙眼　种苗
107	NY/T 355—2014	种子苗木	种苗产品	荔枝　种苗
108	NY/T 357—2007	种子苗木	种苗产品	香蕉　组培苗
109	NY/T 361—1999	种子苗木	种苗产品	腰果　种子
110	NY/T 391—2013	环境安全	产地环境	绿色食品　产地环境质量
111	NY/T 392—2013	生产管理	投入品使用	绿色食品　食品添加剂使用准则
112	NY/T 393—2013	生产管理	投入品使用	绿色食品　农药使用准则
113	NY/T 394—2013	生产管理	投入品使用	绿色食品　肥料使用准则
114	NY/T 403—2000	种子苗木	种苗繁育	脱毒苹果母本树及苗木病毒检测技术规程
115	NY/T 406—2000	种子苗木	种苗繁育	脱毒草莓种苗病毒检测技术规程
116	NY/T 426—2012	果品产品	产品质量	绿色食品　柑橘类水果
117	NY/T 427—2016	果品产品	产品质量	绿色食品　西甜瓜
118	NY/T 441—2013	生产管理	生产栽培	苹果生产技术规程
119	NY/T 442—2013	生产管理	生产栽培	梨生产技术规程
120	NY/T 444—2001	果品产品	产品质量	草莓
121	NY/T 450—2001	果品产品	产品质量	菠萝
122	NY/T 451—2011	种子苗木	种苗产品	菠萝种苗
123	NY/T 452—2001	种子苗木	种苗产品	杨桃嫁接苗
124	NY/T 453—2001	果品产品	产品质量	鲜红江橙
125	NY/T 454—2001	种子苗木	种苗产品	澳洲坚果种苗
126	NY 469—2001	种子苗木	种苗产品	葡萄苗木
127	NY 474—2002	种子苗木	种苗产品	甜瓜种子
128	NY 475—2002	种子苗木	种苗产品	梨苗木
129	NY/T 484—2002	果品产品	产品质量	毛叶枣
130	NY/T 485—2002	果品产品	产品质量	红毛丹
131	NY/T 486—2002	果品产品	产品质量	腰果
132	NY/T 487—2002	果品产品	产品质量	槟榔干果
133	NY/T 488—2002	果品产品	产品质量	杨桃
134	NY/T 489—2002	果品产品	产品质量	木菠萝
135	NY/T 490—2002	果品产品	产品质量	椰子果
136	NY/T 491—2002	果品产品	产品质量	西番莲

（续）

序号	编号	大类	小类	名称
137	NY/T 492—2002	果品产品	产品质量	芒果
138	NY/T 496—2010	生产管理	投入品使用	肥料合理使用准则　通则
139	NY/T 515—2002	果品产品	产品质量	荔枝
140	NY/T 516—2002	果品产品	产品质量	龙眼
141	NY/T 517—2002	果品产品	产品质量	青香蕉
142	NY/T 518—2002	果品产品	产品质量	番石榴
143	NY/T 584—2002	果品产品	产品质量	西瓜（含无子西瓜）
144	NY/T 585—2002	果品产品	产品质量	库尔勒香梨
145	NY/T 586—2002	果品产品	产品质量	鲜桃
146	NY/T 587—2002	果品产品	产品质量	常山胡柚
147	NY/T 588—2002	果品产品	产品质量	玉环柚（楚门文旦）鲜果
148	NY/T 589—2002	果品产品	产品质量	椪柑
149	NY/T 590—2012	种子苗木	种苗产品	芒果　嫁接苗
150	NY/T 658—2015	采后物流	包装	绿色食品　产品包装准则
151	NY/T 689—2003	种子苗木	种苗产品	番石榴　嫁接苗
152	NY/T 691—2003	果品产品	产品质量	番木瓜
153	NY/T 692—2003	果品产品	产品质量	黄皮
154	NY/T 693—2003	果品产品	产品质量	澳洲坚果　果仁
155	NY/T 694—2003	果品产品	产品质量	罗汉果
156	NY/T 696—2003	果品产品	产品质量	鲜杏
157	NY/T 697—2003	果品产品	产品质量	锦橙
158	NY/T 698—2003	果品产品	产品质量	垫江白柚
159	NY/T 699—2003	果品产品	产品质量	梁平柚
160	NY/T 700—2003	果品产品	产品质量	板枣
161	NY/T 704—2003	果品产品	产品质量	无核白葡萄
162	NY/T 705—2003	果品产品	产品质量	无核葡萄干
163	NY/T 709—2003	果品产品	产品质量	荔枝干
164	NY/T 716—2003	生产管理	生产栽培	柑橘采摘技术规范
165	NY/T 750—2011	果品产品	产品质量	绿色食品　热带、亚热带水果
166	NY/T 761—2008	检验检测	果品检测	蔬菜和水果中有机磷、有机氯、拟除虫菊酯和氨基甲酸酯类农药多残留的测定
167	NY/T 795—2004	种子苗木	种苗繁育	红江橙苗木繁育规程
168	NY/T 839—2004	果品产品	产品质量	鲜李
169	NY/T 844—2017	果品产品	产品质量	绿色食品　温带水果
170	NY/T 854—2004	环境安全	产地环境	京白梨产地环境技术条件
171	NY/T 856—2004	环境安全	产地环境	苹果产地环境技术条件
172	NY/T 857—2004	环境安全	产地环境	葡萄产地环境技术条件
173	NY/T 865—2004	果品产品	产品质量	巴梨
174	NY/T 866—2004	果品产品	产品质量	水蜜桃
175	NY/T 867—2004	果品产品	产品质量	扁桃

（续）

序号	编号	大类	小类	名称
176	NY/T 868—2004	果品产品	产品质量	沙田柚
177	NY/T 869—2004	果品产品	产品质量	砂糖橘
178	NY/T 871—2004	果品产品	产品质量	哈密大枣
179	NY/T 880—2004	生产管理	生产栽培	芒果栽培技术规程
180	NY/T 881—2004	生产管理	生产栽培	库尔勒香梨生产技术规程
181	NY/T 896—2015	检验检测	果品检测	绿色食品　产品抽样准则
182	NY/T 921—2004	基础/通用	术语	热带水果形态和结构学术语
183	NY/T 946—2006	检验检测	果品检测	蒜薹、青椒、柑橘、葡萄中仲丁胺残留量测定
184	NY/T 949—2006	果品产品	产品质量	木菠萝干
185	NY/T 950—2006	果品产品	产品质量	番荔枝
186	NY/T 955—2006	果品产品	产品质量	莱阳梨
187	NY/T 961—2006	果品产品	产品质量	宽皮柑橘
188	NY/T 970—2006	生产管理	生产栽培	板枣生产技术规程
189	NY/T 971—2006	生产管理	生产栽培	柑橘高接换种技术规程
190	NY/T 973—2006	种子苗木	种苗繁育	柑橘无病毒苗木繁育规程
191	NY/T 974—2006	种子苗木	种苗繁育	柑橘苗木脱毒技术规范
192	NY/T 975—2006	生产管理	生产栽培	柑橘栽培技术规程
193	NY/T 976—2006	生产管理	生产栽培	浙南-闽西-粤东宽皮柑橘生产技术规程
194	NY/T 977—2006	生产管理	生产栽培	赣南-湘南-桂北脐橙生产技术规程
195	NY/T 983—2015	采后物流	储运	苹果采收与储运技术规范
196	NY/T 992—2006	环境安全	投入品	风送式果园喷雾机作业质量
197	NY/T 1041—2010	果品产品	产品质量	绿色食品　干果
198	NY/T 1042—2017	果品产品	产品质量	绿色食品　坚果
199	NY/T 1051—2014	果品产品	产品质量	绿色食品　枸杞及枸杞制品
200	NY/T 1054—2013	环境安全	产地环境	绿色食品　产地环境调查、监测与评价规范
201	NY/T 1055—2015	检验检测	果品检测	绿色食品　产品检验规则
202	NY/T 1056—2006	采后物流	储运	绿色食品　储藏运输准则
203	NY/T 1072—2013	果品产品	产品质量	加工用苹果
204	NY/T 1075—2006	果品产品	产品质量	红富士苹果
205	NY/T 1076—2006	果品产品	产品质量	南果梨
206	NY/T 1077—2006	果品产品	产品质量	黄花梨
207	NY/T 1078—2006	果品产品	产品质量	鸭梨
208	NY/T 1082—2006	生产管理	生产栽培	黄土高原苹果生产技术规程
209	NY/T 1083—2006	生产管理	生产栽培	渤海湾地区苹果生产技术规程
210	NY/T 1084—2006	生产管理	生产栽培	红富士苹果生产技术规程
211	NY/T 1085—2006	种子苗木	种苗繁育	苹果苗木繁育技术规程
212	NY/T 1086—2006	生产管理	生产栽培	苹果采摘技术规范
213	NY/T 1105—2006	生产管理	投入品使用	肥料合理使用准则　氮肥
214	NY/T 1132—2006	环境安全	投入品	隧道窑式蔬果干燥机技术条件

（续）

序号	编号	大类	小类	名称
215	NY/T 1189—2006	采后物流	储运	柑橘储藏
216	NY/T 1190—2006	果品产品	产品质量	柑橘等级规格
217	NY/T 1191—2006	果品产品	产品质量	砀山酥梨
218	NY/T 1192—2006	果品产品	产品质量	肥城桃
219	NY/T 1096—2006	检验检测	果品检测	食品中草甘膦残留量测定
220	NY/T 1198—2006	采后物流	储运	梨储运技术规范
221	NY/T 1199—2006	采后物流	储运	葡萄保鲜技术规范
222	NY/T 1254—2006	环境安全	投入品	钢筋混凝土果树支架
223	NY/T 1264—2007	果品产品	产品质量	琯溪蜜柚
224	NY/T 1265—2007	果品产品	产品质量	香柚
225	NY/T 1270—2007	果品产品	产品质量	五布柚
226	NY/T 1271—2007	果品产品	产品质量	丰都红心柚
227	NY/T 1274—2007	种子苗木	种苗产品	板枣苗木
228	NY/T 1275—2007	检验检测	果品检测	蔬菜、水果中吡虫啉残留量的测定
229	NY/T 1279—2007	检验检测	果品检测	蔬菜、水果中硝酸盐的测定　紫外分光光度法
230	NY/T 1282—2007	生产管理	病虫防治	柑橘全爪螨防治技术规范
231	NY/T 1304—2007	种质资源	种质资源鉴定	农作物种质资源鉴定技术规程　枇杷
232	NY/T 1305—2007	种质资源	种质资源鉴定	农作物种质资源鉴定技术规程　龙眼
233	NY/T 1306—2007	种质资源	种质资源鉴定	农作物种质资源鉴定技术规程　杏
234	NY/T 1307—2007	种质资源	种质资源鉴定	农作物种质资源鉴定技术规程　梨
235	NY/T 1308—2007	种质资源	种质资源鉴定	农作物种质资源鉴定技术规程　李
236	NY/T 1309—2007	种质资源	种质资源鉴定	农作物种质资源鉴定技术规程　柿
237	NY/T 1317—2007	种质资源	种质资源鉴定	农作物种质资源鉴定技术规程　桃
238	NY/T 1318—2007	种质资源	种质资源鉴定	农作物种质资源鉴定技术规程　苹果
239	NY/T 1319—2007	种质资源	种质资源鉴定	农作物种质资源鉴定技术规程　香蕉
240	NY/T 1322—2007	种质资源	种质资源鉴定	农作物种质资源鉴定技术规程　葡萄
241	NY/T 1380—2007	检验检测	果品检测	蔬菜、水果中51种农药多残留的测定　气相色谱-质谱法
242	NY/T 1388—2007	检验检测	果品检测	梨果肉中石细胞含量的测定　重量法
243	NY/T 1390—2007	检验检测	果品检测	辐照新鲜水果、蔬菜热释光鉴定方法
244	NY/T 1392—2015	采后物流	储运	猕猴桃采收与储运技术规范
245	NY/T 1394—2007	采后物流	储运	浆果储运技术条件
246	NY/T 1395—2007	采后物流	包装、储运	香蕉包装、储存与运输技术规程
247	NY/T 1396—2007	果品产品	产品质量	山竹子
248	NY/T 1398—2007	种子苗木	种苗产品	槟榔　种苗
249	NY/T 1399—2007	种子苗木	种苗产品	番荔枝　嫁接苗
250	NY/T 1400—2007	种子苗木	种苗产品	黄皮　嫁接苗
251	NY/T 1401—2007	采后物流	储运	荔枝冰温储藏
252	NY/T 1435—2007	检验检测	果品检测	水果、蔬菜及其制品中二氧化硫总量的测定
253	NY 1440—2007	果品产品	安全限量	热带水果中二氧化硫残留限量

（续）

序号	编号	大类	小类	名称
254	NY/T 1436—2007	果品产品	产品质量	莲雾
255	NY/T 1437—2007	果品产品	产品质量	榴莲
256	NY/T 1438—2007	种子苗木	种苗产品	番木瓜　种苗
257	NY/T 1441—2007	果品产品	产品质量	椰子产品　椰青
258	NY/T 1442—2007	生产管理	生产栽培	菠萝栽培技术规程
259	NY/T 1453—2007	检验检测	果品检测	蔬菜及水果中多菌灵等16种农药残留测定　液相色谱-质谱-质谱联用法
260	NY/T 1455—2007	检验检测	果品检测	水果中腈菌唑残留量的测定　气相色谱法
261	NY/T 1456—2007	检验检测	果品检测	水果中咪鲜胺残留量的测定　气相色谱法
262	NY/T 1472—2007	种子苗木	种苗产品	龙眼　种苗
263	NY/T 1473—2007	种子苗木	种苗产品	木菠萝　种苗
264	NY/T 1475—2007	生产管理	病虫防治	香蕉病虫害防治技术规范
265	NY/T 1476—2016	生产管理	病虫防治	热带作物主要病虫害防治技术规程　芒果
266	NY/T 1477—2007	生产管理	病虫防治	菠萝病虫害防治技术规范
267	NY/T 1479—2007	生产管理	病虫防治	龙眼病虫害防治技术规范
268	NY/T 1480—2007	生产管理	病虫防治	热带水果橘小实蝇防治技术规范
269	NY/T 1483—2007	检疫性病虫	病虫检疫	苹果蠹蛾检疫检测与鉴定技术规范
270	NY/T 1484—2007	检疫性病虫	病虫检疫	柑橘大实蝇检疫检验与鉴定技术规范
271	NY/T 1485—2007	检疫性病虫	病虫检疫	香蕉穿孔线虫检疫检测与鉴定技术规范
272	NY/T 1486—2007	种质资源	种质资源鉴定	农作物种质资源鉴定技术规程　柑橘
273	NY/T 1487—2007	种质资源	种质资源鉴定	农作物种质资源鉴定技术规程　草莓
274	NY/T 1505—2007	生产管理	投入品使用	水果套袋技术规程　苹果
275	NY/T 1521—2007	果品产品	产品质量	澳洲坚果　带壳果
276	NY/T 1530—2007	采后物流	储运	龙眼、荔枝产后储运保鲜技术规程
277	NY/T 1535—2007	生产管理	投入品使用	肥料合理使用准则　微生物肥料
278	NY/T 1555—2007	环境安全	投入品	苹果育果纸袋
279	NY/T 1594—2008	检验检测	果品检测	水果中总膳食纤维的测定　非酶-重量法
280	NY/T 1600—2008	检验检测	果品检测	水果、蔬菜及其制品中单宁含量的测定　分光光度法
281	NY/T 1601—2008	检验检测	果品检测	水果中辛硫磷残留量的测定　气相色谱法
282	NY/T 1610—2008	生产管理	病虫防治	桃小食心虫测报技术规范
283	NY/T 1648—2008	果品产品	产品质量	荔枝等级规格
284	NY/T 1652—2008	检验检测	果品检测	蔬菜、水果中克螨特残留量的测定　气相色谱法
285	NY/T 1653—2008	检验检测	果品检测	蔬菜、水果及制品中矿质元素的测定　电感耦合等离子体发射光谱法
286	NY/T 1679—2009	检验检测	果品检测	植物性食品中氨基甲酸酯类农药残留的测定　液相色谱-串联质谱法
287	NY/T 1680—2009	检验检测	果品检测	蔬菜水果中多菌灵等4种苯并咪唑类农药残留量的测定　高效液相色谱法
288	NY/T 1687—2009	种质资源	种质资源鉴定	澳洲坚果种质资源鉴定技术规范
289	NY/T 1688—2009	种质资源	种质资源鉴定	腰果种质资源鉴定技术规范

（续）

序号	编号	大类	小类	名称
290	NY/T 1689—2009	种质资源	种质资源描述	香蕉种质资源描述规范
291	NY/T 1690—2009	种质资源	种质资源保存	香蕉种质资源离体保存技术规程
292	NY/T 1691—2009	种质资源	种质资源描述	荔枝、龙眼种质资源描述规范
293	NY/T 1691—2009	种质资源	种质资源描述	荔枝、龙眼种质资源描述规
294	NY/T 1694—2009	检疫性病虫	病虫检疫	芒果象甲检疫技术规范
295	NY/T 1695—2009	检疫性病虫	病虫检疫	椰心叶甲检疫技术规范
296	NY/T 1697—2009	生产管理	病虫防治	番木瓜病虫害防治技术规范
297	NY/T 1705—2009	检疫性病虫	病虫检疫	外来昆虫风险分析技术规程　椰心叶甲
298	NY/T 1720—2009	检验检测	果品检测	水果、蔬菜中杀铃脲等七种苯甲酰脲类农药残留量的测定　高效液相色谱法
299	NY/T 1748—2013	生产管理	病虫防治	热带作物主要病虫害防治技术规程　荔枝
300	NY/T 1762—2009	生产管理	质量控制	农产品质量安全追溯操作规程　水果
301	NY/T 1778—2009	采后物流	包装、标识	新鲜水果包装标识　通则
302	NY/T 1789—2009	果品产品	产品质量	草莓等级规格
303	NY/T 1792—2009	果品产品	产品质量	桃等级规格
304	NY/T 1793—2009	果品产品	产品质量	苹果等级规格
305	NY/T 1794—2009	果品产品	产品质量	猕猴桃等级规格
306	NY/T 1806—2009	生产管理	病虫防治	红江橙主要病虫害防治技术规程
307	NY/T 1807—2009	检疫性病虫	疫情监测	香蕉镰刀菌枯萎病诊断及疫情处理规范
308	NY/T 1808—2009	种质资源	种质资源描述	芒果种质资源描述规范
309	NY/T 1809—2009	种质资源	种质资源描述	番荔枝　种质资源描述规范
310	NY/T 1810—2009	种质资源	种质资源描述	椰子种质资源描述规范
311	NY/T 1839—2010	基础/通用	术语	果树术语
312	NY/T 1841—2010	检验检测	果品检测	苹果中可溶性固形物、可滴定酸无损快速测定　近红外光谱法
313	NY/T 1843—2010	种子苗木	种苗产品	葡萄无病毒母本树和苗木
314	NY/T 1868—2010	生产管理	投入品使用	肥料合理使用准则　有机肥料
315	NY/T 1869—2010	生产管理	投入品使用	肥料合理使用准则　钾肥
316	NY/T 1939—2010	采后物流	包装、标识	热带水果包装、标识通则
317	NY/T 1940—2010	基础/通用	分类编码	热带水果分类和编码
318	NY/T 1986—2011	果品产品	产品质量	冷藏葡萄
319	NY/T 1995—2011	生产管理	良好规范	仁果类水果良好农业规范
320	NY/T 1998—2011	生产管理	投入品使用	水果套袋技术规程　鲜食葡萄
321	NY/T 2000—2011	采后物流	储运	水果气调库储藏通则
322	NY/T 2001—2011	采后物流	储运	菠萝储藏技术规范
323	NY/T 2009—2011	检验检测	果品检测	水果硬度的测定
324	NY/T 2010—2011	检验检测	果品检测	柑橘类水果及制品中总黄酮含量的测定
325	NY/T 2011—2011	检验检测	果品检测	柑橘类水果及制品中柠碱含量的测定
326	NY/T 2012—2011	检验检测	果品检测	水果及制品中游离酚酸含量的测定
327	NY/T 2013—2011	检验检测	果品检测	柑橘类水果及制品中香精油含量的测定
328	NY/T 2014—2011	检验检测	果品检测	柑橘类水果及制品中橙皮苷、柚皮苷含量的测定

（续）

序号	编号	大类	小类	名称
329	NY/T 2016—2011	检验检测	果品检测	水果及其制品中果胶含量的测定　分光光度法
330	NY/T 2020—2011	种质资源	种质资源评价	农作物优异种质资源评价规范　草莓
331	NY/T 2021—2011	种质资源	种质资源评价	农作物优异种质资源评价规范　枇杷
332	NY/T 2022—2011	种质资源	种质资源评价	农作物优异种质资源评价规范　龙眼
333	NY/T 2023—2011	种质资源	种质资源评价	农作物优异种质资源评价规范　葡萄
334	NY/T 2024—2011	种质资源	种质资源评价	农作物优异种质资源评价规范　柿
335	NY/T 2025—2011	种质资源	种质资源评价	农作物优异种质资源评价规范　香蕉
336	NY/T 2026—2011	种质资源	种质资源评价	农作物优异种质资源评价规范　桃
337	NY/T 2027—2011	种质资源	种质资源评价	农作物优异种质资源评价规范　李
338	NY/T 2028—2011	种质资源	种质资源评价	农作物优异种质资源评价规范　杏
339	NY/T 2029—2011	种质资源	种质资源评价	农作物优异种质资源评价规范　苹果
340	NY/T 2030—2011	种质资源	种质资源评价	农作物优异种质资源评价规范　柑橘
341	NY/T 2032—2011	种质资源	种质资源评价	农作物优异种质资源评价规范　梨
342	NY/T 2039—2011	生产管理	病虫防治	梨小食心虫测报技术规范
343	NY/T 2044—2011	生产管理	病虫防治	柑橘主要病虫害防治技术规范
344	NY/T 2045—2011	生产管理	病虫防治	番石榴病虫害防治技术规范
345	NY/T 2047—2011	生产管理	病虫防治	腰果病虫害防治技术规范
346	NY/T 2049—2011	生产管理	病虫防治	香蕉、番石榴、胡椒、菠萝线虫防治技术规范
347	NY/T 2051—2011	检疫性病虫	病虫检疫	桔小实蝇检疫检测与鉴定方法
348	NY/T 2053—2011	检疫性病虫	病虫检疫	蜜柑大实蝇检疫检测与鉴定方法
349	NY/T 2054—2011	种质资源	品种鉴定	番荔枝抗病性鉴定技术规程
350	NY/T 2056—2011	生产管理	病虫防治	地中海实蝇监测规范
351	NY/T 2057—2011	生产管理	病虫防治	美国白蛾监测规范
352	NY/T 2120—2012	种子苗木	种苗繁育	香蕉无病毒种苗生产技术规范
353	NY/T 2136—2012	生产管理	规划建设	标准果园建设规范　苹果
354	NY/T 2157—2012	生产管理	病虫防治	梨主要病虫害防治技术规程
355	NY/T 2160—2012	生产管理	病虫防治	香蕉象甲监测技术规程
356	NY/T 2161—2012	生产管理	病虫防治	椰子主要病虫害防治技术规程
357	NY/T 2163.2—2016	生产管理	病虫防治	盲蝽测报技术规范　第2部分：果蔬
358	NY/T 2231—2012	种质资源	品种测试	植物新品种特异性、一致性和稳定性测试指南　梨
359	NY/T 2248—2012	种质资源	品种鉴定	热带作物品种资源抗病虫性鉴定技术规程　香蕉叶斑病、香蕉枯萎病和香蕉根结线虫病
360	NY/T 2249—2012	生产管理	病虫防治	菠萝凋萎病病原分子检测技术规范
361	NY/T 2251—2012	生产管理	病虫防治	香蕉花叶心腐病和束顶病病原分子检测技术规范
362	NY/T 2252—2012	生产管理	病虫防治	槟榔黄化病病原物分子检测技术规范
363	NY/T 2253—2012	种子苗木	种苗繁育	菠萝组培苗生产技术规程
364	NY/T 2255—2012	生产管理	病虫防治	香蕉穿孔线虫香蕉小种和柑橘小种检测技术规程
365	NY/T 2256—2012	环境安全	非疫区建设	热带水果非疫区及非疫生产点建设规范
366	NY/T 2257—2012	生产管理	病虫防治	芒果细菌性黑斑病原菌分子检测技术规范
367	NY/T 2258—2012	生产管理	病虫防治	香蕉黑条叶斑病原菌分子检测技术规范

（续）

序号	编号	大类	小类	名称
368	NY/T 2260—2012	果品产品	产品质量	龙眼等级规格
369	NY/T 2276—2012	果品产品	产品质量	制汁甜橙
370	NY/T 2277—2012	检验检测	果品检测	水果蔬菜中有机酸和阴离子的测定　离子色谱法
371	NY/T 2281—2012	种子苗木	种苗繁育	苹果病毒检测技术规范
372	NY/T 2282—2012	种子苗木	种苗产品	梨无病毒母本树和苗木
373	NY/T 2292—2012	生产管理	病虫防治	亚洲梨火疫病监测技术规范
374	NY/T 2302—2013	果品产品	产品质量	农产品等级规格　樱桃
375	NY/T 2304—2013	果品产品	产品质量	农产品等级规格　枇杷
376	NY/T 2305—2013	生产管理	生产栽培	苹果高接换种技术规范
377	NY/T 2314—2013	生产管理	投入品使用	水果套袋技术规程　柠檬
378	NY/T 2315—2013	采后物流	储运	杨梅低温物流技术规范
379	NY/T 2316—2013	果品产品	产品质量	苹果品质指标评价规范
380	NY/T 2319—2013	生产管理	果品加工	热带水果电子束辐照加工技术规范
381	NY/T 2324—2013	种质资源	种质资源鉴定	农作物种质资源鉴定评价技术规范　猕猴桃
382	NY/T 2325—2013	种质资源	种质资源鉴定	农作物种质资源鉴定评价技术规范　山楂
383	NY/T 2326—2013	种质资源	种质资源鉴定	农作物种质资源鉴定评价技术规范　枣
384	NY/T 2328—2013	种质资源	种质资源鉴定	农作物种质资源鉴定评价技术规范　板栗
385	NY/T 2329—2013	种质资源	种质资源鉴定	农作物种质资源鉴定评价技术规范　荔枝
386	NY/T 2330—2013	种质资源	种质资源鉴定	农作物种质资源鉴定评价技术规范　核桃
387	NY/T 2336—2013	检验检测	果品检测	柑橘及制品中多甲氧基黄酮含量的测定　高效液相色谱法
388	NY/T 2341—2013	种质资源	品种测试	植物新品种特异性、一致性和稳定性测试指南　桃
389	NY/T 2342—2013	种质资源	品种测试	植物新品种特异性、一致性和稳定性测试指南　甜瓜
390	NY/T 2346—2013	种质资源	品种测试	植物新品种特异性、一致性和稳定性测试指南　草莓
391	NY/T 2351—2013	种质资源	品种测试	植物新品种特异性、一致性和稳定性测试指南　猕猴桃属
392	NY/T 2377—2013	种子苗木	种苗繁育	葡萄病毒检测技术规范
393	NY/T 2378—2013	种子苗木	种苗繁育	葡萄苗木脱毒技术规范
394	NY/T 2379—2013	种子苗木	种苗繁育	葡萄苗木繁育技术规程
395	NY/T 2380—2013	采后物流	储运	李储运技术规范
396	NY/T 2381—2013	采后物流	储运	杏储运技术规范
397	NY/T 2384—2013	生产管理	病虫防治	苹果主要病虫害防治技术规程
398	NY/T 2387—2013	种质资源	种质资源评价	农作物优异种质资源评价规范　西瓜
399	NY/T 2388—2013	种质资源	种质资源评价	农作物优异种质资源评价规范　甜瓜
400	NY/T 2389—2013	采后物流	储运	柑橘采后病害防治技术规范
401	NY/T 2411—2013	生产管理	生产栽培	有机苹果生产质量控制技术规范
402	NY/T 2414—2013	生产管理	病虫防治	苹果蠹蛾监测技术规范
403	NY/T 2424—2013	种质资源	品种测试	植物新品种特异性、一致性和稳定性测试指南　苹果
404	NY/T 2431—2013	种质资源	品种测试	植物新品种特异性、一致性和稳定性测试指南　龙眼
405	NY/T 2435—2013	种质资源	品种测试	植物新品种特异性、一致性和稳定性测试指南　柑橘
406	NY/T 2440—2013	种质资源	品种测试	植物新品种特异性、一致性和稳定性测试指南　芒果

（续）

序号	编号	大类	小类	名称
407	NY/T 2447—2013	生产管理	病虫防治	椰心叶甲啮小蜂和截脉姬小蜂繁殖与释放技术规程
408	NY/T 2472—2013	种质资源	品种鉴定	西瓜品种鉴定技术规程　SSR 分子标记法
409	NY/T 2478—2013	种质资源	品种鉴定	苹果品种鉴定技术规程　SSR 分子标记法
410	NY/T 2514—2013	种质资源	品种测试	植物新品种特异性、一致性和稳定性测试指南　黑穗醋栗
411	NY/T 2515—2013	种质资源	品种测试	植物新品种特异性、一致性和稳定性测试指南　木菠萝
412	NY/T 2516—2013	种质资源	品种测试	植物新品种特异性、一致性和稳定性测试指南　椰子
413	NY/T 2517—2013	种质资源	品种测试	植物新品种特异性、一致性和稳定性测试指南　西番莲
414	NY/T 2518—2013	种质资源	品种测试	植物新品种特异性、一致性和稳定性测试指南　木瓜属
415	NY/T 2519—2013	种质资源	品种测试	植物新品种特异性、一致性和稳定性测试指南　番木瓜
416	NY/T 2520—2013	种质资源	品种测试	植物新品种特异性、一致性和稳定性测试指南　树莓
417	NY/T 2521—2013	种质资源	品种测试	植物新品种特异性、一致性和稳定性测试指南　蓝莓
418	NY/T 2522—2013	种质资源	品种测试	植物新品种特异性、一致性和稳定性测试指南　柿
419	NY/T 2528—2013	种质资源	品种测试	植物新品种特异性、一致性和稳定性测试指南　枸杞
420	NY/T 2553—2014	种子苗木	种苗繁育	椰子　种苗繁育技术规程
421	NY/T 2556—2014	种质资源	品种测试	植物新品种特异性、一致性和稳定性测试指南　果子蔓属
422	NY/T 2563—2014	种质资源	品种测试	植物新品种特异性、一致性和稳定性测试指南　葡萄
423	NY/T 2564—2014	种质资源	品种测试	植物新品种特异性、一致性和稳定性测试指南　荔枝
424	NY/T 2587—2014	种质资源	品种测试	植物新品种特异性、一致性和稳定性测试指南　无花果
425	NY/T 2616—2014	环境安全	投入品	水果清洗打蜡机　质量评价技术规范
426	NY/T 2617—2014	环境安全	投入品	水果分级机　质量评价技术规范
427	NY/T 2627—2014	生产管理	规划建设	标准果园建设规范　柑橘
428	NY/T 2628—2014	生产管理	规划建设	标准果园建设规范　梨
429	NY/T 2636—2014	基础/通用	分类编码	温带水果分类和编码
430	NY/T 2637—2014	检验检测	果品检测	水果和蔬菜可溶性固形物含量的测定　折射仪法
431	NY/T 2640—2014	检验检测	果品检测	植物源性食品中花青素的测定　高效液相色谱法
432	NY/T 2641—2014	检验检测	果品检测	植物源性食品中白藜芦醇和白藜芦醇苷的测定　高效液相色谱法
433	NY/T 2655—2014	果品产品	产品质量	加工用宽皮柑橘
434	NY/T 2667.2—2014	种质资源	品种审定	热带作物品种审定规范　第 2 部分：香蕉
435	NY/T 2667.3—2014	种质资源	品种审定	热带作物品种审定规范　第 3 部分：荔枝
436	NY/T 2667.4—2014	种质资源	品种审定	热带作物品种审定规范　第 4 部分：龙眼
437	NY/T 2667.6—2016	种质资源	品种审定	热带作物品种审定规范　第 6 部分：芒果
438	NY/T 2667.7—2016	种质资源	品种审定	热带作物品种审定规范　第 7 部分：澳洲坚果
439	NY/T 2668.2—2014	种质资源	品种试验	热带作物品种试验技术规程　第 2 部分：香蕉
440	NY/T 2668.3—2014	种质资源	品种试验	热带作物品种试验技术规程　第 3 部分：荔枝
441	NY/T 2668.4—2014	种质资源	品种试验	热带作物品种试验技术规程　第 4 部分：龙眼
442	NY/T 2668.6—2016	种质资源	品种试验	热带作物品种试验技术规程　第 6 部分：芒果
443	NY/T 2668.7—2016	种质资源	品种试验	热带作物品种试验技术规程　第 7 部分：澳洲坚果
444	NY/T 2681—2015	种子苗木	种苗繁育	梨苗木繁育技术规程
445	NY/T 2682—2015	生产管理	生产栽培	酿酒葡萄生产技术规程

（续）

序号	编号	大类	小类	名称
446	NY/T 2684—2015	生产管理	病虫防治	苹果树腐烂病防治技术规程
447	NY/T 2685—2015	生产管理	病虫防治	梨小食心虫综合防治技术规程
448	NY/T 2717—2015	生产管理	良好规范	樱桃良好农业规范
449	NY/T 2718—2015	生产管理	良好规范	柑橘良好农业规范
450	NY/T 2719—2015	种子苗木	种苗繁育	苹果苗木脱毒技术规范
451	NY/T 2721—2015	采后物流	储运	柑橘商品化处理技术规程
452	NY/T 2729—2015	种子苗木	种苗繁育	李属坏死环斑病毒检测规程
453	NY/T 2733—2015	生产管理	病虫防治	梨小食心虫监测性诱芯应用技术规范
454	NY/T 2734—2015	生产管理	病虫防治	桃小食心虫监测性诱芯应用技术规范
455	NY/T 2741—2015	检验检测	果品检测	仁果类水果中类黄酮的测定　液相色谱法
456	NY/T 2742—2015	检验检测	果品检测	水果及制品可溶性糖的测定　3，5-二硝基水杨酸比色法
457	NY/T 2750—2015	种质资源	品种测试	植物新品种特异性、一致性和稳定性测试指南　凤梨属
458	NY/T 2760—2015	种质资源	品种测试	植物新品种特异性、一致性和稳定性测试指南　香蕉
459	NY/T 2761—2015	种质资源	品种测试	植物新品种特异性、一致性和稳定性测试指南　杨梅
460	NY/T 2787—2015	采后物流	储运	草莓采收与储运技术规范
461	NY/T 2788—2015	采后物流	储运	蓝莓保鲜储运技术规范
462	NY/T 2795—2015	检验检测	果品检测	苹果中主要酚类物质的测定　高效液相色谱法
463	NY/T 2796—2015	检验检测	果品检测	水果中有机酸的测定　离子色谱法
464	NY/T 2798.4—2015	生产管理	生产栽培	无公害农产品　生产质量安全控制技术规范　第4部分：水果
465	NY/T 2809—2015	生产管理	生产栽培	澳洲坚果栽培技术规程
466	NY/T 2819—2015	检验检测	果品检测	植物性食品中腈苯唑残留量的测定　气相色谱-质谱法
467	NY/T 2820—2015	检验检测	果品检测	植物性食品中抑食肼、虫酰肼、甲氧虫酰肼、呋喃虫酰肼和环虫酰肼5种双酰肼类农药残留量的同时测定　液相色谱-质谱联用法
468	NY/T 2860—2015	果品产品	产品质量	冬枣等级规格
469	NY/T 2861—2015	生产管理	良好规范	杨梅良好农业规范
470	NY/T 2864—2015	种质资源	品种鉴定	葡萄溃疡病抗性鉴定技术规范
471	NY/T 2904—2016	环境安全	投入品	葡萄埋藤机质量评价技术规范
472	NY/T 2919—2016	生产管理	病虫防治	瓜类果斑病防控技术规程
473	NY/T 2920—2016	生产管理	病虫防治	柑橘黄龙病防控技术规程
474	NY/T 2921—2016	种质资源	种质资源描述	苹果种质资源描述规范
475	NY/T 2922—2016	种质资源	种质资源描述	梨种质资源描述规范
476	NY/T 2923—2016	种质资源	种质资源描述	桃种质资源描述规范
477	NY/T 2924—2016	种质资源	种质资源描述	李种质资源描述规范
478	NY/T 2925—2016	种质资源	种质资源描述	杏种质资源描述规范
479	NY/T 2926—2016	种质资源	种质资源描述	柿种质资源描述规范
480	NY/T 2927—2016	种质资源	种质资源描述	枣种质资源描述规范
481	NY/T 2928—2016	种质资源	种质资源描述	山楂种质资源描述规范
482	NY/T 2929—2016	种质资源	种质资源描述	枇杷种质资源描述规范
483	NY/T 2930—2016	种质资源	种质资源描述	柑橘种质资源描述规范
484	NY/T 2931—2016	种质资源	种质资源描述	草莓种质资源描述规范

（续）

序号	编号	大类	小类	名称
485	NY/T 2932—2016	种质资源	种质资源描述	葡萄种质资源描述规范
486	NY/T 2933—2016	种质资源	种质资源描述	猕猴桃种质资源描述规范
487	NY/T 2934—2016	种质资源	种质资源描述	板栗种质资源描述规范
488	NY/T 2935—2016	种质资源	种质资源描述	核桃种质资源描述规范
489	NY/T 2947—2016	检验检测	果品检测	枸杞中甜菜碱含量的测定　高效液相色谱法
490	NY/T 2951.2—2016	生产管理	病虫防治	盲蝽综合防治技术规范　第2部分：果树
491	NY/T 2966—2016	生产管理	果品加工	枸杞干燥技术规范
492	NY/T 2983—2016	果品产品	产品质量	绿色食品　速冻水果
493	NY/T 3008—2016	生产管理	生产栽培	木菠萝栽培技术规程
494	NY/T 3011—2016	果品产品	产品质量	芒果等级规格
495	NY/T 3026—2016	采后物流	储运	鲜食浆果类水果采后预冷保鲜技术规程
496	NY/T 3028—2016	生产管理	生产栽培	梨高接换种技术规程
497	NY/T 3032—2016	种子苗木	种苗繁育	草莓脱毒种苗生产技术规程
498	NY/T 3033—2016	果品产品	产品质量	农产品等级规格　蓝莓
499	NY/T 3046—2016	生产管理	生产栽培	设施桃蜂授粉技术规程
500	NY/T 3056—2016	种质资源	品种测试	植物新品种特异性、一致性和稳定性测试指南　樱桃
501	NY/T 3064—2016	种质资源	种质资源鉴定	苹果品种轮纹病抗性鉴定技术规程
502	NY/T 3065—2016	种质资源	种质资源鉴定	西瓜抗南方根结线虫室内鉴定技术规程
503	NY/T 3082—2017	检验检测	果品检测	水果、蔬菜及其制品中叶绿素含量的测定　分光光度法
504	NY/T 3099—2017	生产管理	果品加工	桂圆加工技术规范
505	NY/T 3098—2017	果品产品	产品质量	加工用桃
506	NY/T 3102—2017	采后物流	储运	枇杷储藏技术规范
507	NY/T 3103—2017	果品产品	产品质量	加工用葡萄
508	NY/T 3104—2017	采后物流	储运	仁果类水果（苹果和梨）采后预冷技术规范
509	NY/T 5010—2016	环境安全	产地环境	无公害农产品　种植业产地环境条件
510	NY/T 5012—2002	生产管理	生产栽培	无公害食品　苹果生产技术规程
511	NY/T 5015—2002	生产管理	生产栽培	无公害食品　柑橘生产技术规程
512	NY/T 5022—2001	生产管理	生产栽培	无公害食品　香蕉生产技术规程
513	NY/T 5025—2001	生产管理	生产栽培	无公害食品　芒果生产技术规程
514	NY/T 5088—2002	生产管理	生产栽培	无公害食品　鲜食葡萄生产技术规程
515	NY/T 5102—2002	生产管理	生产栽培	无公害食品　梨生产技术规程
516	NY/T 5105—2002	生产管理	生产栽培	无公害食品　草莓生产技术规程
517	NY/T 5108—2002	生产管理	生产栽培	无公害食品　猕猴桃生产技术规程
518	NY/T 5111—2002	生产管理	生产栽培	无公害食品　西瓜生产技术规程
519	NY/T 5114—2002	生产管理	生产栽培	无公害食品　桃生产技术规程
520	NY/T 5174—2002	生产管理	生产栽培	无公害食品　荔枝生产技术规程
521	NY/T 5176—2002	生产管理	生产栽培	无公害食品　龙眼生产技术规程
522	NY/T 5178—2002	生产管理	生产栽培	无公害食品　菠萝生产技术规程
523	NY/T 5180—2002	生产管理	生产栽培	无公害食品　哈密瓜生产技术规程

（续）

序号	编号	大类	小类	名称
524	NY/T 5183—2006	生产管理	生产栽培	无公害食品　杨桃生产技术规程
525	NY/T 5249—2004	生产管理	生产栽培	无公害食品　枸杞生产技术规程
526	NY/T 5256—2004	生产管理	生产栽培	无公害食品　火龙果生产技术规程
527	NY/T 5258—2004	生产管理	生产栽培	无公害食品　红毛丹生产技术规程
528	NY/T 5344.4—2006	检验检测	果品检测	无公害食品　产品抽样规范　第4部分：水果
529	QB/T 1737—2011	环境安全	投入品	胡桃钳
530	QB/T 5037—2017	环境安全	投入品	坚果与籽类食品设备　带式干燥机
531	QB/T 5038—2017	环境安全	投入品	坚果与籽类食品设备　炒制设备通用技术条件
532	QX/T 80—2007	生产管理	生产栽培	香蕉荔枝寒害等级
533	QX/T 168—2012	生产管理	生产栽培	龙眼寒害等级
534	QX/T 197—2013	生产管理	生产栽培	柑橘冻害等级
535	QX/T 198—2013	生产管理	生产栽培	杨梅冻害等级
536	QX/T 199—2013	生产管理	生产栽培	香蕉寒害评估技术规范
537	QX/T 224—2013	生产管理	生产栽培	龙眼暖害等级
538	QX/T 281—2015	生产管理	生产栽培	枇杷冻害等级
539	QX/T 283—2015	生产管理	病虫防治	枸杞炭疽病发生气象等级
540	SB/T 10060—1992	采后物流	储运	梨冷藏技术
541	SB/T 10091—1992	采后物流	储运	桃冷藏技术
542	SB/T 10092—1992	果品产品	产品质量	山楂
543	SB/T 10447—2007	采后物流	储运	水果和蔬菜　气调储藏原则与技术
544	SB/T 10448—2007	采后物流	储运	热带水果和蔬菜包装与运输操作规程
545	SB/T 10613—2011	果品产品	产品质量	熟制开心果（仁）
546	SB/T 10670—2012	基础/通用	术语	坚果与籽类食品　术语
547	SB/T 10671—2012	基础/通用	分类编码	坚果炒货食品　分类
548	SB/T 10728—2012	采后物流	储运	易腐食品冷藏链技术要求　果蔬类
549	SB/T 10729—2012	采后物流	储运	易腐食品冷藏链操作规范　果蔬类
550	SB/T 10790—2012	环境安全	投入品	果蔬真空预冷机
551	SB/T 10884—2012	果品产品	产品质量	火龙果流通规范
552	SB/T 10885—2012	果品产品	产品质量	香蕉流通规范
553	SB/T 10886—2012	果品产品	产品质量	莲雾流通规范
554	SB/T 10890—2012	果品产品	产品质量	预包装水果流通规范
555	SB/T 10891—2012	果品产品	产品质量	预包装鲜梨流通规范
556	SB/T 10892—2012	果品产品	产品质量	预包装鲜苹果流通规范
557	SB/T 10894—2012	果品产品	产品质量	预包装鲜食葡萄流通规范
558	SB/T 10938—2012	环境安全	投入品	果蔬清洗机
559	SB/T 11024—2013	基础/通用	分类编码	新鲜水果分类与代码
560	SB/T 11026—2013	果品产品	产品质量	浆果类果品流通规范
561	SB/T 11027—2013	果品产品	产品质量	干果类果品流通规范
562	SB/T 11028—2013	果品产品	产品质量	柑橘类果品流通规范

（续）

序号	编号	大类	小类	名称
563	SB/T 11030—2013	采后物流	储运	瓜类储运技术规范
564	SB/T 11100—2014	果品产品	产品质量	仁果类果品流通规范
565	SB/T 11101—2014	果品产品	产品质量	荔果类果品流通规范
566	SB/T 11190—2017	环境安全	投入品	果蔬净化清洗机
567	SL 494—2010	生产管理	生产栽培	沙棘果采摘技术规范
568	SN/T 0125—2010	检验检测	果品检测	进出口食品中敌百虫残留量检测方法　液相色谱-质谱/质谱法
569	SN/T 0134—2010	检验检测	果品检测	进出口食品中杀线威等12种氨基甲酸酯类农药残留量的检测方法　液相色谱-质谱/质谱法
570	SN/T 0145—2010	检验检测	果品检测	进出口植物产品中六六六、滴滴涕残留量测定方法　磺化法
571	SN/T 0148—2011	检验检测	果品检测	进出口水果蔬菜中有机磷农药残留量检测方法　气相色谱和气相色谱-质谱法
572	SN/T 0151—2016	检验检测	果品检测	出口植物源食品中乙硫磷残留量的测定
573	SN/T 0152—2014	检验检测	果品检测	出口水果中2,4-滴残留量检验方法
574	SN/T 0157—1992	检验检测	果品检测	出口水果中二硫代氨基甲酸酯残留量检验方法
575	SN/T 0158—1992	检验检测	果品检测	出口水果中螨完锡残留量检验方法
576	SN/T 0159—2012	检验检测	果品检测	出口水果中六六六、滴滴涕、艾氏剂、狄氏剂、七氯残留量测定　气相色谱法
577	SN/T 0162—2011	检验检测	果品检测	出口水果中甲基硫菌灵、硫菌灵、多菌灵、苯菌灵、噻菌灵残留量的检测方法　高效液相色谱法
578	SN/T 0163—2011	检验检测	果品检测	出口水果及水果罐头中二溴乙烷残留量检验方法
579	SN/T 0190—2012	检验检测	果品检测	出口水果和蔬菜中乙撑硫脲残留量测定方法　气相色谱质谱法
580	SN/T 0192—2017	检验检测	果品检测	出口水果中溴螨酯残留量的检测方法
581	SN/T 0217—2014	检验检测	果品检测	出口植物源性食品中多种菊酯残留量的检测方法　气相色谱-质谱法
582	SN/T 0220—2016	检验检测	果品检测	出口水果中多菌灵残留量的检测方法
583	SN/T 0278—2009	检验检测	果品检测	进出口食品中甲胺磷残留量检测方法
584	SN/T 0280—2012	检验检测	果品检测	出口水果中氯硝胺残留量的检测方法
585	SN/T 0287—1993	检验检测	果品检测	出口水果中乙氧喹残留量检验方法　液相色谱法
586	SN/T 0293—2014	检验检测	果品检测	出口植物源性食品中百草枯和敌草快残留量的测定　液相色谱-质谱/质谱法
587	SN/T 0337—1995	检验检测	果品检测	出口水果和蔬菜中克百威残留量检验方法
588	SN/T 0338—1995	检验检测	果品检测	出口水果中敌菌丹残留量检验方法
589	SN/T 0445—1995	检验检测	果品检验	出口生白果检验规程
590	SN/T 0448—2011	检验检测	果品检测	进出口食品中砷、汞、铅、镉的检测方法　电感耦合等离子体质谱（ICP-MS）法
591	SN/T 0519—2010	检验检测	果品检测	进出口食品中丙环唑残留量的检测方法
592	SN/T 0523—1996	检验检测	果品检测	出口水果中乐杀螨残留量检验方法
593	SN/T 0525—2012	检验检测	果品检测	出口水果、蔬菜中福美双残留量检测方法
594	SN/T 0533—2016	检验检测	果品检测	出口水果中乙氧喹啉残留量检验方法
595	SN/T 0603—2013	检验检测	果品检测	出口植物源食品中四溴菊酯残留量检验方法　液相色谱-质谱/质谱法

（续）

序号	编号	大类	小类	名称
596	SN/T 0654—1997	检验检测	果品检测	出口水果中克菌丹残留量检验方法
597	SN/T 0702—2011	检验检测	果品检测	进出口粮谷和坚果中乙酯杀螨醇残留量的检测方法　气相色谱-质谱法
598	SN/T 0707—2014	检验检测	果品检测	出口食品中二硝甲酚残留量的测定　液相色谱-质谱/质谱法
599	SN/T 0788—1999	检验检测	果品检验	出口松籽仁检验规程
600	SN/T 0796—2010	检验检测	果品检验	出口荔枝检验检疫规程
601	SN/T 0875—2000	检验检测	果品检验	进出口板栗检验规程
602	SN/T 0878—2000	检验检测	果品检验	进出口枸杞子检验规程
603	SN/T 0880—2000	检验检测	果品检验	进出口核桃检验规程
604	SN/T 0881—2000	检验检测	果品检验	进出口核桃仁检验规程
605	SN/T 0882—2000	检验检测	果品检验	进出口杏仁、山桃仁检验规程
606	SN/T 0883—2000	检验检测	果品检验	进出口鲜苹果检验规程
607	SN/T 0885—2000	检验检测	果品检验	进出口鲜香蕉检验规程
608	SN/T 1046—2002	检验检测	果品检验	出口冷冻草莓检验规程
609	SN/T 1114—2014	检验检测	果品检测	出口水果中烯唑醇残留量的检测方法　液相色谱-质谱/质谱法
610	SN/T 1117—2008	检验检测	果品检测	进出口食品中多种菊酯类农药残留量测定方法　气相色谱法
611	SN/T 1120—2002	检疫性病虫	病虫检疫	苹果蠹蛾检疫鉴定方法
612	SN/T 1130.1—2002	检疫性病虫	病虫检疫	出口番石榴叶检验检疫规则
613	SN/T 1147—2002	检疫性病虫	病虫检疫	植物检疫椰心叶甲检疫鉴定方法
614	SN/T 1149—2002	检疫性病虫	病虫检疫	植物检疫椰子缢胸叶甲检疫鉴定方法
615	SN/T 1159—2010	检疫性病虫	病虫检疫	椰子红环腐线虫检疫鉴定方法
616	SN/T 1366—2004	检疫性病虫	病虫检疫	葡萄根瘤蚜的检疫鉴定方法
617	SN/T 1383—2004	检疫性病虫	病虫检疫	苹果实蝇检疫鉴定方法
618	SN/T 1390—2004	检疫性病虫	病虫检疫	香蕉细菌性枯萎病菌检疫鉴定方法
619	SN/T 1401—2011	检疫性病虫	病虫检疫	芒果象检疫鉴定方法
620	SN/T 1424—2011	检疫性病虫	果品检疫	对日本出口哈密瓜检疫规程
621	SN/T 1425—2004	检疫性病虫	病虫检疫	二硫化碳熏蒸香梨中苹果蠹蛾的操作规程
622	SN/T 1465—2004	检疫性病虫	病虫检疫	西瓜细菌性果斑病菌检疫鉴定方法
623	SN/T 1477—2012	检验检测	果品检测	出口食品中多效唑残留量检测方法
624	SN/T 1577—2005	检疫性病虫	果品检疫	进出境核桃仁检疫操作规程
625	SN/T 1579—2005	生产管理	病虫防治	椰子致死黄化植原体检测方法
626	SN/T 1580—2013	检疫性病虫	病虫检疫	椰子死亡类病毒检疫鉴定方法
627	SN/T 1585—2005	种子苗木	苗木检疫	进出境苹果属种苗检疫规程
628	SN/T 1618—2017	检疫性病虫	病虫检疫	李属坏死环斑病毒检疫鉴定方法
629	SN/T 1738—2014	检验检测	果品检测	出口食品中虫酰肼残留量的测定
630	SN/T 1753—2016	检验检测	果品检测	出口浓缩果汁中甲基硫菌灵、噻菌灵、多菌灵和2-氨基苯并咪唑残留量的测定　液相色谱-质谱/质谱法
631	SN/T 1803—2006	检疫性病虫	果品检疫	进出境红枣检疫规程
632	SN/T 1805—2006	检疫性病虫	果品检疫	进出境葡萄检疫规程
633	SN/T 1806—2006	检疫性病虫	果品检疫	出境柑橘鲜果检疫规程

（续）

序号	编号	大类	小类	名称
634	SN/T 1807—2006	检疫性病虫	果品检疫	进出境香蕉检疫规程
635	SN/T 1817—2006	检疫性病虫	病虫检疫	桃实蝇检疫鉴定方法
636	SN/T 1822—2006	检疫性病虫	病虫检疫	香蕉黑条叶斑病菌检疫鉴定方法
637	SN/T 1839—2013	检疫性病虫	果品检疫	进出境芒果检疫规程
638	SN/T 1845—2006	检疫性病虫	病虫检疫	加勒比实蝇检疫鉴定方法
639	SN/T 1846—2006	检疫性病虫	病虫检疫	墨西哥实蝇检疫鉴定方法
640	SN/T 1847—2006	基础/通用	术语	寡毛实蝇类害虫分类学术语
641	SN/T 1871—2007	检疫性病虫	病虫检疫	美澳型核果褐腐病菌检疫鉴定方法
642	SN/T 1873—2007	检验检测	果品检测	进出口食品中硫丹残留量的检测方法　气相色谱-质谱法
643	SN/T 1881.2—2007	采后物流	储运	进出口易腐食品货架储存卫生规范　第2部分：新鲜果蔬
644	SN/T 1884.1—2007	采后物流	储运	进出口水果储运卫生规范　第1部分：水果储藏
645	SN/T 1884.2—2007	采后物流	储运	进出口水果储运卫生规范　第2部分：水果运输
646	SN/T 1886—2007	采后物流	储运	进出口水果和蔬菜预包装指南
647	SN/T 1902—2007	检验检测	果品检测	水果蔬菜中吡虫啉、吡虫清残留量的测定　高效液相色谱法
648	SN/T 1923—2007	检验检测	果品检测	进出口食品中草甘膦残留量的检测方法　液相色谱-质谱/质谱法
649	SN/T 1961.4—2013	检验检测	果品检测	出口食品过敏原成分检测　第4部分：实时荧光PCR方法检测腰果成分
650	SN/T 1961.5—2013	检验检测	果品检测	出口食品过敏原成分检测　第5部分：实时荧光PCR方法检测开心果成分
651	SN/T 1961.6—2013	检验检测	果品检测	出口食品过敏原成分检测　第6部分：实时荧光PCR方法检测胡桃成分
652	SN/T 1961.8—2013	检验检测	果品检测	出口食品过敏原成分检测　第8部分：实时荧光PCR方法检测榛果成分
653	SN/T 1961.9—2013	检验检测	果品检测	出口食品过敏原成分检测　第9部分：实时荧光PCR方法检测杏仁成分
654	SN/T 1968—2007	检验检测	果品检测	进出口食品中扑草净残留量检测方法　气相色谱-质谱法
655	SN/T 1969—2007	检验检测	果品检测	进出口食品中联苯菊酯残留量的检测方法　气相色谱-质谱法
656	SN/T 1971—2007	检验检测	果品检测	进出口食品中茚虫威残留量的检测方法　气相色谱法和液相色谱-质谱/质谱法
657	SN/T 1972—2007	检验检测	果品检测	进出口食品中莠去津残留量的检测方法　气相色谱-质谱法
658	SN/T 1976—2007	检验检测	果品检测	进出口水果和蔬菜中嘧菌酯残留量测定方法　气相色谱法
659	SN/T 1978—2007	检验检测	果品检测	进出口食品中狄氏剂和异狄氏剂残留量检测方法　气相色谱-质谱法
660	SN/T 1982—2007	检验检测	果品检测	进出口食品中氟虫腈残留量检测方法　气相色谱-质谱法
661	SN/T 1986—2007	检验检测	果品检测	进出口食品中溴虫腈残留量检测方法
662	SN/T 1992—2007	种子苗木	苗木检疫	进境葡萄繁殖材料植物检疫要求
663	SN/T 2029—2007	生产管理	病虫防治	实蝇监测方法
664	SN/T 2030—2007	检疫性病虫	病虫检疫	按实蝇属鉴定方法
665	SN/T 2031—2007	检疫性病虫	病虫检疫	橘小实蝇检疫鉴定方法
666	SN/T 2034—2007	检疫性病虫	病虫检疫	香蕉灰粉蚧和新菠萝灰粉蚧检疫鉴定方法
667	SN/T 2039—2007	检疫性病虫	病虫检疫	地中海实蝇检疫鉴定方法　PCR法

（续）

序号	编号	大类	小类	名称
668	SN/T 2071—2008	检疫性病虫	病虫检疫	亚洲柑橘黄龙病菌检疫鉴定方法
669	SN/T 2076—2008	检疫性病虫	果品检疫	进出境龙眼检疫规程
670	SN/T 2077—2008	检疫性病虫	果品检疫	进出境苹果检疫规程
671	SN/T 2094—2008	检验检测	果品检测	进出口食品中α-硫丹和β-硫丹残留量的检测方法　酶联免疫法
672	SN/T 2125—2008	检疫性病虫	病虫检疫	李痘病毒检疫鉴定方法
673	SN/T 2147—2008	检验检测	果品检测	进出口食品中硫线磷残留量的检测方法
674	SN/T 2152—2008	检验检测	果品检测	进出口食品中氟铃脲残留量检测方法　高效液相色谱-质谱/质谱法
675	SN/T 2156—2008	检验检测	果品检测	进出口食品中苯线磷残留量的检测方法　气相色谱-质谱法
676	SN/T 2158—2008	检验检测	果品检测	进出口食品中毒死蜱残留量检测方法
677	SN/T 2229—2008	检验检测	果品检测	进出口食品中稻瘟灵残留量检测方法
678	SN/T 2230—2008	检验检测	果品检测	进出口食品中腐霉利残留量的检测方法　气相色谱-质谱法
679	SN/T 2232—2008	检验检测	果品检测	进出口食品中三唑醇残留量的检测方法　气相色谱-质谱法
680	SN/T 2233—2008	检验检测	果品检测	进出口食品中甲氰菊酯残留量检测方法
681	SN/T 2234—2008	检验检测	果品检测	进出口食品中丙溴磷残留量检测方法　气相色谱法和气相色谱-质谱法
682	SN/T 2321—2009	检验检测	果品检测	进出口食品中腈菌唑残留量检测方法　气相色谱-质谱法
683	SN/T 2338—2009	检疫性病虫	病虫检疫	草莓滑刃线虫检疫鉴定方法
684	SN/T 2342—2009	检疫性病虫	病虫检疫	苹果茎沟病毒检疫鉴定方法
685	SN/T 2342.2—2010	检疫性病虫	病虫检疫	苹果皱果类病毒检疫鉴定方法
686	SN/T 2398—2010	检疫性病虫	病虫检疫	苹果丛生植原体检疫鉴定方法
687	SN/T 2432—2010	检验检测	果品检测	进出口食品中哒螨灵残留量的检测方法
688	SN/T 2441—2010	检验检测	果品检测	进出口食品中涕灭威、涕灭威砜、涕灭威亚砜残留量检测方法　液相色谱-质谱/质谱法
689	SN/T 2455—2010	检疫性病虫	果品检疫	进出境水果检验检疫规程
690	SN/T 2458—2010	检验检测	果品检测	进出口食品中十三吗啉残留量的测定　液相色谱-质谱/质谱法
691	SN/T 2516—2010	检疫性病虫	果品检疫	出口杨梅检验检疫规程
692	SN/T 2530—2010	检验检测	果品检测	贝类、果蔬和水样中脊髓灰质炎病毒检测方法　普通 RT-PCR 方法和实时荧光 RT-PCR 方法
693	SN/T 2534—2010	检验检测	果品检测	进出口水果和蔬菜制品中展青霉素含量检测方法　液相色谱-质谱/质谱法与高效液相色谱法
694	SN/T 2540—2010	检验检测	果品检测	进出口食品中苯甲酰脲类农药残留量的测定　液相色谱质谱/质谱法
695	SN/T 2556—2010	检疫性病虫	果品检疫	出口荔枝蒸热处理检疫操作规程
696	SN/T 2559—2010	检验检测	果品检测	进出口食品中苯并咪唑类农药残留量的测定　液相色谱-质谱/质谱法
697	SN/T 2560—2010	检验检测	果品检测	进出口食品中氨基甲酸酯类农药残留量的测定　液相色谱-质谱/质谱法
698	SN/T 2614—2010	检疫性病虫	病虫检疫	葡萄苦腐病菌检疫鉴定方法
699	SN/T 2615—2010	检疫性病虫	病虫检疫	苹果边腐病菌检疫鉴定方法
700	SN/T 2622—2010	检疫性病虫	病虫检疫	柑橘溃疡病菌检疫鉴定方法

（续）

序号	编号	大类	小类	名称
701	SN/T 2633—2010	生产管理	质量控制	出口坚果与籽仁质量安全控制规范
702	SN/T 2634—2010	检疫性病虫	病虫检疫	出口柑橘果园检疫管理规范
703	SN/T 2653—2010	检验检测	果品检测	木瓜中转基因成分定性 PCR 检测方法
704	SN/T 2665—2010	检疫性病虫	病虫检疫	香蕉枯萎病菌检疫鉴定方法
705	SN/T 2683—2010	检疫性病虫	病虫检疫	扁桃仁蜂和李仁蜂检疫鉴定方法
706	SN/T 2736—2010	检疫性病虫	病虫检疫	核果树溃疡病菌检疫鉴定方法
707	SN/T 2806—2011	检验检测	果品检测	进出口蔬菜、水果、粮谷中氟草烟残留量检测方法
708	SN/T 2917—2011	检验检测	果品检测	出口食品中烯酰吗啉残留量检测方法
709	SN/T 2955—2011	生产管理	质量控制	出境水果种植基地农残控制管理规范
710	SN/T 2957—2011	生产管理	质量控制	出口水果果园、包装厂管理规程
711	SN/T 2958—2011	检疫性病虫	果品检疫	出口鲜梨检验检疫规程
712	SN/T 2960—2011	检疫性病虫	果品检疫	水果蔬菜和繁殖材料处理技术指标
713	SN/T 3063.2—2015	生产管理	果品加工	航空食品　第 2 部分：生食（切）水果蔬菜制品微生物污染控制规范
714	SN/T 3069—2011	检疫性病虫	病虫检疫	苹果和梨果实球壳孢腐烂病菌检疫鉴定方法
715	SN/T 3075—2012	检疫性病虫	病虫检疫	香蕉肾盾蚧检疫鉴定方法
716	SN/T 3088—2012	检疫性病虫	病虫检疫	非洲柑橘黄龙病菌检疫鉴定方法
717	SN/T 3135—2012	检验检测	果品检验	进出口干果检验规程
718	SN/T 3149—2012	检验检测	果品检测	出口食品中三苯锡、苯丁锡残留量检测方法　气相色谱-质谱法
719	SN/T 3170—2012	检疫性病虫	病虫检疫	葡萄皮尔斯病菌检疫鉴定方法
720	SN/T 3173—2012	检疫性病虫	病虫检疫	桃白圆盾蚧检疫鉴定方法
721	SN/T 3178—2012	检疫性病虫	病虫检疫	榛子东部枯萎病菌检疫鉴定方法
722	SN/T 3272.1—2012	检疫性病虫	果品检疫	出境干果检疫规程　第 1 部分：通用要求
723	SN/T 3272.2—2012	检疫性病虫	果品检疫	出境干果检疫规程　第 2 部分：苦杏仁
724	SN/T 3272.3—2012	检疫性病虫	果品检疫	出境干果检疫规程　第 3 部分：山核桃
725	SN/T 3272.4—2012	检疫性病虫	果品检疫	出境干果检疫规程　第 4 部分：板栗
726	SN/T 3273.1—2012	检疫性病虫	果品检疫	出境鲜果检疫规程　第 1 部分：番石榴
727	SN/T 3273.2—2012	检疫性病虫	果品检疫	出境鲜果检疫规程　第 2 部分：李
728	SN/T 3273.4—2012	检疫性病虫	果品检疫	出境鲜果检疫规程　第 4 部分：枇杷
729	SN/T 3273.5—2012	检疫性病虫	果品检疫	出境鲜果检疫规程　第 5 部分：桃
730	SN/T 3273.6—2012	检疫性病虫	果品检疫	出境鲜果检疫规程　第 6 部分：西瓜
731	SN/T 3273.7—2012	检疫性病虫	果品检疫	出境鲜果检疫规程　第 7 部分：杏
732	SN/T 3273.8—2012	检疫性病虫	果品检疫	出境鲜果检疫规程　第 8 部分：杨桃
733	SN/T 3273.9—2012	检疫性病虫	果品检疫	出境鲜果检疫规程　第 9 部分：樱桃
734	SN/T 3277—2012	检疫性病虫	病虫检疫	鳄梨日斑类病毒检疫鉴定方法
735	SN/T 3279—2012	检疫性病虫	果品检疫	富士苹果磷化氢低温检疫熏蒸处理方法
736	SN/T 3286—2012	检疫性病虫	病虫检疫	梨蓟马检疫鉴定方法
737	SN/T 3288—2012	检疫性病虫	病虫检疫	柠檬干枯病菌检疫鉴定方法
738	SN/T 3289—2012	检疫性病虫	病虫检疫	苹果果腐病菌检疫鉴定方法
739	SN/T 3290—2012	检疫性病虫	病虫检疫	苹果异形小卷蛾检疫鉴定方法

（续）

序号	编号	大类	小类	名称
740	SN/T 3303—2012	检验检测	果品检测	出口食品中噁唑类杀菌剂残留量的测定
741	SN/T 3408—2012	检疫性病虫	病虫检疫	梨小卷蛾检疫鉴定方法
742	SN/T 3409—2012	检疫性病虫	病虫检疫	李虎象检疫鉴定方法
743	SN/T 3410—2012	检疫性病虫	病虫检疫	芒果蛎蚧检疫鉴定方法
744	SN/T 3416—2012	检疫性病虫	病虫检疫	山楂小卷叶蛾检疫鉴定方法
745	SN/T 3418—2012	检疫性病虫	病虫检疫	杏小卷蛾检疫鉴定方法
746	SN/T 3426—2012	检疫性病虫	病虫检疫	美洲山楂锈病菌检疫鉴定方法
747	SN/T 3431—2012	检疫性病虫	病虫检疫	香蕉坏死条纹病菌检疫鉴定方法
748	SN /T 3447—2012	检疫性病虫	病虫检疫	草莓簇生植原体检疫鉴定方法
749	SN/T 3448—2012	检疫性病虫	病虫检疫	桃树黄化植原体检疫鉴定方法
750	SN/T 3554—2013	检疫性病虫	病虫检疫	葡萄粉蚧检疫鉴定方法
751	SN/T 3572—2013	检疫性病虫	病虫检疫	西瓜船象检疫鉴定方法
752	SN/T 3573—2013	检疫性病虫	病虫检疫	橘实锤腹实蝇检疫鉴定方法
753	SN/T 3574—2013	检疫性病虫	病虫检疫	甜瓜实蝇检疫鉴定方法
754	SN/T 3581—2013	生产管理	病虫防治	美澳型核果褐腐病菌实时荧光 PCR 检测方法
755	SN/T 3628—2013	检验检测	果品检测	出口植物源食品中二硝基苯胺类除草剂残留量测定　气相色谱-质谱/质谱法
756	SN/T 3642—2013	检验检测	果品检测	出口水果中甲霜灵残留量检测方法　气相色谱-质谱法
757	SN/T 3643—2013	检验检测	果品检测	出口水果中氯吡脲（比效隆）残留量的检测方法　液相色谱-串联质谱法
758	SN/T 3671—2013	检疫性病虫	病虫检疫	葡萄象检疫鉴定方法
759	SN/T 3675—2013	检疫性病虫	病虫检疫	草莓花枯病菌检疫鉴定方法
760	SN/T 3682—2013	检疫性病虫	病虫检疫	葡萄茎枯病菌检疫鉴定方法
761	SN/T 3687—2013	检疫性病虫	病虫检疫	桃 X 病植原体检疫鉴定方法
762	SN/T 3699—2013	检验检测	果品检测	出口植物源食品中 4 种噻唑类杀菌剂残留量的测定　液相色谱-质谱/质谱法
763	SN/T 3707—2013	检疫性病虫	果品检疫	香蕉中新菠萝灰粉蚧检疫辐照处理技术要求
764	SN/T 3717—2013	检疫性病虫	病虫检疫	葡萄花翅小卷蛾检疫鉴定方法
765	SN/T 3745—2013	检疫性病虫	病虫检疫	石榴小灰蝶检疫鉴定方法
766	SN/T 3748—2013	检疫性病虫	病虫检疫	柑橘枝瘤病菌检疫鉴定方法
767	SN/T 3750—2013	检疫性病虫	病虫检疫	苹果壳色单隔孢溃疡病菌检疫鉴定方法
768	SN/T 3751—2013	检疫性病虫	病虫检疫	苹果树炭疽病菌检疫鉴定方法
769	SN/T 3752—2013	检疫性病虫	病虫检疫	苹果星裂壳孢果腐病菌检疫鉴定方法
770	SN/T 3753—2013	检疫性病虫	病虫检疫	葡萄角斑叶焦病菌检疫鉴定方法
771	SN/T 3764—2013	检疫性病虫	病虫检疫	猕猴桃举肢蛾检疫鉴定方法
772	SN/T 3765—2013	检疫性病虫	病虫检疫	欧非枣实蝇检疫鉴定方法
773	SN/T 3846—2014	检验检测	果品检测	出口苹果和浓缩苹果汁中碳同位素比值的测定
774	SN/T 3852—2014	检验检测	果品检测	出口食品中氰氟虫腙残留量的测定　液相色谱-质谱/质谱法
775	SN/T 3856—2014	检验检测	果品检测	出口食品中乙氧基喹残留量的测定
776	SN/T 3859—2014	检验检测	果品检测	出口食品中仲丁灵农药残留量的测定

（续）

序号	编号	大类	小类	名称
777	SN/T 3860—2014	检验检测	果品检测	出口食品中吡蚜酮残留量的测定　液相色谱-质谱/质谱法
778	SN/T 3861—2014	检验检测	果品检测	出口食品中六氯对二甲苯残留量的检测方法
779	SN/T 3862—2014	检验检测	果品检测	出口食品中沙蚕毒素类农药残留量的筛查测定　气相色谱法
780	SN/T 3933—2014	检验检测	果品检测	出口食品中六种砷形态的测定方法　高效液相色谱-电感耦合等离子体质谱法
781	SN/T 3935—2014	检验检测	果品检测	出口食品中烯效唑类植物生长调节剂残留量的测定　气相色谱-质谱法
782	SN/T 3960—2014	检疫性病虫	病虫检疫	蓝莓矮化植原体检疫鉴定方法
783	SN/T 3963—2014	生产管理	病虫防治	桃丛簇花叶病毒检测方法
784	SN/T 3966—2014	检疫性病虫	病虫检疫	入侵果实蝇检疫鉴定方法
785	SN/T 3983—2014	检验检测	果品检测	出口食品中氨基酸类有机磷除草剂残留量的测定　液相色谱-质谱/质谱法
786	SN/T 4012—2013	检疫性病虫	病虫检疫	无花果蜡蚧检疫鉴定方法
787	SN/T 4013—2013	检验检测	果品检测	出口食品中异菌脲残留量的测定　气相色谱-质谱法
788	SN/T 4014—2013	检验检测	果品检测	出口食品中苯磺酰氯胺钠和对甲苯磺酰氯胺钠残留量的测定　气相色谱-质谱/质谱法
789	SN/T 4039—2014	检验检测	果品检测	出口食品中萘乙酰胺、吡草醚、乙虫腈、氟虫腈农药残留量的测定方法　液相色谱-质谱/质谱法
790	SN/T 4046—2014	检验检测	果品检测	出口食品中噻虫啉残留量的测定
791	SN/T 4066—2014	检验检测	果品检测	出口食品中灭螨醌和羟基灭螨醌残留量的测定　液相色谱-质谱/质谱法
792	SN/T 4069—2014	检疫性病虫	果品检疫	输华水果检疫风险考察评估指南
793	SN/T 4070—2014	检疫性病虫	果品检疫	芒果、荔枝中桔小实蝇检疫辐照处理最低剂量
794	SN/T 4071—2014	检疫性病虫	果品检疫	莲雾、木瓜中桔小实蝇检疫辐照处理技术要求
795	SN/T 4072—2014	检疫性病虫	病虫检疫	梨衰退植原体检疫鉴定方法
796	SN/T 4073—2014	检疫性病虫	病虫检疫	芒果细菌性黑斑病菌快速检测方法
797	SN/T 4075—2014	检疫性病虫	病虫检疫	水稻细菌性条斑病菌、柑橘溃疡病菌、甘蓝黑腐病菌的基因芯片筛查方法
798	SN/T 4080—2014	检疫性病虫	病虫检疫	鳄梨蓟马检疫鉴定方法
799	SN/T 4138—2015	检验检测	果品检测	出口水果和蔬菜中敌敌畏、四氯硝基苯、丙线磷等88种农药残留的筛选检测　QuEChERS-气相色谱-负化学源质谱法
800	SN/T 4139—2015	检验检测	果品检测	出口水果蔬菜中乙萘酚残留量的测定
801	SN/T 4259—2015	检验检测	果品检测	出口水果蔬菜中链格孢菌毒素的测定　液相色谱-质谱/质谱法
802	SN/T 4330—2015	检疫性病虫	果品检疫	进境水果检疫处理一般要求
803	SN/T 4331—2015	检疫性病虫	果品检疫	进境水果检疫辐照处理基本技术要求
804	SN/T 4332—2015	检验检测	果品检测	新鲜水果中磷化氢熏蒸气体残留测定方法　气相色谱法
805	SN/T 4336—2015	种子苗木	种苗检疫	进出境西瓜种子检疫规程
806	SN/T 4409—2015	检疫性病虫	病虫检疫	苹果蠹蛾辐照处理技术指南
807	SN/T 4419.1—2016	检验检测	果品检测	出口食品常见过敏原LAMP系列检测方法　第1部分：开心果
808	SN/T 4419.2—2016	检验检测	果品检测	出口食品常见过敏原LAMP系列检测方法　第2部分：腰果
809	SN/T 4419.3—2016	检验检测	果品检测	出口食品常见过敏原LAMP系列检测方法　第3部分：胡桃

（续）

序号	编号	大类	小类	名称
810	SN/T 4419.4—2016	检验检测	果品检测	出口食品常见过敏原LAMP系列检测方法　第4部分：榛果
811	SN/T 4419.5—2016	检验检测	果品检测	出口食品常见过敏原LAMP系列检测方法　第5部分：杏仁
812	SN/T 4419.6—2016	检验检测	果品检测	出口食品常见过敏原LAMP系列检测方法　第6部分：扁桃仁
813	SN/T 4419.7—2016	检验检测	果品检测	出口食品常见过敏原LAMP系列检测方法　第7部分：巴西坚果
814	SN/T 4419.8—2016	检验检测	果品检测	出口食品常见过敏原LAMP系列检测方法　第8部分：澳洲坚果
815	SN/T 4419.9—2016	检验检测	果品检测	出口食品常见过敏原LAMP系列检测方法　第9部分：栗子
816	SN/T 4529.1—2016	生产管理	质量控制	供港食品全程RFID溯源规程　第1部分：水果
817	SN/T 4558—2016	检验检测	果品检测	出口食品中三环锡（三唑锡）和苯丁锡含量的测定
818	SN/T 4588—2016	检验检测	果品检测	出口蔬菜、水果中多种全氟烷基化合物测定　液相色谱-串联质谱法
819	SN/T 4591—2016	检验检测	果品检测	出口水果蔬菜中脱落酸等60种农药残留量的测定　液相色谱-质谱/质谱法
820	SN/T 4640—2016	检疫性病虫	病虫检疫	石榴螟检疫鉴定方法
821	SN/T 4642—2016	检疫性病虫	病虫检疫	枇杷桔小实蝇、梨小食心虫检疫处理技术标准
822	SN/T 4647—2016	检疫性病虫	病虫检疫	草莓疫霉红心病菌检疫鉴定方法
823	SN/T 4648—2016	检疫性病虫	病虫检疫	柑橘黑斑病菌检疫鉴定方法
824	SN/T 4597—2016	检验检测	果品检验	进口椰果检验规程
825	SN/T 4726—2016	检疫性病虫	病虫检疫	苹小卷蛾检疫鉴定方法
826	SN/T 4728—2016	检疫性病虫	病虫检疫	椰子败生类病毒检疫鉴定方法
827	SN/T 4732—2016	检疫性病虫	病虫检疫	香蕉细菌性萎蔫病菌检疫鉴定方法
828	SN/T 4796—2017	检疫性病虫	病虫检疫	八种果实蝇检疫鉴定方法
829	SN/T 4862—2017	检疫性病虫	果品检疫	水果中实蝇类害虫冷处理技术指南
830	SN/T 4869—2017	检疫性病虫	病虫检疫	斑翅果蝇检疫鉴定方法
831	SN/T 4871—2017	检疫性病虫	病虫检疫	芒果白轮蚧检疫鉴定方法
832	SN/T 4872—2017	检疫性病虫	病虫检疫	苹果花象检疫鉴定方法
833	SN/T 4874—2017	检疫性病虫	病虫检疫	葡萄金黄化植原体检疫鉴定方法
834	SN/T 4875—2017	检疫性病虫	病虫检疫	来檬丛枝植原体检疫鉴定方法
835	SN/T 4886—2017	检验检测	果品检测	出口干果中多种农药残留量的测定　液相色谱-质谱/质谱法
836	SN/T 4891—2017	检验检测	果品检测	出口食品中螺虫乙酯残留量的测定　高效液相色谱和液相色谱-质谱/质谱法

第十六章　2017年度种植业产品标准体系研究报告——茶叶

一、产品标准及标准体系发展现状

1. 标准体系建设进展情况（标准体系建设框架）　茶叶是我国的传统出口产品，由于对外贸易的需要，我国自新中国成立以来，就开始茶叶标准的制定。20世纪50年代茶叶标准化工作就开始启动，1950年3月由中央贸易部在北京召开第一届全国商品检政会议，制定了《茶叶出口检验暂行标准》和《茶叶产地检验暂行办法》，当时主要是针对出口茶叶建立了多套商品茶实物标准样，商务部统一对照实物标准样进行检验出口，茶叶成为著名的产品，如珠茶的3505，眉茶的9371等。20世纪70年代起，供销系统建立了各类茶叶用于收购的毛茶实物标准样；80年代起，逐步发布、实施了各种茶叶的文字标准。由于茶叶产品既是初级加工产品又是食品，还是民族产品等特殊的产品属性，我国行政管理以领域管理方式为主，茶叶管理部门众多，目前，标准又发展五级体制，茶叶标准因管理的需要，发布了大量的标准。截至2017年9月，我国制定的涉及茶叶的国家标准142项（含2项国家指导性技术文件）、行业标准167项，加上各省级地方标准218项，成为全世界茶叶标准项数最多的国家。由于我国茶叶标准出自多个部门，标准之间的冲突和不协调情况比较严重，一些标准长期没有进行修订，无法指导当前生产、流通和销售。因此，有必要对我国茶叶标准进行疏理，提出标准体系的框架，指导我国茶叶的生产和贸易。

（1）茶叶标准总体情况　近年来，我国的茶叶标准化工作取得了较快的进展，在我国经济、社会发展中发挥了重要作用。经全国茶叶工作者和标准工作者60多年来的共同努力，已制定、发布国家标准（含有关茶及茶制品相关的标准，不包括茶叶加工机械）142项，行业标准（含农业、供销总社、商务部、进出口检验检疫）167项，地方标准218项，企业标准约10 000项，构成了我国的茶叶标准体系。按照《中华人民共和国标准化法》规定，我国茶叶标准与其他产品一样，分国家、行业、团体、地方和企业五级标准，另外，为了适应高新技术标准化发展快和变化快等特点，国家标准化行政主管部门于1998年通过《国家标准化指导性技术文件管理规定》作为标准体系的补充。在茶叶国家和行业标准中，有基础通用类标准，种子、种苗等种质资源类标准，产地环境、投入品等环境安全类标准，种植、植保和生产过程加工等生产管理类标准，等级规格、品质安全、原产地保护等茶叶相关产品类标准，检验检测方法类标准，包装、标识、储藏和运输等物流类标准等8个方面，覆盖了茶叶从种植、生产、加工、检测等领域以及整个产业链。

（2）国家标准　我国现有国家标准142项，其中基础通用标类19项、检验检测方法类40项、生产管理类16项、产品类59项、物流类、质量追溯类、种子资源类等标准8项。

（3）行业标准　我国现有农业行业标准53项，其中有基础通用类、检验检测方法类、环境安全类、种质资源类、生产管理类、产品类、物流类标准；中华全国供销合作总社行业标准20项，其中有基础通用类、生产管理类、产品类，还有包装、标识、储藏和运输等物流类标准；工业和信息化部、商务部及进出口等检验检疫行业标准94项，其中有基础通用类、检验检测方法类、产品类、生产管理类。

（4）地方标准　我国现有地方标准218项，其中基础通用标类5项、检验检测方法类10项、环境安全类3项、种质资源类0项、生产管理类60项、产品类130项、质量追溯5项、物流类标准

5 项。

2. 存在的主要问题

（1）标准体系问题（包括但不局限于系统性、针对性、实用性、时效性等方面） 标准体系尚未健全。我国茶叶标准数量远超过任何产茶国，但缺乏系统性，国家未对我国茶叶标准进行全面的疏理，也未提出完整的茶叶标准规划。标准呈现碎片化的现象，制定部门多，重复制定多，不仅浪费资源和人力，同时也呈现乱象，如农业行业标准《茶叶包装、运输和储藏通则》（NY/T 1999—2011）发布后，供销部门发布了《茶叶包装通则》（GH/T 1070—2011）和《茶叶储存通则》（GH/T 1071—2011），2013 年国家又制定了《茶叶储存》（GB/T 30375—2013）。尽管标准数量多，真正的使用频率都不高，除产品标准需要在包装上标注外，其他过程以及环境标准除非进行产品认证需要外，较少被生产者使用。我国茶叶标准存在各部门交叉重复制定现象，本次系统地对现行的包括国家标准、农业、供销行业标准、工业和信息化部、进出口检验检疫局及林业总局等涉茶行业标准进行了梳理。

建议《紧压茶生产加工技术规范》《紧压茶茶树种植良好规范》《紧压茶企业良好规范》等 3 项国家标准废止，对《农药安全使用标准》等 18 项国家标准进行修订、对《茶叶储存》和《水果、蔬菜及茶叶中吡虫啉残留的测定　高效液相色谱法》等 2 项国家标准进行整合修订。建议《茉莉花茶》《有机茶》《敬亭绿雪茶》等 9 项农业行业标准废止，对《洞庭春茶》《紫笋茶》《碧螺春茶》等 14 项农业行业标准进行修订，对《茶叶中炔螨特残留量的测定　气相色谱法》《茶叶中吡虫啉残留量的测定　高效液相色谱法标准》进行整合修订。

（2）标准管理问题（包括但不局限于研究基础、队伍建设等方面） 目前国家标准由多个部门发布，除安全限量标准由卫生部和农业部发布外，国家标准化委员会、国家质监局等也发布国家标准；茶叶行业标准发布的部门更多，除农业部外，还有质检总局、检验检疫局、中华全国供销合作总社、工业及信息化部、商务部等多个管理部分发布行业标准，这些标准之间存在交叉和重复，甚至技术指标要求不一，管理处于混乱状态。

二、标准需求

1. 加强对茶叶标准化工作的管理协调

各级茶叶标准化行政主管部门，应加强对茶叶实施标准化战略工作的领导，发挥组织推动、业务管理与指导、综合协调、监督检查作用，努力推动标准化战略的有效实施。各级产茶区政府、各有关部门要按照“统一管理，分工负责”的标准化管理体制，把推进实施茶叶标准化战略纳入议事日程，加强组织领导，制定配套措施，加大资金与政策扶持力度，完善工作运行机制，为实施茶叶标准化战略创造良好的环境。

2. 根据行业和产业需求，完善我国茶叶标准体系

根据行业和产业需求，提出完善我国茶叶标准体系计划，提出确定本领域近三年的重点工作、重点技术、重点项目及主要措施，并提出近五年有可能进行的国家标准和行业标准制修订项目。对现行有效的基础标准进行详细的技术分析，根据行业和企业的需要，对所属国家或行业标准进行全面的规划、评价和清理，对需要修订的国家标准落实修订工作。针对茶树品种、茶园管理、加工规范、检验方法等基础标准和管理与贸易、运输与仓储等方面出现的新技术进行研究，提出标准的制修订计划。加强与国际茶叶标准化组织（ISO/TC 34/SC 8）的工作联系，积极参与国际茶叶标准化组织开展的各项业务工作，提高我国在国际标准化组织中的地位和影响力。

3. 近 3～5 年本领域标准体系建设的需求

从以下茶业各环节加强标准制修订，进一步完善茶叶标准体系：

（1）茶树种苗标准制修订　修订《茶树种苗》国家标准，加强茶树品种鉴定和繁育等方法、规程标准的制定，进一步规范我国茶树种苗繁育和品种身份鉴定。

（2）茶叶质量安全标准制修订　修订茶园农药使用安全和食品安全国家标准　茶叶中农残最大限量等国家标准，加强茶叶中农残、风险元素等限量及其检测方法的制定，加强茶园病虫绿色防控和其他茶园投入品等方面标准的制定，规范茶叶投入品使用，确保茶叶质量安全，提高茶产品的国际竞争力。

（3）茶叶生产标准制修订　加大对茶叶生产领域特别是茶叶生产机械化方面标准的研究和制定，包括茶园施肥、茶园标准、耕作、植保、采收等机械化生产技术标准，促进茶叶生产机械化进程，提高在国内外市场的竞争力。

（4）茶叶加工标准制修订　进一步加强不同茶类加工技术规程的制修订，促进我国茶叶加工标准化，提高我国茶叶加工水平。

（5）茶叶新产品标准制修订　加强我国茶叶产品标准的制修订，规范一些茶叶新产品的生产和质量，促进茶叶新兴产业的发展。

三、发展方向

我国农产品质量安全水平持续提升，农产品质量安全合格率保持在较高水平，但是，我国消费者对农产品质量安全的要求不断提高，国家也将食品和农产品的安全提到国家安全的层面，农业部承诺农产品的两个确保。在全社会对农产品质量安全要求提高的条件下，农业标准是确保农产品质量安全的重要保障，只有在全产业的各个环节做好安全的基础，才能最终确保产品的质量安全。茶产业除满足国内消费者的需求外，还需要满足部分进口国的要求，欧洲、日本等茶叶进口国对茶叶质量安全提出更加苛刻的要求。因此，茶叶标准将要求更高更严，确保茶叶产品出口，保持中国茶叶特别是绿茶在国际市场的地位。

1. 完善标准体系建设

（1）做好标准的规划　我国茶叶标准缺乏整体思路，各部门自行制定，碎片化十分严重。从环节上来看，投入品未全面考虑。茶叶标准归口部门多，相同或类似标准较多，必须按管理范畴来统一规划。按茶叶产地环境、生产技术规程、加工技术规程、包装、储藏、运输规程来实现产业链的无缝连接，对农业投入品，除了要考虑农药的合理使用外，还要考虑肥料的合理使用，以及除卓剂的使用，对投入品进行全面的把控，特别要注重绿色防控标准的研究，实现农药和化肥的零增长，减少碳排放，有效地保障茶叶质量安全水平的全面提高。对无公害农产品、绿色食品、有机茶的相关标准要重新进行修订，以符合当前生产实际。

（2）加强茶叶质量安全标准体系建设　围绕茶叶产品的质量安全，在种植、加工、包装、储运各环节制定提供质量安全保障相关系列标准，包括产地环境、茶园安全、茶叶投入品安全、茶园病虫害防控、茶叶产品分等分级、茶叶加工危害物防控、产品质量卫生标准及检测方法、储运包装运输等标准制定，并开展茶叶种植、加工、储运环节安全标准和茶叶种植、加工、储运过程中有害物的风险评估研究，为保障茶叶产品安全、加强监测及为科学制定茶叶产品中危害物的最大限量提供科学依据。

（3）加强茶叶加工技术堆积类标准的制修订　适应市场需求的变化和加工技术水平的提高，加快制定各类规模化生产的茶叶产品加工技术规程，进一步规范茶叶加工过程；进一步完善和制修订我国茶叶加工标准，完善茶叶分级及技术参数指标的统一，重点加强对名优茶标准的制修订工作；针对现在茶叶加工仅有文字标准，没有统一的量化实物标准状况，应推动茶叶实物标准样的制定工作，从而指导茶叶加工企业严格按标准组织生产和检测，提升产品质量，提高茶叶产品标准的“公信力”和“权威性”，保证产品标准的有效实施。

（4）加强对茶叶生产全程机械化标准的研究　随着茶叶生产机械化进程的加快，需要加大对全程茶叶生产机械化的研究，包括投入机械的标准，茶园标准、耕作、植保、采收、加工生产线、加工工艺等提出全程机械化生产和加工标准，提升茶产业的进步，提高在国内外市场的竞争力。

2. 专家团队建设 加强茶叶专家团队建设。茶叶标准研究基础比较薄弱，目前全国大专院校和科研单位还没有专业的团队从事茶叶标准的研究，以至我国茶叶标准体系结构不完善，实用性不强；此外缺乏长期与国际标准之间的交流和合作，在国际标准中缺乏话语权。茶叶标准涉及茶叶产前、产中、产后全产业链，应组建和培养各专业的标准研究专家团队，加强对茶叶标准研究工作及跟踪国际标准的变化，加强国内外专家的合作与交流，同时，有针对性地开展标准制修订工作，提高茶标准化水平，以便更好地服务和提升茶产业水平。

3. 加强推广宣传 茶叶标准化是一项复杂的系统工程，它涉及茶叶生产种植、茶叶加工、茶叶运输、茶叶销售和茶叶消费等各个环节，为加快实施茶叶生产种植、加工、储藏保鲜、运输、销售全过程实行标准化，必须加强对标准的推广宣传。

（1）加强政府的主导作用 我国茶叶种植、加工总体规模小而散、标准程度低的局面决定了茶叶标准化需要政府来主导。我国的茶叶生产仍然是家庭联产承包责任制的小规模生产为主，茶农整体文化素质水平不高，对茶叶标准化知识十分欠缺，在缺乏有效监督的情况下，难以有效地自觉地贯彻茶叶标准。因此，依靠茶农自身解决产品的标准化是不大可能的事，这时政府主导就显得十分重要，而且政府主导要贯穿到茶叶生产的全过程中去，政府通过培训、引导等多种手段来推进茶叶标准化工作。

（2）以政府为主导，发挥行业自律 通过行业自律，来加大标准化的宣贯工作。茶叶行业协会要做好对茶业行业进行食品安全信用体系建设试点工作。要从源头上加强管理，对茶叶的生长环境、加工、包装、储运、销售等各个环节实行全过程监控，通过多种形式、多种渠道，积极引导茶农发展绿色、无公害、有机茶生产，开展产品认证。要做好茶叶基地、生产加工企业和茶叶市场的标准化建设，全面推进茶叶市场准入、种植基地备案、质量追溯和不合格品退市召回制度，逐步做到规范化、制度化。贯彻落实茶叶加工场所卫生注册制度和生产许可制度。制定行业自律公约建立行业诚信档案，实施行业黑名单制度。同时要完善茶叶的标准体系，针对行业需求，制定行业团体标准，以补充国家标准及行业标准的不足，引导各企业严格按照现有的行业标准，组织茶叶的生产和销售，切实抓好产品过程控制，加强从“茶园到茶杯”全过程的质量管理。

附录

附表 16-1　茶叶（产品）国家标准体系

序号	标准分类	标准名称	标准状态	备注
1	生产管理类	农药安全使用标准	GB 4285—1989	现行有效
2	基础通用类	食品安全国家标准　食品生产通用卫生规范	GB 14881—2013	现行有效
3	基础通用类	食品安全国家标准　食品中污染物限量	GB 2762—2012	现行有效
4	基础通用类	食品安全国家标准　食品中农药最大残留限量	GB 2763—2016	现行有效
5	基础通用类	食品安全国家标准　饮料	GB 7101—2015	现行有效
6	基础通用类	砖茶含氟量	GB 19965—2005	现行有效
7	基础通用类	食品安全国家标准　预包装食品标签通则	GB 7718—2011	现行有效
8	基础通用类	限制商品过度包装要求　食品和化妆品	GB 23350—2009	现行有效
9	基础通用类	农药安全使用准则（一）	GB/T 8321.1—2000	现行有效
10	基础通用类	农药安全使用准则（二）	GB/T 8321.2—2000	现行有效
11	基础通用类	农药安全使用准则（三）	GB/T 8321.3—2000	现行有效
12	基础通用类	农药安全使用准则（四）	GB/T 8321.4—2006	现行有效
13	基础通用类	农药安全使用准则（五）	GB/T 8321.5—2006	现行有效
14	基础通用类	农药安全使用准则（六）	GB/T 8321.6—2000	现行有效
15	基础通用类	农药安全使用准则（七）	GB/T 8321.7—2002	现行有效
16	基础通用类	农药安全使用准则（八）	GB/T 8321.8—2007	现行有效
17	基础通用类	农药安全使用准则（九）	GB/T 8321.9—2009	现行有效
18	基础通用类	茶叶标准样品制备技术条件	GB/T 18795—2012	现行有效
19	基础通用类	茶叶感官审评室基本条件	GB/T 18797—2012	现行有效
20	产品类	紧压茶原料要求	GB/T 24614—2009	现行有效
21	生产管理类	紧压茶生产加工技术规范	GB/T 24615—2009	现行有效
22	生产管理类	紧压茶茶树种植良好规范	GB/T 30377　2013	现行有效
23	质量追溯类	紧压茶企业良好规范	GB/T 30378—2013	现行有效
24	物流类	茶叶储存	GB/T 30375—2013	现行有效
25	生产管理类	有机产品　第 1 部分：生产	GB/T 19630.1—2011	现行有效
26	生产管理类	有机产品　第 2 部分：加工	GB/T 19630.2—2011	现行有效
27	物流类	有机产品　第 3 部分：标识与销售	GB/T 19630.3—2011	现行有效
28	质量追溯类	有机产品　第 4 部分：管理体系	GB/T 19630.4—2011	现行有效
29	种子资源类	茶树种苗	GB 11767—2003	现行有效
30	基础通用类	茶叶分类	GB/T 30766—2014	现行有效
31	生产管理类	茶鲜叶处理要求	GB/T 31748—2015	现行有效
32	生产管理类	眉茶生产加工技术规范	GB/T 32742—2016	现行有效
33	生产管理类	白茶加工技术规范	GB/T 32743—2016	现行有效
34	生产管理类	茶叶加工良好规范	GB/T 32744—2016	现行有效
35	产品类	紧压茶　花砖茶	GB/T 9833.1—2013	现行有效
36	产品类	紧压茶　黑砖茶	GB/T 9833.2—2013	现行有效

（续）

序号	标准分类	标准名称	标准状态	备注
37	产品类	紧压茶　茯砖茶	GB/T 9833.3—2013	现行有效
38	产品类	紧压茶　康砖茶	GB/T 9833.4—2013	现行有效
39	产品类	紧压茶　沱茶	GB/T 9833.5—2013	现行有效
40	产品类	紧压茶　紧茶	GB/T 9833.6—2013	现行有效
41	产品类	紧压茶　金尖茶	GB/T 9833.7—2013	现行有效
42	产品类	紧压茶　米砖茶	GB/T 9833.8—2013	现行有效
43	产品类	紧压茶　青砖茶	GB/T 9833.9—2013	现行有效
44	产品类	红茶　第1部分：红碎茶	GB/T 13738.1—2008	现行有效
45	产品类	红茶　第2部分：工夫红茶	GB/T 13738.2—2008	现行有效
46	产品类	红茶　第3部分：小种红茶	GB/T 13738.3—2012	现行有效
47	产品类	绿茶　第1部分：基本要求	GB/T 14456.1—2008	现行有效
48	产品类	绿茶　第2部分：大叶种绿茶	GB/T 14456.2—2008	现行有效
49	产品类	绿茶　第3部分：中小叶种绿茶	GB/T 14456.3—2016	现行有效
50	产品类	绿茶　第4部分：珠茶	GB/T 14456.4—2016	现行有效
51	产品类	绿茶　第5部分：眉茶	GB/T 14456.5—2016	现行有效
52	产品类	绿茶　第6部分：蒸青茶	GB/T 14456.6—2016	现行有效
53	产品类	黄茶	GB/T 21726—2008	现行有效
54	产品类	白茶	GB/T 22291—2008	现行有效
55	产品类	紧压白茶	GB/T 31751—2015	现行有效
56	产品类	乌龙茶　第1部分：基本要求	GB/T 30357.1—2013	现行有效
57	产品类	乌龙茶　第2部分：铁观音	GB/T 30357.2—2013	现行有效
58	产品类	乌龙茶　第3部分：黄金桂	GB/T 30357.3—2015	现行有效
59	产品类	乌龙茶　第4部分：水仙	GB/T 30357.4—2015	现行有效
60	产品类	乌龙茶　第5部分：肉桂	GB/T 30357.5—2015	现行有效
61	产品类	黑茶　第1部分：基本要求	GB/T 32719.1—2016	现行有效
62	产品类	黑茶　第2部分：花卷茶	GB/T 32719.2—2016	现行有效
63	产品类	黑茶　第3部分：湘尖茶	GB/T 32719.3—2016	现行有效
64	产品类	黑茶　第4部分：六堡茶	GB/T 32719.4—2016	现行有效
65	产品类	地理标志产品　龙井茶	GB/T 18650—2008	现行有效
66	产品类	地理标志产品　蒙山茶	GB/T 18665—2008	现行有效
67	产品类	地理标志产品　武夷岩茶	GB/T 18745—2006	现行有效
68	产品类	地理标志产品　洞庭（山）碧螺春茶	GB/T 18957—2008	现行有效
69	产品类	地理标志产品　黄山毛峰茶	GB/T 19460—2008	现行有效
70	产品类	地理标志产品　安溪铁观音	GB/T 19598—2006	现行有效
71	产品类	地理标志产品　狗牯脑茶	GB/T 19691—2008	现行有效
72	产品类	地理标志产品　太平猴魁茶	GB/T 19698—2008	现行有效
73	产品类	地理标志产品　安吉白茶	GB/T 20354—2006	现行有效
74	产品类	地理标志产品　乌牛早茶	GB/T 20360—2006	现行有效
75	产品类	地理标志产品　雨花茶	GB/T 20605—2006	现行有效

（续）

序号	标准分类	标准名称	标准状态	备注
76	产品类	地理标志产品　庐山云雾茶	GB/T 21003—2007	现行有效
77	产品类	地理标志产品　永春佛手	GB/T 21824—2008	现行有效
78	产品类	地理标志产品　政和白茶	GB/T 22109—2008	现行有效
79	产品类	地理标志产品　普洱茶	GB/T 22111　2008	现行有效
80	产品类	地理标志产品　信阳毛尖茶	GB/T 22737—2008	现行有效
81	产品类	地理标志产品　坦洋工夫	GB/T 24710—2009	现行有效
82	产品类	地理标志产品　崂山绿茶	GB/T 26530—2011	现行有效
83	产品类	茉莉花茶	GB/T 22292—2008	现行有效
84	产品类	袋泡茶	GB/T 24690—2009	现行有效
85	产品类	茶制品　第1部分：固态速溶茶	GB/T 31740.1—2015	现行有效
86	产品类	茶制品　第2部分：茶多酚	GB/T 31740.2—2015	现行有效
87	产品类	茶制品　第3部分：茶黄素	GB/T 31740.3—2015	现行有效
88	产品类	茶饮料	GB/T 21733—2008	现行有效
89	产品类	固体饮料	GB/T 29602—2013	现行有效
90	产品类	热封型茶叶滤纸	GB/T 25436—2010	现行有效
91	产品类	非热封型茶叶滤纸	GB/T 28121—2011	现行有效
92	质量追溯类	品牌价值评价　酒、饮料和精制茶制造业	GB/T 31280—2014	现行有效
93	方法类	茶　取样	GB/T 8302—2013	现行有效
94	方法类	茶　磨碎试样制备及其干物质含量测定	GB/T 8303—2013	现行有效
95	方法类	茶　水分测定	GB/T 8304—2013	现行有效
96	方法类	茶　水浸出物测定	GB/T 8305—2013	现行有效
97	方法类	茶　总灰分测定	GB/T 8306—2013	现行有效
98	方法类	茶　水溶性灰分和水不溶性灰分测定	GB/T 8307—2013	现行有效
99	方法类	茶　酸不溶性灰分测定	GB/T 8308—2013	现行有效
100	方法类	茶　水溶性灰分碱度测定	GB/T 8309—2013	现行有效
101	方法类	茶　粗纤维测定	GB/T 8310—2013	现行有效
102	方法类	茶　粉末和碎茶含量测定	GB/T 8311—2013	现行有效
103	方法类	茶　咖啡碱测定	GB/T 8312—2013	现行有效
104	方法类	茶叶中茶多酚和儿茶素类含量的检测方法	GB/T 8313—2008	现行有效
105	方法类	茶　游离氨基酸总量测定	GB/T 8314—2013	现行有效
106	方法类	速溶茶辐照杀菌工艺	GB/T 18526.1—2001	现行有效
107	方法类	茶中有机磷及氨基甲酸酯农药残留量的简易检验方法（酶抑制法）	GB/T 18625—2002	现行有效
108	方法类	茶叶、水果、食用植物油中三氯杀螨醇残留量的测定	GB/T 5009.176—2003	现行有效
109	方法类	固态速溶茶　第1部分：取样	GB/T 18798.1—2008	现行有效
110	方法类	固态速溶茶　第2部分：总灰分测定	GB/T 18798.2—2008	现行有效
111	方法类	固态速溶茶　第3部分：水分测定	GB/T 18798.3—2008	现行有效
112	产品类	固态速溶茶　第4部分：规格	GB/T 18798.4—2013	现行有效
113	方法类	固态速溶茶　第5部分：自由流动和紧密堆积密度测定	GB/T 18798.5—2013	现行有效

（续）

序号	标准分类	标准名称	标准状态	备注
114	方法类	固态速溶茶　儿茶素类含量的检测方法	GB/T 21727—2008	现行有效
115	方法类	砖茶含氟量的检测方法	GB/T 21728—2008	现行有效
116	方法类	茶叶中硒含量的检测方法	GB/T 21729—2008	现行有效
117	方法类	茶叶中茶氨酸的测定　高效液相色谱法	GB/T 23193—2008	现行有效
118	方法类	茶叶中519种农药及相关化学品残留量的测定　气相色谱-质谱法	GB/T 23204—2008	现行有效
119	方法类	茶叶中448种农药及相关化学品残留量的测定　液相色谱-串联质谱法	GB/T 23205—2008	现行有效
120	方法类	茶叶中农药多残留测定　气相色谱/质谱法	GB/T 23376—2009	现行有效
121	方法类	茶饮料中乙酸苄酯的测定　气相色谱法	GB/T 21914—2008	现行有效
122	方法类	食品安全国家标准　饮料中咖啡因的测定	GB 5009. 139—2014	现行有效
123	方法类	植物性食品中稀土元素的测定	GB 5009. 94—2012	现行有效
124	方法类	食品安全国家标准　食品微生物学检验　菌落总数测定	GB 4789. 2—2016	现行有效
125	方法类	食品安全国家标准　食品微生物学检验　大肠菌群计数	GB 4789. 3—2016	现行有效
126	方法类	公共场所卫生检验方法　第4部分：公共用品用具微生物	GB/T 18204. 4—2013	现行有效
127	方法类	水果、蔬菜及茶叶中吡虫啉残留的测定　高效液相色谱法	GB/T 23379—2009	现行有效
128	方法类	茶叶感官审评方法	GB/T 23776—2009	现行有效
129	方法类	茶叶中铁、锰、铜、锌、镍、磷、硫、钾、钙、镁的测定-电感耦合等离子体发射光谱法	GB/T 30376—2013	现行有效
130	方法类	茶叶中茶黄素测定-高效液相色谱法	GB/T 30483—2013	现行有效
131	质量追溯类	良好农业规范　第12部分：茶叶控制点与符合性规范	GB/T 20014. 12—2013	现行有效
132	生产管理类	茶叶生产技术规范	GB/Z 26576—2011	现行有效
133	质量追溯类	出口茶叶质量安全控制规范	GB/Z 21722—2008	现行有效
134	生产管理类	农药　田间药效试验准则（二）　第55部分：杀虫剂防治茶树茶尺蠖、茶毛虫	GB/T 17980. 55—2004	现行有效
135	生产管理类	农药　田间药效试验准则（二）　第56部分：杀虫剂防治茶树叶蝉	GB/T 17980. 56—2004	现行有效
136	生产管理类	农药　田间药效试验准则（二）　第57部分：杀虫剂防治茶树害螨	GB/T 17980. 57—2004	现行有效
137	生产管理类	农药　田间药效试验准则（二）　第82部分：杀菌剂防治茶饼病	GB/T 17980. 82—2004	现行有效
138	生产管理类	农药　田间药效试验准则（二）　第83部分：杀菌剂防治茶云纹叶枯病	GB/T 17980. 83—2004	现行有效
139	生产管理类	食品工业洁净用房建筑技术规范	GB 50687—2011	现行有效
140	方法类	食品安全国家标准　食品中蛋白质的测定	GB 5009. 5—2016	现行有效
141	方法类	食品安全国家标准　食品中灰分的测定	GB 5009. 4—2016	现行有效
142	方法类	食品安全国家标准　茶叶中9种有机杂环类农药残留量的检测方法	GB 23200. 26—2016	现行有效

附表 16-2　茶叶（产品）行业标准体系

序号	标准分类	标准名称	标准状态	备注
1	产品类	茉莉花茶	NY/T 456—2001	现行有效
2	产品类	有机茶	NY 5196—2002	现行有效
3	产品类	敬亭绿雪茶	NY/T 482—2002	现行有效
4	产品类	富硒茶	NY/T 600—2002	现行有效
5	产品类	普洱茶	NY/T 779—2004	现行有效
6	产品类	红茶	NY/T 780—2004	现行有效
7	产品类	六安瓜片茶	NY/T 781—2004	现行有效
8	产品类	黄山毛峰茶	NY/T 782—2004	现行有效
9	产品类	洞庭春茶	NY/T 783—2004	现行有效
10	产品类	紫笋茶	NY/T 784—2004	现行有效
11	产品类	碧螺春茶	NY/T 863—2004	现行有效
12	产品类	苦丁茶	NY/T 864—2012	现行有效
13	产品类	茶粉	NY/T 2672—2015	现行有效
14	产品类	绿色食品　茶饮料	NY/T 1713—2009	现行有效
15	产品类	绿色食品　茶叶	NY/T 288—2012	现行有效
16	产品类	绿色食品　代用茶	NY/T 2140—2015	现行有效
17	生产管理类	茶尺蠖防治标准	NY/T 84—1988	现行有效
18	生产管理类	机械化采茶技术规程	NY/T 225—1994	现行有效
19	生产管理类	茶叶产地环境技术条件	NY/T 853—2004	现行有效
20	环境安全类	无公害农产品　种植业产地环境条件	NY/T 5010—2016	代替 NY/T 5020—2001、NY 5123—2002
21	生产管理类	无公害食品　茶叶生产技术规程	NY/T 5018—2015	现行有效
22	生产管理类	有机茶生产技术规程	NY/T 5197—2002	现行有效
23	生产管理类	有机茶加工技术规程	NY/T 5198—2002	现行有效
24	环境安全类	有机茶产地环境条件	NY 5199—2002	现行有效
25	环境安全类	无公害食品　茶叶产地环境条件	NY 5020—2001	2016-10-01 作废
26	环境安全类	无公害食品　窨茶用茉莉花产地环境条件	NY 5123—2002	2016-10-01 作废
27	生产管理类	无公害食品　窨茶用茉莉花生产技术规程	NY/T 5124—2002	现行有效
28	生产管理类	无公害食品　茉莉花茶加工技术规范	NY/T 5245—2004	现行有效
29	生产管理类	无公害食品　茶叶生产管理规范	NY/T 5337—2006	现行有效
30	生产管理类	茶叶辐照杀菌工艺	NY/T 1206—2006	现行有效
31	种子资源类	农作物种质资源鉴定技术规程　茶树	NY/T 1312—2007	现行有效
32	生产管理类	珠兰花茶加工技术规程	NY/T 1391—2007	现行有效
33	质量追溯类	农产品质量安全追溯操作规程　茶叶	NY/T 1763—2009	现行有效
34	物流类	茶叶包装、运输和储藏通则	NY/T 1999—2011	现行有效
35	种子资源类	茶树短穗扦插技术规程	NY/T 2019—2011	现行有效
36	种子资源类	农作物优异种质资源评价规范　茶树	NY/T 2031—2011	现行有效
37	方法类	茶叶抽样技术规范	NY/T 2102—2011	现行有效
38	基础通用类	标准茶园建设规范	NY/T 2172—2012	现行有效
39	环境安全类	绿色食品　产地环境质量	NY/T 391—2013	现行有效

（续）

序号	标准分类	标准名称	标准状态	备注
40	生产管理类	绿色食品　农药使用准则	NY/T 393—2013	现行有效
41	环境安全类	绿色食品　肥料使用准则	NY/T 394—2013	现行有效
42	基础通用类	农产品地理标志茶叶类质量控制技术规范编写指南	NY/T 2740—2015	现行有效
43	生产管理类	无公害农产品　生产质量安全控制技术规范　第6部分：茶叶	NY/T 2798. 6—2015	现行有效
44	方法类	茶叶中炔螨特残留量的测定　气相色谱法	NY/T 1721—2009	现行有效
45	方法类	茶叶中吡虫啉残留量的测定　高效液相色谱法	NY/T 1724—2009	现行有效
46	基础通用类	茶叶加工术语	GH/T 1124—2016	现行有效
47	生产管理类	茶叶稀土含量控制技术规程	GH/T 1125—2016	现行有效
48	生产管理类	茶叶氟含量控制技术规程	GH/T 1126—2016	现行有效
49	产品类	径山茶	GH/T 1127—2016	现行有效
50	产品类	天目青顶茶	GH/T 1128—2016	现行有效
51	生产管理类	茶叶专卖（营）店经营管理规范	GH/T 1105—2015	现行有效
52	生产管理类	茶馆经营管理通用规则	GH/T 1104—2015	现行有效
53	生产管理类	茶行业网店经营管理规范	GH/T 1106—2015	现行有效
54	产品类	富硒茶	GH/T 1090—2014	现行有效
55	产品类	代用茶	GH/T 1091—2014	现行有效
56	物流类	茶叶包装通则	GH/T 1070—2011	现行有效
57	物流类	茶叶储存通则	GH/T 1071—2011	现行有效
58	生产管理类	茶叶生产技术规程	GH/T 1076—2011	现行有效
59	生产管理类	茶叶加工技术规程	GH/T 1077—2011	现行有效
60	产品类	西湖龙井茶	GH/T 1115—2015	现行有效
61	产品类	九曲红梅茶	GH/T 1116—2015	现行有效
62	产品类	桂花茶	GH/T 1117—2015	现行有效
63	产品类	金骏眉茶	GH/T 1118—2015	现行有效
64	基础通用类	茶叶标准体系表	GH/T 1119—2015	现行有效
65	产品类	雅安藏茶	GH/T 1120—2015	现行有效
66	基础通用类	茶叶加工技术术语	SB/T 10034—1992	现行有效
67	方法类	茶叶感官审评方法	SB/T 10157—1993	现行有效
68	产品类	祁门工夫红茶	SB/T 10167—1993	现行有效
69	产品类	闽烘青绿茶	SB/T 10168—1993	现行有效
70	物流类	中央储备边销茶储存库资质条件	SB/T 10560—2010	现行有效
71	方法类	进出口食品中甲胺磷残留量检测方法	SN/T 0278—2009	现行有效
72	方法类	进出口茶叶中三氯杀螨醇残留量检测方法	SN/T 0348. 1—2010	现行有效
73	方法类	出口茶叶中六六六、滴滴涕残留量检验方法	SN 0147—1992	现行有效
74	方法类	出口茶叶中多种有机氯农药残留量检验方法	SN 0497—1995	现行有效
75	方法类	出口茶叶中二硫代氨基甲酸酯（盐）类农药残留量的检测方法　液相色谱-质谱/质谱法	SN/T 0711—2011	现行有效
76	方法类	出口保健茶检验通则	SN/T 0797—1999	现行有效
77	方法类	进出口茶叶包装检验方法	SN/T 0912—2000	现行有效

（续）

序号	标准分类	标准名称	标准状态	备注
78	方法类	进出口茶叶粉末和碎茶含量测定方法	SN/T 0914—2000	现行有效
79	方法类	进出口茶叶咖啡碱测定方法	SN/T 0915—2000	现行有效
80	方法类	进出口茶叶磨碎试样干物质含量的测定方法	SN/T 0916—2000	现行有效
81	方法类	进出口茶叶品质感官审评方法	SN/T 0917—2010	现行有效
82	方法类	进出口茶叶抽样方法	SN/T 0918—2000	现行有效
83	方法类	进出口茶叶水分测定方法	SN/T 0919—2000	现行有效
84	方法类	进出口茶叶水浸出物测定方法	SN/T 0920—2000	现行有效
85	方法类	进出口茶叶水溶性灰分和水不溶性灰分测定方法	SN/T 0921—2000	现行有效
86	方法类	进出口茶叶水溶性灰分碱度测定方法	SN/T 0922—2000	现行有效
87	方法类	进出口茶叶酸不溶灰分测定方法	SN/T 0923—2000	现行有效
88	方法类	进出口茶叶重量鉴定方法	SN/T 0924—2000	现行有效
89	方法类	进出口茶叶总灰分测定方法	SN/T 0925—2000	现行有效
90	方法类	进出口茶叶中硒的检验方法　荧光光度法	SN/T 0926—2000	现行有效
91	方法类	进出口茶叶检疫规程	SN/T 1490—2004	现行有效
92	方法类	进出口茶叶中9种有机杂环类农药残留量的检验方法	SN/T 1591—2005	现行有效
93	方法类	进出口茶叶中噻嗪酮残留量检验方法　气相色谱法	SN/T 1594—2005	现行有效
94	方法类	进出口食品中多种菊酯类农药残留量测定方法　气相色谱法	SN/T 1117—2008	现行有效
95	方法类	进出口食品中嘧霉胺、嘧菌胺、腈菌唑、嘧菌酯残留量的检测方法　气相色谱-质谱法	SN/T 1624—2009	现行有效
96	方法类	除草剂残留量检验方法　第3部分：液相色谱-质谱/质谱法	SN/T 1737.3—2010	现行有效
97	方法类	进出口茶叶中八氯二丙醚残留量检测方法　气相色谱法	SN/T 1774—2006	现行有效
98	方法类	进出口食品中草甘膦残留量的检测方法　液相色谱-质谱/质谱法	SN/T 1923—2007	现行有效
99	方法类	进出口茶叶中多种有机磷农药残留量的检测方法　气相色谱法	SN/T 1950—2007	现行有效
100	方法类	进出口食品中异稻瘟净残留量的检测方法	SN/T 1967—2007	现行有效
101	方法类	进出口食品中联苯菊酯残留量的检测方法　气相色谱-质谱法	SN/T 1969—2007	现行有效
102	方法类	进出口食品中茚虫威残留量的检测方法　气相色谱法和液相色谱-质谱/质谱法	SN/T 1971—2007	现行有效
103	方法类	进出口食品中莠去津残留量的检测方法　气相色谱-质谱法	SN/T 1972—2007	现行有效
104	方法类	进出口食品中阿维菌素残留量的检测方法　高效液相色谱-质谱/质谱法	SN/T 1973—2007	现行有效
105	方法类	进出口食品中苯醚甲环唑残留量的检测方法　气相色谱-质谱法	SN/T 1975—2007	现行有效

（续）

序号	标准分类	标准名称	标准状态	备注
106	方法类	进出口食品中狄氏剂和异狄氏剂残留量检测方法 气相色谱-质谱法	SN/T 1978—2007	现行有效
107	方法类	进出口食品中环氟菌胺残留量的检测方法 气相色谱-质谱法	SN/T 1981—2007	现行有效
108	方法类	进出口食品中氟虫腈残留量检测方法 气相色谱-质谱法	SN/T 1982—2007	现行有效
109	方法类	进出口食品中溴虫腈残留量检测方法	SN/T 1986—2007	现行有效
110	方法类	进出口食品中丁酰肼残留量检测方法 气相色谱-质谱法	SN/T 1989—2007	现行有效
111	方法类	进出口食品中三唑锡和三环锡残留量的检测方法 气相色谱-质谱法	SN/T 1990—2007	现行有效
112	方法类	进出口茶叶中铅、砷、镉、铜、铁含量的测定 电感耦合等离子体原子发射光谱法	SN/T 2056—2008	现行有效
113	方法类	进出口茶叶中三氯杀螨砜残留量的测定	SN/T 2072—2008	现行有效
114	方法类	进出口食品中α-硫丹和β-硫丹残留量的检测方法 酶联免疫法	SN/T 2094—2008	现行有效
115	方法类	进出口食品中硫线磷残留量的检测方法	SN/T 2147—2008	现行有效
116	方法类	进出口食品中苯线磷残留量的检测方法 气相色谱-质谱法	SN/T 2156—2008	现行有效
117	方法类	进出口食品中毒死蜱残留量检测方法	SN/T 2158—2008	现行有效
118	方法类	进出口食品中稻瘟灵残留量检测方法	SN/T 2229—2008	现行有效
119	方法类	进出口食品中腐霉利残留量的检测方法 气相色谱-质谱法	SN/T 2230—2008	现行有效
120	方法类	进出口食品中丙溴磷残留量检测方法 气相色谱法和气相色谱-质谱法	SN/T 2234—2008	现行有效
121	方法类	进出口食品中嘧菌环胺残留量检测方法 气相色谱-质谱法	SN/T 2235—2008	现行有效
122	方法类	进出口食品中氟硅唑残留量检测方法 气相色谱-质谱法	SN/T 2236—2008	现行有效
123	方法类	进出口食品中喹氧灵残留量检测方法	SN/T 2319—2009	现行有效
124	方法类	进出口食品中腈菌唑残留量检测方法 气相色谱-质谱法	SN/T 2321—2009	现行有效
125	方法类	进出口食品中氯酯磺草胺残留量的测定 液相色谱-质谱/质谱法	SN/T 2386—2009	现行有效
126	方法类	进出口食品中井冈霉素残留量的测定 液相色谱-质谱/质谱法	SN/T 2387—2009	现行有效
127	方法类	进出口食品中苄螨醚残留量的检测方法	SN/T 2431—2010	现行有效
128	方法类	进出口食品中哒螨灵残留量的检测方法	SN/T 2432—2010	现行有效
129	方法类	进出口食品中炔草酯残留量的检测方法	SN/T 2433—2010	现行有效
130	方法类	进出口食品中涕灭威、涕灭威砜、涕灭威亚砜残留量检测方法 液相色谱-质谱/质谱法	SN/T 2441—2010	现行有效
131	方法类	进出口食品中苯胺灵残留量的测定 气相色谱-质谱法	SN/T 2456—2010	现行有效

（续）

序号	标准分类	标准名称	标准状态	备注
132	方法类	进出口食品中十三吗啉残留量的测定　液相色谱-质谱/质谱法	SN/T 2458—2010	现行有效
133	方法类	进出口食品中氟烯草酸残留量的测定　气相色谱-质谱法	SN/T 2459—2010	现行有效
134	方法类	进出口食品中噻酰菌胺残留量的测定　液相色谱-质谱/质谱法	SN/T 2514—2010	现行有效
135	方法类	进出口食品中苯甲酰脲类农药残留量的测定　液相色谱-质谱/质谱法	SN/T 2540—2010	现行有效
136	方法类	进出口食品中氨基甲酸酯类农药残留量的测定　液相色谱-质谱/质谱法	SN/T 2560—2010	现行有效
137	方法类	进出口食品中吡啶类农药残留量的测定　液相色谱-质谱/质谱法	SN/T 2561—2010	现行有效
138	方法类	进出口食品中氟虫酰胺残留量的测定　液相色谱-质谱/质谱法	SN/T 2581—2010	现行有效
139	方法类	进出口食品中吡丙醚残留量的检测方法　液相色谱-质谱/质谱法	SN/T 2623—2010	现行有效
140	方法类	进出口食品中吡螨胺残留量检测方法　气相色谱-质谱法	SN/T 2646—2010	现行有效
141	方法类	进出口食品中炔苯酰草胺残留量检测方法　气相色谱-质谱法	SN/T 2647—2010	现行有效
142	方法类	进出口食品中啶酰菌胺残留量的测定　气相色谱-质谱法	SN/T 2648—2010	现行有效
143	方法类	出口茶叶检验规程	SN/T 3133—2012	现行有效
144	方法类	出口食品中黄曲霉毒素残留量的测定	SN/T 3263—2012	现行有效
145	方法类	进出口食品中砷、汞、铅、镉的检测方法电感耦合等离子体质谱（ICP-MS）法	SN/T 0448—2011	现行有效
146	方法类	进出口食品中高氯酸盐的测定	SN/T 4089—2015	现行有效
147	方法类	进出口袋泡茶检验规程	SN/T 4456—2016	现行有效
148	产品类	扁形茶炒制机	JB/T 10748—2016	现行有效
149	产品类	扁形茶加工成套设备	JB/T 10808—2016	现行有效
150	产品类	茶叶理条机	JB/T 12833—2016	现行有效
151	产品类	茶叶色选机	JB/T 12834—2016	现行有效
152	产品类	茶叶鲜叶分级机	JB/T 12835—2016	现行有效
153	产品类	茶叶抖筛机	JB/T 5676—2016	现行有效
154	产品类	茶叶烘干机	JB/T 6674—2016	现行有效
155	产品类	茶叶机械　术语	JB/T 7863—2016	现行有效
156	产品类	茶叶炒干机	JB/T 8575—2016	现行有效
157	产品类	茶叶滚筒杀青机	JB/T 9812—2016	现行有效
158	产品类	茶叶微波杀青干燥设备	JB/T 10809—2007	现行有效
159	产品类	茶叶蒸青机	JB/T 10810—2007	现行有效
160	产品类	茶树修剪机	JB/T 5674—2007	现行有效
161	产品类	采茶机	JB/T 6281—2007	现行有效

（续）

序号	标准分类	标准名称	标准状态	备注
162	产品类	切茶机	JB/T 6670—2007	现行有效
163	产品类	茶叶风选机	JB/T 7321—2007	现行有效
164	产品类	茶叶炒干机	JB/T 8575—2007	现行有效
165	产品类	转子式茶叶揉切机	JB/T 9810—2007	现行有效
166	产品类	茶叶平面圆筛机	JB/T 9811—2007	现行有效
167	产品类	阶梯式茶叶拣梗机	JB/T 9813—2007	现行有效
168	产品类	茶叶揉捻机	JB/T 9814—2007	现行有效
169	产品类	茶叶烘干机产品质量分等（内部使用）	JB/T 51210—1999	现行有效

附表 16-3　茶叶（产品）地方标准体系

序号	标准分类	标准名称	标准状态	备注
1	产品类	食品安全地方标准　代用茶	DBS13/002—2015	现行有效
2	产品类	蒙餐奶茶	DB15/T 525—2012	现行有效
3	产品类	食品安全地方标准　代用茶	DBS22/032—2014	现行有效
4	方法类	茶饮料和调味茶饮料中咖啡因和五种儿茶素类（儿茶素、表儿茶素、表没食子儿茶素没食子酸酯、表儿茶素没食子酸酯和表没食子儿茶素）含量的测定　高效液相色谱法	DB22/T 1671—2012	现行有效
5	方法类	水果、蔬菜和茶叶中拟除虫菊酯类农药残留量　快速检测方法　薄层色谱法	DB22/T 2003—2014	现行有效
6	物流类	茶叶的检验规则、标志、标识和包装、运输、储存	DB31/T 215.1—1998	现行有效
7	产品类	特种绿茶	DB31/T 215.2—1998	现行有效
8	产品类	红茶	DB31/T 215.3—1998	现行有效
9	产品类	茉莉花茶	DB31/T 215.5—1998	现行有效
10	生产管理类	雨花茶加工技术规程	DB32/T 432—2012	现行有效
11	产品类	超微绿茶粉	DB32/T 751—2012	现行有效
12	生产管理类	低咖啡因绿茶加工技术规程	DB32/T 1617—2010	现行有效
13	产品类	花果山云雾茶	DB32/T 1817—2011	现行有效
14	产品类	茗苑曲毫茶等级	DB32/T 2070—2012	现行有效
15	产品类	吟红茶等级	DB32/T 2073—2012	现行有效
16	生产管理类	茗毫茶生产、加工技术规程	DB32/T 2489—2013	现行有效
17	产品类	雪莲茶质量分级	DB32/T 2494—2013	现行有效
18	生产管理类	银毫茶加工技术规程	DB32/T 2497—2013	现行有效
19	产品类	地理标志产品　金坛雀舌茶	DB32/T 2695—2014	现行有效
20	生产管理类	青茶加工技术规程	DB32/T 2697—2014	现行有效
21	生产管理类	南京雨花茶栽培技术规程	DB3201/T 003—2002	现行有效
22	产品类	雪水云绿茶　第 1 部分：商品茶	DB3301/T 059.1—2008	现行有效
23	生产管理类	雪水云绿茶　第 2 部分：栽培技术规程	DB3301/T 059.2—2008	现行有效
24	生产管理类	雪水云绿茶　第 3 部分：加工技术规程	DB3301/T 059.3—2008	现行有效
25	生产管理类	西湖龙井茶手工炒制工艺规程	DB3301/T 121—2008	现行有效

（续）

序号	标准分类	标准名称	标准状态	备注
26	生产管理类	建德苞茶生产技术规范	DB33/T 729—2015	现行有效
27	生产管理类	松阳茶生产技术规范	DB33/T 739—2015	现行有效
28	生产管理类	惠明茶生产技术规程	DB33/T 797—2015	现行有效
29	生产管理类	扁形绿茶加工工艺技术规程	DB33/T 941—2014	现行有效
30	生产管理类	香茶加工技术规程	DB33/T 967—2015	现行有效
31	产品类	地理标志产品　六安瓜片茶	DB34/T 237—2011	现行有效
32	生产管理类	九华佛茶生产加工技术规程	DB34/T 366—2015	现行有效
33	产品类	九华佛茶	DB34/T 365—2015	现行有效
34	产品类	天华谷尖茶	DB34/T 426—2015	现行有效
35	生产管理类	天华谷尖茶加工技术规程	DB34/T 427—2015	现行有效
36	产品类	地理标志产品　金山时雨茶	DB34/T 989—2013	现行有效
37	产品类	地理标志产品　松萝茶	DB34/T 1356—2013	现行有效
38	产品类	地理标志产品　汀溪兰香茶	DB34/T 1582—2012	现行有效
39	产品类	白云春毫茶	DB34/T 1824—2013	现行有效
40	产品类	安茶	DB34/T 1841—2013	现行有效
41	产品类	泾县兰香茶	DB34/T 1842—2013	现行有效
42	产品类	地理标志产品　金寨红茶	DB34/T 2068—2014	现行有效
43	生产管理类	石墨茶加工技术规程	DB34/T 2571—2015	现行有效
44	产品类	食品安全地方标准　代用茶	DBS34/2607—2016	现行有效
45	产品类	八仙茶　毛茶	DB35/T 97.6—2006	现行有效
46	产品类	八仙茶　成品茶	DB35/T 97.8—2006	现行有效
47	产品类	安溪乌龙茶标准综合体　毛茶	DB35/T 103.7—2000	现行有效
48	产品类	绿茶标准综合体　绿茶（烘青）毛茶	DB35/T 148.7—2001	现行有效
49	产品类	绿茶标准综合体　绿茶（烘青）成品茶	DB35/T 148.9—2001	现行有效
50	方法类	白茶标准综合体　茶叶取样方法	DB35/T 152.9—2001	现行有效
51	方法类	白茶标准综合体　茶叶品质感官检验方法	DB35/T 152.10—2001	现行有效
52	方法类	白茶标准综合体　茶叶理化检验方法	DB35/T 152.11—2001	现行有效
53	方法类	白茶标准综合体　评茶术语	DB35/T 152.12—2001	现行有效
54	产品类	白茶标准综合体　白茶鲜叶	DB35/T 152.13—2001	现行有效
55	产品类	白茶标准综合体　白毛茶	DB35/T 152.15—2001	现行有效
56	产品类	白茶标准综合体　白茶	DB35/T 152.17—2001	现行有效
57	产品类	安溪乌龙茶	DB35/T 405—2000	现行有效
58	生产管理类	绿茶、茉莉花茶加工企业良好操作规范	DB35/T 612—2005	现行有效
59	质量追溯类	乌龙茶加工企业良好操作规范	DB35/T 613—2005	现行有效
60	物流类	茶叶储藏、运输企业良好操作规范	DB35/T 614—2005	现行有效
61	产品类	坦洋工夫红茶　毛茶	DB35/T 633—2005	现行有效
62	产品类	坦洋工夫红茶　成品茶	DB35/T 635—2005	现行有效
63	产品类	天山绿茶	DB35/T 660—2006	现行有效
64	产品类	蒸青绿茶　毛茶	DB35/T 673—2006	现行有效

（续）

序号	标准分类	标准名称	标准状态	备注
65	产品类	蒸青绿茶　成品茶	DB35/T 675—2006	现行有效
66	产品类	永春佛手茶　毛茶	DB35/T 713—2006	现行有效
67	产品类	永春佛手茶　精茶	DB35/T 714—2006	现行有效
68	产品类	白芽奇兰茶　毛茶	DB35/T 824—2008	现行有效
69	产品类	白芽奇兰茶　成品茶	DB35/T 825—2008	现行有效
70	产品类	地理标志产品　武夷红茶	DB35/T 1228—2015	现行有效
71	产品类	地理标产品　福鼎白茶实物标准样	DB35/T 1363—2013	现行有效
72	产品类	地理标志产品　邵武碎铜茶	DB35/T 1378—2013	现行有效
73	产品类	地理标志产品　永定万应茶	DB35/T 1498—2015	现行有效
74	生产管理类	红茶加工通用技术规程	DB35/T 1505—2015	现行有效
75	产品类	浮梁茶	DB36/T 438—2012	现行有效
76	产品类	得雨活茶	DB36/T 448—2015	现行有效
77	生产管理类	有机食品　资溪白茶加工技术规程	DB36/T 588—2010	现行有效
78	产品类	上犹绿茶	DB36/T 631—2011	现行有效
79	质量追溯类	上犹绿茶　管理体系	DB36/T 634—2011	现行有效
80	物流类	上犹绿茶　标识与销售	DB36/T 635—2011	现行有效
81	产品类	地理标志产品　靖安白茶	DB36/T 712—2013	现行有效
82	产品类	地理标志产品　婺源绿茶	DB36/T 752—2013	现行有效
83	产品类	威海绿茶	DB37/T 1426—2009	现行有效
84	产品类	泰安泰山绿茶	DB37/T 1793—2011	现行有效
85	生产管理类	泰山绿茶加工技术规程	DB37/T 1985—2011	现行有效
86	生产管理类	桑叶茶加工技术规程	DB37/T 2186—2012	现行有效
87	产品类	信阳毛尖茶	DB41/T 335—2004	现行有效
88	生产管理类	无公害信阳毛尖茶生产基本要求	DB41/T 337—2004	现行有效
89	产品类	桐柏玉叶茶	DB41/T 407—2005	现行有效
90	生产管理类	银杏叶茶加工技术规程	DB41/T 839—2013	现行有效
91	产品类	富硒茶	DB42/T 143—2002	现行有效
92	产品类	采花毛尖茶	DB42/T 182—2011	现行有效
93	产品类	五峰毛尖茶	DB42/T 195—2000	现行有效
94	产品类	地理标志产品　英山云雾茶	DB42/T 210—2014	现行有效
95	产品类	地理标志产品　来凤藤茶	DB42/T 289—2014	现行有效
96	产品类	箭茶	DB42/T 291—2011	现行有效
97	产品类	龙峰茶	DB42/T 293—2004	现行有效
98	产品类	邓村绿茶	DB42/323—2011	现行有效
99	产品类	机制条形优质绿茶	DB42/T 359—2006	现行有效
100	产品类	机制针形优质绿茶	DB42/T 360—2006	现行有效
101	产品类	伍家台贡茶	DB42/T 391—2010	现行有效
102	产品类	红庙翠峰茶	DB42/T 417—2007	现行有效
103	产品类	地理标志产品　鹤峰茶	DB42/T 522—2015	现行有效

（续）

序号	标准分类	标准名称	标准状态	备注
104	产品类	湖北乌龙茶	DB42/T 666—2010	现行有效
105	产品类	武当道茶	DB42/T 818—2012	现行有效
106	产品类	地理标志产品　羊楼洞砖茶	DB42/T 835—2012	现行有效
107	产品类	五峰绿茶（地理标志证明商标）	DB42/T 855—2012	现行有效
108	产品类	荷叶茶	DB42/T 896—2013	现行有效
109	产品类	襄阳高香茶（地理标志证明商标）	DB42/T 897—2013	现行有效
110	产品类	湖北宜红茶	DB42/T 916—2013	现行有效
111	产品类	青砖茶	DB42/T 969—2014	现行有效
112	产品类	地理标志产品　大悟绿茶	DB42/T 998—2014	现行有效
113	产品类	地理标志产品　老君眉茶	DB42/T 1010—2014	现行有效
114	产品类	远安黄茶	DB42/T 1015—2014	现行有效
115	产品类	白化茶	DB42/T 1016—2014	现行有效
116	产品类	地理标志产品　梅子贡茶	DB42/T 1042—2015	现行有效
117	产品类	红（米）砖茶	DB42/T 1059—2015	现行有效
118	产品类	地理标志产品　古丈毛尖茶	DB43/T 205—2012	现行有效
119	产品类	桃源大叶茶	DB43/272—2005	现行有效
120	产品类	安化黑茶千两茶	DB43/T 389—2010	现行有效
121	产品类	毛尖茶感官审评定级方法	DB43/T 521—2010	现行有效
122	基础通用类	安化黑茶通用技术要求	DB43/T 568—2010	现行有效
123	产品类	安化黑茶　茯砖茶	DB43/T 569—2010	现行有效
124	产品类	安化黑茶花砖茶	DB43/T 570—2010	现行有效
125	产品类	安化黑茶湘尖茶	DB43/T 571—2010	现行有效
126	产品类	安化黑茶黑砖茶	DB43/T 572—2010	现行有效
127	物流类	安化黑茶包装标识运输储存技术规范	DB43/T 654　2011	现行有效
128	生产管理类	安化黑茶加工通用技术要求	DB43/T 655—2011	现行有效
129	方法类	安化黑茶冲泡及饮用方法	DB43/T 656—2011	现行有效
130	产品类	安化黑茶　黑毛茶	DB43/T 659—2011	现行有效
131	产品类	岳阳黄茶	DB43/T 769—2013	现行有效
132	产品类	地理标志产品碣滩茶	DB43/T 796—2013	现行有效
133	生产管理类	地理标志产品　碣滩茶生产技术规范	DB43/T 797—2013	现行有效
134	生产管理类	有机茶出口种植基地安全质量控制技术规程　第1部分：基本要求	DB43/T 800.1—2013	现行有效
135	生产管理类	有机茶出口种植基地安全质量控制技术规程　第2部分：栽培管理	DB43/T 800.2—2013	现行有效
136	生产管理类	有机茶出口种植基地安全质量控制技术规程　第3部分：加工销售	DB43/T 800.3—2013	现行有效
137	生产管理类	有机茶出口种植基地安全质量控制技术规程　第4部分：质量控制	DB43/T 800.4—2013	现行有效
138	产品类	保靖黄金茶　毛尖绿茶	DB43/T 863—2014	现行有效
139	产品类	地理标志产品　玲珑茶　第1部分：产品质量	DB43/T 928.1—2014	现行有效

（续）

序号	标准分类	标准名称	标准状态	备注
140	生产管理类	地理标志产品　玲珑茶　第2部分：生产技术	DB43/T 928.2—2014	现行有效
141	产品类	潮汕工夫茶	DB44/T 872—2011	现行有效
142	产品类	地理标志产品　新垌茶	DB44/T 1515—2014	现行有效
143	生产管理类	有机乌龙茶生产技术规程	DB44/T 1841—2016	现行有效
144	产品类	广西食品安全地方标准　代用茶和调味茶	DBS45/006—2013	现行有效
145	产品类	食品安全地方标准　金花茶叶茶	DBS45/033—2016	现行有效
146	产品类	地理标志产品　西山茶	DB45/T 228—2012	现行有效
147	生产管理类	六堡茶生产技术规程	DB45/T 435—2014	现行有效
148	生产管理类	六堡茶加工技术规程	DB45/T 479—2014	现行有效
149	生产管理类	金花茶生产技术规程	DB45/T 677—2010	现行有效
150	生产管理类	工夫红茶发酵适度的确定方法	DB45/T 809—2012	现行有效
151	产品类	地理标志产品　防城金花茶	DB45/T 909—2013	现行有效
152	生产管理类	青茶、绿茶低温真空干燥加工技术规程	DB45/T 938—2013	现行有效
153	产品类	地理标志产品　南山白毛茶	DB45/T 1016—2014	现行有效
154	产品类	地理标志产品　横县茉莉花茶	DB45/T 1047—2014	现行有效
155	生产管理类	桂林毛尖茶加工技术规程	DB45/T 1068—2014	现行有效
156	产品类	地理标志产品　六堡茶	DB45/T 1114—2014	现行有效
157	产品类	地理标志产品　昭平茶	DB45/T 1124—2014	现行有效
158	基础通用类	六堡茶加工与感官审评术语	DB45/T 1291—2016	现行有效
159	产品类	白沙绿茶	DB46/T 31—2004	现行有效
160	生产管理类	糯米香茶栽培技术规程	DB46/T 246—2013	现行有效
161	方法类	茶叶中儿茶素总量的测定　香兰素——盐酸分光光度法	DB51/T 896—2009	现行有效
162	质量追溯类	茶叶追溯要求　绿茶	DB51/T 1169—2010	现行有效
163	生产管理类	金尖茶加工技术规范	DB51/T 1548—2012	现行有效
164	产品类	贵州绿茶　卷曲形茶（含第1号修改单）	DB52/T 442.1—2010	现行有效
165	产品类	贵州绿茶　针形茶（含第1号修改单）	DB52/T 442.2—2010	现行有效
166	产品类	贵州绿茶　扁形茶（含第1号修改单）	DB52/T 442.3—2010	现行有效
167	产品类	贵州绿茶　颗粒形茶（含第1号修改单）	DB52/T 442.4—2010	现行有效
168	产品类	贵州绿茶（含第1号修改单）	DB52/T 447—2010	现行有效
169	质量追溯类	贵州省茶叶产品信息溯源管理指南	DB52/T 620—2010	现行有效
170	环境安全类	贵州无公害茶叶产地环境条件	DB52/T 621—2010	现行有效
171	环境安全类	贵州有机茶产地环境条件	DB52/T 622—2010	现行有效
172	生产管理类	贵州无公害茶叶栽培技术规程	DB52/T 624—2010	现行有效
173	基础通用类	贵州茶叶鲜叶分级	DB52/T 629—2010	现行有效
174	生产管理类	贵州茶叶加工场所基本条件	DB52/T 630—2010	现行有效
175	生产管理类	贵州无公害茶叶加工技术规程	DB52/T 631—2010	现行有效
176	生产管理类	贵州茶叶加工技术要求	DB52/T 632—2010	现行有效
177	生产管理类	贵州绿茶　大宗茶加工技术规程	DB52/T 633—2010	现行有效
178	生产管理类	贵州绿茶　卷曲形茶加工技术规程	DB52/T 634—2010	现行有效

（续）

序号	标准分类	标准名称	标准状态	备注
179	生产管理类	贵州绿茶　直条形毛峰茶加工技术规程	DB52/T 635—2010	现行有效
180	生产管理类	贵州绿茶　扁形茶加工技术规程	DB52/T 636—2010	现行有效
181	生产管理类	贵州绿茶　珠形茶加工技术规程	DB52/T 638—2010	现行有效
182	生产管理类	贵州红茶　工夫红茶加工技术规程	DB52/T 639—2010	现行有效
183	生产管理类	贵州红茶　红碎茶加工技术规程	DB52/T 640—2010	现行有效
184	产品类	贵州工夫红茶	DB52/T 641—2010	现行有效
185	方法类	贵州省茶叶企业检验基本要求	DB52/T 642—2010	现行有效
186	质量追溯类	贵州绿茶销售管理指南	DB52/T 644—2010	现行有效
187	基础通用类	茶叶冲泡品饮指南	DB52/T 645—2010	现行有效
188	物流类	贵州茶叶包装通用技术规范	DB52/T 648—2010	现行有效
189	生产管理类	贵州小叶苦丁茶培育技术规程	DB52/T 712—2011	现行有效
190	产品类	地理标志产品　雷山银球茶	DB52/T 713—2015	现行有效
191	产品类	地理标志产品　正安白茶	DB52/T 835—2015	现行有效
192	产品类	固体饮料　姜茶	DB52/T 943—2014	现行有效
193	生产管理类	绿宝石茶专属茶园栽培技术规程	DB52/T 999—2015	现行有效
194	生产管理类	梵净山　颗粒形绿茶加工技术规程	DB52/T 1011—2015	现行有效
195	产品类	梵净山　红茶	DB52/T 1012—2015	现行有效
196	生产管理类	梵净山　红茶加工技术规程	DB52/T 1013—2015	现行有效
197	生产管理类	地理标志产品　石阡苔茶加工技术规程	DB52/T 1014—2015	现行有效
198	生产管理类	地理标志产品　雷山银球茶加工技术规程	DB52/T 1015—2015	现行有效
199	生产管理类	地理标志产品　正安白茶加工技术规程	DB52/T 1016—2015	现行有效
200	产品类	藤茶	DB52/T 1032—2015	现行有效
201	产品类	云南省食品安全地方标准　昌宁红茶	DBS53/012—2013	现行有效
202	方法类	普洱茶中茶多酚的检测方法	DB53/T 216—2007	现行有效
203	基础通用类	普洱茶冲泡方法	DB53/T 236—2007	现行有效
204	生产管理类	有机茶生产技术规范	DB53/T 614—2014	现行有效
205	产品类	食品安全地方标准　秦岭绿茶	DBS61/0002—2011	现行有效
206	产品类	食品安全地方标准　代用茶安全要求	DBS61/0003—2013	现行有效
207	产品类	食品安全地方标准　泾阳茯砖茶	DBS61/0006—2014	现行有效
208	产品类	天然富硒茶标准	DB61/T 307.1—2003	现行有效
209	环境安全类	天然富硒茶产地环境条件	DB61/T 307.2—2003	现行有效
210	产品类	女娲绿茶　银峰茶	DB61/T 396.3—2014	现行有效
211	产品类	女娲绿茶　云雾茶	DB61/T 396.4—2014	现行有效
212	产品类	女娲绿茶　毛尖茶	DB61/T 396.5—2014	现行有效
213	产品类	女娲绿茶　炒青茶	DB61/T 396.6—2014	现行有效
214	产品类	女娲红茶	DB61/T 396.7—2014	现行有效
215	产品类	绞股蓝茶	DB61/T 931.7—2014	现行有效
216	生产管理类	地理标志产品　泾阳茯砖茶技术规范	DB61/T 920—2014	现行有效
217	产品类	地理标志产品　龙神茶	DB62/T 1993—2010	现行有效
218	产品类	地理标志产品　文县绿茶	DB62/T 2466—2014	现行有效

第十七章　2017年度种植业产品标准体系研究报告——花卉

一、产品标准及标准体系发展现状

1. 标准体系建设进展情况（包括标准体系建设框架）

标准作为科学技术的结晶，具有科学性、先进性和可靠性，标准化以科学技术的综合研究成果为依据开展支撑产业链各关键环节运行与发展的标准体系建设就显得十分重要且必要。农业新技术一旦用标准形式加以提高、统一、推广，使广大农民易于掌握，准确迅速地应用于生产实际，就能使科学技术迅速转化为现实生产力。在合理利用资源、节约能源、节约原料的基础上，不断提高产品质量，增加产品数量，从而提高了经济效益。以种子标准化为例，种子是农业生产的起点，是农产品的产量和质量的内在因素。种子质量标准化是农业标准化的一项重要内容，是取得农业高产优质高效的根本保证。花卉产业多地多年的实践证明，采用符合标准的优质种苗、种球，可使生产出的鲜切花一级品率提高10%～20%，显著提升产品的市场竞争力与经济效益。

我国花卉产业经过30多年的持续发展，从无到有，从小到大，花卉生产规模不断扩大，产值逐年增加，进一步使其在优化农业产业结构、促进城乡统筹发展、建设社会主义新农村和改善人民生活环境、提高人民生活质量、促进农林增收等方面发挥出重要作用。据农业部统计资料显示，2016年全国花卉生产总面积133.04万hm^2，比2015年的130.55万hm^2增长1.91%，增长幅度持续减少；销售额1 389.70亿元，比2015年的1 302.57亿元增长6.69%，增长幅度远高于2015年的1.81%；出口额6.17亿美元，同比下降0.44%。2016年总体而言，我国花卉生产稳中有升，内销增长强劲。同时，经过多年的发展和调整，花卉产业不断向优势区域集中，基本形成了以云南、北京、上海、广东、四川、河北为主的切花生产区域，以山东、江苏、浙江、四川、广东、福建、海南为主的苗木和观叶植物生产区域，以江苏、广东、浙江、福建、四川、湖北为主的盆景生产区域，以辽宁、云南、四川、上海、陕西、甘肃为主的种球（种苗）生产区域。

花卉作为科技含量较高的行业，其标准化程度已成为生产高品质花卉的基础和前提，同时花卉发达国家的发展历程也表明质量标准化体系的建立与实施是其行业立于不败之地的关键因素，若不能够保证产品质量，是根本无法立足于竞争激烈的国际花卉市场。因此，花卉发达国家一直都非常重视质量标准化的构建。其中，荷兰作为当今世界上花卉质量标准与检测技术最全面的国家，对于鲜切花等仅作为观赏的花卉产品，荷兰除了执行欧洲经济委员会（ECE）的常规标准外，还要对观赏期、运输特性等内在品质进行评价。而对于像花卉种苗、种球等繁殖材料，因其要作为生产资料再投入，对其质量要求就越加严格，除对外观质量进行检测外，还要检测健康状况、品种真实度、品种纯度等内在品质，甚至检查到生产企业的经营、组织状况、质量控制以及卫生措施等，通过专门的质检机构对这些产品质量进行检测和评价，在全国实行生产和经营的准入制度。

但是，荷兰也不是在产业发展的最初阶段即开始重视质量标准的建设，虽然早在17世纪荷兰就已发现了郁金香的病害，但一直到20世纪初才真正面临病虫害对郁金香产业造成的实际压力，此事件发生于1929年，荷兰输往美国的郁金香种球，被美方以带有危险病虫害而拒绝入境，使产业界蒙受巨大损失。此后，如何采取防治策略与标准技术生产健康种球就成为了种球繁育的一大迫切需求，荷兰即开始重视郁金香种球病虫害的防范，以重新打开美国市场。当时各界积极动员，由学术界负责种球传播病虫害的研究，特别针对系统性、感染型、滤过性病毒进行检测技术的开发，而使荷兰成为全球第一个研发出利用抗血清检测郁金香条纹病毒的国家。掌握了病毒检测技术后，荷兰在20世纪30年代开始成立专职检测实验室，负责郁金香种球的病毒检测，协助农民判别、筛选健康无病毒种球作为繁殖用种原，研究出繁殖健康种球的标准生产技术供农民应用，并且在种球收获后协助农民检查病毒感染率，制定种球质量分级标准，供农民作为种球生产的参考。在政府方面，则立法通过“农业品质法”，要求农民所生产的郁金香种球必须符合国家品质标准，基于此法，荷兰的郁金香种植业者专门成立了球根花卉农民协会，只要从事郁金香种球生产的农民，均必须加入此协会，以约束各成员所生产的种球须符合国家标准，协会从种球销售金额中抽取手续费成立基金，运用这个基金，该协会将上述病毒检测实验室纳为基金会的附属机构，这就是现今名闻遐迩的荷兰球根花卉检测服务中心(dutch flower bulb inspection service，BKD)。该机构目前对荷兰种球的整个繁育过程实行质量监控，每年为球根花卉农民协会成员检测病毒，及其他可能危害种球品质的病原与有害生物。由于依照农业品质法以及与球根花卉农民协会的合约，荷兰球根生产者必须在每一批种球大量繁殖前，将原种送请该中心检测，确定不带病毒者才获准进入繁殖程序，繁育过程中也须接受该中心人员的监控；繁殖后的种球更需要接受该中心的抽验，以确定其品质符合国家标准的等级。目前，荷兰球根花卉检测中心随着球根产业的发展，其检测种类已由单一的郁金香增加至目前的十多种球根花卉种类，但该中心仅负责球根花卉的质量检查与监测，并不负责其他花卉种类。

在荷兰，其他花卉种类的种苗与种子繁育也同样执行着严格的质量标准与检测程序，是由荷兰园艺作物检测服务中心（netherlands inspection service for horticulture，Naktuinbouw；NAKT）具体负责执行。该中心除了负责各种花卉作物健康种苗繁殖标准流程的建议与拟定外，同时也获得荷兰政府授权，依据政府颁布的种苗法，进行检查与质量品质认证工作，并就检查结果核发不同品质等级的证照。通常的做法是农民在大量繁殖一种花卉种苗或种子前，须委托该中心先行就其种原进行检查，筛选出无病原感染者才准许农民大量繁殖；繁殖过程中，中心还会派人员协助监控田间病害的发生并随时加以处置；繁殖后的种苗或种子成品再交由中心检查判定等级，及核发政府授权的证照。这种运作模式中，检测机构不只是负责裁判而已，还肩负整个种苗生产程序的研发与推广教育，期间还协助监控，最后再公开、公平评比认定等级。因此，不会引发农民与政府间的对立，反而自发地与制度配合，使整个种苗产业的品质与竞争力提升，并持续获得了农民的肯定与支持。目前荷兰园艺作物检测服务中心大约可进行80种不同花卉病毒的检查，它所核发的证照获得了欧盟各国的认可，具有植物护照的作用。换句话说，只要获得该中心认定的健康种苗，就不必接受其他检疫手续，可以在欧盟国家之间通行无阻。

荷兰作为全世界的花卉出口大国，取得如今的辉煌成就绝非偶然，其成功经验很值得我国花卉产业的学习与借鉴，尤其是针对花卉种业与良种繁育所开发的病虫害检测先进技术与全程质量监控程序更是使其生产的种球、种苗在国际间通行无阻，成为其奠定无可取代的公信力与专业权威地位的重要保障。我国花卉业虽然经过30多年的恢复与发展，虽然现已成为一个新兴的优势产业，但由于产业整体起步晚，技术相对较弱，与花卉发达国家相比存在着一定的差距，尤其是产业的配套技术开发与质量标准化的研发晚。分析我国花卉在世界花卉所占的比例，结果显示我国观赏花卉的种植面积虽居世界第一，占到了种植总量的1/3，但仅生产世界观赏园艺花卉12%左右的总产值，切花单产产值只相当于以色列的1/12，荷兰的1/7。究其原因，主要还是由于我国花卉产业的标准化程度低，尤其是作为整个花卉产业基础与技术关键的现代种业，由于缺乏必要的标准对产品质量实行全程监控，导致了我国花卉出口时遭遇国外技术壁垒，缺乏国际竞争力；而对国外的种苗、种球与种子由于缺乏必要的质量监控而使其长驱直入，遭遇国外技术强权。这些问题的存在决定了今后观赏花卉产业的发展不应该再继续盲目扩大种植面积，而应该走集约化、标准化生产之路，重视产业结构的调整，挖掘生产潜力，在提高单位面积产量、提高质量与效益上下功夫，突出增加高产值品种等花卉产业结构的调整，进而从根本上提高花卉产业的整体产品质量及国际市场竞争力。

我国花卉标准化工作的起步较晚。1998年才首次颁布了花卉类的行业标准，此次颁布的5项农业行业标准均为切花类产品质量标准，分别是《月季切花》（NY/T 321—1997）、《唐菖蒲切花》（NY/T 322—1997）、《菊花切花》（NY/T 323—1997）、《满天星切花》（NY/T 324—1997）、《香石竹切花》（NY/T 325—1997）。在国家标准方面，一直到2000年才颁布了首部花卉国家标准，涉及鲜切花、盆花、盆栽观叶植物、花卉种苗、花卉种球、花卉种子、草坪7大类花卉产品，分别是《主要花卉产品等级　第1部分：鲜切花》（GB/T 18247.1—2000），《主要花卉产品等级　第2部分：盆花》（GB/T 18247.2—2000），《主要花卉产品等级　第3部分：盆栽观叶植物》（GB/T 18247.3—2000），《主要花卉产品等级　第4部分：花卉种子》（GB/T 18247.4—2000），《主要花卉产品等级　第5部分：花卉种苗》（GB/T 18247.5—2000），《主要花卉产品等级　第6部分：花卉种球》（GB/T 18247.6—2000），《主要花卉产品等级　第7部分：草坪》（GB/T 18247.7—2000）。

花卉具有种类繁多、产业链长、生产环节多且对标准化需求大的特性。如花卉大的分类上就包括了鲜切花（含切花、切叶、切果与切枝），盆栽植物（含盆花、盆栽观叶植物、盆栽观果植物、盆景），绿化景观植物，种苗，种球，种子，食药用花卉，加工花卉等，种类多样。产业链长方面，花卉是能够拉通及融合一产、二产、三产的一个比较特殊的行业。如一产的种植业环节，包括上述几大类花卉产品的分等分级、标准化生产、水肥管理、病虫害检测与防控、采后处理等环节；二产的加工业环节，包括精油、色素及功能性成分等的提取，产品分等分级，鲜花饼、花茶、花酒、花糖、鲜花含片等的加工及分级，芳香产品、化妆品、日化产品等的加工及分级等；三产的服务业环节，包括花海旅游、花卉庄园、花卉主题公园、花展等的标准化需求。而且，随着社会经济的不断发展，花卉新产品、新技术的不断开发与改进，对标准化的需求也随之发生变化，本书中所指的花卉标准化体系主要是种植业环节的花卉标准化体系构建。

我国的花卉标准分为国家标准、行业标准、地方标准与企业标准四个层次，其中花卉涉及的行业标准主要有农业行业标准、林业行业标准与检疫检验行业标准，统计至2017年10月31日，目前正式发布的花卉国家、行业标准与地方标准共598项，按标准的层次及行业类别划分，分别是国家标准38项，农业行业标准66项，林业行业标准65项，出入境检疫检验行业标准56项，其他行业如国内贸易行业标准15项，地方标准为29个省份358项。20项标准列入制定计划，分别是农业行业标准7项，林业行业标准4项，云南省地方标准9项。

通过全国花卉技术标准体系的研究与构建，可进一步提升各层级及各行业、各省份标准的整体协调性，更好地适应市场与产业需要，从而通过从花卉产前、产中、产后各个领域加强标准化设计和布局，深化顶层设计和规范化管理，引导、指导、规范、协调全国花卉标准制修订进程，为标准化工作规划、年度计划和项目申请管理提供有力依据。建议尽快启动花卉标准体系的研究与建设，进一步提高标准的协调性与适应性，推动标准与花卉市场、花卉企业、花卉出口等的关联度，推进标准从需求、立项、制定，到推广、应用、改进、完善整个流程的运行，从而进一步全面提升我国花卉的标准化水平，为花卉产业又好又快发展提供全方位的技术及标准支撑服务。

花卉标准体系建设的总体指导思想是高举中国特色社会主义伟大旗帜，以邓小平理论、“三个代表”重要思想、科学发展观为指导，全面贯彻中共十八大和十八届三中、四中全会精神，贯彻落实习近平总书记系列重要讲话精神，进一步解放思想，深化改革。深入贯彻落实习近平主席致第39届国际标准化组织大会贺信和李克强总理在第39届国际标准化组织大会上的讲话精神，按照国务院《关于印发深化标准化工作改革方案的通知》（国发〔2015〕13号）与国务院办公厅《关于印发贯彻实施〈深化标准化工作改革方案〉行动计划（2015—2016）的通知》（国办发〔2015〕67号）的具体要求，进一步牢固树立标准支撑产业整体“强管理，提质量，惠民生”的理念，以发展现代花卉业为主题，以加快转变花卉产业发展方式、通过标准支撑提升花卉产业质量效益为主线，以实现兴花富民为目标，以市场需求为导向，加强政府宏观引导，通过国家标准、行业标准、地方标准、联盟及企业标准等体系的构建与实施，坚持依靠科技进步，优化产业结构，做强花卉种植业，发展花卉加工业，培育花卉服务业，为全面建成小康社会，推进生态文明，建设美丽中国作出新贡献。

标准体系建设的基本原则：

坚持完整性原则。技术标准体系的组成应相对完整、配套，基本覆盖花卉产业的主要技术领域。在建设中，注重以市场为导向，充分发挥市场在资源配置中的基础性作用，加强政府宏观引导和调控，加大标准研究及制修订的扶持力度，引导与发挥好联盟、企业等团体标准的作用，通过标准支撑促进花卉产业进一步优化区域布局，调整产业结构，规范市场秩序。

坚持统一性原则。技术标准体系内的各项标准之间，应尽量做到协调、统一，减少重复、交叉。在标准体系的构建中，要注重以提质增效为目标，通过标准体系的支撑和引导，努力转变产业发展方式，体现区域性、特色性与专业性，促进整个产业由数量扩张型向质量效益型转变。

坚持科学性原则。推进自主创新和技术进步，体系构成应充分科学、层次清晰、结构合理，具有先进性、兼容性、超前性。在建设过程中，将依靠科技进步，重视标准化人才培养，推进技术成果以标准的形式体现，通过标准规范市场，提高产品品质及产业核心竞争力。在标准技术体系构建中进一步发挥花卉产业优势，增加经济效益的同时强化生态效益，实现兴花富民；发挥花文化优势，促进社会和谐。

坚持开放性原则。分体系、子体系应具有一定的可分解性和可扩展空间。进一步深入研究国际先进标准、国情及产业发展需求，发挥比较优势，发展特色花卉，针对新兴特色无标准的种类构建标准技术体系，积极引导消费，不断扩大内需及开拓新兴市场，提高国际市场份额。

坚持实用性原则。体系应实事求是，务求实效，对标准化工作具有指导性作用，便于使用和管理。坚持合理布局、优化结构。因地制宜，优化区域布局，加快产业集聚，结合城市群发展和新农村建设，形成和巩固高效花卉产业带、产业园和产业集群，形成一批配套齐全的技术与管理标准，延长产业链，实现一、二、三产业联动，提高产品附加值。

根据花卉行业和产业生产的特点及发展需求，初步设计出花卉技术标准体系框架图（图 17-1），该框架图涵盖了花卉产业及生产的产前、产中与产后的整个产业链。在花卉技术标准体系结构图内，花卉技术标准体系下设基础、产前、产中与产后四大分体系，在分体系下再分为若干子体系。

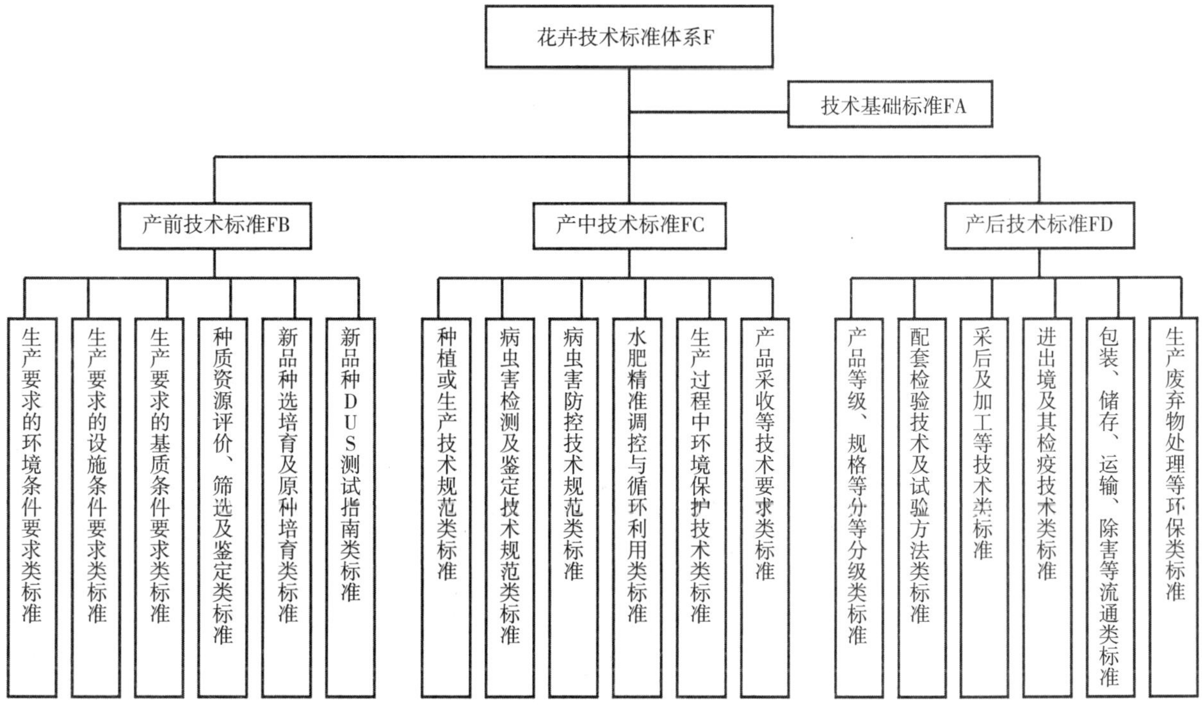

图 17-1　花卉技术标准体系框架

花卉技术标准体系（F）目前下设基础、产前、产中与产后四大分体系，其中技术基础类（FA）的分体系暂不设子体系，产前（FB）下设6个子体系，产中（FC）下设6个子体系，产后（FD）下设6个子体系，合计4个分体系，18个子体系。花卉技术标准体系及其各分体系、子体系均是开放型的体系，后续将可随着花卉产业的发展和标准化工作的推进，各分子体系均能增加与优化调整，同时按照子体系的分类和设计，后续可进一步细化与补充，整个体系能做到不断地完善和持续地改进，最终通过整个标准框架体系的不断完善与各级标准的研制，将形成支撑花卉产业健康与可持续发展的标准链，以进一步适应花卉产业及科技进步等的实际需求。

2. 存在的主要问题

（1）标准体系问题（包括但不局限于系统性、针对性、实用性、时效性等方面）　标准在自身系统性方面，存在协调性、配套性差的问题，少数标准间存在相互矛盾的问题。标准配套性及系统性不足、标龄过长且修订不及时等问题还比较突出。事实上，只有最终产品质量标准是不够的，还要规范种子、种苗、种球等花卉生产投入品的质量，以及标准化生产技术规程、采后处理技术（储存、包装、运输）标准等。同时，在标准前期的基础研究很难获得项目及经费的持续支持，导致研究基础比较薄弱且积累少，标准化人才也比较缺乏。

（2）标准管理问题（包括但不局限于研究基础、队伍建设等方面）　标准管理在体制机制方面存在多头管理及重制定轻实施的问题，多头管理就会发生标准与标准之前打架及不协调一致的问题。花卉具有种类繁多、技术链长的特点，致使标准涉及的重要技术环节多，加之没有设立专门的项目或资金支持开展相关标准体系的研究及构建，造成标准小而散，标龄过长，统一协调性及系统性差。标准的示范及应用推广也非常弱，花卉标准制定颁布后，在宣传贯彻、实施办法、监管措施等方面没有有效保障措施，加上花卉标准是推荐性而非强制性实施标准，无专门的机构或项目进行宣贯推广等原因，致使大部分标准出台后没能广泛实施应用，未很好地督促生产者按标准要求进行规范化管理和标准化生产。贯彻花卉标准缺乏总体的花卉标准化推广实施规划，缺乏统一协调、全面推进的机制。

二、标准需求

为适应形势的要求，花卉标准体系发展应围绕中国特色花卉业现代化、美丽中国、生态文明的发展道路，以转变花卉业发展方式、实现环境保护与稳定可持续兼顾发展为主线，以提高花卉业综合生产能力、抗风险能力和市场竞争能力为主攻方向，以提高花卉标准的科学性、先进性和可操作性为重点，将提升标准管理工作水平、建设高素质的标准化工作队伍、建立有效的标准推广应用机制有机结合，全面促进我国花卉标准化水平的提高。在花卉标准体系建设方面主要有如下需求。

1. 完善花卉标准化统筹工作机制　加强顶层设计，建立统一推进全国花卉标准化工作的统筹机制，强化对标准化工作的组织领导、统筹协调。形成条块结合、各方配合、整体联动的管理机制，积极推进配套衔接，协调一致标准化体系的建设。花卉标准体系的建设与发展的需求既要与我国农业相关产业规划相配套，又要与农业标准体系总体框架相衔接；既要符合现行法律法规要求，又要使各环节标准技术内容协调一致，以确保花卉标准体系的科学性、先进性和适用性。进一步促进与国际的接轨是花卉标准化体系建设与发展的一个重大需求，花卉标准化体系建设与发展，一方面是立足于国情，能够适应我国现代花卉业的发展需要，另一方面又要注重与国际的接轨，不断提升我国花卉产品进出口的质量安全，打破标准及技术性的贸易壁垒，持续提高我国花卉标准的国际话语权。

2. 构建标准化激励机制　建立并完善标准化激励机制，推动利益相关方积极参与标准制定、修订以及推广实施等各方面活动。特别注重鼓励和引导联盟与企事业推行标准化发展战略提升，分层分级开展花卉标准化体系的建设与实施，进一步做到突出重点，统筹兼顾，通过国家、行业、地方、团队、企业等社会各界的共同努力，推动花卉标准体系的建设发展既能够突出常规品种，又能够兼顾其他优势特色品种，既能够以关键环节的生产管理标准为重点，又能够满足主管部门履行职能、提升花卉质量、保障安全生产、促进产业发展的需要，从而持续推进我国花卉产业自主创新能力和产品市场竞争力的提升。同时，通过标准化激励机制的构建与推进，达到适时制定，及时修订的需求，花卉标准化体系构建除了抓紧填平补齐急需的标准外，还要根据科技发展和管理服务的需要及时修订相关标准，逐步填补标准空白，扩大标准的覆盖范围，确保标准体系建设规划合理、安排科学、循序渐进，实现标准合理布局。

3. 加强标准化人才队伍建设 从标准化领军人才、专家人才、标准制修订及推广实施人才三个层次加强标准化人才队伍建设。充分发挥科研单位、高等院校的引领作用，引导企业实施标准化专家人才培养计划，重点培养一批既掌握标准化专业知识、又熟悉专业技术、精通外语、了解国际规则、懂得国家政策和产业发展规划的标准化专家人才，建立标准化专家智库。对技术人员进行标准化基础知识和概念培训，增强其标准化意识，培育一批覆盖首都经济社会各行各业的标准化业务骨干。开展标准化专业技能考评，提高标准化基层工作队伍的水平。

4. 健全经费保障机制 加大国家财政对花卉标准化经费的投入。加强对花卉重大标准化项目经费支持力度，集中优势资源，重点保障产业需求大或影响产业未来发展方向的重要标准研究、制定和推广实施。进一步拓展标准化经费来源渠道，逐步建立标准化工作社会多元化投入机制，积极探索建立标准化社会资金保障体系；支持企业和科研院所、高等院校开展标准化研究，引导和鼓励企业、联盟、社会加大标准化活动投入，逐步形成政府资助、行业企业多方投入、共同支持标准化建设的经费保障机制。

5. 加强标准化基础建设 扎实推动标准化专业技术委员会建设，进一步完善标准化专业技术委员会建设总体架构。探索建立花卉标准化中介服务市场运行机制，研究新形势下的标准化服务方式、手段、对象、机制，探讨新的可持续发展模式；研究标准技术咨询业态的产生、存续和发展模式，推动标准咨询服务业发展。

6. 强化标准化宣传培训 实施标准化知识普及工程，推进花卉标准化宣贯实施与各类教育培训。针对企业标准制定、修订工作和标准体系建设等实际需求，以技术标准编写要点及范例、企业标准体系表、标准化良好行为企业的确认等为内容，邀请有关标准化技术委员会秘书长、标准主要起草人和专家为企业的技术人员和管理人员开展标准化培训，通过论坛、展览、讲座等多种形式，传授标准化技术内容，传递标准信息动态、传播标准化理念，培育社会公众的标准化意识，在全社会形成一种学标准、讲标准、用标准的良好氛围。

三、发展方向

花卉具有自然属性、商业属性和文化属性等三重属性，成为美化城乡、建设美丽中国的重要产业。随着城市化进程的加快及环境污染的日趋严重，花卉及其观赏植物在城市人居环境和生态环境建设中扮演着重要角色，它不仅能够营造优美的城市景观，为广大居民提供良好的生活空间，而且具有降温、增湿、滞尘、减菌等功能，有效改善城市生态环境。2011 年，我国城镇常住人口达 6.91 亿人，在数量上首次超过农村人口，至 2016 年，我国城镇常住人口达 7.93 亿人，城镇率达 57.35%，城市生态环境将面临更为严峻的挑战与压力。按我国园林城市建成区绿化覆盖率不低于 36%的要求，今后我国对花卉及其观赏园艺产品需求将更加旺盛，市场前景广阔，标准化及其标准体系也将发挥出更为重要的作用。

花卉标准化作为标准化体系的重要组成部分，相对于我国发展迅速的花卉产业，其标准化水平从整体上看还处于起始阶段，不仅标准数量少、不成体系，同时还缺乏病虫害检测技术、基础术语、质量安全、贸易壁垒、市场准入以及试验方法等基础性、通用型的标准或技术规程、技术要求，且花卉检测体系的建设滞后等现状也与我国花卉产业快速发展的需求极不相符，同国外相比存在着一定的差距。尤其是我国加入 WTO 后，一方面要遵循统一的国际贸易规则，要求标准制修订的工作程序更加公开透明，标准通报制度更加快捷，要求标准充分反映相关利益方的需求，这对标准化工作提出了全新的要求。另一方面，随着关税和配额的逐步取消，标准作为经济建设的技术基础，在经济贸易中的作用越来越重要，各国都在利用标准构筑一些技术壁垒，保护本国的企业和产品。另外，“技术专利化、专利标准化、标准全球化”以及发达国家利用标准中涉及的知识产权进行技术垄断也是一个新趋势，使我国花卉标准化面临着花卉投入品（种球、种苗、种子等）主要依赖进口，遭遇国外技术强权；产中缺乏质量监控技术与标准化生产技术，监管不力；花卉产出品（鲜切花、盆花、盆栽等）由于标准壁垒，产业效益低。因此，如何打破国外技术壁垒，扩大出口，已成为我国质量标准化工作面临的新问题和新任务。花卉标准化体系的构建、不断完善及实施可进一步通过产品质量等级、基础、生产技术规程、病虫害检测技术等标准的完善与健全，逐渐了解、掌握我国花卉的优势和质量水平，最终通过国际双边或多边合作，使花卉检测结果能得到国际互认，这不仅有利于减少我国花卉进入国际市场的环节，避免国外强权与技术壁垒，而且还可通过质量监管和增强产业质量意识，有利于提升产品整体质量和国际竞争力，加速出口进程。

但是，花卉标准化与质量控制不仅仅涉及花卉产业链的某几个环节，标准化体系的构建是一个持续改进与不断提升的系统工程，只有通过在各环节中建立起适宜的质量标准与配套的检测及生产等技术规程，并在实际生产过程中进行应用推广与持续改进，通过用标准化的技术指导花卉生产与流通，才能提高整体质量水平，这些政策和措施的实施不仅是我国改善产品质量，提高国际竞争力的关键措施，也是使花卉产业走向精细化、规程化、工业化、科技型、内涵型的现代化必走之路。依托花卉标准化体系与专业监控机构的建设，可以达到六方面的目的。一是针对花卉生产与流通的产前，产中，产后全过程，通过标准的制定、实施与监控，能有效促进先进科技和经验的迅速推广，提升产品质量，促进流通，规范市场秩序，进而达到从源头上提高国际竞争力的目的。二是通过加快质量标准的制修订和不断完善，建立健全生产技术规程和质量标准化体系的建设，确保质量升级，可进一步促进花卉产品的进出口贸易，提升产业效益，促进农民增收。三是通过在新农村建设中引导实施成套标准生产技术，按照统一的，规范的技术规程，组织专业化的技术培训与服务，能够使标准技术更好地为我国“三农”服务，生产出优质的花卉产品。四是有利于推行花卉产品评优，引导企业开展标准化生产，提升产品质量，创建知名品牌。五是通过质量标准化体系的建设，可逐步实现花卉生产与流通的全程质量监控，建立健全病虫害检测、防治体系和产品质量监督检测体系，进一步推进产品质量追溯与市场准入制度，通过加强对生产环境，生产过程，生产投入品的监测，从而提高产品在国际市场上的认可度。六是通过标准技术与检测方法的推广应用，加强对农民的技术培训，特别是标准化生产和管理技术培训，做到标准技术入户，为进一步培养科技型高素质农民以及新农村的建设奠定基础。

综上所述，要建立适合我国国情、符合产业发展需求的标准体系，从根本上提高我国花卉产品的整体质量，需要多方努力，是一个系统工程。首先，政府需通过立法的形式加强对花卉产品，尤其是繁殖材料的上市和销售管理，应进一步明确各行政主管部门的权限，加强相关法律法规的可操作性，通过建立及健全市场准入制度，开展产品质量认证，推行全程监控，以从根本上提升产品质量的同时，防止重要病虫害的流行和规模性爆发。其次行业管理部门需要进行宏观调控，制定和实施一系列行之有效的措施来强化质量及标准的管理，如设立专项资金开展相关标准技术体系的研究与建设，在研究的基础上，系统开展新的花卉标准的制定和已有标准的修订，以及生产技术规程制定等；充分利用已有质检机构的功能发挥、资源整合与分工协调。最后花卉生产和经营者需要强化花卉产品质量意识，进行科学管理，严格执行相应的质量等级标准。有关媒体要大力宣传花卉产品质量和质量标准的力度，提高全民的花卉质量意识，让优质良种的内涵普及到千家万户，使消费者懂得消费权益的保护，并进而督促市场实现优质优价。总之，强化花卉质量意识、加强花卉标准化体系的建设是全面提升我国花卉业整体竞争力的重要内容之一，同时也是生产优质切花、盆花及盆栽植物等花卉产品的重要保障和必备条件。

发展方向建议：一是完善管理制度，严控标准质量。花卉标准的制修订涉及国家质检总局、国家标准化管理委员会、商务部、国家林业局等多部门，应加强协调，形成工作机制及相关办法，尽快完善标准申报、标准制修订、标准审定等相关管理制度，使标准项目从申报、起草、征求意见、审定有章可依。尽快研制花卉标准体系发展规划，并以此为基础，充分论证，严格审核承担单位的技术储备、研究基础及首席专家的专业技术能力，严把立项关。每项标准形成送审稿前，要在科研院所、教学机构、检测部门、技术管理部门及企业等不同类型单位进行征求意见，充分采纳合理性意见或建议。要重点对标准文本的科学性、适用性和可操作性进行论证，严把审查关。通过实行严格的制度管理，确保标准质量。二是加强队伍建设，提升工作能力。进一步加强花卉标准专家队伍建设，努力培养一支既熟悉国际规则、又精通国内政策的专家队伍。要广泛吸纳科研、教学、推广和管理等人员参与标准化活动，提高行业协会、产业联盟生产经营企业代表在标准制修订和实施中的参与度。因地制宜，充分利用各类社会资源，建立面向生产的标准推广队伍。三是优化工作机制，形成工作合力。研究切实可行的推进措施，逐步推动建立政府主导、社会力量广泛参与相结合的标准化工作机制。加快花卉标准的制定和贯彻实施步伐。努力争取扩大财政资金投入的同时，推动花卉标准制修订资金投入的多元化，在保证标准的科学性和公正性及现有国家、行业、地方标准的前提下，鼓励和引导社会各界、特别是引导有条件的协会、联盟、企业等主导团体标准、企业标准的制定与应用。积极开展服务，促进标准应用。四是做好标准信息服务。一方面加强花卉标准信息化步伐，强化信息服务和管理，另一方面做好标准宣传推广，结合花卉标准化生产需要，集成转化现有标准，配套编制一批具有操作性强的标准解读材料。此外，做好标准培训工作，提升花卉标准化工作团队素质，加快标准实施应用。五是强化基础研究，提高工作水平。加强标准需求研究、标准制定前期基础技术研究和标准的试验验证，为花卉标准制修订工作提供扎实的科学依据。积极参加国际标准化组织活动，扩大我国在国际标准制定中的话语权，提高我国专家在制定国际标准中的影响力。借鉴国际标准化工作经验和先进标准内容，提升我国花卉标准化工作水平。

附录

附表 17-1　花卉国家标准体系

序号	产品	分类	标准名称	标准状态	备注
1	鲜切花	产品	主要花卉产品等级　第1部分：鲜切花	GB/T 18247.1—2000	现行有效
2	盆花	产品	主要花卉产品等级　第2部分：盆花	GB/T 18247.2—2000	现行有效
3	盆栽观叶植物	产品	主要花卉产品等级　第3部分：盆栽观叶植物	GB/T 18247.3—2000	现行有效
4	种子	产品	主要花卉产品等级　第4部分：花卉种子	GB/T 18247.4—2000	现行有效
5	种苗	产品	主要花卉产品等级　第5部分：花卉种苗	GB/T 18247.5—2000	现行有效
6	种球	产品	主要花卉产品等级　第6部分：花卉种球	GB/T 18247.6—2000	现行有效
7	草坪	产品	主要花卉产品等级　第7部分：草坪	GB/T 18247.7—2000	现行有效
8	城市绿地草坪	规程	城市绿地草坪建植与管理技术规程　第1部分：城市绿地草坪建植技术规程	GB/T 19535.1—2004	现行有效
9	城市绿地草坪	规程	城市绿地草坪建植与管理技术规程　第2部分：城市绿地草坪管理技术规程	GB/T 19535.2—2004	现行有效
10	花卉	方法	良好农业规范　第25部分：花卉和观赏植物控制点与符合性规范	GB/T 20014.25—2010	现行有效
11	进口花卉	方法	进口花卉种苗疫情监测规程	GB/T 20498—2006	现行有效
12	花卉植物	方法	进出境植物和植物产品有害生物风险分析技术要求	GB/T 20879—2007	现行有效
13	花卉植物	方法	进出境植物和植物产品有害生物风险分析工作指南	GBT 21658—2008	现行有效
14	包装	产品	花卉用酚醛泡沫塑料	GB/T 22936—2008	现行有效
15	污泥	规程	城镇污水处理厂污泥处置　园林绿化用泥质	GB/T 23486—2009	现行有效
16	郁金香	方法	郁金香种球疫情监测规程	GB/T 23625—2009	现行有效
17	切花	规程	主要切花产品包装、运输、储藏	GB/T 23897—2009	现行有效
18	梅	方法	植物新品种特异性、一致性、稳定性测试指南　梅	GB/T 24884—2010	现行有效
19	桂花	方法	植物新品种特异性、一致性、稳定性测试指南　桂花	GB/T 24885—2010	现行有效
20	鹅掌楸属	方法	植物新品种特异性、一致性、稳定性测试指南　鹅掌楸属	GB/T 24887—2010	现行有效
21	大花惠兰	产品	大花惠兰盆花质量等级	GB/T 26898—2011	现行有效
22	山茶属	方法	植物新品种特异性、一致性、稳定性测试指南　山茶属	GB/T 26911—2011	现行有效
23	牡丹	产品	牡丹盆花	GB/T 27646—2011	现行有效
24	鳞球茎花卉	方法	鳞球茎花卉检疫规程	GB/T 28061—2011	现行有效
25	花卉病毒	方法	黄瓜绿斑驳花叶病毒检疫鉴定方法	GB/T 28071—2011	现行有效
26	花卉病毒	方法	南芥菜花叶病毒检疫鉴定方法	GB/T 28073—2011	现行有效
27	八仙花	产品	八仙花切花产品等级	GB/T 28680—2012	现行有效
28	种球	规程	百合、马蹄莲、唐菖蒲种球采后处理技术规程	GB/T 28681—2012	现行有效
29	杜鹃	产品	杜鹃盆花产品质量等级	GB/T 28682—2012	现行有效

（续）

序号	产品	分类	标准名称	标准状态	备注
30	蝴蝶兰	规程	蝴蝶兰栽培技术规程	GB/T 28683—2012	现行有效
31	蝴蝶兰	产品	蝴蝶兰种苗质量等级	GB/T 28684—2012	现行有效
32	洋桔梗	产品	洋桔梗切花产品等级	GB/T 28685—2012	现行有效
33	花卉线虫	方法	菊花滑刃线虫检疫鉴定方法	GB/T 28977—2012	现行有效
34	刺吸式害虫	方法	花卉主要刺吸式害虫检测规程	GB/T 28988—2012	现行有效
35	废弃物	规程	绿化植物废弃物处置和应用技术规程	GB/T 31755—2015	现行有效
36	基质	产品	绿化用有机基质	GB/T 33891—2017	现行有效
37	绿化	规程	城市园林绿化评价标准	GB/T 50563—2010	现行有效
38	绿化	规程	园林绿化工程工程量计算规范	GB 50858—2013	现行有效

附表 17-2 花卉行业标准体系

序号	产品	分类	标准名称	标准状态	备注
1	切花	产品	月季切花	NY/T 321—1997	修订
2	切花	产品	唐菖蒲切花	NY/T 322—1997	修订
3	切花	产品	菊花切花	NY/T 323—1997	修订
4	切花	产品	满天星切花	NY/T 324—1997	修订
5	切花	产品	香石竹切花	NY/T 325—1997	修订
6	切花	产品	切花　石斛兰	NY/T 591—2002	现行有效
7	切花	产品	切花　小苍兰	NY/T 592—2002	现行有效
8	切花	产品	红掌切花	NY/T 876—2004	现行有效
9	种苗	产品	非洲菊 种苗	NY/T 877—2004	现行有效
10	兰花	规程	兰花（春剑兰）生产技术规程	NY/T 878—2004	现行有效
11	苗木	产品	牡丹苗木	NY/T 947—2006	现行有效
12	切花	产品	芍药切花	NY/T 953—2006	现行有效
13	引进植物	方法	境外引进植物隔离检疫规程	NY/T 1217—2006	现行有效
14	虫害	方法	花卉植物寄生线虫检测规程	NY/T 1280—2007	现行有效
15	病害	方法	花卉植物真菌病害检测规程	NY/T 1281—2007	现行有效
16	病毒	方法	花卉植物病毒检测规程	NY/T 1491—2007	现行有效
17	食用花卉	产品	绿色食品　食用花卉	NY/T 1506—2015	现行有效
18	切花	产品	香石竹切花种苗等级规格	NY/T 1589—2008	现行有效
19	切花	产品	满天星切花种苗等级规格	NY/T 1590—2008	现行有效
20	切花	产品	菊花切花种苗等级规格	NY/T 1591—2008	现行有效
21	切花	产品	非洲菊切花种苗等级规格	NY/T 1592—2008	现行有效
22	切花	产品	月季切花种苗等级规格	NY/T 1593—2008	现行有效
23	花卉	方法	花卉检验技术规范　第 1 部分：基本规则	NY/T 1656.1—2008	现行有效
24	花卉	方法	花卉检验技术规范　第 2 部分：切花检验	NY/T 1656.2—2008	现行有效
25	花卉	方法	花卉检验技术规范　第 3 部分：盆花检验	NY/T 1656.3—2008	现行有效
26	花卉	方法	花卉检验技术规范　第 4 部分：盆栽观叶植物检验	NY/T 1656.4—2008	现行有效
27	花卉	方法	花卉检验技术规范　第 5 部分：花卉种子检验	NY/T 1656.5—2008	现行有效

（续）

序号	产品	分类	标准名称	标准状态	备注
28	花卉	方法	花卉检验技术规范　第6部分：种苗检验	NY/T 1656.6—2008	现行有效
29	花卉	方法	花卉检验技术规范　第7部分：种球检验	NY/T 1656.7—2008	现行有效
30	种苗	规程	花卉脱毒种苗生产技术规程香石竹、菊花、兰花、补血草、满天星	NY/T 1657—2008	现行有效
31	种球	产品	切花百合脱毒种球	NY/T 1744—2009	现行有效
32	种苗	产品	切花月季脱毒种苗	NY/T 1745—2009	现行有效
33	种苗	产品	主要热带草坪草种子　种苗	NY/T 1683—2009	现行有效
34	干花	产品	叶脉干花	NY/T 1988—2011	现行有效
35	红掌	方法	热带观赏植物种质资源描述规范　红掌	NY/T 2033—2011	现行有效
36	非洲菊	方法	热带观赏植物种质资源描述规范　非洲菊	NY/T 2034—2011	现行有效
37	鹤蕉	方法	热带花卉种质资源描述规范　鹤蕉	NY/T 2035—2011	现行有效
38	菊花	方法	植物新品种特异性、一致性和稳定性测试指南　菊花	NY/T 2228—2012	现行有效
39	病毒	方法	黄瓜绿斑驳花叶病毒检疫检测与鉴定方法	NY/T 2288—2012	现行有效
40	种苗	规程	花卉种苗组培快繁技术规程	NY/T 2306—2013	现行有效
41	百合	方法	百合品种鉴定技术规程　SSR分子标记法	NY/T 2477—2013	现行有效
42	矮牵牛	方法	植物新品种特异性、一致性和稳定性测试指南　矮牵牛	NY/T 2508—2013	现行有效
43	三色堇	方法	植物新品种特异性、一致性和稳定性测试指南　三色堇	NY/T 2509—2013	现行有效
44	石蒜属	方法	植物新品种特异性、一致性和稳定性测试指南　石蒜属	NY/T 2510—2013	现行有效
45	雁来红	方法	植物新品种特异性、一致性和稳定性测试指南　雁来红	NY/T 2511—2013	现行有效
46	翠菊	方法	植物新品种特异性、一致性和稳定性测试指南　翠菊	NY/T 2512—2013	现行有效
47	一串红	方法	植物新品种特异性、一致性和稳定性测试指南　一串红	NY/T 2513—2013	现行有效
48	种苗	产品	红掌种苗	NY/T 2551—2014	现行有效
49	秋海棠属	方法	植物新品种特异性、一致性和稳定性测试指南　秋海棠属	NY/T 2555—2014	现行有效
50	果子蔓属	方法	植物新品种特异性、一致性和稳定性测试指南　果子蔓属	NY/T 2556—2014	现行有效
51	花烛属	方法	植物新品种特异性、一致性和稳定性测试指南　花烛属	NY/T 2557—2014	现行有效
52	唐菖蒲属	方法	植物新品种特异性、一致性和稳定性测试指南　唐菖蒲属	NY/T 2558—2014	现行有效
53	欧报春	方法	植物新品种特异性、一致性和稳定性测试指南　报春花属欧报春	NY/T 2576—2014	现行有效
54	灯盏花	方法	植物新品种特异性、一致性和稳定性测试指南　灯盏花	NY/T 2577—2014	现行有效
55	凤仙花	方法	植物新品种特异性、一致性和稳定性测试指南　凤仙花	NY/T 2578—2014	现行有效

（续）

序号	产品	分类	标准名称	标准状态	备注
56	花毛茛	方法	植物新品种特异性、一致性和稳定性测试指南 花毛茛	NY/T 2579—2014	现行有效
57	马蹄莲属	方法	植物新品种特异性、一致性和稳定性测试指南 马蹄莲属	NY/T 2580—2014	现行有效
58	水仙属	方法	植物新品种特异性、一致性和稳定性测试指南 水仙属	NY/T 2581—2014	现行有效
59	丝石竹	方法	植物新品种特异性、一致性和稳定性测试指南 丝石竹	NY/T 2582—2014	现行有效
60	铁线莲属	方法	植物新品种特异性、一致性和稳定性测试指南 铁线莲属	NY/T 2583—2014	现行有效
61	萱草属	方法	植物新品种特异性、一致性和稳定性测试指南 萱草属	NY/T 2584—2014	现行有效
62	薰衣草属	方法	植物新品种特异性、一致性和稳定性测试指南 薰衣草属	NY/T 2585—2014	现行有效
63	洋桔梗	方法	植物新品种特异性、一致性和稳定性测试指南 洋桔梗	NY/T 2586—2014	现行有效
64	病毒	方法	李属坏死环斑病毒监测规范	NY/T 2729—2015	现行有效
65	蓟马	方法	西花蓟马鉴定技术规程	NY/T 2867—2015	现行有效
66	种苗	规程	国（境）外引进种苗疫情监测规范	NY/T 3042—2016	现行有效
67	病害	方法	百合枯萎病抗性鉴定技术规程	—	制定中
68	病害	方法	香石竹枯萎病抗性鉴定技术规程	—	制定中
69	抗病性鉴定	方法	月季霜霉病抗性鉴定技术规程	—	制定中
70	抗病性鉴定	方法	非洲菊疫病抗性鉴定技术规程	—	制定中
71	切花	产品	切花等级规格 第1部分：百合	—	制定中
72	切花	产品	切花等级规格 第2部分：非洲菊	—	制定中
73	病毒	方法	香石竹斑驳病毒 Real Time PCR 定量检测技术规程	—	制定中
74	花卉	基础	花卉名称	LY/T 1576—2000	现行有效
75	花卉	基础	花卉术语	LY/T 1589—2000	现行有效
76	人参榕	产品与规程	人参榕生产技术规程和质量等级	LY/T 1632—2005	现行有效
77	种球	产品与规程	中国水仙种球生产技术规程和质量等级	LY/T 1633—2005	现行有效
78	古树名木	基础	古树名木代码与条码	LY/T 1664—2006	现行有效
79	苗木	产品	牡丹苗木质量	LY/T 1665—2006	现行有效
80	苗木	产品	月季苗木质量	LY/T 1666—2006	现行有效
81	种子	规程	万寿菊种子生产技术规程	LY/T 1709—2007	现行有效
82	种子	规程	一串红种子生产技术规程	LY/T 1710—2007	现行有效
83	种子	规程	仙客来种子生产技术规程	LY/T 1711—2007	现行有效
84	种子	规程	三色堇种子生产技术规程	LY/T 1712—2007	现行有效
85	种子	规程	矮牵牛种子生产技术规程	LY/T 1713—2007	现行有效
86	苗木	产品与规程	香樟绿化苗木培育技术规程和质量分级	LY/T 1729—2008	现行有效
87	盆花	产品	八仙花盆花产品质量等级	LY/T 1732—2008	现行有效
88	切花	产品	芍药鲜切花质量等级	LY/T 1733—2008	现行有效

（续）

序号	产品	分类	标准名称	标准状态	备注
89	观赏棕榈	产品与规程	观赏棕榈生产技术规程与质量等级　第1部分：地栽	LY/T 1734.1—2008	现行有效
90	观赏棕榈	产品与规程	观赏棕榈生产技术规程与质量等级　第2部分：容器栽培	LY/T 1734.2—2008	现行有效
91	建兰	产品与规程	建兰生产技术规程与质量等级	LY/T 1735—2008	现行有效
92	春石斛	产品	盆栽春石斛产品质量等级	LY/T 1736—2008	现行有效
93	盆花	产品	仙客来盆花产品质量等级	LY/T 1737—2008	现行有效
94	观赏竹	产品	盆栽观赏竹质量分级	LY/T 1790—2008	现行有效
95	紫薇	方法	植物新品种特异性、一致性、稳定性测试指南　紫薇	LY/T 1847—2009	现行有效
96	榆叶梅	方法	植物新品种特异性、一致性、稳定性测试指南　榆叶梅	LY/T 1848—2009	现行有效
97	丁香属	方法	植物新品种特异性、一致性、稳定性测试指南　丁香属	LY/T 1849—2009	现行有效
98	一品红	方法	植物新品种特异性、一致性、稳定性测试指南　一品红	LY/T 1850—2009	现行有效
99	映山红亚属和羊踯躅亚属	方法	植物新品种特异性、一致性、稳定性测试指南　杜鹃花属映山红亚属和羊踯躅亚属	LY/T 1852—2009	现行有效
100	常绿杜鹃亚属和杜鹃花亚属	方法	植物新品种特异性、一致性、稳定性测试指南　杜鹃花属常绿杜鹃亚属和杜鹃花亚属	LY/T 1853—2009	现行有效
101	蔷薇属	方法	植物新品种特异性、一致性、稳定性测试指南　蔷薇属	LY/T 1868—2010	现行有效
102	绿化苗木	产品	雪松绿化苗木质量分级	LY/T 1890—2010	现行有效
103	方竹	规程	金佛山方竹栽培技术规程	LY/T 1906—2010	现行有效
104	盆花	规程	仙客来盆花生产技术规程	LY/T 1911—2010	现行有效
105	切花	规程	切花月季生产技术规程	LY/T 1912—2010	现行有效
106	切花	规程	切花百合生产技术规程	LY/T 1913—2010	现行有效
107	观赏植物	基础	主要观赏植物商品名称规范	LY/T 1916—2010	现行有效
108	观赏植物	基础	观赏植物颜色表示方法	LY/T 1917—2010	现行有效
109	切花	方法	鲜切花常见刺吸式害虫检测规程	LY/T 1965—2011	现行有效
110	盆花	规程	杜鹃盆花生产技术规程	LY/T 1966—2011	现行有效
111	切花	规程	菊花切花生产技术规程	LY/T 1967—2011	现行有效
112	盆花	产品	凤梨盆花产品质量等级	LY/T 1968—2011	现行有效
113	盆花盆花	规程	百合盆花生产技术规程	LY/T 1969—2011	现行有效
114	种苗	规程	萱草种苗生产技术规程	LY/T 2063—2012	现行有效
115	盆花	规程	安祖花盆花生产技术规程	LY/T 2064—2012	现行有效
116	种球	规程	百合种球生产技术规程	LY/T 2065—2012	现行有效
117	切花	规程	香石竹鲜切花设施栽培技术规程	LY/T 2066—2012	现行有效
118	木兰属	方法	植物新品种特异性、一致性、稳定性测试指南　木兰属	LY/T 2097—2013	现行有效
119	腊梅	方法	植物新品种特异性、一致性、稳定性测试指南　腊梅	LY/T 2098—2013	现行有效

（续）

序号	产品	分类	标准名称	标准状态	备注
120	切花	规程	梅花切花生产技术规程	LY/T 2136—2013	现行有效
121	切花	产品与规程	切花芍药分株繁殖技术规程和种苗质量分级	LY/T 2137—2013	现行有效
122	乐昌含笑	规程	乐昌含笑栽培技术规程	LY/T 2208—2013	现行有效
123	榕树	规程	榕树栽培技术规程	LY/T 2209—2013	现行有效
124	苗木	产品	桂花苗木质量分级	LY/T 2303—2014	现行有效
125	盆栽	规程	竹芋盆栽生产技术规程	LY/T 2319—2014	现行有效
126	切花	规程	腊梅切花生产技术规程	LY/T 2321—2014	现行有效
127	切花	规程	八仙花切花生产技术规程	LY/T 2322—2014	现行有效
128	花果兼用梅	规程	花果兼用梅栽培技术规程	LY/T 2323—2014	现行有效
129	切花	规程	梅花切花设施生产技术规程	LY/T 2324—2014	现行有效
130	切花	规程	芍药切花露地生产技术规程	LY/T 2325—2014	现行有效
131	展览会	方法	花木展览会检疫规范	LY/T 2354—2014	现行有效
132	种苗	规程	卡特兰种苗生产技术规程	LY/T 2432—2015	现行有效
133	苗木	规程	观赏银杏苗木繁殖技术规程	LY/T 2438—2015	现行有效
134	种球	规程	石蒜类植物种球生产技术规程	LY/T 2444—2015	现行有效
135	盆栽	规程	山茶花盆栽技术规程	LY/T 2446—2015	现行有效
136	种苗	产品	蜡梅种苗质量等级	LY/T 2525—2015	现行有效
137	基质	产品	花木栽培基质	LY/T 2700—2016	现行有效
138	盆栽	规程	马拉巴栗盆栽生产技术规程	LY/T 2856—2016	现行有效
139	种球	产品	切花百合脱毒种球质量等级	—	制定中
140	切花	产品	文心兰切花质量等级	—	制定中
141	种苗	规程	香石竹种苗生产技术规程	—	制定中
142	盆栽	规程	春石斛栽培技术规程	—	制定中
143	线虫	方法	鳞球茎茎线虫检疫鉴定方法	SN/T 1141—2002	现行有效
144	苗木	规程	进出境植物苗木检疫规程	SN/T 1157—2002	现行有效
145	盆景	规程	进出境植物盆景检疫规程	SN/T 1158—2002	现行有效
146	切花	规程	进出境切花检疫规程	SN/T 1386—2004	现行有效
147	鲜切花	规程	进境洋兰鲜切花检疫操作规程	SN/T 1578—2005	现行有效
148	有害生物	规程	进出境植物和植物产品有害生物风险分析程序	SN/T 1601.2—2005	现行有效
149	病毒	方法	南方菜豆花叶病毒血清学检测方法	SN/T 1611—2013	现行有效
150	病毒	方法	香石竹环斑病毒检疫鉴定方法	SN/T 1611—2013	现行有效
151	病菌	方法	蝴蝶兰细菌性软腐病菌检疫鉴定方法	SN/T 1813—2006	现行有效
152	种子	规程	进出境植物种子检疫规程	SN/T 1809—2006	现行有效
153	有害生物	规程	植物有害生物鉴定规范	SN/T 1848—2006	现行有效
154	栽培介质	规程	进出境栽培介质检疫和除害处理规程	SN/T 2020—2007	现行有效
155	种子	方法	出境林木种子有害生物检疫除害处理方法	SN/T 2015—2007	现行有效
156	西花蓟马	方法	西花蓟马检疫鉴定方法	SN/T 2084—2008	现行有效
157	病毒	方法	建兰花叶病毒检测方法	SN/T 2155—2008	现行有效
158	鳞球茎	规程	进境观赏鳞球茎检疫操作规程	SN/T 2119—2008	现行有效

（续）

序号	产品	分类	标准名称	标准状态	备注
159	植物	规程	进出境植物及植物产品检疫抽样	SN/T 2122—2008	现行有效
160	有害生物	规程	有害生物图像摄取操作规范	SN/T 2340—2009	现行有效
161	病毒	规程	植物类病毒脱除处理规程	SN/T 2475—2010	现行有效
162	繁殖材料	规程	进境植物繁殖材料检疫规程	SN/T 2476—2010	现行有效
163	线虫	方法	菊花滑刃线虫检疫鉴定方法	SN/T 2506—2010	现行有效
164	鲜切	方法	鲜切花溴甲烷库房熏蒸除害处理规程	SN/T 2526—2010	现行有效
165	繁殖材料	方法	进境植物繁殖材料隔离检疫操作规程	SN/T 2542—2010	现行有效
166	有害生物	方法	植物有害生物信息采集要求	SN/T 2682—2010	现行有效
167	线虫	方法	植物线虫检测规范	SN/T 2757—2011	现行有效
168	花卉	方法	花卉真空熏蒸处理规范	SN/T 3167—2012	现行有效
169	病菌	方法	风信子黄腐病菌检疫鉴定方法	SN/T 3278—2012	现行有效
170	病毒	方法	水仙花叶病毒、水仙潜隐病毒、水仙黄条病毒的检疫鉴定方法	SN/T 3293—2012	现行有效
171	栽培介质	规程	栽培介质检疫处理要求	SN/T 3295—2012	现行有效
172	细菌	方法	植物病原细菌分子生物学检测规范	SN/T 3296—2012	现行有效
173	玫瑰短喙象	方法	玫瑰短喙象检疫鉴定方法	SN/T 3411—2012	现行有效
174	病菌	方法	菊花花枯病菌检疫鉴定方法	SN/T 3425—2012	现行有效
175	病菌	方法	山茶花腐病菌检疫鉴定方法	SN/T 3427—2012	现行有效
176	病毒	方法	黎草花叶病毒检疫鉴定方法	SN/T 3436—2012	现行有效
177	病毒	方法	南方菜豆花叶病毒检疫鉴定方法	SN/T 3438—2012	现行有效
178	提琴叶牵牛花	方法	提琴叶牵牛花检疫鉴定方法	SN/T 3444—2012	现行有效
179	小花假苍耳	方法	小花假苍耳检疫鉴定方法	SN/T 3445—2012	现行有效
180	种苗	规程	温室和苗圃植物种苗一般出口检疫监管程序	SN/T 3453—2012	现行有效
181	引进生物	规程	引进生物防治物风险分析规则	SN/T 3454—2012	现行有效
182	植检标准样品	规程	植检标准样品评价通用要求	SN/T 3455—2012	现行有效
183	螨类	方法	植物检疫　螨类检测方法	SN/T 3456—2012	现行有效
184	植物病毒	方法	植物病毒分子生物学检测规范	SN/T 3457—2012	现行有效
185	盆栽植物	规程	输欧盆栽植物检验检疫监管规程	SN/T 3458—2012	现行有效
186	进境参展植物	规程	进境参展植物检疫规程	SN/T 3459—2012	现行有效
187	种子	规程	植物病毒鉴别寄主种子生产规程	SN/T 3460—2012	现行有效
188	病原菌	规程	植物病原菌标准样品制备要求	SN/T 3461—2012	现行有效
189	检疫抽样	规程	植物检疫抽样技术规则	SN/T 3462—2012	现行有效
190	种苗	产品	植物种苗风险分级标准	SN/T 3463—2012	现行有效
191	有害生物	规程	危险性有害生物检疫处理原则	SN/T 3568—2013	现行有效
192	病毒	方法	凤仙花坏死斑病毒检疫鉴定方法	SN/T 3674—2013	现行有效
193	病菌	方法	百合枯萎病菌检疫鉴定方法	SN/T 3746—2013	现行有效
194	病菌	方法	杜鹃花枯萎病菌检疫鉴定方法	SN/T 3747—2013	现行有效
195	病菌	方法	百合西圆尾蚜检疫鉴定方法	SN/T 3758—2013	现行有效
196	西圆尾蚜	方法	刺足根螨检疫鉴定方法	SN/T 3759—2013	现行有效
197	景观植物	方法	大型景观植物检疫处理设施及技术要求	SN/T 4334—2015	现行有效

（续）

序号	产品	分类	标准名称	标准状态	备注
198	种球	规程	境百合种球传带检疫性线虫的检疫处理操作规程	SN/T 4719—2016	现行有效
199	苗木	规程	城市园林苗圃育苗技术规程	CJ/T 23—1999	现行有效
200	种苗	产品	城市绿化和园林绿地用植物材料　木本苗	CJ/T 24—1999	现行有效
201	绿化	规程	城市道路绿化规划与设计规范	CJ/T 75—1997	现行有效
202	种球	产品	城市绿化和园林绿地用植物材料　球根花卉种球	CJ/T 135—2001	现行有效
203	垂直绿化	规程	垂直绿化工程技术规程	CJ/T 236—2015	现行有效
204	园林植物	规程	园林植物筛选通用技术要求	CJ/T 512—2015	现行有效
205	绿化工程	规程	园林绿化工程施工及验收规范	CJJ 82—2012	现行有效
206	风景园林	基础	风景园林基本术语标准	CJJ/T 91—2017	现行有效
207	风景园林标志	基础	风景园林标志标准	CJJ/T 171—2012	现行有效
208	土壤	产品	绿化种植土壤	CJ/T 340—2016	现行有效
209	交易市场	规程	花卉交易市场建设和经营管理规范	SB/T 11062—2013	现行有效
210	鲜切花	产品	鲜切花拍卖产品质量等级　第1部分：通用要求	SB/T 11098.1—2014	现行有效
211	鲜切花	产品	鲜切花拍卖产品质量等级　第2部分：单头月季	SB/T 11098.2—2014	现行有效
212	鲜切花	产品	鲜切花拍卖产品质量等级　第3部分：非洲菊	SB/T 11098.3—2014	现行有效
213	鲜切花	产品	鲜切花拍卖产品质量等级　第4部分：单头香石竹	SB/T 11098.4—2014	现行有效

附表 17-3　花卉地方标准体系

序号	产品	分类	标准名称	标准状态	备注
一、北京市地方标准					
1	种苗	规程	园林绿化用植物材料 木本苗	DB11/T 211—2017	现行有效
2	绿化工程	规程	园林绿化工程施工及验收规范	DB11/T 212—2009	现行有效
3	绿化工程	规程	园林绿化工程监理规程	DB11/T 245—2012	现行有效
4	屋顶绿化	规程	屋顶绿化规范	DB11/T 281—2015	现行有效
5	观赏植物	方法	林木及观赏植物品种审定技术规范	DB11/T 508—2017	现行有效
6	观赏植物	规程	木本观赏植物栽植与管理	DB11/T 559—2008	现行有效
7	种球	规程	彩色马蹄莲种球繁育技术规程	DB11/T 680—2009	现行有效
8	种苗	规程	切花芍药种苗储藏技术规程	DB11/T 681—2009	现行有效
9	切花百合	规程	切花百合设施生产技术规程	DB11/T 682—2009	现行有效
10	绿化工程	规程	园林绿化工程资料管理规程	DB11/T 712—2010	现行有效
11	露地花卉	规程	露地花卉布置技术规程	DB11/T 726—2010	现行有效
12	花坛花卉	产品	主要花坛花卉产品等级	DB11/T 727—2010	现行有效
13	盆栽	规程	盆栽红掌栽培技术规程	DB11/T 822—2015	现行有效
14	绿化废弃物	规程	园林绿化废弃物堆肥技术规程	DB11/T 840—2011	现行有效
15	切花	规程	切花菊设施生产技术规程	DB11/T 845—2011	现行有效
16	土壤	产品	园林绿化种植土壤	DB11/T 864—2012	现行有效

（续）

序号	产品	分类	标准名称	标准状态	备注
17	盆栽	规程	盆栽凤梨生产技术规程	DB11/T 866—2012	现行有效
18	盆栽	规程	盆栽小菊栽培技术规程	DB11/T 898—2012	现行有效
19	盆栽	规程	盆栽蝴蝶兰栽培技术规程	DB11/T 899—2012	现行有效
20	切花	产品	花卉产品等级　切花菊	DB11/T 955—2013	现行有效
21	切花	规程	切花红掌设施栽培技术规程	DB11/T 966—2013	现行有效
22	绿化工程	规程	绿化种植分项工程施工工艺规程	DB11/T 1013—2013	现行有效
23	绿化	规程	高速公路边坡绿化设计、施工及养护技术规范	DB11/T 1112—2014	现行有效
24	种球	规程	百合种球繁育技术规程	DB11/T 1046—2013	现行有效
25	盆栽	产品	花卉产品等级　盆栽凤梨	DB11/T 1048—2013	现行有效
26	切花	产品	花卉产品等级　切花百合	DB11/T 1049—2013	现行有效
27	种苗	产品	主要花坛花卉种苗产品等级	DB11/T 1052—2013	现行有效
28	盆栽	产品	盆栽春石斛兰栽培技术规程	DB11/T 1144—2014	现行有效
29	花卉	产品	花卉产品等级　红掌	DB11/T 1145—2014	现行有效
30	花卉	产品	花卉产品等级　盆栽菊花	DB11/T 1146—2014	现行有效
31	花卉	产品	花卉产品等级　月季	DB11/T 1176—2015	现行有效
32	盆栽	规程	盆栽观赏蕨栽培技术规程	DB11/T 1177—2015	现行有效
33	观赏海棠	规程	观赏海棠繁育与栽培技术规范	DB11/T 1243—2015	现行有效
34	花卉	产品	花卉产品等级　马蹄莲	DB11/T 1303—2015	现行有效
35	种苗	规程	主要花坛花卉种苗生产技术规程	DB11/T 1352—2016	现行有效
36	景观林	规程	黄栌景观林养护技术规程	DB11/T 1358—2016	现行有效
37	种苗与盆栽	产品	花卉产品等级　观赏蕨种苗及盆栽产品	DB11/T 1379—2016	现行有效
38	观赏荷花	规程	观赏荷花栽培技术规程	DB11/T 1380—2016	现行有效
二、天津市地方标准					
39	花卉	规程	花卉生产中农药使用规范	DB12/T 353—2007	现行有效
40	种球	产品	晚香玉种球质量等级划分标准	DB12/T 370—2008	现行有效
41	盆栽	规程	盆栽苹果栽培技术规程	DB12/T 463—2012	现行有效
42	盐土	规程	滨海盐土绿化的排盐改土技术规程	DB12/T 441—2011	现行有效
43	基质	方法	绿化种植基质pH、电导率的测定方法	DB12/T 729—2017	现行有效
三、河北省地方标准					
44	切花	规程	切花月季生产技术规程	DB13/T 939—2008	现行有效
45	盆花	规程	朱顶红盆花生产技术规程	DB13/T 1033—2009	现行有效
46	切花	规程	唐菖蒲切花生产技术规程	DB13/T 1034—2009	现行有效
47	盆花	规程	天竺葵盆花生产技术规程	DB13/T 1071—2009	现行有效
48	切花	规程	东方百合（*Lilium Oriental hybrids*）切花生产技术规程	DB13/T 1158—2009	现行有效
49	绿化	规程	城市园林绿化养护管理规范	DB13/T 1168—2009	现行有效
50	绿化	规程	城市道路绿化建设规范	DB13/T 1182—2010	现行有效
51	盆花	规程	丽格海棠盆花生产技术规程	DB13/T 1267—2010	现行有效
52	苗木	产品	园林绿化用白皮松　苗木质量分级	DB13/T 1276—2010	现行有效
53	屋顶绿化	规程	屋顶绿化技术规程	DB13/T 1433—2011	现行有效

（续）

序号	产品	分类	标准名称	标准状态	备注
54	园林绿化	规程	盐碱地园林绿化施工规范	DB13/T 1487—2011	现行有效
55	盆花	规程	竹芋盆花生产技术规程	DB13/T 2099—2014	现行有效
56	绿化植物	方法	绿化植物耐盐性鉴定技术规程	DB13/T 2146—2014	现行有效
57	花卉示范园	规程	花卉示范园区建设管理规范	DB13/T 2149—2014	现行有效
58	绿化	规程	村庄绿化技术规范	DB13/T 2282—2015	现行有效
59	草本花卉	规程	林下草本花卉槽式育苗技术规程	DB13/T 2535—2017	现行有效
四、山西省地方标准					
60	盆花	规程	观赏凤梨盆花生产技术规程	DB14/T 1132—2015	现行有效
61	苗木	规程	造林绿化苗木起运技术规程	DB14/T 643—2011	现行有效
五、辽宁省地方标准					
62	盆花	规程	出圃盆花生产管理规范	DB21/T 1633—2008	现行有效
63	盆花	规程	仙客来盆花生产技术规程	DB21/T 1781—2010	现行有效
64	切花	规程	切花玫瑰（月季）生产技术规程	DB21/T 1838—2010	现行有效
65	切花	规程	切花郁金香生产技术规程	DB21/T 1839—2010	现行有效
66	切花	规程	切花非洲菊生产技术规程	DB21/T 1926—2011	现行有效
67	园林绿化	规程	园林绿化养护管理标准	DB21/T 1954—2012	现行有效
68	切花	规程	东方百合切花生产技术规程	DB21/T 2084—2013	现行有效
69	园林绿化	规程	园林绿化养护管理技术规程	DB21/T 2109—2013	现行有效
70	切花	规程	切花菊设施生产技术规程	DB21/T 2133—2013	现行有效
71	观赏树木	规程	观赏枫树栽培技术规程	DB21/T 2195—2013	现行有效
72	种球	规程	东方百合种球繁育技术规程	DB21/T 2505—2015	现行有效
73	苗木	规程	园林绿化苗木生产技术规程　第1部分：金叶复叶槭	DB21/T 2553.1—2016	现行有效
74	苗木	规程	园林绿化苗木生产技术规程　第2部分：紫叶稠李	DB21/T 2553.2—2016	现行有效
75	苗木	规程	园林绿化苗木生产技术规程　第3部分：密枝红叶李	DB21/T 2553.3—2016	现行有效
76	种苗	规程	切花菊生产种苗繁育技术规程	DB21/T 2671—2016	现行有效
77	切花与盆花	规程	郁金香盆花、切花生产技术规程	DB21/T 2673—2016	现行有效
六、吉林省地方标准					
78	绿化树木	规程	绿化树木移植技术规程	DB22/T 2262—2015	现行有效
79	切花	规程	切花香雪兰设施生产技术规程	DB22/T 2271—2015	现行有效
80	苗木	规程	绿化苗木栽培基质	DB22/T 2333—2015	现行有效
81	盆花	规程	盆花香雪兰设施生产技术规程	DB22/T 2552—2016	现行有效
七、黑龙江省地方标准					
82	种子	规程	兴安杜鹃、迎红杜鹃、照白杜鹃种子繁育技术规程	DB23/T 1572—2014	现行有效
83	盆栽	规程	盆栽蓝莓生产技术规程	DB23/T 1827—2016	现行有效
八、上海市地方标准					
84	介质	产品	绿化栽培介质	DB31/T 288—2016	现行有效

（续）

序号	产品	分类	标准名称	标准状态	备注
85	污泥	规程	城镇污水厂污泥应用于园林绿化的技术要求	DB31/T 403—2008	现行有效
86	废弃物	规程	绿化植物废弃物处置技术规范	DB31/T 404—2009	现行有效
87	屋顶绿化	规程	屋顶绿化技术规范	DB31/T 493—2010	现行有效
88	标志	规程	绿化和市容公共信息图形标志设置规范	DB31/T 607—2012	现行有效
89	土壤	规程	绿化用表土保护和再利用技术规范	DB31/T 661—2012	现行有效
90	土壤	规程	滨海盐渍土绿化原土利用的植物材料隔离技术导则	DB31/T 759—2013	现行有效
91	土壤	规程	园林绿化工程种植土壤质量验收规范	DB31/T 769—2013	现行有效
92	种苗	规程	菊花种苗生产技术规程	DB31/T 770—2013	现行有效
93	种苗	规程	康乃馨种苗生产技术规程	DB31/T 771—2013	现行有效
94	绿化	规程	机关物业室内绿化养护要求	DB31/T 815—2014	现行有效
95	种苗	产品	主要观赏灌木容器苗质量分级	DB31/T 816—2014	现行有效
96	切花	产品与规程	蜡梅切花生产技术及质量要求	DB31/T 952—2015	现行有效
97	覆盖物	规程	绿化有机覆盖物应用技术规范	DB31/T 1035—2017	现行有效
98	花坛花卉	产品	上海主要花坛花卉产品质量等级	DB31/T 1039—2017	现行有效
99	盆栽	规程	盆栽凤梨生产技术规程	DB31/T 1040—2017	现行有效
100	盆栽	规程	盆栽红掌生产技术规程	DB31/T 1041—2017	现行有效
九、江苏省地方标准					
101	盆栽	规程	观赏凤梨盆栽生产技术规程	DB3201/T 102—2007	现行有效
102	盆景	规程	商品盆景　第1部分：生产技术规程	DB32/T 501.1—2007	现行有效
103	盆景	产品	商品盆景　第2部分：单干式商品盆景	DB32/T 501.2—2007	现行有效
104	盆景	产品	商品盆景　第3部分：丛林式商品盆景	DB32/T 501.3—2007	现行有效
105	切花	规程	出口切花菊生产技术规程	DB32/T 1162—2007	现行有效
106	盆栽	规程	盆栽一品红生产技术规程	DB32/T 1296—2008	现行有效
107	绿化	规程	村庄绿化技术规程	DB32/T 1447—2009	现行有效
108	盆栽	规程	盆栽竹芋生产技术规程	DB32/T 1478—2009	现行有效
109	盆栽	规程	盆栽茉莉生产技术规程	DB32/T 1480—2009	现行有效
110	种苗	规程	切花菊种苗生产技术规程	DB32/T 1530—2009	现行有效
111	切花	规程	出口切花菊采后技术规程	DB32/T 1531—2009	现行有效
112	示范园区	规程	花卉与观赏苗木示范园区建设规范	DB32/T 1586—2010	现行有效
113	盆栽	产品	凤梨盆花	DB32/T 1654—2010	现行有效
114	盆花	规程	凤梨盆花生产技术规程	DB32/T 1655—2010	现行有效
115	切花	产品	百合切花	DB32/T 1656—2010	现行有效
116	盆花	产品	红掌盆花	DB32/T 1658—2010	现行有效
117	盆栽	产品	盆栽茉莉质量分级	DB32/T 1785—2011	现行有效
118	盆栽	规程	盆栽棕榈植物生产技术规程	DB32/T 1786—2011	现行有效
119	盆花	规程	微型月季盆花生产技术规程	DB32/T 1799—2011	现行有效
120	盆花	规程	红掌盆花生产技术规程	DB32/T 1811—2011	现行有效
121	种苗	规程	非洲菊种苗组培快繁技术规程	DB32/T 1852—2011	现行有效
122	盆花	规程	高山杜鹃盆花生产技术规程	DB32/T 1854—2011	现行有效

（续）

序号	产品	分类	标准名称	标准状态	备注
123	苗木	产品	女贞绿化苗木质量分级	DB32/T 1960—2011	现行有效
124	盆栽	规程	盆栽菊花生产技术规程	DB32/T 2095—2012	现行有效
125	品种	规程	花卉与观赏苗木品种鉴定规范	DB32/T 2110—2012	现行有效
126	种苗	规程	芍药种苗生产技术规程	DB32/T 2120—2012	现行有效
127	盆花	规程	观赏芍药栽培技术规程	DB32/T 2229—2012	现行有效
128	盆花	规程	江南牡丹盆花设施栽培技术规程	DB32/T 2230—2012	现行有效
129	苗木	产品	绿化用杜鹃苗木质量分级	DB32/T 2241—2012	现行有效
130	盆栽	规程	南方红豆杉盆栽技术规程	DB32/T 2375—2013	现行有效
131	盆花	产品	非洲菊盆花质量分级	DB32/T 2381—2013	现行有效
132	盆花	产品	微型月季“粉姬”盆花质量分级	DB32/T 2383—2013	现行有效
133	盆花	规程	非洲菊盆花生产技术规程	DB32/T 2384—2013	现行有效
134	盆栽	规程	百合盆栽技术规程	DB32/T 2401—2013	现行有效
135	切花	规程	切花郁金香日光温室栽培技术规程	DB32/T 2416—2013	现行有效
136	苗木	产品	琼花绿化苗木质量分级	DB32/T 2528—2013	现行有效
137	种苗	规程	鸡爪槭种子育苗技术规程	DB32/T 2572—2013	现行有效
138	苗木	规程	绿化用杜鹃栽培技术规程	DB32/T 2576—2013	现行有效
139	种苗	规程	一品红种苗组培快繁技术规程	DB32/T 2605—2013	现行有效
140	品种鉴定	规程	花卉与观赏苗木品种鉴定试验规范	DB32/T 2741—2015	现行有效
141	切花	规程	切花百合日光温室栽培技术规程	DB32/T 2742—2015	现行有效
142	盆花	产品	蝴蝶兰盆花质量分级	DB32/T 2822—2015	现行有效
143	盆栽	规程	银杏盆栽技术规程	DB32/T 2838—2015	现行有效
144	盆花	规程	彩色马蹄莲盆花生产技术规程	DB32/T 2907—2016	现行有效
145	绿化	规程	农村（村庄）绿化管理与养护规范	DB32/T 2933—2016	现行有效
146	盆花	产品	一品红盆花分级	DB32/T 3101—2016	现行有效
147	种苗	规程	红掌种苗组培快繁技术规程	DB32/T 3104—2016	现行有效
148	设施花卉	规程	设施花卉生产通用技术要求	DB32/T 3112—2016	现行有效
149	切花	规程	小花型切花菊设施生产技术规程	DB32/T 3114—2016	现行有效
150	种苗	规程	菊花脱毒种苗生产技术规程	DB32/T 3115—2016	现行有效
十、浙江省地方标准					
151	苗木	规程	银杏绿化苗木培育技术规范	DB33/T 338—2014	现行有效
152	苗木	规程	桂花绿化苗木生产技术规程　第1部分：育苗	DB33/T 812.1—2010	现行有效
153	苗木	规程	桂花绿化苗木生产技术规程　第2部分：地栽苗栽培管理	DB33/T 812.2—2010	现行有效
154	苗木	规程	桂花绿化苗木生产技术规程　第3部分：容器苗栽培管理	DB33/T 812.3—2010	现行有效
155	切花	规程	鹤望兰鲜切花生产技术规程	DB33/T 814—2010	现行有效
156	苗木	规程	村庄绿化技术规程	DB33/T 842—2011	现行有效
157	盆花	规程	蝴蝶兰盆花栽培技术规范	DB33/T 876—2012	现行有效
158	盆花	规程	观赏凤梨（擎天凤梨属和丽穗凤梨属）盆花生产技术规范	DB33/T 877—2012	现行有效

（续）

序号	产品	分类	标准名称	标准状态	备注
159	盆花	规程	蟹爪兰盆花生产技术规程	DB33/T 930—2014	现行有效
十一、安徽省地方标准					
160	种子	产品	栀子种子质量要求	DB34/T 833—2008	现行有效
161	盆栽	规程	盆栽蝴蝶栽培设施技术规程	DB34/T 1671—2012	现行有效
162	盆花	规程	矮牵牛盆花生产技术规程	DB34/T 1672—2012	现行有效
163	栽	规程	盆栽长春花生产技术规程	DB34/T 1674—2012	现行有效
164	切花	规程	切花百合设施栽培技术规程	DB34/T 1675—2012	现行有效
165	切花	规程	切花月季设施栽培技术规程	DB34/T 1676—2012	现行有效
166	种苗	规程	三色堇工厂化种苗生产技术规程	DB34/T 1677—2012	现行有效
167	盆栽	规程	盆栽菊花生产技术规程	DB34/T 2094—2014	现行有效
168	盆花	规程	一串红盆花生产技术规程	DB34/T 2095—2014	现行有效
169	盆栽	规程	盆栽万寿菊生产技术规程	DB34/T 2096—2014	现行有效
170	种苗	规程	报春花工厂化种苗生产技术规程	DB34/T 2097—2014	现行有效
171	种苗	规程	一串红工厂化种苗生产技术规程	DB34/T 2098—2014	现行有效
172	绿化	规程	高速公路绿化养护管理技术规程	DB34/T 2394—2015	现行有效
173	种苗	规程	观赏桂花育苗技术规程	DB34/T 2522—2015	现行有效
174	种苗	规程	观赏梅花育苗技术规程	DB34/T 2523—2015	现行有效
175	苗木	规程	朴树绿化苗木繁育技术规程	DB34/T 2642—2016	现行有效
十二、福建省地方标准					
176	绿化	规程	公路绿化工程质量验收评定标准	DB35/T 1092—2011	现行有效
177	绿化	规程	福建省公路绿化设计规范	DB35/T 1107—2011	现行有效
178	绿化	规程	福建省公路绿化施工技术规范	DB35/T 1108—2011	现行有效
179	绿化	规程	福建省公路绿化养护技术规范	DB35/T 1109—2011	现行有效
180	绿化	规程	乡村绿化技术规程	DB35/T 1426—2014	现行有效
181	盆栽	规程	南方红豆杉盆栽技术规范	DB35/T 1541—2015	现行有效
182	切花	产品	地理标志产品　清流鲜切花	DB35/T 1548—2015	现行有效
183	切花	规程	切花非洲菊设施栽培技术规范	DB35/T 1549—2015	现行有效
十三、江西省地方标准					
184	苗木	产品	主要绿化树种苗木质量	DB36/T 538—2008	现行有效
185	绿化	规程	高速公路绿化设计技术规程	DB36/T 796—2014	现行有效
186	绿化	规程	高速公路绿化植物栽植技术规程	DB36/T 797—2014	现行有效
187	绿化	规程	高速公路绿化养护技术规程	DB36/T 798—2014	现行有效
188	绿化	规程	高速公路绿化工程质量评定标准	DB36/T 799—2014	现行有效
189	树种	规程	主要绿化树种栽培技术规程	DB37/T 1622—2010	现行有效
十四、山东省地方标准					
190	盆花	规程	牡丹盆花冬季栽培技术规程	DB37/T 1620—2010	现行有效
191	绿化	规程	山东省园林绿化工程施工及验收规范	DB37/T 2338—2013	现行有效
192	苗木	规程	园林绿化苗木质量等级划分	DB37/T 2746—2015	现行有效
193	绿化	规程	园林绿化工程监理规程	DB37/T 2749—2015	现行有效

（续）

序号	产品	分类	标准名称	标准状态	备注
194	绿化	规程	立体绿化技术规程	DB37/T 5084—2016	现行有效
十五、河南省地方标准					
195	盆花	产品	洛阳牡丹盆花质量标准	DB41/T 299—2011	现行有效
196	种苗	产品	洛阳牡丹种苗质量标准	DB41/T 300—2011	现行有效
197	盆栽	规程	盆栽菊花生产技术规程	DB41/T 503—2007	现行有效
198	切花	规程	保护地切花菊栽培管理技术规程	DB41/T 601—2009	现行有效
199	绿化	规程	高速公路绿化养护技术规程	DB41/T 656—2010	现行有效
200	盆栽	规程	盆栽红掌生产技术规程	DB41/T 659—2010	现行有效
201	切花	规程	切花非洲菊栽培技术规程	DB41/T 660—2010	现行有效
202	种苗	规程	洛阳牡丹种苗生产技术规程	DB41/T 701—2011	现行有效
203	盆花	规程	洛阳牡丹盆花催花技术规程	DB41/T 703—2011	现行有效
204	切花	规程	切花唐菖蒲日光温室栽培技术规程	DB41/T 733—2012	现行有效
205	绿化	规程	屋顶绿化技术规范	DB41/T 796—2013	现行有效
206	绿化	规程	生态廊道绿化设计技术规程	DB41/T 892—2013	现行有效
207	园区	产品	牡丹观赏园区质量等级划分与评定	DB41/T 827—2013	现行有效
208	切花	规程	石竹鲜切花日光温室栽培技术规程	DB41/T 888—2013	现行有效
209	观赏桃	规程	观赏桃培育技术规程	DB41/T 1034—2015	现行有效
210	苗木	规程	五角枫园林绿化苗木定向培育技术规程	DB41/T 1114—2015	现行有效
十六、湖北省地方标准					
211	盆花	规程	观赏花卉　蝴蝶兰盆花设施栽培生产技术规程	DB42/T 1116—2015	现行有效
212	盆花	规程	观赏花卉　红掌盆花设施栽培生产技术规程	DB42/T 1117—2015	现行有效
213	盆花	规程	观赏花卉　仙客来盆花设施栽培生产技术规程	DB42/T 1118—2015	现行有效
214	盆花	规程	观赏花卉　观赏凤梨盆花设施栽培生产技术规程	DB42/T 1119—2015	现行有效
十七、湖南省地方标准					
215	绿化	规程	物业服务　绿化养护检查规范	DB43/T 1208—2016	现行有效
216	绿化	规程	村庄绿化技术规范	DB43/T 868—2014	现行有效
217	绿化	规程	城市园林绿化养护管理质量标准	DB42/T 1124—2015	现行有效
218	盆栽	规程	观赏辣椒盆栽技术规程	DB43/T 1239—2016	现行有效
十八、广东省地方标准					
219	盆栽	规程	观赏盆栽金桔生产技术规程	DB44/T 464—2008	现行有效
220	盆花	规程	红掌盆花生产技术规程	DB44/T 548—2008	现行有效
221	盆花	产品	观赏盆桔质量等级	DB44/T 549—2008	现行有效
222	绿化	规程	广东城市绿化工程施工和验收规范	DB44/T 581—2009	现行有效
223	种苗	产品	蝴蝶兰种苗质量	DB44/T 637—2009	现行有效
224	盆栽	规程	簕杜鹃盆栽技术规程	DB44/T 903—2011	现行有效
225	种苗	规程	观赏凤梨组培苗生产技术规范	DB44/T 1007—2012	现行有效
226	绿化	规程	物业服务　绿化养护检查规范	DB44/T 1049—2012	现行有效
227	盆花	规程	绿萝柱式盆栽生产技术规程	DB44/T 1065—2012	现行有效
228	景观林	规程	生态景观林带作业设计技术规范	DB44/T 1109—2013	现行有效

（续）

序号	产品	分类	标准名称	标准状态	备注
229	盆花	规程	果子蔓属观赏凤梨盆花生产技术规程	DB44/T 1322—2014	现行有效
230	盆花	规程	杂交兰盆花生产技术规程	DB44/T 1404—2014	现行有效
231	盆花	规程	盆栽马拉巴栗生产技术规程	DB44/T 1409—2014	现行有效
232	盆花	规程	薄叶型迷你文心兰盆花栽培技术规程	DB44/T 1670—2015	现行有效
233	木本花卉	规程	羊蹄甲属木本花卉栽培技术规程	DB44/T 1789—2015	现行有效
234	木本花卉	规程	野牡丹属木本花卉栽培技术规程	DB44/T 1810—2016	现行有效
235	树种	规程	景观林树种选择技术规程	DB44/T 1912—2016	现行有效
十九、广西壮族自治区地方标准					
236	绿化	规程	城市绿化　工程施工规范	DB45/T 447—2007	现行有效
237	绿化	规程	城市绿化　工程施工质量评定	DB45/T 448—2007	现行有效
238	绿化	规程	城市绿化　养护规范及验收要求	DB45/T 449—2007	现行有效
239	苗木	规程	扁桃绿化苗木培育技术规程	DB45/T 624—2009	现行有效
240	苗木	规程	木棉绿化苗木培育技术规程	DB45/T 695—2010	现行有效
241	苗木	规程	桂花绿化苗木培育技术规程	DB45/T 696—2010	现行有效
242	苗木	规程	人面果绿化苗木培育技术规程	DB45/T 770—2011	现行有效
243	盆栽	规程	月季盆栽生产技术规程	DB45/T 1591—2017	现行有效
244	种苗	规程	肉饼类兜兰种苗繁育技术规程	DB45/T 1593—2017	现行有效
245	盆栽	规程	观赏凤梨栽培技术规程	DB45/T 1594—2017	现行有效
二十、海南省地方标准					
246	切花	产品	文心兰切花产品质量等级标准	DB46/T 147—2009	现行有效
247	盆花	产品	石斛兰、文心兰盆花产品质量等级标准	DB46/T 148—2009	现行有效
248	切叶	产品	散尾葵切叶产品质量等级标准	DB46/T 156—2009	现行有效
249	椰心叶甲	规程	棕榈植物幼苗及鲜切叶椰心叶甲除害技术规程	DB46/T 318—2015	现行有效
250	切花	规程	文心兰切花生产技术规程	DB46/T 345—2015	现行有效
251	切花	规程	文心兰切花采后保鲜技术规程	DB46/T 346—2015	现行有效
252	切花	规程	红掌切花生产技术规程	DB46/T 347—2015	现行有效
253	盆花	规程	红掌盆花生产技术规程	DB46/T 348—2015	现行有效
254	切枝	规程	莲花竹（切枝）栽培技术规程	DB46/T 364—2016	现行有效
255	盆栽	规程	莲花竹（小盆栽）栽培技术规程	DB46/T 365—2016	现行有效
256	切叶	规程	鸟巢蕨（切叶）栽培技术规程	DB46/T 366—2016	现行有效
257	盆栽	规程	青叶葛（小盆栽）栽培技术规范	DB46/T 367—2016	现行有效
258	切花	规程	睡莲（切花）栽培技术规程	DB46/T 368—2016	现行有效
二十一、重庆市地方标准					
259	绿化	规程	工业园区绿化工程管理规范	DB50/T 499—2013	现行有效
二十二、四川省地方标准					
260	观赏苗木	产品与规程	白玉兰观赏苗木嫁接培育技术规程及质量分级	DB510100/T 172—2015	现行有效
261	观赏苗木	产品与规程	垂柳观赏苗木扦插培育技术规程及质量分级	DB510100/T 153—2015	现行有效
262	观赏苗木	产品与规程	垂丝海棠观赏苗木嫁接培育技术规程及质量分级	DB510100/T 154—2015	现行有效

（续）

序号	产品	分类	标准名称	标准状态	备注
263	观赏苗木	产品与规程	黄葛树观赏苗木扦插培育技术规程及质量分级	DB510100/T 155—2015	现行有效
264	观赏苗木	产品与规程	蓝花楹观赏苗木播种培育技术规程及质量分级	DB510100/T 156—2015	现行有效
265	观赏苗木	产品与规程	乐昌含笑观赏苗木播种培育技术规程及质量分级	DB510100/T 157—2015	现行有效
266	观赏苗木	产品与规程	罗汉松观赏苗木播种培育技术规程及质量分级	DB510100/T 158—2015	现行有效
267	观赏苗木	产品与规程	红梅观赏苗木嫁接培育技术规程及质量分级	DB510100/T 159—2015	现行有效
268	观赏苗木	产品与规程	独干木芙蓉观赏苗木扦插培育技术规程及质量分级	DB510100/T 160—2015	现行有效
269	观赏苗木	产品与规程	法国冬青观赏苗木扦插培育技术规程及质量分级	DB510100/T 161—2015	现行有效
270	观赏苗木	产品与规程	红花檵木观赏苗木扦插培育技术规程及质量分级	DB510100/T 162—2015	现行有效
271	观赏苗木	产品与规程	黄花决明观赏苗木播种培育技术规程及质量分级	DB510100/T 163—2015	现行有效
272	观赏苗木	产品与规程	九龙桂观赏苗木扦插培育技术规程及质量分级	DB510100/T 164—2015	现行有效
273	观赏苗木	产品与规程	蜡梅观赏苗木嫁接培育技术规程及质量分级	DB510100/T 165—2015	现行有效
274	观赏苗木	产品与规程	南天竹观赏苗木播种培育技术规程及质量分级	DB510100/T 166—2015	现行有效
275	观赏苗木	产品与规程	桫椤观赏苗木质量分级	DB510100/T 167—2015	现行有效
276	观赏苗木	产品与规程	小叶黄杨观赏苗木扦插培育技术规程及质量分级	DB510100/T 168—2015	现行有效
277	观赏苗木	产品与规程	小叶女贞观赏苗木扦插培育技术规程及质量分级	DB510100/T 169—2015	现行有效
278	观赏苗木	产品与规程	绣球荚蒾观赏苗木扦插培育技术规程及质量分级	DB510100/T 170—2015	现行有效
279	观赏苗木	产品与规程	海栀子观赏苗木扦插培育技术规程及质量分级	DB510100/T 171—2015	现行有效
280	观赏苗木	产品与规程	白玉兰观赏苗木嫁接培育技术规程及质量分级	DB510100/T 172—2015	现行有效
281	观赏苗木	产品与规程	贴梗海棠盆景制作培育技术规程和商品标准	DB51/T 1353—2011	现行有效
282	观赏苗木	产品与规程	紫薇观赏苗木培育技术规程及质量分级	DB51/T 1600—2013	现行有效
283	观赏苗木	产品与规程	樱花观赏苗木培育技术规程及质量分级	DB51/T 1601—2013	现行有效
284	观赏苗木	产品与规程	银杏观赏苗木培育技术规程及质量分级	DB51/T 1602—2013	现行有效
285	观赏苗木	产品与规程	香樟观赏苗木培育技术规程及质量分级	DB51/T 1603—2013	现行有效
286	观赏苗木	产品与规程	红叶李观赏苗木培育技术规程及质量分级	DB51/T 1604—2013	现行有效
287	观赏苗木	产品与规程	千层金观赏苗木培育技术规程及质量分级	DB51/T 1605—2013	现行有效
288	观赏苗木	产品与规程	天竺桂观赏苗木培育技术规程及质量分级	DB51/T 1606—2013	现行有效
289	观赏苗木	产品与规程	杜鹃观赏苗木培育技术规程及质量分级	DB51/T 1607—2013	现行有效
290	观赏苗木	产品与规程	高干桂花观赏苗木培育技术规程及质量分级	DB51/T 1608—2013	现行有效
291	观赏苗木	产品与规程	广玉兰观赏苗木培育技术规程及质量分级	DB51/T 1609—2013	现行有效
292	观赏苗木	产品与规程	小叶榕苗木和观赏树木培育技术规程和质量分级	DB51/T 2254—2016	现行有效

（续）

序号	产品	分类	标准名称	标准状态	备注
293	观赏苗木	产品与规程	油樟苗木及其观赏树木培育技术规程和质量分级	DB51/T 2268—2016	现行有效
二十三、贵州省地方标准					
294	观赏月季	规程	观赏月季栽培技术规程	DB52/T 1166—2017	现行有效
二十四、云南省地方标准					
295	切花	产品	主要鲜切花产品等级	DB53/T 63—2014	现行有效
296	种苗和种球	产品	主要鲜切花种苗和种球产品等级	DB53/T 105—2014	现行有效
297	包装运输用箱	规程	花卉包装运输用箱	DB53/T 106—2003	修订
298	切花	规程	鲜切花流通技术规范	DB53/T 244—2008	现行有效
299	种苗	产品	切花菊插穗种苗	DB53/T 363—2011	现行有效
300	莲瓣兰	产品	莲瓣兰质量等级	DB53/T 376—2012	现行有效
301	苗木	规程	绿化苗木　滇润楠培育技术规程	DB53/T 383—2012	现行有效
302	苗木	规程	绿化苗木　云南拟单性木兰培育技术规程	DB53/T 384—2012	现行有效
303	苗木	规程	绿化苗木　云南山茶花培育技术规程	DB53/T 385—2012	现行有效
304	苗木	规程	绿化苗木　云南樱花培育技术规程	DB53/T 386—2012	现行有效
305	病毒	方法	花卉病害　菜豆黄花叶病毒的检测	DB53/T 405—2012	现行有效
306	病毒	方法	花卉病害　菊花茎坏死病毒的检测	DB53/T 406—2012	现行有效
307	病毒	方法	花卉病害　百合无症病毒的检测	DB53/T 407—2012	现行有效
308	害虫	方法	花卉鳞球茎根螨的检验及鉴定方法	DB53/T 408—2012	现行有效
309	苗木	产品与规程	绿化苗木　总则	DB53/T 457—2013	现行有效
310	苗木	产品	绿化苗木　质量分级	DB53/T 458—2013	现行有效
311	苗木	规程	绿化苗木　滇朴培育技术规程	DB53/T 459—2013	现行有效
312	苗木	规程	绿化苗木　云南含笑培育技术规程	DB53/T 460—2013	现行有效
313	苗木	规程	绿化苗木　冬樱花培育技术规程	DB53/T 461—2013	现行有效
314	切花	产品	东方百合鲜切花产品等级	DB53/T 504—2013	现行有效
315	盆花	规程	高山杜鹃盆花生产技术规程	DB53/T 505—2013	现行有效
316	种球	规程	东方百合种球采后处理技术规程	DB53/T 548—2013	现行有效
317	绿化	规程	县级城市市容管理　园林绿化	DB53/T 596—2014	现行有效
318	苗木	规程	绿化苗木　清香木播种苗培育技术规程	DB53/T 603—2014	现行有效
319	切花	规程	东方百合鲜切花设施生产技术规程	DB53/T 621—2014	现行有效
320	种球	规程	东方百合种球生产技术规程	DB53/T 622—2014	现行有效
321	盆花	规程	“魔帝”系及“肉饼”系兜兰盆花生产技术规程	DB53/T 623—2014	现行有效
322	苗木	规程	绿化苗木　马缨花杜鹃漂浮育苗技术规程	DB53/T 647—2014	现行有效
323	食用玫瑰	规程	食用玫瑰生产技术规程	DB53/T 671—2015	现行有效
324	苗木	规程	绿化苗木　香油果培育技术规程	DB53/T 698—2015	现行有效
325	苗木	规程	绿化苗木　云南樟培育技术规程	DB53/T 700—2015	现行有效
326	种苗	规程	北美红杉组培苗生产技术规程	DB53/T 702—2015	现行有效
327	盆花	产品	高山杜鹃盆花质量分级	DB53/T 703—2015	现行有效
328	苗木	规程	绿化苗木　金丝桃培育技术规程	DB53/T 717—2015	现行有效

（续）

序号	产品	分类	标准名称	标准状态	备注
329	苗木	规程	绿化苗木　球花石楠培育技术规程	DB53/T 718—2015	现行有效
330	苗木	产品	云南山茶苗木产品等级	DB53/T 757—2016	现行有效
331	盆花	产品	云南山茶盆花产品等级	DB53/T 758—2016	现行有效
332	种球	规程	切花唐菖蒲种球生产技术规程	DB53/T 759—2016	现行有效
333	苗木	规程	绿化苗木　贴梗海棠培育技术规程	DB53/T 820—2017	现行有效
334	苗木	规程	绿化苗木　滇藏木兰培育技术规程	DB53/T 821—2017	现行有效
335	种苗	规程	蓝莓组培种苗生产技术规程	—	制定中
336	种苗	规程	高山杜鹃组培苗生产技术规程	—	制定中
337	种苗	规程	香石竹扦插种苗环保清洁生产技术规程	—	制定中
338	种苗	规程	薰衣草生产技术规程	—	制定中
339	切花	规程	月季鲜切花环保生产技术规程	—	制定中
340	盆花	产品	月季盆花产品等级	—	制定中
341	切花	规程	非洲菊鲜切花生产技术规程	—	制定中
342	盆栽	规程	盆栽香石竹生产技术规程	—	制定中
343	切花	产品与规程	洋桔梗切花及采后处理生产技术规程	—	制定中
二十五、陕西省地方标准					
344	绿化	规程	高速公路绿化设计规范	DB61/T 1056—2016	现行有效
二十六、甘肃省地方标准					
345	盆花	产品	蝴蝶兰盆花质量	DB62/T 1943—2010	现行有效
346	种子	产品	主要草种子质量　第1部分：观赏草种子	DB62/T 2421.1—2015	现行有效
二十七、青海省地方标准					
347	种球	规程	郁金香种球繁育田间技术规程	DB63/T 857—2009	现行有效
348	切花	规程	日光温室香石竹切花生产技术规范	DB63/T 1582—2017	现行有效
349	种子	规程	万寿菊雪域一号杂交种生产技术规程	DB63/T 1583—2017	现行有效
350	种球	规程	唐菖蒲球茎繁育技术规范	DB63/T 1584—2017	现行有效
二十八、宁夏回族自治区地方标准					
351	种苗	规程	切花月季嫁接苗繁育技术规程	DB64/T 568—2009	现行有效
352	切花	规程	日光温室切花月季生产技术规程	DB64/T 569—2009	现行有效
353	切花	规程	切花月季全光喷雾嫩枝扦插	DB64/T 745—2011	现行有效
354	盆景	规程	盆景菊设施栽培及造型技术规程	DB64/T 921—2013	现行有效
355	苗木	规程	龙爪槐育苗及造林绿化技术规程	DB64/T 1132—2015	现行有效
356	苗木	规程	榆叶梅育苗及造林绿化技术规程	DB64/T 1133—2015	现行有效
357	苗木	规程	紫丁香育苗及绿化种植技术规程	DB64/T 1183—2016	现行有效
358	苗木	规程	栓翅卫矛“铮铮1号”育苗及绿化种植技术规程	DB64/T 1190—2016	现行有效
359	苗木	规程	叉子圆柏育苗及造林绿化技术规程	DB64/T 1194—2016	现行有效
二十九、新疆维吾尔自治区地方标准					
360	种球	规程	郁金香种球培育技术规程	DB65/T 3410—2012	现行有效
361	种球	产品	郁金香种球	DB65/T 3411—2012	现行有效

（续）

序号	产品	分类	标准名称	标准状态	备注
362	种球	规程	百合种球繁育技术规程	DB65/T 3639—2014	现行有效
363	盆花	规程	红掌盆花设施温室生产技术规程	DB65/T 3865—2016	现行有效
364	盆花	规程	新几内亚凤仙盆花设施温室生产技术规程	DB65/T 3866—2016	现行有效
365	盆花	规程	蝴蝶兰盆花设施温室生产技术规程	DB65/T 3867—2016	现行有效
366	切花	规程	切花百合设施生产技术规程	DB65/T 3889—2016	现行有效
367	切花	规程	切花郁金香设施促成栽培生产技术规程	DB65/T 3890—2016	现行有效

图书在版编目（CIP）数据

2017年度种植业标准体系研究报告/《2017年度种植业标准体系研究报告》编写组主编．—北京：中国农业出版社，2019.1

ISBN 978-7-109-25415-2

Ⅰ．①2…　Ⅱ．①2…　Ⅲ．①种植业－标准体系－研究报告－中国－2017　Ⅳ．①F326.1-65

中国版本图书馆CIP数据核字（2019）第069518号

中国农业出版社出版

地址：北京市朝阳区麦子店街18号楼

邮编：100125

责任编辑　廖　宁　　文字编辑：常　静

版式设计：杨　婧　　责任校对：周丽芳

印刷：中农印务有限公司

版次：2019年1月第1版

印次：2019年1月北京第1次印刷

发行：新华书店北京发行所

开本：889mm×1194mm　1/16

印张：23.75

字数：750千字

定价：138.00元
